Schneeblumen

Zahava Szász Stessel

Schneeblumen

Überleben im KZ Buchenwald-Außenlager Markkleeberg

Herausgegeben vom Notenspur Leipzig e.V.

HENTRICH
&HENTRICH

Ich widme dieses Buch als Andenken den Babys, die den Überlebenden des Markkleeberger Lagers nie geboren wurden.

Umschlag vorn: Elza Reich, Gefangenen-Nummer 49701, privates Foto von 1941

Die Deutsche Nationalbibliothek verzeichnet diese Publikation in der Deutschen Nationalbibliografie; detaillierte Daten sind im Internet über https://portal.dnb.de/ abrufbar.

Inh. Dr. Nora Pester
Haus des Buches
Gerichtsweg 28
04103 Leipzig
info@hentrichhentrich.de
http://www.hentrichhentrich.de

Lektorat: Simon Raulf
Umschlag: Gudrun Hommers
Gestaltung: Ulrike Vetter
Druck: Winterwork, Borsdorf

1. Auflage 2021

Printed in Germany
ISBN 978-3-95565-445-0

INHALT

Vorwort und Danksagung

Die Idee für das Buch „Schneeblumen“ entstand bei einem Besuch in Buchenwald. Dort fand ich in den Archiven die Transportlisten der Häftlinge aus Markkleeberg. Als ich mir die alten und staubigen Dokumente sorgfältig anschaute, sah ich die Namen meiner Mitgefangenen. Sie waren da, die Mädchen und Frauen, mit denen ich das Leben im Lager geteilt hatte. Ich hörte ihre Stimmen und ich wusste, dass ich sie reden lassen musste.

Schreiben ist eine einsame Tätigkeit, aber das bedeutet nicht, dass man ganz alleine schreibt. Ich hatte die Ehre, zu Beginn meiner Recherchen einige der älteren Frauen, welche noch am Leben waren, zu finden. Ihre weitreichenden Erinnerungen, scharfen Beobachtungen und einfühlsamen Kommentare trugen viel zur Geschichte „Schneeblumen“ bei. Die Namen derer, die wie ich überlebten, und ihre Aussagen sind einzeln in den Referenzen und der Bibliografie dokumentiert.

Eine dieser „Lagerschwestern“, deren Erinnerungen nicht mit der Transportliste von Markkleeberg verblassten, war meine Freundin Hava Hartmann Kleinberg. Hava förderte die Errichtung eines Denkmals auf dem Gelände des Lagers. Mit ihrer Energie und ihrem Humor hat sie unseren Besuch in Deutschland aufgehellt. Hava begleitete mich mehrere Male nach Markkleeberg. Nachdem das Buch veröffentlicht war, wollten wir noch einmal zurück. Leider verstarb Hava am 27. April 2007 plötzlich. Mögen meine „Schneeblumen“ ein Denkmal für ihren treuen Geist sein. Mein Dank geht auch an Kathy Zelmanovitz Goldstein, eine weitere „Lagerschwester“ in Markkleeberg. Kathy kam mit mir aus New York. In Markkleeberg schlossen wir uns Hava Hartmann Kleinberg an und entfachten das alte Gefühl der Kameradschaft, welches uns im Lager am Leben hielt.

Die mir am nächsten Stehende meiner „Lagerschwestern“ ist immer noch meine echte Schwester Erzsike oder Hava Szász Ginsburg. Als wir damals als Jugendliche in Auschwitz alleine zurückblieben, wurden wir Ersatzeltern füreinander. Ich weiß, dass ich ohne sie nicht überlebt hätte. Hava hat mir mit ihren lebhaften Schilderungen geholfen, mich an Ereignisse aus dem Lager zu erinnern.

In Deutschland geht mein besonderer Dank an Dr. Bernd Klose, Oberbürgermeister der Stadt Markkleeberg. Dr. Klose unterstützte die Gedenkstätte und lud uns zu Besuchen ein. Als wir ankamen, wurden wir herzlich willkommen geheißen und hatten einen schönen Empfang. Mein Dank geht auch an seine wundervolle Frau und ihre Gastfreundschaft. Meine Wertschätzung geht an Frau Evelin Müller, die unseren Besuch mit ihrer freundlichen Art sehr angenehm machte. Ich bin auch Herrn Andreas Höhn, dem ortsansässigen Historiker, dankbar dafür, dass er uns die Stadt Markkleeberg gezeigt hat, die wir nie gesehen hatten, während wir im Lager waren. Herr Höhn hat auch den Weg des Todesmarsches mit uns zurückverfolgt.

Mein besonderer Dank gilt Dr. Irmgard Seidel, wissenschaftliche Mitarbeiterin der Gedenkstätte Buchenwald. Ihr Mitgefühl und Einfühlungsvermögen spürt jeder Überlebende, der ihr begegnet. Dr. Seidel, Schriftstellerin und Forscherin, hat großzügig Hilfe und Unterstützung bereitgestellt. Mein Dank geht außerdem an Rosemarie Hoffmann, Bibliothekarin in der Gedenkstätte Buchenwald.

Meine tiefste Dankbarkeit geht an meine Tochter Miriam, die meine Art zu denken kennt und auch die Bedeutung meiner unausgesprochenen Gedanken versteht. Miriam las das Manuskript und gab mir wertvolle Kommentare. Im Zweifelsfall wandte sie sich an ihren Mann Dr. Oded Shenkar, der selbst Autor mehrerer Bücher ist. Oded ermutigte mich, wenn die Arbeit am Buch zu erschütternd war.

Auch meine jüngste Tochter Yonit Levy unterstützte mich seelisch. Yonit war mit ihrem ruhigen Selbstvertrauen in den Jahren der Recherche und des Schreibens an meiner Seite.

Die größte Erleichterung gab mir die Gesellschaft meiner Kinder und Enkelkinder. Nach zehn Jahren der Kinderlosigkeit und mehreren Fehlgeburten betrachte ich meine Töchter als Wunder und meine Enkel als dessen Fortsetzung. Seit der Veröffentlichung meines ersten Buches gibt es neben den Kindern Dov Israel Levy und Ella Tzofia Levy, die in Israel leben, sowie Keskel und Joshua Shenker in den USA, auch Rakefet (Riki) Shenkar, der gern Kriminalgeschichten schreibt, und Yarin Levy, der gern tanzt. Es tut gut, in ihrer Welt Zeit zu verbringen.

Meinem Mann Meir, seit 59 Jahren mit mir verheiratet und Überlebender von Auschwitz wie ich, bin ich für seine Anerkennung dankbar. Die Snacks, die er schweigend auf den Tisch neben meinen Computer stellte, versüßten die Härte der Erinnerungen, über welche ich schrieb. Meirs Liebe, Verständnis und Unterstützung sind zu groß, als dass ich sie in Worten ausdrücken könnte.

Größte Dankbarkeit und tiefste Schuld empfinde ich gegenüber meinen Eltern, Miriam Margit und Sandor Szász, und meinen Großeltern Roza-Rachel und Nathan Szász. Sie zeigten mir den Weg zu Gerechtigkeit und Treue, der immer noch mein Handeln bestimmt. Ihr grausamer Tod in Auschwitz wird mich weiterhin verfolgen, da er nie erfasst wurde – eine Tragödie, die über die Seiten der Geschichtsbücher hinausgeht.

Einleitung

In den Außengebieten der Klein- und Großstädte Deutschlands erinnern an unerwarteten Orten viele Dinge an den Zweiten Weltkrieg. Bei einem Spaziergang in einem lebhaften Viertel in einer idyllisch aussehenden Stadt ist man plötzlich mit unangenehmen Erinnerungen aus der Vergangenheit konfrontiert. Eine kleine Gedenktafel in Markkleeberg, genau einer solchen Stadt, erinnert an ein Lager aus dem „Dritten Reich". Ich werde immer eine Gefangene dieses Ortes bleiben.

Eigentlich war ich schon eine Weile aus dem Gefängnis heraus, während ich meinen Weg zurück in die Gesellschaft freier Menschen fand. Ich heiratete, schloss meine Ausbildung ab und arbeitete als Bibliothekarin. Als ich 1996 einen Brief von Frau Clajus, einer deutschen Lehrerin, bekam, dachte ich erneut über das Lager in Markkleeberg nach. Der Brief kam durch eine Freundin und ehemaligen Häftling des Lagers, Hava Hartmann Kleinberg, zu mir. Frau Kleinberg hatte mit der Stadt Markkleeberg über eine Gedenkstätte auf dem Gelände des ehemaligen Lagers verhandelt und so erreichte Frau Clajus' Nachricht sie.

In ihrem Brief beschrieb Frau Clajus, wie sie 1971 bei einem Spaziergang am Wolfswinkel, einem Teil von Markkleeberg, zufällig auf die Reste von Stacheldraht und alten Baracken traf. Da sie erst 1952 nach dem Krieg in die Stadt gezogen war, wollte sie genauere Details über diesen Ort erfahren. Menschen aus ihrem Umfeld konnten nur wenige Informationen geben. Viele wussten nichts und jene, die beteiligt waren, wollten nur ungern darüber sprechen. Frau Clajus fragte sich, was für Menschen in dem Lager gefangen waren, woher sie kamen, was sie taten und wie sie behandelt wurden. Sie glaubte, das Wissen wäre für ihre Schüler sehr lehrreich.

Gerührt vom Interesse der Lehrerin wollte ich ihr erzählen, dass in dem Lager Zwangsarbeiter untergebracht waren, die Flugzeugteile für die deutsche Rüstungsindustrie herstellten. Die Fabrik gehörte zu Junkers und die Mehrheit der Arbeiter, welche zwölf Stunden pro Schicht, tags oder nachts, an der Maschine standen oder schwere Blöcke von Eisenstangen zuschnitten, waren zartgliedrige jüdische Mädchen aus Ungarn. Zwei von ihnen, Katalin und Erzsébet (Erzsike) Szász, 14 und 15 Jahre alt, kamen aus Abaújszántó. Meine jüngere Schwester und ich wurden aus Auschwitz-Birkenau über Bergen-Belsen dorthin gebracht, um zu arbeiten, obwohl wir kaum die großen Maschinen erreichten.

Ich wollte ihr erzählen, dass der Winter 1944–45 besonders hart war, wir gingen in Holzschuhen ohne Strümpfe oder standen stundenlang im Schnee. Uns war kalt, wir hatten Hunger und waren verängstigt. Die deutschen Aufseherinnen müssen für diese Arbeit nach ihrer Grausamkeit und Herzlosigkeit ausgewählt worden sein. Schließlich schrieb ich einen Brief an Frau Clajus, in dem ich mitteilte, dass ich von ihrem Interesse bewegt sei und ihr gerne einige Erinnerungen berichten würde. Der Brief blieb unbeantwortet. Frau Clajus lebte nicht mehr in Markkleeberg. Später ist die Frage nach dem Lager wieder aufgekommen. Diesmal wurde ich gebeten, einen Fragebogen von Irmgard Seidel von der Gedenkstätte Buchenwald auszufüllen. Dr. Seidel beschäftigte sich mit der Geschichte von Buchenwalds Außenlagern für Frauen, wie das Markkleeberger. Durch die Beantwortung des Fragebogens stellte ich den Kontakt her und im Frühjahr 1998, als eine neue Gedenktafel auf dem ehemaligen Gelände des Frauenlagers in Markkleeberg angebracht wurde, waren meine Schwester und ich unter den wenigen geladenen Gästen der Stadt. In meiner Rede bei der Einweihung erklärte ich, wie schwer es war, nach Markkleeberg, dem Ort, von welchem ich stets hatte fliehen wollen, zurückzukehren. Details über das Denkmal und die Einweihungsfeier werden in Kapitel 15 beschrieben.

Unter den Deutschen zu sein, welche zur Einweihungsfeier gekommen waren, um unsere Geschichte zu hören, machte mich etwas weniger befangen. Durch ihr Mitgefühl und ihre bescheidenen Fragen wurden meine Gefängnismauern etwas dünner. Da sie wenig über das Lager, von welchem es fast keine physischen Beweise gibt, wussten, habe ich beschlossen, unsere Geschichte aufzuschreiben. Indem ich sie erzähle, hoffe ich, diesen Ort durch das Einfügen von Bildern der Vergangenheit in die gegenwärtige Lücke zu schließen.

UNSERE HERKUNFT UND KULTUR

Die deutsche Besatzung schuf ein gewalttätiges, zerstörerisches und unberechenbares Reich, in dem die meisten konventionellen, traditionellen und kulturellen Werte schließlich verloren gingen. Besonders für Juden war unsere Erziehung ein wesentlicher Bestandteil für unser Überleben geworden. Alle jüdischen Frauen, die in Markkleeberg gefangen waren, waren vorher in Auschwitz-Birkenau. Obwohl wir in verschiedenen Gebieten Ungarns geboren waren, teilten wir dieselbe Kultur. Sie beruhte auf den Grundsätzen der Gerechtigkeit und Menschlichkeit, die allen zivilisierten Menschen bekannt sind. Die neuen Regeln waren für uns so grausam unverständlich wie die gebieterische deutsche Sprache.

Ein gegebenes Wort oder Versprechen zu halten, ging in der Welt meiner Eltern über alles andere. Das zeigt die folgende Episode:

Vom Chefarzt Josef Mengele aus Auschwitz-Birkenau wurden zwei Schwestern von ihrer Mutter bei der Ankunft getrennt, er wählte die ankommenden Juden entweder für die Vernichtungs- oder Arbeitslager aus. Die Mädchen waren bereits für das Arbeitslager ausgewählt, als ihre Mutter, Ethel Herskovitz, die noch relativ jung war, mit einer Tüte hausgemachter Kekse hinter ihnen her lief. Frau Herskovitz, sie konnte Deutsch, beschwor Dr. Mengele, ihren Kindern die Kekse, welche sie die ganze Reise in ihrer Handtasche hatte, geben zu dürfen. Mengele stimmte in einer Minute der Weichheit oder des Spottes zu. Frau Herskovitz lief zu ihren Töchtern und gab ihnen glücklich die Kekse. Niemand schaute. Die Mutter hätte bei ihren Töchtern bleiben können. Es kam ihnen jedoch nie in den Sinn, aus dieser Situation einen Vorteil zu ziehen. Sie lief zurück, denn sie hatte Mengele ihr Wort gegeben. Die trauernden Mädchen konnten sich ihr Leben lang nur immer fragen: Was wäre gewesen, wenn ...

Die NS-Rassenideologie und Praxis der Verfolgung waren nicht nur auf den Einzelnen gerichtet, sondern auch auf die spezifische Kultur und Zivilisation, die in jedem Menschen verkörpert ist. Meine Forschung bestärkte die Idee, dass das, was wir von zu Hause gelernt haben, unsere Herkunft aus Stadt oder Kleinstadt, Auswirkungen auf unser Fühlen und Handeln haben. Da uns all unser Besitz, Kleidung und andere Spuren der menschlichen Identität allmählich genommen wurden, konnten wir nur behalten, was in unseren Köpfen und Seelen blieb. Damit betraten und verließen wir – zumindest einige von uns – die Lager. Nechama Tac schreibt: „Wenn Traditionen und Bräuche entzogen werden, haben wir einen freien Blick auf den Zustand des Menschen. Die Untersuchung des Holocaust vermittelt eine einzigartige

Möglichkeit, ein besseres Verständnis des Lebens in Extremsituationen zu erlangen."

Der Band bietet wertvolle Informationen darüber, wie Frauen in extremen Situationen reagieren. Der Kampf von zwei jugendlichen Schwestern, Erzsike und mir, und die Hingabe, die wir teilten, werden das Leitmotiv des Buches sein.

Das Nazi-Universum zerstörte Familien und die Gemeinschaft, nicht aber die zwischenmenschlichen Beziehungen seiner Opfer. Selbsthilfe und enge Freundschaft waren wichtige Mittel, um zu überleben, und existierten in einer Reihe unterschiedlicher Gefüge. Ein Mädchen, das seine Familie verlor oder von ihr getrennt wurde, schloss sich einer Gruppe oder einem anderen Mädchen an und schuf eine neue Beziehung, welche eine Quelle der gegenseitigen Unterstützung und Stärke wurde. Einige wurden „Lagerschwestern" und halfen sich gegenseitig. Wenn man alleine und isoliert war, niemanden hatte, der einen ermutigte und half, ging man schneller unter als die anderen. Genaueres über „Lagerschwestern" und „Lagerfamilien" findet man in Kapitel 7.

Die häufigste Form der Flucht aus dem Lageralltag waren die selbstgeschriebenen Lieder der Häftlinge. Sie hoben unsere Stimmung und verstärkten den Widerstand. Lieder waren der einzige Rahmen, in dem wir ein wenig freie Meinungsäußerung ausüben konnten. Die Tatsache, dass wir alle Ungarinnen waren und gemeinsame Traditionen hatten, half uns in einer Weise zu agieren, die vertraut war und emotionale Unterstützung bot.

Das literarische Schaffen, meist in ungarischer Sprache, schloss Lieder von Sehnsucht, Satire oder Reime über Menschen und Ereignisse im Lager und der Fabrik ein. Die Mehrheit der Lieder wurde mündlich verbreitet und ihre Komponisten blieben unbekannt. Viele Lieder sind verloren gegangen, aber ein paar, die gerettet werden konnten, wurden von der Autorin übersetzt. Sie sind in den Kapiteln 7 und 9 sowie in verschiedenen anderen Kapiteln zu finden.

DAS LAGER UND SEINE BEWOHNER

Wir müssen bedenken, dass es einen großen Unterschied zwischen den deutschen Arbeitslagern und den osteuropäischen Vernichtungslagern gab. Markkleeberg war ein Arbeitslager. Unsere Arbeit war nötig, um für den Krieg zu fertigen. Das sollte man verstehen, um anerkennen zu können, was die Gefangenen in der Fabrik, die wir in diesem Buch genauer untersuchen, unternehmen konnten.

Um besser auszusehen, legten die Mädchen in der Nacht ihre Overalls unter ihre Matratze. Das nahm die Falten und drückte die Kanten glatt. Am häufigsten wurden die Mädchen in Markkleeberg dafür bestraft, dass sie ihre Kleidung mit dem Seifenwasser der Fabrik wuschen. Näherte sich der Kommandant SS-Oberscharführer half es nichts mehr, wenn sich das Mädchen das Hemd, das sie grade gewaschen hatte, überzog. Ihre Nummer wurde aufgenommen und nach ihrer Nachtschicht musste sie Stunden vor dem SS-Büro stehen, zur Disziplinierung. Die SS war eine Elite- und Terroreinheit des NS-Staates und der NSDAP. Die Initialen SS standen für Schutzstaffel.

Trotz schwerer Strafen würden die Mädchen das Risiko wieder eingehen und es erneut versuchen. Ich werde unsere Überlebenstechniken im Kapitel 4 „Leben im Lager" diskutieren.

Junkers, eine bekannte Firma für Flugzeugbau, hatte Fabriken und Lager in verschiedenen Orten Deutschlands. Die SS lieh anderen Unternehmen ihre Gefangenen, damit diese die Arbeiter, die Militärdienst verrichteten, ersetzen konnten. Kein Gesetz schützte den Arbeitnehmer. Das Rote Kreuz durfte nicht intervenieren. Die SS erhielt Zahlungen für jeden jüdischen Arbeiter. Das Unternehmen profitierte sowohl von den Sklavenarbeitern als auch von den Zwangsarbeitern. Heute existiert sowohl die Fabrik als auch die Firma Junkers nicht mehr.

Zivilisten aus allen Teilen der eroberten Gebiete haben für die deutsche Rüstungsindustrie gearbeitet. In Markkleeberg gab es zusätzlich zu den jüdischen Zwangsarbeitern, welche Munition für die deutsche Luftwaffe produzierten, auch Zivilisten aus den eroberten Gebieten, die zum Arbeiten einberufen wurden. Sie kamen aus Italien, Belgien, Frankreich und der Ukraine. Das zeigt das Ausmaß des deutschen Plans, die Welt zu ihren Gunsten zu versklaven. Einige deutsche Arbeiter und Aufseher, wie auch die ausländischen Techniker und Arbeiter hatten Mitleid mit den Mädchen, wenn sie diese so schwer arbeiten sahen. Es war unter Androhung des Todes verboten, Kontakt mit jüdischen Häftlingen zu haben, aber wenn die SS-Wachen nicht in der Nähe waren, stellten deutsche Arbeiter Fragen und bauten langsam ein menschliches Verhältnis auf. Es gab Arbeiter, die den Mädchen in unbeobachteten Momenten etwas zu essen gaben. Weil er sich vor der SS fürchtete (oder nicht offen zeigen wollte, dass er Mitleid hatte), legte ein deutscher Ingenieur eine Tüte neben meine Schwester Erzsike, als er ihre Maschine einstellte und deutete an, dass sie für sie wäre. Erzsike sah in die Tüte und darin war ein Marmeladenbrot. Sie war begeistert und als sie versuchte, ihm zu danken, wandte der ältere Mann seinen Blick ab und ging zur nächsten Maschine. Wir teilten das Brot und vergaßen niemals diese Freundlichkeit. Ich erwähnte dies sogar in meiner Rede bei der Einweihung des Denkmals am Lager in Markkleeberg.

Auch die ausländischen Arbeitnehmer, die ebenfalls unter den Deutschen litten, waren nett zu den jüdischen Häftlingen. Sie brachten uns die Nachrichten von der Front und machten unser Leben so oder durch ein Lächeln oder ein aufmunterndes Wort etwas angenehmer. Informationen über das Verhältnis der Zwangsarbeiter sowie der deutschen Zivilarbeiter werden in Kapitel 10 behandelt.

Neben den 1.300 jüdischen Zwangsarbeitern im Lager gab es 250 französische Frauen, die politische Gefangene waren und die in einer separaten Baracke neben uns im Lager lebten. Sie kamen im Februar 1945 nach Markkleeberg. Die französischen Frauen wurden der Sabotage in Abteroda beschuldigt, wo sie in der Fabrik von BMW gearbeitet hatten. Sie wurden zur Strafe nach Markkleeberg gebracht. Die französischen politischen Gefangenen standen unter dem Schutz des Roten Kreuzes. Sie wurden etwas besser behandelt. Sie haben nicht in der Fabrik gearbeitet. Genaueres dazu in Kapitel 10.

DER TODESMARSCH UND DIE BEFREIUNG

Das Lager in Markkleeberg existierte vom 31. August 1944 bis zum 13. April 1945. Als die alliierten Streitkräfte und die Freiheit nahe waren, trieben die Deutschen die Insassen des Lagers auf den Todesmarsch. Diese Evakuierung war der letzte organisierte, verbrecherische Akt der NS-Herrschaft. In Markkleeberg wurden 1.500 Frauen ohne Nahrung oder geeignete Kleidung auf den Marsch geschickt. Ängstlich und hungrig fanden wir uns erneut auf dem Weg ins Unbekannte wieder. Details zum Todesmarsch und unserer Begegnung mit der deutschen Bevölkerung sind in Kapitel 12 und 13 beschrieben.

Befreiung bedeutete, nach Hause zu gehen. Der Gedanke nach Hause zu gehen, mit seiner warmen und süßen Konnotation, erhielt die positive Stimmung im Lager. Zu Hause brach die Wirklichkeit über uns zusammen, mit gnadenloser Wahrheit: Wir hatten keine Eltern, kein Zuhause und keine Besitztümer. Mit dem Neubeginn passierten wir viele Stationen und Hindernisse, sowohl körperliche als auch emotionale. Unsere Herkunft und Erziehung halfen uns erneut weiterzumachen, wie schon im Lager. Dieser Zeitraum wird in Kapitel 14 behandelt, welches sich auch mit den vielen Fragen der Entschädigung und der Leugnung des Holocaust beschäftigt.

Große Lager, wie Auschwitz und Buchenwald, waren jeweils mit deutschen Außenlagern oder Außenkommandos verbunden. Das Lager in Markkleeberg befand sich in geografischer Nähe Buchenwalds und war seinem Kommando unterstellt. Die kleineren Lager waren in der Nähe gebaut, um die Kapazität des Lagers zu erhöhen und zusätzlich Arbeitsorte zur Verfügung zu stellen. Die Geschichte von Markkleeberg bietet einen flüchtigen Blick auf Hunderte von Außenlagern im Nazigebiet, einen Teil der Holocaustgeschichte, welcher noch erheblicher Untersuchungen bedarf.

METHODIK UND DOKUMENTATION

In diesem Buch werden zwei Arten von Quellen verwendet:

- Deutsche Unterlagen, die direkt mit der Geschichte des Lagers verbunden sind, einschließlich Archivmaterialien, Transportliste, Ankunftsliste von Theresienstadt vom 29. April 1945 und Gerichtsakten.
- Material von den Gefangenen selbst, in zwei unterschiedlichen Formen:
  - Im Lager geschriebene Quellen wie Gedichte und Tagebücher, autobiographische Memoiren, die nach dem Krieg veröffentlicht wurden.
  - Schriftliche Zeugenaussagen von Yad Vashem und aufgezeichnete Interviews.

DIE TRANSPORTLISTE

In der Schlussphase des Krieges vernichtete die SS in Markkleeberg nahezu ihre gesamten Aufzeichnungen, sodass unser Wissen lückenhaft ist. Der Stacheldraht um das Lager wurde entfernt und die wenigen verbliebenen Gebäude wurden umgebaut und sind heute private Gewerbeflächen. Die Fabrik ist verschwunden wie ein Strohhalm im Sturm. Trotzdem hat mich das Wiedersehen mit dem Ort nicht so sehr berührt, wie das Lesen der Transportliste der Gefangenen, die in das Lager gebracht wurden. Das Verzeichnis enthält die Namen von 1.300 ungarischen Jüdinnen, die in der Fabrik arbeiteten, und 250 französischen Frauen, die politische Häftlinge waren. Die aufgelisteten Namen waren die meiner Kameradinnen, mit denen ich alles gemeinsam durchlebte: die Bahnfahrt, die Wohnquartiere, die Arbeit, den Todesmarsch. Sie waren die Mädchen, mit denen ich in Fünferreihe beim Appell stand. Ich sehe sie und sehe mich selbst mit kurzen Haaren und grauen Uniformen, wie wir dastehen ohne Mäntel, barfuß in Holzsandalen im Schnee.

Die Transportliste ist ein lebloses Dokument, etwas, was Staub ansetzt, bis ein Name identifiziert ist. Dann wird sie auf wundersame Weise real, die Menschen lebendig und ihre Geschichten entfalten sich. Die Liste beinhaltet den Namen, das Alter, Geburtsort, Beruf und Häftlingsnummer. Die Transportliste ist eine verblassende Spur der ungarisch-jüdischen Geschichte. Die Städte und Gemeinden, die als Geburtsstätten aufgeführt werden, dokumentieren die Orte, in welchen die ungarischen Juden vor dem Holocaust gelebt haben. Heute gibt es keine jüdische Gemeinde in den meisten der genannten Provinzen.

Die Namen in der Transportliste beziehen sich auf Erinnerungen an unsere Eltern, die direkt in die Gaskammern mussten; wenig bleibt von ihrer Existenz. Wenn Überlebende aus dem Lager Markkleeberg heirateten, änderten sich ihre Nachnamen, sodass die Transportliste nur noch wenig über ihre ungarische Vergangenheit hergibt.

Um Überlebende aus der Liste ausfindig zu machen, nutzte ich die Dienste des US-amerikanischen Holocaust Memorial Museums in Washington, D.C. Ich habe außerdem Anzeigen in kanadischen, ungarischen und israelischen Zeitungen geschaltet und die Treffen von Überlebenden besucht. Meine besten Quellen waren dennoch immer die persönlichen Kontakte von einem Überlebenden zum anderen. Für viele war es das erste und einzige Interview. Wir unterhielten uns und erinnerten uns gemeinsam an Geschehnisse. Mit anderen zu sprechen, die dort gewesen waren, war für uns beide ein besonderes

Erlebnis. Die Überlebenden sprachen offen mit mir und schätzten die Idee, dass es ein schriftliches Zeugnis über das Lager geben sollte. Ich folgte jedem Interview mit einer schriftlichen Mitteilung, schickte ein Foto des Denkmals und ein paar Bilder von meinem Besuch aus Markkleeberg. In Zuge der Korrespondenz habe ich auch einige Exemplare der ungarischen Gedichte, die wir von zu Hause kannten, geschickt. Ich führte Interviews über einen Zeitraum von acht Jahren, von 1998 bis 2006. Bereichernd war, wenn ein Geschehen von verschiedenen Zeugen verschieden berichtet wurde. Die Gespräche dauerten irgendwo zwischen einer und anderthalb Stunden. Einige befragte ich persönlich und mit anderen sprach ich am Telefon. Nach dem ersten Gespräch folgten meistens noch mehrere. Ich habe eine Reihe von Kernfragen als Leitlinie genutzt, aber im Allgemeinen ermutigte ich meine Befragten, ihre höchstpersönlichen Geschichten zu erzählen. Als eine der Lagerinsassen konnte ich mich auf Details konzentrieren und das half uns beiden, das Thema klarer zu sehen.

Unsere ungarische Muttersprache ermöglichte es mir, Interviews mit Überlebenden in Ungarn, Israel, Brasilien, Deutschland, Kanada und den Vereinigten Staaten zu führen. Es gab ein paar, die in Hebräisch oder Englisch sprachen. Vor allem ältere Überlebende kommunizieren in ihrer Muttersprache auf einem höheren Niveau. In unseren Gesprächen haben wir die Nuancen und die Emotionen hinter den Worten gedeutet.

Ich übersetzte jedes Interview ins Englische. Die entstandene Geschichte ist sowohl einzigartig als auch typisch für die Verfolgung der ungarischen Jüdinnen im Nazi-Deutschland.

PERSÖNLICHE ASPEKTE UND MOTIVATION

Es gab Güte und Liebe unter den Opfern im Lager. Dieses Gefühl der Zusammengehörigkeit im Angesicht der Not, das wir von zu Hause kannten, auch dort von Nichtjuden umgeben, wurde im Lager wiederbelebt. Als ich die Überlebenden interviewte, fühlte ich mich zeitweise zurückversetzt in diese Welt der Kameradschaft und Gemeinschaft, die unter uns existierte, als wir der Gefahr und Unsicherheit unseres Gefangenenlebens gegenüberstanden.

Als wir in der Sicherheit unserer Wohnungen über die Lager sprachen, fühlten wir Triumph und Freude über die Befreiung, die wir vorher nie so vollständig erlebt hatten. Nach fast jedem Interview fühlte ich, dass sich unsere Leben emotional berührt hatten. Wenn ich meinen früheren Mitgefangenen zuhörte, kamen einige meiner vergessenen Erinnerungen daran zurück, wie wir gelebt hatten und wovon wir träumten.

Viele der von mir Befragten hatten ihren 80. Geburtstag erlebt und waren froh, mir davon zu berichten. Einige Überlebende, so wie Klára Roth Oren, haben weniger Glück. Klára, 76 Jahre alt und eine erfahrene und talentierte Frau, leidet an Krebs. Als ich sie das erste Mal anrief, war sie am Anfang ihrer Behandlung, Wir konnten nicht so viel reden, aber sie bat mich, sie zurückzurufen. Ich zögerte zunächst, doch ich wollte mein Versprechen halten. Klára war glücklich, als sie meine Stimme hörte. Sie nannte mich sofort bei meinem ungarischen Vornamen, Katalin (oder Katinka in seiner Koseform).

Als wir zu sprechen begannen, entdeckten wir, dass ich einige der Verse kannte, welche Klára in Markkleeberg geschrieben hatte. Ich kannte die Lieder, wusste aber nicht, wer der Verfasser war. Wir begannen, zusammen zu summen. Jedes Mal, wenn ich anrief, füllte Klára die Lücken mit vergessenen Worten. Schließlich rekonstruierten wir drei Verse, die sie im Lager geschrieben hatte. Eines der Lieder lag Klára besonders am Herzen. Das Lied über das Leiden und die Hoffnung zu singen gab ihr Trost, selbst in ihrem jetzigen Zustand.

> *Der Tag zieht vorbei, so auch die Wochen und Monate und wir sind immer noch im Lager.*
> *Seit damals haben wir viel gearbeitet und waren in vielen Lagern, zunächst in Auschwitz, dann in Krakau. Heute sind wir in Leipzig. Und wer weiß, wo wir morgen sein werden. Eine Sache gibt uns Mut: Dass es nicht ewig so bleiben wird. Alles wird eines Tages zu Ende sein, wenn Gott uns zu Hilfe kommt.*

Jeder Historiker muss sich mit dem Problem der relativen Glaubwürdigkeit der Aussagen in Bezug auf verschiedene Fakten und Zahlen, wie Namen und Daten auseinandersetzen.

Meine Sorge bei jedem Interview war die Glaubwürdigkeit und Richtigkeit der Aussagen nach einer so langen Zeit. Eine Möglichkeit, alles zu bestätigen, war der Vergleich mit anderen Quellen. Ich habe auch Zeugenaussagen abgerufen, die der von mir Interviewte gegenüber Yad Vashem gemacht hatte. Wenn mich einige Zweifel überkamen, fragte ich andere Überlebende. Erst wenn mindestens zwei Zeugenaussagen einen Fakt bestätigten, nutzte ich die gewonnenen Informationen. Existierende deutsche Dokumente machten es möglich, gewisse Ungenauigkeiten zu korrigieren. In anderen Fällen genügten die wiederholten Übereinstimmungen der Informationen als Beweis ihrer Gültigkeit.

Obwohl die Geschichte des Zweiten Weltkrieges gut erforscht ist, bleiben Hunderte von Sklavenarbeitslagern wie Markkleeberg unerwähnt in der Gesamtgeschichte des „Dritten Reiches“. Das fehlende wissenschaftliche Interesse an diesem Thema ergab sich aus dem Mangel der dokumentarischen Quellen, welche entweder verloren gegangen sind oder bewusst zerstört wurden, und aus sprachlichen Schwierigkeiten. Die Zeugenaussagen ehemaliger Häftlinge wurden in mehreren Sprachen dokumentiert, aber nie ins Englische übersetzt. Zum Mangel an Informationen kommt hinzu, dass die Lagerleitung kleinerer Lager sehr daran interessiert war zu verbergen, in welchem Maße sie involviert war und deshalb Dokumente vernichtete. So werden viele Details wie auch das Ausmaß des Profits aus Sklavenarbeit nie vollständig bekannt werden.

Ich hatte das Glück, die Erzählungen aus unserem kollektiven Gedächtnis retten zu können, bevor es zu spät ist. Wenn es keine Überlebenden mehr gibt, wird vielleicht der Zugang zu bestimmten Papieren und Archiven, die heute noch nicht zur Verfügung stehen, möglich sein, aber sie werden keine Hauptquellen sein. Sie werden nicht die lebendigen Erinnerungen wie die Zeitzeugen vermitteln können.

Akte der Unmenschlichkeit und Höhen der menschlichen Großartigkeit warfen Licht auf unser Leben und unser Sterben im Lager. Erforschung des Holocaust, wie dieses Buch zeigt, beschäftigt sich nicht nur mit einer Studie über das menschliche Böse, sondern auch mit menschlichem Mut und birgt somit Hoffnung.

Das Buch ist eine Aufzeichnung unserer kollektiven Erfahrungen und persönlichen Geschichten: Wie wir kämpften, was wir durchgemacht haben. Doch die Wahrheit war viel schlimmer. Sie kann niemals richtig erzählt werden. Wir können unsere tiefsten Erniedrigungen nicht wiedergeben, dies können wir nicht einmal gegenüber uns selbst. Als Überlebende, die auf ihr Lebensende zugehen, haben wir ein noch größeres Bedürfnis, unsere Geschichten zu erzählen. Wir retten Erinnerungen für die Zukunft, ebenso wie für die Vergangenheit, um unserer Eltern zu gedenken und der Welt, die wir kannten. Schreiben wollte ich vor allem, weil ich das Schweigen brechen wollte. Das Schweigen der Baracken, das Schweigen der Transportliste, das Schweigen der SS, das Schweigen meiner verlorenen Eltern, Großeltern und der anderen Opfer. Ich möchte sie sprechen lassen, damit sie gehört werden.

Wenn wir auf die leere Stelle schauen, wo einst das World Trade Center stand, wollen wir die Leere und das ewige Schweigen nicht akzeptieren. Wir wollen wieder ein wenig vom Glanz zurückbringen und von den Spuren der Leben, die es einst dort gab.

Indem ich von unserem Leben im Lager erzähle, das dem Geiste der Welt unserer Väter noch nahe war, erweise ich meinen Eltern und unserem Erbe

Hochachtung. Dank ihnen und ihrer Erziehung haben wir selbst unter schwierigsten Bedingungen als menschliche Wesen gehandelt. Indem ich das Leben und unsere zwischenmenschlichen Verhältnisse im Lager beschreibe, möchte ich die Werte der jüdischen Welt und des jüdischen Lebens vor dem Holocaust ehren. Ethik, Traditionen und die Erinnerung jener vergangenen Tage sind noch immer in uns und bestimmten unser Handeln in Markkleeberg.

Ich bin dankbar für die Jahre, die uns gegeben sind. Im Alter von 13 Jahren, als ein Kind, das noch nicht arbeiten konnte, wäre meine Schwester Erzsike durch die Deutschen dem Tode geweiht gewesen. Das Wunder, dass wir am Leben blieben – wahrscheinlich, weil wir wie Zwillinge aussahen –, macht mich mein ganzes Leben lang demütig. Erzsike ist die jüngste Rückkehrerin in unsere Stadt. Ich hatte ein paar Klassenkameraden, aber Erzsike hatte niemanden aus ihrer Klasse, der Auschwitz überlebte.

Möge dieser Band als ein zu Papier gebrachtes historisches jüdisches Denkmal dienen. Für mich wird er auch eine Inschrift sein, die ich in den letzten 60 Jahren verfasst habe für die nichtexistenten Grabsteine meiner Eltern, Großeltern und der anderen ungarischen Opfer des Holocaust.

1. Die Errichtung des Lagers

Im Bundesland Sachsen, etwa sieben Kilometer südlich von Leipzig, liegt Markkleeberg, eine malerische Stadt zwischen zwei Seen, mit viel Grün und farbenprächtigen Blumen sowie großen offenen Flächen. Im Jahre 1939 betrug die Einwohnerzahl 18.109, heute sind es rund 24.000 Einwohner.

Laut Ingeborg Weinberger, einer ehemaligen jüdischen Einwohnerin von Markkleeberg, und dem Ortshistoriker Andreas Höhn gab es vor dem Zweiten Weltkrieg zwischen fünfzig und sechzig jüdische Familien in Markkleeberg. Da es in Markkleeberg keine Synagoge gab, mussten sie zum Gottesdienst nach Leipzig fahren. Ironischerweise lebten einige der Juden in Gautzsch, in der Nähe des Konzentrationslagers in Markkleeberg-West.[1]

JUNKERS

Leipzig war im Zweiten Weltkrieg ein wichtiges Zentrum der deutschen Luftwaffe. Die Firma Junkers Flugzeug- und Motorenwerke AG hatte einen großen Firmensitz nahe dem Flughafen Leipzig-Mockau. Teile des Bombers JU 88 wurden dort gefertigt.[2] Der JU 87 (Stuka) Bomber war einer der effektivsten Bomber der deutschen Luftwaffe und ein wesentlicher Bestandteil der Blitzkriegsstrategie. Als der deutsche Naziführer Rudolf Heß für Schlagzeilen sorgte, weil er heimlich mit dem Fallschirm über Schottland absprang, um Friedensgespräche zwischen Großbritannien und Deutschland zu erreichen, war sein Flugzeug auch eine von Junkers gebaute Maschine. Diese Mission scheiterte jedoch.

Reist man heute in die Region, kann man Schilder sehen, welche ehemalige Lager bezeichnen. Die Tafeln aus der Zeit der sowjetischen Besatzung erwähnen nicht, dass die meisten Gefangenen Juden waren.

1 Andreas Höhn, „Wer kann sich an Jakob Suhl erinnern?“, Leipziger Volkszeitung, 26. Januar 2001. Möglicherweise lebten die Juden, in deren Besitz die Häuser in Markkleeberg waren, selbst nicht da.

2 Heinrich Koppenberg, der 1939 der Generaldirektor von Junkers war, konstruierte die JU 88, den Stuka-Kampfbomber. Christopher Simpson (Hrsg.), War Crimes of the Deutsche Bank and the Dresdner Bank, Holmes & Meier, New York, 2002, S. 375. Die Stuka war ein deutscher zweisitziger Sturzflugbomber, ein Kampfflugzeug, das die deutsche Luftwaffe im Zweiten Weltkrieg einsetzte.

Im Verlaufe des Krieges, als immer mehr Kriegsflugzeuge benötigt wurden, beschloss die Junkers Flugzeug- und Motorenwerke AG mit Hauptsitz in Dessau, ein neues Werk zu eröffnen. Man erkannte die Gefahr alliierter Bombenangriffe und suchte deshalb sichere Orte. Markkleeberg war ein guter Standort. So mietete die Firma Junkers im Jahr 1943 Produktionsflächen von Stoehr & Company, einer Weberei, die sich in der Stöhrstraße 1 in Gautzsch, einem Stadtteil von Markkleeberg, befand.[3] Das Areal war sehr ruhig gelegen in einer Stadt mit einer relativ geringen Einwohnerzahl. Es gab gute Zugverbindungen nach Leipzig und in andere Orte.

Im September 1943 sandte die Firma Junkers einen Brief an die Stadtverwaltung, in dem sie über den Plan zur Errichtung einer Munitionsfabrik informierte. Die Junkers Flugzeug- und Motorenwerke AG hatten damit eine Zweigstelle in Markkleeberg. Sondergenehmigungen für den Ausbau der Rüstungsindustrie wurden wegen der Lage an der Front und der ständigen Angriffe alliierter Bomber schnell gewährt. Einige Vertreter der Stadt Markkleeberg versuchten einzuwenden, dass bei einem Rüstungsbetrieb in der Mitte einer Wohnsiedlung die Stadt möglicherweise Ziel der Alliierten würde, aber ihre Einwände blieben unbeachtet. Das Werk nahm seine Arbeit im Oktober 1943 auf.[4] Zunächst wurden die gleichen Arbeiter, die in der Spinnerei und Weberei tätig waren, eingesetzt, darunter eine erhebliche Anzahl Frauen. Die ursprünglichen Junkers-Mitarbeiter waren Ingenieure und Vorarbeiter, unabkömmliche deutsche Facharbeiter, aber es gab einen Mangel an Produktionsarbeitern. Als der Krieg andauerte, reichte die Zahl deutscher Frauen und Männer für die Arbeit nicht mehr aus. Bald wurde Zwangsarbeit eingeführt.

---

3 Zentrale Stelle der Landesjustizverwaltungen, Ludwigsburg (die Behörde zur Klärung der Naziverbrechen, im Weiteren hier „Center" – „Zentrum" genannt), 110 AR 326/99, schriftliche Mitteilung vom 2. März 1999, S. 21.

4 Christa Naumann, „Das arbeitsteilige Zusammenwirken von SS und deutschen Rüstungskonzernen 1942–1945, dargestellt am Beispiel der Außenkommandos des Konzentrationslagers Buchenwald", Humboldt-Universität Berlin, 1969, S. 127.

DIE ARBEITSKRÄFTE

Das Nazi-Programm zur Zwangsarbeit begann mit Zwangserlassen innerhalb Deutschlands. Zuerst wurden freiwillige und zwangsverpflichtete Arbeitskräfte aus der Region und später jene aus den besetzten Gebieten eingesetzt. 1939 und 1940 kamen tausende Männer und Frauen freiwillig, um in der deutschen Industrie und Landwirtschaft und im Dienstleistungsbereich zu arbeiten. Als der Bedarf an Arbeitskräften in den Bereichen Bergbau, Bauwesen und Kriegsproduktion stieg, wurde die freiwillige Anwerbung durch Zwang und Terror ersetzt. Zwangsarbeiter waren Experten oder Mitarbeiter in der Rüstungsindustrie oder Haushaltspersonal in den Privathaushalten der NS-Führer.[5]

Militärische Rückschläge vor allem in Russland zwangen Deutschland, das System der Zwangsarbeit zu intensivieren und die Wirtschaft für den Krieg zu mobilisieren.

Ausländische Arbeitskräfte wurden systematisch ausgebeutet. Immer mehr belgische, französische, niederländische, italienische, jugoslawische, polnische, slowakische, tschechische, und ukrainische Arbeiter wurden in der Rüstungsindustrie eingesetzt. Zwangsarbeitslager, um die Arbeiter unterzubringen, wurden zuerst in Osteuropa und später in Deutschland errichtet.

In den Junkers-Werken in Markkleeberg arbeiteten zivile deutsche Arbeiter und Zwangsarbeiter. Sie waren die sogenannten „Freiwilligen"; einige waren wirklich Freiwillige, andere rekrutierte man aus den okkupierten Gebieten.

Es gab anfänglich auch freiwillige ausländische Arbeitskräfte, da man ihnen gute Bezahlung und gutes Essen versprochen hatte. Weil die Zahl der Freiwilligen zu gering war, wurden Arbeitskräfte einberufen. Zivilisten aus allen besetzten Gebieten Europas wurden zur Arbeit eingezogen. Die Arbeitslager spiegelten die Politik des „Dritten Reiches" wider, die Arbeitskräfte der besetzten oder annektierten Länder zum Nutzen für Deutschland auszubeuten. Man unterschied drei Gruppen:

1. Die Bevölkerung eines besetzten Landes, der Zwangsarbeit für das Reich auferlegt wurde,
2. Zwangsarbeiter, darunter Kriegsgefangene, die in Arbeitslager innerhalb Deutschlands gebracht wurden, entweder als Freiwillige oder als Opfer von Terrorakten,
3. Gefangene der großen Konzentrationslager, die an private Arbeitgeber vermittelt und von der SS bewacht wurden.

5 Klaus Hesse, „KL Buchenwald Außenlager Markkleeberg Am Wolfswinkel – eine Dokumentation" (unveröffentlichtes Manuskript), verfügbar im Stadtarchiv der Stadtverwaltung Markkleeberg, Markkleeberg, Mai 1998.

Das Hauptinstrument des Naziterrors, die SS, überwachte den Bau der Konzentrationslager und diente in ihnen als Personal und Henker.[6]

Deutsche Unternehmen beuteten Millionen nichtjüdische Zwangsarbeiter aus. Dennoch war ihre Ausbeutung nicht mit der Ausbeutung der jüdischen Zwangsarbeiter gleichzusetzen. Anfang des Krieges zum Beispiel erhielten die ausländischen „Gastarbeiter" aus Frankreich, Belgien, Italien, und anderen Ländern tatsächlich eine geringe Bezahlung. Bis Ende 1943 wurde jedoch die Mehrzahl der ausländischen Arbeitskräfte von den Unternehmen, die sie „beschäftigten", de facto inhaftiert. Die meisten durften nicht nach Hause zurückkehren und die Bezahlung, die angeblich nach Hause zu ihren Familien geschickt wurde, landete in den Händen der deutschen Regierung. Gefangene, die aus Konzentrationslagern, die Unternehmen angegliedert waren, zu entkommen versuchten, liefen Gefahr, durch harte Arbeit unter Aufsicht der SS zu Grunde gerichtet zu werden.[7]

WANNSEE-KONFERENZ

Am 20. Januar 1942 trafen sich sechzehn hochrangige SS-Offiziere in einer eleganten Villa in einem Vorort von Berlin, um die „Endlösung der Judenfrage" zu planen. Die Konferenz wurde von Reinhard Heydrich, Chef des Reichssicherheitshauptamtes, geleitet. Unter den Teilnehmern war auch Adolf Eichmann, Chef des Ressorts für Judenangelegenheiten im Reichssicherheitshauptamt. Die Sitzung dauerte neunzig Minuten. Sie brauchten nur diese kurze Zeit, um der Deportation der gesamten jüdischen Bevölkerung Europas in den Osten zuzustimmen. Das Abschlussprotokoll der Wannsee-Konferenz erwähnte nicht ausdrücklich eine Vernichtung; aber innerhalb weniger Monate nach dem Treffen wurden die ersten Gaskammern in Auschwitz und Treblinka errichtet. Nach der Wannsee-Konferenz

---

6 Das Korps trug schwarze Uniformen und besondere Insignien und war unterteilt in die Allgemeine SS, die Gestapo, die Polizeiaufgaben übernahm, und die Waffen-SS, die Elitekampftruppe der SS, zu der auch die Mannschaften der Konzentrationslager gehörten. Bei den Nürnberger Prozessen von 1946 wurde die SS wegen der Verfolgung und Vernichtung der Juden, ihrer Brutalität, den Morden an Insassen der Konzentrationslager, der Ausbeutung von Arbeitssklaven und der Misshandlung von Kriegsgefangenen als kriminelle Vereinigung eingestuft.

7 Simpson, War crimes, S. 12.

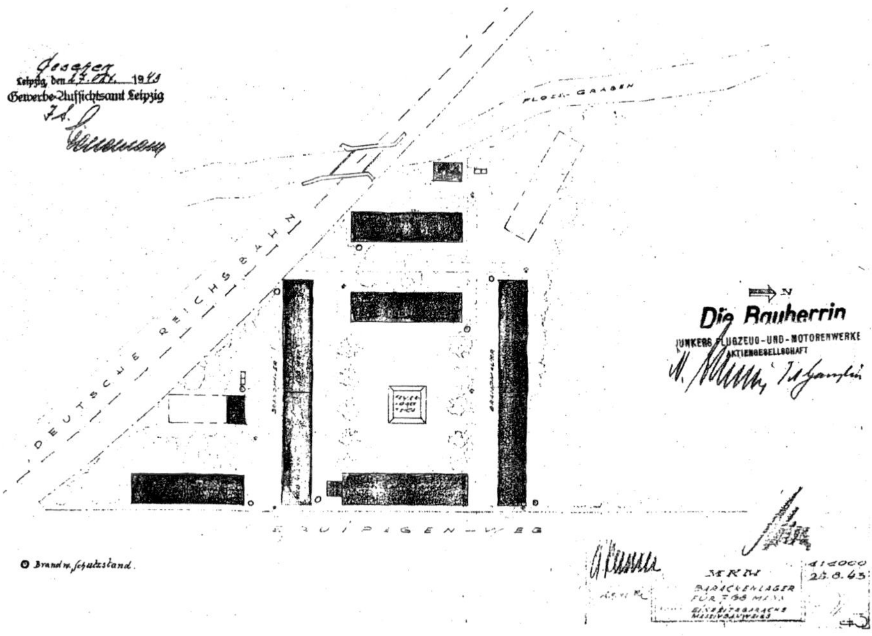

Plan des Lagers in Markkleeberg

wurden die Juden aus den besetzten Gebieten Europas systematisch in Konzentrations- und Vernichtungslager gebracht, wo sie entweder getötet oder zu Sklavenarbeit gezwungen wurden.

Das Verteidigungsministerium übte auf die Rüstungsindustrie Druck aus, die vorgeschriebenen Produktionsquoten zu erreichen, weshalb die SS zustimmte, die deutsche Rüstungsindustrie mit Sklavenarbeitern aus Lagern zu versorgen.[8] Die Lager wurden von Internierungslagern in Einrichtungen für Arbeitssklaven umgewandelt. Ihr Hauptzweck war nicht mehr politisch, sondern wirtschaftlich. Nach der Wannsee-Konferenz bildeten nicht länger politische Gegner oder Kriegsgefangene die zahlenmäßig größte Gruppe in den Konzentrationslagern, sondern Juden. Obwohl diese Entwicklung zunächst auf die Gebiete im Osten beschränkt war, änderte sich dies 1943 mit der militärischen Niederlage der Sechsten Armee vor Stalingrad; der Zustrom ausländischer Gefangener geriet ins Stocken. Immer mehr Häftlinge aus Konzentrationslagern wurden in der Waffenproduktion innerhalb der Grenzen Deutschlands eingesetzt.

8 Dieter Vaupel, „Hessisch Lichtenau Sub-Camp of the Buchenwald Concentration Camp, 1944–45“, in: Randolph L. Braham (Hrsg.), Studies on the Holocaust in Hungary, East European Monographs, Nr. 301, Columbia University Press, New York, 1990, S. 194.

Es besteht kein Zweifel, dass die wirtschaftliche Stärke des „Dritten Reiches“ und Vorteile für die deutsche Bevölkerung aus der unbezahlten Arbeit von Millionen hungernder Gefangener resultierte, die in Hunderten namenlosen Lagern überall in Europa eingesperrt waren.

DAS ZWANGSARBEITSLAGER IN MARKKLEEBERG

Am Anfang kamen die Zwangsarbeiter der Junkers-Werke Markkleeberg aus Frankreich, Belgien, Italien, Holland, Polen, Russland und Jugoslawien. Sie waren jung und meist ledig. Die Zwangsarbeiter konnten sich frei bewegen, sie mussten sich zur Arbeit melden und standen dort unter Aufsicht. Sie erhielten auch einen geringen Lohn. Die Gaststätten „Schloss Rheinsberg“, „Damhirsch“, „Sonnenkantine“ und „Friedrichsheim“ in Connewitz und die „Waldschenke“ wurden als Massenunterkünfte genutzt.

Später wurden auf dem ehemaligen Sportplatz des Sportvereins „Eintracht 04“ im Equipagenweg 270 sieben Baracken für 768 Personen errichtet. Mit deutscher Gründlichkeit wurde in siebzehn Punkten vorgeschrieben, wo Türen, Toiletten und Schlafräume sein mussten. Der Plan zeigt ein Lager für 768 Männer.[9] Einige Änderungen wurden während der Bauphase vorgenommen; schließlich brachte man im Lager 1.539 Häftlinge unter. Das Lager befand sich in Markkleeberg-West in einem Gebiet mit Namen Wolfswinkel. Die Stadtverwaltung erhielt Beschwerden von Bewohnern des Wolfswinkels, die unglücklich über die Ausländer in ihrer Gegend und die damit verbundenen Veränderungen waren. Sie beklagten, dass die Fremden in ihrer freien Zeit in der Nachbarschaft herumliefen, Obst aus den Gärten stahlen und sich in einer Weise benahmen, die verstärkte polizeiliche Maßnahmen erforderte.[10] Einige Markkleeberger versuchten, sich gegen eine Rüstungsfabrik in einer Wohnsiedlung zu wehren.[11]

Markkleeberg war nur ein kleiner Teil eines großen wirtschaftlichen Imperiums, das von der SS verwaltet wurde. Flugzeugfabriken wie Junkers waren

9 Das Original liegt bei der Stadtverwaltung Markkleeberg.

10 Hesse, „KL Buchenwald“, S. 3.

11 Brief von Max Arnhold vom 15. September 1943 mit Unterschriften der Anwohner des Wolfswinkels. Das Original befindet sich bei der Stadtverwaltung Markkleeberg.

Großabnehmer von Arbeitskräften aus Konzentrationslagern.[12] Dieses riesige System am Laufen zu halten, erforderte die Arbeit von Millionen von Männern und Frauen. Es war ein gewinnbringendes Unternehmen und der beträchtliche Erlös floss in mehrere Richtungen: Das Deutsche Reich bekam einen Anteil; die SS als Institution wurde unvorstellbar reich und für private Interessen – deutsche Unternehmen, Banken sowie private und SS-Unternehmer – eröffnete sich die Möglichkeit, „schnell reich" zu werden, und vielen gelang es auch.[13]

Dieses wirtschaftliche Imperium und seine enorme Rentabilität basierten auf weit verbreiteter Sklavenarbeit. Die ursprüngliche Aufgabe der Konzentrationslager, „Sicherungsverwahrung", wurde durch neue Ziele wie die Beseitigung Unerwünschter aus der Gesellschaft und die Ausbeutung ihrer Arbeitskraft ersetzt. Diese Ziele wurden im Programm „Vernichtung durch Arbeit" zusammengefasst, das für die SS-Arbeitskräftepolitik bis zum Ende des Krieges relevant war. Der Zweck der Lager war nicht mehr Haft, sondern Zwangsarbeit. Die Gefangenen erwartete statt einer möglichen Freilassung in der Regel der Tod.

Am 1. Februar 1942 wurde ein einziges neues Referat, das Wirtschafts- und Verwaltungshauptamt (WVHA), innerhalb der SS gegründet. Es hatte seinen Hauptsitz in Berlin, überwachte das System der Konzentrationslager und koordinierte die wirtschaftliche Ausbeutung der gefangenen Arbeitskräfte. Diese Organisation war ein riesiges Unternehmen mit umfangreichen Machtbefugnissen.[14]

Unter Führung von General Oswald Pohl, dem Chef des WVHA, gab die SS Anweisungen zur rationelleren Nutzung von Häftlingsarbeit mit dem Ziel der Steigerung der Produktivität. General Pohl beschrieb die Veränderungen, die durch den russischen Vormarsch nötig wurden: „Der Einsatz von Internierten vor allem für Kriegsaufgaben (Steigerung der Rüstungsproduktion) muss Vorrang haben."[15] Gleichzeitig wurden die Lager ihrer ursprünglichen ideologischen Rolle gerecht; sie waren ein Ort der Folter und körperlichen Vernichtung von politischen Gegnern und „rassischen" Feinden des „Dritten Reiches".[16]

12 Albert Speer, Inside the Third Reich: Memories, New York, Macmillan, 1970, S. 370.

13 Jack G. Morrison, Ravensbrück: Everyday life in a Women's Concentration Camp 1939–45 Princeton, NJ: Markus Wiener Publishers, 2000, S. 180.

14 Gordon J. Horwitz, In the Shadow of Death: Living outside the Gates of Mauthausen, New York, Free Press, 1990, S. 10.

15 Arno J. Mayer, Why did the Heavens Not Darken? The „Final Solution" in History, New York, Pantheon, 1998, S. 333.

16 Yehuda Bauer, „The Death-Marches, January – May 1945", Modern Judaism 3, Februar 1983, S. 2.

Das WVHA beutete nicht nur 500.000 bis 600.000 Zwangsarbeiter aus, sondern vermittelte und überstellte die Gefangenen als Arbeitssklaven in deutsche Unternehmen. Aufgrund des drastischen Arbeitskräftemangels in Deutschland waren die Konzentrationslager einer der wenigen Orte, wo man zusätzliche Arbeitskräfte „rekrutieren" konnte.

Es gab zwanzig Haupt- und 165 Nebenlager, die unter der Kontrolle des WVHA standen, das auch für die Errichtung der Konzentrationslager verantwortlich war und in dessen Auftrag den Häftlingen ihr Hab und Gut genommen wurde. Die Unternehmen, die unter Arbeitskräftemangel litten, forderten von der SS immer neue Arbeitssklaven. Die Flugzeugwerke Messerschmitt, Junkers und Heinkel gehörten dazu.[17]

Anfragen zu Arbeitskräften kamen aus tausenden deutschen Firmen, die für die Kriegsproduktion tätig waren und Hilfe brauchten, um ihre Zeitpläne einzuhalten. Die Nachfrage überstieg das Angebot. Die Unternehmen mit höchster Priorität oder den besten Verbindungen wurden bevorzugt. KZ-Häftlinge wurden nur an Unternehmen vermittelt, die einen Antrag gestellt hatten. In ihren Schreiben mussten die Unternehmen im Detail erklären, welche Maßnahmen sie für die Bewachung der Arbeiter ergriffen hätten. Dann bedurfte es einer Genehmigung, bevor Häftlinge überstellt wurden.

SS-Standartenführer Gerhard Maurer leitete die Arbeitsauftragsabteilung (WVHA-AMT D II), die die Anträge deutscher Unternehmen auf Vermittlung von Arbeitskräften aus Konzentrationslagern bearbeitete. Die Unternehmen mit Arbeitskräften aus Konzentrationslagern erhielten eine Geheimzahl, welche die Lagerkommandanten bei jeglicher Korrespondenz, die das Unternehmen betraf, angeben mussten.[18]

Die Verbindung zwischen Unternehmen und Konzentrationslagern entwickelte sich meist zur gewissenlosen Spielart dessen, was man damals als kluges Unternehmertum ansah. Am Ende des Krieges hatte nahezu jeder überlebende Insasse eines Konzentrationslagers zumindest während eines Teils seiner Gefangenschaft von der SS vermittelte Zwangsarbeit in einem privaten deutschen Unternehmen geleistet.[19]

---

17 Benjamin Ferencz, Less Than Slaves, Cambridge, MA, Harvard University Press, 1979, S. 28.

18 Ebenda.

19 Simpson, War crimes, S. 3.

Ehemalige Außenkommandos des KZ Buchenwald

UNGARISCHE JÜDISCHE ARBEITSKRÄFTE

Das Jahr 1944 brachte einschneidende Ereignisse im Leben der ungarischen Juden. Im März 1944 wurden all ihre Hoffnungen zunichte gemacht, als Nazi-Deutschland beschloss, seinen eigenen Verbündeten zu besetzen. Die Juden in Ungarn waren bis dahin optimistisch, dass sie, anders als jüdische Gemeinden in den Nachbarstaaten, überleben würden. Bis 1944 war Ungarn das einzige europäische Land mit nahezu intakten jüdischen Gemeinden.

Hitler befahl, dass 100.000 ungarische Juden als Arbeitskräfte nach Deutschland gebracht wurden. Ein deutscher Plan bestand darin, die Flugzeugproduktion mit Hilfe ungarischer Arbeitskräfte und Industrieanlagen auszuweiten. Horthys Bereitschaft im Mai 1944, die notwendigen jüdischen Arbeitskräfte zu liefern, war eine Grundlage für Eichmanns Deportationsprogramm.[20]

20 Randolph L. Braham (Hrsg.), Hungarian Jewish Studies, New York: World Federation of Hungarian Jews, 1963, 1:516. Adolf Eichmann wurde 1960 nahe Buenos Aires festgenommen und nach Israel gebracht, wo ihm der Prozess als Kriegsverbrecher gemacht wurde. Er wurde für seine Taten im Holocaust gehängt.

Die militärischen Rückschläge im Jahr 1944 warfen für die deutsche Führung die Frage auf, was mit den Juden, einschließlich der ungarischen Juden in Ostpolen, geschehen solle. Die Entscheidung, ungarische jüdische Gefangene in Lager innerhalb Deutschlands zu transportieren, verschob ihren Tod und rettete Hunderttausende vor dem Schicksal der Millionen Menschen, die getötet wurden.

1944

1944 war eine Katastrophe für das deutsche Militär. Im Westen hatten die Alliierten erfolgreich den Ärmelkanal überquert und begannen damit, die Gebiete in Westeuropa von der Nazi-Herrschaft zu befreien. Ende des Jahres standen sie bereit, um in Deutschland einzumarschieren. Im Osten kamen die sowjetischen Truppen immer schneller voran. Bis Ende 1944 kontrollierten sie Gebiete östlich einer Linie etwa von der Ostsee über Warschau und Budapest. In Deutschland gab es eine allgemeine Mobilmachung. Die wenigen Deutschen, die bis dahin wegen einer Behinderung zu Hause geblieben waren, wurden nun der Kriegsindustrie zugewiesen. Die Rüstungsbetriebe mussten ihre Produktion steigern, verloren aber gleichzeitig Männer, die zum Militärdienst einberufen wurden. Im Jahr 1944 war die Rüstungsproduktion vor allem in den Händen von Arbeitssklaven.

Für viele Häftlinge wurde die „Endlösung der Judenfrage" so lange hinausgezögert, wie ihr körperlicher und geistiger Zustand der Rüstungsindustrie noch Gewinn brachte. Gefangene wurden auf dem Fabrikgelände in speziellen Lagern, sogenannten Arbeitslagern, untergebracht. Die Zahl der Gefangenen war in den einzelnen Unternehmen unterschiedlich. Es erfolgte aber keine Zuweisung, wenn die Firma nicht wenigstens 500 KZ-Häftlinge beschäftigen konnte.[21] Die jüdischen Gefangenen erhielten schwere und gefährliche Arbeit. Dennoch waren die Häftlinge bestrebt, das Konzentrationslager zu verlassen, um in Arbeitslager zu kommen. Das Leben vieler Gefangener in Markkleeberg, auch das von meiner Schwester und mir, wurde indirekt dadurch gerettet, dass wir in der kriegswichtigen Produktion beschäftigt waren. Hätte Deutschland den Krieg gewonnen, wäre unser Schicksal besiegelt gewesen.

Die Häftlinge, die in den Junkers-Werken in Markkleeberg arbeiteten, waren alles Frauen. Wie aus den Angaben des „Internationalen Suchdienstes"

---

21 Vaupel, „Hessisch Lichtenau", S. 195.

(ITS) Bad Arolsen ersichtlich ist, begann der Einsatz von Frauen in der Rüstungsindustrie erst Mitte August 1944 im großen Maßstab. Frauen waren für alle Arten automatisierter Arbeit geeignet, die keine körperliche Kraft erforderte. Einige Frauen erhielten besondere Aufgaben, zum Beispiel Präzisionsarbeit in der Fabrik. Die Nazis glaubten, die Frauen könnten diese Aufgaben besser erledigen als Männer, weil ihre Hände kleiner sind und sie bei bestimmten Arbeitsgängen mehr Geschick beweisen. Jedoch blieben Frauen nicht von harten Arbeitsbedingungen verschont. Einige wurden gezwungen, die schwerste körperliche Arbeit zu tun, wie Straßen pflastern, Steine aufladen, Gräben ausheben und Bäume fällen. Sie erlitten Verletzungen und mussten die grausame Behandlung der Wachen und Aufseherinnen (weibliche deutsche Aufseher in Militäruniform) erdulden. Die Arbeit war so schwer und die Misshandlungen so groß, dass sie manchmal zum Tod führten. Die privaten Unternehmen zahlten der SS für die Arbeiterinnen weniger, weil sie als ungelernte Kräfte galten. Die Gefangenen erhielten keinen Lohn, sie konnten keine Forderungen stellen.

Im August 1944 wurde der SS neben dem bereits existierenden Arbeitslager für ausländische Zwangsarbeiter in Markkleeberg ein Gelände zur Verfügung gestellt, um weibliche KZ-Häftlinge unterzubringen. Als Außenlager des KZ Buchenwald unterstand es der SS.[22] Die Bezeichnung „Außenlager" hatte rein administrative Bedeutung. Die Frauen auf den Transporten wurden in Buchenwald registriert und man gab ihnen fortlaufende neue Nummern. Mit wenigen Ausnahmen wurden Frauen ohne Umweg über Buchenwald in Güterzügen zu den verschiedenen Außenlagern gebracht. Im März 1945 verwaltete Buchenwald, das ein Lager für Männer war, 26 Frauenaußenlager mit insgesamt 26.000 Häftlingen.

Markkleeberg hatte den Vorteil eines günstigen Verkehrsnetzes und einer wichtigen Eisenbahnlinie. Die Region verfügte über Wälder und aufgrund des nahen Braunkohletagebaus auch über Energiequellen. Der erste Transport ungarischer Frauen, der direkt aus Auschwitz kam, erreichte Markkleeberg am 31. August 1944. Im Lager und rund um die Baracken wurden zusätzliche elektrisch geladene Stacheldrahtzäune und Wachtürme errichtet, die mit bewaffnetem Wachpersonal besetzt waren. Damit der Zaun besser bewacht werden konnte, wurde er in der Nacht beleuchtet.

22 Center, S. 23–27.

DAS LAGER IN MARKKLEEBERG

Das Lager für ungarische jüdische Zwangsarbeiterinnen lag in einer landschaftlich reizvollen Gegend. Ein gepflasterter Zugang führte von der Straße ins Lager hinein. Auf der anderen Seite des Lagers waren kleine Häuser; diese Reihen von Einfamilienhäusern sind noch immer im Wolfswinkel und Equipagenweg vorhanden. Der Ortshistoriker Andreas Höhn sagte im Jahr 2000, dass die Gegend sich nicht viel verändert habe. Einzelne Bäume und dichterer Wald tarnten das Lagergelände. Überall standen Bäume. Auch als ich 2001 in Deutschland war, brauchte ich nur die Bäume zu sehen, um mich an das Lager zu erinnern. Es gab Wachtürme an drei Ecken des Zauns und große Suchscheinwerfer. Elektrisch geladener Stacheldraht umgab das Lager. In der Mitte des Lagers war ein Wasserbecken, die Überreste des Schwimmbades des ehemaligen Sportvereins Eintracht 04. Die Wohnbaracken für Häftlinge befanden sich an diesem zentralen Platz mit seinem hohen Fahnenmast, an dem die SS-Flagge wehte. Vor dem Wasserbecken lag der Appellplatz. Zu Weihnachten wurde dort ein beleuchteter Weihnachtsbaum aufgestellt. Als die Mädchen ankamen, war Erzsébet Frank begeistert, als sie das Schwimmbad sah. „Die Landschaft war angenehm und die Luft war sauber", notierte sie.[23]

Die Aufseherinnen wohnten in separaten Baracken außerhalb des elektrischen Zauns hinter Baracke 6. Sie hatten hübsche Zimmer mit weißen Möbeln, Büchern, Radios und Blumen. Häftlinge mussten die Räume der Aufseherinnen putzen. Einige Aufseherinnen wohnten auch in der Stadt und kamen jeden Tag zur Arbeit ins Lager.

Tief in der Erde befand sich ein Luftschutzraum, genannt „der Bunker". Das starke Dach aus Beton war mit einer Schicht Erde bedeckt und mit Gras bewachsen. Von außen konnte man Luftschächte sehen, die vor Granateneinschlägen geschützt waren. Innen sah der Schutzraum wie ein langer gewundener Korridor mit Bänken aus.

Vom Wasserbecken und von Block 2 aus konnten wir einen kleinen Zug sehen, der in den frühen Morgenstunden und abends fuhr. Die Reisenden konnten uns aus dem etwas erhöhten Zug sehen und wir sahen sie, wenn wir Straßenarbeiten nahe der Fabrik erledigten oder darauf warteten, zur Arbeit zu gehen.[24] Fünfzig Mädchen, die in einer kleinen Abteilung der Junkers-Werke im nahegelegenen Zwenkau arbeiteten, nahmen den Zug jeden Morgen,

---

23 Erzsébet Frank, 365 Nap: Valomás a Pokolok Tüzéböl, 3. Ausgabe, Budapest, Uránusz Kiado, 1990, S. 80.

24 Erzsébet Rab, Es Nem Verik Félre a Harangot, Dombovár, Ungarn: Anonym, 1948, S. 257.

Die Kreuzung Wolfswinkel / Equipagenweg gegenüber dem Eingang zum Lager. Aufnahme der Autorin im Jahr 2000

Lilly Waldman war unter ihnen. Obwohl sie in einem separaten Abteil fuhren, gewahrte Lilly die neugierigen Blicke anderer Passagiere.

Das SS-Personal kam mit den ungarischen jüdischen Frauen an. Das SS-Kommando, das für die innere Sicherheit der Waffenfabrik zuständig war, kümmerte sich um die Überwachungsmodalitäten. Gemäß eines deutschen Befehls vom 17. August 1944 mussten die weiblichen Gefangenen außerhalb des Lagers von Soldaten bewacht werden und innerhalb von SS-Wachen. Kommandant des jüdischen Frauenlagers war Oberscharführer Alois Knittel.[25] Er hatte eine Frau, die mit ihm im Lager wohnte.

Die Gefangenen wurden von den Aufseherinnen kontrolliert. Während die Wachen ältere ausgemusterte Männer waren, waren die Aufseher überwiegend junge deutsche Frauen. Die Aufseherinnen lernten, wie man Sabotage oder Arbeitsverzögerung erkennt und wie man Gefangene entsprechend der Lagerordnung bestraft. Sie trugen graue Uniformen mit engen Röcken und Militärmützen, hatten aber keine Waffen, sondern eine Gummi- oder Pferdepeitsche. Auch wenn sie diese nicht benutzten, hielten sie die Peitsche in einer bedrohlichen Weise. Gefangene wurden angewiesen sie als „Frau Aufseherin" anzusprechen, ohne Verwendung des Nachnamens, den sie nicht kannten. Wir gaben ihnen Spitznamen oder nannten sie einfach „SS-Frauen". In der Fabrik mussten die Aufseherinnen und der Oberscharführer die Anwesenheit von Zivilisten beachten; aber innerhalb des Lagers, weit weg von kritischen Augen, herrschten sie uneingeschränkt.

25 Center, S. 18–32.

Vor dem Wasserbassin des Markkleeberger Lagers im Jahr 2000. Von links nach rechts: Hava Harmann Kleinberg, Kathy Zelmanovitz Goldstein und die Autorin Zahava Szász Stessel

Es dauerte nicht lange, bis das Lager zu einer einflussreichen Instanz wurde. Es hatte die Aufgabe, Überlegenheit über bestehende Behörden zu gewinnen, örtliche Firmen, Zulieferer und Arbeiter materiell und logistisch zu unterstützen und die Akzeptanz der Bevölkerung zu erreichen. Dies ließ sich nicht ohne Anfechtungen und Spannungen realisieren. In Anbetracht seiner Machtposition räumte das Lager diese schnell aus.[26]

DAS LAGER FÜR FREMDARBEITER

Die ausländischen Arbeiter in Markkleeberg lebten in einem großen Areal nahe dem Lager, das für jüdische weibliche Gefangene eingerichtet wurde. Ihr Lager hatte einen Zaun, aber keinen elektrisch geladenen Stacheldrahtzaun wie bei uns, und sie wurden nicht von bewaffneten Wachen begleitet. Der Unterschied zwischen der Behandlung von Juden und Nichtjuden lag darin, dass Nichtjuden nicht zu Tode geschunden wurden. SS-Untersturmführer Wiegand war der Kommandant beider Lager.

26 Horwitz, In the Shadow of Death, S. 27.

DIE JUNKERS-WERKE

Leipzig und das Umland wurden immer häufiger von alliierten Verbänden der Luftwaffe angegriffen. Die Junkers-Werke waren das Ziel besonders intensiver Bombardierung.[27] Im Februar 1944 wurden die vorläufigen Baracken der Fremdarbeiter zerstört und einige ihrer Bewohner wurden Opfer dieser Angriffe auf Markkleeberg.[28]

Eine Anstellung in der Luftfahrtindustrie bedeutete ursprünglich einen Elite-Status. Jeder Deutsche, der für die „große" deutsche Luftwaffe arbeiten durfte, war besonderes pflichtbewusst und stolz. Neben der Arbeit in modernen Einrichtungen wurden den Arbeitskräften in der Luftfahrtindustrie viele Vorteile gewährt. Bevor der Krieg der Industrie die Arbeitskräfte entzog, war es unvorstellbar, dass Fremdarbeiter oder KZ-Häftlinge dort hätten arbeiten können. Erhalten gebliebene Dokumente liefern nur einen ungenauen Bericht über die Beschäftigung jüdischer Arbeitssklaven durch große deutsche Firmen während des Krieges. Die größten Verbrecher unter den Hunderten von Unternehmen, zu denen fast eineinhalb Millionen Lagerhäftlinge oder Ghettoinsassen bis Ende 1944 geschickt wurden, waren die Munitions- und Waffenhersteller im engeren Sinne: Dynamit Nobel, Rheinmetall-Borsing, Krupp, Messerschmitt, Heinkel und Junkers.[29]

Bis 1934 waren die Junkers-Werke ein rein privates, kapitalistisches Unternehmen. Ihr Gründer Hugo Junkers war Geschäftsmann und Wissenschaftler. Zwischen 1932 und 1939 war seine JU 52 das am häufigsten verwendete Transportflugzeug der Welt. Im Zweiten Weltkrieg war es als Standard-Transportflugzeug auf jedem Nazi-Flughafen zu sehen. In mehreren Transaktionen enteigneten die Nazis das private Unternehmen und machten daraus ein von der Regierung kontrolliertes.

1936 wurde der Name des Werkes in Junkers Flugzeug- und Motorenwerke AG geändert. Ihr Kerngeschäft war die Entwicklung und Produktion von Flugzeugen und Flugzeugmotoren. Am 1. Mai 1939 wurden die Fabrik in Dessau und die Niederlassung in Halberstadt als „Nazi-Modell-Fabrik" ausgezeichnet. Diese Umwandlung von einem privaten Unternehmen in ein von der Regierung kontrolliertes war typisch für das Monopol des Staates, das sich herausbildete.

---

27 Naumann, „Das arbeitsteilige Zusammenwirken", S. 118.

28 Hesse, „KL Buchenwald", S. 8.

29 Peter Hayes, „State Policy and Corporate Involvement in the Holocaust", in: Michael Berenbaum und Abraham J. Peck (Hrsg.), The Holocaust and History: The Known, the Unknown, the Disputed, and the Reexamined, Michael Berenbaum und Abraham J. Peck Bloomington, Indiana University Press, 1998, S. 209.

Wie Christa Naumann in ihrer Dissertation zeigt, war die staatliche Übernahme der Junkers-Werke durch die Faschisten in mehrfacher Hinsicht ein typisches Beispiel für die zwangsweise Monopolisierung deutscher kriegswichtiger Fabriken.[30]

Im Jahr 1944 suchten die Firmen Arbeiter, wo immer sie diese finden konnten; sie wurden zuerst für Bauprojekte und später für Fließbandarbeit benötigt. Bezüglich des Einsatzes von Gefangenen erhielten Junkers und Messerschmitt als Erste den Zuschlag. [31]

DIE AUSWAHL VON ARBEITERN AUS DEN REIHEN DER JÜDISCHEN GEFANGENEN

Vertreter der deutschen Rüstungsindustrie wurden geschickt, um die Arbeiter auszuwählen. Da die Junkers-Vertreter neben den SS-Offizieren standen, hatten sie die Möglichkeit, intelligente und körperlich leistungsfähige Häftlinge auszuwählen. Die Junkers-Delegation von zivilen Ingenieuren und Führungskräften kam nach Auschwitz und Bergen-Belsen. Sie waren mit grauen Anzügen bekleidet und inspizierten die Reihen potenzieller Zwangsarbeiter. Dabei sortierten sie die Frauen aus, die sie als besonders geeignet für die Fabrikarbeit ansahen. Wir alle mussten uns entkleiden und nackt an ihnen vorbeilaufen, eine nach der anderen. In der linken Hand hielten wir unsere Kleidung und wir hoben die rechte Hand. Jedes Mal, wenn ein Mädchen in Verdacht geriet, eine Wunde oder Pustel unter ihrer Kleidung oder mit ihrer Hand zu verstecken, wurde sie aufgefordert, alles Schützende wegzunehmen und man untersuchte sie noch sorgfältiger.

Die Zivilisten in Bürokleidung lachten und redeten, als wir vorbeigingen. Die Prozedur war erniedrigend und demütigend, aber die Angst um unser Leben war stärker als unsere natürliche Bescheidenheit und schaltete unser Schamgefühl aus.

In meinen Augen waren die SS-Angehörigen keine Menschen, sondern eine Art lebensbedrohliche, schmerzverursachende, monströse Maschine. Sie waren Teil dieser verwerflichen anderen Welt, die alles, was menschlich und zivilisiert war, zerstörte. Nackt an den SS-Wachen vorbeizulaufen, rief starke

---

30 Naumann, „Das arbeitsteilige Zusammenwirken", S. 114–116.

31 Hayes, „State Policy and Corporate Involvement", S. 210.

Emotionen hervor; aber es war absurd und paradox, denn Männer in Anzügen verkörperten die zivilisierte Gesellschaft mit ihrer Moral, ihren Regeln und Pflichten. Nackt zu sein, rasiert am ganzen Körper und von diesen Männern mit wachsamen Augen beobachtet zu werden, war für uns junge Mädchen aus behüteten kleinstädtischen Verhältnissen besonders furchtbar. Persönliches Schamgefühl war in jüdischen Frauen seit ihrer Kindheit tief verwurzelt. Sich vor fremden Männern auszuziehen war undenkbar, verwirrte, schockierte und bedrohte unsere Unbescholtenheit. In meiner beschämten und verängstigten Phantasie schien es mir einmal, dass ein Zivilist ungarisch sprach. Aber vielleicht war es gar keine Einbildung: Elisabeth Stein Székely, die mit dem ersten Transport gekommen war, erinnerte sich, dass sie bei der Selektion einen Offizier gehört hatte, der Ungarisch sprach. Das machte alles noch schlimmer: Wir hörten unsere eigene Sprache, die uns an unser Zuhause und an die Zivilisation erinnerte. Mein Schamgefühl wurde realer, demütigender und war dieser wahnsinnigen Welt der Nazis ausgesetzt.

Ein ziviler Vertreter von Junkers, der bei der Selektion in Auschwitz anwesend war, wurde später von Frida Kaller Roth bei einer Begegnung in Markkleeberg wiedererkannt. Der große, gutaussehende Mann mit blonden Haaren und blauen Augen, der eine Kniebundhose trug, wie Frida sich gut erinnerte, arbeitete vielleicht am Stammsitz der Junkers-Werke in Dessau. Eines Tages besuchte er Markkleeberg. Frida, die in der Qualitätskontrolle in der großen Fabrik arbeitete, saß an einem zentralen Platz in der mittleren Halle. Sie war überrascht, den Offizier noch einmal zu sehen. Sie stand auf und grüßte den Mann vorschriftsmäßig, der sie in Auschwitz ausgewählt hatte.

Frida, ein schönes, lebhaftes Mädchen – sie ist noch heute im Alter von achtzig Jahren schön – fragte den Junkers-Vertreter, ob er sich noch an sie in Auschwitz erinnerte. Dort, während der Selektion, hatte Frida die Hand gehoben und gesagt, sie würde eine gute Arbeiterin sein. Da nicht allzu viele zu sprechen wagten und noch weniger den Mut hatten, Fragen zu stellen, erinnerte sich der Junkers-Vertreter an sie. Er forderte Frida auf mitzukommen. Sie bekam Angst, was passieren würde, aber der Offizier meinte es gut – er wollte sie im Büro einstellen. Frida dankte ihm, aber sie arbeitete lieber zusammen mit den anderen Mädchen.

Außer der Erniedrigung während der Selektionen war das beherrschende Gefühl die Angst vor einer Trennung. Alles – mein Atmen, sogar mein Herzschlag – stockte in diesen Minuten, wenn wir an den Inspizierenden vorbeigingen.

Erzsike, meine Schwester, die jünger war als ich, ging als erste und ich musste ihr folgen. Da wir ähnlich arbeitsuntauglich waren, hatte man uns immer zusammen abgelehnt. Wegen unseres körperlichen Zustandes und unseres schmalen Körperbaus glaubten wir nicht, dass wir eine Chance hätten, zur

Arbeit ausgewählt zu werden und Auschwitz zu entkommen. Der Vormarsch der russischen Armee und der Plan der Deutschen, die körperlich unversehrten Häftlinge aus Auschwitz fortzuschaffen, wirkten zu unseren Gunsten.

Wir wurden ausgewählt und nach Bergen-Belsen, der Sammelstelle zur weiteren Verwendung, gebracht.

DIE TRANSPORTE

Wie aus den Akten hervorgeht gab es vier Transporte. Bis Dezember 1944 arbeiteten insgesamt 1.293 ungarische jüdische Frauen in Markkleeberg. Die Transporte wurden von der politischen Abteilung in Buchenwald registriert. Häftlingsnummern zwischen 49.001 und 51.000 wurden den jüdischen Frauen in Markkleeberg zugewiesen.[32]

Für den ersten Transport mit 500 Mädchen war die Situation im Lager günstiger, weil es weniger voll war. Die Gruppe bekam Handtücher und Kopftücher. Als die nächsten Transporte ankamen, verschlimmerte sich die Lage.

Nun, da wir mit den Gegebenheiten vertraut sind, wird das nächste Kapitel die Häftlinge selbst vorstellen. Wir werden ihnen auf dem Weg vom gesetzestreuen Bürger hin zum Arbeitssklaven folgen.

Datum	Zahl der ankommenden Frauen	Abgänge (Tod oder Verlegung)	Transport von / nach	Datum der Registrierung	Gesamtzahl der Frauen im Lager
31.08.1944	500*		Auschwitz	21.09.1944	500
15.10.2944	200*		Auschwitz		700
25.10.1944	300*		Bergen-Belsen	31.10.1944	1000
19.11.1944		1 - Moskovits, Ilona *			999
28.11.1944		1 - Raab, Irena *			998
08.12.1944	300*		Bergen-Belsen	30.01.1945	1298
21.01.1945		4 *	Bergen-Belsen		1294
03.02.1945		1 - Wilhelm, Irma *			1293
12.02.1945	125**		Akdo, Abterode	21.02.1945	1418
26.02.1945	124**		Akdo, Abterode	06.03.1945	1542
28.02.1945		1 - Grosz, Helena *			1541
10.03.1945		1 - Löwy, Margit *			1540
15.03.1945		1 - Frenkel, Roza *			1539
* Ungarische jüdische Gefangene ** Französische politische Gefangene					

Tabelle 1: Liste der Ankünfte und Abgänge von Gefangenen des KZ Außenlagers Markkleeberg

32 Internationaler Suchdienst, Bad Arolsen, Referenz Sach-Nr. 12462, schriftliche Mitteilung vom 29. August 2002, S. 72. Die Autorin (Katalin Szász) und ihre Schwester Erzsébet Szász wurden in der Transportliste geführt. Ihre Akten aus Auschwitz und Bergen-Belsen wurden auch beim Internationalen Suchdienst gefunden (siehe Tabelle), Referenz T/D – 414099, schriftliche Mitteilung vom 12. April 2007.

2. Die Herkunft der Häftlinge und ihr Weg nach Markkleeberg

UNGARN

Das Emanzipationsgesetz von 1876 gewährte den Juden Ungarns Gleichheit und Bürgerrechte. In den folgenden Jahren nahmen sie gleichberechtigt am Leben in Ungarn teil, sie waren Akademiker, Geschäftsleute und Handwerker. Die Juden in den Städten lebten häufig völlig integriert, während die Juden in ländlichen Gemeinden ihre traditionelle Lebensweise beibehielten. Obwohl ihnen rechtlich Gleichstellung gewährt wurde, waren ungarische Juden Ziel des Antisemitismus. Sie wurden für territoriale Verluste im Ersten Weltkrieg und die folgenden wirtschaftlichen Schwierigkeiten verantwortlich gemacht. Ab 1938 waren die Juden weiteren antisemitischen Maßnahmen ausgesetzt.

Die ungarische Innen- und Außenpolitik zwischen den beiden Weltkriegen wurde von dem Wunsch dominiert, den Vertrag von Trianon zu revidieren. Der Friedensvertrag zwischen Ungarn und den Alliierten, der am 4. Juni 1920 unterzeichnet worden war, hatte Ungarn fast drei Viertel seines Vorkriegsterritoriums beraubt. Die Vision eines größeren Ungarn und die „Korrektur" der „Zersplitterung" des Staates wurden zu wichtigen nationalen Themen. Man reagierte sehr befriedigt, als die Tschechoslowakei die Obere Provinz Felvidék am 2. November 1938 an Ungarn zurückgab. Kosice (Kassa auf Ungarisch) kam somit auch zum ungarischen Staatsgebiet. Kosice lag nah der Grenze und nahe meiner Heimatstadt Abaújszántó, die schon immer auf ungarischem Gebiet lag.[33]

Wir waren sehr glücklich, als Kosice wieder zu Ungarn gehörte. Hanni Geiger und Rózsi Klein, die zwei Schwestern meiner Mutter, lebten dort mit ihren Familien. Bald konnten wir sie besuchen und ich war glücklich, meine Cousinen wiederzusehen – besonders Lili Klein, die in meinem Alter war.

Als sich die Nahrungsmittelsituation in den Städten verschlechterte, brachten wir ihnen Gänse- und Entenfleisch und Gänseleber, die sie sehr mochten.

---

33 Abaújszántó liegt an der ungarisch-slowakischen Grenze. Die Gegend ist bekannt für ihren Tokajer Wein, welcher aus Reben gewonnen wird, die auf vulkanischem Gestein wachsen.

1938, zur Zeit der Rückgabe der Oberen Provinz, erließ Ungarn das erste antijüdische Gesetz, dessen Ziel es war, die Juden aus der Wirtschaft auszuschließen.

Das zweite, schwerwiegendere Gesetz von 1939 beschnitt die Bürgerrechte der Juden. Es betraf auch diejenigen, die in den neuerworbenen Gebieten lebten. Das neue Gesetz schränkte die Tätigkeit von Juden in der Wirtschaft ein, erklärte Juden für wehruntauglich und schloss aktive Soldaten aus dem Militärdienst aus. Anstelle des Militärdienstes wurden die Juden zum „Arbeitsdienst“ unter militärischer Kontrolle eingezogen.

SIEBENBÜRGEN

Ein wesentlicher Bestandteil des größeren Ungarn war Siebenbürgen, das am Ende des Ersten Weltkrieges gemäß dem Vertrag von Trianon (1920) Rumänien angegliedert worden war. Der sogenannte „Zweite Wiener Schiedsspruch“, der willkürlich von Nazi-Deutschland und dem faschistischen Italien verhängt worden war, legte die Teilung Siebenbürgens fest: Ungarn bekam die nördliche Hälfte, die es im September 1940 annektierte. Deren Bevölkerungszahl lag bei 2,5 Millionen, davon waren mehr als 164.000 Juden. Das dritte antijüdische Gesetz von 1940 sollte „die Reinheit der arischen Rasse schützen“. In den folgenden Jahren wurde der Antisemitismus zur offiziellen ungarischen Regierungspolitik. Damit war der Weg geebnet, damit sich Ungarn Hitlers Politik der „Endlösung“ anschließen konnte. Ein Geheimbefehl Hitlers erläuterte die Notwendigkeit, Ungarn zu besetzen. Der ungarische Regent Miklós Horthy wurde zu einer Sitzung eingeladen, die am 18. März 1944 nahe Salzburg stattfand. Schon bevor Horthy am Sonntag, dem 19. März 1944, nach Budapest zurückkehrte, waren die deutschen Truppen in Ungarn eingedrungen, ohne einen einzigen Schuss abzufeuern. Die spezielle operative Kommandoeinheit „Ungarn“, die von Adolf Eichmann im Konzentrationslager Mauthausen zusammengestellt worden war, kam am gleichen Tag in Budapest an, um die Deportation der 725.000 ungarischen Juden in die Tat umzusetzen. Nachdem die Deutschen in jenem März eine ihnen hörige Regierung in Ungarn eingesetzt hatten, war das Schicksal der ungarischen Juden besiegelt.

Am 31. März 1944 wurde der Befehl erlassen, dass die ungarischen Juden gelbe Zeichen zu tragen hätten. Obwohl wir wussten, dass die Lage ernst

Die Eltern der Autorin, Miriam-Mariska und Sándor Szász 1940

war, erkannten wir nicht die Gefahr, in der wir uns befanden. Junge Leute komponierten noch Lieder wie das folgende über Durchhaltevermögen und Widerstand. Der Textautor ist unbekannt und der Text wurde auf die Melodie eines populären Schlagers jener Zeit geschrieben.

Der Jude ist stolz, den gelben Stern zu tragen;
Er ist nicht trübsinnig; das ist nicht seine Art.
Er trägt das Joch in Erwartung eines besseren Morgen.

Die Zeit wird kommen, in der es keinen gelben Stern mehr geben wird.
Jene, die ihn uns gaben, werden verstehen,
Jene, die ihn uns gaben, werden feststellen,
Dass sie ohne die Juden nicht auskommen können.[34]

Die Umsiedlung der Juden aus dem Nordosten Ungarns begann am 16. April 1944. Sie nahm in den ländlichen Gebieten ihren Anfang, von wo aus die Juden zu vorbestimmten Orten gebracht wurden; von dort kamen sie in die Städte, üblicherweise die Kreisstädte. Bis Juni 1944 wurde die gesamte ländliche jüdische Bevölkerung Ungarns deportiert und 95 Prozent dieser Juden wurden ermordet.

34 Nacherzählt von Anna Fülep Torontáli und anderen.

DEPORTATION AUS ABAÚJSZÁNTÓ

Am Sonntag, dem 16. April 1944, verkündete der Dorftrommler von Abaújszántó in den frühen Morgenstunden, dass die Juden ihre Häuser nicht verlassen dürften.[35] Kurz darauf sahen meine Schwester und ich, wie unser Vater und unser Großvater in fieberhafter Eile eine der Holzdielen im Pferdestall anhoben. Dort versteckte mein Vater einige unserer Wertsachen wie Gold- und Diamantschmuck.[36] Als die Erwachsenen sahen, dass wir zuschauten, wurden meine Schwester und ich weggeschickt, weil man Kindern solche Angelegenheiten nicht anvertraute. Vielleicht übergaben meine Eltern einige unserer kostbaren Besitztümer unseren christlichen Nachbarn zur sicheren Aufbewahrung, aber wenn dem so war, erfuhren wir es nicht. Uns blieb nicht viel Zeit zur Vorbereitung, weil wir in zwei Stunden abmarschbereit sein mussten. Wir besorgten uns einen kleinen Koffer und eine Reisetasche für die wenigen Sachen, die wir mitnehmen durften. Wir suchten wichtige Dokumente und Fotos heraus. Mein Vater nahm die Dokumente über unsere Staatsbürgerschaft, Geburtsurkunden, seinen Gewerbeschein und andere wichtige Urkunden mit. Ich packte einige Geschichten ein, die ich geschrieben hatte. Wir zogen uns unsere Reisekleidung an: Meine Schwester trug ihren orangefarbenen Angoramantel, der neu für das Passahfest war, und ich zog meine modischen neuen Plateauschuhe an.

Ich war noch beim Packen, als zwei Beamte mit einer vorbereiteten Liste der Namen und Adressen der Abzuschiebenden kamen und die Namen aufriefen: meinen 75-jährigen Großvater, meine 71-jährige Großmutter, meinen Vater, meine Mutter, meine 13-jährige Schwester und mich. Ich war damals 14 Jahre alt. Vertreter der jüdischen Gemeinde hatten die Liste vorbereitet. Die Polizei und die beiden zivilen Beamten forderten uns auf, uns dem Zug anderer jüdischer Familien anzuschließen, die bereits draußen warteten.[37]

Als wir in Abaújszántó zu unserer Sammelstelle in der öffentlichen Schule gingen, fiel mir plötzlich ein, dass unsere Katze Mici eingesperrt sein könnte. Ich hörte sogar ihre leise Stimme „miau" sagen. Ich begann zu weinen, aber es gab keine Möglichkeit umzukehren. Ich lief weiter und machte mir Sorgen um mein Kätzchen, das im Haus verhungern könnte. Die Sorge um meine

---

35 Einige Menschen, die im Rathaus der Stadt arbeiteten, sagten meinem Vater, dass die Juden deportiert und getötet würden. Aus irgendeinem Grund wussten sie es, aber wir wollten es nicht glauben.

36 Als wir nach der Deportation zurückkehrten, war der gesamte Aufbau des Stalls verschwunden.

37 Siehe Zahava Stessel, Wine and Thorns in Tokay Valley, Jewish Life in Hungary: The History of Abaújszántó, Madison NJ, Fairleigh Dickinson University and Associated Presses, 1995.

Katze betäubte den Schmerz über das Verlassen unseres Hauses und verschob meine Erkenntnis, dass wir vielleicht nie wieder zurückkommen. Die Leute versicherten mir, dass die Katze nicht lange allein bleiben würde, weil Beamte das Haus betreten würden, kurz nachdem wir es verlassen hatten, aber das war kein Trost für mich.

Stadtbewohner standen an jenem Sonntagnachmittag auf der Straße. Die meisten, junge und alte Leute, beobachteten uns teilnahmslos. Einige hatten ein Lächeln im Gesicht, andere hielten die Arme verschränkt und schauten uns mit verwirrter Neugier an.

Auf dem Schulhof, wohin man uns gebracht hatte, trafen wir unsere Schulfreunde und andere Mädchen aus der Nachbarschaft. Ich lief zu Márta Krausz, meiner Mitschülerin und besten Freundin. Später werde ich Márta in Bergen-Belsen wieder begegnen. Wir begrüßten uns, aber wir mussten bei unseren Familien bleiben. Martá kam zu mir herüber, als ich nach dem gewaltsamen Entfernen der goldenen Ohrringe, die ich seit meiner Geburt trug, mir die Tränen abwischte. Márta war gerade das Gleiche passiert.

Nicht weit von uns entfernt stand Márta Weisz Paran mit ihrer Familie. Márta wird ebenfalls eine Arbeitssklavin in Markkleeberg sein. Auch Ilona Roth wartete, dass sie an die Reihe kam. Sie gelangt ebenfalls nach Markkleeberg. Ilona war älter, aber wir kannten sie aus der Synagoge und aus dem Schuhladen ihrer Eltern, der sich in der Hauptstraße der Stadt befand. Elza Reich Szamosi, ein fröhliches Mädchen, sollte uns in Markkleeberg eine gute Freundin werden.

Yonit Levy, die Tochter der Autorin, und Enkeltochter Yarin vor dem ehemaligen Haus der Familie in Abaújszántó im Jahr 2000

Meine Schwester Erzsike sagte „Hallo" zu ihrer Freundin Judith Rosenberg, die dort mit ihrer älteren Schwester Eva Rosenberg Eichler und ihrer Mutter wartete. Judith, ein hübsches Kind, das von ihrem Bruder und ihrer Schwester verwöhnt wurde, wohnte nicht so weit von uns entfernt. Erzsike und Judith besuchten sich und spielten oft zusammen. Unglücklicherweise überlebten Judith und ihre Mutter die Selektion in Auschwitz nicht, wie wir von der älteren Schwester Eva in Markkleeberg erfuhren.

Die Nacht in Abaújszántó verbrachten wir im öffentlichen Schulgebäude. Am frühen Morgen des nächsten Tages, dem 17. April 1944, wurde die Hälfte der 200 jüdischen Familien aus Abaújszántó mit dem Zug in das nahegelegene Kosice gebracht. Meine Familie war in der ersten Gruppe. Auf dem Weg zum Bahnhof kamen wir an unserem Haus vorbei, in dem ich geboren worden war und mein bisheriges Leben verbracht hatte.

Die Sorge um Micis Schicksal beschäftigte mich noch immer, als ich mein geliebtes Zuhause sah. Vorn befanden sich das Bekleidungsgeschäft meines Vaters und die Fleischerei meines Großvaters. Durch den Eingang zum Hof konnte ich den Blumengarten sehen, den meine Großmutter mit so viel Liebe und Sorgfalt gepflegt hatte. Wir lebten in getrennten Wohnungen: meine Großeltern im vorderen Teil des Hauses und meine Familie im hinteren, nah am großen Obst- und Gemüsegarten.

Mein Vater war ein Einzelkind, sodass meine Schwester und ich der Stolz meiner Großmutter waren; sie schenkte uns ihre ganze Liebe und Aufmerksamkeit. Unser gutmütiger Großvater mit seiner langen Pfeife und seinem Schnurrbart erfüllte getreu die Wünsche meiner Großmutter. Eines Tages, als ich in der ersten Klasse war, brachte mir mein Großvater mein nicht aufgegessenes Frühstück in die Schule. Die Erinnerung an diese peinliche Situation wurde für meine Enkel zur Lieblingsgutenachtgeschichte.

Unser Leben in der kleinen Stadt war ruhig und sicher gewesen. Die Einwohner waren voneinander abhängig und vertrauten sich. Wir kannten fast jedes Mitglied der jüdischen Gemeinde; man arbeitete das ganze Leben im gleichen Ort und im gleichen Beruf. Abgesehen von zweiwöchigen Besuchen mit meiner Mutter bei meiner Großmutter mütterlicherseits in der nahegelegenen Stadt Sátoraljaujhely hatten wir nie unser Zuhause verlassen. Kinder auf dem Land fuhren nicht ins Ferienlager.

Boriska war 46 Jahre lang unser treues Dienstmädchen. Sie hatte schon meinen Vater zur Schule begleitet und brachte mich in den Kindergarten und in die erste Schulklasse. Zur Zeit der antijüdischen Gesetze war Boriska alt und konnte nicht mehr arbeiten. Sie hatte eine Schwester, deren gesundheitliche Probleme Boriskas Ersparnisse aufbrauchten. Als ihre Schwester starb, war Boriska auf unsere Hilfe angewiesen, da sie alt und schwach war, keine Familie und keine Sozialversicherung hatte. Wir unterstützten sie auch während der letzten Jahre, als unsere wirtschaftliche Situation aufgrund der antijüdischen Gesetze schwierig war. Als wir deportiert wurden, drückte Boriska, die verlassen zurückblieb, uns gegenüber ihre tiefe Trauer aus.

Auf dem Weg zum Bahnhof warf ich einen letzten Blick durch die schwachen Strahlen der frühen Morgendämmerung auf mein Haus. Ich fühlte Mitleid und Mitgefühl mit dem verlassenen Gebäude. Wie ein Familienmitglied, das zurückgelassen wurde, stand es allein und einsam da.

Später, nach allen Veränderungen in meinem Leben und den Wegen, die mich das Schicksal führte, kam ich immer zurück, um einen Blick auf mein altes Haus zu werfen. Letztes Mal war ich im Jahr 2000 mit meiner Tochter und meinen drei Enkelkindern dort. Ich glaube nicht, dass ich jemals über diese erste meiner vielen Trennungen hinwegkommen werde.

DIE GHETTOS

Um den Prozess der Vernichtung zu erleichtern, schufen die Nazis Ghettos, wodurch die Isolierung der Juden beschleunigt wurde. Die ungarischen Ghettos führten bald nach Auschwitz und damit in die Katastrophe für die ungarischen Juden. In Kosice befand sich eine der größten jüdischen Gemeinden in Ungarn.

Ihre drei großen „jüdischen Straßen“ wurden zu „jüdischen Häusern“ erklärt und von der restlichen Stadt durch einen Zaun abgetrennt. Jedoch war eine Flucht zu diesem Zeitpunkt noch möglich.[38]

Im Jahr 1943 hatte meine Cousine Lili aus Kosice zwei Wochen der Sommerferien bei uns verbracht. Die Stimmung war angespannt, aber noch konnten wir den Besuch unserer Cousine aus der Stadt genießen. Wir lernten von ihr ein paar der neuesten Schlager. Später, im Lager in Markkleeberg, sangen die Mädchen die Lieder, die Lili uns gelehrt hatte. In Kosice wagte nur meine Tante Hanni, uns in den jüdischen Häusern zu besuchen. Sie brachte uns Papiere für die Flucht. Es waren nichtjüdische Ausweise für eine Frau und zwei Mädchen. Für einen Mann hatte Hanni keine falschen Doku-

38 Randolph L. Braham, The Politics of Genocide: The Holocaust in Hungary, New York, Columbia University Press, 1981, 1:545.

mente bekommen können. Das Angebot hätte bedeutet, dass meine Mutter meinen Vater und ihre Eltern zurücklassen müsste. Ohne zu zögern entschied sich meine Mutter gegen die Flucht. Es war eine Entscheidung, die sie das Leben kostete. Hanni, Lili und ihre Mutter Rózsi überlebten den Krieg im Versteck.

Kosice war eine der ersten ungarischen Deportationszonen. Am 28. April 1944 kamen die Lastwagen an und brachten die Juden aus Abaújszántó von den jüdischen Häusern zu einer abgeriegelten Ziegelei am Stadtrand von Kosice. Das war das offizielle Ghetto. Die Flucht von dort war fast unmöglich. Jedermann, der sich dem Zaun näherte, wurde ohne Vorwarnung erschossen. Das Ghetto war die geeignete Stelle für die unauffällige und effiziente Deportation der Juden.

Man hatte die jüdische Bevölkerung aus anderen ländlichen Gemeinden des Abaúj-Torna Landkreises, der Kosice umgab, auch ins Ghetto von Kosice gebracht. Dort begegneten wir Familien aus den nahegelegenen Dörfern, darunter auch Mädchen, die ich aus der Mittelschule in Abaújszántó kannte. Wir grüßten einander und fanden Trost darin, Freunden zu begegnen. Miteinander in der gleichen Situation erschien uns unser Gefängnis weniger bedrohlich. Hava Hartmann Kleinberg und ihre Schwester Miriam Hartmann Carmi winkten uns zu, als sie ihre gute Freundin Márta Weisz Paran grüßten.

Bald schloss sich uns Margit Lang Stein an, eine Mitschülerin von Márta aus Göncz, einer Stadt, nicht weit entfernt von Abaújszántó. Margit war älter als wir, sie war freundlich und redete mit uns. Agnes Glück Rabinovics und Klára Spitz Snitzler aus Encs waren auch im Ghetto. Klára Spitz Snitzler, ihre ältere Schwester und ihre Mutter, eine freundliche und nette Frau, sprachen mit uns. Alle sahen in ihrer modischen Kleidung elegant aus. Wir bewunderten Klára, die fast in meinem Alter war. Später suchte ich nach ihr, aber die Ereignisse im Ghetto überstürzten sich, sodass ich ihre Spur verlor. Keiner von uns ahnte das traurige Schicksal und die Trennung, die uns in Auschwitz erwarteten. Ich begegnete Klára wieder, als wir in Markkleeberg eintrafen. Alle diese Mädchen aus Abaújszántó und Umgebung, die in Markkleeberg ankamen, wurden zu einem Teil unserer Familie der Landsmannschaft.[39] Menschen aus der gleichen Stadt oder Gemeinde, die sich vor dem Krieg kannten, bildeten eine Ersatzfamilie.

Die Tage im Ghetto waren sehr schwer. Gerüchte jeder Art schürten unsere Emotionen. Dann kam eine Gruppe zusätzlicher ungarischer Polizei an.

39 Der Plural ist Landsmanshaften (Jüdisch), eine Verbindung von Menschen aus der gleichen Gemeinde im alten Land.

Man sagte uns, sie würde bei unserer Umsiedlung nach Kenyérmezö helfen, wo wir zur Arbeit eingesetzt würden.

Kosice war der Ort, wo die Ungarn die Juden an die Deutschen übergaben. Bis zum 9. Juli 1944 erreichte die Zahl der deportierten Juden 438.000. Von ihnen allen wurden weniger als zwanzig Prozent als „zur Arbeit geeignet" ausgewählt. Die „Endlösung", die in Polen viereinhalb Jahre währte, dauerte in Ungarn nur drei Monate. All das geschah vor den Augen der örtlichen Bevölkerung und der ganzen Welt. Obwohl die Juden im südlichen Siebenbürgen wie die Juden in Rumänien den Krieg fast unversehrt überlebten, kamen die Juden des ungarisch regierten nördlichen Siebenbürgen nach Auschwitz. Viele dieser Mädchen waren mit uns als Arbeitssklaven in Markkleeberg.

AUSCHWITZ

Im Ghetto von Kosice wurden die Juden aus Abaújszántó zusammen mit anderen aus der Region in drei Gruppen eingeteilt und zwischen dem 14. Mai und 7. Juni 1944 nach Auschwitz transportiert. Das waren die ersten Massendeportationen aus Ungarn.[40]

Wir waren im zweiten Transport, der Kosice am späten Freitagnachmittag des 19. Mai 1944 verließ. Die Polizei drängte zur Eile. Während meine Mutter meiner Großmutter half, die hohen Stufen des Zuges hinaufzusteigen, stützte mein Vater meinen Großvater. Als es vorwärts ging, schaute meine Mutter nur eine Sekunde nach hinten, um zu sehen, ob wir ihr folgten. Plötzlich schlug ein Polizist sie mit seinem Gummiknüppel auf die Schulter. Es musste meiner Mutter wehgetan haben; ich sah den Schmerz auf ihrem Gesicht, aber sie versuchte zu lächeln und uns zu beruhigen, es sei nichts weiter. Meine mutige Mutter. Noch immer sehe ich ihr schmerzverzerrtes Lächeln vor mir. Diese Szene und der Schmerz kommen jedes Mal wieder, wenn ich ein Foto sehe, das die Deportation zeigt und Menschen, die in die Waggons hineinklettern.

Wir stiegen alle in den gleichen Viehwagen ein und versuchten, etwas Platz nebeneinander zu finden. Ich hatte Angst und umarmte meine Mutter im Stehen mit all meiner Kraft. Sie ließ mich auf ihre Füße setzen, damit ich

---

40 Braham, Politics of Genocide, 1:324.

mich etwas ausruhen konnte.[41] Wir dachten, unsere Situation würde sich verbessern; wir hatten den Namen des Ortes nie zuvor gehört.

Obwohl die ungarischen Juden mehrere Jahre im Schatten von Auschwitz gelebt hatten, wussten sie nichts Genaues von den Gaskammern und den Massenmorden, die dort begangen wurden. Wir hatten keine Ahnung, aber die jüdischen Würdenträger in Ungarn kannten Auschwitz.

Es ist ein schmerzhaftes Kapitel ungarischer jüdischer Geschichte. Hätten die Verantwortlichen dieses Wissen geteilt, hätte man möglicherweise einige Leben retten können.[42]

DIE SPRACHE DES TODES

Im bereinigten Vokabular des „Dritten Reiches" wurde die Auswahl derer, die sofort oder später starben, als „Selektion" bezeichnet. Das Töten nannte man „besondere Behandlung", „Entlausung", „Desinfektion" oder „spezielle Aktion".

Der Euphemismus verbarg die grausame Wahrheit eine Weile vor den Opfern und erleichterte so die Vollstreckung. Menschen betraten die Umsiedlungstransporte und Duschräume mit viel weniger Zwang, wenn sie nicht wussten, was sie dort erwartete.

Die weniger anstößigen Worte ermöglichten es vielleicht den Henkern, sich selbst etwas vorzumachen und den Schweregrad der Taten vor ihrem Gewissen zu mildern. Die ausweichende Terminologie „entgiftete" das Töten und half den Wachen, es zur Routine werden zu lassen.

---

41 Siehe Zahava Stessel, „Ode to Mother: Melody of a Dismembered Childhood", The Jewish Week, New York, 6. Mai 1988, S. 26. Siehe auch Zahava Stessel, „Róza (Rachel) Szász" in: Jennifer Gates Hayes (Hrsg.), Pearls of Wisdom from Grandma, New York: Regan Books. Ein Abdruck von Harper Collins Publishers, 1997.

42 Zahava Stessel, „Keserü vigasztalász", Newyorki Figyelö, New York, Observer, 2. Februar 1984, S. 12.

ANKUNFT IN AUSCHWITZ-BIRKENAU

Am Montag, dem 22. Mai 1944, bei Tagesanbruch kam unser Zug an. Die Leute waren regungslos und im Halbschlaf. Wahrscheinlich wachte ich auf, als der Zug hielt. Ich schaute durch das kleine vergitterte Fenster hinaus und sah in der Ferne Männer mit kahlen Köpfen in gestreiften Sachen, die auf unsere Ankunft warteten. Meine Großmutter stand neben mir und fuhr mir über den Kopf. Ich fühle noch ihre zärtlichen Finger. Dann umarmte sie mich, meine kleine Großmutter. In Erwartung, was als nächstes passieren könnte, versuchte sie, die Situation erträglicher zu machen. Weil sie wusste, wie stolz ich auf meine blonden Zöpfe war, sagte sie zu mir, auch wenn man meine Haare abschneiden würde, sollte ich mir keine Sorgen machen, sie würden wieder wachsen. Meine ehrliche, vertrauensvolle Großmutter, die ihr ganzes Leben darauf bedacht war, das Richtige zu tun, konnte nicht das Ausmaß des Grauens ermessen, das uns erwartete; die kommenden Minuten, die unser Leben beenden oder für immer kennzeichnen würden.

Auschwitz-Birkenau war der Ort, an dem alles begann und endete. Dort entschied ein deutscher Offizier, den wir später als Dr. Josef Mengele, den „Engel des Todes", kennenlernten, mit einem sofortigen Urteil, ob man noch eine Weile weiterlebte oder sofort starb: Das war die „Selektion". Nach der langen Fahrt waren wir kaum bei vollem Bewusstsein, als die Tür des Waggons aufgerissen wurde und einige merkwürdige Leute in Uniform hereinkamen, die unsere Sachen auf den Bahnsteig warfen. Wir hatten keine Zeit nachzudenken, alles geschah so schnell. Als wir aus dem Viehwaggon kletterten, erwartete uns neben knurrenden deutschen Schäferhunden eine Reihe von Sturmtruppen in glänzenden schwarzen Stiefeln und mit Peitschen.

Die Schreie der SS-Offiziere: „Los, los, aussteigen, aussteigen!" mischten sich mit dem Geschrei der Leute, die nach ihren Familienangehörigen suchten. Die Waggons spien Tausende von Menschen auf den Bahnsteig. Die SS-Wachen zu beiden Seiten stießen die Menschen mit ihren Gewehrkolben und die Menge drängte vorwärts.

Als erstes wurden mein Vater und mein Großvater von uns getrennt. Sie mussten der Männergruppe beitreten. Es ging alles so schnell, dass ich mich nur an den verwirrten, bestürzten Gesichtsausdruck meines Vaters erinnere. Um uns herum schoben und drängten die ängstlichen und verstörten Menschen. Ich sah meinen Vater und meinen Großvater nur noch ein einziges Mal, bevor die Menge sie verschluckte.

Wo wir standen, bildete sich eine Traube. Es gab ständige Schreie, sich zu beeilen; wir wurden angewiesen, zu fünft in einer Linie zu laufen. Dr. Josef

Mengele, den ich an seinen hohen polierten Stiefeln erkannte, gab ein Zeichen und Häftlinge begannen, Menschen herauszuziehen und sie in verschiedene Richtungen zu schicken; alle gingen schnell dorthin, wohin sie geschickt wurden. Meine Schwester und ich liefen neben meiner Mutter und meine Großmutter hatte den Arm meiner Mutter gefasst. Plötzlich wurden Erzsike und ich angewiesen, zur Seite zu gehen, während meine Mutter und meine Großmutter weiterliefen. Alles passierte so schnell, dass wir überrascht waren; wir hatten nicht erwartet, getrennt zu werden. Wir schrien, als die Wachen uns gewaltsam wegzogen. Wir weinten und baten, mit unserer Mutter und Großmutter gehen zu können, aber vergebens. Der letzte verzweifelte Blick meiner Mutter und die Hilflosigkeit meiner Großmutter, als ihre kleine Gestalt in der Ferne verschwand, erstarrten in meinem Herzen und haben mich mein ganzes Leben begleitet. Später wurden meine Schwester und ich gefragt, ob wir Zwillinge wären. Erzsike, die damals dreizehn Jahre alt war, wurde wahrscheinlich durch die Behauptung, wir wären Zwillinge, gerettet, weil Dr. Mengele uns für seine genetischen Experimente brauchte.

Wenn wir in Gedanken auf diese furchtbaren letzten Momente zurückblicken, wird jede von uns von den Fragen „Was wäre gewesen, wenn?“ oder „Was hätte passieren können?“ verfolgt. Ich überlege immer, wie meine Mutter hätte ausgesucht werden können, um mit uns zu überleben.

Barbara Klein Stark, die ein ausgezeichnetes Erinnerungsvermögen besitzt und uns viele Informationen über das Lager in Markkleeberg gab, ging mit ihrer Mutter und ihrer 17-jährigen Schwester. Als Dr. Mengele Anweisung gab, sie zu trennen, flehte und bat die Mutter unter Tränen, dass sie nicht allein bleiben könnte. Es war eine der unheilvollen Regungen Dr. Mengeles, der Mutter diesen Gefallen zu tun und das junge Mädchen bei ihr zu lassen. Barbara blieb alleine. Ihre Freundin und Lagerschwester Magda Schön Hilf half ihr zu überleben.

Alle ungarischen Mädchen in Markkleeberg, auch diejenigen, die aus Bergen-Belsen kamen, waren zuerst in Auschwitz-Birkenau. Unser Schicksal wurde dort besiegelt, als wir die Selektion und die qualvolle Trennung erlebten. Jede Einzelne erlitt dieses Unglück und machte diese schmerzliche Erfahrung. Jede von uns verlor enge Familienangehörige, die Mutter, Schwestern und kleine Brüder.

AUF DER SUCHE NACH MEINEM VATER

Jedes Mal, wenn Männer kamen, um Arbeiten im Frauenlager in Auschwitz zu verrichten, riefen sie den Namen der Stadt, aus der sie kamen. Sie wollten wissen, ob jemand aus ihrer Heimatstadt käme. Wenn ich den Namen eines mir bekannten Ortes hörte, nahm meine Aufregung zu. Dann als ich sah, wie schlimm die Männer aussahen, wie geschändet und elend sie waren, hatte ich fast Angst, unter ihnen meinen Vater zu erkennen. Obwohl ich meinem Vater als Häftling nicht begegnete, trafen meine Schwester und ich eine Frau, die meinen Vater als jungen Mann kannte. Wir waren die zweite Woche nach unserer Ankunft dort und litten unter dem Schock und der Trennung. Verloren und einsam klammerten wir uns aneinander.

Eines Morgens warteten wir wie üblich draußen zwischen zwei Baracken. Die Sonne brannte unbarmherzig auf unsere rasierten Köpfe und es gab nur wenige schattige Plätze. Wir wussten nicht, was wir tun sollten und standen einfach herum, als eine Frau sich näherte. Es war eine schlanke Frau von ungefähr vierzig Jahren mit einem freundlichen Gesicht und einem sympathischen Lächeln. Sie fragte uns, woher wir kämen. Als wir ihr sagten aus Abaújszántó, lächelte sie und zeigte auf meine Schwester: „Du bist die Tochter von Sándor Szász; du hast seine Augen und seinen Gesichtsausdruck." Wir waren fassungslos und erschüttert bei der bloßen Erwähnung des Namens unseres Vaters. „Mein Name ist Szerén", sagte sie. „Ich kenne euren Vater sehr gut. Ich hätte ihn fast geheiratet." Als sie mit einem leichten Zucken im Gesicht sprach, erinnerte ich mich an eine Geschichte meiner Großmutter, als ich ein junges Mädchen war und begierig darauf, die Jugendabenteuer meines Vaters zu hören. Mein Vater Sándor Szász war ein Einzelkind und stand unter der strengen Aufsicht und dem Schutz unserer Großmutter. Diese Aufgabe war nicht leicht: Sándor war ein lebenslustiger Junggeselle aus einer wohlhabenden Familie. Die Mädchen mochten seine Begleitung und Sándor fiel es schwer, Nein zu sagen, ohne die Gefühle der Mädchen zu verletzen. Unter seinen Freunden war Szerén, für die sich Sándor ernsthaft interessierte. Sie war ein hübsches, zartes Mädchen aus der nahen Stadt. Meine Großmutter war mit Szerén zufrieden, bis sie eines Tages das Zucken in Szeréns Gesicht bemerkte.

Das leichte Zucken war für jeden anderen unmerklich, aber für Großmutter war es ein ernsthaftes Problem. Über den Kampf zwischen Mutter und Sohn erfuhr ich nichts, aber sie war zufrieden, als Szeréns Besuche seltener wurden.

Szerén ermutigte uns, stark zu sein und darauf zu vertrauen, dass der Krieg bald zu Ende wäre und dass die Welt dann eine bessere sein würde.

Wir sprachen über die guten Zeiten und das leckere Essen. Szerén sagte, dass sie einen Sohn hätte, der mit seinem Vater gegangen wäre. Er wäre der Richtige für Erzsike, wenn wir wieder zu Hause wären, sagte sie. Szeréns Freundschaft half uns in unserer Not in der ersten Zeit in Auschwitz. Als unsere Zuneigung und unser Respekt für sie wuchsen, bemerkten wir voller Schmerz, dass Szeréns Gesundheit sich verschlechterte. Um das sich verstärkende Zucken zu verbergen, stellten wir sie in die Mitte einer Fünferreihe. Das verdeckte sie eine Weile, aber schließlich gab es kein Entrinnen vor den durchdringenden Augen der SS. Der Tag, an dem sie Szerén bedeuteten vorzutreten, war einer der dunkelsten unseres Lagerdaseins.[43]

MEDIZINISCHE ERFAHRUNGEN

In unserer Baracke, die für Experimente bestimmt war, standen wir unter Beobachtung. Wir wussten, dass wir wegen Fieber untersucht wurden, aber erst später erfuhr ich, dass Typhus- und Scharlachkranke zuvor in unserer Baracke untergebracht waren. Wir wurden dieser Baracke zugewiesen, da die Deutschen untersuchen wollten, wie viele Personen innerhalb von einundzwanzig Tagen an Typhus oder Scharlach erkranken würden. Eine Gruppe von Ärzten untersuchte uns ab und zu und sonderte diejenigen aus, die diese Krankheiten bekamen. Unsere Mithäftlinge rieten uns, uns zu verstecken, wenn wir uns krank fühlten, und es nicht zu sagen, wenn wir Fieber hätten. Ich bekam hohes Fieber. An diesem Morgen konnte ich kaum den Kopf beim Zählappell hochhalten. Meine Schwester flehte mich an aufzustehen. Sie und eine Freundin halfen mir. Szerén war nicht mehr bei uns; und draußen bat Erzsike andere Mädchen, mich in die Mitte der Reihe zu lassen und vor der SS zu verstecken. Glücklicherweise gab es keine spezielle Inspektion an jenem Tag. Langsam erholte ich mich und das nächste Mal konnte ich beim Appell ohne Hilfe stehen. Einige Tage später endete unsere Quarantäne.[44]

---

43 Siehe Zahava Szász Stessel, „A Chance Encounter", in: Martin Ira Glassner und Robert Krell (Hrsg.), And Life Is Changed Forever: Holocaust Childhood Remembered, Detroit, MI, Wayne State University Press, 2006, S. 139–149.

44 2004 erhielten weitere Überlebende, meine Schwester und ich eine symbolische Entschädigung für an uns durchgeführte medizinische Experimente. Referenz #MEF 10293168C001 der Claim Conference, 26. Januar 2004.

WIR VERLASSEN AUSCHWITZ

Schließlich, nach mehreren Ablehnungen und nachdem sich die Belegung des Lagers stark verringert hatte, gab es eine Selektion, für die wir uns nicht ausziehen mussten. Dr. Mengele war nicht da und die SS-Männer guckten uns nur in die Augen. Wir sollten ins Lager Bergen-Belsen geschickt werden, das nur ein Durchgangslager war. Beim Verlassen von Auschwitz war es uns möglich, andere Teile des Lagers zu sehen. Vorher durften wir uns nur in der Umgebung unseres eigenen Blocks aufhalten. Als ich im Jahr 1994 Auschwitz besuchte, hatte ich ein besonderes Gefühl von Freiheit, weil ich das Gelände kannte.

Wir bekamen saubere Kleidung, die von anderen Häftlingen stammte, oder Kleidung derer, die im Krematorium umgekommen waren. Wir behielten diese Kleidung während der Zeit im Lager. Unsere Schuhe wurden gegen Holzschuhe ausgetauscht. Wir bekamen auch ein halbes kleines Brot und ein wenig Wurst mit auf den Weg. Das war das erste Mal in den letzten Monaten, dass wir etwas aufgeregt waren. Wir wussten nicht, welches Glück wir hatten, Auschwitz lebend zu verlassen. Irgendwie hofften wir, dass man unsere Eltern auch irgendwohin gebracht hätte. Auf dem Weg nach Bergen-Belsen erlaubte die deutsche Wache, dass die schwere Schiebetür des Waggons offen blieb und so konnten wir die sich verändernde Landschaft auf unserer zweitägigen Reise von Polen nach Deutschland sehen. Am Tag sahen wir Kühe und arbeitende Menschen, als der Zug durch landwirtschaftlich genutztes Gebiet fuhr. Wir machten große Augen und glaubten es nicht, dass die Erde sich weitergedreht hatte und die Welt ihre Normalität behalten hatte, während wir in Auschwitz waren.

In der Nacht fuhr der Zug durch Dörfer und Städte mit ihren erleuchteten Fenstern. Wir dachten an die Leute, die dort wohnten; sie waren frei und konnten ihr normales Leben führen. Nur wir waren die Ausgestoßenen – unsere Welt war zerstört. Irgendwie begann ich damals, meine Situation als Gefangene zu verstehen, etwas, was ich zuvor nicht hatte begreifen können. Ich war der Meinung, ein Gefangener oder ein Häftling musste irgendetwas Böses getan haben, um bestraft zu werden. Das hatte man uns zu Hause gelehrt. Wir hatten dem Gesetz des Staates und der Ordnung der Welt vertraut – wir hatten gedacht, dass Menschen wegen des Krieges in Arbeitslager gesteckt wurden. Wir dachten auch, dass nur Verbrecher ins Gefängnis kämen. Als wir plötzlich die Ungerechtigkeit verstanden, in deren Folge wir eingesperrt worden waren, schmerzte diese Erkenntnis sogar noch mehr. Obwohl man uns eingesperrt hatte, war unser Verstand nachts frei, um zu wandern. In meiner Phantasie wurde der Zug zu einer von Sternen gezogenen Kutsche am Himmel, die mich nach Hause in eine bessere Zeit brachte.

BERGEN-BELSEN

Das Lager Bergen-Belsen bei Hannover im Nordwesten Deutschlands wurde 1943 als Kriegsgefangenenlager eingerichtet. Es war für 10.000 Soldaten geplant worden und wurde später als provisorisches oder Durchgangslager für Zivilisten genutzt, die gegen deutsche Kriegsgefangene ausgetauscht werden sollten. Ab 1944 übernahm SS-Major Josef Kramer, den man später „die Bestie von Bergen-Belsen" nannte, Gefangene aus anderen Lagern. Tausende jüdische Häftlinge kamen ins Lager. Anfang 1945 hatte Bergen-Belsen 41.000 Insassen.

UNSERE ANKUNFT IN BERGEN-BELSEN

Als wir Ende September ankamen, begleiteten uns dieselben Wachen, die mit uns im Zug waren, auf dem stundenlangen Marsch zum Lager. Kurz nach unserer Ankunft wurden unsere persönlichen Daten aufgenommen. Viele Dinge sind in meinem Gedächtnis ausgelöscht, aber ich erinnere mich deutlich an die Registrierung an den Tischen außerhalb der Zelte. Vielleicht beeindruckte es mich, dass jemand etwas über uns wissen wollte. Man fragte nach unseren Namen, Geburtsorten und den Namen unserer Eltern. Ich bekam die Nummer 5.420 und Erzsike erhielt Nummer 5.419.

Die Furcht vor einer Trennung oder dem Tod verfolgte uns auch in Bergen-Belsen. An einem der ersten Tage unseres Aufenthaltes befahl man uns mitten am Tag zu einem Sonderappell. Wir wussten nicht, was passiert war, und erfuhren erst später, dass jemand ein Stück aus unserem Zelt herausgeschnitten hatte, um Kleidung herzustellen. Über Lautsprecher wurde demjenigen befohlen vorzutreten.

„Wenn sich niemand meldet, wird jeder Zehnte erschossen!", waren die schrecklichen Worte, die aus dem Lautsprecher in Deutsch und Ungarisch tönten.

Wir standen wie versteinert in diesen wohl dramatischsten Stunden unseres Lebens im Lager. Was, wenn Erzsike die Zehnte wäre? Man würde uns nicht erlauben, die Plätze zu tauschen, ich könnte nicht ihre Stelle einnehmen. Ohne Erzsike würde ich alles verlieren: den letzten Funken Hoffnung, die letzte Verbindung zu meiner Vergangenheit, zu unserem Zuhause, die einzige Verbindung zu der Welt, die ich kannte. Nein, wir werden ihnen nicht erlauben, uns wegzujagen, wie sie es mit Mutter und Großmutter getan haben, dachte ich. Wir werden das gleiche Schicksal teilen; sie werden uns beide erschießen müssen.

Wir hörten das Geräusch des Karrens, der unser Essen brachte. Er erreichte uns und drehte um, ohne dass Essen ausgeteilt wurde. Hunger und Enttäuschung waren groß. Die Stunden dehnten sich zur Ewigkeit, als wir auf den Beginn der Exekution warteten. Die Lautsprecher plärrten weiter, diesmal nur in immer wütenderem Deutsch, das wir nicht im Einzelnen verstanden.

Nach stundenlangem Stehen fielen immer mehr Gefangene in Ohnmacht, aber niemand durfte ihnen helfen. Ich schaute zu Erzsike und hatte Angst, als nächste umzufallen, als es plötzlich ganz still war. Wir wagten nicht zu atmen in dieser unheimlichen Stille. Vorn besprachen sich hochrangige deutsche Offiziere. In meiner panischen Furcht sah ich sogar, wie Maschinengewehre in Stellung gebracht wurden. Dann kam ohne Begründung der Befehl zum Wegtreten. Wir hatten erfahren, was Todesangst bedeutet, stolperten zurück zu den Baracken und lebten in Furcht, dass die Quälerei beim nächsten Appell weitergehen würde. Das war nur ein Beispiel für die zahlreichen schrecklichen Ereignisse, denen wir ausgesetzt waren. Jedes Mädchen, das in Markkleeberg ankam, führte seine eigenen schockierenden Erinnerungen mit sich.

In Bergen-Belsen freundeten wir uns mit Margit und Isabella Lörinch an. Sie waren etwas älter als wir. Isabella war drei Jahre älter als ich und Margit war noch älter, aber wir kamen gut mit ihnen aus.

Tuberkulose war die größere Plage in Bergen-Belsen. Lautlos schädigte sie die Gesundheit und damit das ganze Leben. Als es immer schlimmer wurde, starben die Mädchen auf dem Fußboden um uns herum. Früh am Morgen wurden die Toten vom Boden aufgehoben und vor die Zelte gelegt. Später kamen Gefangene mit einem Karren und brachten sie weg. Am Anfang waren wir schockiert und hatten Angst. Ich zog Erzsike weg und sagte ihr, sie solle die Toten nicht ansehen. Voller Mitgefühl hörten wir das Klagen der Familienmitglieder. Manche starben laut, andere still. Es ging uns besser, wenn wir sie nicht kannten. Ein Mädchen, das in unserer Nähe schlief, wachte nicht auf. Ihre völlig verzweifelte Schwester Ica konnte sich damit nicht abfinden.

„Gestern ging es ihr noch gut!“, schrie sie. „Vielleicht wird sie wieder gesund.“ Aber sie brachten die Schwester schnell weg, während Ica klagte. Wir rutschten an Ica heran und auch Isabella und Margit sprachen mit ihr. Ica war etwa so alt wie ich und ihre Schwester war zwei Jahre älter. Erzsike und ich dachten das Schlimmste, aber wir äußerten uns nicht. Unter Weinen und Schluchzen erzählte uns Ica von der schönen Zeit zu Hause. Sie wusste nicht, was sie ihrem Vater sagen sollte. Zu jener Zeit glaubten wir noch, unsere Eltern wären am Leben und würden nach dem Krieg nach Hause kommen. Als Ica hemmungslos schluchzte, forderten wir sie auf, mit nach draußen zu kommen. Sie tat es und traf glücklicherweise Mädchen aus ihrer Heimat. Sie nahmen sie mit in ihr Zelt und baten ein Mädchen, die Plätze zu tauschen. Danach sah ich Ica vielleicht noch einmal. Sobald sie uns sah, begann sie zu weinen. Dann verloren wir uns aus den Augen. Ich hoffe, sie hat überlebt. Es gab einen erfreulichen Augenblick in diesem einsamen, trostlosen Herbst, als wir erfuhren, dass meine Cousine Erzsébet Markovics Dicker am Leben und in einer der Baracken war. Die Tochter der Schwester meiner Mutter, Erzsébet oder Bözsi, wie wir sie nannten, war viel älter als wir und hatte in einer anderen Stadt gewohnt, aber sie stand mir auf besondere Weise nah. Wir waren diejenigen in der Familie mit den gleichen blonden Haaren. Wie gut wäre es, Bözsi zu treffen. Wir würden einige der glücklichen Gefühle und Erinnerungen an Zuhause austauschen. Bözsi war so nah und doch so unerreichbar. Trotz all unserer Versuche und der Hilfe anderer Gefangener konnten wir sie nicht finden. Ich stelle mir vor, wie auch sie nach uns suchte. Aber das werden wir nie erfahren, denn Bözsi starb kurz nach der Befreiung in Bergen-Belsen.[45]

---

45 Erzsébet Markovics Dicker, geboren 1930, war die älteste Tochter von Frida und Samuel Markovics. Ihr Ehemann war Deszö (David) Dicker aus Gavan, wo Bözsi und ihre Familie auch wohnten. Ihr einziger Sohn Jozsika starb in Auschwitz.

WIEDERSEHEN MIT MEINER BESTEN FREUNDIN

Als ich eines Tages zur Latrine ging, hörte ich eine vertraute Stimme vom anderen Ende meinen Namen rufen. Ich zog Erzsike mit mir und folgte dem Klang. Da stand Márta Krausz, meine beste Freundin aus Kindertagen und meine Klassenkameradin. Márta war immer voller Leben und deshalb war ich so glücklich, ihre Freundin zu sein. Wir wohnten nahe beieinander, teilten unsere kleinen Geheimnisse und weil wir beide kein Telefon hatten, besuchten wir uns zu jeder Tageszeit. Aus dem Ghetto wurden wir in unterschiedlichen Transporten nach Auschwitz gebracht und unser Kontakt riss ab. Als wir uns in Bergen-Belsen trafen, sah Márta sehr mitgenommen aus; Erzsike beschrieb sie später als kränklich, aber mir fiel es nicht auf. Ich sah in ihre braunen Augen, die immer noch den Glauben der Kindheit und den Optimismus ausdrückten, den ich so sehr an ihr mochte. Márta und ihre zwei Jahre ältere Schwester Vera trafen nach uns in Bergen-Belsen ein, nachdem sie in einer Fabrik gearbeitet und einen Todesmarsch überlebt hatten. Sie waren ebenfalls von ihrer Mutter und Großmutter getrennt worden. Wir umarmten uns und gerade, als sich unsere Augen mit Tränen füllten, musste Mártas Gruppe gehen. Ich war von unserer Begegnung zutiefst betroffen und dachte, dass dieses Treffen mir beides bescherte, Schmerz zum einen und frohe Gefühle der Verbundenheit mit der alten Welt, die so fern war. Wie schön wäre es, wenn wir vier zusammen sein könnten! Wir wären fast eine komplette Fünferreihe beim Appell. So oft ich konnte, ging ich von nun an zur Latrine und nahm jedes Mal Erzsike mit. Wir blieben so lange wie möglich, aber ich traf Márta nie wieder. Kurze Zeit danach, als ich wieder mit Erzsike auf der Suche nach Márta bei der Latrine anstand, sagte man uns, dass es einen Appell geben würde, um Arbeiter zu rekrutieren.

Wir waren unglaublich aufgeregt, aber ich bestand dennoch darauf, zur Latrine zu gehen, in der Hoffnung, Márta wäre dort. Erzsike war besorgt, kam aber mit, nur um wieder enttäuscht zu werden. Wir rannten zurück und machten uns für den Appell fertig.

Es war Anfang Dezember. Isabella gab mir schnell einen Kamm, den sie geborgt hatte und Erzsike und ich kämmten uns die Haare. Margrit bewunderte mein blondes Haar, das gut aussah, seit es wieder ein wenig gewachsen war. Margrits Komplimente gaben mir etwas Selbstvertrauen. Wir standen an, um uns Hände und Gesicht an der Leitung draußen zu waschen. Man sagte uns, dass wir uns für diese Selektion nicht ausziehen müssten. Erzsike, die einfallsreicher war als ich, besorgte mir einen Stofffetzen, den ich als Gürtel um mein viel zu großes Kleid binden konnte. So sah es besser aus. Wir strichen unsere Kleider glatt und beteten, dass man uns nicht trennen würde.

Wir standen im Schlamm beim Appell und die Selektion begann. Unsere Herzen krampften sich vor Angst zusammen, als wir an den Männern vorbeiliefen.

Zu unserem Glück und Vorteil gab es einen Mangel an Zwangsarbeitern und Gefangenen, sodass die SS bei der Auswahl oberflächlicher war. Man nahm uns beide und die Schwestern Lörinch. Wir priesen unser Glück; und sogar heute noch, während ich diese Zeilen schreibe, bin ich Gott dankbar dafür, dass wir diesem vierten und letzten Transport nach Markkleeberg zugewiesen wurden.

Klassenfoto von 1942, Márta Krausz, Klassenkameradin der Autorin, die zweite von links in der dritten Reihe. Zahava Szász Stessel sitzt in der Reihe vor ihr, die zweite von links, nur die Hälfte ihres Gesichtes ist zu sehen.

Es gab keinen Weg, Márta über unsere Abreise zu informieren. Trotz all der Angst und der Aufregung wegen der Abfahrt dachte ich immer noch an Mártas liebes Gesicht. Wie lange sie wohl noch nach mir Ausschau gehalten hatte? Würde ihr klar sein, da sie die Unvorhersehbarkeit des Lebens im Lager kannte, dass es nicht meine Schuld war? Ich erinnerte mich an unsere wunderbaren Späße und Kinderspiele und sandte ihr in Gedanken meine Nachricht von Liebe und ewiger Freundschaft. Ich vertraute darauf, dass Márta meine Nachricht auf den magischen Schwingen unserer Kindheit erhalten hatte, und fühlte mich ein wenig besser.

Hätte ich schon damals vom tragischen Schicksal meiner besten Freundin gewusst und davon, dass ich sie nie wiedersehen würde, wäre mein Schmerz noch sehr viel größer gewesen. Nach dem Krieg erzählte mir Gizella Steinberger, ein Mädchen aus Abaújszántó, die bei Márta und Vera war, dass die beiden in Bergen-Belsen in derselben Baracke untergebracht waren wie Anne Frank. Vera starb einen Tag vor der Befreiung an Typhus und Márta lebte nur einige Tage länger.[46]

Von all den Erinnerungen an das Lager ist das Treffen mit Márta eine, die nie verblasst. Wenn ich jene schrecklichen Fotos der abgemagerten Toten aus Bergen-Belsen sehe, die man einäschert, dann sehe ich das traurige Gesicht meiner Freundin Márta unter ihnen.

WIR VERLASSEN BERGEN-BELSEN

Während wir in Fünferreihen zum Bahnhof liefen, verwandelte sich der Regen, der auf unsere nackten Füße in den Holzschuhen fiel, in Schnee. Am Tor ließen uns die Wachen hinaus: 300 Frauen. Wir liefen zehn Kilometer und stolperten immer wieder über die Steine auf der ungepflasterten Straße. Endlich erreichten wir die Züge. Wir waren glücklich, uns setzen zu können und die Blasen an unseren Füßen zu versorgen. Ich schnitt ein Stück meines Gürtels ab und gab es Erzsike, damit sie ihren Fuß verbinden konnte. Nachdem wir eine Weile unterwegs waren, erschütterten plötzlich Explosionen

46 Zahava Szász Stessel, „The Memories of a Survivor; On Participating in the American Gathering of Jewish Holocaust Survivors in Washington", The Jewish Press, New York, 8. April 1983, S. 9. Ich habe Márta nie vergessen. Ich ging viele Male an Mártas Haus vorbei, wenn ich Abaújszántó nach dem Krieg besuchte. Ich habe Márta und ihre Schwester Vera in das Register der Holocaustopfer in Yad Vashem, Jerusalem, eingetragen.

und Einschläge von Bomben unseren Zug. Er hielt an, fuhr danach jedoch sehr schnell weiter. Als wir nach einer Weile hinausschauten, sahen wir ein Gebäude mit einem Turm. Jemand erkannte es als das Völkerschlachtdenkmal von Leipzig. Wir fuhren noch eine halbe Stunde und erreichten einen kleinen Bahnhof. In der Ferne konnten wir Leipzig noch sehen.

DIE BEWOHNER DES MARKKLEEBERGER LAGERS

Die Insassen in Markkleeberg kamen alle aus Ungarn und den von Ungarn annektierten Gebieten.[47] Die Juden aus Siebenbürgen und der oberen Provinz von Felvidek in der Tschechoslowakei teilten die pro-ungarische Haltung der ungarischen Juden sowohl kulturell als auch sprachlich. Sie fühlten sich als Teil von Großungarn. Einige der jüdischen Gefangenen in Markkleeberg waren amerikanische Staatsbürger. Erzsebet Biro wurde am 22. Oktober 1910 in Zalaegerszeg geboren und lebte in New York. Sie kehrte nach Ungarn zurück und wurde zusammen mit der restlichen jüdischen Bevölkerung deportiert. Frau Biros Gefangenennummer war 49511; sie steht auf der Liste derer, die in Theresienstadt ankamen.

Die beiden ersten der vier Transporte kamen direkt aus Auschwitz-Birkenau. Die beiden anderen brachten Frauen, die auch in Bergen-Belsen waren. Die erste Gruppe aus Auschwitz, die in Markkleeberg am 31. August 1944 ankam, war vorher in Plaszow, in der Nähe von Krakau in Polen. Der Film Schindlers Liste bezog sich auf Ereignisse in Plaszow und wurde wirklich im Lager gedreht.

In Auschwitz wussten die Frauen nicht immer, welche Gruppe die „richtige“ war. Ilana Sajovits Breiner hatte nach der Selektion große Angst. Sie versuchte, in die andere Gruppe zu kommen. Als sie mit ihrer Schwester und ihrer Cousine dastand, sagte ein tschechisches Mädchen zu ihr:

„Keine Angst, ihr kommt an einen guten Ort!“ Da entspannte sich Ilana ein wenig.

---

47 1944 gehörten zu Ungarn auch Gebiete der Südslowakei, das Karpatenvorland von Russland (ehemals Gebiet der Tschechoslowakei), das nördliche Transsilvanien (ehemals Rumänien) und die Bacska Region Jugoslawiens.

3. Ankunft, Unterbringung und Arbeit im Steinbruch

DER ERSTE TRANSPORT

Am letzten Tag im August 1944 kam die erste Gruppe ungarischer jüdischer Frauen, die meisten waren zwischen zwanzig und dreißig, von Auschwitz aus an. Die SS hatte 500 Arbeiter angefordert; sie wurden in Güterzügen transportiert, die Fahrt dauerte drei Tage.

Am Bahnhof wurden die Mädchen und Frauen vom Kommandanten empfangen. Die Aufseherinnen regelten ihren Ausstieg und begleiteten sie zum Lager. Es schien den Mädchen, als seien sie in einem Wald angekommen, nur den hohen Fabrikschornstein konnte man von Weitem sehen. Eine der Aufseherinnen fragte nach dem Gepäck der Mädchen und war sehr überrascht zu hören, dass sie keinerlei Habe hatten.

Die Frauen waren zuerst nach Krakau Płaszów geschickt worden, bevor sie nach Auschwitz zurückkehrten, wo ihr Haar erneut abrasiert wurde. In Markkleeberg kamen sie komplett kahl an und Oberscharführer Alois Knittel fragte, ob ihr Haar geschnitten worden wäre, weil sie Läuse hätten.

Als die Mädchen im Lager ankamen, wurde ihnen befohlen, sich am ehemaligen Wasserbecken zu versammeln. Knittel sagte ihnen: „Ihr seid hergekommen, um zu arbeiten. Wenn ihr gut arbeitet und brav seid, werde ich zu euch wie ein Vater sein." Und die Chefaufseherin, die neben ihm stand, sagte: „Ich werde euch eine Mutter sein wie eure leibliche Mutter." Es war ein guter Anfang.

Die Mädchen waren im fabrikeigenen Gefangenenlager untergebracht. Jede erhielt ein Handtuch, eine Zahnbürste, Seife, ein Tuch und eine Schüssel für Mahlzeiten. Das Gelände war so schön, dass sie sich wie im Himmel fühlten – besonders nach Auschwitz. Die Aufseherinnen, noch neu in ihrem Job, waren höflich und unerfahren. Die Freude der Mädchen dauerte jedoch nur einige Tage.[48]

Jedes Lager hatte seinen eigenen Kleidungsstil; in einigen trugen die Insassen normale Zivilkleidung. In Markkleeberg erhielten wir Gefängnisuniformen bestehend aus dunkelgrauen Overalls aus hartem, dünnem, zeltpla-

48 Frank, 365 Nap, S. 79.

nenartigem Material und einem Unterhemd. Das Hemd hatte angeknöpfte Ärmel, die entfernt werden konnten. Der Anzug sah von vorn aus wie eine Schürze mit Schulterriemen, die wir auf dem Rücken kreuzten. Die Hosenbeine des Overalls waren lang und am Knöchel mit schwarzem Strick gebunden. An den Seiten der Hose befand sich ein roter Streifen und über den Rücken des Oberteils war ein großes, rotes X mit Ölfarbe gezeichnet. Die Gefangenen mussten die roten Markierungen selbst aufbringen, sie waren zur Erkennung und zur Verhinderung von Fluchtversuchen gedacht. Niemand versuchte jemals, aus Markkleeberg zu fliehen, jedoch machte uns die Uniform während des Todesmarsches Probleme: Wir wussten, wir würden mit ihr nicht weit kommen, ohne von der Bevölkerung erkannt zu werden. Nach einer Woche Quarantäne und Organisatorischem wurde das Lager Markkleeberg mit den ersten 500 jüdischen Gefangenen offiziell eröffnet. Die Frauen begannen am 7. September 1944 mit der Arbeit in der Fabrik.[49]

DER ZWEITE TRANSPORT

Im zweiten Transport am 15. Oktober 1944 waren nur 200 ungarische jüdische Frauen. Markkleeberg war ihr erstes Lager, nachdem sie Auschwitz verlassen hatten. Sie waren drei Tage gereist.

DER DRITTE TRANSPORT

Der dritte Transport mit 300 Mädchen erreichte Markkleeberg von Bergen-Belsen am 25. Oktober 1944. Knittel hatte inzwischen Erfahrung gesammelt, seine Empfangsrede war kurz. Unter den Ankommenden waren meine Freundinnen Elza Reich Szamosi, Hava Hartmann Kleinberg und ihre Schwester Miriam Hartmann Carmi, Márta Weisz Paran, Eva Rosenberg Eichler und Klára Spitz Snitzler. Sie würden Erzsike und mich später bei unserer Ankunft begrüßen.

---

49 „Buchenwald invoices and daily strength reports, N 52/E20“, in: Wartel Bartel (Hrsg.), „Buchenwald: Mahnung und Verpflichtung“, Berlin, Kongress Verlag, 1960, S. 241.

DER VIERTE UND LETZTE TRANSPORT JÜDISCHER FRAUEN

Detaillierter kann ich vom vierten Transport nach Markkleeberg berichten, weil Erzsike und ich unter den 300 waren, die am 8. Dezember 1944 ankamen.[50] Wir stiegen aus dem Zug aus, bildeten Fünferreihen und begannen zu laufen. Der Bahnhof war nicht weit entfernt vom Lager. Als wir hereinliefen, riefen uns die Insassen etwas auf Ungarisch zu. Auf unsere Antworten reagierten sie sehr aufgeregt. Jede von ihnen hoffte, dass vielleicht eine lang vermisste Verwandte unter uns war oder wir zumindest Neuigkeiten über deren Verbleib hatten. Wir waren positiv überrascht von dem, was wir vorfanden.

Die Baracken waren aus Beton gebaut und hatten Glasfenster, sogar Elektrizität war vorhanden! Ich erinnere mich, Erleichterung gefühlt zu haben, als sie uns in die Wohnquartiere führten und die Mädchen um uns herum riefen: „Ihr seid an einem guten Ort angekommen! Wir werden hier wie Arbeiter behandelt.“ Es munterte uns auf, nicht länger in einem Vernichtungslager zu sein. Die anderen Frauen in unserer Baracke kamen aus Städten und Dörfern aus ganz Ungarn. Sie stellten uns Neuankömmlingen viele Fragen über die Konzentrationslager und besonders über Auschwitz und Bergen-Belsen, wo sie vorher gewesen waren.

Wir hatten zehn dreistöckige Betten in unserem Zimmer. Auf jedem waren eine Matratze aus Jute-Baumwollgewebe, gefüllt mit Stroh, und eine Armeedecke. Bis auf zwei Mädchen, Hanka und ihre Freundin, die aus Polen stammten, waren alle aus Ungarn. Wir konnten nachts kaum schlafen, obwohl es das erste Mal in unserem Lagerleben war, dass wir jeder ein eigenes Bett hatten. Wir waren zu aufgeregt, an diesem neuen Ort zu sein, der von allen Lagern das erträglichste darstellte. Später, als wir uns langsam eingewöhnt hatten, mussten wir dennoch herausfinden, dass das Leben eines Gefangenen auch in Markkleeberg nicht einfach war.

50 Wir wurden am 17. Dezember 1944 in Buchenwald registriert. Internationaler Suchdienst, S. 69.

Eine der Baracken im Markkleeberger Lager 1944. Das Original befindet sich im Heimatmuseum in Markkleeberg.

UNSERE ERSTEN TAGE IN MARKKLEEBERG

Der nächste Tag war ein Sonnabend und wir stellten uns in einem großen Quadrat auf. In der Mitte stand eine Gruppe deutscher Soldaten und Aufseherinnen. Knittel hielt eine Rede, in der er sagte: „Ich hoffe, ihr werdet hier zufrieden sein. Wir werden euch fair behandeln, aber wir erwarten auch, dass ihr zu unserer Zufriedenheit arbeitet." Zsuzsanna Csanyi war die offizielle Übersetzerin. Knittel versuchte, freundlich zu wirken. Er lächelte uns an, aber ich nahm nur die glänzenden Stiefel, die SS-Uniform und seine grimmigen Augen wahr.

Wir wurden entlassen und später am Nachmittag kamen einige Mädchen zu uns zu Besuch. Sie nannten die Namen von ungarischen Städten und besetzten Gebieten. Plötzlich hörten wir den Namen unserer Heimatstadt. Erzsike sah mich an, und wir sprangen auf. Unter den Neuankömmlingen waren nur wir zwei aus Abaújszántó. Die Mädchen aus unserem kleinen Dorf waren nach unserem Aufenthalt in Auschwitz in alle KZs in Deutschland verteilt worden.

Elza Reich Szamosi war diejenige, die den Namen unserer Heimatstadt gerufen hatte. Wir kannten sie gut, sie hatte in einem Viertel nahe der Bahnstation Marcinfalva gewohnt. Wenn sie zum Stadtzentrum oder in die Synagoge ging, war sie immer an unserem Haus vorbeigekommen und wir unterhielten uns jedes Mal kurz. Elza war etwas älter als ich und ein findiges, lebhaftes Mädchen. Sie zu sehen, wie sie uns mit echter Entzückung umarmte, gab mir ein wohliges Gefühl und rief in mir Erinnerungen an zu Hause wach und an Zeiten, als ich noch eine Identität gehabt hatte.

Sie versicherte uns, dass wir gut aussahen. Trotzdem konnte sie ihr Erstaunen über unsere Veränderung, seitdem wir uns das letzte Mal zu Hause gesehen hatten, nicht verbergen. Elza lobte vor allem Erzsikes Aussehen, sie war schon als Kind sehr hübsch gewesen. Elza stellte uns viele Fragen über andere Mädchen aus Abaújszántó, dann fiel ihr plötzlich ein, dass sie zu ihrer Baracke zurückkehren musste. Sie kam später mit Márta Weisz Paran, einem weiteren Mädchen aus Abaújszántó wieder. Márta war älter als Elza und wir schätzten sie besonders. Ihrem Vater hatte ein großer Hof mit vielen Bewohnern, genannt „Zsidó udvar" (Jüdischer Hof), gehört. Wie in unserer Kultur üblich, brachte Elza ein Geschenk mit – etwas Rohrzucker, den sie von ihrem Essen am Vortag aufgehoben hatte. Márta und Elza versicherten uns beide, dass unsere neue Unterkunft wesentlich besser wäre als Bergen-Belsen.

Am Sonntag wurden wir später geweckt, weil die deutsche Belegschaft etwas länger schlafen wollte. Die Fabrik blieb sonntags geschlossen und alle Mädchen des Lagers waren in ihren Baracken. Der Appell dauerte länger als gewöhnlich. Bella Spitz, die Lagerälteste, stand da und sah satt und warm angezogen aus. Neben ihr befanden sich Erzsébet Iczkovits, ihre Helferin und diejenige, die uns die Arbeit zuteilte, und Zsusanna Csanyi, Übersetzerin und Büroarbeiterin, die perfekt Deutsch, Französisch und Englisch sprach. Die Aufseherinnen trugen graue Armeeröcke und -jacken, sie waren gekämmt und parfümiert. Einige hatten blond gefärbte Haare. Während sie die ankommende Soldatengruppe beobachteten, flirteten manche der Frauen offen mit ihnen. Dann stand die Chefin der Aufseherinnen, die Oberin, vor Knittel und begann die Begrüßung mit folgendem Standardtext: „Arbeitslager Markkleeberg, Außenkommando Buchenwald." Anschließend las sie die Zahl der Anwesenden und der Kranken vor.

Die Gesichter von vielen der Soldaten schienen uns vertraut, denn sie waren so genannte „Volksdeutsche" (Deutsche aus ungarischem Gebiet) und wir kannten deren Art gut. Mit der Ankunft von Knittel erschien auch die gesamte deutsche Belegschaft auf dem Appellplatz. Es herrschte absolute Ruhe, während wir dreimal gezählt wurden.

Später summten die Mädchen neben uns folgendes Lied. Auch wir lernten es schnell.

Zu jedem Sonnenaufgang in Markkleeberg gehen wir zum Appellplatz. Wir stehen dort stundenlang, unsere Hände und Füße durchgefroren bis auf die Knochen.
Wir stellen uns in Fünferreihen auf, angeführt von der Blockältesten. Dann zählt uns die „Stuben"[51] *durch und wehe dir, wenn du fehlst. Die Gruppe schiebt und rempelt dich von rechts und links. Es ist besser, wenn du dich von Anfang an darauf einstellst.*
Ob es regnet oder der Wind weht, du bist ein Jude, also lass dich nicht entmutigen.
Alles geht vorüber und wird eines Tages zu Ende sein.
Jeder Dezember verspricht auch einen neuen Mai.

Endlich durften wir zurück in unsere Blocks und die Mädchen aus unseren Heimatorten besuchten uns erneut. Márta Weisz Paran brachte Margit Lang Stein mit, die in der nahegelegenen Kleinstadt Gönc geboren worden war. Wir fragten Margit nach Familie Reinitz, unseren Verwandten in Gönc – sie wusste jedoch nichts über deren Verbleib. Margit war in der Mittelschule von Abaújszántó eine Klassenkameradin von Márta Weisz Paran gewesen. Márta und Margit waren nach der Selektion in Auschwitz beide allein – Márta hatte einen Bruder und ihre Eltern verloren, Margit ihre Eltern und ihre jüngere Schwester.

Die beiden arbeiteten in der großen Fabrik, Elza war in die kleinere, die frühere Schokoladenfabrik, eingeteilt worden. Die Fabriken wurden, soweit wir wussten, von „Junkers Flugzeug- und Motorenwerke A.G., Motorenbau Zweigwerk Markkleeberg" verwaltet und produzierten Flugzeugteile.

Die Neuigkeit unserer Ankunft verbreitete sich schnell unter den Lagerinsassen. Klára Spitz Snitzler, die wir aus dem Ghetto kannten, besuchte uns später. Ihre Mutter und ihre Schwester waren in die andere Reihe eingeteilt worden, als Klára in die Gruppe für Markkleeberg kam. Sie freute sich, uns zu sehen, trotzdem wir keine Nachricht von ihren Verwandten hatten. Eine gute Freundin von Klára war Eva Rosenberg Eichler. Evas jüngere Schwester Judith war Erzsikes Spielgefährtin in Abaújszántó gewesen. Sie wurde in Auschwitz auf „die Seite ohne Wiederkehr" geschickt. Weil sie allein in Markkleeberg waren, wurden Klára Spitz Snitzler und Eva Rosenberg Eichler

51 Stubendienst oder Stuben meinte eine Gefangene, die Zimmerverantwortliche, die der Blockältesten gegenüber rechenschaftspflichtig war.

„Lager-Schwestern". Sie überlebten zusammen und führten ihre Schwesternschaft für den Rest ihres Lebens fort. Außerdem trafen wir die Hartmann-Schwestern – Hava Hartmann Kleinberg und Miriam Hartmann Carmi. Sie kamen ursprünglich aus Abaújszántó, waren aber bald in die nicht weit entfernte Stadt Szikszó umgezogen. Die Schwestern waren immer mit Mädchen aus Abaújszántó und der Umgebung zusammengeblieben.

„Was denkst du von Bella, der Lagerältesten?", fragte Elza. „Sie ist eine starke Raucherin", erzählte sie mir, „und die Mädchen, die Zigaretten von den Fremdarbeitern oder den deutschen Vorarbeitern bekommen, verkaufen sie an Bella. Für jede Zigarette gibt sie ihnen zwei Teller dicke Suppe, die sie von unseren Portionen abzieht. Auch andere, zum Beispiel die Blockältesten, stehlen von unserem Essen." „Was weißt du über Knittel?", fragte ich Elza. „Wir haben alle Angst vor ihm", antwortete sie. „Er ist ein seltsamer, böser Mann mit angsteinflößend durchdringenden Augen. Auf Arbeit wissen wir nie, wann er auftaucht. Die größte Sünde ist, wenn jemand mit einem deutschen Zivil- oder Zwangsarbeiter spricht."

Elza und die anderen Mädchen, die bei uns vorbeikamen, sahen ordentlich aus. Es schien, als wären ihre Overalls gebügelt, mit einer Bügelfalte vorn. Sie betrachteten uns mitleidig wegen unserer zerknitterten, dreckigen Sachen.

Unser Transport, der vierte und letzte mit jüdischen Gefangenen, wurde „die Gruppe mit den Mänteln" genannt.

Elza riet uns, das Futter und die Kragen zu entfernen, da sie uns sonst sowieso weggenommen würden, aber wir hatten Angst. Die Mädchen, die uns besuchten, waren überrascht, dass die Deutschen uns im Dezember noch brachten. Sie glaubten, dass die Arbeit in der Fabrik zu jenem Zeitpunkt aufgrund des Materialmangels weniger war.[52] Außerdem zogen sich die Deutschen an der Front zurück und das Kriegsende erschien nah. Wie gewohnt verstanden wir die SS-Absichten und -Aktionen nicht. Da wir heute von den Geheimplänen für die Ardennenoffensive (16. Dezember 1944 – 25. Januar 1945) wissen, können wir ihren damaligen Optimismus etwas besser verstehen.[53] Unser einziges Gefühl war unsagbare Dankbarkeit darüber, dass wir jedes Mal doch überlebten, auch wenn unser Leben oft genug am seidenen Faden hing.

Wir hatten Sonnabend und Sonntag, um uns in der neuen Umgebung zu orientieren. Die Zeit teilten wir nach den Wachablösungen der Aufseher ein.

52 Miriam Porat, Lelo Shihrur [Nicht befreit], Tel Aviv, Eked, 1982, S. 70.

53 Die Ardennenoffensive war im Zweiten Weltkrieg die letzte Offensive an der Westfront – ein erfolgloser Versuch, die Alliierten zu spalten und den Einmarsch nach Deutschland zu verhindern. Die Deutschen zogen sich im Januar 1945 zurück, aber beide Seiten erlitten schwere Verluste.

Sonntagnachmittag hatten wir etwas mehr Zeit, die Baracken und das Lager um uns herum anzuschauen. Wie auch die anderen Neuankömmlinge waren wir zufrieden mit den Lebensbedingungen hier, die für uns eine Verbesserung bedeuteten. Zwar hatten wir einige Bedenken, ob wir der Arbeit in der Fabrik gewachsen sein würden, schoben diese aber beiseite.

Sonntagabend war kein Appell. Wir aßen Abendbrot und warteten auf den nächsten Tag. Montagmorgen wurden wir zum Appellplatz gerufen. Zuerst waren dort keine Deutschen; nur Bella und einige Blockälteste waren anwesend. Dann tauchten die Oberin und ein paar Aufseherinnen auf. Wir standen für fast zwei Stunden. Es war bereits hell, als wir Knittel bemerkten. Er war verärgert und seine schrecklichen Augen blitzten uns an. „Herrgott Sakrament!", schrie er, weil einige Mädchen nicht stillstanden. Er lief an unseren Reihen vorbei und fluchte. Ich hatte Angst, ihm auch nur ins Gesicht zu schauen und sah deshalb auf seine hohen, schwarzen Lederstiefel und seine festen Schritte. Inzwischen hatten die Blockältesten jeweils ihren Platz an der Spitze ihres Blockes eingenommen. Knittel sagte uns:

„Beobachtet, wie die Mädchen, die vor euch hier eintrafen, marschieren. Ihr werdet es ihnen nachmachen." Neben ihm stand Bella, die mit einer lauten, singenden Stimme kommandierte: „Links, zwei, drei, vier ... links ... links ... links ..." Die Mädchen, alle im Overall, marschierten zum Rhythmus wie Soldaten. Einige Aufseherinnen und Wachen gingen mit ihnen. Wir sahen ihnen nach, als sie aus dem Tor herausgingen und in zwei verschiedenen Richtungen verschwanden.

Unsere Gruppe wurde zum Lagerhaus befohlen. Wir mussten unsere Mäntel abgeben und jede erhielt einen Overall. Wir waren froh, weil wir glaubten, dass der Overall bedeutete, wir würden in der Fabrik arbeiten. Wir mussten uns jedoch in Geduld üben. Während wir warteten, sagte eine der Aufseherinnen zu uns: „Ihr seid zum Arbeiten hergebracht worden, und wenn ihr das nicht zufriedenstellend tut, werdet ihr in ein anderes Lager geschickt."

Wir kehrten zu den Baracken zurück und wurden dann erneut zu einem Appell gerufen. Knittel sah zu, als weiße Bänder mit Nummern an jede von uns ausgehändigt wurden. Meine Nummer war 50226; Erzsikes war 50225. Wir bekamen außerdem Nadel und Faden, um das Band an den linken Ärmel unseres Overalls anzunähen.

Am nächsten Tag schien es uns, als wären wir gerade erst eingeschlafen, als mit einem Mal das Licht in unserem Raum anging und jemand „Aufstehen! Appell!" genau in mein Ohr schrie. Ich sprang auf und bald begannen sich Reihen zitternder Mädchen zu formen.

Dann kam Láju, oder Lajcsu, unsere Blockälteste, um uns zu zählen. Die Lagerälteste kam als Nächste. Die Wachen standen bereits an den Seiten, während die Aufseherinnen herumgingen und kontrollierten, dass jede von uns nach Vorschrift in Reih und Glied stand. Wir wussten, unser Platz war vorn. Die Größeren standen hinten. Die Reihe neben uns hielt sich nicht an die Ordnung – und wurde dafür von der Aufseherin brutal gemaßregelt. Als sie an uns vorbeilief, waren wir sehr erleichtert. Die Mädchen der anderen Blocks, die die Morgenroutine bereits kannten, standen unterdessen stramm wie eine Armee-Einheit. Alle Gefangenen versammelten sich auf dem Platz nahe dem Wasserbecken und stellten sich in einem großen Viereck auf. Das Lager wurde still vor Anspannung. Knittel erschien mit militärischem Schritt. Er stand direkt vor unserer Gruppe und hielt eine kurze Rede: „Ich hoffe, ihr werdet hier zufrieden sein. Wenn ihr gut und entsprechend unserer Erwartungen arbeitet, werdet ihr auch gut behandelt. Achtet nun auf die Art und Weise, wie die anderen Mädchen sich bewegen. Ihr werdet es ihnen gleichtun, ich wünsche militärische Disziplin und Ordnung!"

Die Lagerinsassen bildeten Gruppen entsprechend ihrem Arbeitsplatz. Jede war ein „Kommando" – eine Arbeitsgruppe. Die Lagerälteste begann mit ihrem Gesang:

„Links ... zwei ... drei ... vier ... links ... zwei ... drei ... vier ... links ... links ... links ..." Die Reihe von Mädchen in Uniform-Overalls begann, im Rhythmus zu marschieren, verließ in Begleitung der Aufseherinnen und Wachen das Lager durch das Tor und verschwand.

Wir anderen blieben stehen und kehrten letztlich alle in die Baracken zurück, wo wir Frühstück erhielten: Eine Tasse mit braunem Wasser, das sie Kaffee nannten! Es war ein wolkiger und rauer Tag und unser ungeheizter Raum bot nur wenig Schutz vor der Dezemberkälte. In unsere Decken gewickelt tranken wir langsam die dunkle, warme Flüssigkeit. Es wäre gut gewesen, wenn wir etwas Brot vom letzten Abend gespart hätten. Wir hatten Angst gehabt, dass es gestohlen werden könnte – so etwas war uns schon einmal passiert.

Plötzlich hörten wir Geräusche und Frau Iczkovits, die Arbeitszuteilerin, und Zsuzsanna Csanyi, die Übersetzerin und Sekretärin, standen an der Türschwelle und regten sich auf, dass wir zu lange zum Frühstücken bräuchten. Dann bemerkte Frau Iczkovits die Decken um uns. „Wie könnt ihr es wagen, die Decken am Tage zu benutzen? Wisst ihr nicht, dass sie jederzeit ordentlich ausgebreitet auf dem Bett zu liegen haben!?" Sie beschimpfte uns aufgebracht. Ich beeilte mich, das Bett wieder zu bedecken und wir rannten voller Angst hinaus.

Draußen zählten sie uns wieder mit eisiger Effizienz und teilten uns verschiedenen Arbeitskommandos zu. Wir würden erst die Quarantänezeit überstehen müssen, bevor wir zusammen mit den Zivilisten und Fremdarbeitern in der Fabrik arbeiten könnten. Man wollte sichergehen, dass wir keine ansteckenden Krankheiten mitgebracht hatten. Stattdessen wurden wir Gruppen zugeteilt, die außerhalb des Lagers arbeiteten. Manche von uns wurden bereits existierenden Kommandos zugeordnet. Zwanzig Mädchen mussten Holz sägen, zwanzig arbeiteten in der Tischlerei, andere in einer Schneiderei und wiederum andere in der Schuhmacherei. Zwölf sammelten Abfall, zwanzig machten Gartenarbeit, zwanzig wurden zur Straßenreparatur eingeteilt und acht zum Kohleschaufeln.[54] Die restlichen von uns, mit Erzsike und mir unter ihnen, wurden als Einführung in das Arbeitslager von Markkleeberg zur Arbeit in den Steinbruch geschickt. Nach einer weiteren kurzen Wartezeit kam ein SS-Soldat niedersten Ranges. Er führte uns aus dem Lager heraus. Am Tor zählten sie uns erneut und wir nahmen uns Schaufeln, Spitzhacken und Spaten für den Gesteinsabbau aus dem Lagerraum.

DER STEINBRUCH

Die Arbeit in jenen Kommandos war körperlich eines der härtesten Dinge, die wir zu ertragen hatten. Der Steinbruch war ein berüchtigter Ort, geschaffen für besondere und ungestörte Misshandlung durch die SS. Die Frauen schufteten in der bitteren Kälte ohne jegliche Art von Schutzkleidung. Einige brachen Steine aus dem Fels, andere zerkleinerten sie und luden sie auf Wagen oder Schubkarren, um sie mit primitivsten Mitteln zu einem anderen Teil des Lagers zu bringen, wo sie sie aufhäufen mussten. Die Arbeit war nicht nur körperlich zermürbend, sondern auch gefährlich.

Das Wetter war kalt, trocken und sehr windig. Mit jedem Atemzug füllten sich unsere Lungen mit bitterkalter Luft. Wir froren an den Händen, als wir mit den schweren Schaufeln auf unseren Schultern zum Steinbruch liefen. Manche hatten sich Teile ihres Mantelfutters um die Füße gewickelt. Wir hatten Angst, dass die Aufseherinnen das bemerken würden, und so bekamen wir in den Holzschuhen eiskalte Füße.

Der Steinbruch war nicht weit von den Baracken, auf der anderen Seite der Straße. Er hatte die Form einer tiefen Mulde. Der bejahrte SS-Soldat, welcher uns zum Steinbruch führte, erklärte ärgerlich etwas, aber niemand verstand ihn. Wir konnten uns nicht vorstellen, warum er so zornig war.

54 Rab, Es Nem Verik, S. 226.

Später fanden wir heraus, dass er ein „Volksdeutscher" war, der sich freiwillig für die SS gemeldet hatte. Wir gaben ihm den Spitznamen Lófogú oder „Pferdezahn", wegen seiner enorm großen, hervorstehenden Zähne. Lófogú schien immer ein sarkastisches Lächeln auf den Lippen zu haben; er war der bösartigste der SS-Wachen.

Nachdem er seine Erklärungsversuche bezüglich unserer Aufgaben beendet hatte, zählte er dreißig Mädchen ab, die er hinunter in die zwei Meter tiefe Grube schickte.

Erzsike und ich blieben wegen unserer großen Angst, uns zu verlieren, die ganze Zeit beisammen. Auch wir waren unter jenen dreißig. Wir sollten Schotter für die Verschönerung der Wege und Plätze im Lager produzieren und wussten alle, dass es eine unnötige Arbeit war, uns lediglich aufgebürdet, um uns zu beschäftigen und zu quälen.

Lófogú kam bald in die Grube hinab und stand neben uns. Während er redete, erklärte er die Prozedur, die wir ausführen sollten. Zuerst sollten diejenigen mit Spitzhacken, wie zum Beispiel auch Erzsike, den Boden auflockern. Er demonstrierte, wie die Hacke in die harte Wand aus Sand und Gestein getrieben werden sollte. Selbst er hatte Schwierigkeiten, es zu tun, weil der Boden hartgefroren war. Der zweite Schritt bestand darin, dass diejenigen mit den Spaten tief in die gelockerte Erde gruben. Der produzierte Schotter musste mit den Schaufeln über den Rand der zwei Meter tiefen Grube geworfen werden.

Der Boden war so festgefroren, dass es den Mädchen nur mit äußerster Anstrengung gelang, mithilfe der Spitzhacken und Spaten eine kleine Menge Kies zu gewinnen. Lófogú war zornig. Er erwartete von uns, dass wir wie starke Männer arbeiteten. Ich beobachtete Erzsike, die mit all ihrer Kraft versuchte, in die gefrorene Wand von Erde und Stein zu hacken. Auch diejenigen von uns mit einer Schaufel hatten große Mühe, die Steine aus der Grube heraufzubefördern. Die Erde und die Steine auf den Schaufeln waren sehr schwer und fielen sofort zurück. Ich konnte die Schaufel kaum bewegen, sobald Steine darauf waren und Lófogú beschwerte sich, dass wir sie nicht hoch genug hoben. Um uns seine Befehle und Drohungen besser verständlich zu machen, fragte Lófogú nach einer freiwilligen Übersetzerin. Am Anfang kannten wir seinen Hintergrund noch nicht und wussten deshalb weder, dass er selbst aus Südungarn kam, noch dass er unsere Sprache gut sprach. Wir fanden es erst später heraus, als er etwas angetrunken war und ein Mädchen auf Ungarisch verfluchte. An diesem ersten Tag meldete sich eine Frau freiwillig und übersetzte uns seine Aufforderungen, schneller und schneller zu arbeiten. Die Übersetzerin, eine Anwältin von Beruf, wagte es, ihm mitzuteilen, dass wir nie zuvor solche Arbeit gemacht hatten und außerdem in

einer geschwächten körperlichen Verfassung waren. Für diesen Einspruch trat er sie so hart, dass sie noch Wochen später humpelte.
Lófogú fuhr ärgerlich fort, uns zu drangsalieren, zu fluchen und jeden zu schlagen, der ihm zu nah stand. Als er sich Erzsike näherte hatte ich höllische Angst, dass er ihr etwas antat. Er erhob seine Peitsche und ich hörte das Mädchen neben ihr anfangen zu jammern. Er schlug sie mit solcher Wucht, dass sie auf den Boden fiel. Als sie unten lag, trat er sie. Danach hatte er genug und verließ uns, um die andere Gruppe Frauen oberhalb der Grube zu malträtieren. Ich rannte zu meiner Schwester, die sich neben das unglückliche Opfer – ihr Name war Judith – gekniet hatte, um ihr zu helfen. Im Güterwaggon auf der Fahrt nach Markkleeberg hatte Judith neben uns gesessen. Sie war sehr freundlich. Sie war die junge Frau eines Grundbesitzers und bei den anderen Frauen ihrer Heimatstadt war sie hoch angesehen und beliebt. Unser Mitgefühl und die Beachtung, die wir ihr nun schenkten, sowie die Zusprüche der anderen gaben ihr die Kraft, aufzustehen und den Schaden an ihrem Körper zu begutachten.

DAS ZIEHEN DES SCHWEREN KARRENS

Am Rand der Grube war ein riesiger Durchwurf zum Sieben des Schotters und Sandes. Nach dem Sieben luden die Mädchen den Kies auf einen vierrädrigen Karren. Von ihnen gezogen diente er dem Transport des Materials zum Straßenreparaturkommando. Dieses wiederum verteilte den Kies und begradigte so die Straße und den Appellplatz.

Lófogú schrie die dreißig Frauen am Sieb an, den Karren höher zu befüllen. Als er endlich zufrieden war, befahl er ihnen, Pferde zu spielen. Sieben standen an jeder Seite des Karrens, der Rest davor und dahinter. Zusätzlich zu seiner Peitsche hob Lófogú einen großen Ast auf, um sie zu schlagen. Die Gruppe versuchte, den Wagen mit dem Kies zu bewegen, aber es gelang nicht. Verzweifelt beschuldigten sich die Mädchen gegenseitig, nicht stark genug zu ziehen. Als sie die Ladung schließlich doch in Bewegung setzten, fiel der instabile Wagen mit seiner schweren Last um und traf alle, die nicht rechtzeitig auswichen.

Nachdem sie die heruntergefallenen Steine wieder auf den Wagen geladen hatten, begannen sie erneut zu ziehen. Unten in der Grube konnten wir kurz pausieren, während Lófogú die anderen quälte. Versteinert vor Schreck beobachteten wir, wie die Venen in den Nacken der Mädchen pulsierten, die mit gebeugten Köpfen den Karren zogen und dennoch keinen Schritt vorankamen. Wir befürchteten, sie würden sich gar selbst entzweireißen bei dem erfolglosen Versuch, die schwere Fracht zu ziehen. Lófogú begann zu schreien und zu fluchen, hob seine Peitsche hoch in die Luft und prügelte seine Opfer auf brutalste Weise; dann begann die Karre wie durch ein Wunder zu rollen. Wir blieben still, da wir wussten, dass auch wir bald wieder dran wären. Vor Angst und Kälte schlotternd, lehnten wir auf unseren Schaufeln und Hacken, um etwas zu rasten. Lófogú rannte zu uns zurück, aber glücklicherweise bemerkten wir seine Ankunft rechtzeitig und fingen wieder an zu arbeiten. Ihm reichte unsere Arbeit nicht, weshalb er begann, in alle Richtungen loszuschlagen. Ich fühlte das Ende der Peitsche auf meinem Rücken und es schmerzte schrecklich, aber ich ignorierte es, damit Erzsike sich keine Sorgen machen würde.

Inzwischen hatten wir einige Mädchen des Esskommandos bemerkt, die unsere Suppe ins Lager brachten. Lófogú hörte auf mit seinen Flüchen und Schlägen und bedeutete, es sei Mittagspause. Er zählte uns und wir kehrten in unsere Baracken im Lager zurück.

Erschöpft saßen wir auf den Betten in unserem eisigen Raum und erwarteten das Essen. Die Tür öffnete sich und wir sahen einen großen Behälter. Aus ihm erhielt jeder einen Teller warme Suppe. Wir aßen langsam, um sie länger im Mund zu haben und jeden Tropfen zu genießen. Dann hörten wir Rufe von draußen: „Esst nicht so langsam! Stellt euch sofort draußen in Reihe auf!" Wir wussten, dass es Frau Iczkovits war und stürzten den Rest unserer Suppe hinunter. Mit noch immer vollen Mündern stürmten wir heraus, bildeten Fünferreihen und warteten.

Lófogú kam und wir marschierten zurück zum Steinbruch, um weiter Kies abzubauen. Unsere Tränen und Seufzer vermischten sich mit dem Dreck. Mein Rücken schmerzte noch immer vom morgendlichen Peitschenhieb und ich war ungeheuer angespannt, in ständiger Angst vor Lófogús Auftauchen.

Wahrscheinlich müde und unruhiger als am Morgen, schlug er jetzt wahllos jeden um sich herum. Wic würden wir das bloß für weitere vier Stunden bis zum Feierabend aushalten können? Geschweige denn morgen, übermorgen und all die Tage danach! Niemand wusste eine Antwort.

Inzwischen war die Kälte selbst für Lófogú zu viel geworden. Er machte eine Pause und ein anderer Aufseher kam, um ihn abzulösen. Mit der neuen Wache ging die Zeit schneller um und irgendwann fanden wir uns selbst beim Abendappell wieder. Wir strauchelten oft und jeder Knochen in unserem Körper tat uns weh.

In den Baracken angekommen, hatten wir kaum noch die Kraft, unsere Holzschuhe auszuziehen, bevor wir ins Bett fielen. Uns war, als ob wir noch nicht einmal unsere Augen geschlossen hatten, als wir schon wieder beim

Morgenappell standen. Wir froren und zitterten in der beißenden Kälte und konnten kaum gerade stehen. Nach dem üblichen wiederholten Zählen begannen die einzelnen Gruppen abzurücken. Diejenigen, die in der Fabrik in Zwenkau arbeiteten, brachen als Erste auf. Als wir endlich auch gingen, war die Nachtschicht bereits zurück von der Arbeit. Die Mädchen der Nachtschicht konnten bis nachmittags um fünf schlafen, wenn sie nicht durch einen Luftangriff gezwungen wurden, in den Luftschutzräumen oder -bunkern Zuflucht zu suchen. Die Nachtschicht begann um sechs Uhr abends.

An jenem zweiten Tag sammelten wir die Steine und den Schotter in Eimer und brachten diese hinauf, statt Schotter mit der Schaufel aus der Grube zu werfen. Die Aufgabe wäre wesentlich einfacher gewesen mit anderen Schuhen als meinen riesigen Holzpantinen. Mein Rücken schmerzte noch immer vom Vortag und die Blutergüsse an meinen Händen von der schweren Schaufel und auf meiner Schulter von Lófogús Peitsche waren zu brennenden Wunden geworden, die es schwer machten, zu klettern und die Steine aus der Grube zu befördern. Die Tortur, Kies aus der gefrorenen Erde abzubauen, ging ohne Pause weiter. Schon die Spaten selbst waren schwer und für die geschwächten Mädchen kaum zu halten, geschweige denn zu gebrauchen. Der Boden war wie Eis. Erzsike tat mir so leid, dass ich anbot, mit ihr zu tauschen. Sie lehnte aber ab und fuhr fort, voller Angst zu graben – so unerbittlich wie erfolglos. Glücklicherweise arbeiteten zwei besonders starke Frauen neben ihr extrahart, auch um durch die Bewegung etwas wärmer zu werden. Auf diese Weise gewannen sie genug Steine und Schotter, um Erzsikes Versagen zu verbergen.

Durch Verschlimmerung des Winterwetters und das Einsetzen von starken Schneefällen wurde unser Unglück noch größer. Wegen der bitteren Kälte wurden die Wachen alle zwei Stunden abgelöst, obwohl sie im Gegensatz zu uns warme Stiefel, Pullover und Wintermäntel anhatten. Etwas Ablenkung von unserer misslichen Lage und dem Unglück fanden wir in Gedichten, die die Mädchen zu bekannten ungarischen Melodien schrieben. Auch wenn wir unsere Schmerzen und Beschwerden nicht ausdrücken konnten, äußerten sie doch unsere Hoffnungen und Wünsche nach Rache.

Drei Mädchen sind oben am Graben und grübeln über einer kaputten Schaufel;
Hey, es ist schwer, diese zerberstende Schubkarre zu schieben!
Du sollst diesen überladenen Karren ziehen und schieben,
selbst wenn du es leid bist, das Tragjoch zu schleppen!
Wer auch immer diesen Befehl gab, Gott sollte ihn treffen,
Hey, mit Eisennägeln in sein hässliches Gesicht![55]

---

55 Erinnert von Anna Fülep Torontáli und anderen.

Wir sangen dieses Lied mit Begeisterung, wann immer die Deutschen für einige Minuten weg waren und verfluchten die SS damit.

Unsere Freunde von zu Hause besuchten uns für gewöhnlich sonntags. Wir hatten noch immer Angst, unsere Baracke zu verlassen. Klára Spitz Snitzler brachte uns Neuigkeiten aus der Welt, während Márta Weisz Paran in ihrer ruhigen Art versuchte, uns Hoffnung zu machen, dass sich die Fabriktore bald auch für uns öffnen würden. Die Arbeit dort würde uns gegen die Wut des Winterwindes und vor Lófogús Gewalt schützen. Es war eine schöne Aussicht, aber bis dahin bedeutete jeder Arbeitstag einen sich wiederholenden Albtraum für uns. Jeden Morgen erwachte ich mit großer Angst vor dem, was der Tag uns bringen würde. Ich war voller Sorge und Furcht, besonders wegen Erzsike. Beim Appell stand ich immer vor ihr, damit sie die Tränen, die unkontrolliert meine Wangen herunterrollten, nicht sehen konnte. Die größte Gefahr war jedoch nicht die schwere Arbeit, sondern das Risiko neuerlicher Wutausbrüche Lófogús.

DIE ÜBERSETZER

Diejenigen Frauen, die sich bereit erklärten, bei der Arbeit zu übersetzen, waren in besonderem Maße dem Ärger der SS ausgeliefert. Sie wurden beschuldigt, zu langsam oder – falls die Reaktion der Mädchen nicht den Erwartungen der SS entsprach – schlecht zu übersetzen. Vor allem Lófogú hatte immer einen Grund, unzufrieden zu sein. Er verstand Ungarisch und wusste demzufolge, was wir sagten. Einmal ließ er ein Mädchen als eine weitere der üblichen Beleidigungen übersetzen, dass wir keine körperliche Arbeit kannten, weil wir bisher zu beschäftigt damit gewesen seien, Zinswucher bei Christen zu betreiben. Unsere Reaktion auf Ungarisch könnte ihm nicht gefallen haben. Dann machte Lófogú seine Pause, während der er eine ganze Menge Alkohol trank, um sich aufzuwärmen. Als er zurückkam, ging er auf die Übersetzerin zu und schlug sie unvermittelt und ohne Vorwarnung so hart ins Gesicht, dass sie nach hinten fiel. Dies war augenscheinlich die Rache für einen Kommentar, den sie der Übersetzung uns gegenüber hinzugefügt hatte. Unglücklicherweise fiel sie auf eine Schubkarre und verletzte sich eine Rippe. Sie wurde ohnmächtig und man brachte sie ins „Revier“ (Die Krankenstation des Lagers). Dort erlangte sie ihr Bewusstsein gerade wieder, als die Krankenschwester das Blut aus ihrem Gesicht wusch. Sie bekam ein Glas mit warmem Tee und einige aufmunternde Worte, übersetzte aber danach nie wieder. Lófogú bekam eine neue Übersetzerin, die perfekt Deutsch sprach. Jedoch verstand selbst sie zeitweise nicht, was er sagte. Als „Volksdeutscher" sprach er mit einem besonderen Dialekt. Sie bat ihn, seine Kommandos zu wiederholen; er begann zu fluchen und schlug auch ihr ins Gesicht.

VERZWEIFLUNG

Zu unserer Fünferreihe gehörte ein Mädchen namens Zsuzsi. Sie litt an Erfrierungen, Blasenproblemen und hatte die Hoffnung aufgegeben, wie so viele von uns. Sie erzählte uns von ihrer Überlegung, den Elektrozaun anzufassen. Selbstmord war die einzige Fluchtmöglichkeit vor den Leiden des Lagers und viele dachten darüber nach.

Auch wir hatten in Auschwitz darüber nachgedacht, aber nur wenige gingen so weit, es tatsächlich zu tun. Eines dunklen, stürmischen und verschneiten Morgens in Markkleeberg sahen wir auf dem Weg zum Steinbruch einen toten Körper am elektrischen Zaun hängen. Der Anblick war schrecklich! Die Tote war eine Frau mit einem Overall wie dem unsrigen. Ihr Körper wurde durch die Stärke des Stroms am Zaun gehalten. Ich wendete den Blick schnell ab und gebot Erzsike, nicht hinzuschauen. Zsuzsi hörte allerdings nicht auf zu starren. Sie war still für den Rest des Weges. Wir hörten das Wort „Selbstmord" nie wieder aus ihrem Mund. Die Tote hieß Eva, wie wir später erfuhren. Sie hatte die Trauer um ihre achtjährige Tochter, deren Geburtstag an jenem Tag gewesen wäre, nicht mehr ertragen können. Das kleine Mädchen war in Auschwitz zusammen mit der Großmutter von ihr getrennt und in den Tod geschickt worden.

EINE NEUE ARBEIT

Eines Morgens wurde die Arbeit im Steinbruch zeitweilig unterbrochen und Frau Iczkovits zählte fünfzehn Mädchen ab, darunter Erzsike und ich, und schickte uns zu einem anderen Arbeitskommando. Dort trafen wir Isabella Lörinch Szilás und ihre Schwester Margit Lörinch Hamburg, die dort mit ihren drei Cousinen standen. Sie winkten uns zu. Wir kannten sie aus Bergen-Belsen, wo wir in der gleichen Baracke untergebracht gewesen waren.

Außer dem Steinbruch hatten sich die Deutschen noch weitere Spezialaufgaben einfallen lassen, um die Frauen unseres Transports zu beschäftigen. Sie ließen sie Löcher in den steinigen Boden graben und die Erde samt Steinen zu verschiedenen Orten transportieren. Nach ein paar Tagen mussten sie die Erde dann wieder zurückbringen. Die Arbeit war absolut sinnlos. Uns wurde befohlen, Schubkarren, Spaten und Schaufeln mitzunehmen. Erzsike hatte dieses Mal eine Schaufel und ich einen Spaten. Isabella und ihre Cousine schoben eine Schubkarre. Allein das bloße Tragen der großen und schweren Geräte war eine schwierige Aufgabe in unserem schlechten Zustand. Irgendwann erreichten wir ein Feld, dessen Boden aufgrund der übermäßigen Kälte vom Eis bedeckt war. Wir mussten die Erde und den Schotter ausgraben und an einen anderen Platz bringen.

Meine Hände waren ohne Handschuhe so erfroren, dass die Fingernägel weh taten. Ich konnte den Spaten nicht einmal bewegen. Erzsike sah besorgt aus, jedoch hatte sie selbst ihre Probleme, mit der schweren Schaufel in den durchnässten Boden zu kommen. Lófogú schien überall draußen als Überwacher eingesetzt zu werden. Er beaufsichtigte uns auch hier, trat jedoch zwischendurch einmal für eine kurze Zeit beiseite. Erzsike bot mir sofort an, meine Hand unter ihrem Arm zu nehmen. Auf diese Weise konnte ich sie aufwärmen und trotzdem mit der anderen Hand noch den Spaten bewegen. Ich hoffte, dass es wegen unserer Nähe nicht bemerkt würde, als ich einen starken Hieb auf den Rücken bekam. Es war wieder Lófogús Peitsche. Der Schmerz brachte mich der Ohnmacht nahe, irgendwie gelang es mir jedoch, alle Kraft zusammenzunehmen und mit der Arbeit fortzufahren. Zu meinem Glück hatte er nicht die gleiche Stelle wie letztes Mal getroffen. Angst überkam mich, dass dieser böseste Mensch auf Erden fortfahren würde, mich zu verprügeln, bis ich tot wäre, wenn ich aufhörte zu arbeiten. Es kam mir vor wie eine wundersame Rettung, als Lófogús Aufmerksamkeit von einer umstürzenden und ihren Inhalt über den Boden verteilenden Schubkarre von mir abgelenkt wurde. Er rannte herüber und ließ seine ganze Wut an den Mädchen aus, die die Schubkarre umgekippt hatten.

Ich versuchte, den Spaten in die Erde zu treiben, während meine Tränen auf dem Overall gefroren. Plötzlich kam Margit, Isabells Schwester, zu mir heran und lockerte eilig eine große Menge des Bodens direkt vor mir, um Lófogú zu beeindrucken, wenn er zurückkam. Zum Glück war er nicht länger interessiert und ließ mich in Ruhe, aber Margots Mitgefühl berührte mich dennoch. Am Abend teilte ich mit Erzsike ihre Brotration, sodass ich meine zu Margit bringen konnte. Dass Brot war das Einzige von Wert, was ich besaß und womit ich Margit meine Dankbarkeit ausdrücken konnte. Obwohl sie sehr hungrig war, umarmte sie mich nur und gab das Geschenk zurück.

Die heftigen Schneestürme im Dezember schenkten uns einige Tage Ruhe, bevor die Arbeit wieder begann – erneut im Steinbruch. Alles war vom Schnee bedeckt und Lófogú zwang uns, ins Loch zu steigen und den Schnee heraus zu schaufeln. Wir versanken bis zur Hüfte und wurden vollkommen durchnässt. Wir zitterten am ganzen Körper und mussten nicht nur seine Schreie und Flüche ertragen, sondern ihm auch zusehen, wie er sein neuestes Opfer – ein Mädchen namens Piri – quälte.

LÓFOGÚ WIRD BLOSSGESTELLT

Statt der regulären Wache war an diesem Tag eine Aufseherin unserer Gruppe zugeteilt. Sie beobachtete Lófogús Sadismus mit Schrecken. Die Aufseherinnen waren darauf trainiert, brutal zu sein – aber selbst für sie war es zu viel. Dieses Mal schrie Lófogú Piri an, weil sie seine deutschen Befehle nicht verstand. Sie war Mitte dreißig und körperlich sehr geschwächt. Er begann, sie mit der Schaufel zu schlagen, bis der Stiel am Körper der armen Frau zerbrach. Piri fiel in eine gnadenvolle Ohnmacht, die sie die Hiebe nicht mehr spüren ließ. Lófogú drosch wie ein Verrückter weiter mit dem abgebrochenen Stiel auf die am Boden liegende Frau ein. Wir konnten nur verzweifelt aufschreien und bemerkten so gar nicht, wie die Aufseherin uns verließ. Kurz darauf kam sie mit Knittel wieder. Er und Lófogú redeten miteinander und gingen fort.

Wir froren von der Kälte und unseren nassen Sachen, zitterten wegen Lófogús Grausamkeit und konnten unser Glück nicht fassen, als wir schließlich zu den Baracken zurückgeführt wurden. Piri war noch immer bewusstlos und wurde auf einer Trage in die Krankenstube gebracht. Sie erholte sich nie ganz und starb schließlich auf dem Todesmarsch.

DER MUSIKER

Am nächsten Morgen ließ uns der noch immer wütende Winter noch mehr Angst vor einem weiteren Tag bei Lófogú im Steinbruch bekommen. Die warm angezogene Lagerälteste Bella Spitz, die später selbst im Steinbruch arbeiten würde, kam zusammen mit Frau Iczkovits herein. Unsere Aufschreie waren überall zu hören: „Ich kann es nicht länger ertragen!" „Wir werden alle durch Lófogús Hand sterben!" Als ich die Wachen kommen sah, begann ich zu zittern. Erzsike bemerkte es, und da ich nicht wollte, dass sie von meiner Angst erfuhr, log ich, ich würde vor Kälte bibbern. Die Wache, die zu unserer Gruppe kam, war jedoch nicht Lófogú, sondern ein Mann, der von den Mädchen „der Musiker" genannt wurde. Er war nachsichtiger und wir fühlten uns erleichtert. Der Musiker verbreitete eine angenehme Atmosphäre und war nur so streng wie nötig. Wir erfuhren, dass Lófogú nach Buchenwald zurückversetzt worden war. Wir waren immer froh, wenn wir mit dem Musiker arbeiteten. Er gehörte nicht der SS an, sondern war ein Soldat der Wehrmacht. Er war klein gebaut und früher Dirigent eines Orchesters in Berlin gewesen.[56] Er schien Mitleid mit uns zu haben und ließ uns ausruhen. Nur wenn er Knittel kommen sah, gab er uns einen Hinweis und wir begannen zu arbeiten. Erzsike, die jüngste unter uns, mochte er besonders.

Eines Morgens, der noch kälter war als alle anderen zuvor, fragte er, ob wir einige ungarische Lieder kannten. Die Mädchen begannen zu singen und einige temperamentvolle begannen sogar, den Csàrdàs (einen wundervollen ungarischen Volkstanz) zu tanzen. Der Musiker genoss es sichtlich, blieb aber immer wachsam, falls Knittel unverhofft kam.

DIE BESTRAFUNG VON BARACKE 6

Endlich kam die Mittagspause an diesem Tag. Unsere Hände waren beinahe erfroren von der extremen Kälte, folglich zählte jede Minute, die wir in unserer Baracke bleiben konnten. Um die Deutschen zufriedenzustellen, ließ uns die Arbeitszuteilerin Erzsébet Iczkovits nach dem Essen draußen warten. Normalerweise gehorchten wir, aber heute schien es uns, als wolle sie uns

56 Rab, Es Nem Verik, S. 242.

noch früher als sonst hinaus scheuchen. Bei heftigem Wind waren einige der Mädchen, die im Steinbruch arbeiteten, später als gewöhnlich beim Appell. Sie waren verständlicherweise unwillig, lange bevor die Wachen ankamen, bei Temperaturen unter null Grad auf dem Platz zu stehen. Frau Iczkovits berichtete dies Bella Spitz, die daraufhin sehr verärgert war. Um sicherzugehen, dass etwas Derartiges nicht noch einmal geschehen würde, erklärte Bella, dass wir am nächsten Tag kein Mittagessen bekämen. Dann jagten die beiden uns hinaus in den Sturm.[57]

Trotz des harten Tages musste Block 6 am Abend zur Strafe stehen bleiben, während Bella bei Knittel Bericht über uns erstattete. Wir standen bis spät in die Nacht auf dem Appellplatz. Erzsike und ich wärmten uns gegenseitig, wenn nicht gerade eine Aufseherin an uns vorbeilief. Wir zitterten vor Kälte, andere Mädchen neben mir wurden bewusstlos und brachen zusammen. Dann irgendwann durften wir endlich zurück in die Baracke. Am nächsten Tag warteten wir mittags auf unsere Suppe, aber wir erhielten keine. Stattdessen kam Bella. „Ihr werdet für euer gestriges Verhalten bestraft, ihr dämlichen Weiber. Ich habe euch gesagt, ihr würdet kein Essen bekommen."

„Bitte hilf uns, Tante Bella! Wir haben so großen Hunger und werden sonst nachher nicht arbeiten können", flehten sie einige Mädchen an. Sie war nicht zu rühren. Fröstelnd und benommen vom Hunger gingen wir zurück an die Arbeit. Erst nach vier weiteren Stunden würden wir unsere abendliche Brotration bekommen. Es war sehr hart und noch am nächsten Tag spürten wir die fehlenden Kalorien.

ARBEITER FÜR DEN INTERNEN BETRIEB DES LAGERS

Die Aufgaben innerhalb des Lagers, die mit Verpflegung, Unterbringung und den Angelegenheiten der Insassen zu tun hatten, wurden von den Gefangenen selbst verrichtet. Besondere Arbeitsgruppen führten sie aus. Diese Arbeiter standen als Lagerpersonal nicht mit beim Appell und bekamen ihr Mittagessen am Arbeitsplatz.

---

57 Ebenda, S. 252.

Lagerhallenarbeiter

Der Lagerraum und die Näherei waren in einer langen Halle, zusammen mit der Wäscherei, dem Schuhmacher und der Tischlerei. Sie befand sich am Südende des Arbeitslagers, von wo aus es nicht weit zu den Eisenbahnschienen war. Die Lagerhalle war ein großer Raum mit Holzregalen, wo die Arbeiterinnen die den Mädchen abgenommene Kleidung, also Mäntel, Unterwäsche usw., sortierten. Auch andere Lager schickten Kleidung und Decken zur Einlagerung dorthin. Miriam Porat arbeitete mit einer Helferin im Lagerraum, während andere die Näh- und Ausbesserungsarbeiten übernahmen.
Die Aufseherinnen besuchten sie recht häufig und nahmen Sachen für sich selbst mit – diese Besuche verursachten eine hohe Anspannung unter den Arbeiterinnen. Ein SS-Wärter, den wir den „Tischler" nannten, war für diese Abteilung zuständig. Er kam von Zeit zu Zeit, um sie zu kontrollieren; wenn er nicht anwesend war, schloss er die Mädchen von außen ein. Ihnen graute jedes Mal vor dem Klicken des Schlosses.

Die im Lagerraum arbeitenden Frauen fertigten Etiketten und Gefangenenkärtchen an, um die Kleidung eines jeden Gefangenen zu listen. Es galt als eine große Aufgabe. Auf den Kärtchen standen jeweils der Name einer Gefangenen und jedes ihrer Kleidungsstücke verzeichnet. Sie hatten keinerlei praktischen Nutzen, weil wir alle nahezu die gleiche Kleidung besaßen. Nach einem weiteren endlos langen und anstrengenden Arbeitstag im Steinbruch standen wir eines Abends in einer ewig langen Schlange und warteten darauf, endlich an der Reihe zu sein. Nach allem Elend, was wir erlebt hatten, schaute keine von uns auch nur einmal auf die Kärtchen. Sie wurden, wie so viele andere Dokumente des Lagers auch, nach dem Krieg zerstört.[58]

Die Friseurin

Irene Keisler Schnur, ein lebensfrohes junges Mädchen, arbeitete mit ihrer Schwester Klára Keisler zusammen im Steinbruch. Da sie fast am Ende ihrer Kräfte waren, suchten sie einen Ausweg. Wie in allen Gesellschaften waren Beziehungen auch in Konzentrationslagern nützlich. Irene kannte Mandi, die die Leitung der Wäscherei innehatte. Knittels Frau hatte gerade eine Dauerwelle bekommen, die sie selbst nicht zu pflegen wusste, also suchte Knittel eine Friseurin. Mandi empfahl Irene. Irene konnte nicht nur Haare pflegen, sondern hatte zudem noch gute Deutschkenntnisse.

58 Porat, Lelo Shihrur, S. 79.

Während des Appells wurde ihr Name ausgerufen und sie bekam zuerst große Angst. Knittel erkundigte sich, wo sie gelernt hatte, und erbat eine Demonstration ihres Könnens. Er warnte sie, dass sie, falls sie nicht wirklich eine Friseurin sei, schwer bestraft würde. Dann überwachte er, wie Irene das Haar seiner Frau frisierte. Nachdem sie diese Prüfung zufriedenstellend gemeistert hatte, bekam sie den Job. Jeden Abend richtete sie von nun an Frau Knittels Frisur und kämmte morgens die Haare. Sie machte auch die Haare der Aufseherinnen, die im Lager wohnten. Wie für Knittels Frau richtete sie deren Haare am Abend und kämmte sie morgens. Zusätzlich färbte sie Haare und machte andere Behandlungen. Wenn sie gerade nicht mit der Haarpflege beschäftigt war, half sie den anderen Mädchen beim Säubern der Räume der Aufseherinnen. Die Arbeitskraft musste auch hier unbedingt voll ausgenutzt werden![59]

DIE BARACKEN

Draußen sauber zu machen war eine gute Möglichkeit, den Aufbau des Lagers und der verschiedenen Baracken besser kennenzulernen. Die Baracken wurden auch „Blocks“ genannt – diese Bezeichnung bezog sich sowohl auf das Gebäude als auch auf dessen Insassen.[60] Es gab sechs dieser lang gestreckten Bauten, in rechteckiger oder U-Form angeordnet, mit einem großen Appellplatz in der Mitte. Wegen der regelmäßigen Bombenangriffe und der damit verbundenen Feuergefahr wurden sie aus Ziegeln erbaut. Sie waren ungeheizt, kalt und feucht; aber wir hatten immerhin Glasfenster, Waschräume und relativ normale WC-Anlagen. Es existieren keine originalen Karten oder Zeichnungen des Lagers mehr. Der hier gezeigte Plan wurde von der Überlebenden Rosalia Lazar gezeichnet, die am 25. März 1975 vor der zentralen Stelle der Landesjustizverwaltungen in Ludwigsburg aussagte. Ihre Zeichnung kommt der tatsächlichen Anordnung der Gebäude sehr nahe.[61]

Lazars Plan nach und ebenso in meiner Erinnerung, hatte das Lager eine rechteckige Form. Einige der Baracken für Offiziere und für die Unterbringung des SS-Personals waren außerhalb des Stacheldrahtes. Innerhalb des Zaunes

---

59 Interview mit Irene Keisler Schnur.

60 „Block“ wurde im SS-Jargon als Synonym für „Baracke“ verwendet.

61 Center S. 23–27.

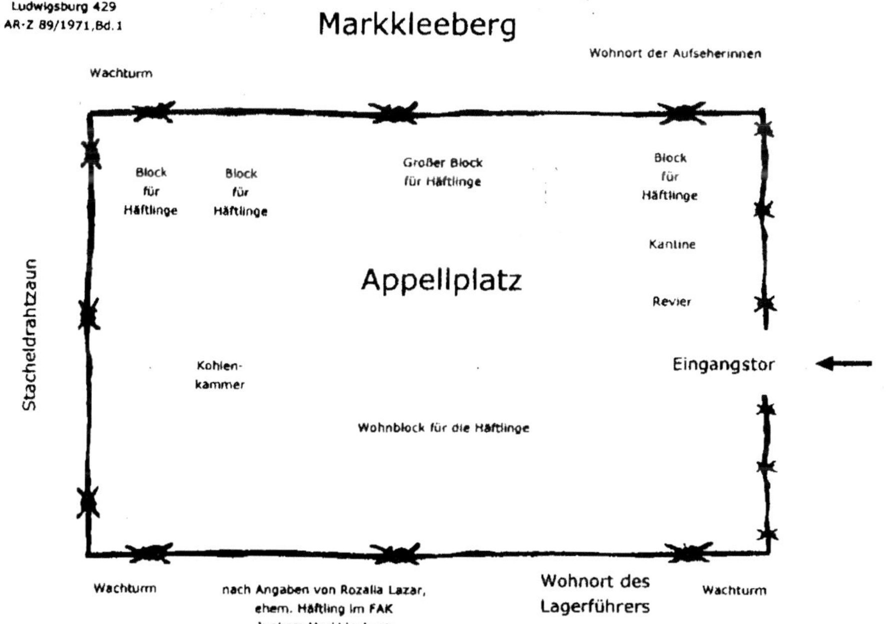

Plan des Markkleeberger Lagers

gab es außer unseren Wohnquartieren auch Lagerräume und Werkstätten. Ein schweres Eisentor verhinderte die Flucht der Gefangenen. An dieser Pforte stand ein Wachhäuschen mit Türen auf beiden Seiten des Eingangs, vor denen jeweils zwei Wachen stationiert waren. Im Winter war das Haus beheizt. Die SS-Fahne flatterte am Tor.

Jenseits des Zaunes, auf der linken Seite des Tores, war das Büro von Oberscharführer Knittel, dem Lagerkommandanten. Von dort aus hatte er einen guten Einblick in das Lager. Direkt neben dem Büro befand sich die Wohnung von ihm und seiner Frau.

Es gab eine lange Baracke mit Werkstätten darin: eine Schusterei, eine Tischlerei, die zwei Wäschereien und außerdem ein Lagerraum für die Kleidung mit einer Näherei. Einige der Wachen lebten mit ihren Familien im Ort. Andere hatten einen Raum im Lager. Diese Unterbringungen waren schlicht, mit einfachen Metallbetten und einheitlicher Bettwäsche.[62]

Rechts vom Eingang lag Baracke 1. Neben einigen Wohnräumen für Lagerinsassen waren dort das „Revier“ und die Kantine untergebracht. Die Eingangstür war auf der anderen Seite, so dass wir im Vorbeilaufen nur die Fenster

---

62 Rab, Es Nem Verik, S. 243.

sahen, wenn wir zurück ins Lager kamen. Márta Maget Leitmann war die Blockälteste von Baracke 1, zog aber später in Baracke 3 um. Baracke 2 war sehr lang, während des Appells hatten wir sie im Rücken. In der Ecke dieses Gebäudes war der Luftschutzraum und die Schienen verliefen dort hinter dem Zaun.

Baracke 3 war ebenfalls lang und nicht weit entfernt von Nummer 2. Die Schweißer, die in der Westhalle der Fabrik arbeiteten, wohnten in Zimmer 22 dieses Gebäudes. Erzsebet Frank schrieb ein Gedicht über die Schweißer von Baracke 3.

Bevor Baracke 4 für die Ankunft französischer Widerstandskämpferinnen geräumt wurde, waren hier die Mädchen des ersten und zweiten Transports untergebracht.

Gleich hinter der Baracke war der elektrische Zaun. Als dann die Französinnen dort wohnten, wurde an das Gebäude das Zeichen des Roten Kreuzes angebracht. Gegenüber der Baracken 3 und 4, an der Ecke nah dem Zaun, war Nummer 5. Sie war breit und lang, man konnte sie deshalb vom Eingang des Lagers sowie von Nummer 1 aus sehen. Erzsébet Iczkovits und die Lagerälteste Bella Spitz gehörten zu Block 5.

Uns wurde bei der Ankunft Baracke 6 zugeteilt. Alle 300 Mädchen des vierten Transports waren in ihr untergebracht. Laju (oder Cecilia) Friedmann war die Blockälteste. Sie kam aus Halm in Ungarn und wohnte mit ihrer Schwester Olga in Zimmer Eins. Laju war eine nette Frau und kam gut mit uns zurecht.

UNSERE WOHNQUARTIERE

Die Steinbaracken enthielten einzelne Zimmer. Sie gingen von einem langen Hauptgang ab. Auch die Böden waren aus Stein und jeder Raum hatte zwei Fenster. Nach dem ersten Transport lebten in jedem Zimmer zehn Mädchen. Die zweistöckigen Etagenbetten bestanden aus dünnen Holzleisten, die in großen Abständen voneinander angebracht waren.[63]

Jedes hatte einen Strohsack als Matratze. Mit weiteren ankommenden Transporten wurde der Platz knapper und die Betten hatten nun drei Etagen. Es gab eine Leiter, um das oberste zu erreichen. Später waren zwischen dreißig

63 Frank, 365 Nap, S. 79, 86.

und vierzig Frauen in jedem Raum untergebracht. Unserer war voll mit Betten rechts, links und in der Mitte – darunter zehn dreistöckige.

Wir mussten jegliches Eigentum außer den Decken am Körper tragen, weil unsere Mitgefangenen selbst die kleinsten Dinge begehren konnten.

Die kleinen Öfen in jedem Raum waren aus schwarzem Metall. Am Anfang erhielten die Mädchen der ersten Transporte sogar Kohlerationen und durften die Öfen anfeuern. Als sie knapper wurde, entschied sich die deutsche Belegschaft, die gesamte Kohle für sich selbst zu behalten.

Unsere Zimmer blieben selbst bei der ärgsten Kälte von minus zehn oder fünfzehn Grad unbeheizt. Einige Mädchen konnten hin und wieder etwas Koks stehlen, um ihr Zimmer zu heizen. Ein wenig Wärme und die Möglichkeit, die Haare zu waschen, waren kleine Freuden, an die sich Überlebende später sehr lebhaft erinnerten. Allerdings drohten schwere Strafen, wenn man erwischt wurde.

WASCHRÄUME UND TOILETTEN

Es gab einen Waschraum in jeder Baracke. Das kalte Wasser floss aus den Wasserhähnen in ein rundes Becken. Wir mussten das Wasser etwas laufen lassen, weil das Rohr oft gefroren war. Im Winter hingen Eiszapfen an den Wasserhähnen. Das Wasser war so eisig, dass unsere Körper dampften, wenn wir uns damit wuschen.

Erzsike und ich machten es uns zur Gewohnheit, sehr früh aufzustehen, weil der Waschraum später sehr voll wurde. Noch halb schlafend wuschen wir uns ohne Seife mit dem kalten Wasser und gingen direkt zum Appell. Heute weiß ich nicht, wie wir es aushalten konnten.

Nicht weit vom Waschraum waren die Toiletten. Es gab vier Klosetts mit Wasserspülung, aber wir hatten kein Toilettenpapier. Wenigstens konnte man die Türen von innen abschließen.

„FREI"-ZEIT

Es gab keine Vorschrift gegen den Besuch anderer Baracken. Außer wenn „Blocksperre", das heißt Sperrstunde, herrschte, dann war es verboten, das eigene Gebäude zu verlassen. Selbst ohne Beschränkungen waren wir jedoch mit Dingen wie dem Appell und anderen Sonderaktivitäten des Lagers so eingenommen, dass wir bei Besuchen immer unter Zeitdruck standen.

Um 20:30 Uhr wurde das Licht abgestellt und die Baracken für die Nacht verschlossen. Am Zaun angebrachte Scheinwerfer erleuchteten das gesamte Lager. Vor den Fenstern waren hölzerne Fensterläden mit Schlössern. Es war ein ungutes Gefühl, in den Baracken eingeschlossen zu sein und zu wissen, dass wir im Fall eines Feuers keinen Fluchtweg hatten. Später, als die Zahl der Bombenangriffe zunahm, teilten einige der Wachen den Mädchen auf Ungarisch mit, dass die Läden nicht verschlossen waren und wir im Ernstfall fliehen konnten, aber das wusste ich damals nicht.[64]

Am Morgen kam die Aufseherin und öffnete die Tür. Zu dieser Zeit war die Blockälteste jedoch schon auf, um uns eilig zu wecken. Wenn sie hereinkam, schrie die Aufseherin: „Aufstehen!". Wir hatten dann fünf Minuten, um uns fertig zu machen.

BALD WERDEN WIR FABRIKARBEITERINNEN SEIN

Als die Tage etwas wärmer wurden und den nahenden Frühling ankündigten, war es nicht mehr so schlimm, draußen zu arbeiten. Lófogú war nicht länger bei uns und die Atmosphäre dementsprechend entspannter. Dann, wie um zu beweisen, dass wir uns im Lagerleben keiner Sache sicher sein konnten, kam eine Überraschung. Eines sonnigen Morgens Mitte Januar kamen Repräsentanten der Fabrik und teilten uns die Neuigkeit mit, auf die wir den ganzen Winter gehofft hatten: Neunzig Prozent der Mädchen aus Block 6 für Fabrikarbeit eingeteilt. Eine kleine Gruppe würde in der ehemaligen Schokoladenfabrik, einer kleineren Außenstelle, eingesetzt werden, aber Erzsike und ich kamen in die große Fabrik.

---

64 Interview mit Gabriella Braver Kosinka.

4. Leben im Lager

DAS KZ-UNIVERSUM

Als Mitglieder des letzten Teils ungarisch-jüdischer Gefangener traten Erzsike und ich einer bereits etablierten Gesellschaft Gefangener bei. Für diejenigen, die sich geschäftig zeigten, besondere Fähigkeiten hatten oder Fremdsprachen beherrschten, ergaben sich manchmal Gelegenheiten, das Lagerleben zu vereinfachen. Obwohl wir kein Geld hatten, gab es doch Tauschmöglichkeiten. Einfallsreiche Gefangene waren weniger hungrig und hatten es sogar manchmal etwas wärmer. Dies war das sogenannte Konzentrationslager-Universum.

Wir wussten natürlich, dass selbst in Markkleeberg unser Leben nicht sicher war, dass wir ständig am Rande des Abgrundes standen. Jederzeit konnten neue Befehle, die unser Leben direkt beeinflussten, gegeben werden. Um zu überleben, mussten wir uns der sich ständig verändernden Situation schnell anpassen. Es ist gut möglich, dass die Widerstandsfähigkeit und Überlebenskunst, die wir im Lager entwickelten, uns nach dem Ende des Krieges eine Hilfe beim Aufbau eines neuen Lebens gewesen sind.

Die „interne Geschichte" des Lagers zeigt, dass jede Gefangene ihre persönliche Strategie im Kampf ums Überleben entwickelte. Die Frauen zwischen zwanzig und dreißig hatten bessere Chancen, den unwegsamen Bedingungen zu trotzen. Sozialer Status spielte hier keine Rolle, außer dass diejenigen, die der unteren Mittelklasse oder dem Kleinbürgertum angehörten, sich scheinbar leichter den Beschränkungen des Lagerlebens anpassen konnten als die Intellektuellen und früheren Reichen.[65]

Nur in ganz besonderen Fällen, wenn man zum Beispiel einen medizinischen Abschluss hatte, beeinflussten frühere Positionen in der Gesellschaft den Platz und die Einfügung einer Gefangenen im Lager. Da wir noch Teenager waren, erkannten wir Gelegenheiten oft nicht schnell genug und waren weniger wagemutig als die Älteren. Wir folgten der täglichen Routine mit einem Gefühl von Resignation und hatten nur wenige Momente einfachster Freuden.

---

65 Felicija Karay, Death Comes in Yellow: Skarzysko-Kamienna Slave Labor Camp, Übersetzung Sara Kitai, Amsterdam, Harwood Academic Publishers, 1996, S. 241; Porat, Lelo Shihrur, S. 81.

DER KAMPF UM SAUBERKEIT UND KÖRPERPFLEGE

Trotz der Androhung schwerer Strafen nutzten die Frauen des Lagers jedes Mittel, um sich sauber zu halten. Oberscharführer Knittels größtes Disziplinproblem in der Fabrik bestand darin, die Mädchen davon abzuhalten, sich und ihre Sachen zu waschen. Der große Wert, den Frauen auf ihr Äußeres legen, muss eine natürliche Neigung sein, da selbst die Folgsamsten unter uns für etwas Hygiene eine Bestrafung riskierten. Wir alle verbanden Sauberkeit mit größerer Selbstachtung, besserer Gesundheit und höheren Überlebenschancen. Selbst wenn sie Angst hatten und es gefährlich war, übertraten die Mädchen die Regeln, wenn es um ihre Körperhygiene ging. Wenn sie heute darüber reden, sagen einige, dass sie tatsächlich großes Glück hatten, nicht erwischt worden zu sein. Bei vielen ist das die Wahrheit.

Um Regelbrecher Tag und Nacht dingfest machen zu können, wies Knittel auch die Aufseherinnen an, nach Überschreitungen Ausschau zu halten. So mussten wir nicht nur auf Knittel achtgeben, sondern auch auf die weiblichen Wachen, die ihre Runden drehten. Eine von ihnen bemerkte, dass Klára Spitz Snitzler nasse Haare hatte. Unsere Freundin von zu Hause, die immer gepflegt und gut angezogen gewesen war, hatte das warme Wasser bei ihrer Maschine benutzt. Sie hatte kein Handtuch oder irgendetwas anderes, um ihre Haare zu trocknen, weshalb sie sehr lange nass blieben.

Die Aufseherin schrieb ihre Nummer auf. Nachts musste Klára dann, ohne ihre Brotration bekommen zu haben, zur Strafe am Zaun vor Knittels Fenster strammstehen. Sie nahm all ihre Kraft zusammen, um nicht vorwärts in den Elektrozaun zu fallen, der sich direkt vor ihr befand. Bei dieser Kälte wach und auf den Beinen zu bleiben, war eine große Herausforderung nach einem langen Arbeitstag in der Fabrik. Wir hatten alle Mitleid mit ihr und unsere Freundin Elza Reich Szamosi sammelte von allen, die Klára von zu Hause kannten, kleine Brotstücke. Erst nachdem die Lichter um halb neun ausgingen, durfte sie zurückkehren. Dann sahen wir sie nicht mehr. Erschöpft und hungrig kam sie zu ihrem Bett und fand die Schüssel mit den Brotstücken. Sie wusste sofort, woher sie kam. Am nächsten Tag bedankte sie sich bei jeder von uns mit einer herzlichen Umarmung. Erzsike und ich hatten große Angst, die Regeln zu brechen, fanden aber einen anderen Weg, uns zumindest etwas sauber zu halten. Wir hörten, dass die Mädchen in der Wäscherei Overalls für je eine Tagesration Brot wuschen. Das bedeutete ein großes Opfer, aber unsere Kleidung war vom monatelangen Tragen hart vor Dreck.

Auch nach dem Duschen mussten wir wieder denselben schmutzigen Overall anziehen, und obwohl uns unser Überlebensinstinkt riet, es zu ignorieren, fühlten wir uns mit nur einem Kleidungsstück für Tag und Nacht schrecklich unwohl.

Der Frühling hatte begonnen, das Wetter war schön und heiter, und wir wollten uns von dem Schmutz befreien. Nach langem Überlegen gaben wir Erzsikes Overall zur Reinigung. Wir arbeiteten nachts, also nahmen die Mädchen von der Wäscherei die Kleidung tagsüber mit. Aus Angst, plötzlich zum Appell gerufen zu werden oder in den Luftschutzraum zu müssen, schliefen wir an diesem Tag nicht gut. Zu unserem Glück geschah aber nichts dergleichen und die Mädchen brachten Erzsikes Overall am späten Nachmittag zurück. Als sie ihn anzog, war er noch immer klamm. Eine Woche später ließ ich meinen Overall reinigen. Wir mussten uns eine Portion Brot teilen, mit der anderen bezahlten wir. Aber es lohnte sich: In der sauberen Kleidung fühlten wir uns wieder wie Menschen.

Wir dachten an unsere Mutter und Großmutter und daran, wie stolz sie jetzt auf uns wären. Die Tatsache, dass sie nicht mehr leben könnten, konnten wir weder akzeptieren noch auch nur in Erwägung ziehen. Rückblickend glaube ich, es war ein Weg für uns, wie auch für viele andere Gefangene, zurechtzukommen.

Unglücklicherweise hielt meine Freude über den sauberen Overall nicht lange an. Ein paar Tage später schüttete jemand im Gedränge der Mittagspause Suppe darüber. Ich war so geknickt, dass Erzsike anbot, die Hose mit mir zu tauschen, aber ich nahm es nicht an. Ich säuberte den Fleck etwas mit dem „Kaffee", den wir morgens bekamen, und zusätzlich konnten wir etwas Schmirgel aus der Fabrik auftreiben. Die anderen zeigten mir, wie ich ihn benutzen musste, und das Ergebnis war akzeptabel. Ich wusste um die Bestrafung, wenn man mich erwischte, jedoch zwangen die Bedingungen im Lager selbst ängstliche junge Mädchen, gegen die Regeln zu handeln.

Unsere Unterwäsche wuschen wir mit kaltem Wasser aus dem Waschraum. Dann legten wir sie unter unsere Matratze, sodass sie von unserer Körperwärme getrocknet wurde, während wir schliefen. Außerdem zeigte Elza uns, wie wir unsere Overallhosen an der Naht falten konnten, um sie ebenfalls unter die Matratze zu legen. Auf diese Weise wurde der Stoff geglättet und es entstanden „Bügelfalten". Wir konnten vor lauter Müdigkeit und Hunger kaum noch stehen, aber wir falteten unsere Hosen. Unsere Kleidung in Ordnung zu halten, verbesserte unser Wohlbefinden. Manchmal geschah es aber trotz all unserer Motivation, dass wir in totaler Erschöpfung vollständig angezogen und sogar mit den Schuhen an den Füßen ins Bett fielen und einschliefen. Dann sahen wir die junge Polin Hanka an, die jede Nacht ihre Sachen auszog, da sie glaubte, so den Läusen zu entgehen. Selbst wenn das Licht bereits aus war, legte sie ihre Kleidung mit Sorgfalt zusammen. Als wir noch im

Steinbruch arbeiteten, kamen wir einmal nach einem Strafappell besonders spät in unsere Baracke zurück. Jede von uns fiel einfach ins Bett, aber Hanka saß da wie ein gehorsames Kind aus gutem Elternhaus und faltete brav ihre wenigen Sachen. Auch hatte sie dabei noch immer die Kraft, eine liebliche Melodie zu singen.

Wir kannten Hankas Nachnamen nicht, wenngleich sie zusammen mit einer anderen Polin in unserem Zimmer wohnte. Sie waren immer beisammen, und wir dachten, sie wären Schwestern. Wir kommunizierten nur mit Zeichensprache, aber ihre Freundlichkeit und Intelligenz waren klar erkennbar. Einige Mädchen, die sich mit ihr auf Deutsch etwas verständigen konnten, erfuhren, dass sie in Auschwitz von ihrer Mutter getrennt worden war. Ihr Vater, ein reicher Fabrikbesitzer, wurde als einer der Ersten von der Gestapo mitgenommen.[66] Hanka musste mit ihrer Mutter ins Ghetto von Lodz und wurde schließlich nach Auschwitz deportiert. Irgendwie war sie dann, wie wir, nach Markkleeberg gekommen. Hier traf sie ihre polnische Freundin, fasste schnell Vertrauen zu ihr und sah sie bald als Schwester. Jeder mochte sie, weil sie so schön sang.

In den schrecklich kalten Nächten nach unserer zermürbenden Arbeit im Steinbruch sang Hanka „My Jidishe Mame“ (Meine jüdische Mutter) in der Dunkelheit unseres Zimmers. Komplett integriert in die ungarische Kultur, konnten wir kein Jiddisch und verstanden die Worte dieses wunderschönen und berührenden Liedes von der hingebungsvollen jüdischen Mutter nicht. Wir lauschten einfach nur Hankas sanfter, herzergreifender Melodie und dem Wort Mame, und waren schon davon zu Tränen gerührt. Das Weinen und die Erinnerung an unsere Mutter halfen Erzsike und mir sehr, den kommenden Tag im Steinbruch mit all seinen Schrecken leichter zu ertragen. Außerdem brachte uns das Lied Hanka näher. Wir fanden eine gemeinsame Sprache, indem wir über die Gruppe liebevoller Frauen sprachen, die wir jüdische Mütter nannten.

Lieder und kulturelle Aktivitäten verbesserten nicht nur das psychische Wohlbefinden der Gefangenen, sondern bildeten auch Brücken zwischen verschiedenen Gruppen. Der größte Gewinn bestand in der zumindest kurzzeitigen Rückkehr zu menschlichen Tugenden wie Erbarmen, Bruderschaft und Respekt für andere, den die Nazis versuchten, uns auszutreiben. Wenn unsere Arbeit gerade weniger anstrengend war, sang Hanka fröhliche Lieder, die uns unsere Situation für eine gewisse Zeit vergessen ließen. Mit den Veränderungen im Arbeitsplan und unserer Zuteilung in die Fabrik wurden

66 Die Gestapo war die deutsche Geheime Staatspolizei während der Zeit des Nazi-Regimes. Sie war berüchtigt für ihre brutalen Methoden und Operationen.

wir jedoch getrennt und die beiden polnischen Mädchen in eine andere Baracke verlegt. Ich traf sie erst beim Todesmarsch unter sehr traurigen Umständen wieder.

DUSCHEN

Normalerweise wuschen wir uns täglich im Waschraum an den wenigen Wasserhähnen, die kreisförmig angeordnet in jeder Baracke vorhanden waren. Das Wasser war eiskalt und manchmal waren die Fenster kaputt und eisiger Wind kam herein. Meine Schwester und ich hatten Angst vor noch mehr Läusen und beschlossen deshalb jeden Abend, am nächsten Morgen als Erste aufzustehen, um vor den anderen im Waschraum zu sein. Aber wenn dann der Morgen wirklich kam, waren wir so müde, dass es uns schwerfiel, uns an den Plan zu halten.

Nah den Büros von Knittel und der deutschen Belegschaft gab es einen kleinen Raum mit Duschen. Die Mädchen des ersten und zweiten Transports erhielten je ein Stück Seife und ein kleines graues Handtuch, welches sie auch als Hals- oder Kopftuch benutzten. In den Duschen gab es keine Wachen, nur die Aufseherinnen waren da, während wir uns duschten. Die Mädchen des zweiten Transports, die direkt aus Auschwitz kamen, hatten Todesängste auszustehen, als sie zu den Duschen geführt wurden. Die Aufseherinnen, die wahrscheinlich nicht viel über die Todeslager wussten, fragten sich, was mit ihnen los war.

Der Duschraum war sehr klein und nur zehn Frauen durften auf einmal hinein. Wir hatten keine Seife und mussten ein Handtuch jeweils zu fünft teilen und danach im Raum lassen. Das Wasser war sehr heiß. Das eine kleine Handtuch (dreißig mal fünfzig Zentimeter) reichte gerade aus, dass sich fünf von uns die Gesichter abtrocknen konnten. Ich war überrascht, dass tatsächlich alle rücksichtsvoll waren und es nur benutzten, um das Wasser aus den Augen zu wischen.

Am Anfang heizten sie die Duschen jedes Wochenende an, und jedes Mal wurde einer anderen Gruppe erlaubt, sich zu duschen. So durften wir etwa einmal pro Monat duschen. Gegen Ende unseres Aufenthaltes duschten wir seltener und mussten direkt danach wieder unsere von Ungeziefer befallene Kleidung anziehen.

Frauen mit größeren Brüsten litten enorm in den Lagern. In Auschwitz zum Beispiel war es für eine Frau nicht nur sehr unbequem, sondern auch extrem peinlich, wenn sie für ihre Brüste viel zu kleine Kleidung bekam und diese die ganze Zeit tragen und damit arbeiten musste. In Markkleeberg fertigten sich diese Frauen Büstenhalter aus Stoff an, den sie vom unteren Rand der Kleidung abnahmen, entweder durch Nähen oder durch Zusammenknüpfen mehrerer kleiner Teile. Andere, die im „Elektrokommando" arbeiteten, machten Höschen und BHs aus den Fetzen, mit denen sie die Steckdosen putzen sollten.[67] Diejenigen, die nähen und irgendwelchen Stoff besorgen konnten, stellten Unterwäsche für sich selbst und ihre Freundinnen her. Mit dem BH fühlten sie sich ordentlicher, gepflegter und hübscher. Überdies stellte Unterwäsche einen begehrten Tauschartikel dar: Frauen opferten ihre Brotrationen dafür.

Sich zum Duschen auszuziehen und so die zusätzlichen Kleidungsstücke offenbaren zu müssen, verursachte jedoch Angst und Sorge. In der Fabrik gab deshalb ein freundlicher deutscher Vorarbeiter Gitta Susitzky ein Hemd gleich mitsamt Nadel und Faden und sagte ihr, sie solle auf die Toilette gehen und es unter ihrem Overall annähen. Wenn die Aufseherinnen während des Duschens die Kleidung untersuchten, war sie immer schrecklich aufgeregt; aber glücklicherweise fanden sie das unerlaubte Unterhemd nie. Wir kamen vollkommen durchnässt aus den Duschen und mussten Apell stehen, bis die anderen kamen. Ohne etwas, um unsere nassen Häupter zu bedecken, standen wir in der kalten Nacht, während der Schnee in großen Flocken wie Silbersterne vom Himmel fiel. Nach dreißig oder vierzig Minuten erschien es uns bereits wie eine Ewigkeit; schließlich kamen die Wachen, zählten uns und schickten uns zurück in die Baracken. Einwohner von Markkleeberg, die von ihren Fenstern aus Einsicht ins Lager hatten, berichteten später von Frauen, die noch stundenlang mit ihren nassen Haaren auf dem Appellplatz stehen bleiben mussten.[68]

Offenkundig fehlte es in den Lagern an grundlegenden Dingen des täglichen Bedarfs. Wichtige Gegenstände für ein normales Leben waren einfach nicht vorhanden. Wir bekamen weder Bürsten noch Kämme, obwohl unser Haar etwa sieben bis zehn Zentimeter gewachsen war, seitdem man es uns in Auschwitz abrasiert hatte. Die meisten von uns hatten keine Unterwäsche irgendwelcher Art. Es gab kein Toilettenpapier. Papier wurde allgemein von

---

67 Interview mit Gabriella Braver Kosinka.

68 Bruno Eisert, „Ermittlungen über KZ Frauen-Nebenlager Buchenwald in Markkleeberg-West", (Nachforschungen von Bruno Eisert, dem früheren Gefangenen in Buchenwald, Nr. 1585, Zwenkau, 14.6.1968, 2). Das Original befindet sich im Heimatmuseum Markkleeberg.

den Deutschen als gefährlich eingestuft, da es als Kommunikationsmittel für die Verabredung von Sabotageakten und anderen Untergrundaktivitäten genutzt werden konnte. Wir konnten weder unsere Nägel schneiden noch unsere Zähne putzen. Wir mussten unsere Fingernägel abbeißen; unsere Fußnägel wuchsen, vielleicht aufgrund der Mangelernährung, nur sehr langsam.

Weder ich noch die anderen Überlebenden, die ich gefragt habe, können sich erinnern, wie wir ohne diese nötigsten Dinge zurechtkamen. Es scheint, als ob unser Zustand so weit von der Normalität entfernt war, dass wir es nicht einmal als Problem wahrnahmen. Ich erinnere mich nur an die größeren Sorgen wie Hunger, Kälte und die Angst vor Selektion. Es war unmenschlich für die Frauen, Kleidung tragen zu müssen, die nicht passte. Für ehemals elegante Damen, die sich vorher nie öffentlich ohne Make-up gezeigt hatten, war es psychisch besonders hart. Bei einigen hatte Make-up nicht nur Schönheitsfehler überdeckt, sondern auch Hautkrankheiten verborgen.

Maca zum Beispiel kam mit dem zweiten Transport nach Markkleeberg und machte mit uns zusammen die Baracke sauber. Sie war eine ruhige und angenehme Frau Ende zwanzig. Zum Mittagessen saßen wir mit ihr und zwei anderen Mädchen zusammen, und sie erzählte uns von ihrer misslichen Lage: Sie war ein Albino und deshalb sehr verlegen. Schon in ihrem Beruf als Apothekerin war es ihr sehr unangenehm gewesen, wenn sie ihre blassen Augenbrauen nicht verbergen konnte. Jede Selektion war eine seelische Qual für sie, weil ihre Freundinnen zur Arbeit transportiert wurden, während man sie ablehnte. Sie suchte verzweifelt nach etwas Make-up, um ihre Augenbrauen nachzuzeichnen. Eines Tages fand eines der Mädchen, die die konfiszierten Habseligkeiten der Neuankömmlinge sortierten, wie durch ein Wunder einen Augenbrauenstift. Sie schmuggelte ihn zu Maca, die dafür zwei Tagesrationen Brot gab. Maca versteckte den Stift in ihrem Schuh und benutzte ihn vor Selektionen. Auf diese Weise war sie entspannter und wurde endlich auch zur Arbeit in Markkleeberg eingeteilt. Während sie in der Fabrik arbeitete, benutzte sie den Stift sehr sparsam und fand sogar ein Mädchen, das ihn ihr in ihrer Maschine neu anspitzte. Zwei Wochen zuvor jedoch hatte ihre Glückssträhne geendet. Eine Aufseherin rügte sie für die Benutzung des Make-ups und verprügelte sie. Den Stift selbst hatte die Aufseherin aber nicht gefunden. Als Maca uns die Geschichte erzählte, war sie noch immer sehr niedergeschlagen. Bald schon sahen wir sie jedoch wieder lächeln: Sie wurde erneut für Fabrikarbeit eingeteilt und ihre Augenbrauen waren nachgezeichnet. Die Aufseherin, die so gemein zu ihr gewesen war, war versetzt worden.

SCHUHE

Unsere Schuhe waren der einzige Besitz, der uns von zu Hause und aus unserem früheren Leben geblieben war. Als wir in Auschwitz ankamen, beraubte man uns all unserer Habseligkeiten, außer unserer Schuhe. Wir nahmen sie sogar mit in die Duschen, denn passende Schuhe konnten den Unterschied von Leben und Tod ausmachen. Ohne Socken rieben Schuhe, die nicht passten, die Haut auf und verursachten Blasen, welche sich leicht entzünden konnten. Viele Überlebende verbanden zudem einige sehr emotionale Erinnerungen mit ihren Schuhen.

In der Familie meiner Mutter hatte sich fast jedermann mit dem Verkauf oder der Produktion von Schuhen beschäftigt, also waren Schuhe für uns das Markenzeichen unserer Vorfahren. Meine Großeltern maßen Reichtum an Schuhen. Wir waren immer stolz gewesen, dass unser Großvater der erste Jude der Stadt Sátoraljaújhely war, der eine Erlaubnis zur Stiefelproduktion erhalten hatte. Später eröffnete er einen Schuhladen im Stadtzentrum, in welchem Mutter bis zu ihrer Heirat arbeitete. Viele unserer Verwandten hatten ebenfalls Schuhgeschäfte in derselben Stadt besessen, und mein Vater fügte nach der Hochzeit mit meiner Mutter dem Sortiment seines Bekleidungsgeschäftes in Abaújszántó Schuhe hinzu. In der Schule trugen wir immer die besten Schuhe. Meine hübsche und immer gut gekleidete Schwester Erzsike war besonders stolz auf ihre geschmackvollen Schuhe. Als wir während der Deportation unser Heim in Eile verlassen mussten und nur eine kleine Anzahl von Dingen mit uns nehmen konnten, fiel es Erzsike besonders schwer, sich für ein Paar Schuhe zu entscheiden! Letztendlich wählte sie elegante, weinrote mit einem kleinen Absatz.

An unserem ersten Tag in Auschwitz sagte die Blockälteste zu ihr: „Zieh deine Schuhe aus, ich werde dir ein anderes Paar geben." Keiner, der nicht in Auschwitz gewesen ist, kann sich die Macht der Blockältesten vorstellen. Ihrem Befehl nicht zu gehorchen, kam einem Todesurteil gleich. Ohne es zu wagen, auch nur ein Wort zu sagen, gab ihr Erzsike das Paar. Im Gegenzug erhielt sie ein sehr abgetragenes, das ihr eine Nummer zu groß war. Sie tat mir sehr leid und ich erwartete, dass sie sehr traurig darüber sein würde, eventuell sogar weinen würde.

Der Tag hatte uns jedoch dermaßen viel abverlangt, dass die Trauer erst später kam und sich jedes Mal wieder zeigte, wenn Erzsike die Blockälteste mit ihren schönen roten Schuhen sah. Ihre Augen waren tränennass, als sie sie mir zeigte. Ich bot ihr meine an, aber sie lehnte ab. Später bekamen wir beide hölzerne Schuhe. Meine Schwester und ich kamen aus Bergen-Belsen mit großen Holzpantinen holländischer Machart. Wir hatten eine Chance gehabt, an Lederschuhe zu kommen, aber diese hatten hohe Absätze und wir konnten nicht in ihnen laufen. Die Holzschuhe hatten ein Oberteil aus Leinen, waren sehr unbequem, schürften unsere Füße auf und verursachten Blasen. Die blonde, freundliche Aufseherin, die wir Kutyu (Hündchen) nannten, zeigte uns, wie man die Klompen tragen musste, damit sie etwas bequemer waren.

Schuhe waren immer ein Problem, weil wir in Fünferreihen liefen und so Pfützen und Schlamm auf unserem Arbeitsweg nicht ausweichen konnten. Viele gingen auf diese Weise verloren oder wurden mit der Zeit schwer beschädigt. Wenige glückliche Mädchen, wie zum Beispiel Elisabeth Stein Székely, trugen Schuhe von zu Hause, die hielten, bis sie zurück in Ungarn waren.

„Organisieren" war der im Kriegs- und Nachkriegseuropa übliche Terminus für stehlen. Genauso wie Frauen Dinge aus der Fabrik „organisierten", bestahlen einige auch ihre Mitgefangenen.

Die Regeln des Lagerlebens unterschieden sich deutlich von denen des zivilen Lebens, aber sie existierten. Diebstahl bei einem Mitgefangenen – insbesondere Brot – war eine Abscheulichkeit. In einigen Fällen verkam die zwischenmenschliche Interaktion innerhalb der Lager zum bloßen „Überlebensrecht des Stärkeren" und hatte den Missbrauch der Schwächeren durch die Stärkeren zur Folge. Dies geschah jedoch größtenteils nur unter den extremen Lebensbedingungen an Orten wie Bergen-Belsen oder Auschwitz gegen Ende des Krieges.

Manchen gelang es, Brot von sterbenden Mithäftlingen zu „organisieren". Meiner Erfahrung nach, und auch nach den Aussagen anderer Überlebender von Markkleeberg, überwogen bei uns der Wille zu helfen und das Mitgefühl gegenüber der Bösartigkeit und dem üblen Willen.

ÜBERBELEGUNG UND FEHLENDE PRIVATSPHÄRE

Eines der größten Grauen, welches das Lagerleben für uns bereithielt, war die schiere Masse an Menschen und das fortwährende Geschiebe und Gedränge, dem wir ausgesetzt waren. Meine Schwester und ich kamen aus einer kleinen Stadt mit lediglich 5.000 Einwohnern. Wir waren es gewöhnt, all unsere Nachbarn zu kennen und persönliche Beziehungen zu jedem zu unterhalten. Der Umgang mit einer scheinbar unermesslichen Menschenmenge und unzähligen Schlangen und Reihen war uns vollkommen unbekannt und eine sehr verstörende Erfahrung. Wir waren verängstigt, mussten uns jedoch schnell anpassen, wenn wir nicht beiseite gedrückt werden wollten. Einander an den Händen festhaltend, verteidigten Erzsike und ich unseren Platz in der Menge.

Noch heute fühle ich mich in großen Gruppen unwohl. Aufgrund meiner Erfahrung aus dem Lagerleben reihe ich mich für gewöhnlich als Letzte ein, wenn eine größere Menge Menschen in einen Bus oder einen Zug einsteigen will. Zur Zeit des Holocaust wurden Frauen, besonders jüdisch-orthodoxe, zu großer Anständigkeit erzogen. Plötzlich mussten wir uns nun nackt voreinander zeigen und außerdem – schlimmer noch – vor weiblichem und auch männlichem Nazi-Personal. In gewissen Abständen mussten wir damit rechnen, „kontrolliert" zu werden. Es war eine schmerzlich erschütternde Erfahrung. Die Insassen eines bestimmten Blocks mussten sich vor ihrer Baracke und in Anwesenheit von Knittel, den Aufseherinnen und den deutschen Wachleuten vollständig entkleiden. Dann untersuchten die Aufseherinnen Kleidungsstück für Kleidungsstück auf unerlaubte Gegenstände und aus der Fabrik oder dem Lager gestohlene Dinge, während eine andere Gruppe das Gleiche innerhalb der Baracke tat. Sie durchsuchten die Zimmer und schauten unter den Betten und in manchen Räumen sogar unter den Dielen nach.

Als Absolventen der Ausbildung in Ravensbrück wussten die Aufseherinnen sehr gut, was den Gefangenen wehtat. Sie veranstalteten Überraschungsdurchsuchungen, sogenannte „Razzien", bei denen sie unsere Zimmer durchsuchten, wenn wir auf Arbeit waren. Eine spezielle Aufseherin erinnerte uns in ihrer Art so sehr an Satan höchstpersönlich, dass wir ihr den Spitznamen „Luzifer" gaben. Sie war besonders erpicht darauf, Schmuck und Diamanten zu finden, die die Mädchen eventuell in Sachen entdeckt haben konnten, die ihnen gegeben worden waren. Die Aufseherinnen untersuchten die Decken, drehten die Matratzen herum und schmissen alles auf den Boden. Sie konfiszierten jeden noch so kleinen Gegenstand, der das Gefangenenleben ein wenig vereinfachen konnte: Kämme, Nadeln, Bindfaden, Spiegel, Bleistifte oder Papier; alles, was die Gefangenen irgendwie beschafft hatten. Nachdem wir an solchen Tagen, geschafft von der Arbeit, ins Lager zurückkehrten, wurden wir bei einem verlängerten Appell mit den verbotenen Gegenständen aus unseren Zimmern oder Betten konfrontiert. Die Schweißer, die nur acht Stunden pro Tag arbeiteten und andere Schichten hatten als wir, erzählten uns Neuigkeiten über die Kontrollen, wenn sie zur Arbeit kamen.[69]

Zusätzlich zu den Raumdurchsuchungen begannen sie, uns bei der Rückkehr von der Fabrik zu kontrollieren. Nach einer Nachtschicht mussten wir

69 Siehe Gedicht „The Welders" von Erzsébet Frank in Kapitel 10.

beim Appell stehenbleiben und wurden auf Kleinigkeiten wie Metallsplitter oder Stofffetzen durchsucht. Besonders hart waren diese Appelle, wenn es schneite. In der bitteren Januarkälte verschmolzen unsere Tränen beim Strammstehen mit dem Schnee und gefroren zu Eiszapfen auf unseren Gesichtern. Doch es war so, dass einige Mädchen trotz der Angst vor Durchsuchungen Schmirgel oder Papier stahlen, um damit ihre Overalls zu füttern.

Die Zimmer- und Bettaufteilung blieb nie gleich. Wann immer ein neuer Transport eintraf, mussten wir noch enger zusammenrücken, um Platz für die Neuen zu schaffen. Manchmal fanden Mädchen nach der Rückkehr von der Fabrik andere in ihren Betten und erfuhren, dass sie einer neuen Baracke zugeteilt worden waren. Dort mussten sie mit aufgebrachten Raumgenossen zurechtkommen, die ihnen Platz machen sollten.

Die gänzlich fehlende Privatsphäre war neben der harten Arbeit und der knappen Nahrung eine weitere ständige Nervenprobe, um die sich unser Leben drehte. Nichts gehörte uns mehr. Die Deutschen nahmen unsere Kleidung, die Schuhe, unsere Haare und Namen. Wir hatten immer Hunger, waren durchweg müde, dreckig und in einem Zustand der Erschöpfung jenseits von Gut und Böse. Die meiste Zeit waren wir, gemessen an normalen Standards, ernsthaft krank. „Falls wir sterben", sagten die Frauen, „werden wir Asche auf den Feldern sein, durchgestrichene Nummern in den Akten, spurlos verschwunden." Erzsébet Frank schrieb außerdem in ihr Tagebuch, wie traurig es war, zwischen Stacheldraht zu leben, dasselbe Kleidungsstück im Sommer wie Winter, in der Hitze und im eisigen Wind zu tragen, zwölf Stunden täglich an der Maschine zu arbeiten und währenddessen ständig auf Befreiung zu hoffen. Einst waren wir Mädchen gewesen, aber alles Angenehme war vergessen und begraben.[70]

NÄCHTLICHE BESUCHE VON KNITTEL UND DEN AUFSEHERINNEN

Nachts, während wir schliefen, konnte plötzlich Knittel auftauchen. Einmal kam er und fand die Hälfte der Betten leer. Schwester, Mutter und Tochter oder zwei Mädchen desselben Raumes teilten sich das Bett und die Decke, um sich gegenseitig zu wärmen. Einige legten gar die freie Matratze über

70 Frank, 365 Nap, S. 83, Übersetzung der Autorin.

sich. Knittel hatte wahrscheinlich Angst vor Homosexualität, welche bekanntlich unter den Aufseherinnen existierte, wurde ärgerlich und verlangte, dass jede in ihrem eigenen Bett schliefe.

Um zu kontrollieren, dass wir den Befehl auch befolgten, fuhr er mit seinen nächtlichen Überraschungsbesuchen fort. Trotz der Warnungen schliefen einige jedoch weiterhin zu zweit. Im Januar war es dermaßen kalt, dass selbst Erzsike und ich, sonst viel zu ängstlich, als dass wir Verbote ignoriert hätten, ein Bett teilten und beide Decken benutzten. Da wir so schrecklich froren, nahmen wir das Risiko auf uns, aber die Angst verfolgte uns sogar bis in die Träume.

Generell war unser Überleben nicht vom bloßen Befolgen oder Nichtbefolgen von Befehlen abhängig. Es gab Kollektivstrafen für Taten einer Einzelnen des Blockes oder Zimmers, für die wir alle leiden mussten. Meine Schwester und ich übertraten die Regeln selten und meldeten uns nie freiwillig, aber denjenigen, die es wagten und Risiken in Kauf nahmen, ging es manchmal für eine gewisse Zeit besser. Es war jedoch nicht immer vorherzusehen, weil nur sehr wenig unserer Kontrolle unterlag. Wir waren wie Flugzeugpassagiere: Man konnte eventuell in der ersten Klasse komfortabler reisen, aber die Richtung des Flugzeuges selbst konnte keiner beeinflussen. Unser Überleben im Lager war mehr von bloßem Glück abhängig als von irgendetwas anderem.

LEIDEN UNTER DER KÄLTE

Im Januar war es in den ungeheizten Räumen so kalt, dass die Pfützen, die unsere Schuhe hinterließen, gefroren. Unsere Füße blieben die ganze Nacht über kalt. Durch das Dach sickerte Wasser und die Zimmerdecke war dementsprechend mit Raureif bedeckt. Unsere Zimmergenossin Vera erkrankte an Tuberkulose und hustete die ganze Nacht hindurch.

Am Morgen sammelten die Mädchen, die oben auf den Betten schliefen, Eiszapfen von der Decke, weil diese sonst den Tag über schmelzen und das Bett durchnässen konnten. Draußen hingen, bei Temperaturen weit unter null Grad, ebenfalls große Eiszapfen von den Bäumen. Die Wasserrohre der Baracken waren eingefroren, sodass wir uns weder waschen noch die Toilette spülen konnten.

Draußen zu arbeiten und die mit Stein beladenen Karren zu schieben, war unerträglich ohne Mützen, Handschuhe und Socken. Wir weinten verzweifelt. Ich sah Erzsike, wie sie zitternd die Zähne zusammenbiss, damit sie nicht klapperten. Ihr Gesicht schien blau zu werden, während meine Fingernägel sich verfärbten und die Finger von der bitteren, durchdringenden Kälte schmerzten. Meine Füße schwollen an, sodass sich die zwei Nummern zu großen Schuhe eng um meine nackten Füße schlossen. Ich hatte Angst, dass mich das gleiche Schicksal ereilen könnte wie jene Mädchen, die wegen ihrer geschwollenen und wunden Füße keine Schuhe mehr tragen konnten und schließlich im „Revier", der Krankenstation, endeten. Glücklicherweise kam es nicht so weit, aber wir hatten selbst mit unseren Holzschuhen an den Füßen, Probleme zu laufen; wir rutschten und stolperten und hatten so das Gefühl, keine Kontrolle mehr über sie zu besitzen. Die eisige Brutalität der Natur fuhr in unsere Seelen und Körper.

Die Außentemperatur fiel nachts auf -15°C und durch die Baracken wehte scharfer Wind. Sogar die Wachen und Aufseherinnen blieben in ihren beheizten Unterbringungen. An einem Tag wurde Sári, eine unserer Zimmergenossinnen, zur Arbeit im Holzlager eingeteilt, wo sie in ihrer Overallhose einige Holzscheite versteckte. Einen Teil davon tauschte sie gegen etwas Kohle. Als sie in unser Zimmer zurückkehrte, befeuerte sie zusammen mit den anderen Mädchen den Ofen. Sie wähnten sich sicher, da sie wussten, dass die Wachen nicht draußen in der bitteren Kälte patrouillierten. Sie würden sicherlich nicht nachts nach rauchenden Schornsteinen der Baracken Ausschau halten.

In dieser Nacht wehte ein heftiger Sturm und wir beeilten uns, schnell hereinzukommen. Wir waren überwältigt, als wir den warmen Ofen in unserem Raum erblickten; es fühlte sich an wie ein Stück des heimatlichen Lebens. Wir vergaßen unsere Ängste und beobachteten die Glut. Sári erwärmte eine Schüssel mit Wasser auf dem Ofen und wusch sich damit draußen im Waschbecken ihre Haare. Bald wurde das Licht ausgeschaltet, während wir die letzten Glutreste nicht aus den Augen ließen. Obwohl die Kälte schnell zurückkam, schliefen wir mit einem Gefühl von Wärme in unseren Herzen ein.

Die Erinnerung an diesen warmen, magischen Moment, als das Feuer im Ofen brannte, ist noch immer stark in mir. Wenn ich heute, während eines kalten Wintersturms in meinem freundlichen und gut geheizten Zimmer sitze, denke ich oft daran, was für ein Glück ich doch habe.

Der frostige Wind hörte nicht auf und die in ihren warmen Wintersachen über die Kälte jammernden Aufseherinnen schienen uns umso mehr zu drangsalieren. Sie befahlen uns, uns schneller und immer schneller zu bewegen, während uns das Laufen wegen des Schnees in unseren Holzschuhen zunehmend schwerer fiel. Es fühlte sich an, wie wenn man versuchte, in einer Eislaufbahn mit Bällen als Schuhe zu laufen.

NAHRUNG UND HUNGER

Unsere Gedanken drehten sich ständig um das Essen. Selbst wenn unsere Köpfe in den schlimmsten Momenten sonst vollkommen leer schienen, so verblieben immer Gedanken an Suppe, Brot und Schlaf. Nahrungsbeschaffung und Arbeit dominierten unsere Existenz. Beides wurde von den Deutschen als Auslesemittel und Mordwaffe gebraucht. Einige Dinge, wie zum Beispiel die Selektionen und die Kälte, sind noch immer lebendig in meiner Erinnerung. Der Hunger jedoch, der uns die ganze Zeit beschäftigte, hinterließ aus irgendeinem Grund keine so bleibende Erinnerung. Nur wenn ich mir bestimmte Situationen wie die folgenden ins Gedächtnis rufe, realisiere ich, wie hungrig und durstig wir tatsächlich waren.

Einmal, mitten im tiefsten Winter, verließ uns die Wache, die unsere Arbeit auf dem Lagerplatz beaufsichtigte, für einige Minuten. Wir beobachteten, wie andere schnell Schneebälle formten und sie aßen. Zuerst fanden wir es seltsam, doch Erzsike, die Praktischere von uns beiden, sagte schnell, dass wir es auch versuchen sollten. Wir suchten uns eine Stelle, an der der Schnee noch sauber war und füllten unsere Münder mit einem Schneeball. Er war so köstlich, dass wir traurig waren, aufhören zu müssen, als der Wachhabende zurückkehrte. Wir hätten es wahrscheinlich noch öfter getan, gaben aber auf, als der Schnee dreckiger wurde.

Einmal war ich so ausgehungert und verzweifelt, dass ich in eine eigenartige Situation ohne Ausweg geriet. Es passierte auf dem Weg von Bergen-Belsen nach Markkleeberg. Ein deutscher Soldat bewachte unseren Teil des Güterzuges. Früh am Morgen bei einsetzender Dämmerung erreichten wir einen Bahnhof, an dem der Zug eine Weile stehenblieb. Wir waren achtzig Menschen, die auf dem Boden des Waggons saßen und sich im kalten Dezemberwind gegenseitig wärmten. Die Tür wurde geöffnet und blieb eine Weile so, als plötzlich ein Laib Brot direkt in meinen Schoß flog. Bevor ich reagieren konnte, hatte die Frau neben mir es bereits geschnappt und sich daraufgesetzt. Es geschah so schnell, dass niemand sonst es bemerkte, alle waren zu müde und die meisten im Halbschlaf. Ich bekam große Angst. Erzsike wachte gerade auf, als sich der Soldat vor unserem Wagen mit seinem Freund über das Stück Brot stritt, das er nicht bekommen hatte. Der andere, der das Brot geteilt und den einen Teil versehentlich zu uns geworfen hatte, fragte uns, ob irgendwer etwas gesehen habe. Alle sagten laut: „Nein." Ich schaute meine Nachbarin, eine Frau von etwa dreißig Jahren, an, die auf dem Stückchen saß und Angst hatte, zu gestehen. Sie war blass und zitterte. Die Wache wiederholte die Frage mit der Androhung schwerer Strafe für diejenigen, die etwas gesehen hatten und nichts sagten. Jetzt gab es kein Zurück mehr. Meine Nachbarin hatte unglaubliche Angst in ihren Augen. Zu Beginn hatte ich ihr ihre Kühnheit übelgenommen und hätte meine Rache haben können, indem ich sie verpfiff, aber das hätte nicht meinem Charakter entsprochen. Außerdem hatte ich große Angst, mich auf irgendeine Weise mit den deutschen Soldaten einzulassen. Ich warf ihr einen beruhigenden Blick zu und versprach damit, dass ich sie nicht denunzieren würde. Ich war froh, dass Erzsike meine Angst nicht teilen musste. Während die Soldaten weiter stritten, beteten meine Nachbarin und ich, dass wir sicher aus der gefährlichen Situation herauskommen würden. Endlich ertönte ein Signal und der Zug fuhr wieder an. Unser Soldat erhielt eine neue Brotration, und die Tür wurde geschlossen. Wir Gefangenen bekamen kein Essen, und der Zug nahm seine Fahrt in Richtung Markkleeberg wieder auf. Als sich die Türen schlossen und der Raum wieder dunkel wurde, schliefen die meisten der übermüdeten und ausgehungerten Mädchen schnell ein. Die Frau neben mir brach zwei große Stücke Brot ab und gab sie mir. Ohne einen Laut stopfte ich das eine Stück in den Mund meiner Schwester. Sie war still, während wir das verbotene Essen in uns hineinschoben. Selbst heute, denke ich, kennt sie noch nicht die ganze Geschichte dieses Brotes.

Meine Nachbarin und ich hielten nach diesem Vorfall Abstand, da wir uns beide mit unserem Geheimnis, das dem großen Hunger geschuldet war, unwohl fühlten. Ich glaube, dass keiner der anderen im Wagen wirklich etwas mitbekam; wenn doch, hätten sie einen Anteil verlangt.

Unsere tägliche Lebensmittelration in Markkleeberg bestand aus einer Schüssel mit etwa einem dreiviertel Liter wässriger Suppe. Manchmal waren kleine Mengen echten Fleisches enthalten sowie Kohl, Kartoffeln oder Rüben, welche sonst als Viehfutter Verwendung fanden. Der Inhalt hing von der jeweiligen Essensverteilerin ab und davon, ob sie die Suppe gut umgerührt hatte oder nur von der Oberfläche schöpfte. Statt Frühstück gab es nur warme braune Brühe und bisweilen etwas Ersatzkaffee aus Getreide. Abends bekam jede von uns ein etwa 200 Gramm schweres Stück Schwarzbrot. Zweimal pro Woche gab man uns zum Brot noch eine „Zulage“: entweder einen Löffel Marmelade, etwas Margarine oder ein Stückchen Salami.
Sonntags erhielten wir drei Löffel Zucker in einem kleinen Säckchen. Wir lernten, die Margarine mit dem Zucker zu mischen und aufs Brot zu streichen. Der Tee oder Ersatzkaffee morgens war warm und auch ihn süßten wir mit etwas Zucker.

Zu Lenke Schwarz Fines Geburtstag am 27. Februar wurde ein Lied gedichtet, das uns an all jene Speisen erinnerte, die wir nicht hatten. Ilona, genannt „Iluci“, schrieb folgende Reime auf den Wunsch von Lenkes Schwester,

Blanka Schwarz Friedman. Von den Urhebern der Lagergedichte war oft nur ein Spitzname bekannt, eben wie zum Beispiel „Iluci".

Meine liebe Lenke, was soll ich dir nur wünschen? Etwas Liebes, Nettes,
Sodass du merkst, dass ich dich von ganzem Herzen liebe.

Ich wünschte, du wärst zu Hause
Und müsstest keine dünne Brühe essen, sondern bekämest den feinsten Kuchen.
Aber all das ist nicht verloren, sondern nur verschoben, und auch das Lagerleben wird irgendwann vorüber sein.

[Dann ergänzte eine Gruppe von Freunden ihre gemeinsamen Wünsche im Chor:]

Du wirst uns jetzt versprechen,
Dass Du heute in einem Jahr eine glückliche Braut bist,
Und dass du, selbst wenn du uns nicht zu deiner Hochzeit einlädst,
Mit Liebe an uns denken wirst.

Blanka Schwarz Friedman gab ihrer Schwester den Zettel mit diesem Text darauf, unterschrieben mit „Iluci", als Zeichen ihrer Liebe. Iluci bekam von Blanka ein Stück Brot als Dankeschön. Zuerst wollte die Dichterin es nicht annehmen, akzeptierte es aber schließlich doch.[71]

Solche jungen Dichterinnen ließen uns mit ihrer Fantasie und Kunst von einer besseren, früheren Welt träumen. Schwesterliche Liebe und der gemeinsame Wunsch, aus unserer Verzweiflung zu fliehen, war sehr stark in uns allen verankert.

Wenigstens war das Essen in Markkleeberg besser als in Auschwitz oder Bergen-Belsen. Zu guten Zeiten bekamen wir etwa 800 Kalorien pro Tag. Gegen Ende verschlechterte es sich auf 450 Kalorien, ähnlich wie auch schon die Menge unserer Verpflegung in Bergen-Belsen mit der Zeit abgenommen hatte.[72]

Protein, Fett, Vitamine und Mineralien fehlten unserer Nahrung gänzlich, nur Spuren von Nährgehalt waren noch vorhanden. Mit diesem kläglichen Rest mussten unsere Körper auskommen, arbeiten und ums Überleben kämpfen.

---

71 Interview mit Lenke Schwarz Fine. Ihre Schwester Blanka Schwarz Friedman verstarb. Ihre Aussage befindet sich in Yad Vashem, Akte 3/5048 vom 13. November 1988.

72 Laut einer kürzlich von der Regierung durchgeführten Umfrage verbraucht eine durchschnittliche Frau 1850 Kalorien am Tag, der durchschnittliche Mann verbraucht 2550 Kalorien. Annette B. Natow und Jo-Ann Heslin, The Complete Food Counter, New York, Pocket Books, 2006, S. 2.

BROT

Obwohl es oft nur aus Kleie, Kohlrüben oder Sägemehl bestand, hatte Brot einen enorm hohen Stellenwert im Lagerleben. Es war leichter zu verstecken und zu transportieren und somit ein besseres Tauschmittel als Suppe. Die Blockälteste gab das Brot beim Abendappell aus, und wir teilten es in unseren Zimmern unter uns auf. Wir konnten zwischen ganzen Brotlaiben und Scheiben wählen. Die Mädchen schnitten es lieber selbst, da es so gerechter geteilt werden konnte. Brotscheiben gleicher Dicke waren nicht wirklich gleich, da die Scheiben von den Enden kleiner waren als von der Mitte. Wir maßen das Brot, als wäre es ein Edelstein. Ein Mädchen, zu dem alle Vertrauen hatten, teilte das Brot. Wir wurden sehr gut darin, uns unser Brot einzuteilen und etwas davon für später aufzuheben. Wahrscheinlich hatten wir Frauen es in dieser Hinsicht etwas besser als die Männer: Mit unserer Erfahrung im Haushalt wussten wir, wie man Essen gut rationierte. Es gab keine Waage zum Abmessen der Brotmenge und nur wenige Messer, aber wir fanden andere Wege, das Brot gerecht aufzuteilen. Rozsi, unsere Zimmergenossin und Appellreihennachbarin, half uns. Sie war etwas älter als wir und wir vertrauten ihr vollkommen. Wir hatten ein Stück Bindfaden, an welchem wir drei gleich lange Stücke markierten. Zum Schneiden borgte uns Rozsi ein Messer, das aus einem Stück Metall geformt worden war, das einige Mädchen gegen Brot getauscht hatten. Sie schnitt das Brot anhand der Markierungen des Strickes. Die Kantenteile waren trotzdem etwas kleiner als die Brotmitte, weshalb wir uns abwechselten: Jede von uns bekam einmal einen Kanten und jeden dritten oder vierten Tag die Mitte.

Das Brot musste jeweils 24 Stunden reichen. Es bedeutete jeden Tag ein Dilemma für uns, zu entscheiden, ob wir es gleich ganz essen oder ein Stück für den nächsten Morgen aufheben sollten. Außer dem Hunger begleitete uns auch die ständige Angst, dass wir eventuell am nächsten Tag kein Essen bekommen würden. In uns wuchs ein natürlicher Instinkt, etwas für die ungewisse Zukunft beiseite zu legen. Es war unsere einzige Möglichkeit, uns gegen Hunger abzusichern. Wir schnitten unsere Stücke in dünne Scheiben, um einen Teil abends und einen weiteren am Morgen essen zu können. Bevor Rozsi das Messer zurückgab, ließ sie es uns benutzen.

Einmal schnitt sich Erzsike dabei in ihre Handfläche und begann sofort, heftig zu bluten. Zum Glück konnten wir die Blutung stoppen, ohne ins Krankenrevier zu müssen, aber der Schnitt hinterließ eine große Narbe, die meine Schwester seitdem an das Brot und den erlittenen Hunger in Markkleeberg erinnert.

Klára Spitz Snitzler und andere, die wie sie in Auschwitz von ihrer Mutter oder Schwester getrennt worden waren, hielten immer etwas Brot vorrätig, falls sie ihre Verwandten doch noch wiedertreffen würden. Sie behielten diese Hoffnung immer in sich. Als wir ankamen, bot sie uns einen Teil dieses Brotes an, weil wir sie an zu Hause und an ihre Familie erinnerten. Wir waren sehr dankbar, konnten es aber natürlich nicht annehmen. Gemäß unserer Erziehung aus Vorkriegszeiten war es höflich, etwas anzubieten, aber ebenso üblich, das Angebotene abzulehnen. Mit dem Wissen um den enormen Wert eines Stückes Brot im Lager mussten wir uns beständig an die guten Manieren unserer Eltern erinnern, um an dieser Tradition festhalten zu können.

Brot wurde in Markkleeberg wertvoller als Diamanten. Einmal fand Gabriella Klein, heimlich versteckt in den Absätzen ihrer Schuhe, die sie reparieren wollte, zwei wunderschöne Goldringe und ein Paar Diamantenohrringe. Gabriella war überwältigt und zeigte sie sofort den anderen Mädchen. Sie alle schauten die glitzernden Schmuckstücke mit Ehrfurcht an. Sie gaben ihnen das Gefühl einer Verbindung zu jener anderen Welt zu Hause. Sie probierten die Ringe und sogar die Ohrringe an, wenn sie sicher waren, nicht eventuell durch Wachen oder Aufseherinnen überrascht zu werden. Die Ringe mit Diamanten und Rubinen in den Fassungen waren etwas zu groß an ihren knöchernen Fingern; trotzdem war es ein wohliges Gefühl, wie es Schmuck üblicherweise bei Frauen auslöst. Jede fühlte sich schmerzlich an die schönen Schmuckstücke erinnert, die sie zu Hause gehabt hatte. Mit der Freude der Erinnerung ging jedoch gleichzeitig die traurige Erkenntnis einher, dass ihnen all ihre Schätze genommen worden waren. Wissend, dass sie die neuen Schätze ebenso wenig behalten können würden, schlug denn auch eines der Mädchen vor, sie gegen Essen zu tauschen. Sie boten sie der Blockältesten im Austausch für Brot an. Diese hatte jedoch wenig Unternehmergeist und lehnte ab, indem sie ihnen mitteilte, dass im Lager das Brot das wahre Gold war.

Da die Mädchen eine Durchsuchung fürchteten, versteckten sie die Stücke bei den Schuhreparaturwerkzeugen und entschieden schließlich, nach einigen weiteren Tagen der Sorge, dass es das Sicherste wäre, den Schmuck einfach die Toilette hinunter zu spülen.[73]

Im Februar 1945 wurden die Brotrationen kleiner. Auch die deutsche Bevölkerung hatte zu wenig Brot, weil es für die Front benötigt wurde. Wir mussten nun einen Laib unter fünf Mädchen, statt wie vorher unter drei, aufteilen und es gab Tage, an denen wir gar kein Brot bekamen.

---

73 Interview mit Gabriella Klein Heimlich.

SUPPE

Die Nachtschicht bekam die Suppe, unsere Hauptmahlzeit, um Mitternacht; die Tagesschicht erhielt sie mittags. Mittagessen bekamen wir entweder in der Fabrik oder, wenn wir draußen arbeiteten, in unserer Baracke. Die Küche und Bäckerei waren außerhalb des Lagers, nahe der großen Fabrik. Knittel hatte Vollmacht über das Essen und die Küche. Wie Frank schreibt, „verhandelt und feilscht [er] mit dem Küchenchef."[74]

Sonntags wurde die Suppe zur Tür eines jeden Zimmers gebracht. Wir aßen auf unseren Betten hockend oder auf dem Boden im Korridor sitzend. Wir mussten schnell essen, bevor wir wieder zum Appell gerufen wurden. Als die Zeit voranschritt und wir immer weniger Brot bekamen, avancierte die Suppe zum Höhepunkt unseres Tages. Wir hatten solch großen Hunger, dass wir sogar begannen, nachts von der Suppe zu träumen.

Mittwoch war unser Lieblingstag, da sie mittwochs die Brotreste mit in die Suppe gaben und sie somit dicker wurde. Am Anfang bekamen wir zur Abwechslung Gersten-, Rote Bete-, und Kohlsuppe, während sie später nur noch aus Kohl und Rüben bestand und keinerlei Fleisch oder gar Fett mehr beinhaltete.

ESSENSVERTEILUNG

Das Essen wurde durch die fünf bis acht Mitglieder des „Esskommandos" zu den Gefangenen gebracht. Sie trugen die schweren Suppenkessel aus der Küche in die Fabrik, zu den Blocks oder ins Revier. Am Abend waren sie es auch, die das Brot in die Baracken brachten. Mitglieder des Esskommandos bekamen für ihre Arbeit Extrarationen.

In der Fabrik hatten wir eine halbstündige Pause, von der wir die Hälfte in der Schlange vor dem riesigen Suppenkessel verbrachten. Die Ausgabe der Suppe war unweigerlich mit schubsen und geschubst werden verbunden, da sich die Horde halb verhungerter Gefangener um den Suppenkübel drängte und ihn jedes Mal fast umstieß. Üblicherweise gab diejenige, die das Essen austeilte, die Portionen an ihre Freunde, die eventuell etwas Kartoffel oder

74 Frank, 365 Nap, S. 84.

gar Fleisch beinhalten konnten. Die Mahlzeit musste schnell eingenommen werden, weil wir nur kurze Zeit später wieder zu unseren Maschinen zurückgetrieben wurden. Da die Essensverteiler an ihre Familienmitglieder und Freunde größere und gehaltvollere Portionen verteilten, bekam, wer sich zur Seite schieben ließ, am Ende teilweise gar kein Essen.

Die Blockälteste und ihre Helfer waren verantwortlich für die Essensverteilung in den Baracken. In Block 6, unserer Baracke, gab Laju die Mahlzeiten aus. Je nach Stimmung gab sie entweder eine Kelle vom Boden des Kessels oder von oben, wo die Suppe im Prinzip nur aus warmem Wasser bestand. Die Mädchen in unserem Block machten Laju tatsächlich nur dann einen Vorwurf, wenn sie ihnen Suppe von oben gab.

Gegen Ende des Krieges erreichten unsere Körper ihre Grenzen. Wir waren bereit, alles zu tun für etwas mehr Nahrung. Wir beteten sogar, etwas von der dickeren Suppe am Boden des Troges zu bekommen. Wenn Erzsike die letzte Kelle aus einem Kessel und ich die erste aus dem nächsten bekam, bestand sie darauf, die beiden Portionen zu mischen. Auf diese Weise bekam jede von uns einen Teil der Kartoffeln sowie der eventuell vorhandenen Rüben oder des Brotes. Manchmal zählten wir die Kartoffelstücke sogar ab, um gerecht zu teilen. Wenn wir, was selten vorkam, doch ein Stück Fleisch fanden, bestanden wir jedes Mal gegenseitig darauf, dass es die andere nehmen sollte.

Die Frauen des Esskommandos in der Fabrik bevorzugten ihre Familien und Freunde. Sie gaben ihnen nicht nur vom Bodensatz der Suppe, sondern erlaubten ihnen außerdem, sich mehrmals anzustellen, was sie allen anderen verboten. Die Deutschen maßen die Menge genau ab und gaben sie in der Anzahl der benötigten Portionen aus, sodass jeder, der sich zweimal anstellte, einer anderen das Essen stahl.

Als Erzsike und ich einmal auf unser Essen warteten, sagten uns die Mädchen, die die Suppe verteilten, plötzlich, wir sollten die Schlange verlassen. Wir beschwerten uns, aber niemand hörte uns zu, und die Mädchen drohten gar, die Wachen zu rufen. Da wir uns nicht auf Deutsch ausdrücken konnten, wollten wir keine Strafe riskieren und gaben nach. Wir fanden uns mit unserem Unglück ab und blieben wie schon so oft zuvor hungrig, während andere doppelte oder gar dreifache Portionen erhielten.

Einmal hatten wir jedoch Glück. Eine junge Frau namens Flora Kaff Goldring, die flüssig Deutsch sprach und im Büro der Fabrik arbeitete, bemerkte unsere missliche Lage. Sie rief auf Deutsch: „Hier sind Kinder, die kein Essen bekommen!“ Ihre Worte erregten die Aufmerksamkeit des Fabrikpersonals, und sie erklärte ihnen das Problem. Wir müssen sehr bedauernswert ausgesehen haben, denn die zivilen Arbeiter brachten uns Teile ihres Mittagessens, sogar einen Apfel. Unsere Tränen vermischten sich mit dem Geschmack des besten Essens seit Ewigkeiten. Wir kannten Flora nicht, doch sie kam herüber und umarmte uns. Sie war hochgewachsen, hatte eine außergewöhnliche Ausstrahlung und zeigte viel Mitgefühl für uns und Ärger gegenüber den anderen. Als wir ihr dankten, sagte sie nur, sie müsse die Tugenden der Fairness und Bescheidenheit aufrechterhalten, die wir von zu Hause kannten. Flora lehnte das Angebot ab, die Suppe an die Gefangenen auszuteilen, obwohl es ihr eine Extraportion gebracht hätte. Sie wollte keinen Vorteil haben, der ihr eventuell Kritik einbrachte.

Unsere schlechte Behandlung resultierte in einer Veränderung des Ablaufes der Essensausgabe. Man entschied, die Schlange am Ende zu schließen, sodass sich niemand mehr ein zweites Mal anstellen konnte.

Ich habe Flora und ihr Mitgefühl nie vergessen. Ich wollte ihr so gern nochmals danken und sie ehren. Sie stand für uns ein, den Prinzipien unserer Eltern folgend, und riskierte damit Bestrafung durch die Deutschen und die Verärgerung der Frauen des Esskommandos.

Als ich für dieses Buch recherchierte, fragte ich alle nach ihr. Irgendwann hatte ich Erfolg und fand Nelly Winkler Rochlitz, die Floras Adresse und Telefonnummer hatte. Als tief religiöse Frauen hatten sowohl Flora als auch ihre beiden Schwestern überlebt und sich schließlich im Stadtteil Boro Park von Brooklyn in New York niedergelassen. Inzwischen war sie Urgroßmutter und sie erinnerte sich noch daran, wie sie damals Mitgefühl für uns empfunden hatte, die wir schwächer als die anderen waren und doch von ihnen beiseite gestoßen wurden. Deutsch hatte sie von ihrer Mutter gelernt und war so in der Lage gewesen, uns zu helfen.[75]

Als die Nahrungsmittelversorgung schlechter wurde, wandelte sich die Suppe mehr und mehr in dünne Brühe. Salami, Marmelade und Zucker bekamen wir zunehmend seltener und schließlich gar nicht mehr. Allerdings bedeutete dies auch Hoffnung, dass sich der Krieg und damit auch unsere Gefangenschaft dem Ende näherten. Auf diese Weise interpretierten wir auch die zunehmende Gemeinheit der SS uns gegenüber.

75 Interview mit Flora Kaff Goldring.

Ich habe viele Dinge des Lagerlebens vergessen, aber das Bild der Schüssel, in welcher ich mein Essen bekam, ist mir noch immer klar vor Augen. Sie war so wertvoll und wichtig für uns, dass wir sie mit größter Aufmerksamkeit bewachten. In Auschwitz legten wir sie nachts unter unsere Köpfe oder hielten sie im Schlaf fest umarmt an unsere Brust. Ohne Schüssel konnten wir kein Essen bekommen und hätten so keine Überlebenschance gehabt. Als wir in Markkleeberg ankamen, bekam jede von uns eine emaillierte Metallschüssel, eine Tasse und einen Löffel. Die Schüssel und Tasse hatten dieselbe rote Farbe und das gleiche Muster mit weißen Pünktchen ringsherum. Diejenigen Mädchen, die als Schweißerinnen arbeiteten, versahen ihre Schalen mit ihren Initialen. Jeder Löffel hatte ein Loch, und sowohl die Tasse als auch die Schüssel hatten Griffe, durch die wir eine Schnur ziehen konnten. Manche trugen sie als Gürtel. Erzsike und ich hatten nicht einmal einen Bindfaden, weshalb wir die Schüssel an unsere Overalls banden, wo sie klapperten, wenn wir liefen. Auch auf dem Todesmarsch war die Schüssel das Wichtigste von den wenigen Dingen, die wir besaßen, obwohl wir nur ein- oder zweimal Essen in ihr erhielten. Ich benutzte meine aber als Schutz vor Regen und Luftangriffen. Die Schüssel beschirmte meinen Kopf, wenn ich, vor tieffliegenden Bombern Deckung suchend, im Straßengraben lag.

Essen als Gefälligkeit

Einmal saßen wir in Auschwitz hungrig und mutlos da und warteten auf das nächste Essen und den Appell, als die Blockälteste von einer der Nachbarbaracken kam und fragte, ob jemand von uns aus Abaújszántó kam. Wir sprangen sofort auf und traten an sie heran. „Gab es in eurer Stadt eine Jeschiwa[76]? Habt ihr den Schülern in der Jeschiwa Essen gegeben?“, fragte sie. Wir erinnerten uns an einen kleinen Jungen, der sonntags bei unserer Großmutter und donnerstags mit uns aß. Wir sagten ihr, dass er ein großgewachsener und höflicher Junge aus der Tschechoslowakei gewesen war, der gut Ungarisch sprach. „Das war mein Bruder!“, sagte die Blockälteste erfreut. „Er schrieb uns sogar, dass er zweimal pro Woche bei einer freundlichen Familie aß.“ Sie nahm Erzsike und mich mit in ihren Raum und gab jeder

76 Viktor Frankl, Man's Search for Meaning: An Introduction to Logotherapy, 4. Auflage, Übersetzung Ilsa Lasch, Boston, MA, Beacon Press, 1992, S. 5.

von uns einen Teller mit dicker Suppe. „Ich freue mich so sehr, dass ich euch im Namen meines Bruders etwas zurückgeben kann", sagte sie.

Sie brachte uns danach noch zweimal Brot, aber dann wurden wir vom A-Lager in das C-Lager verlegt. Wir hörten, dass sie noch andere fand, die ihrem Bruder geholfen hatten, als er sich in Ungarn versteckte. Diese Blockälteste war, wie andere Mädchen aus der Tschechoslowakei, schon ein Jahr oder länger in Auschwitz gewesen. Sie alle waren verbittert und pessimistisch, was unsere Überlebenschancen und das Leben allgemein betraf, und trotzdem tat sie ihr Möglichstes im Dienste der Nächstenliebe. Freundlichkeit stärkte unser Wertebewusstsein und unseren Sinn für Loyalität zur eigenen Familie und ihren Werten. Außerdem brachte sie Erinnerungen an ein besseres Leben in der Vergangenheit mit sich und festigte unsere Ideale für die Zukunft. Wir versuchten bis zum Ende, menschlich und freundlich zu bleiben.

Zigaretten im Tausch gegen Essen

Zigaretten waren wichtig, besonders für männliche Gefangene. Ihr Leid war groß, wenn sie nicht rauchen konnten, und sie tauschten Brotrationen gegen eine Zigarette. Der namhafte Auschwitz-Insasse Viktor Frankl berichtete, dass, wenn ein „normaler" Auschwitz-Gefangener, also jemand ohne spezielle Privilegien, rauchte, die anderen richtigerweise annahmen, dass er aufgegeben und sich dafür entschieden hatte, die letzten Momente seines Lebens zu „genießen".[77] Frauen rauchten damals generell weniger als Männer, aber auch unter ihnen gab es einige, die dem Nikotin zutiefst verfallen waren.

Die Lagerinsassen in Markkleeberg erhielten einige Zigaretten von den deutschen Arbeitern oder den Fremdarbeitern der Fabrik und rauchten diese entweder selbst oder tauschten sie gegen Essen. Bella Spitz, unsere Lagerälteste, war eine starke Raucherin. Um ihre Sucht zu stillen, nahm sie vom Essen der Gefangenen und tauschte es gegen Zigaretten. Sie bezahlte zwei Portionen Suppe für eine Zigarette. Ihr Laster kostete sie letztendlich ihren Job und führte sie schließlich in Bunkerhaft. Magda, ein Mädchen aus Transsylvanien, wusste von Bellas Geschäften. Sie arbeitete im sogenannten „Gartenkommando" und konnte sich den Wachen auf Jiddisch verständlich machen, weil dies dem Deutschen sehr ähnelte. Die Aufseher mochten sie, weil sie ein einfaches und geselliges Mädchen war und ihnen rumänische Lieder vorsang, was die Wachen, und speziell einer von ihnen namens Esele, sehr genossen. Eines Tages bat er sie wie üblich, eines ihrer Lieder für ihn zu singen,

77 Ebenda, S. 6.

aber sie antwortete: „Nein, nicht heute. Ich bin nicht in der Stimmung." „Ich befehle es dir und du musst mir gehorchen!", schrie der Aufseher. „Ich habe großen Hunger", sagte Magda, „und es ist schwer zu singen, wenn man hungert. Wegen der Lagerältesten hatten wir heute kleinere Suppenportionen. Sie musste für die Zigaretten bezahlen, die sie gekauft hatte." „Die Lagerälteste kauft mit Essen Zigaretten?", fragte der Aufseher. „Letztes Mal bekam als Bestrafung der gesamte Block 6 kein Mittagessen." „Was passierte mit dem Essen? Was hat sie damit gemacht?" „Sie gab es dem anderen Block und ihren Lieblingen", sagte Magda. „Du kommst sofort mit mir zu Knittel!", verlangte Esele. Nachdem Knittel die Geschichte gehört hatte, gab er Magda für ihre Beschwerde eine Ohrfeige. Danach beobachtete er Bella unauffällig und überraschte sie schließlich, als sie gerade die Kartoffeln und das Fleisch aus der Suppe holte, bevor sie diese an uns verteilte. Er hatte sie auf frischer Tat ertappt, gab ihr eine Ohrfeige und bestrafte sie mit drei Tagen Bunkerhaft.[78] Sie hatte in der kleinen, kalten Zelle nur ihren Overall, um sich zu wärmen, und bekam pro Tag ein kleines Stück Brot zu essen. Ihr Mantel und Pullover wurden ihr vorher abgenommen. Die Mädchen hörten sie singen. Das tat sie, um sich zu beschäftigen und damit die anderen sich keine Sorgen um sie machten. Bella war eine charismatische Person, und einige hatten Mitleid mit ihr und besuchten sie während der Mittagspause. „Es geht mir gut. Ich brauche nur ein Streichholz und eine Zigarette", beschwerte sie sich. Selbst unter der Gefahr von Bestrafung brachte ihr jemand ein oder zwei Zigaretten. Bella sah sehr kläglich aus, als sie den Bunker verließ. Und trotzdem lief sie mit einem Lächeln auf dem Gesicht und erhobenem Haupt an Knittel vorbei. Er schickte sie zur Arbeit in den Steinbruch.[79]

---

78 Interview mit Nelly Winkler Rochlitz.

79 Rab, Es Nem Verik, S. 256.

UNERLAUBTER BESITZ

An einem regnerischen Tag, an dem die Mädchen besonders müde und schwermütig waren und selbst die Schubkarren tief im Schlamm versanken, bemerkte Tereza Frankl etwas im Dreck. Sie hob es mit Spannung auf, und als sie die Erde abwusch, wurden die zarten Steine eines kurzen Colliers sichtbar. Sie band es sich um den Hals und genoss das Gefühl, wieder ein wenig feminin zu wirken. Von da an trug Tereza die Kette und rief damit in uns anderen ein Gefühl der Nostalgie und Verbindung zur Welt jenseits der Gefängniszäune hervor. Die Freude der Gefangenen und Terezas Glück dauerten jedoch nur einige wenige Tage an, bis Knittels scharfe Augen den Schmuck während des Appells entdeckten. Er wurde wütend und begann zu fluchen. Knittel befahl Tereza, ihm die Halskette zu überreichen, warf sie auf den Boden und zertrat das feingliedrige Stück mit seinen Stiefeln. Wir sahen zu und fühlten uns, als lägen all unsere Träume, Hoffnungen und Wünsche in diesem Moment dort unter seinen hohen Stiefeln. Außerdem fürchteten wir, dass er Tereza bestrafen würde; aber es schien, als habe er seinem Ärger mit der Zerstörung des Colliers genug Luft gemacht. Er ließ Tereza und den Rest von uns mit einem Gefühl der Trübsal und einer weiteren Erinnerung an die harte Realität im Lager zurück.

Wir besaßen fast nichts, weshalb jeder normalerweise noch so unbedeutende Gegenstand wertvoll wurde. Aus Bergen-Belsen waren wir mit Mänteln angekommen und die Frauen im Lager rieten uns, das Futter herauszunehmen, da die Mäntel eingezogen würden, wenn wir unsere Overalls erhielten. Eine Schere machte die Runde und half dabei, das Futter, die Fellkragen, die Taschen und alles andere Entfernbare herauszunehmen. Aus dem gewonnenen Material machten die Mädchen Strümpfe, Westen und Taschen für Brot oder Zucker. Erzsike und ich schauten unsere Mäntel an und waren versucht, es ihnen gleichzutun. Doch die Angst vor Bestrafung wog schwerer als der Rat der Mädchen.

Nachdem wir uns gegen das Ausnehmen unserer Mäntel entschieden hatten, machte ich eine eigenartige Erfahrung. Erzsike bemerkte, dass die wollene Umhüllung von einem der großen Knöpfe an meinem Mantel angerissen war. Als ich den Riss abends auf meinem Bett begutachtete, wurde er größer und zu meiner Verblüffung kam eine glitzernde Goldmünze zum Vorschein. Statt mich zu freuen, dass ich etwas Wertvolles gefunden hatte, interpretierte ich es als traurige Nachricht – und war in gewisser Weise auch erschreckt. Noch in letzter Minute hatten viele Mitglieder der europäischen jüdischen Gemeinde versucht, ihr Vermögen zu retten, indem sie Goldmünzen oder Dollars kauften und sie in irgendeiner Weise versteckten. Ihr einziger verbliebener Besitz befand sich in der Kleidung und den Schuhen, die sie bei ihrer Deportation trugen.

Ich fragte mich, was ich mit dieser und den anderen Münzen tun sollte, die wahrscheinlich noch immer unter dem Stoff verborgen lagen. Wir versuchten, unauffällig zu bleiben und unter den Lagerinsassen zu verschwinden und wollten deshalb nichts besitzen, was irgendwie die Aufmerksamkeit auf uns richten könnte. Dieses Verhalten war Ausdruck von Überlebensinstinkt, unserer Persönlichkeit und bewusster Strategie. Erzsike aber war bereit, etwas mehr zu riskieren, und schlug vor, die Münze zu tauschen. Da wir noch sehr jung waren und keinerlei Erfahrung im Handeln hatten, war dies jedoch keine leichte Aufgabe. Ich trug das verbotene Stück den ganzen nächsten Tag mit mir herum und hatte die ganze Zeit große Angst dabei. Wir hofften, am Abend Elza oder andere Freunde um Rat fragen oder ihnen die Münze sogar geben zu können. Nachmittags wurden wir plötzlich zu einem speziellen Appell gerufen. Da wir noch neu in Markkleeberg waren, fürchteten wir, dass jeder Appell Gefahr und Veränderung, Durchsuchungen oder anderes Unheil bringen könnte. Auf dem Weg zum Appellplatz versteckte ich die Münze deshalb in einem Schneehaufen am Wegesrand und hoffte, sie später wieder holen zu können. Als wir zurückkamen, war der Schnee jedoch zerwühlt und ich konnte die Position der Münze nicht mehr ausmachen. Ich suchte später noch einmal, hatte aber keinen Erfolg. Am nächsten Tag sammelten sie die Mäntel ein. Ich fürchtete Ärger für eventuell fehlende Knöpfe und ließ deshalb den Rest der Goldmünzen an ihrem Platz.

Heute frage ich mich, wer letzten Endes Nutzen aus der Arbeit der gequälten Familie ziehen konnte, die den Mantel ursprünglich besessen hatte. Es war ein wunderschöner oranger Mantel mit Fellkragen. Ich stelle mir den Besitzer als jungen Menschen oder jemanden mit einem sonnigen Gemüt vor. Sie oder ihre Familie hatten vielleicht lange beim Kauf von alltäglichem Bedarf gespart, um die unglückseligen Münzen kaufen zu können, die jetzt im Mantel versteckt waren.

Wertgegenstände, die in den Lagern gefunden wurden, waren Luzifer und den anderen Aufseherinnen ein Anreiz, uns zu durchsuchen. Bruno Eisert erwähnt in seinem Bericht über Markkleeberg die Aufseherin Helene Pöschel aus Markkleeberg, welche wir als Luzifer kannten. „Pöschel bereicherte sich mit Schmuckstücken, die einige der Frauen bis dahin vor den Augen der SS verborgen halten konnten.“[80] Ein oder zwei Wochen, nachdem wir die Mäntel zurückgegeben hatten, durchsuchten uns die Aufseherinnen nochmals gründ-

80 Eisert, „Ermittlungen über KZ“, S. 3.

lich. Vielleicht hatten sie die anderen Goldmünzen gefunden und suchten nun nach der fehlenden oder hofften auf ähnliche versteckte Schätze. Dem Ärger nach zu urteilen, den sie gegenüber den Mädchen mit Hemden oder anderen zusätzlichen Kleidungsstücken zeigten, denke ich nicht, dass sie etwas fanden. Die unerlaubte Bekleidung warfen sie sofort in den Müll. Als Strafe mussten die erwischten Frauen vor Knittels Büro Appell stehen. Nach endlosen Stunden in der Kälte waren sie froh, mit ihrem Leben davongekommen zu sein.

Als der gefrorene Boden langsam auftaute und unser Leben etwas erleichterte, begannen stattdessen stürmische Regengüsse, die uns auf dem Weg zur Fabrik oder während des Appells treffen konnten. Wir waren bereits bis aufs Mark durchgefroren, und zusätzlich prasselte der eisige Regen auf unsere nackten Köpfe. Wir konnten uns nirgends unterstellen, und es gab keine Unterbrechung der Routine. Ob es regnete oder schneite, der Zeitplan musste stets eingehalten werden. Unsere Kleidung blieb tagelang klamm und selbst nachts konnten wir uns nicht aufwärmen. Als wir schon dem Aufgeben nahe waren, hörten die Stürme endlich auf, und man sah in den Pfützen auf der Straße, die durch das Lager führte, die Reflexion der Sonnenstrahlen.

TAUSCHGESCHÄFTE

Im Lager, das eine eigene Gesellschaft bildete und seine eigenen Regeln hatte, basierten wirtschaftliche Aktivitäten ausschließlich auf dem Klauen von verschiedenen Rohmaterialien aus der Fabrik oder von den umliegenden Feldern. Es war den Lagerinsassen streng verboten, irgendetwas von ihrem Arbeitsplatz mitzunehmen; selbst Papierschnipsel oder kleine Holzstückchen konnten einem den Vorwurf der Sabotage einhandeln. Trotzdem gab es einen regen Tauschhandel mit jeglichen Materialien, die unerlaubt vom Arbeitsplatz entfernt worden waren.

Am besten ließ es sich während der Nachtschicht tauschen. Die geschäftstüchtigeren unter den Mädchen stellten aus den ertauschten Rohstoffen wiederum andere Güter wie zum Beispiel Taschen, Kleidung oder Schmuck her. Manche benutzten Lappen, die in der Fabrik zur Reinigung der Maschinen ausgeteilt wurden, um Unterwäsche herzustellen. Andere aus dem Qualitätskontrollraum trennten ihre Schutzhandschuhe auf und nutzten das gewonnene Garn, um daraus Strümpfe oder Unterhemden zu stricken. Auch aus dem Schmirgelpapier, das ausgeteilt wurde, um damit die produzierten Maschinenteile zu säubern, konnte man hellblaue oder graue Fäden herausziehen und daraus Hemden herstellen, die unter dem Overall getragen wurden. Frauen, die noch lange Kleider besaßen, die sie unter dem Overall trugen, konnten Stücke davon abtrennen und zu Brottaschen umnähen. Ein solcher Brotbeutel war ein gefragter Artikel, denn man konnte mit ihm einen Teil der abendlichen Brotration aufheben und bis zum Frühstück schützen. Bevor sie ihre Mäntel abgaben, entfernten viele der Mädchen das Futter und die Fellkragen. Mit diesen Dingen ließ sich ebenfalls gut handeln. Erzsébet Frank zum Beispiel erstand einen wertvollen Fellkragen für eine Tagesration Brot. Sie wollte ihn dem deutschen Vorarbeiter Johannes Walter geben, der ein gutes Herz hatte und für dessen gelegentliche Hilfe sie sich in irgendeiner Weise erkenntlich zeigen wollte. Die Gepflogenheiten einfachen, menschlichen Anstandes existierten trotz allem auch im Lager. Erzsébet sagte ihm, das Fell sei für seine Frau. Walter brachte ihr als Dank eine Nadel, Faden, einen Kamm und eine rote Zwiebel. Noch siebenundfünfzig Jahre später, als ich Erzsébet interviewte, erinnerte sie sich daran, wie froh sie gewesen war, sich für die Hilfe eines guten Mannes revanchieren zu können.

Alles hatte einen Preis, berechnet in Einheiten von Brotrationen. Eine Einheit war eine Tagesration eines Gefangenen. So konnte man beispielsweise ein Paar Strümpfe für zwei Portionen Brot und Margarine erwerben. Kohle konnte man von denjenigen kaufen, die in der Fabrik die Maschinen befeuerten. Wärme über Nahrung stellend, entschieden sich einige, mit ihrem Brot Kohle zu kaufen. Diejenigen, die es sich leisten konnten, einen Teil ihres Brotes abzugeben, um Dinge zu „kaufen", hatten meist irgendeine andere Nahrungsquelle. Manche arbeiteten in der Küche, andere hatten Verwandte in höheren Positionen des Lagers oder konnten sich irgendwie anders Extraportionen verschaffen. Es war zum Vorteil der jeweiligen Gefangenen, wenn sie das ihr zugeteilte Essen selbst verzehrte. Auf Teile davon zu verzichten, war schwer und basierte selten auf rationalen Überlegungen. Tauschhandel beinhaltete immer das Risiko der Bestrafung. Für Erzsike und mich, zwei behütete Schulmädchen, war die Angst vor der Entdeckung von Strümpfen oder Handschuhen durch die Deutschen schlimmer als das Kältegefühl. Diejenigen, die das Risiko eingingen, waren mutig; wie die meisten Unternehmer waren sie die Waghalsigen. Man musste außerdem wissen, wo man die Ware zum Handeln finden konnte. Wir waren darin nicht gut, was wir mit der Goldmünze von meinem Mantel klar bewiesen.

Als ich für dieses Buch recherchierte und mit anderen Überlebenden redete, war ich überrascht von der florierenden Tauschwirtschaft, die offensichtlich in Markkleeberg existiert hatte. Der Instinkt, die eigenen Lebensumstände durch Tausch erträglicher zu machen, überlebte selbst auf der primitivsten gesellschaftlichen Ebene, die das Lagerleben darstellte. Frauen, die ihren Geschäftssinn zu Hause entwickelt hatten, waren besonders erfolgreich, weil sie zuvor schon in ihren Familienbetrieben Erfahrungen sammeln konnten. Manche kannten sich aus im Leiten von Betrieben oder Läden und hatten deshalb einen guten Geschäftssinn. Sie waren auch stets aufmerksam und sehr einfallsreich. Die Lagerwelt war klein, aber man konnte eventuell etwas mehr als die anderen haben, wenn man kühn und erfinderisch war oder die richtigen Beziehungen hatte. Viele der Überlebenden waren jedoch, was die Tauschmöglichkeiten im Lager betraf, ähnlich ungeschickt und unwissend wie meine Schwester und ich.

FRIEDHOF

Angesichts der Todeszahlen des Lagers wunderten sich die Menschen nach dem Krieg, wo sich die Grabstätte befand. Als Arbeitslager hatte Markkleeberg keine Einrichtungen für eine Beerdigung oder Leichenverbrennung. Die Sterbenden und Kranken, die „verbraucht" waren, wurden zurück nach Auschwitz gebracht, um dort vergast zu werden. Sie wurden dann durch eine weitere Lieferung von Arbeitern ersetzt. Falls sie nicht weggeschickt werden konnten, bevor sie starben, wurden sie in einem privaten Krematorium in Leipzig verbrannt, welches der SS dann 35 Reichsmark plus einige Gebühren in Rechnung stellte.[81]

Die folgenden Opfer wurden im Südfriedhof Leipzig eingeäschert. Ihnen wurden Einäscherungsnummern zugeteilt. Am 03. Juli 1946 wurden ihre Urnen zum Ostfriedhof in Leipzig gebracht, wo sie erneut nummeriert und in Abschnitt 10 untergebracht wurden. Der Friedhof befindet sich in der Oststraße 119, in 04299 Leipzig.[82]

Die Lager mussten keine Berichte über die Todesursache abliefern. Jüdische Arbeiter waren, wie Benjamin B. Ferencz schrieb, „weniger als Sklaven. In unserem Vokabular existiert kein treffendes Wort für diesen niedrigsten

81 Interview mit Dr. Irmgard Seidel, Buchenwald Gedenkstätte.

82 Dr. Schmidt, Sachbearbeiter Grundsatzfragen, Der Oberbürgermeister, Stadt Leipzig (Rathaus Leipzig), Mitteilung #schm-26-02, 14. Januar 2002.

Status eines unbezahlten Arbeiters, der zur Ausbeutung bis hin zur Zerstörung gedacht war. Sklavenmeister sorgen für ihr menschliches Eigentum und versuchen, es zu erhalten. Der Plan der Nazis war es, dass die Juden verbraucht und dann verbrannt würden."[83]

Das nächste Kapitel wird sich den jüdischen Funktionären widmen. Wir werden sehen, wie die Deutschen mithilfe unserer eigenen Leute unser Leid noch vergrößerten.

Name der Gefangenen	Geburtsdatum und -ort	Gefangenennummer	Todesdatum
Adler, Sali	25.12.1925 Dombo	50004	Januar 1945
Freund, Magda	03.11.1927 Tany	49103	15. März 1945
Grosz, Helena	26.12.1926 Rahonya	49144	28. Februar 1945
Löwy, Margit	01.12.1904 Wien	50169	10. März 1945
Wilhelm, Irma	24.09.1920 Udvard	49489	02. März 1945

Tabelle 2. Die in Markkleeberg gestorbenen Gefangenen[84]

Name der Gefangenen	Geburtsdatum und -ort	Gefangenennummer	Todesdatum
Hoffmann, Aranka	10.03.1919 unbekannt	93183	25. Januar 1945 * Einäscherungsnummer 85004 Ostfriedhof-Nummer 2203 Aktennummer 13, Position X 10 E 4 (Urne)
Moskovitz, Ilona	16.02.1910 Gyulahaza	38062	10. November 1944 Einäscherungsnummer 83720 Ostfriedhof-Nummer 2218 Aktennummer 27, Position X 10 M 8 (Urne)
Raab, Irene	12.08.1920 Ekel	30764	28. November 1944 Einäscherungsnummer 83938 Ostfriedhof-Nummer 3127 Aktennummer 0, Position X 10 M 2 (Urne)
Weisz (Neugeborenes)	24.01.1945 Markkleeberg	49778	26. Januar 1945 Einäscherungsnummer 84920 Ostfriedhof-Nummer 2221
Weisz, Etel (Mutter)	15.07.1912 Rababogyozlo	49778**	

Tabelle 3. Gefangene, deren Leichen auf dem Südfriedhof eingeäschert wurden

83 Ferencz, Less Than Slaves, S. 23.

84 Transportliste mit Ankunfts- und Abfahrtterminen von Gefangenen im Markkleeberger Lager, Internationaler Suchdienst, S. 72.

* Hoffmann, Aranka taucht nicht in der Gefangenenliste von Markkleeberg auf. Sie wurde von Ravensburg nach Penig und dann nach Markkleeberg transportiert, wo sie laut ihrer Sterbeurkunde verstarb. Anders als bei den anderen Gefangenen, deren Todesursache nicht aufgeführt ist, ist vermerkt, dass sie an Tuberkulose starb.

** Ihr Schicksal ist unbekannt. Das Baby hatte die gleiche Gefangenennummer wie die Mutter.

5. Funktionshäftlinge, Krankenstation und die Geburten in Markkleeberg

Den Nazis gelang es, ein System von Funktionshäftlingen zu organisieren. Aber die einzelnen Häftlinge blieben sich selbst treu. Jeder von uns brachte sein Wissen und seine eigene Persönlichkeit mit ins Lager, selbst wenn alle anderen Bindungen zur Vergangenheit durchtrennt worden waren. Als uns alle Spuren unserer Identität genommen wurden, behielten wir trotzdem unseren Verstand und unsere Seele. Wir kämpften gegen Bedingungen, die unseren kollektiven Geist brechen sollten. Wir hatten wenig Einfluss auf den materiellen Teil unseres Lebens, aber wir kämpften wenigstens für unsere Seele. Wir wurden in eine Welt geworfen, die wir so nicht kannten, und versuchten, so viel wie möglich von unserer Erziehung und unseren Traditionen beizubehalten. Wir schätzten kulturelle Aktivitäten und waren bereit, unsere Brotration dem Verfasser eines Liedes zu geben, das uns gefiel. Normalerweise duldeten die Deutschen künstlerische Aktivitäten nur, wenn sie diese kontrollieren konnten. Wenn künstlerisches Schaffen entdeckt wurde, wurde es hart bestraft.

Innerhalb des Lagers musste sich der Häftling drei Autoritäten unterordnen:
(1) dem deutschen Kommandanten und seiner Mannschaft,
(2) den Aufseherinnen,
(3) der internen jüdischen Verwaltung.
Häftlinge mussten ihre Mitinsassen überwachen und in der Lagerverwaltung als Block- und Lagerälteste arbeiten. Diese Frauen oder Mädchen mussten Deutsch sprechen.

Die Lagerälteste

In der internen jüdischen Verwaltung stand die Lagerälteste an erster Stelle. Sie war ein weiblicher Häftling, der die Häftlinge des Kommandos vertrat. Die Lagerälteste war für das tägliche Funktionieren des Lagers verantwortlich. Es war ihre Aufgabe, täglich einen Bericht mit der Anzahl derjenigen einzureichen, die gesund, krank oder gestorben waren. Sie musste auch Anordnungen und andere Mitteilungen vom Deutschen ins Ungarische übersetzen. Die Lagerälteste und ihre Familie hatten das Recht auf ein separates Quartier.

In Markkleeberg hieß die erste Lagerälteste Bella Spitz. Die Mädchen nannten sie Tante Bella (Bella Néni). Geboren in Kosice (Kassa), hatte Bella Spitz in Sárospatak, einer Gegend, die schon immer zu Ungarn gehörte, gelebt. Sie sprach gut Deutsch, trotz eines ungarischen Akzentes. Bella brachte zwei Töchter mit.[85]

Die Lagerälteste musste darauf achten, dass die Insassen gehorchten. Wie bereits erwähnt, brannte sich Bella Spitz in unsere Erinnerungen ein, als sie uns an einem der kältesten Tage im Dezember unser Mittagessen verweigerte. Nach der Arbeit standen wir bis spät in der Nacht beim Strafappell, voller Verbitterung und Verwirrung in unseren Herzen.

Es war ein Wunder, dass trotz des schlechten Wetters die meisten von uns niemals eine Erkältung, nicht mal einen Schnupfen hatten. Ohne Taschentuch wäre das schrecklich gewesen. Unsere gute Gesundheit war nicht von unendlicher Dauer, wie wir später sehen werden. Einige der Funktionshäftlinge waren eine seltsame Mischung aus Gut und Böse. Ihr Handeln unter

85 Bellas Töchter waren Katalin und Anna Spitz. Auf der Transportliste wird Bella als am 9. November 1914 geboren aufgeführt. Laut der Liste aus Theresienstadt, die meist glaubwürdiger ist, wurde Bella am 26. November 1906 geboren.

diesen rauen und bizarren Umständen kann nicht nach heutigen Maßstäben beurteilt werden. Bella wusste, dass ihre Arbeit – und vielleicht ihr Leben – davon abhing, wie sie die SS-Aufseher zufriedenstellte. Um ihre Position zu behalten, musste sie den Willen der SS in die Tat umsetzen. Nach Aussage von Bellas Tochter, Anna Spitz Gilbert, war der Preis, den sie für die etwas bessere Behandlung zahlten, dass Bella die erste Zielscheibe für Knittels Ärger war. Knittel konnte jederzeit ihr Zimmer betreten, kontrollieren, was sie taten, Fragen stellen und seinem Ärger Luft machen.[86]

Die Lagerälteste trug auch die Verantwortung für die allgemeine Essensverteilung. Diese Aufgabe brachte Bella Spitz in Schwierigkeiten und deswegen verlor sie schließlich ihre Position. Wie bereits in Kapitel 4 erwähnt, wurde Bella dabei erwischt, wie sie die Suppe abschöpfte und Zigaretten gegen Suppe tauschte, die für die Häftlinge gedacht war. Bella wurde mit Arbeit im Steinbruch bestraft. Zu dieser Zeit wurde Erzsike und mir eine andere Arbeit übertragen, weswegen wir nur davon hörten, wie Bella genau wie alle anderen in ihrem dünnen Arbeitsanzug zitterte.

Ihre Sucht brachte sie bald wieder in Schwierigkeiten. Sie ließ sich Zigaretten von den Zivilarbeitern geben, die zur Arbeit ins Lager kamen. Zu Bellas Pech sah es Knittel aus seinem Bürofenster. Bella tat uns leid.[87] Nach ihrer Bestrafung wurde Bella in unserer Baracke untergebracht und arbeitete draußen in Tagschichten. Bella änderte ihr Verhalten, als sie eine von uns wurde. Ihre freundliche Persönlichkeit ließ uns die Härte vergessen, die sie zu Beginn unseres Aufenthalts in Markkleeberg gezeigt hatte. Nach dem Krieg ging Bella Spitz mit ihrer Familie von Ungarn nach Kanada und lebte in Toronto. Sie starb etwa 1995 mit ungefähr 90 Jahren.

Bella Spitz wurde von Erzsébet Méhes als Lagerälteste abgelöst. Erzsébet Méhes wurde am 18. Dezember 1913 in Somogycsurgo (heute Slowakei) geboren. Sie war groß, gutaussehend und jünger als Bella. Ich habe keine Beschwerden über sie gehört. Zu jener Zeit kannten wir alle die Regeln. Nach dem Krieg erreichte Erzsébet Méhes Theresienstadt und Klára Spitz Snitzler traf sie in Israel.

Unter der Lagerältesten standen die sorgfältig organisierten Blockältesten, eine Arbeitsorganisatorin, eine Sekretärin und Übersetzerin und andere Funktionshäftlinge. Sie hatten die direkte und unmittelbare Kontrolle über das Leben ihrer Gefährten.

86 Interview mit Anna Spitz Gilbert.

87 Rab, Es Nem Verik, S. 257.

Eine Helferin der Lagerältesten war Erzsébet Iczkovits, die 1910 geboren wurde. In Markkleeberg arbeitete sie eng zusammen mit Bella Spitz, die aus derselben Stadt kam.

Frau Iczkovits hatte dafür zu sorgen, dass die Mädchen pünktlich zur Arbeit bereit waren. Wenn jemand am Morgen vor Arbeitsbeginn zu langsam aß, wurde das Essen weggenommen und ausgeschüttet.[88] Einmal passierte uns das beinahe, weil ich mich mit Erzsike, die sich nicht gut fühlte, stritt, weil sie etwas mehr Suppe nehmen sollte. Erzsike weigerte sich und in der Zwischenzeit erreichte uns Frau Iczkovits. Ich erstickte fast, so hastig schluckte ich die Suppe, aus Angst, sie könnte mir weggenommen werden.

Die Gefangenen sahen die jüdischen Funktionäre als ein Werkzeug, mit dem die Nazis ihre Grausamkeiten verübten. Durch eine geschickte Hierarchie und Privilegien zwang die SS den Insassen einen brutalen Kampf ums Überleben auf. Frau Iczkovits, wie wir sie nannten, trug für die Arbeitskommandos Verantwortung und war an der Zählung der Gefangenen beteiligt. Man sah sie immer mit einem Stift und einem Block. Frau Iczkovits und ihre Tochter Agnes teilten sich mit Bella Spitz und ihren zwei Töchtern ein Zimmer.[89]

Um die Effizienz zu erhöhen, organisierten Knittel und Iczkovits die Wohnbereiche der Frauen nach ihrem Arbeitsplan. Diejenigen, die in der Nachtschicht arbeiteten, zogen in eine Baracke, diejenigen der Tagschicht in eine andere und diejenigen, die am Tag und in der Nacht arbeiteten, lebten in einer separaten Baracke. Iczkovits und Knittel berücksichtigten nicht die Belastung für die Familien, wenn deren Mitglieder in unterschiedlichen Schichten arbeiteten. Das System funktionierte nicht sehr gut, sodass es später gelockert wurde. Erzsike und ich hatten Glück, dass wir immer in derselben Schicht arbeiteten.

Frau Iczkovits war eine brutale Frau. Überlebende berichteten über viele unangenehme Erfahrungen mit ihr. Fünfzig Mädchen, unter ihnen Nelly Winkler Rochlitz, arbeiteten zusammen mit Zivilisten in der kleinen Fabrik in der Stadt. Um die schlechte Behandlung zu verheimlichen, erhielten die Gefangenen für den Weg zur Arbeit Wintermäntel. Sie waren darüber so glücklich und wurden von den restlichen Gefangenen beneidet. An einem Wintermorgen kamen sie eine Minute zu spät zum Appell, als Knittel erschien. Um die Schuld von sich abzuwenden, sagte Frau Iczkovits zu Knittel, dass die Mädchen nicht zur Arbeit gehen wollten, weil sie nicht genug Brot bekämen.

---

88 Ebenda, S. 252.

89 Interview mit Elisabeth Stein Szekely.

Das war eine falsche, aus dem Zusammenhang gerissene Behauptung: Am Morgen hatte ein Mädchen nur beiläufig erwähnt, dass sie so hungrig wäre, dass sie keine Kraft hätte. Knittel war verärgert und bestrafte die fünfzig Mädchen, indem er ihnen die Mäntel abnahm. Mitte Januar war das ein schrecklicher Verlust.

Die Übersetzerin und Schreiberin

Eine andere Assistentin der Lagerältesten war Zsuzsanna Csanyi, welche die Befehle vom Deutschen ins Ungarische übersetzte.[90] Da sie fließend Deutsch, Französisch und Englisch sprach, arbeitete Zsuzsanna Csanyi außerdem im Lagerbüro. Sie führte die aktuellen Listen mit den Gefangenen, mit der Zahl kranker Arbeiter und der Sterbefälle sowie Unterlagen über Versetzungen, die Personalakten der Gefangenen und anderes. Informationen zum Lager wurden regelmäßig ins Büro nach Buchenwald geschickt.

Die Blockältesten

Das Lager in Markkleeberg war in Blöcke und Zimmer eingeteilt. Für jede Baracke war eine weibliche Gefangene, die Blockälteste, verantwortlich. In Markkleeberg hatte die Blockälteste für Ordnung und Sauberkeit in den Baracken und Waschräumen zu sorgen.[91] Außerdem war es die Aufgabe der Blockältesten, die Gefangenen am Morgen zu wecken und sie zum Appell hinauszuführen. Wenn die Gefangenen zum Appell angetreten waren, rief die Blockälteste sie auf und dokumentierte alles in ihrem Blockbuch, in dem die Namen der Gefangenen standen. Sie musste der Aufseherin die genaue Anzahl der Gefangenen nennen und berichten, wie viele im Block krank waren und wie viele im Revier (Lagerkrankenhaus oder Krankenstation) blieben. Die Blockälteste konnte auch Berichte über schlechtes Benehmen von Gefangenen erstellen. Die Gefangenen fürchteten das, weil es zu einer Bestrafung führte, einschließlich des Aufenthalts im Bunker.

Blockälteste waren für den Essentransport von der Küche zu den Baracken zuständig. Sie verteilten die Suppe an diejenigen, die während des Tages im Lager blieben. Die Blockälteste hatte einen Helfer, den Stubendienst, meist

90 Zsuzsanna Csanyi wurde am 21. Mai 1922 in der Stadt Gyöngyös auf traditionell ungarischem Gebiet geboren.

91 Porat, Lelo Shihrur, S. 69.

eine ihrer Angehörigen. Die Blockälteste trug eine Armbinde und sprach mit der Wache und anderen Blockältesten. Wie in jeder vergleichbaren Position lag es an ihr, wie viel Macht und Einfluss sie hatte.
Die meisten weiblichen Aufseher der Baracken in Markkleeberg unterhielten erträgliche Beziehungen zu den Gefangenen, ohne brutal zu sein. Die folgenden Frauen sind einige der Blockältesten in Markkleeberg. Sie alle kamen aus ungarischen Gebieten.

MÁRTA. Márta Maget Leitmann wurde 1923 geboren und lebte in Kosice (heutige Slowakei). Sie war zuerst Blockälteste in Baracke 1 und dann in Baracke 3. Márta war mit uns auf dem Todesmarsch und erreichte Theresienstadt. Als ich sie im Jahr 2003 ein paar Mal interviewte, freute sich Márta, mit mir zu sprechen.[92]

FAJGI. Eine Blockälteste war nur als Fajgi aus Harsfalva bekannt.[93] Fajgi war groß, jung und hübsch. Sie hatte den Ruf, ihre Familie und Freunde zu bevorzugen. Wenn es eine Gelegenheit gab, in der Küche Kartoffeln zu schälen, tauschte Fajgi die Mädchen auf dem Küchenplan gegen ihre Angehörigen aus, die im Steinbruch arbeiteten.[94]

PIRI. Piri, oder Piroska Weisz Balek, wurde 1925 in Harsfalva geboren. Piri war zunächst in Block 3 und dann in Block 5 die Blockälteste. Piri lebt in Israel. Ich rief sie an, aber sie wollte nur ungern über ihre Zeit im Lager sprechen. Sie machte keine Aussage. Es gab keine besonderen Beschwerden über Piri von Überlebenden, die ich interviewte. Eigentlich tat es mir für Piri leid, dass sie sich nicht in der Lage fühlte, ihre Geschichte zu erzählen, da Blockälteste gewesen zu sein ihre Vergangenheit überschattet. Wenn es ihre Kinder herausfinden – und normalerweise werden sie das –, müssen sie sich mit dieser Tatsache auseinandersetzen. In ihrer Erinnerung wurden Piri und Fajgi von den Überlebenden oft verwechselt, weil sie beide jung und hübsch waren.

LAJU. Die Blockälteste von Baracke 6 war Cecilia Friedmann, geboren 1922 in Halmi. Wir riefen sie bei ihrem hebräischen Namen, Laju. Als unser Transport aus Bergen-Belsen ankam, mussten wir drei Gefangene wählen. Die Gruppe wählte Laju, die mit Knittels Zustimmung Blockälteste wurde. Ihre Schwester Olga oder Gila und eine Cousine wurden ihre Helfer. Laju

92 Márta Maget Leitmann verstarb am 17. Dezember 2003.

93 Interview mit Frida Roth Kaller.

94 Interview mit Vera Hollander Slyomovics, Interview mit Frida Roth Kaller.

sprach Jiddisch, was dem Deutschen sehr ähnlich ist, sodass sie sich mit dem deutschen Personal unterhalten konnte. Laju und Mädchen aus ihrer Familie hatten das Zimmer rechts am Eingang zur Baracke. Wir gingen daran vorbei, wenn wir hineingingen. Laju, die Tochter eines jüdischen Fleischers, war religiös. Meines Wissens nutzte sie nie ihre Macht zu unserem Nachteil.[95]

ZÄHLAPPELL

Der Tag begann mit dem Einschalten der Außenbeleuchtung. Wir wurden um 04:00 Uhr geweckt, wenn die Blockälteste und ihre Assistentinnen umhergingen und all die müden, unzufriedenen, versklavten Mädchen schüttelten, welche ein bisschen mehr von der Traumwelt wollten, um dem kommenden Tag und seinen Ereignissen zu entfliehen. Schließlich pfiff die Aufseherin „aufstehen". Kurz danach hob sie ihre Peitsche und schrie: „Schnell, schnell!" Wir mussten in den Waschraum rennen, unsere Gesichter etwas im eisigen Wasser waschen und unsere Betten militärisch exakt herrichten. Wir mussten so schnell wie möglich sein, um eine Bestrafung für Langsamkeit zu vermeiden.

Es war noch stockdunkel, wenn wir uns in einer Reihe vor den Baracken versammelten. Jeder Block hatte einen festgelegten Standort und jede von uns kannte ihren Platz in der Reihe.

Wir standen bei jedem Appell draußen, unabhängig vom Wetter; egal ob Regen oder Sonnenschein, Schnee oder Hagel. Die Sterne verblassten langsam, als die kalte Brise unsere Körper durch die dünnen Arbeitsanzüge streifte. Mädchen komponierten das folgende Lied, das unsere Gefühle beim Appell passend ausdrückte:

Am Morgen werden wir von der Pfeife geweckt.
Und unsere Blockälteste schreit: „Alles brics shön machen".
Dann kommt der Zählappell, in einer Reihe aufstellen,
aber schnell, so beeil dich.
Du wirst nichts bekommen außer einen Schlag auf den Rücken.
Dann kommen die harte Arbeit und die Schläge ins Gesicht.
Aber wir machen uns nichts draus, weil wir wissen, dass es enden wird.

95 Porat, Lelo Shihrur, S. 69.

In den „Tagesberichten“ stand die Zahl der Frauen zu Beginn und zum Ende des Tages. Dem Bericht an das Büro der SS waren Listen von Kranken und Verstorbenen beigefügt. Systematische Aufzeichnungen über die Gefangenen wurden wichtig, um die Gelder zu berechnen, die an die Verantwortlichen der SS überwiesen wurden.

Die Blockälteste zählte uns, gefolgt von der Lagerältesten. Eine Gruppe bewaffneter Soldaten stand in der Nähe. Schließlich, nach fast einer Stunde, als manchmal der Schnee unter unseren Füßen knirschte, erschienen die Aufseherinnen. Sie kontrollierten uns. Wenn sie mit etwas nicht zufrieden war, schlug zum Beispiel Lucifer mit ihrer Lederpeitsche oder mit der Faust. Auch die Aufseherinnen zählten uns und führten Buch über die Kranken.

Es war qualvoll, stundenlang stillzustehen. Unsere Beine schmerzten in der starren, unbeweglichen Stellung. Für die Kranken konnte es lebensbedrohlich sein. Die Lagerbestimmungen verboten, einander beim Appell zu unter-

Wohnhäuser in der Spinnereistraße in Markkleeberg. Foto der Autorin von 1998

stützen oder zu helfen. Wenn eine Gefangene hinfiel, musste sie auf dem Boden liegenbleiben, bis der Zählappell endete.

Schließlich kam Knittel in glänzenden Lederstiefeln. Beim ersten Transport wusste Knittel nicht viel über Appelle, aber er lernte schnell. Wie die Aufseherinnen benutzte er seinen Stock, um zu schlagen, wenn ihm das Aussehen eines Arbeitsanzuges nicht gefiel oder die Art, wie jemand stand. Knittel schlug uns auch, wenn er dachte, dass wir zu schmutzig wären. Wir wussten, dass er manchmal vorher trank. Knittel schrieb die Nummern jener unglückseligen Mädchen auf, die sein Missfallen erregten. Manche sahen vielleicht schlecht aus, weil sie schon an Tuberkulose oder anderen Krankheiten litten, die im Revier nicht behandelbar waren. Nach dem Appell, meist sonntags, rief Knittel diese Insassen auf und ließ sie im Schnee hinknien. Sie mussten ihre Arme ausstrecken und einen Stein in ihren Händen halten. Nach einiger Zeit fielen die Mädchen in Ohnmacht; einige von ihnen erfroren, wie die Zeugin Laura Lindenfeld berichtete, die vor der Justizbehörde in Deutschland aussagte, die Knittels Aktivitäten in Markkleeberg untersuchte.[96]

Es gab damals Mehrfamilienhäuser in der Umgebung, die heute noch stehen. Sie befanden sich auf der anderen Seite des Lagers, gegenüber dem Haupteingang, und nicht weit von unserem Appellplatz entfernt. Von ihren Balkonen konnten die Bewohner das Lager beobachten. Frau Erna Rötzscher sagte nach dem Krieg aus, dass sie die Insassen jeden Morgen ohne Socken in Holzschuhen im Schnee vor dem Hauptgebäude hatte stehen sehen. Einige Frauen wurden von der SS geschlagen. Eine andere Zeugin war Frau Jantzsech, die von 1940 bis 1945 als Briefträgerin im Abschnitt Wolfswinkel, wo sich das Lager befand, tätig war. Sie musste oft ins Lager gehen, um Unterschriften für Einschreiben zu erhalten. Auch Frau Jantzsech bestätigte, dass man die Frauen barfuß im Schnee stehen ließ.[97]

Die SS überwand Einwände der Behörden und suchte Verbündete bei den Bewohnern der Umgebung. Nachdem die ersten Gefangenen angekommen waren, versuchte das Lagerpersonal, Bewohner davon abzuhalten, ungebührliche Neugier zu zeigen. Sie konnten jedoch nicht verhindern, dass Bürger die schlechte Behandlung der Gefangenen bemerkten. Zwangsläufig erlebten Bewohner Prügel und Erschießungen mit. Jene, die in der Nähe lebten, konnten die Lebensbedingungen der Gefangenen beobachten, sahen ihre schlechte körperliche Verfassung und die grobe Art, wie sie behandelt wurden.

Oft ging es uns schlechter, als unser Aussehen vermuten ließ. Die Gefangenen mussten darauf achten, normal auszusehen, sonst würden sie Knittels

---

96 Center, S. 30.

97 Eisert, „Ermittlungen über KZ", S. 3.

Aufmerksamkeit auf sich ziehen. Aus Angst davor, blass zu sein und nicht gut auszusehen, versuchten sie, ihr Aussehen zu verbessern. Es gab eine Creme, die sowohl als Rouge als auch als Lippenstift diente. Mädchen bereiteten sie aus Pulver von roter Kreide, die verwendet wurde, um Kästen zu markieren, und aus Maschinenöl aus der Fabrik. Irene Keisler Schnur, die Friseurin, befürchtete, dass sie von ihrer Schwester Klára getrennt werden könnte, weil jene so blass war. Sie wusste nichts von der Kreidecreme, aber sie machte ihre eigene aus roten Ziegeln, die sie zu Pulver zerrieb. Sie puderte die Wangen ihrer Schwester ein bisschen und gab auch einigen anderen Mädchen davon ab. Nach der Befreiung wurde die einfallsreiche Irene Kosmetikerin.[98]

Die SS-Beamten zu sehen bedeutete Stress. Wenn sie begannen, ihre Befehle zu schreien, erschraken wir und fragten uns, was in unserem zerbrechlichen Dasein als Nächstes käme. Die Tatsache, dass wir so wenig Deutsch konnten, machte die Situation noch schlimmer. Bis wir die Übersetzung bekamen, die Zeit brauchte – wenn die Befehle überhaupt übersetzt wurden –, versuchten wir hilflos, die Bedeutung aus den Augen unserer Mitgefangenen zu lesen.

Zählappelle gingen am Morgen im Allgemeinen schneller als nachts, weil die Gefangenen zu ihren Arbeitsplätzen geschickt werden mussten. Der abendliche Zählappell beendete die Arbeit des Tages. Die erschöpften, ausgezehrten Gefangenen standen eine Stunde starr und unbeweglich, bis alle gezählt worden waren. Sobald es vorbei war, ertönte die Sirene; wir konnten wegtreten.

STRAFAPPELLE

Weitere Appelle hießen „Strafappell". Manchmal konnten bestimmte Blöcke oder sogar das ganze Lager kollektiv bestraft werden. Diebstahl oder Widerspruch gegen einen Vorgesetzten wurden als Hauptverstöße gegen die Lagerbestimmungen geahndet. Die Gefangene, die bestraft wurde, musste stundenlang alleine im Hof oder vor Knittels Büro stehen, ohne zu sprechen, sich zu bewegen oder zu essen. Es konnte sogar angeordnet werden, dass sie auf dem Schotter knien musste.

98 Interview mit Irene Keisler Schnur.

Wachen und Aufseherinnen wurden kaum belangt, wenn sie Gefangene misshandelten; die Achtung vor dem menschlichen Leben und das Einhalten von Gesetzen gingen in den Lagern verloren.

GESUNDHEITSANGELEGENHEITEN

Das Revier

Rechts am Lagereingang, als Teil von Baracke 1, war das Lagerkrankenhaus (Revier). Es war kein Krankenhaus im eigentlichen Sinn, sondern es gab lediglich ein paar Zimmer, wo die Kranken von den anderen Insassen getrennt werden konnten. Wenigstens wurden die Räume beheizt und die Fenster waren mit Seidenpapier verhangen. Die Betten hatten Matratzen ohne Laken, wie in den Baracken.

Krankenhausangestellte waren Gefangenenbeamte. Sie trugen gelbe Armbinden, die ihnen uneingeschränkte Bewegungsfreiheit im Lager ermöglichten. Die Gefangenenärzte und Krankenschwestern arbeiteten mit primitiven Instrumenten und wenigen Medikamenten und taten, was sie konnten, um den Kranken zu helfen. Sie waren die Einzigen, die die Kranken rücksichtsvoll behandelten. Manchmal jedoch bevorzugten die Ärzte ihre Freunde und andere Gefangene aus ihrer Heimat.

Eine der beiden Ärztinnen, die aus den Gefangenen in Markkleeberg ausgewählt wurde, war Dr. Jozsa Adler, geboren am 17. August 1908, eine praktizierende Kinderärztin[99]. Sie hatte als Ärztin in Auschwitz gearbeitet. Die andere Ärztin war Dr. Szerén Elias, geboren am 08. Juni 1909 in Újpest, einem traditionell ungarischen Gebiet.[100] Sie war Zahnärztin in der Ausbildung.

Die Ärzte waren in Baracke Nummer 1 untergebracht, nahe dem Revier. Einige Insassen beschwerten sich über Dr. Adler, Dr. Elias war bei allen Insassen beliebt. Ich kann mich noch genau daran erinnern, wie freundlich und mitfühlend sie Erzsike gegenüber war, als diese im Revier war. Dr. Adler überlebte den Krieg, aber Dr. Elias war dies nicht vergönnt. Márta Maget Leitmann, die Blockälteste, war bei ihr, als sie auf dem Todesmarsch starb.[101]

99 Internationaler Suchdienst, S. 71.

100 Ebenda.

101 Interview mit Márta Maget Leitmann.

Die Ärzte und Schwestern, denen kaum Medikamente zur Verfügung standen, hatten mehr als genug zu tun. Sie verbanden infizierte Frostbeulen oder andere Wunden und gaben gelbe Tabletten gegen Ruhr.

Leider gab es im Revier keine Behandlung gegen Tuberkulose, die viele Opfer unter den geschwächten Gefangenen in Markkleeberg forderte. Am 3. März 1945 gab es 37 Kranke, die Knittel in seinem Tagesbericht nach Buchenwald meldete.[102]

Instrumente und Medikamente wurden von den Fabrikbesitzern geliefert. Eine Krankenschwester unter Bewachung einer Aufseherin brachte die Medizin aus Leipzig.

Eine Gefangene, die sich krank fühlte, sagte das der Blockältesten am Morgen vor dem Zählappell. Danach reihte sie sich in die lange Reihe am Krankenhaus ein. Frauen mit Fieber wurden ins Revier gelassen, wenn die wenigen Betten dort nicht schon von Patientinnen in ernsterem Zustand belegt waren. Dann wurden die Frauen zurück in die Baracken geschickt.

Einige, die zu erschöpft waren, um zur Arbeit zu gehen, blieben lieber im Revier, um sich auszuruhen, obwohl sie die Gefahr einer plötzlichen „Selektion" dort kannten. Sie nahmen es Dr. Adler übel, wenn sie sie nicht ins Revier aufnahm.

Wenn sich Patientinnen nach einigen Wochen im Revier nicht erholten, wurden sie mit kleinen Transporten, etwa einmal im Monat, nach Auschwitz und später nach Bergen-Belsen gebracht. Auf diese Transporte gingen auch Frauen, die als arbeitsunfähig eingestuft wurden. Sie waren nutzlos geworden, ihre Nummern wurden notiert, sie verschwanden mit dem monatlichen Transport. Wer im Lager nicht arbeiten konnte, unterschrieb sein Todesurteil. Um in Markkleeberg zu überleben, musste man produktiv sein. Die Furcht davor, krank und außerstande zu sein zu arbeiten, war im Lager größer als im normalen Leben, wo nicht zu arbeiten lediglich Unsicherheit und Einkommensverlust bedeutete.

Im Allgemeinen mieden die meisten Frauen die Krankenstation, wenn es möglich war. Viele fürchteten, sich einzugestehen, dass sie krank waren. Weil das Revier kaum über Medikamente verfügte, konnte es als Korridor zum Tod betrachtet werden. Doch Wärme und ein paar Tage Ruhe konnten in Fällen von Lungenentzündung oder Durchfall hilfreich sein, der Arzt verabreichte eine Kohletablette, Wasser und Ruhe. Kleinere Verletzungen wurden in der Fabrik behandelt. Andere wurden im Revier behandelt; von dort wurden die ernsten Verletzungsfälle ins Krankenhaus nach Leipzig gebracht.[103]

---

102 Internationaler Suchdienst, S. 338.

103 Interviews mit Eva Ehrmann Koniesberg und Sara Ehrmann Sterba.

BABYS IN MARKKLEEBERG

Die Babys wurden im Allgemeinen nicht im Revier, sondern auf schmutzigen Decken in den Baracken geboren. Ich habe Kenntnis von vier Neugeborenen, aber die kollektive Erinnerung der Überlebenden geht von mindestens sechs in Markkleeberg geborenen Kindern aus. Die Geburt eines Kindes rief tiefe Emotionen und mütterliche Instinkte sowohl bei den Gefangenen als auch ihren Bewachern hervor. Bis auf Monster wie Lucifer hatte das deutsche Personal Mitgefühl für die kleinen, unschuldigen Wesen. Jeder kannte das Schicksal, das die Säuglinge erwartete, es sei denn, die Wächter griffen ein. Auch Gefangene nährten Hoffnungen, dass Babys geschützt würden. Sie brachten Legenden in Umlauf, dass Säuglinge von den Deutschen versteckt und adoptiert wurden.

Das erste Baby wurde im Oktober 1944 im Lager geboren. Es war ein Junge, und die Mutter brachte ihn in einer der Baracken zur Welt. Die erste Gruppe Aufseherinnen war zu jener Zeit noch im Lager. Überlebende erinnern sich, wie die Oberin das Baby im Arm hielt, während sie uns beim Appell zählte. Als die ersten Aufseherinnen das Lager wieder verließen, verschwand auch das Baby und es gab Gerüchte, dass die Oberin das Kind mitgenommen hätte und dass die Mutter nach Auschwitz geschickt worden wäre.[104]

Anfang November 1944 wurde ein weiterer Junge in der Baracke geboren, wo Márta Maget Leitmann Blockälteste war. Am Morgen berichtete die werdende Mutter, dass sie krank wäre, und später begannen die Wehen. Márta hatte Angst und rief zwei andere Blockälteste. Sie waren zugegen, als Dr. Szerén Elias bei der Geburt half. Es war ein wunderschöner Junge zur Freude aller Frauen, die klagten: „Wie können sie ihn sterben lassen?"

Die Gefangenen waren bereit, ihre eigene Sicherheit zu riskieren, um zu versuchen, das Kind zu retten. Das Grundgefühl der Menschlichkeit lebte noch immer im Arbeitslager.

Die Mädchen beschlossen, das Baby in der Baracke zu verstecken, was aber nur in Zusammenarbeit mit dem deutschen Personal möglich war. Sie zeigten der Aufseherin, die die Baracke an diesem Morgen inspizierte, das Kind. Sie versprach zu schweigen. Dr. Elias brachte die Mutter ins Revier. Nach einer Woche ging die Mutter zurück an ihre Arbeit im Baukommando und die Blockälteste kümmerte sich um das Kind. Ein Musiker, ein Dirigent, bewachte die Mädchen des Baukommandos. Sie zeigten ihm das Baby und auch er erklärte

104 Interview mit Barbara Klein Stark.

sich bereit, bei der Rettung des Kindes zu helfen. Die Mutter durfte die Arbeit verlassen, um das Baby zu pflegen, er brachte sogar etwas Milch für die Mutter und eine Babyflasche, um dem Säugling Wasser zu geben, wenn die Mutter nicht da war. Jeder Helfer ging ein Risiko ein, wenn er versuchte, das Baby zu retten. Die Blockälteste gab der Mutter Extraportionen zu essen. Irena Lebovits Ehrenreich erinnert sich, wie sie und ihre Schwester Jolan Lebovits ein kleines Hemd aus dem Stoff machten, der zum Reinigen der Maschinen in der Fabrik verwendet wurde.[105]

Ein Monat verging und es war ein Wunder, dass der Säugling gesund war und wuchs. Wenn die Mutter arbeitete, schaute Márta, die Blockälteste, die putzte und den ganzen Tag hauptsächlich in der Baracke war, nach ihm. Sowohl der Musiker als auch die Aufseherin besuchten den entzückenden Jungen, der zu lächeln begann, und spielten mit ihm. Jeder war froh, Teil der Rettungsaktion zu sein.

Leider gab es kein Happy End. Eines Morgens, nach fünf Wochen der Geheimhaltung, erschien überraschend Lucifer. In ihren großen Stiefeln sah Lucifer aus wie ein Mann; sie kannte kein Mitgefühl. Als sie den Säugling fand, wurde sie wütend und ordnete an, dass er ins Revier weggebracht wurde. Die junge Mutter war entsetzt, als sie von der Arbeit zurückkehrte und statt des Babys die schluchzenden Mädchen vorfand und einen Befehl, sich im Revier zu melden. Es war für uns alle ein trauriger Tag, als der Lastwagen kam, um die Mutter, das Kind und einige andere aus dem Revier abzuholen und nach Auschwitz zu bringen. Unter diesen Umständen hatte Márta, die Blockälteste, Glück, dass ihre einzige Strafe eine Tracht Prügel von Lucifer war und dass sie ihre Arbeit behalten durfte. Gabriella Klein Heimlich sagte aus, dass noch ein Junge im Revier geboren wurde: Gerüchte kursierten, dass Knittel den Säugling zu einer deutschen Familie gebracht hätte. Die Kraft der Fantasie sollte die Gefangenen trösten; dass Knittel solch ein Risiko eingehen würde, schien sehr unwahrscheinlich. Andere Überlebende erinnern sich daran, dass ein Baby entweder von einer Aufseherin oder von Knittel weggenommen wurde. Obwohl das Ende des Krieges nahe war, stimmte das wahrscheinlich nicht; aber wer weiß, vielleicht wuchs ein jüdisches Kind, das zum Sterben verurteilt war, unerkannt in Markkleeberg auf.

Es gab zwei weitere Geburten, die ich durch die Befragung von Markkleeberger Überlebenden im Detail dokumentieren konnte. Das Drama der Geburt eines Mädchens ereignete sich unter den Augen der Häftlinge einer Baracke. Von Glück und Leid von Lucy Sternberg und ihrem Neugeborenen

105 Jolan Lebovits, Irena Lebovits Ehrenreichs Schwester, starb bei der Geburt ihres Kindes nach dem Krieg.

erfuhr ich sowohl von früheren Gefangenen als auch von Lucys älterer Schwester Eva Székely Kulcsar, die heute in São Paulo, Brasilien, wohnt.

In der Nacht des 8. Januars 1945 kehrte Lucy Sternberg von der Arbeit nach Block 2 zurück, als die Wehen einsetzten. Es war nur fünf Tage nach ihrem 20. Geburtstag.[106] Jolka Goldstein Grodan, die neben Lucy schlief, beschrieb mir den Abend und die folgenden Ereignisse.

Die Mädchen kehrten am Abend müde von der Tagschicht zurück und am Abend klagte Lucy über Bauchschmerzen. Sie wussten nicht, was sie machen sollten, als Lucys Schluchzen immer lauter wurde. Die Mädchen waren besorgt, weil die Türen und Fenster schon abgeschlossen waren. Nach einer Stunde hörte der Wachmann schließlich Lucy weinen und die Blockälteste um Hilfe rufen. Er verständigte Knittel, der wütend kam und sagte, dass Lucy wahrscheinlich zu viel von den Steckrüben gegessen hätte, die es an diesem Tag gegeben hatte. Knittel beschimpfte Dr. Adler, die ihm geraten hatte, Steckrübenscheiben zur Versorgung mit Vitamin C auszugeben. Der Mangel an Vitamin C war damals ein ernstes Gesundheitsproblem für die Gefangenen. Weil Knittel so wütend war, hörte Lucy trotz ihrer ungeheuren Schmerzen auf zu weinen. Das muss für sie schlimm gewesen sein; Knittels Besuch dauerte eine Weile und ihre Wehen wurden immer stärker. Als Knittel schließlich gegangen war, stieß Lucy Schmerzensschreie aus. Einige ältere Frauen, unter ihnen Bozsi, die Frau eines Arztes aus Kosice, interpretierten Lucys Schmerzen schließlich als Wehen.

Lucy schrie weiter und die Blockälteste rief erneut nach der Wache. Knittel wurde zum zweiten Mal gerufen. Während er fluchte und schrie, wurde ein wunderschönes, sieben Pfund schweres Mädchen geboren. Eine russische Ärztin eines nahegelegenen Lagers durchtrennte die Nabelschnur. Das Mädchen wurde auf der schmutzigen Decke ihrer Mutter geboren. Sie kam ohne Hilfe zur Welt. Jolka Goldstein Grodan erinnert sich daran, wie die Haut des Säuglings dampfte, als sie mit dem kalten Wasser gewaschen wurde. Das Baby war bemerkenswert gesund und kräftig, mit einem Kopf voller Haare. Mutter und Kind kamen ins Revier, wo Lucy sauberes Bettzeug erhielt. Am Morgen erschien Knittel mit einem breiten Grinsen und etwas Obst. Er machte Witze, dass Lucy nicht schlau genug wäre, sonst hätte sie einen Sohn gehabt. Auch die Aufseherinnen kamen, sie nannten das Baby Monika.[107]

Lucy hatte Tibor Sternberg, ihre große Liebe, im April 1944 geheiratet. Tibor war schon im Zwangsarbeiterbataillon der ungarischen Armee. Er bekam für die Hochzeit vier Tage Urlaub. Lucys Vater war gegen eine schnelle Ehe,

106 Lucy Sternberg wurde am 3. Januar 1925 in Szeged geboren.

107 Eva Szekely Kulcsar in ihrem Brief an die Autorin vom 25. November 1999.

aber die Leute überzeugten ihn davon, dass es sich als nützlich erweisen würde, wenn die Deutschen sie zur Arbeit einberiefen.

Wir hatten noch eine idealisierte Vorstellung von deutscher Kultur und Zivilisation: Wir glaubten, dass verheiratete Frauen geschützt würden. In unserer sich verschlechternden Situation in Ungarn versuchten die Leute, Ereignisse vorauszusehen, um sich Sicherheiten zu schaffen. Die Sorge, unverheiratete Mädchen könnten Opfer deutscher Soldaten werden, erklärte mehrere Eheschließungen im Ghetto.

Dr. Adler befürchtete, dass man sie dafür verantwortlich machen würde, Lucys Schwangerschaft nicht erkannt zu haben. Sie konnte es nicht wissen, da fast niemand in Markkleeberg seine Regel hatte. Wir hatten magere Körper und aufgeblähte Bäuche aufgrund von Unterernährung, wodurch sogar eine Schwangerschaft verdeckt wurde. Auf jeden Fall sahen wir wahrscheinlich in jenen weiten Arbeitsanzügen so seltsam aus, dass körperliche Veränderungen leicht übersehen wurden. Lucy selbst hatte wahrscheinlich nicht bemerkt, dass sie schwanger war. Sie war während der Geburt so überrascht und hatte nie etwas verlauten lassen, nicht einmal zu ihrer Schwester. Einmal, kurz vor der Geburt, fragte Eva, als sie neben Lucy stand, warum sie sich so viel bewegte. Keine von ihnen kam auf den Gedanken, dass es sich um Kindsbewegungen handeln könnte.

Viele jüdische Frauen, die wussten, dass sie schwanger waren, versuchten, ihre ungeborenen Kinder zu schützen. Eine werdende Mutter, die irgendwie die Selektion überstanden hatte, lebte in Auschwitz eine Weile mit uns zusammen. Nachts wurde sie so zwischen uns und den anderen Mädchen eingeklemmt, dass sie schrie und flehte:

„Bitte drück mich nicht so und verletze nicht mein Kind!“ Sie tat uns so leid, dass Erzsike praktisch auf mir schlief, um zusätzlich Platz für sie zu machen. Alle unsere Bemühungen waren jedoch vergeblich: Einige Tage später wurde die unglückliche Frau weggebracht. Andere Frauen versuchten mit allen Mitteln, ihre Schwangerschaft im Lager zu verbergen. Doch es gab kein Erbarmen. Sogar nach der schmerzhaften Geburt waren Mutter und Kind dem Tode geweiht. Wenn das Kind beseitigt wurde, hatte die Mutter in Auschwitz eine Überlebenschance. Die Holocaust-Literatur ist voll von jenen schmerzhaften Geschichten von Müttern, die ihre Kinder verlassen oder verhungern lassen mussten. Dieser Schmerz begleitete sie ihr ganzes Leben. In den Arbeitslagern waren Mutter und Kind zusammen wertlos.

Nach der Geburt von Lucys Tochter blieben die Mädchen in der Baracke vor Aufregung wach und diskutierten die Ereignisse der Nacht. Spontan begann eine, die erste Strophe eines Liedes zu dichten. Jemand anderes fügte den nächsten Satz hinzu und andere folgten. Schließlich war ein satirisches

Gedicht über das Ereignis entstanden. Die Mädchen lernten den Text auswendig und gaben ihn mündlich an andere weiter.

Auf scherzhafte Weise zeichneten Lieder, die im Lager verfasst wurden, die kollektiven Erfahrungen, gute oder schlechte. Die Form, in der die meisten Frauen komponierten, war das Couplet; kurze Verse wurden in vertraute Melodien gekleidet. Lustige Balladen wurden in den Lagern auf diese Weise geschrieben, die unsere Peiniger verspotteten. Der intellektuelle Gehalt der Couplets war gering und der Reim manchmal primitiv. Unsere ungarische Sprache beherrschte die Dichtungen und unsere kulturellen Aktivitäten.

Das Gedicht über das Baby wurde zur Melodie des Schlagers „Pannikam" verfasst. In den nächsten Tagen hörten wir, wie ihn die Mädchen beim Appell summten.

Nahe Leipzig liegt ein kleines Lager.
Wo merkwürdige Dinge geschehen.
Zuhause würden sie gelegentlich passieren,
Und die Seiten von lustigen Büchern füllen.

Eines Abends gab es Rüben oder répafaszung,[108]
Sie machten ein Mädchen sehr krank.
Wir liefen wild durcheinander,
Riefen den Oberscharführer.

„Verdammt, Sakrament!", (schrie der Oberscharführer)
„Ihr werdet keine Rüben mehr bekommen
Und ihr werdet keine Fresssäcke mehr sein!"
Wer hatte jemals so etwas gehört!
Dann gebar eine Frau unter Schmerzen
Plötzlich ein Kind.

Es gibt mehrere Varianten des Liedes, weil eine Gruppe das Lied dichtete und es mündlich weitergab. An diese Version erinnere ich mich am besten.

Man weiß, dass Humor Schutz vor Verzweiflung bedeutet. Die Leute lachen über sich selbst und ihre Situation, und Gelächter hat einen positiven Einfluss auf das Immunsystem. Auch wenn mit Humor der gnadenlose Weg der Geschichte nicht geändert werden kann, kann er doch Gefühle und die Lebensqualität beeinflussen. Es gab auch lustige Verse über Persönlichkeiten

108 Das ungarische Wort „répafaszung" bedeutet eine Mahlzeit aus Rüben oder Kohlrüben. Es hat auch die Nebenbedeutung „fasz", was Geschlechtsverkehr heißt.

im Lager und Aspekte des täglichen Lagerlebens. Es gab literarische Prosa, Lieder von Sehnsucht, Protest oder Vergeltung und andere. Meist wurden sie mündlich weitergegeben und ihre Autoren sind jetzt unbekannt.

Ein Mädchen aus unserer Baracke, Manyi, hatte eine gute Stimme und kannte viele leichte Lieder mit doppelter Bedeutung. Samstagnacht, bevor das Licht ausgeschaltet wurde, sang Manyi einige der Lieder, die sie mit ein paar gekonnten Tanzschritten begleitete. Manchmal verstanden Erzsike und ich die doppelte Bedeutung der Witze und Lieder nicht vollständig, aber wir mochten Gesang und Tanz. Eines Sonntagmorgens wuschen wir uns am Wasserhahn, als Manyi begann „La Conga" zu singen und zu tanzen. Dieser kubanische Gesellschaftstanz besteht aus drei Vorwärtsschritten und einem Tipp und wird von einer Gruppe getanzt, die einem Vortänzer folgt. Einige der Mädchen machten mit. Wir sahen ihnen fasziniert zu und bemerkten nicht, dass eine magere Aufseherin, die wir „Kutyus" („Hündchen") nannten, an der Tür stand. Als die Mädchen sie bemerkten, hörten sie sofort auf und fürchteten, bestraft zu werden. Zu unserer Überraschung bat die Aufseherin die Mädchen weiterzumachen. Der Tanz gefiel Kutyus und einige andere Male bat sie Manyi und die anderen Mädchen sogar, für sie zu tanzen.

Kulturelle Aktivitäten wie Singen, Tanzen und Kunst waren Formen des geistigen Widerstands. Jedoch konnten sie uns nicht in allen Lebenslagen begleiten. In unserem letzten Monat in Auschwitz war unsere Kraft durch die ständigen Selektionen und die schlechte Versorgung erschöpft und wir waren verzweifelt. Wir konnten kaum an irgendetwas anderes denken als an Hunger. Selbst die temperamentvollsten Mädchen waren ruhig. Auch in Markkleeberg waren wir manchmal nach der Fabrikarbeit zu müde zum Singen. Während des Todesmarsches herrschte immer Stille.

Kurz nachdem Lucy ihr Kind bekommen hatte, wurde ein anderes Kind in Markkleeberg geboren. Im Revier erörterten Lucy und die andere Mutter, ob es möglich wäre, dass nur eine mit den Kindern ins Konzentrationslager zurückginge; die andere sollte bleiben. Die Frage war, wer sein Neugeborenes weggeben sollte; es war klar, dass Kinder nicht in Markkleeberg bleiben durften. Es wäre eine schwere Wahl für die Mütter gewesen, wenn sie wirklich hätten wählen können. Inzwischen jedoch trafen die Deutschen die Entscheidung. Am 26. Januar 1945, während wir auf Arbeit waren, mussten sich die Mütter im Revier reisefertig machen. Sie erhielten Strümpfe und neue Kleidung, die ihre Arbeitsanzüge ersetzte. Anna Klein Weiss, die als Strafe neben dem elektrischen Zaun stand, sah, wie die Mütter, die Säuglinge und zwei weitere Frauen weggebracht wurden. Als der Lastwagen kam, so erinnerte sie sich, wollte eine der Mütter ihr

Kind hinaufgeben; aber die Deutschen sagten, nein, sie müsse auch einsteigen.[109]

Eva Székely Kulcsar hoffte immer, ihre Schwester Lucy wiederzusehen. Sie hatte etwas Brot bei sich, das sie von ihrer Ration abgezweigt hatte, falls sie ihre einzige Schwester und deren Kind eines Tages finden würde. Obwohl Lucy die Befreiung in Bergen-Belsen überlebte, starb sie an Fleckfieber, das sie sich dort zuzog. Ihr Baby Monika war bereits verhungert. Lucys Schwiegermutter, Irena Sternberg, war auch bei uns in Markkleeberg. Sie kehrte zurück nach Hause, wo sie ihre beiden Töchter und Tibor, Lucys Ehemann, wieder traf. Später heiratete Tibor erneut und hatte mit seiner neuen Frau zwei Kinder.

Etel Weisz, geboren am 15. Juli 1912, war eine weitere bedauernswerte Mutter, die in Markkleeberg ein Kind zur Welt brachte. Ihr großer Kummer ist uns nur durch die Eintragung vom Tod des Säuglings bekannt. Etel kam im Oktober 1944 mit dem ersten Transport aus Bergen-Belsen nach Markkleeberg. Es gelang ihr, die Schwangerschaft von fast sechs Monaten zu verbergen; sonst wäre sie nicht für die Arbeit in Markkleeberg bestimmt worden. Ihre Gefangenennummer war 49778. Das Kind, das am 24. Januar 1945 geboren wurde, lebte nur zwei Tage. Der Säugling – ich weiß nicht, ob es ein Junge oder ein Mädchen war – trug dieselbe Nummer wie die Mutter. Etel Weisz hätte eine der beiden Frauen sein können, die mit Lucys Gruppe am Januar 1945 nach Bergen-Belsen transportiert wurden, obwohl ihr Baby zu dieser Zeit schon tot war.

DER LETZTE WUNSCH EINES MÄDCHENS

Mitleid und Mitgefühl waren größer als unser Hunger. Die Frauen gingen Risiken ein, um die Bitte eines sterbenden Mädchens zu erfüllen, das an Diabetes und epileptischen Anfällen litt. Ihr Name war Sali Adler und sie wurde in Dombo am 25. Dezember 1925 geboren. Sali, die auch Shima genannt wurde, kam mit unserem Transport aus Bergen-Belsen.[110] Salis Überlebenskampf endete, als sie einen schweren Anfall erlitt. Sie wurde zum Revier

109 Dr. Seidel bestätigte, dass laut den Aufzeichnungen in Buchenwald am 26. Januar 1945 vier Frauen und zwei Babys nach Bergen-Belsen gebracht wurden.

110 Sali Adler hatte Cousinen im Lager. Das waren Lili Katz Yoskovitz, Fanny Müler Hoffmann und Rozsi Müler.

gebracht, wo ihre Cousinen und Freunde sie aufopfernd besuchten. Sali war niedergeschlagen und wusste, dass sie nicht mehr lange leben würde. Sie erinnerte sich an zu Hause und den Geschmack eines Apfels. Als Diabetikerin hatte sie mit Obst immer vorsichtig sein müssen. Sali erwähnte ihren Wunsch Mandi gegenüber, die sie besuchte. Obwohl Sali nicht tatsächlich um einen Apfel bat, wollte Mandi sie überraschen. Wir bekamen nie frisches Obst, und einen Apfel zu erhalten, schien ein Ding der Unmöglichkeit zu sein. Doch Mitleid und Kameradschaft konnten sogar Wunder vollbringen. Mandi, die für die Wäsche verantwortlich war, kannte Irene Keisler Schnur. Irene frisierte nicht nur die Haare der Aufseherinnen, sondern reinigte auch deren Zimmer. Irene kannte Sali nicht, aber sie wollte helfen. Nach reichlicher Überlegung beschloss sie, einen der Äpfel zu nehmen, die sie im Zimmer einer Aufseherin gesehen hatte. Als sie putzte, vergewisserte sie sich, dass die Äpfel noch da waren, und nahm einen. Er war schön, rot und saftig. Mit zitternden Händen überreichte sie ihn Mandi. Trotz der Gefahr, dass man den Apfel bei einer plötzlichen Suchaktion fand, musste Mandi ihn verstecken, bis sie die Arbeit beendet hatte. Dann eilte sie zu Sali, die kaum glauben konnte, dass die Mädchen dieses Wunder vollbracht hatten. Sali bat Mandi, den Apfel zu teilen, doch Mandi nahm ihre ganze Willenskraft zusammen und lehnte ab. Sie beobachtete mit der größten Zufriedenheit, wie Sali jeden Bissen der Frucht genoss. Sie verließ das Revier und hastete zu Irene, um ihr die Einzelheiten ihres Besuches mitzuteilen. Beide fühlten sich für ihre Tat belohnt. Einige Tage später, Anfang Januar 1945, kam Salis Cousine Lili Katz Yoskovitz zu Besuch, aber Sali war gestorben.[111] Die Aufseherin vermisste den Apfel nie, trotzdem zitterte Irene noch Tage, nachdem sie ihn genommen hatte. Sogar während unseres Interviews zitterte ihre Stimme vor Angst und Aufregung.

Die Geschichte von Sali und viele andere Erfahrungen in Markkleeberg rütteln an der Behauptung, dass moralische Grundsätze durch die extremen Bedingungen in den Lagern vollständig ausgelöscht worden seien. Bestimmte Personen hätten keinen Ethiktest bestanden, aber wir als Gruppe hatten noch ein Gefühl für Moral – wenigstens in Markkleeberg, wo das Leben ein bisschen erträglicher war als in den Vernichtungslagern. Es gab im Lager ein starkes Bedürfnis, dem Leben einen Sinn zu geben. Die Mädchen suchten nach irgendeiner Art Ziel, das mehr war als bloßes Überleben. Dies erklärt sowohl die Aufzeichnungen von Erzsébet Frank als auch die Fürsorge der anderen. Das waren nur einige Beispiele, die die Holocaust-Erfahrung und das Leben in Extremsituationen beleuchten.

---

111 Sali Adler, geboren am 25. Dezember 1925 in Dombo, starb laut Transportliste von Gefangenen des Lagers Markkleeberg Anfang 1945. Internationaler Suchdienst, S. 72.

KRANKHEITEN IN DEN BARACKEN

Tuberkulose

Ungenügende Ernährung, Überfüllung, schlechte sanitäre Bedingungen und konstante Überlastung machten Lagerinsassen für eine Reihe von Krankheiten anfällig. Tuberkulose war die am meisten verbreitete und tödlichste Krankheit in Markkleeberg. Tuberkulose, eine im Allgemeinen unbarmherzige Krankheit, war im Lager aber noch tödlicher. Die Symptome von Gewichtsverlust, Fieber, Erschöpfung und Lethargie ähnelten nicht nur vielen anderen Krankheiten, sondern auch den natürlichen Auswirkungen unserer Gefangenschaft. Deshalb wurde die Krankheit oft nicht erkannt.

Ohne Behandlung, Ruhe und Nahrung gab es für die Häftlinge keine Hoffnung auf Heilung. Erst wenn Mädchen, die an Tuberkulose litten, kurz vor einem vollständigen Zusammenbruch standen, wurden sie ins Revier aufgenommen. Die Betten mussten jedoch schnell wieder geräumt werden, weil neue Transporte und Patienten kamen, die noch eine Heilungschance hatten.

In Markkleeberg stieg die Zahl derjenigen, die an Tuberkulose litten, ständig. Kälte, der Mangel an Kleidung und Unterwäsche, unzureichende Ernährung und die stundenlangen Appelle trugen zur Verbreitung im Lager bei. Im Herbst kamen die Mädchen relativ gesund an, im Frühling aber waren sie hoffnungslos krank. Oft schien es zuerst die Jüngsten und Schwächsten zu treffen und für zarte, halbwüchsige Mädchen verlief die Krankheit besonders oft tödlich. Es war so traurig, dass viele jener kranken Mädchen zu Frühlingsbeginn starben, nachdem sie im strengen Winter so schrecklich hatten leiden müssen.[112]

Krätze

Insassen litten auch an Krätze oder Räude, einer von parasitären Milben verursachten und von kratzigen, schorfigen Ausbrüchen charakterisierten, ansteckenden Hautkrankheit. Insassen, die an Krätze litten, starben nicht nur an einem schrecklichen Juckreiz, der sich infizieren konnte, sondern auch an der psychischen Qual, da sie ausgegrenzt und allein waren. Anna, ein Mädchen mit Krätze, starb während des Todesmarsches auf tragische Weise.

112 Frank, Nap, S. 87.

Vitaminmangel

In Markkleeberg begann der Vitaminmangel bald auf verschiedene Art Wirkung zu zeigen. Mädchen litten an Furunkeln, Zahnausfall, eiternden Wunden und Zahnfleischbluten. Es bildeten sich auch schmerzhafte Wunden an der Zunge. Das Problem der Furunkel wird am 20. März 1945 im von Knittel unterschriebenen Gesundheitsbericht erwähnt.[113] Dieses Leiden verschlimmerte sich durch den Staub an den Maschinen. Da es keine Medizin gab, verwendeten die Mädchen, wenn möglich, Nahrungsmittel, die sie von zu Hause kannten, als Heilmittel. Sie boten den französischen Mädchen, die auf dem Feld arbeiteten, ihr Brot im Tausch gegen eine Zwiebel an.

„Öl-Beeren"

Es gab ein Problem mit den Maschinen in der Fabrik: Aus einigen lief heißes Öl, das auf Hände und Gesichter der Gefangenen spritzte. Alle, die an diesen spritzenden Maschinen arbeiteten, bekamen schmerzhaften Ausschlag und Pusteln, die wir „olajbogyo", Öl-Beeren, nannten. Sogar wenn die Mädchen Handschuhe trugen, drang das heiße Öl hindurch und verbrannte die Haut. Wenn die Pusteln schwarz wurden und sich Geschwüre bildeten, gingen die Mädchen ins Revier.

Läuse und Entlausen

Da wir Monat für Monat dieselbe schmutzige Kleidung trugen, ohne sie waschen zu können, litten wir an einer endlosen Läuseplage. Außer ein paar Glücklichen, die glaubten, dass die Läuse ihr Blut nicht mochten, hatten alle das gleiche Problem. Wir hatten keinen Kamm, sodass es schwer war, die Kopfläuse zu behandeln, die den ganzen Tag juckten. Die Läuse schienen besonders auf geschwächten Personen zu gedeihen. Es war schrecklich zu sehen, wie ein unglückseliges Mädchen namens Anna auf dem Todesmarsch an Krätze und an Läusen litt. Beinahe ihr ganzer Körper war mit Wunden und Läusen bedeckt. Sonntags, wenn wir ein bisschen Freizeit hatten, legte ich Erzsikes Kopf auf meinen Schoß und suchte nach dem winzigen Ungeziefer. Dann machte Erzsike dasselbe bei mir. Während dieser Minuten, als wir einander „pflegten", erinnerten wir uns an zu Hause. Wir vermissten unsere Mutter

113 Internationaler Suchdienst, S. 71.

und Großmutter schrecklich. Jene, die Lagerschwestern oder Zimmergenossinnen hatten, taten dasselbe, sie entlausten einander. Es war meist ein etwas älteres Mädchen, das wie eine große Schwester oder eine Mutter Läuse im Haar ihrer Freundinnen oder Zimmergenossinnen suchte. Das war nicht nur eine hygienische Maßnahme, sondern auch eine freundschaftliche Geste. Während der Entlausung in kleinen Gruppen erzählte manchmal jemand sogar eine Geschichte.

Menstruation

Menstruation und ihr Ausbleiben (Amenorrhoe) war ein Problem der Frauen in den Konzentrationslagern. Wir glaubten, dass eine Substanz, die als Brom oder Bromid bezeichnet wurde, zur Empfängnisverhütung in den Ersatzkaffee gegeben wurde, weshalb er komisch roch. Elisabeth Stein Székely glaubte, dass es auch in der Suppe wäre, weil die Brühe schwarz und unnatürlich aussah. In Auschwitz wurde ein Mädchen immer krank und erbrach von der Suppe. Es gab SS-Wachen in Auschwitz, die die Brotrinde nicht aßen, weil sie fürchteten, sie könnte Bromid enthalten.

Das Bromid-Gerücht ist Teil der „Weisheit der Überlebenden" geblieben und wird fast immer in den Erinnerungen der Frauen erwähnt. Die meisten Überlebenden sind davon überzeugt, dass die Lagerverwaltung Bromid oder ähnliche Medikamente unter die Nahrung mischte, um unsere Menstruation zu stoppen.[114] Wie konnte es sonst sein, dass Gefangene bereits kurz nach ihrer Ankunft in Auschwitz aufhörten zu menstruieren?

Erzsike und ich begannen gerade erst „zu Frauen zu werden", wie uns Großmutter liebevoll erzählte, als wir unsere erste Periode bekamen. Erzsike hatte ihre Menstruation vielleicht einmal zu Hause und nie im Lager. Ich hatte schon zweimal menstruiert, aber nie im Lager. Wie viele ehemalige Gefangene hatte ich nach der Befreiung Schwierigkeiten, zu meinem normalen Menstruationszyklus zurückzukehren. Einige Mädchen in der Pubertät, wie auch meine Freundin und Klassenkameradin Katalin Schwarz, wurden in ihrer Entwicklung gestört und blieben für den Rest ihres Lebens unfruchtbar.

Überlebende glauben, dass Brom nicht nur die Periode unterdrückte, sondern auch als Beruhigungsmittel verwendet wurde. Durch das Bromid konnten wir besser träumen und aufhören, über unsere schlechte Situation

114 Aussage von Rachel Schwarz Moskovitz, Yad Vashem, Akte 03/11148, 23. März 1999, S. 42. Rab erwähnt auch, dass unsere Regelblutung künstlich verhindert wurde. Es Nem Verik, S. 244.

nachzudenken. Indem sie uns ruhigstellten, machten uns die Deutschen auch gefügig, wir dachten nicht an ein Aufbegehren.[115]

Es gibt keine Beweise, dass Bromid der Nahrung oder den Flüssigkeiten in den Lagern hinzugefügt wurde. Man ist allgemein der Ansicht, dass die schlechte Ernährung, der psychische Schock und der verwahrloste Zustand der Frauen für die Veränderung verantwortlich waren.[116]

Unterernährung verursacht das Ausbleiben der Menstruation, die normalerweise wieder einsetzt, wenn sich der Körper erholt und der Anteil an Körperfett sich normalisiert. Das erklärt jedoch nicht, warum es so schnell geschah, nachdem wir nach Auschwitz kamen. Die Frage, ob man den Frauen Bromid gab oder ob Unterernährung diese Auswirkung hatte, wurde noch nicht zufriedenstellend beantwortet.[117]

Diejenigen, die Entschädigungen von den Deutschen für medizinische Experimente der Nazis forderten und das Ausbleiben der Menstruation als Grund für eine vorübergehende Sterilisation angaben, wurden entschädigt. Bei der Ankunft in Markkleeberg hatten die meisten Frauen keine Menstruation. Vielleicht ist das Trauma, von der Familie getrennt zu sein, die Zeit in anderen Konzentrationslagern und der allgemeine Zustand physischer und emotionaler Erschöpfung Erklärung genug. Obwohl die meisten Mädchen in Markkleeberg keine Periode hatten, hatten einige Unglückliche vom ersten Transport, die nur kurz in Auschwitz waren, ihre Menstruation. Sie hatten nur eine leichte Blutung, die nach kurzer Zeit aufhörte.[118]

Im Revier gab es Baumwolle für diejenigen, die wagten, danach zu fragen. Erzsébet Roth, die Schwester von Klára Roth Oren, eines der einfallsreichen Mädchen, benutzte Baumwolle, die sie aus dem Revier erhielt, um die Westen, die sie für sich und ihre Schwester machte, zu füttern. Klára, eine schlanke Fünfzehnjährige, ging auch mit ihren Schwestern zum Revier, wo man ihr Baumwolle gab. Sie hatte ein- bis zweimal Glück, bis sie auf Lucifer traf. Diese sah auf die kleine Klára herab und war sich sicher, dass sie nicht die Wahrheit sagte. Lucifer sagte zu Klára: „Zeig mir, dass du deine Periode hast." Dann gab sie ihr ein Stück Baumwolle und schickte sie hinter einen Vorhang. Die anderen Mädchen beobachteten, wie Lucifer triumphierend ihren Gummischlagstock vorbereitete, den sie immer bei sich trug. Klára, die hinter dem

---

115 Aussage von Miriam Weisz Shetel, Yad Vashem, Akte 03/11236, 1. Juni 1999, S. 18; Aussage von Hanna Kahan, Yad Vashem, Akte 3725573, 3. Juli 1945, S. 2.

116 Tec, Resilience and Courage, 168; Marlene E. Heinemann, Gender and Destiny; Women Writers and the Holocaust, Westport, CT, Greenwood, 1986, S. 18–21; Dalia Ofer und Lenore J. Weitzmann (Hrsg.), Women in the Holocaust, New Haven, CT, Yale University Press, 1998, S. 227.

117 Saidel, Jewish Women of Ravensbrück, S. 256.

118 Interviews mit Ilana Sajowits Breiner und Rachel Janovics Mittelmann.

Vorhang stand, wusste, was ihr drohte, und begann zu beten. In ihrer Angst und Verzweiflung hatte sie eine Idee. Sie kratze so lange am Zahnfleisch, bis es zu bluten begann. Dann wischte sie das Blut mit dem Stoff ab und zeigte Lucifer ängstlich das blutige Tuch. Gereizt sagte Lucifer zu der Krankenschwester im Revier: „Gib ihr Baumwolle!"

In Buchenwald gibt es keine Aufzeichnung über die Lieferung von Medikamenten, um die Menstruation zu verhindern. Etwas Hygienematerial wurde von Buchenwald in die Außenlager geschickt, aber nicht ausgeteilt.[119]

Es ist möglich, dass die Deutschen Unterlagen über die Verwendung von Bromid vernichteten. Denn bei einigen Mädchen, die während des Todesmarsches kein Lageressen mehr zu sich nahmen, setzte plötzlich die Menstruation wieder ein – obwohl sie unterernährt und ausgezehrt waren![120]

Einige Frauen befürchteten, dass sie niemals in der Lage sein würden, Kinder zu bekommen. Die meisten waren zu dieser Zeit jedoch weder physisch noch psychisch in der Lage, auch nur daran zu denken. Das war damals unser kleinster Kummer. Unsere Sorge galt nach dem Hunger dem Überleben und unserem Arbeitsplatz, an dem wir die meisten unserer Stunden verbrachten.

---

119 Interview mit Dr. Irmgard Seidel. Dr. Seidel ist Geschäftsführerin der Gedenkstätte Buchenwald, Gedenkstätte Buchenwald Direktion, Weimar-Buchenwald, Deutschland.

120 Interview mit Sara Ehrmann Sterba.

6. Die Finanzen und die Arbeit bei Junkers

DRESDNER UND DEUTSCHE BANK

Seit Hitlers Machtergreifung beteiligte sich die Dresdner Bank an der „Arisierung“ der Berliner Bank, die sich im Besitz der Gebrüder Bechröder und Arnhold befand. Arisierung bedeutete die Enteignung jüdischen Eigentums und jüdischer Unternehmen durch die Nazis (Nationalsozialisten) in Deutschland und im besetzten Europa. Die Behörden deponierten in den Tresoren der Dresdner Bank auch Edelmetalle, die von den Juden geraubt worden waren.[121]

Da die Dresdner Bank die Vergrößerung deutscher Produktionskapazitäten als unzureichend erachtete, finanzierte sie den Ausbau der Luftwaffe der deutschen Verbündeten, der Achsenmächte. In einem Vertrag von 1938 wurde dem ungarischen Kriegsministerium ein Kredit von 27,5 Millionen RM für den Bau neuer Flugzeuge durch Heinkel, Junkers, Focke-Wulf und zwölf weitere Firmen gewährt.

Heinrich Koppenberg, Junkers Generaldirektor von 1936 bis 1941, war Mitglied im Aufsichtsrat der Dresdner Bank. 1937 erhielt Charles A. Lindbergh die Genehmigung, ihn in das Institut für Luft- und Raumfahrt aufzunehmen. Koppenberg nutzte diese Verbindungen, um Kontakte zur amerikanischen Industrie, z. B. Bendix, zu knüpfen und amerikanische Flugzeugkonstrukteure nach Deutschland zu holen, sodass Junkers von amerikanischen Erfahrungen und Forschungen profitieren konnte.[122]

Koppenbergs Interesse an Aluminium und Öl lag in der Forderung Hermann Görings nach der Entwicklung eines überlegenen Flugzeugs für die Luftwaffe begründet. Die diesbezügliche Forschung und Erkundung lag in den Händen von Junkers.[123]

Die Dresdner Bank stellte den Industriegiganten, unter ihnen Junkers, enorme Summen zur Verfügung. Allein 1941 vergab die Bank 32 Millionen RM an Junkers.[124] Die Finanzkontakte zwischen Junkers und den führenden

121 Felicija Karay, Hasag-Leipzig Slave Labour Camp for Women: The Struggle for Survival, Told by the Women and Their Poetry, Übersetzung Sara Kitai, London, Vallentine Mitchell, 2002, S. 16.

122 Simpson, War Crimes of the Deutsche Bank, S. 375.

123 Ebenda, S. 376.

124 Ebenda, S. 298, 375.

deutschen Banken lassen viele Fragen offen. Darlehen durch die Deutsche und die Dresdner Bank für die Aufrüstung der Luftwaffe beliefen sich auf Millionen von Reichsmark.

Junkers hatte 1943 Darlehen von wenigstens zehn Millionen Reichsmark.[125] Man fragt sich, für wen, außer den Staat, die Sklaven- und Zwangsarbeiter in Markkleeberg noch gearbeitet haben. Die Verantwortlichen des Nazi-Regimes waren sich wohl bewusst, welchen Einfluss die Banken auf die deutsche Wirtschaft ausübten. 1943 gab der Wirtschaftsminister eine Direktive heraus, in der er die Unternehmen aufforderte, die Zahl ihrer Aufsichtsräte auf Kosten der Vertreter der Banken zu reduzieren.[126]

Auch wenn die Deutsche Bank und die Dresdner Bank nach dem Krieg erklärten, der deutsche Staat oder die Nationalsozialisten hätten sie dazu gezwungen, ist deutlich belegt, dass sie an der „Arisierung" und somit am Diebstahl jüdischen Eigentums beteiligt waren. Bereitwillig finanzierten sie die Konzentrationslager, die in Zusammenarbeit von SS und privaten Unternehmen betrieben wurden. In den meisten Fällen ergaben sich „Möglichkeiten" aus dem, was man zu jener Zeit als cleveres Unternehmertum betrachtete.

Bürokratische Hierarchien und eine verschleiernde Sprache wurden benutzt, um Informationen zu verarbeiten und zu zensieren und die „ehrbaren Leute" in den Führungsetagen der Banken von den „Bestien" abzugrenzen, die Menschen in die Gaskammern schickten. Bezüglich des Goldes, das aus dem Mund der Toten geraubt wurde, lässt sich feststellen, dass die moralische Verantwortlichkeit schwand, je mehr sich das Gold vom Opfer entfernte. Die Deutsche Bank, zum Beispiel, war erst das sechste oder siebente Glied in dieser Kette.

Sowohl in der Deutschen Bank als auch in der Dresdner Bank waren die meisten höheren Angestellten Mitglieder der SS und der Nazipartei. Es war ein informelles, aber effektives Zusammenspiel, das die Ausbeutung der Sklavenarbeiter im Privatsektor koordinierte.[127]

---

125 Ebenda, S. 118.

126 Karay, Hasag-Leipzig Slave Labour Camp, S. 17.

127 Simpson, War Crimes of the Deutsche Bank, S. 32. Simpson zitiert aus Jonathan Steinberg, The Deutsche Bank and Its Gold Transaction During the Second World War, München, Verlag C. H. Beck, 1999, S. 71 f.

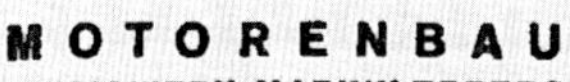

JUNKERS FLUGZEUG- UND MOTORENWERKE
AKTIENGESELLSCHAFT

MOTORENBAU
ZWEIGWERK MARKKLEEBERG
RB-Nr.: 0/0350/6596

JUNKERS FLUGZEUG- UND MOTORENWERKE AKTIENGESELLSCHAFT
Motorenbau Zweigwerk MARKKLEEBERG 1 · Postschließfach 23

An den Bürgermeister
der Stadt Markkleeberg
Baupolizeiamt,

Markkleeberg.

Fernruf: Sa.-Nr. Leipzig 34281
Drahtwort: Jumo Markkleeberg
Fernschreiber: 05 1163
Postscheckkonto: Leipzig 285
Reichsbank-Girokonto:
Leipzig 7/8363

Abteilung: A.-Bauab
Bearbeiter: Eberts
Hausruf: 15

Bei Antwort stets angeben

Ihre Zeichen	Ihre Nachricht vom	Unsere Nachricht vom	Unser Zeichen	Tag
			Lu/Gö.	7.4.44.

Betreff:

Um die vom Reichsluftfahrtministerium angeforderte Produktionserhöhung erfüllen zu können, müssen in der Zeit vom 1.4.– 30.6. 1944 ca. 600 Maschinen neu – bez. umgestellt werden.

Wir bitten um die Bewilligung der erforderlichen Zementzuteilung.

Heil Hitler!

JUNKERS FLUGZEUG-UND MOTORENWERKE A.G.
MOTORENBAU ZWEIGWERK MARKKLEEBERG

Original Stadtarchiv Markkleeberg

JUNKERS

Der Betrieb Junkers Flugzeug- und Motorenwerke AG gehörte zu jenen Betrieben in der deutschen Rüstungsindustrie, die 1943 die höchste Anzahl Zwangsarbeiter beschäftigten. Das Werk in Markkleeberg produzierte Getriebe (ähnlich denen in Autos). Neben den Ingenieuren und Arbeitern wurden zuerst Zwangsarbeiter und später Häftlinge aus dem Konzentrationslager beschäftigt.

Am 4. Juli 1944, vor dem Eintreffen der ungarischen Jüdinnen, teilte Junkers mit, dass auf Grund des Produktionsanstiegs 600 zusätzliche Maschinen angeschafft werden müssten.

Zwischen September und Dezember 1944 wies die SS dem Lager in Markkleeberg 1.300 ungarische Jüdinnen zu. Am 24. Oktober 1944 gab der Bürgermeister von Markkleeberg die Erlaubnis zum Aufbau von 300 weiteren Maschinen. Trennwände oder Schutzvorrichtungen aus Metall wurden zwischen den Maschinen errichtet, um die Zerstörung bei Luftangriffen möglichst gering zu halten.[128]

Im Verhältnis zu den anderen Beschäftigten war die Zahl der Gefangenen sehr hoch. So waren am 30. November 1944 von 654 Arbeitern in der großen Fabrik 530 Häftlinge, das heißt, 81 Prozent der Belegschaft waren Gefangene.[129] Die Junkerswerke gehörten zu den Satellitenfirmen des KZ Buchenwald.

LÖHNE UND GEWINNE

Die Firma Junkers zahlte der SS „Häftlingsentgelt“, das war ein fester Betrag pro Tag für die Häftlinge des Konzentrationslagers. Die sogenannten Löhne für die Insassen wurden an das SS WVHA (Wirtschafts- und Verwaltungshauptamt) überwiesen, dem alle Konzentrationslager unterstanden.

Die Unternehmen übernahmen 40 Prozent der Kosten für den Unterhalt der Häftlinge. Angesichts unserer schlechten Ernährung, der unbeheizten und überfüllten Baracken und der uns umgebenden Zäune, hinter denen die Arbeiter eingesperrt wurden, waren Kosten von 40 Prozent horrend. Für

128 Hesse, „KL Buchenwald“, S. 12.

129 Christa Naumann, „Das Arbeitsteilige Zusammenwirken“, S. 123.

ungelernte weibliche Arbeiter bezahlten die Fabriken vier Reichsmark pro Tag an die WVHA. Nach Abzug des Unterhalts blieben allerdings nur noch 60 Prozent davon übrig.[130]

Die Häftlinge selbst erhielten für ihre Arbeit keinen Pfennig. Für sie wurden weder Steuern noch Sozialversicherung entrichtet. Die Privatwirtschaft konnte demzufolge keine billigeren Arbeitskräfte als Häftlinge finden![131]

Ein kompliziertes Abrechnungssystem wurde zwischen der Fabrik und der SS-Wirtschaftsabteilung eingerichtet, um abzusichern, dass die Firmen für die Arbeit zahlten und dass der Abzug für das bereitgestellte Essen nicht den gestatteten Maximalwert überschritt. Die Gefangenen standen generell unter Aufsicht der SS, auch wenn sie bei der Arbeit den Firmen unterstanden, die ihre Arbeitskraft nutzten.

Die SS WVHA nahm große Beträge für den Verkauf von Sklavenarbeit ein. Im Dezember 1944 zahlte Junkers 96.356 RM für 31.669 Tage Arbeit der Markkleeberger Häftlinge. Im Februar 1945 erfolgten Zahlungen für 34.116 Tage Arbeit.[132]

Obwohl der größte Teil der Einnahmen aus dem Einsatz der KZ-Häftlinge in der Industrie an die SS ging, war die Beschäftigung von Häftlingen auch für die Junkerswerke und deren Hauptaktionäre gewinnbringend. Der Holocaust war nicht nur geplanter Völkermord, sondern auch Gewinnmaximierung auf Kosten der Opfer. Die jüdischen Häftlinge schützten natürlich keine Gesetze. Die SS erteilte nahezu keine Auflagen an die betreffenden Arbeitgeber hinsichtlich der Sicherheit oder der Fürsorge für die Arbeiter. Infolgedessen taten die Firmen, was ihnen beliebte. Ihr materielles Eigentum wurde hoch bewertet. Die Maschinen wurden sorgfältig gehandhabt, geölt, eingefettet und geschont. Wir Häftlinge aber waren wie ein Stück Sandpapier, welches, nachdem es ein paar Mal benutzt worden war, unbrauchbar war und weggeworfen wurde. Wenn KZ-Häftlinge starben, verzeichnete der Bericht, der nach Buchenwald geschickt wurde, die Namen, aber nicht die Todesursache. Die verringerte Anzahl der Insassen wurde nur gemeldet, damit ein neuer Transport von Sklavenarbeitern geschickt wurde.

In der SS-Politik der „Vernichtung durch Arbeit“ spielte das Konzentrationslager eine entscheidende Rolle. Die Juden wurden geschunden, solange sie arbeiten konnten, und danach wurden sie beiseitegeschoben, um zu sterben.

---

130 Maurer, Brief des SS-Wirtschafts-Verwaltungshauptamtes an den Kommandanten von Buchenwald vom 14. April 1944, signiert von Maurer, SS Obersturmführer. Das Original befindet sich im Thüringischen Hauptstaatsarchiv (THA), Weimar N54 Bu 224; Nürnberger Dokumente, NI-382.

131 Hayes, „State Policy and Corporate Involvement“, S. 210.

132 Buchenwald (Frauen) Junkers-Werke, Markkleeberg, Bundesarchiv Koblenz (NI-4185).

Um die, welche man ausbeutete, kümmerte man sich kaum. Jene, welche von den Lagerärzten als arbeitsunfähig eingestuft wurden (Häftlingsärzte wurden niemals in solche Entscheidungen einbezogen), schickte man aus den Außenlagern zurück nach Auschwitz oder Bergen-Belsen, was ihren sicheren Tod bedeutete. Die Inhaber der Fabriken waren keine unschuldigen Opfer der Politik Hitlers. Viele bedeutende deutsche Unternehmen nutzten diese von den Nazis geschaffenen Möglichkeiten bereitwillig. Das Hauptaugenmerk des Fabrikanten galt nicht der Politik des Staates, sondern seinem höchsten Profit. Eine Handvoll Industrieller, die in Nürnberg angeklagt wurden, brachten die Mitschuld der Unternehmen am Völkermord ans Licht. Die Prozesse gegen Krupp und die IG Farben offenbarten das Ausmaß der Verstrickung der Unternehmen.

Die Ausbeutung von Sklaven- und Zwangsarbeit in den an Firmen angegliederten Konzentrationslagern und die verbreitete Plünderung jüdischen Eigentums werden von vielen als Beweis für den kriminellen Charakter des Bündnisses zwischen der Nazi-Partei und den Vorstandsetagen der deutschen Wirtschaft angesehen.[133]

Viele Unterlagen über die Firma Junkers in Markkleeberg sind verloren gegangen. Es wird wohl niemals möglich sein, exakte Details und Statistiken zu erstellen, welche einen Gesamtüberblick ermöglichen. Dieser unvollständige Nachweis beleuchtet nur wenig, wer von den Besitzern und Förderern der Firma Junkers große Gewinne aus unserer Arbeit zog.

DIE FABRIK

Ungarische Jüdinnen wurden in unterschiedlichen Abteilungen der Fabrik in Markkleeberg eingesetzt. Sie erledigten nicht nur gefährliche, sondern auch körperlich schwere Arbeit. Das Lager in Markkleeberg schickte Sklavenarbeiter an drei Standorte der Junkerswerke.

(1) Die große Fabrik in der ehemaligen Baumwollspinnerei, der Erzsike und ich zugeteilt wurden – Stöhrstraße 1, Telefon: Leipzig 394 181 – war die größte und dem Lager am nächsten liegende Fabrik. Der Leiter der Jun-

133 Hayes, „State Policy and Corporate Involvement", S. 210.

kerswerke im Oktober 1944 hieß Giebler.[134] Die Mädchen arbeiteten gern dort, weil die Atmosphäre entspannter war als in kleineren Betrieben, wo eine strengere Disziplin herrschte.
(2) Die ehemalige Schokoladenfabrik in Markkleeberg, welche wir die kleine Fabrik oder die Schokoladenfabrik nannten.
(3) Die Alte Brauerei in Zwenkau. Die Gefangenen wurden mit dem Zug dorthin gebracht.

Sobald wir der Fabrikarbeit zugewiesen waren, warteten Erzsike und ich unruhig darauf, wieder mit der Zivilisation in Berührung zu kommen. Es war nun fast ein Jahr her, seit wir von menschlicher Gemeinschaft getrennt waren. Wie aufregend würde es sein, Zivilisten, Familien, Häuser und Geschäfte zu sehen! Zu jenem Zeitpunkt dachten wir gar nicht über die Gefahr nach, die das Arbeiten in einer städtischen Fabrik mit sich brachte, welche ein Ziel von Luftangriffen sein konnte. Wir wussten nicht, dass es bereits am 7. Juli 1943 und am 20. Februar 1944 Bombardierungen gegeben hatte, welche Gebäude zerstörten und Verluste verursachten.[135]

Die Anwesenheitskontrolle am Morgen war sehr schnell vorbei und schon bald waren wir inmitten einer großen Kolonne von Frauen, welche aus dem Lager strömte. Ein rotes „X“ war auf den Rücken unserer Arbeitskleidung gemalt und ein roter Streifen befand sich auf unseren Hosen. Der Weg vom Tor des Lagers bis zur Fabrik war drei oder vier Kilometer lang, man lief etwa 20 Minuten auf einem Fußweg, welcher zweieinhalb Meter breit war. Während wir liefen und vor Kälte zitterten, sahen wir ein paar der Hochhäuser, die in der Nähe des Lagers standen. Es war noch nicht ganz sechs Uhr am Morgen, die Leute wachten gerade auf und es schien niemand in der Nähe zu sein. Ich versuchte mir vorzustellen, was sich hinter jenen Mauern befand, um zu begreifen, dass Menschen ihr normales Leben führten. Zu beiden Seiten der Kolonne liefen Posten mit Waffen. Es war in den hölzernen Pantoffeln schwierig, das Tempo der Gruppe zu halten, doch wer langsamer wurde, wurde von hinten gestoßen. Die Aufseherinnen liefen jeweils vorn und hinten mit ihren Peitschen. Ich hatte Glück, nicht am Ende der Reihe zu laufen, wo die Mädchen wahrscheinlich am meisten geschlagen wurden.

Abgesehen vom Klang der Holzschuhe auf dem Pflaster herrschte Stille auf unserem ersten Marsch zur Fabrik. Plötzlich, inmitten unserer monotonen Schritte, erhob sich die zarte, melodische Stimme einer Frau über das

---

134 Internationaler Suchdienst, S. 11 und S. 61.

135 Landeshauptarchiv Sachsen-Anhalt Abteilung Oranienbaum, Nr. 1038, Schriftverkehr vom 23. April 2002.

Stampfen. Der Klang erwärmte unsere Herzen, als wir die vertrauten Worte des Morgengottesdienstes vernahmen. Nur diejenigen, die so nah waren wie wir, konnten die erinnerungsträchtige, tief empfundene Bitte und die Dankbarkeit des Gebetes „majde ani" („Ich danke [Gott]") hören.[136]

Es drang in die tiefste Ecke unseres Herzens. Wir hörten demütig zu und erinnerten uns an die Vormittage zu Hause, an denen Mutter sich beeilte, Vater im Geschäft zu helfen, während unser katholisches Hausmädchen Boriska mit uns das Gebet sprach. Boriska achtete darauf, dass wir jedes Wort deutlich und richtig aussprachen. Sie hatte sehr viel Erfahrung, da sie schon unseren Vater betreut hatte, als er ein Kind war.

Wir lauschten der sich entfernenden Melodie und fügten still unsere eigenen, tief empfundenen Bitten hinzu. Wir vernahmen diese wunderschöne Melodie, die aus der Ferne kam, auch an weiteren Vormittagen. Es fühlte sich so gut an und erfüllte uns mit Hoffnung für den neuen Tag.

Als ich Ilana Sajovits Breiner interviewte, freute ich mich, etwas über jene sanfte, fromme Frau zu erfahren, die auf dem Weg zur Fabrik unsere Stimmung hob und unsere Last erleichterte. Die Stimme gehörte Olga Rosenberg, einer 40-jährigen Mutter, die von ihrem zwölfjährigen Sohn in Auschwitz getrennt worden war. Frau Rosenberg starb vor ein paar Jahren, aber sie hatte viele von uns Markkleeberger Insassen mit ihrem unbeugsamen Glauben geprägt. Es war uns verboten, zu sprechen oder zur Seite zu schauen und wir setzten unseren Marsch nach dem Rhythmus „Links! Links!" fort. Manchmal begann unsere Lager-Sängerin Ibolya Kail Gabori mit einem eigenen Lied und andere stimmten ein. Wir sangen ungarische Marschlieder und beliebte Schlagermelodien. Manchmal forderte oder befahl die SS sogar, dass wir singen sollten, wenn wir außerhalb des Lagers marschierten. Dies machte einen freundlichen Eindruck auf Unbeteiligte und diente der Unterhaltung der Wachen.

Während wir singend auf dem Weg marschierten, begegneten wir den Frauen der Nachtschicht, die ihre Arbeit beendet hatten. In diesem Moment konnten Mädchen neue Nachrichten in Form von Liedern austauschen. Wir erfuhren etwas über das Essen, welches wir bekommen würden, und über die aktuellen Ereignisse in der Fabrik und im Lager. Manchmal ging es in den gesungenen Nachrichten auch um die Bestrafung, die uns nach Zimmerdurchsuchungen im Lager erwartete oder um anderen Ärger.

Als wir uns der Fabrik näherten, sahen wir ein riesiges rotes Ziegelgebäude mit einem hohen Schornstein, das mit Kohle beheizt wurde. Im

136 „Ich danke dir, oh König, der ewig lebt, der mir voller Gnade meine Seele zurückgegeben hat; groß ist deine Treue."

Inneren waren große Hallen, die von einer Vielzahl kleinerer Räume umgeben waren.

Wir überquerten die Straße und passierten einen Garten mit Bäumen, der zur Fabrik gehörte. Ein paar Mädchen erzählten uns, dass der Ort im September sehr eindrucksvoll sei, wenn die Pfirsichbäume ihre übervollen Äste zur Erde neigten. Sie schauten zum Obstgarten, als wäre er ein wundervoller, aber unerreichbarer Traum – eine Erinnerung an jene andere Welt der Heimat.

Wir betraten die Fabrik durch das „Judentor". Der Durchgang wurde zwar für die Gefangenen geöffnet, war jedoch den Rest der Zeit geschlossen. Wir gingen in Fünferreihen und unter Aufsicht der Wachen durch das Tor. Sie riefen immer wieder, wir sollten unsere Reihen ausrichten. Die Fabrik war unbeheizt, jedoch erzeugten manche Maschinen Wärme. Nur das durch eine Glaswand abgetrennte Büro war beheizt.

Als wir eintraten, traf uns die volle Wucht des Lärms. Hämmern, Sägen und Schleifen – völlig ungewohnte Klänge – betäubten unsere Ohren.

Die Arbeit war technisch anspruchsvoll und die Arbeiter mussten erfahren und aufmerksam sein. Sowohl Begabung als auch Wissen waren notwendig. Für die Arbeit an den Maschinen wurden Häftlinge mit Verstand und Können ausgewählt. Der Betrieb produzierte eine Vielzahl von kleinen Einzelteilen, Schrauben und Teile, die genau abgemessen werden mussten.

Unsere Geburtsdaten auf der Transportliste waren von jüdischen Gefangenen, die uns registriert hatten, geändert worden. Sie kannten die Gefahr, in der wir schwebten, wenn wir zu jung zum Arbeiten waren, und machten meine Schwester sieben Jahre und mich vier Jahre älter, obwohl wir ihnen unser richtiges Alter genannt hatten. Ich weiß nicht, ob es wegen der Transportliste war oder ob Erzsike zufällig eine Arbeit an einer automatischen Maschine bekam, während man mich zum Kehrdienst einteilte. Obwohl mein Besen aus Stahlzinken gefertigt und sehr schwer war und ich Stahlreste zusammenkehren musste, war es eine gute Arbeit. Ich hatte Angst, dass jemand mit Beziehungen, zum Beispiel die Lager- oder die Blockälteste, eine Person aus ihrer Familie dafür vorschlagen könnte. Das hätte die Trennung von Erzsike und vermutlich wieder die Arbeit im Freien bedeutet. Glücklicherweise verwirklichten sich meine Ängste nicht.

Als der erste Transport ankam, hatten die Mädchen Zeit, die verschiedenen Maschinen und ihre Funktionsweise zu studieren. Sie erhielten eine zweiwöchige Ausbildung in der Fabrik. Man nannte ihnen ebenfalls die Maße und die Namen der Maschinen.[137] Unsere Gruppe bekam diese Einführung in weniger als einer Stunde.

---

137 Interview mit Elisabeth Stein Székely.

Obwohl die Erläuterung ins Ungarische übersetzt wurde, gab es viele deutsche Fachbegriffe. Hungrig, müde und ängstlich wie wir waren, konnten wir uns kaum konzentrieren und uns die deutschen Wörter für die Arbeit an den seltsamen Maschinen einprägen. Das erwies sich nicht als problematisch, denn die meisten von uns bedienten Automaten.

Entgegen unserer Hoffnungen und Vorstellungen hatten wir nur sehr wenig Kontakt zur Außenwelt. Die Vorschriften verboten den Kontakt zwischen zivilen und Zwangsarbeitern.

Die Fabrik wurde von deutschen Zivilisten geleitet, es gab auch deutsche Arbeiterinnen. Wir bekamen unsere Anweisungen von deutschen Produktionsleitern und den Technikern oder von den Werkmeistern. Die Mädchen erledigten verschiedene Arbeitsaufgaben in der Fabrik und wir wechselten uns mit französischen, belgischen, holländischen und italienischen Frauen in Tag- und Nachtschichten ab.

Die Maschinen

Die Anzahl der Maschinen war so riesig wie der Raum selbst. Die Gefangenen sahen neben ihnen wie Zwerge aus. Der ohrenbetäubende Lärm der Pressen und der anderen Maschinen schien den Raum zu bestimmen. Manche Maschinen sahen aus wie gigantische Leuchter, andere wie eine riesige Tulpe oder ein hochkant stehendes Klavier.

Das Bedienen der Maschinen erforderte sich ständig wiederholende Handbewegungen. Die Maschine bohrte automatisch, aber das Material musste eingespannt und befestigt werden. Dann musste es von Hand bis zu viermal gedreht werden, abhängig von den verschiedenen Formen, die gebohrt werden sollten. Die Bewegung wurde zuerst mit der rechten Hand und dann mit der linken ausgeführt. Wenn der Arbeitsgang beendet war, fing man von vorn an, wobei die Geschwindigkeit von der Stückzahl bestimmt wurde, die zu fertigen war. Wir arbeiteten im Lärm der Sägen, Schleif- und Bohrmaschinen. Bedingt durch die Automatisierung bearbeiteten die Gefangenen ein einziges Teil und wussten nicht, zu welchem Teil des Flugzeuges ihr Werkstück gehörte.

Produktionshallen

WESTHALLE. Das Werk hatte drei große Produktionshallen: die West-, Mittel- und Osthalle. In jeder Halle gab es unterschiedliche Produktionsabschnitte. Wir kamen zuerst in die Westhalle. Dort standen die Automaten, deren Lärm ohrenbetäubend war.

Sarah Salamon Israel und andere Mädchen arbeiteten hier in Tagschicht von 6.15 Uhr bis 18.15 Uhr an zwei großen Maschinen.

Aus Eisenstangen, welche die Mädchen in die Maschinen schoben, wurden kleine Bolzen und Schrauben millimetergenau gefertigt. Das erforderte gefühlvolles, exaktes Arbeiten und genaues Messen. Aus den Maschinen entwich heißes Öl, was die Arbeit behinderte. In der Mitte der Westhalle, gegenüber der Toilette, stand die Maschine, die von der Dichterin Erzsébet Frank bedient wurde. Die meisten Mädchen gingen an ihr vorbei, wenn sie zur Toilette wollten.

Elisabeth Stein Székelys Maschine stand eine Reihe hinter der von Erzsébet Frank. Elisabeth arbeitete an der Schleif- und Poliermaschine. Zwischen zwei großen Zylindern liefen ringförmige Teile, die millimetergenau geschliffen wurden. Elisabeth und Erzsébet blieben auch nach dem Krieg Freundinnen.

Der Automat von Katalin Frank Gallo, Erzsébet Franks Schwester, stand neben Elisabeth Stein Székelys Maschine. Die Schwestern hatten entsetzliche Angst, getrennt zu werden und waren froh, nebeneinander zu arbeiten. Zwei Reihen hinter Erzsébet Franks Maschine waren die Schweißer, eine besondere Gruppe, die Erzsébet Frank anregte, ein Gedicht über sie zu schreiben.

Da die Arbeit der Schweißer besondere Fähigkeiten erforderte, mussten sie einen Test bestehen, in dem Koordination und Konzentration geprüft wurden. Gutes Sehvermögen und Aufmerksamkeit waren äußerst wichtig, weil man drei Arbeitsgänge gleichzeitig verrichten musste. Der Fabrikbeauftragte wählte dafür zwölf Mädchen aus, die mit den ersten Transporten nach Markkleeberg gekommen waren. Die zwölf wohnten in Block 3, Zimmer 22. Der Arbeitsplatz der Schweißer verfügte immer über einen Tisch. Auf dem Tisch befand sich ein eiserner Ring mit einem Loch in der Mitte. Um den Ring zu drehen, musste man auf ein Fußpedal treten und das Rad bewegen, während man in der linken Hand eine Stange hielt. Mit der rechten Hand musste man die Gasflamme führen, damit die Stange zum Schmelzen gebracht wurde. Es gab einen Knopf, mit dem die Stärke der Gasflamme eingestellt werden konnte. Beim Schmelzen der Stange erreichte tropfendes Metall die Mitte des Ringes und füllte die leere Stelle. Die Schweißerin musste das Pedal so schnell bewegen, wie der Fluss des Materials es erforderte, und darauf achten, dass das schmelzende Metall gleichmäßig und ununterbrochen floss. Mit Hilfe spezieller Zangen wurde der fertige Ring herausgenommen und in ein heißes Säurebad gelegt. Von dort aus gelangte das fertige Produkt in die Kisten. Diese Arbeit erforderte Konzentration und Koordination von Händen, Füßen und Augen. Die gefertigten Ringe wurden gezählt, um festzustellen, ob das Tagessoll erfüllt wurde.

Die Schweißer trugen Schutzbrillen gegen das Licht und die Splitter, aber sie besaßen keinen Gesichtsschutz und keine Schutzkleidung. Das zum Schweißen verwendete Gas war schädlich für die Lungen. Die Mädchen arbeiteten am Tag acht Stunden in zwei Schichten. Die erste Gruppe begann um 6.15 Uhr mit der Arbeit und die zweite um 14.15 Uhr. Ich weiß nicht, ob den deutschen Ingenieuren, die die Mädchen testeten und aussuchten, bewusst war, dass sich unter den zwölf Mädchen drei Geschwistergruppen befanden. Eine der Schwestern war Elizabeth Zucker Mermel, die das Gedicht von den Schweißern den ganzen Weg bis nach Hause bei sich trug.[138]

Ein großer, dünner, älterer deutscher Zivilist, der ein wenig Ungarisch sprach, beaufsichtigte einige der Maschinen in der Westhalle und die Schweißer. Er hatte in Besztercebánya, in der Slowakei, studiert und unterhielt sich gern mit den Frauen.[139] Es gab außerdem einen flämischen Zwangsarbeiter, einen Techniker aus Belgien, der Neuigkeiten von den Ereignissen in der Welt mitbrachte. So wurde die Westhalle mit ihren intelligenten Mädchen zum Zentrum von Information und Aktivität.

Klára Spitz Snitzler, unsere Freundin von zu Hause, arbeitete an einem großen, komplizierten Ungetüm von Maschine in der Westhalle, das Kupferteile für Flugzeuge fertigte. Kláras Aufgabe bestand darin, einen Kupferstreifen in die Maschine zu schieben und im richtigen Moment das Fußpedal zu treten, sodass sie das gewünschte Produkt bekam, ohne Material zu verschwenden. Klára klagte, dass sie das Fußpedal kaum erreichen könne und dass sie ständig fürchte, ihre Finger könnten unter die Schneide der Maschine geraten. Nach und nach lernte Klára, ihre Maschine zu beherrschen und sie arbeitete sogar gern daran.

Weiter hinten in der großen Westhalle war die Maschine meiner Schwester. Es war eine große, lärmende, automatische Bohrmaschine. Erzsike musste Löcher in die Mitte eines dreieckigen Stahlstückes bohren. Der Bohrer bewegte sich auf und ab und sie musste der Maschine ihre ganze Aufmerksamkeit widmen. Selbst bei einer kleinen Unaufmerksamkeit könnte der empfindliche Bohrer brechen, was man als Sabotage auslegen könnte.

---

138 Die drei Gruppen waren die Zucker-, Trattner- und Lerner-Schwestern.

139 Elisabeth Stein Székely, in ihrem Brief an die Autorin vom 22. März 1999.

Ich kehrte mit dem Besen um Erzsikes Maschine und schaute meine Schwester an, um sicherzugehen, dass sie nicht eingeschlafen war. Zwischen zwei und vier Uhr morgens war das Arbeiten besonders schwer. Als ich einmal zu ihr kam, sah ich, wie sie mit tränenden Augen ihre Maschine bediente. Trotz der Tränen versuchte sie zu lächeln, gab wenig später aber zu, dass sie schrecklich müde sei und ihr Rücken furchtbar schmerzte. Geplagt von Schmerzen würde sie ihr Soll wahrscheinlich nicht schaffen. Der holländische Vorarbeiter bemerkte ihre schlimme Lage, er setzte sich und beendete die ihr zugewiesene Arbeit. Beide, er und der zivile Aufseher, konnten mit den Mädchen mitfühlen, die sich mit einer Arbeit abmühten, die jenseits ihrer Belastbarkeit lag. Nachdem der Vorarbeiter Erzsikes Arbeit erledigt hatte, verließ er sie, kam aber wenig später zurück, legte etwas in den Schubkasten und gab Erzsike zu verstehen, dass es für sie wäre. Als sie hineinguckte, sah sie eine kleine Kartoffel. Sie war so überrascht, dass sie gar nicht wusste, was sie tun sollte und immer wieder leise „Danke" flüsterte. Wir wussten, dass die Zwangsarbeiter auch nicht viel zu essen hatten.

Unsere Freude über die Kartoffel war groß. Wir wollten sie mit unserer Freundin Klára Spitz Snitzler teilen. Klára war immer so nett zu uns und das war unsere Chance, ihr auch einmal etwas Gutes zu tun. Ihre Maschine war nicht weit entfernt, aber eine Aufseherin, die wir Rákoczi nannten (auf Grund ihrer Pferdeschwanzfrisur, die an einen ungarischen Staatsmann erinnerte), lief immer einem gutaussehenden französischen Vorarbeiter hinterher, der an Kláras Maschine arbeitete.

Die ehemalige Junkersfabrik im Jahr 1994, bevor diese abgerissen wurde, um Platz für eine neue Wohnbebauung zu schaffen

Ich lief herum, hielt die Kartoffel in der Hand und dachte, wie gut sie wohl schmecken und wie sich Klára freuen würde. Leider flirtete die Aufseherin weiter mit dem jungen Mann. Als sich die Nachtschicht ihrem Ende näherte und wir nicht riskieren wollten, bei einer plötzlichen Durchsuchung erwischt zu werden, beschlossen wir, unseren Schatz selbst aufzuessen. Wir hatten kein Messer. So biss Erzsike im Schutz ihrer Maschine zweimal von der rohen Kartoffel ab. Sie hatte weniger als die Hälfte gegessen, gab mir aber den Rest. Es schmeckte uns wie eine Kartoffel aus einem ungarischen Gulasch. Inzwischen fühlte sich Erzsike ein bisschen besser und war froh, dass es bis zum Ende der Schicht nur noch eine halbe Stunde war. Erzsike wartete immer begierig darauf, dass ich ihr sagte, wie spät es ist, weil sie die Uhr von ihrem Platz nicht sehen konnte. Für mich war es deprimierend festzustellen, wie langsam sich die Zeiger bewegten. Je öfter ich zur Uhr schaute, desto langsamer schien die Zeit zu vergehen.

Die Arbeit war schwer und öde. Wir drückten unser Frustriertsein mit dem einzigen Mittel aus, das uns zur Verfügung stand: mit Gesang. In der Fabrik war das Singen verboten, aber wir sangen auf dem Weg zur Arbeit, wenn wir in der Baracke waren oder im Waschraum. Frauen schrieben Gedichte, ganz gleich, ob sie Dichterinnen waren oder Laien. Man musste nur etwas gegen Papier und Bleistift eintauschen. Das fertige Produkt konnte problemlos mündlich verbreitet werden. Meist kannten wir die Autorin oder Komponistin nicht. Als ich Klára Roth Oren interviewte, stellte ich zu meiner Freude fest, dass sie das folgende Lied geschrieben hatte, das ich aus Markkleeberg in Erinnerung hatte. Klára brauchte nicht einmal Papier und Bleistift.

Sie summte einfach vor sich hin und nachdem sie sich den Text gemerkt hatte, gab sie ihn mündlich an uns weiter.

Jeder, der in den Junkers-Werken arbeitet,
Einundzwanzig, zweiundzwanzig, dreiundzwanzig,
Kann es gar nicht abwarten, all die Arbeit zu tun.
Aufseherin, ich habe nur eine Bitte:
Gib uns Arbeit für neun Tage die Woche.
Arbeit ist reichlich, Essen nur wenig
Aber niemand hat Bauchschmerzen.
Um sechs Uhr am Abend geht es in die Fabrik.

Humor zeichnete nicht nur ein witziges Porträt unserer Leiden, sondern war ein Ventil für unsere emotionale und geistige Rebellion gegen die Nazis. Obwohl er kein Leben rettete, linderte er das Leid und veränderte unsere Sicht auf die Wirklichkeit, was uns half zurechtzukommen.

In der Fabrik lernte Erzsike, ihre Aufmerksamkeit auf die Maschine zu konzentrieren und ihre Anstrengungen auf diese zu richten. Sie litt noch immer unter der Angst, zur Arbeit aufs Feld geschickt zu werden.

Die Beschäftigten in der Fabrik mussten nicht nur Blasen durch Verbrennungen mit heißem Öl ertragen, sondern auch von glühend heißen Werkzeugen und Eisensplittern. Da Erzsike Schwierigkeiten vermeiden wollte, hatte sie Angst, um Hilfe zu bitten, wenn heißes Öl von der Maschine ihr auf Nacken und Hände spritzte und diese verbrannte. Der holländische Vorarbeiter gab ihr ein Papiertuch, um das heiße Öl abzuwischen, was allerdings nicht viel half. Die Blasen entzündeten sich, doch Erzsike zögerte immer noch, zum Revier zu gehen. Sie versuchte, die Verletzungen zu verstecken, aber der deutsche zivile Meister bemerkte die Abszesse und schickte sie zur Sanitätsstelle in der Fabrik. Erzsike war wie versteinert, fürchtete sie doch, wenn man sie für arbeitsunfähig befand, zurück nach Auschwitz oder Bergen-Belsen geschickt zu werden. Sie entspannte sich etwas, als sie eine Salbe und einen Verband bekam und wieder an ihre Maschine geschickt wurde. Inzwischen war die Maschine besser eingestellt worden und sie verspritzte weniger Öl.

Erzsikes Maschine war eine der größeren in der Westhalle. Obwohl es die Deutschen nicht als außergewöhnlich empfanden, ein Kind an dieser riesigen Maschine zu sehen, wurde eine der nebenan arbeitenden Gefangenen davon inspiriert. Sie hieß Gizella und war eine talentierte Künstlerin, deren Bilder in ihrer Heimat Siebenbürgen erste Preise gewonnen hatten. Sie machte im Lager einige Entwürfe und könnte auch die Illustrationen zum Gedicht über die Schweißer angefertigt haben, aber Erzsébet Frank erinnerte sich nicht mit Bestimmtheit daran.

Eines Morgens, es war Anfang April 1945, überraschte Gizella Erzsike mit einer wundervollen Zeichnung, die sie neben ihrer Maschine zeigte. Das Bild maß etwa 12 mal 18 cm und war Erzsike sehr ähnlich. Wir schauten es immer wieder an und überlegten, wie wir es schützen und retten könnten. Ich fand eine alte Zeitung und Erzsike hatte Schmirgelpapier, mit dem die Maschine gereinigt wurde. Wir wickelten das Bild vorsichtig darin ein. Erzsike versteckte es in ihrem Overall. Zum Glück geschah das am Ende unseres Aufenthaltes in Markkleeberg und die Durchsuchungen fanden seltener statt und waren weniger gründlich. Auch auf dem Weg nach Hause behüteten wir das Bild. Es gehörte immer zu dem wenigen Wertvollen, das wir besaßen. Als wir Ungarn verließen und illegal die österreichische Grenze überquerten, wurde uns der Koffer gestohlen, in dem sich das Bild und unsere wenigen Habseligkeiten befanden. Selbst heute erfüllt mich große Trauer über diesen Verlust.

DIE MITTELHALLE. Die Werkstücke wechselten im Arbeitsprozess von einer Halle zur anderen. Ilana Sajovits Breiner arbeitete an einer Poliermaschine und in der anderen Reihe neben ihr war ihre Schwester Sara. In der Nähe stand die Maschine von Klára Fisher Neuman, die kleine Teile produzierte, die in einer anderen Abteilung poliert werden mussten. Margit Susitzky Hönig war die Letzte in der Reihe dieser Fließbandproduktion. Fand sie einen Fehler, musste sie das Teil der vorherigen Arbeiterin zur Nachbearbeitung zurückgeben. Einige Fehler konnte sie auch an ihrer Maschine korrigieren. Margit brachte das fertige Produkt in den Kontrollraum, in dem deutsche Zivilisten arbeiteten.

Sie trug eine Lederschürze mit einer Tasche. Im Kontrollraum steckte ihr manchmal eine Deutsche ein Stück Brot oder einen Apfel zu. Margit aß das Brot, aber den Apfel teilte sie mit denen, die in ihrer Nähe arbeiteten.

OSTHALLE. Die Osthalle war ein großer Raum, in dem Maschinen zum Schneiden, Mahlen und Polieren standen. Die Mädchen mussten genau auf die Zeitdauer jedes Vorgangs achten. Barbara Klein Stark war einige Monate in der Osthalle eingesetzt, wo ihre Maschine in der ersten Reihe stand. An Elena Kaufmans Maschine wurden kleine Teile geschliffen und poliert. Der belgische Vorarbeiter sagte ihr, dass diese Arbeit mit Schutzbrille zu verrichten wäre, aber sie hatte keine.

HÄRTEREI. In der Härterei wurde das Eisen behandelt, um entsprechend seines späteren Verwendungszweckes unterschiedliche Qualität zu erhalten. Es gab Eisenstangen, die zuerst erhitzt und dann abgekühlt und während des Arbeitsganges gedreht werden mussten. Die Stücke waren so schwer, dass zwei oder drei Mädchen nötig waren, um sie in die Maschine zu schieben. Sie bekamen ein Glas Milch für diese Tätigkeit. In der Härterei arbeiteten 29 Mädchen und Frauen, wie Rachel Janovics Mittelman berichtete. Die Arbeit war nicht nur schwer, sondern auch gefährlich. Es gab Schrauben, Spulen und andere Stücke, die glühend erhitzt und dann in ein Säurebad getaucht wurden.

Die Säure schäumte und brodelte und verletzte die Arbeiter, die mit ihr in Berührung kamen. Die Handschuhe, falls es überhaupt welche gab, waren unzureichend für die glühend heißen Werkzeuge. Viele Frauen haben immer noch Brandnarben, die sie sich damals zuzogen.

Hava Harmann Kleinberg und ihre Schwester arbeiteten in der Galvanisierungsabteilung. Auch sie bekamen Blasen, wenn sie heißes Eisen in kaltes Wasser oder Öl tauchten. Der Dampf und die Funken, die auf Arme, Gesicht und manchmal sogar auf die Augenlider gerieten, waren sehr schmerzhaft.

Hans, der deutsche Vorarbeiter, tröstete sie, indem er ihnen sein Lieblingslied vorsang:

Es geht alles vorüber,
Es geht alles vorbei,
Nach jedem Dezember
Kommt wieder ein Mai.

Es ist die Strophe eines deutschen Marschliedes, das vermutlich aus dem Ersten Weltkrieg stammt.

Produktionsmängel

Hungrig, müde und überarbeitet, wie wir waren, war es unvermeidlich, dass wir Fehler machten: Ausschuss (Produktionsabfall). Wenige Fehler – zwei bis drei fehlerhafte Stücke – wurden toleriert und manche Fehler konnten durch einen mitfühlenden Vorarbeiter oder die Mädchen im Kontrollraum vertuscht werden. Andere missglückte Teile versteckten die Mädchen oder sie warfen diese in den Müll oder auf dem Rückweg zum Lager auf die Straße. Obwohl es keine gezielten oder organisierten Anstrengungen gab, Ausschuss zu produzieren, nutzten manche Arbeiter die Gelegenheit, Material zu verschwenden, wenn ihre Maschine kaputt war oder nicht genau arbeitete. Diese persönlichen Sabotageakte hatten allgemein keinen Einfluss auf die Kriegsproduktion. Sie könnten jedoch den einzelnen Arbeitern ein psychologisches Hochgefühl bereitet haben.

Der Kehrdienst

Meine Aufgabe war es, in der Fabrik zu kehren und den herunterfallenden Abfall (oder Anfall, wie man es im Deutschen nannte) aufzukehren und zu sammeln. Jeder Arbeiter war für die Sauberkeit an seiner Maschine selbst verantwortlich. Ich kehrte die Gänge und die Bereiche zwischen den Maschinen. Ich hantierte mit einem scharfen, schweren Drahtbesen, war aber zufrieden, denn ich musste kein Arbeitspensum erfüllen, konnte mich ein wenig ausruhen und zur Toilette gehen, wann ich wollte. Beim Kehren war es mir auch möglich, meine Freunde zu besuchen. Wir sprachen kaum miteinander, aber schon ein nettes Lächeln oder eine saftige Bemerkung auf Ungarisch über die Arbeit und die Aufseher hob meine Stimmung.

Ich war nur darauf bedacht, in der Nähe meiner Schwester zu bleiben, aber einige einfallsreiche Mädchen erkannten die Möglichkeiten, die diese Arbeit bot. Sie wollten unbedingt den Müll zur zentralen Sammelstelle bringen, weil es ihnen Gelegenheit bot, nach Schätzen zu suchen. Der einzige „Schatz", den ich entdeckte, war ein zerbrochenes Messer. Ich versteckte es in der Hand, die den Besenstiel umfasste, und brachte es aufgeregt zu Erzsike. Ein solches Messer war ein kostbares Gut im Lager. Ich verbarg es unter Erzsikes Maschine. Den Rest der Nacht bedachten wir das Risiko, dass man das Messer bei einer plötzlichen Durchsuchung in unserer Nähe finden könnte. Wie man es von zwei ängstlichen Jugendlichen erwarten konnte, waren wir nicht in der Lage, dieses Risiko auf uns zu nehmen. Ich brachte das Messer zu dem Abfalleimer zurück, in dem ich es gefunden hatte.

Den Besen als Alibi und Schild benutzend, konnte ich ein wenig umherlaufen. Eines Tages, als ich meinen Eimer in einen größeren entleerte, nahm ein deutscher Zivilist gerade die Maße dieses Behälters. Er gehörte wahrscheinlich zu einer Fremdfirma und verrichtete seine Arbeit. Als er mein hellblondes Haar bemerkte, fragte er mich, wie ich hierhergekommen wäre. In meinem schlechten Deutsch konnte ich nur sagen, dass ich Jüdin bin. Dann sagte er: „Arbeite nicht so schwer", und ging. Verwirrt wegen seines Interesses lief ich davon, um ihm nicht noch einmal zu begegnen. Ungeachtet der Freiheit, die mir das Herumlaufen bot, hatte ich immer noch große Angst vor den deutschen Arbeitern, Wachen und Aufseherinnen.

Einige andere Mädchen, die auch fegten, waren älter und zu ihnen hatte ich kaum Kontakt. Von ihren Aktivitäten, dem möglichen Vorteil aus meiner Position und der Philosophie vom Müll als Rohstoffquelle, erfuhr ich erst nach dem Krieg.

Arbeitsbedingungen

Wir arbeiteten an sechs Tagen in der Woche zwölf Stunden, von 6.15 Uhr bis 18.15 Uhr oder nachts von 18.15 Uhr bis 6.15 Uhr. Wenn die Tagschicht nach dem Zählen zur Arbeit ging, kehrte die Nachtschicht zurück. In einigen Abteilungen wurde in drei Schichten gearbeitet:
(1) von 6.15 Uhr bis 14.15 Uhr,
(2) von 14.15 Uhr bis 22.15 Uhr
(3) und von 22.15 Uhr bis 6.15 Uhr.
Sonntags war die Fabrik geschlossen. Mittags um 12.00 Uhr oder um Mitternacht erhielten wir in der Fabrik Suppe. Wir hatten eine halbe Stunde Mittagspause und eine Pause von zehn Minuten. Meist nutzten die Mädchen die

kleine Pause für ein Nickerchen. Wenn man in der Nachtschicht arbeitete, litt man immer unter Schlafmangel. Die Schichten wechselten jede zwei Wochen. Wenn wir uns gerade daran gewöhnt hatten, am Tag zu schlafen, änderte sich der Rhythmus. Wenn man von der Nachtschicht kam, konnte man theoretisch von morgens bis 17.00 Uhr schlafen, aber meist war das nicht möglich. Es musste saubergemacht werden und im Laufe des Tages gab es verschiedene Appelle, Luftangriffe und Lärm. An Sonntagen und manchmal auch wochentags mussten wir zusätzliche Arbeiten im Lager verrichten, sobald wir morgens von der Arbeit zurückkehrten. Um 5.45 Uhr, zum Ende der Schicht, wurden die Maschinen ausgeschaltet und sie mussten gereinigt werden.

Jedes Mädchen war für ihre Maschine verantwortlich. Sie beseitigte die Abfälle vom Schneiden und Bohren und wischte den Boden um die Maschine. Ich säuberte meinen Besen und stellte ihn in den Geräteraum. Wenn alles erledigt war, traten wir in Fünferreihen an und wurden vor dem Verlassen der Fabrik gezählt. Gewöhnlich verlief der Rückweg monoton, weil wir uns auf dem bekannten Weg zum Lager schleppten. Einmal waren wir überrascht, als wir sahen, dass Knittel uns anführte. Wir gingen einen Umweg, den wir nicht kannten. Die Wachen und Aufseherinnen widersprachen nicht und wir liefen 15 Minuten länger als üblich. Später erfuhren wir, dass Knittel betrunken war und die Belegschaft ihn nicht auf seinen Irrtum aufmerksam machen wollte.

Coupons als Belohnung für gute Arbeit

Es gab ein Bonussystem, das den Arbeitern eine Prämie oder einen Gutschein für besondere Arbeitsleistungen bescherte. Ein Abschnitt war allgemein etwa ein oder zwei Reichsmark wert. Auf dem Coupon stand „SS-Standortkantine, Buchenwald Außenkommando Wertmarke RM-1“. Er wurde von der Fabrikleitung ausgegeben und konnte in der Lagerkantine eingelöst werden.[140]

Sara Salamon Israel erinnerte sich, dass man am Anfang dafür eine Zahnbürste, Zahncreme, einen Kamm, einen Spiegel, Nadel und Faden, Salz, Zigaretten, Schnürsenkel und manchmal sogar Stoffschuhe mit hölzernen Sohlen kaufen konnte, je nachdem, wie viel der Gutschein wert war. Bei den Mädchen hießen die Gutscheine „Nazigeld“. Die Kantine befand sich in der gleichen Baracke wie das Revier und wurde anfangs sehr häufig genutzt. Später konnte man für die Gutscheine nicht mehr viel kaufen. Als unser Transport eintraf, gab es keine Gutscheine mehr und die Kantine war geschlossen.

---

140 Karay, Hasag-Leipzig Slave Labour Camp for Women, S. 63.

Gefahren bei der Arbeit

Neben den Verbrennungen und Blasen verursacht durch heißes Öl, Säure und Chemikalien gab es ernste, lebensbedrohliche Probleme beim Arbeiten mit den Maschinen. Flora Kaff Golding, die uns behilflich war, wenn wir kein Mittagessen erhalten hatten, war noch nach 55 Jahren aufgewühlt beim Gedanken an ihre Angst, als sie an einer defekten Maschine arbeiten musste. Ein ukrainischer Arbeiter verletzte sich schwer, als die Maschine beim Einschalten nicht richtig funktionierte. Am nächsten Tag musste Flora an dieser Maschine arbeiten. Sie war wie gelähmt, aber die Furcht, wegen Sabotage angeklagt zu werden, wenn sie sich weigerte, war größer als die Angst vor einer Verletzung. Mit ihrem hervorragenden Deutsch erregte sie die Aufmerksamkeit eines zivilen Ingenieurs, der eine Bürohilfe suchte. Nach zwei entsetzlichen Wochen an der schrecklichen Maschine kümmerte sie sich um den Bürobedarf. Eine andere unglückliche Gefangene übernahm ihre gefährliche Arbeit. Als sie die Geschichte erzählte, konnte Flora ihre Tränen kaum zurückhalten und sie sagte, kein Glück im Leben nach der Befreiung konnte sie dafür entschädigen, was sie im Lager durchgemacht hatte.

Splitter und Funken entstanden an Erzsikes Polier- und Schleifmaschine. Einmal geriet ihr ein Funke des pulverisierten Metalls ins Auge. Zum Glück verletzte er es nicht, aber feine Staubpartikel setzten sich darin fest. Der niederländische Techniker schlug ihr vor, ins Revier zu gehen, aber die Mädchen rieten ihr davon ab, da das Gerücht einer bevorstehenden Selektion die Runde machte. In der Baracke erhielt Erzsike von den Frauen die unterschiedlichsten Ratschläge, wie sie das Auge behandeln sollte. Elza Reich Szamosi, unsere Freundin von zu Hause, empfahl, das Augenlid herabzuziehen und festzuhalten, damit sich Tränen bilden konnten, die die Fremdkörper herausbefördern. Erzsike versuchte das sogar in der Nacht, wenn sie vor Angst und Schmerz nicht schlafen konnte. Der Stahlstaub reizte das Auge, sodass es tränte und schmerzhaft juckte. Die Tage ihres Leidens schienen viel länger zu sein, selbst für mich, die ich versuchte, sie häufiger zu besuchen unter dem Vorwand, dort kehren zu müssen. Zum Glück nahmen die Deutschen keine Notiz davon und Erzsike versah unter Tränen ihre Arbeit ohne Unterbrechung. Es gab zahlreiche andere Arbeitsunfälle, wenn Finger oder die Haare der Mädchen in die Maschinen gerieten. Besonders viele passierten nachts, wenn die Mädchen besonders erschöpft waren.

Die SS in der Fabrik

Neben den zivilen deutschen Ingenieuren, Vorarbeitern und ausländischen Technikern, die uns beaufsichtigten, gab es die Aufseherinnen. Auch Knittel erschien von Zeit zu Zeit. Es war uns nicht gestattet auszuruhen. Die Aufseherinnen gingen in den Produktionshallen umher und hatten uns fest im Blick, aus Angst, wir könnten Sabotage betreiben.

In der Fabrik hingen Schilder, die den Zivilisten unter Androhung der Todesstrafe den Kontakt mit den jüdischen Gefangenen verboten. Es war streng untersagt zu sprechen, das galt selbst für Häftlinge untereinander. Mädchen, die man bei Gesprächen erwischte, wurden bestraft. Knittel und seine Leute bestraften die Gefangenen selten an Ort und Stelle; sie schrieben ihre Nummern auf und vollzogen die Bestrafung später im Lager. Viele Appelle hingen mit Regelverstößen in der Fabrik zusammen. Die Nummer des unglücklichen Mädchens wurde aufgerufen und sie wurde vor aller Augen gemaßregelt.

Knittel in seinen hohen, polierten schwarzen Stiefeln erschien oft überraschend nachts in der Fabrik mit einer Gummipeitsche und manchmal mit seinen Schäferhunden. Er ging von Maschine zu Maschine, von einer Halle zur anderen. Ein Mädchen, das nicht an seiner Maschine war, hatte Pech. Knittel ging jede Reihe entlang.

Einmal hielt er neben Erzsikes Maschine inne. Sie erinnert sich immer noch an die Angst, die in ihr aufstieg. Glücklicherweise achtete Knittel nicht auf sie; es war der leere Platz an der nächsten Maschine, der sein Interesse erregt hatte. Wenn er jemanden erwischte, der nicht arbeitete, sich mit einem Zwangsarbeiter unterhielt oder auf andere Weise gegen die Regeln verstieß, so wurden derjenigen die Haare abgeschnitten, sie erhielt einen Strafappell oder wurde in den Bunker geschickt. Die Gefangenen fürchteten sein Erscheinen.

Die Nachricht, dass der „öreg", der alte Mann, da wäre, machte schnell die Runde. Wenn die Zeit für eine gesprochene Warnung zu kurz war, gaben die Mädchen ein Summen oder Zischen als Signal. Die Zwangsarbeiter und selbst die Zivilisten lernten, der Warnung Beachtung zu schenken, wenn die Mädchen riefen, dass der „öreg" kam. Die deutschen zivilen Arbeiter hassten Knittels Gegenwart. Knittel stürzte sich auf die schwachen, müden, hungrigen, entwürdigten Mädchen. Um unseren Schmerz zu lindern, dichtete Klára Roth Oren die folgenden Zeilen zur Melodie eines populären ungarischen Schlagers:

Jeder, der in den Junkerswerken arbeitet,
Weiß sehr gut, was der alte Mann macht.
Wir fürchten ihn ja so sehr,

Ich muss es ehrlich zugeben.
Markkleeberg ist eine Fabrik,
Aber wir hoffen, es ist keine Todesfabrik.

Dem übermächtigen deutschen Feind konnten wir nichts entgegensetzen als unsere kulturellen Aktivitäten, die uns und unseren Mitgefangenen halfen. Indem wir die Abscheulichkeit der Situation kommentierten, verliehen wir unseren Gefühlen Ausdruck und kommunizierten sie.

Auch das Singen war ein Spiegel der Zeit, es stärkte unsere Hoffnung und erfüllte das Lagerleben mit menschlichen Qualitäten. Obwohl viele literarische Schöpfungen der Markkleeberger Zeit auf dem Todesmarsch verlorengingen, gelang es mir, für diese Arbeit einige zusammenzutragen. Sie werfen ein Licht auf die reichen kulturellen Aktivitäten im Lager.

Die Arbeit in der Fabrik ging meist ohne schwere Misshandlungen oder willkürliche Bestrafung durch die SS vonstatten. Wahrscheinlich war es Unternehmensphilosophie, die Arbeiter nicht unnötig zu terrorisieren. Es steigerte unzweifelhaft die Produktivität, wenn die Sklaven- und Zwangsarbeiter unter akzeptablen Bedingungen tätig waren. Selbst wenn Knittel seine Peitsche benutzte, vorzugsweise nachts, spielte er doch die Rolle eines Armeeoffiziers in der Fabrik. Wenn er während der Tagschicht Regelwidrigkeiten bemerkte, schrieb er gewöhnlich die Nummer der Gefangenen auf. Dann, in seinem eigenen Verantwortungsbereich, führte er die Bestrafung durch.

Es kam vor, dass Knittel oder eine Aufseherin eine verkehrte Nummer aufschrieb. Dann wurde die unglückliche Gefangene, die keinen Fehler begangen hatte, beim Appell herausgegriffen. Sie wurde beschimpft, geschlagen und bestraft für ein Vergehen, von dem sie gar nichts wusste. Das passierte Irena Lebovits Ehrenreich, die trotz Weinens und Protestierens, weil ein Irrtum vorlag, einen Strafappell aushalten musste. Schließlich, nachdem sie stundenlang in der Kälte gestanden hatte und bereits blau gefroren war, ließ Knittel sie gehen. Beim weiteren Arbeiten an ihrer Maschine wurde Irena von der ständigen Furcht begleitet, dass sie noch einmal für das Vergehen einer anderen bestraft werden könnte.

Die Damentoilette in der großen Fabrik

Knittels Lieblingsplatz, um Gefangene bei Vergehen zu erwischen, war die Damentoilette. Während seines häufigen, überraschenden Erscheinens ging er oft direkt dorthin, besonders nachts. Dann wartete er auf die Mädchen. Sobald ein Mädchen herauskam, bekam sie einen brutalen Schlag ins Gesicht oder auf das Ohr. Das brennend rote Gesicht des Opfers verriet uns, was passiert war. Knittel war ein großer Mann und wenn er schlug, blieb ein Abdruck zurück.

In jeder Halle gab es einen Raum mit sechs Toiletten. Die Gefangenen mussten um Erlaubnis bitten, zur Toilette gehen zu dürfen, was gewöhnlich erlaubt wurde. Für die Zeit des Toilettengangs musste die Maschine der Arbeiterin ausgeschaltet werden. Die Eingangstür der Toilette blieb geöffnet und vor den einzelnen Sitzen gab es keine Türen – Toilettenpapier war auch nicht vorhanden. Ein Häftling war damit beauftragt, die Toiletten sauber zu halten. In der Westhalle fiel diese Aufgabe Marcsa zu, die wir „vécés Marcsa" (Toiletten Marcsa) nannten. Sie war ein großes Mädchen, das die Häftlinge aufforderte, sich zu beeilen und wieder zu gehen. Mit einem Stock versetzte sie den Frauen einen Stoß, wenn sie länger als fünf oder sechs Minuten benötigten. Wenn Knittel kam, musste Marcsa genau berichten, wie viele Frauen da waren: „Sechs Mädchen sitzen und zehn stehen." Aber nicht immer hörten die Mädchen auf Marcsa. Sie erdachten spezielle Zeitpläne und der Toilettenbesuch wurde zu einem wichtigen Teil des Lebens in der Fabrik. Wenn sie auf den Toiletten saßen, die durch keine Türen abgeschirmt waren, tauschten die Frauen Gedanken aus und hörten die neuesten Nachrichten, die man „die Neuigkeiten von der Latrine" nannte. Die Neuigkeiten betrafen die Fabrik, das Lager und die Welt. Wenn ein Mädchen ein dringendes Bedürfnis hatte, zwang Marcsa diejenige, die am längsten dort war, ihren Platz freizumachen.

LUFTANGRIFFE

Der Aufenthalt im Luftschutzbunker war eine willkommene Unterbrechung der Arbeit. Das Gebiet war wegen der Rüstungsproduktion Ziel der Bombenangriffe. Während dieser Angriffe waren die deutschen Arbeiter und die Aufseherinnen sehr besorgt. Sie eilten zum Bunker, der sich im Keller der Fabrik befand. Wir Mädchen jedoch waren ganz entspannt, als ob wir unseren Überlebensinstinkt verloren hätten. Langsam und fröhlich gingen wir tief in den Bunker hinein, wir fühlten ein bisschen Zufriedenheit, eine Art süßer Rache, unsere gefürchteten Peiniger so in Sorge zu sehen. Jeder Angriff schürte unsere Hoffnungen, dass der Krieg zu Ende geht und wir gerettet werden.

Gegen Ende März 1945 wurden die Angriffe häufiger und die Deutschen eilten schneller zu den Unterständen. Uns freute besonders, wenn wir beobachteten, dass unsere Wachen, alles andere als tapfere Soldaten, sich in einem panischen Zustand befanden. Wir, die wir immer dem Terror ausgesetzt waren, hatten nicht so große Angst. Wenigstens versuchten wir, uns das einzureden, aber wenn wir die Sirenen hörten und die bedrohlichen Flugzeuge über uns sahen, beschleunigte sich unser Herzschlag. Ich versuchte, in Erzsikes Nähe zu bleiben, denn das Zusammensein gab uns ein psychologisches Schutzgefühl.

Das Leben war überall schwer, im Lager und in der Fabrik. Um zu überleben, mussten wir uns den neuen Verhältnissen anpassen. Das nächste Kapitel wird einige unserer Überlebensstrategien und unser System zur gegenseitigen Unterstützung zeigen.

7. Die inoffizielle Struktur des Lagers und unser geistiger Zustand

EINER LEISTET WIDERSTAND MIT DEM GEWEHR, EIN ANDERER MIT SEINER SEELE

In Markkleeberg, genau wie in anderen Nazi-Lagern, herrschte Terror für Körper und Seele. Um zu überleben, musste eine Gefangene, die in diese Welt gedrängt worden war, bezüglich ihrer inneren Werte Kompromisse eingehen und manche der fundamentalen moralischen Prinzipien einer normalen Gesellschaft ablegen. Wir haben diesem Prozess widerstanden und haben tapfer versucht, an unserer Persönlichkeit, unserer inneren Würde und an grundlegenden ethischen Standards festzuhalten.

Wir haben unsere Seele und unsere Menschlichkeit durch kulturelle Bereicherungen – wie Singen, Austausch von Rezepten, Basteln und Verteilen von kleinen Geschenken – und durch gegenseitige Hilfe zum Überleben behalten. Wir waren durch eine gemeinsame Haltung gegen die deutschen Peiniger verbunden, die wir manchmal in Witzen oder einem Lied von mächtigen Mördern in ordinäre, dumme Kreaturen verwandelten. Die Gedichte, besonders die humorvollen, die Mädchen über das Leben im Lager geschrieben hatten, trugen zum Zusammenhalt und zum Ausdruck eines gemeinsamen Schicksals bei. Es war Kameradschaft, die uns moralisch half, besonders wenn wir nicht körperlich litten und uns selbst ein bisschen besser fühlen konnten. Die selbstsüchtigen und grausamen Handlungen der Aufseher von jüdischen Lagern und anderen erbarmungslosen Personen wurden durch unvergessliche Gesten von selbstlosem Beistand und Solidarität von anderen Gefangenen, die wir in unserem Überlebenskampf miterlebt haben, ausgeglichen. Forschungen über den Holocaust beinhalten die Untersuchung des Bösen, jedoch dokumentieren sie auch menschlichen Mut, der eine Tür von Hoffnung für die Menschlichkeit öffnet. Diese Grenze zwischen Böswilligkeit und Güte, die beide gleichzeitig existierten, war die Grundlage des sogenannten „Konzentrationslagersyndroms", welches sowohl von Psychologen als auch von Überlebenden beschrieben wurde.

Beten, Singen und andere Ausdrucksweisen des Strebens nach Hoffnung und Liebe waren wichtige Gruppenaktivitäten, welche gegen Entmenschlichung halfen. Sozialwissenschaftler nehmen an: Je zerstörerischer die Umgebung ist, desto mehr hängt das Überleben von solch gegenseitiger Hilfe und Kooperation ab.[141] Nechama Tec kommt in ihrer Forschung zu dem Schluss, dass „in Zeiten des Umbruchs, beim Zerfall der traditionellen Gesellschaft, Kooperation und gegenseitiger Schutz größere Chancen zum Überleben bieten als Kampfeslust."[142]

DIE INOFFIZIELLE STRUKTUR DES LAGERS – BINDUNGEN

Die Vielfalt der sozialen Klassen im Lager hatte die Bildung einer heterogenen Gesellschaft, die in eine Anzahl von Gruppen geteilt war, zur Folge. Diese Gruppen wurden gebildet, nachdem das Nazi-Regime zwar Familien und Gemeinschaften zerstört hatte, jedoch nicht die zwischenmenschlichen Beziehungen ihrer Opfer. Enge Freundschaften und Verbindungen zur gegenseitigen Hilfe existierten in vielen verschiedenen Formen.

Das Trauma im Lager war sowohl persönlich als auch gemeinschaftlich, deshalb strebten wir Unterstützung in Form von kleinen befreundeten Gruppen an. Die Häftlinge in Markkleeberg, genau wie in anderen Lagern, schufen hilfreiche Beziehungen untereinander. Soziale Bindung – die Bildung von Ersatz-Familien zur gegenseitigen Unterstützung und Fürsorge – dienten als wichtiger Schutzmechanismus. Einfach durch das Zusammensein und dadurch, dass wir Leidensgenossen waren, gelang es uns, ein Klima der Freiheit, Würde und Hilfe zu erschaffen.

Die wichtigste Aufgabe der Lager-Familien war es, gegenseitige Hilfe zu leisten. Dies befriedigte das Bedürfnis nach Verbundenheit und bot emotionale Hilfe im Widerstand gegen das Elend in den Lagern. Einsamkeit bot keinen Schutz vor Gewalt und Hoffnungslosigkeit. Während die Tage vergingen, arbeiteten wir, ruhten uns aus, hofften und erlagen der Verzweiflung.

Es war eine Binsenweisheit der Erfahrung im Konzentrationslager, „dass man allein nicht überleben konnte". Die meisten Lager hatten inoffizielle Hilfsgruppen, aber nicht alle Gefangenen hatten Zugang zu diesen. Manchen fehlte die Gelegenheit, sich ihnen anzuschließen, anderen der Wille;

141 Klein, „The Survivors Search for Meaning and Identity", S. 546.

142 Tec, Resilence and Courage, S. 354.

noch anderen fehlte beides. Jene, die sich selbst aufgrund von Schüchternheit, dem Fehlen von sozialen Fähigkeiten oder irgendwelchen anderen Gründen distanziert hielten, hatten es schwerer, dem Druck im Lager zu widerstehen.

Keine Freunde, Vertraute oder helfende Gruppe zu haben, um die Trauer zu teilen und die Stimmung zu heben, brachte die Person eher an den Rand der Verzweiflung. Viele Gefangene passierte dies sogar trotz Hilfe, aber ohne diese hatten sie nur eine sehr geringe Chance.

Nach der Befreiung stimmten wir alle darin überein, dass ohne die Hilfe von engen Freunden oder der Familie – Erzsike in meinem Fall – nur wenige von uns die Freiheit erlebt hätten.

LAGER-SCHWESTERN UND LAGER-FAMILIEN

Der Begriff „Lager-Schwestern" wurde von Frauen in den Konzentrationslagern geprägt. Mädchen, die nach der Selektion alleine zurückblieben, suchten Hilfe und Gesellschaft von anderen. Sie schlossen sich einer Gruppe oder einem anderen Mädchen an und bildeten Beziehungen oder Lager-Familien, die zur Quelle von gegenseitigem Beistand und Stärke wurden. Eugen Kogon, ein früherer Gefangener, machte darauf aufmerksam, dass eine Mitgliedschaft in einer derartigen Gruppe die wohl schönste Erfahrung in einem Konzentrationslager war.[143]

Frauen, die vollkommen auf sich gestellt waren, versuchten, sich jenen anzuschließen, mit denen sie etwas gemeinsam hatten, zum Beispiel Leute derselben Stadt oder aus einer Nachbarregion. Sie bildeten eine Ersatz-Familie.

Lager-Schwestern waren möglicherweise Klassenkameraden oder hatten irgendwelche anderen sozialen Gemeinsamkeiten. Mädchen, wie beispielsweise Barbara Klein Stark und Magda Schön Hilf, die beide aus der gleichen Gegend kamen, blieben nach der Selektion alleine zurück und wurden treue Freundinnen oder Lager-Schwestern. In der vergänglichen und unberechenbaren Welt des Konzentrationslagers war Freundschaft die einzige Sache, auf die man wirklich zählen konnte. Die Freundschaft zwischen Barbara und Magda existiert, so wie die zwischen vielen anderen Lager-Schwestern, auch

143 Eugen Kogon, The Theory and Practice of Hell, übersetzt von Heinz Norden, New York, Berkeley Books, 1980, S. 314.

heute noch. Beide gründeten ihre eigenen Familien und haben Kinder und Enkelkinder, doch ihre enge Freundschaft dient immer noch als Ersatz für eine Großfamilie ihrer eigenen Generation, die den Überlebenden des Holocaust fehlt.

Viele Male gesellte sich ein Mädchen zu einem anderen, um Lager-Schwestern zu sein, einfach wegen persönlicher Vorlieben. Wenn man mit jemandem redete, konnte man sehr oft fühlen, ob sie zu einem selbst passte. Frauen in der gleichen Baracke oder in dem gleichen Arbeitskommando bildeten ebenfalls Freundschaften und taten sich zusammen, um sich gegenseitig zu helfen. Sie gewannen aus der menschlichen Verbindung Hoffnung und Kameradschaft.

Größere Einheiten zum gegenseitigen Beistand wurden auf der Basis der traditionellen Familie gebildet. Die Literatur beschreibt diese Beziehungen als Bonding Gruppen oder als Lager- oder Ersatz-Familien. Lager-Familien konnten aus nur zwei oder sogar sieben oder acht Mädchen bestehen; aber normalerweise waren es drei bis fünf Personen. Frauen einer Lager-Familie teilten nicht nur Kameradschaft, sondern auch Erinnerungen, Hoffnungen und Lieder. Um Freundschaften aufzubauen, suchten die Gefangenen erst nach Mädchen aus der eigenen Stadt oder den umliegenden Gebieten, die ihnen nach den Eltern am nächsten standen. Marie Politzer Kaufman kam mit Mädchen aus Papa, ihrer Heimatstadt, an. Sie standen beim Appell beieinander, schliefen im selben Raum und trafen alle erdenklichen Vorkehrungen gegen eine mögliche Trennung. Sie beschützten und pflegten sich gegenseitig, wenn sie krank wurden. Wie viele Lager-Familien teilten sie den Vorteil ihrer Kameradschaft mit wenigen Außenseitern.

Im Umfeld des Konzentrationslagers wurden die meisten sozialen Unterschiede, die vor dem Krieg existiert hatten, ausgelöscht. Doch bei Frauen aus derselben Stadt, „Landsmännern", die einander kannten, existierte weiterhin der Respekt gegenüber einer Person. Die Zugehörigkeit zu einer Gruppe von vertrauten Mädchen war eine Quelle der Stärke, die dem Individuum erlaubte, ein Gefühl für das eigene Selbstbild und auch für die Identitat vor dem Krieg beizubehalten.

Mädchen aus Abaújszántó, meiner Heimatstadt, fanden auch Freunde aus derselben Region. Eva Rosenberg Eichler verlor ihre Mutter und ihre Schwester während der ersten Selektion in Auschwitz. Dann traf sie Klára Spitz Snitzler, die ebenfalls alleine war und die sie noch von der Mittelschule kannte. Eva und Klára unterstützten einander moralisch und physisch in ihrem Alltagsleben. Ihre Freundschaft vertiefte sich während ihres Lebens in Israel.

Margit Lang Stein und Márta Weisz Paran blieben ebenfalls zusammen. Sie waren Freundinnen, gehörten aber auch der größeren Gruppe von Mädchen aus unserer Stadt und deren Umgebung an, die einander unterstützten.

Da waren außerdem Ilona Roth und die Geschwister Hartmann, Hava Hartmann Kleinberg und Miriam Hartmann Carmi.[144] Diejenigen, die uns am nächsten standen, waren Klára Spitz Snitzler und Elza Reich Szamosi. Sie waren unsere Vertrauten, an die wir uns wenden konnten, wenn wir Hilfe oder einen Rat benötigten.

Da wir uns schon aus der Zeit vor den Lagern kannten, konnten wir ein bisschen von der Herzlichkeit und Gastfreundschaft beibehalten, die wir von zu Hause gewohnt waren. Nur ein Beispiel von einem winterlichen Januartag 1945: Elza Reich Szamosi erhielt wie durch ein Wunder von einem deutschen Zivilarbeiter in der Fabrik einen Apfel. Der Apfel war ein besonderer Leckerbissen, denn wir bekamen im Lager kein frisches Obst. Elza hätte das köstliche Geschenk einfach allein essen können, aber sie hob es auf. Als wir in die Baracken zurückkehrten, versammelte sie uns sechs aus Abaújszántó. Sie borgte sich ein Messer und schnitt den Apfel in sechs dünne Scheiben, sodass jeder von uns ein Stück davon bekam. Bevor wir ihn probierten, meinte Eva Rosenberg Eichler: „Lasst uns ein Gebet sagen für das Obst, das wir so lange entbehrt haben." Dann fügten wir alle außerdem den Segen „Shehecheyanu" hinzu und dankten Gott, dass wir bis zu diesem Tag überlebt hatten. Unsere Tränen vermischten sich mit dem Apfelstückchen, das uns an zu Hause erinnerte.

Gegenseitige Unterstützung war lebensnotwendig, besonders wenn jemand krank war. Ohne Freunde, die sich um einen kümmerten und einen manchmal schützten, konnte eine Krankheit tödlich sein in einer Welt, in der man nur das Recht hatte zu leben, wenn man arbeitete. „Lager-Schwestern" entstanden ebenfalls aus neuen Bekanntschaften, die wir in den Baracken schlossen. Hier verbrachten wir unsere wenige freie Zeit und standen nicht so sehr unter der Aufsicht der SS. Wir fanden auch bei der Arbeit neue Freunde oder wenn wir zusammen in einer Reihe standen. Ich fühlte ein bisschen von dieser Kameradschaft, als wir 1998 zur Gedenkstätte im Lager Markkleeberg zurückkehrten. Wir, die Überlebenden, waren wieder zusammen in unserer besonderen Situation. Wir hatten ein Ziel: eine Gemeinschaft zu sein wie im Lager und nicht miteinander zu konkurrieren. Später, auf dem Flughafen, flog jede von uns zu einem anderen Ziel und wir fühlten uns erneut allein in einer neuen Lebenssituation und an neuen Orten.

Nicht alle aus einem Ort waren enge Freunde. Abgesehen davon, dass man aus demselben Land stammte, hing Freundschaft nach wie vor vom bisherigen

144 Um bei ihrer Cousine bleiben zu können, änderte Ilona Roth ihren Namen von Roth zu Frankfurt, was so auch in den Markkleeberger Transportlisten steht. Ilona überlebte, ihre Cousine Ica Frankfurter jedoch starb in Bergen-Belsen im Oktober 1944 an Typhus. Interview mit George Frankfurter, dem Bruder von Ica Frankfurter.

sozialen Status ab. Bella Spitz, die Lagerälteste, kam aus Sárospatak, aber sie hatte keine besondere Verbindung zu Lenke Schwarz Fine, die aus derselben Stadt stammte. Anders als Bella gehörte Lenke zur orthodoxen Gemeinde. Neben der Religion gab es noch immer den Unterschied der gesellschaftlichen Herkunft. Bellas Gehilfin und gute Freundin Erzsébet Iczkovits, auch aus Sárospatak stammend, war die Ehefrau eines Anwalts und hatte auch keine Beziehung zu Lenke. Vielleicht hätte es Lenke etwas einfacher mit Frau Iczkovits gehabt, wenn sie etwas gebraucht hätte, einfach weil beide aus derselben Stadt stammten.

Die Deutschen machten uns zu Sklaven ohne Unterschiede, aber wir wussten, wer wir waren. Wir respektierten noch immer frühere Adelige und hochgestellte Personen, vorausgesetzt, dass die Person ein anständiger Mensch war und eine freundliche Persönlichkeit hatte. Erzsébet, die wohlhabende Ehefrau eines Arztes aus Kosice, welche wir die „Doktor néni" (Arztfrau) nannten, war sympathisch und unterstützte uns. Sie gab nützliche Ratschläge und half uns, die Lage zu meistern. Erzsébet fürchtete sich davor zu erzählen, wer sie zu Hause gewesen war, weil die Deutschen besonders unbarmherzig zu früher Wohlhabenden waren. Ungeachtet der früheren Position und des wirtschaftlichen Status traten Persönlichkeiten im Lager klar hervor. Man konnte spüren, woher jemand kam, welcher Wirtschafts- und Bildungsschicht er angehörte.

Kameradschaft konnte auch entstehen, wenn die Gefangenen mit einem Transport ankamen oder wenn sie in demselben Raum oder als Bettnachbarn untergebracht wurden. Durch diese etwas zwanglos entstandenen Verbindungen hoben sie sich von anderen Gefangenen ab.

FAMILIENBANDE

Wir alle waren mit unseren Familien eng verbunden. Man konnte andere Freunde und Bekannte haben, aber für den Einzelnen zählte hauptsächlich die Familie, so wie es Erzsike für mich war. Sie war letztendlich diejenige, die für mich von Bedeutung war. Treue und Verantwortungsbewusstsein für Familienmitglieder sind grundlegende jüdische Werte. Die engen familiären Bindungen zwischen den Frauen unserer kleinen europäischen Städte bestanden im Lager weiterhin. Sie waren der Grund für Fürsorge und Pflege. Es gab einige Ausnahmen, aber größtenteils sorgten wir füreinander und blieben unserer Erziehung treu. Die Kultur und Bildung, die wir erhalten hatten, bewahrten wir auch im Lager. „Du bist, was du von zu Hause mitbringst", wiederholten die Frauen während meiner Interviews, und ich kannte es auch aus meinen eigenen Erfahrungen. Familienmitglieder würden ihre eigene Sicherheit riskieren, um ihre kranken Verwandten aus dem Revier zu holen und sie vor einer Selektion zu retten. Die Liebe, Wärme und Unterstützung, die wir von zu Hause kannten, half uns in den schwierigsten Zeiten. Sogar unser Wunsch, am Leben zu bleiben, war verbunden mit dem Zusammensein und dem Vertrauen auf eine wiedervereinigte Familie. Die gegenseitige Hilfe und die oberste Priorität der Familie waren wichtige Eigenschaften der jüdischen Kultur vor dem Holocaust, die uns vor der rauen Außenwelt schützten, aber sie konnten manchmal auch ein Hindernis sein. Treue und Verantwortungsbewusstsein für ihre Familienmitglieder verhinderten, dass viele Juden flohen, um ihr Leben zu retten. Das war in unserer Familie der Fall, als meine Mutter das Angebot für eine Flucht ausschlug.

Weil sich unsere Träume darum drehten, befreit zu werden, nach Hause zu kommen und unsere Familienmitglieder wiederzusehen, verschlossen wir uns oft vor der Wirklichkeit: Wir konnten nicht mit der Möglichkeit umgehen, dass unsere Eltern in Auschwitz gestorben sein könnten. Unsere Träume konzentrierten sich darauf, sie wiederzusehen. Auch heute noch handle ich in vielen Situationen so, wie es meinen Eltern und Großeltern gefallen würde, auch wenn ich mir ihres tragischen Schicksals völlig bewusst bin. Ich hoffe, dass ich durch meine Arbeit zur Geschichte Markkleebergs einen Einblick in die Welt meiner Eltern schaffen kann, in ihre Werte und Traditionen, die sich in unseren Handlungen im Lager zeigten.

Auch wenn der Trost meiner Mutter fehlte, hatte ich doch meine Schwester Erzsike, die mein früheres Leben verkörperte. Wir beschützten und unterstützten uns gegenseitig mit all unserer verbliebenen Kraft und unserer grenzenlosen Liebe. Dass wir einander hatten, gab mir Hoffnung für die Zukunft und meinem Leben einen Sinn. Unsere Verbundenheit zog aber auch einigen Kummer nach sich. An einem Tag, bevor wir der Arbeit in der Fabrik zugeteilt wurden, brauchten sie einhundert Mädchen für eine bestimmte Arbeit. Erzsike war Nummer 100, und ich war die Nummer 101. Wir konnten nichts dagegen tun, getrennt zu werden, der SS-Wachmann stand dort. Ich sah, wie Erzsike mit der Gruppe weggeführt wurde. Die Blockälteste und meine Freunde versicherten mir, dass Erzsike zurückkommen würde, aber ich wusste, dass man im Lager nie sicher sein konnte, wohin eine Gruppe gebracht wurde. An diesem Tag schien die Zeit überhaupt nicht zu vergehen. Als Erzsike am Abend zurückkehrte, wurde mir der Sinn meines Lebens zurückgegeben.

Hunger, Kälte und die jämmerlichen Zustände im Lager trafen mich weniger und hinterließen weniger emotionale Spuren als die Angst vor einer Trennung und meine Sorge um das körperliche Wohlergehen meiner Schwester. Wir waren Kinder aus liebevollen und beschützten Familien, die sich plötzlich in eine seltsame und grausame Welt versetzt fanden. Wir mussten einander vertrauen, um zu überleben. Nach unserer Befreiung sagte unser Nachbar, Herr Rezsö Friedman in Abaújszántó, als er sah, wie nah wir uns standen: „Eure Eltern haben euch gute Wegzehrung mitgegeben." Es tat so gut, das zu hören. Wir Überlebenden glauben fest daran, dass das Zusammensein mit Freunden und Familienmitgliedern unser Leben im Lager rettete. Ich bin sicher, dass ich ohne die selbstlose Zuneigung meiner Schwester, ihre optimistische Einstellung und ihre herzliche Art nicht überlebt hätte. Diese schwesterliche Zuneigung und emotionale Unterstützung existiert zwischen uns bis heute.

Das Schicksal und die Selektionen brachten Verwandte als eine familiäre Gemeinschaft zusammen. Manchmal blieb ein Mädchen bei ihrer Tante oder ihren Cousinen. Lenke Rosenberg, ihre zwei Schwestern und ihre zwei Cousinen waren zu fünft eine Gemeinschaft. Sie blieben beim Appell zusammen und unterstützten sich, indem sie ihr Brot und ihre Sorgen teilten. Geschäfte, sozialer Stand und Konkurrenz, die vor dem Krieg dafür gesorgt haben konnten, dass sich Verwandte voneinander entfernen, waren Faktoren, die durch Charaktereigenschaften und familiäre Zuneigung ersetzt wurden.

GEBURTSTAGE IM LAGER

Ein Geburtstag war ein emotionales Ereignis, eine Art Erinnern an unser früheres Leben. Als sich die Situation in Markkleeberg ein wenig verbesserte, begannen wir langsam, unsere Gefühle wieder zu äußern. Geburtstage zu Hause vor dem Krieg waren bescheiden, verglichen mit heutigen Partys und Geschenken. Ein Geburtstag war mehr eine private Angelegenheit. Wir bekamen einen Kuss und eine Umarmung von Mutter und Großmutter, und vielleicht zog uns eine Freundin oder eine Schwester mal liebevoll am Ohr. Im Lager wurden Geburtstage ein besonderer Ausdruck von Nähe und Verbundenheit. Wir erinnerten uns an zu Hause, an Freunde und Familie, was unsere Stimmung hob.

Für meinen Geburtstag versteckte Erzsike heimlich ihr Brot und schnitzte daraus eine kleine Puppe. Sie verwendete ein wenig Zucker, um der Puppe ein Gesicht zu geben und diesem Ausdruck zu verleihen. Mein Geburtstag, der 19. Januar, fiel auf einen kalten, aber sonnigen Freitag des Jahres 1945. Das Wetter passte zum Leuchten in Erzsikes Gesicht, als sie mir die Puppe an diesem Morgen schenkte. Ich war so berührt, dass ich weinte. Auf dem Weg zur Arbeit schauten wir uns an und wussten, dass wir auf den Flügeln der Fantasie zu Hause waren, und nach den liebevollen Gesichtern unserer Eltern und Großeltern suchten. Ich erinnerte mich an Mici, meine Katze, und ich spürte, wie sie schnurrte und sich an meinem Knöchel rieb. Wir bewahrten die winzige Brotpuppe bis Freitagabend auf, als wir feierten. Wir mischten Zucker und Margarine, um einen besonderen Brotaufstrich herzustellen. Er sah aus wie eine Creme und wir aßen alles einschließlich der Puppe, wie auf einer fröhlichen Feier. Jetzt erinnere ich mich jedes Mal an die kleine Puppe aus Brot in Markkleeberg, wenn ich meine Geburtstagskarte und den Blumenstrauß betrachte, die meine Schwester mir jedes Jahr schickt.

Mir tat es leid, dass ich nichts zu Erzsikes Geburtstag am 24. November 1944 organisieren konnte. Wir waren damals noch in Bergen-Belsen, und unsere Gemütsverfassung war so schlecht, dass wir nicht einmal wussten, welcher Tag war. Die Deutschen hatten beinahe Erfolg mit ihrer Methode, zuerst die Seele und danach das Leben ihrer Gefangenen zu vernichten. Erzsike und ich schleppten uns zum Appell, dann warteten wir entweder, dass der Regen aufhörte oder auf die nächste Essensausgabe. Während der ersten Tage in Auschwitz empfanden wir lebhaft die Vergangenheit, aber zu der Zeit, als wir nach Bergen-Belsen kamen, lebten wir in der Gegenwart. Unsere Wahrnehmung verlangsamte sich und Erinnerungen wurden schwächer. Es gab Zeiten, in denen unsere Seelen aufhörten, etwas zu fühlen. Alles, was menschlich war, begann langsam zu verschwinden. Nur der Hunger, dieser starke Drang, ließ sich nicht betäuben. Hungern und die beständige Angst verwandelten uns in roboterähnliche Wesen, welche nur auf die Befehle der Deutschen warten und reagieren konnten. In Markkleeberg sah Erzsike das Datum meines Geburtstages auf dem Kalender auf ihrem Arbeitsplatz.

KULTURELLE UNTERSCHIEDE

Die Mädchen in Markkleeberg kamen aus verschiedenen Regionen in Ungarn – aus großen Städten und winzigen Dörfern – und waren unterschiedlicher Herkunft. Sie waren Kinder oder Frauen von wohlhabenden Händlern, Landbesitzern, Anwälten, Ärzten, kirchlichen Würdenträgern, Handwerkern, kleinen Ladenbesitzern oder mittellosen Arbeitern. Manche hatten einen konservativen kleinstädtischen Charakter und eine fromme Hingabe an Religion und Tradition. Andere waren moderner. Sie besaßen eine ganz unterschiedliche kulturelle Herkunft, Bildung und Mentalität, waren Künstler und Konvertiten. Manche hatten schon eine Familie, andere waren unverheiratete Erwachsene oder Jugendliche wie ich und meine Schwester. Die meisten sprachen Ungarisch und waren in der ungarischen Sprache und Literatur verwurzelt. Auch Mädchen aus den ungarischen Grenzgebieten, die fest in jüdischem Brauchtum und jüdischer Tradition verankert waren, gab es unter uns. Viele lebten im Gebiet Máramaros oder Maramures in den Karpaten, einer Bergregion, die sich von der Nordslowakei bis nach Zentalrumänien erstreckt. Vor dem Zweiten Weltkrieg lebte dort eine große, traditionell jüdische Bevölkerungsgruppe und es war ein Zentrum religiösen jüdischen Lebens. Die Juden aus den Karpaten pflegten eine konservative Kultur und viele waren Anhänger chassidischer Rabbis. Es gab Spannungen zwischen denen, die im Gebiet von Máramaros wohnten, und denen im zentralen und westlichen Ungarn. Rachel Berkovics Zolf erwähnte in ihrer Zeugenaussage in Yad Vashem, dass Frauen aus den ursprünglichen ungarischen Gebieten jene aus den Karpaten nicht mochten.[145] Obwohl es einige wohlhabende Juden in Máramaros gab, waren viele arm und arbeiteten in der Landwirtschaft. Sie hatten den Ruf, ungebildet bezüglich ungarischer Kultur zu sein und unehrliche Geschäfte zu machen.

Im Lager begegneten wir den Mädchen aus Máramaros von Angesicht zu Angesicht. Man sagte von ihnen, sie seien arrogant, laut und aggressiv. Die Frauen, die aus Zentralungarn kamen, fanden sie merkwürdig oder fremdartig, teilweise auch deshalb, weil sie nicht gut Ungarisch sprachen, sondern Jiddisch, was die Ungarn gewöhnlich nicht sprachen. Unter den alten Ungarn im heutigen Israel würde man sagen, wenn jemand allzu kraftvoll und unzuverlässig ist: „Was erwartest du? Er ist aus Máramaros."

Den Namen Máramaros zu benutzen war ein Ausdruck früherer Vorurteile, die auf ökonomischen, kulturellen und religiösen Unterschieden

145 Zeugenaussage von Rachel Berkovics Zolf, Yad-Vashem-Akte 03/3676, Mai 1973, S. 10.

basierten. Die Autorin Erzsébet Rab versuchte zu verstehen, warum die Frauen aus Máramaros anders wären als die echten Ungarinnen. „Vielleicht weil sie unter harten ökonomischen Bedingungen aufwuchsen, könnten sie das Elend besser als die anderen aushalten“, begründete sie.[146]

Viele Blockälteste und deren Helfer, die Essenskommandos (diejenigen, die die Behälter mit Essen trugen) und einige Küchenmitarbeiter, waren aus Máramaros.[147] Die einfallsreichen und frechen Mädchen von Máramaros schauten auf die anderen herab und nannten sie sarkastisch mamelandi (die aus dem Mutterland, dem Gebiet, das immer zu Ungarn gehörte).

Obwohl Unterschiede im Lager deutlich wurden, waren die Vorurteile gering und wurden nur von einigen Frauen benutzt. Bei der Befragung von Überlebenden aus Máramaros und aus Zentralungarn erlebte ich wenig Bitterkeit und Probleme mit zwischenmenschlichen Vorurteilen wurden nicht genannt. Überbelegung, Verzweiflung, Hunger, das Sterben überall und der Kampf ums Überleben ließen manche Menschen in jeder Gruppe hart, ungeduldig und tyrannisch werden. Egal, aus welchem Teil Ungarns man kam, die Mehrheit der Zeugen beschreiben Solidarität, gegenseitige Hilfe, Freundschaft und Opferbereitschaft.

DIE WELT VOR UNSEREN GEFÄNGNISMAUERN

Wir waren überrascht, dass die Welt immer noch existierte, während für uns ein persönliches Erdbeben alles, was uns lieb war, zerstörte. Schmerzhaft entdeckten wir, während wir so viel erlitten, ohne etwas Falsches getan zu haben, dass sich die Erde weiterdrehte und Menschen ruhig und friedlich weiterlebten. Manchmal, wenn sich die Sicht gebessert hatte, schaute ich über den Eingang des Lagers auf die kleinen Häuser mit ihren roten Dächern in der Ferne, die unserem früheren Zuhause ähnelten. Ich stellte mir vor, wie glückliche Menschen dort ein normales Leben führten. Die Sicht auf die fernen Privathäuser war mein Kontakt zur Außenwelt und zur Stadt Markkleeberg.

Etwas entfernt von diesen Häusern standen Mehrfamilienhäuser, ihre Fenster und Balkone konnte man vom Lager aus sehen. An Freitagabenden, wenn ich nach dem Appell nicht so müde war, schaute ich auf die beleuch-

146 Ebenda, S. 277 f.

147 Rab, És Nem Verik, S. 287 f.

teten Fenster der deutschen Einwohner. Die Lichter erinnerten mich an die Sabbatkerzen am Freitagabend. Ich beneidete diese Familien, die in Frieden in ihren Häusern lebten, während wir, die Ausgestoßenen, hinter Stacheldraht gefangen waren und uns in ständiger Furcht vor der SS und ihren nächsten lebensbedrohlichen Befehlen befanden.

Manchmal schloss ich meine Augen und stellte mir vor, dass sich unsere Eltern zu Hause Sorgen um uns machten. Es war nach dem Krieg sehr schwer, die Realität zu begreifen und zu wissen, dass wir weder eine Familie noch ein Zuhause hatten. Wir waren ja kaum den Kinderschuhen entwachsen und konnten die Situation in ihrer Tragweite nicht erfassen.

Wir waren hinter Stacheldraht gefangen, sahen uns selber aber nicht als Gefangene. Gefangene waren unserer Meinung nach Kriminelle und die, die gegen die Gesetze verstießen, was wir nicht taten. Selbst jetzt, beim Schreiben über uns als Gefangene, habe ich immer noch diese unangenehme, verletzende Vorstellung. In Wirklichkeit wurden wir schlechter als die meisten Häftlinge behandelt, weil diese gewöhnlich Rechte und Privilegien hatten. Einige der älteren Frauen erkannten schmerzhaft unsere jämmerliche Situation.

Erzsébet Frank bezweifelte, dass wir je wieder frei sein würden, jemals wieder in frischbezogenen Betten schlafen und Essen, abgesehen von Suppe, bekommen würden. Ihre Tränen flossen häufig, wenn sie die Zivilisten in der Fabrik sah, die frei und heiter ihrer Arbeit nachgingen.[148]

VERSCHIEDENE ARTEN DER BEWÄLTIGUNG

Viele Faktoren beeinflussten das Überleben, aber nur wenige unterlagen der Kontrolle des einzelnen Gefangenen. Ein bisschen Wachsamkeit, Entschlossenheit und viel Glück waren nötig, um gegen alle Widerstände in einem Konzentrationslager zu überleben. Die Persönlichkeit des Gefangenen, seine Anpassungsfähigkeit und verschiedenartige Bewältigungsstrategien spielten im Lagerleben eine Rolle. Diese Fähigkeiten wurden durch frühere Erlebnisse, Bildung und emotionale Bindungen innerhalb der Familie herausgebildet. Was uns am meisten geholfen hat, zurechtzukommen, war der Selbsterhaltungstrieb, der jedem Menschen innewohnt. Wir bauten eine Welt aus

148 Frank, 365 Nap, S. 83.

Illusion und stellten uns vor, dass nach dem Krieg alles so wäre wie zuvor. Das war nicht logisch, aber unser Talent, die Realität zu leugnen, half uns im Lager. Wenn ich meine Augen schloss, konnte ich mich aus meiner Umgebung entfernen. Ich dachte über die wunderbaren Dinge nach, die es früher gegeben hatte und die es nach dem Krieg wieder geben würde.

In unserer Freizeit spielten wir ein Buchstabenspiel, um trübe Gedanken und den Hunger zu vertreiben. Ein Mädchen sagte einen Buchstaben und daraus bildeten wir Namen von Städten, Bergen, Schauspielern, Theaterstücken oder von berühmten Persönlichkeiten. Dieses Gedächtnistraining förderte die Konzentration und war eine Ablenkung von den uns umgebenden Ereignissen. Elisabeth Winkler Engel, die eine Aufgabe brauchte, markierte das Datum jedes Tages, der verstrich. Für sie war es wichtig, das Gefühl für die Zeit nicht zu verlieren. In der Fabrik gab es eine begrenzte Menge Papier und sie tauschte ihr Brot gegen einen Stift. Elisabeth wusste ganz genau, wann sie Auschwitz und Bergen-Belsen verlassen hatte. So markierte sie in ihrem Kalender auch die bedeutenden Ereignisse im Lager. Wenn sie während der Durchsuchungen ihre Notizen wegwerfen musste, prägte sie sich den Inhalt ein. Danach begann sie erneut; irgendwie trieb sie wieder Papier auf. Dies gab ihr das Gefühl, lebendig zu sein. Nach der Befreiung hatte Elisabeth kein Problem, sich an Daten ihres Lagerlebens zu erinnern. Wie Elisabeth Winkler Engel gab es noch andere, die darin Halt fanden, das Datum zu wissen.

REZEPTE WEITERGEBEN UND DIE KUNST DER HAUSHALTSFÜHRUNG

Unsere Gedanken kreisten immer um Essen. Erschöpft, frierend und hungrig sprachen wir über die Gerichte, nach denen wir uns sehnten, und über Abendessen in der Familie, an die wir uns erinnerten. Hausfrauen beschrieben Essen, das sie zubereitet hatten und zubereiten würden. Die Frauen kochten mit Worten, um Erinnerungen an ihre Heimat wachzuhalten, um den Hunger zu betäuben und um ihren Mitgefangenen, wie Rochelle Saidel es formulierte, „Nervennahrung im wahrsten Sinne des Wortes" zu geben.[149]

Verheiratete Frauen stellten sich vor, sie wären zu Hause in ihrer Küche, wo sie für ihre Familie kochten. Für ihren Mann, der irgendwo in der Ukraine

149 Saidel, Jewish Women of Ravensbrück, S. 54.

war, bereitete Elisabeth Stein Székley geschmortes Huhn mit Paprika, das Lieblingsessen von uns allen. Frida, eine andere Hausfrau, machte für ihre kleine Tochter, von der sie in Auschwitz getrennt worden war, einen Apfelstrudel (almás rétes) mit Äpfeln aus ihrer Speisekammer, wo sie alles aufbewahrte, was sie für das kommende Jahr eingeweckt hatte. Andere erinnerten sich, wie sie Pilzsoße mit Rahm zubereiteten oder sie diskutierten die Anzahl der Eier, die man für einen Schokoladenkuchen benötigt.

Manche erklärten die Rezepte für die schmackhaftesten, kalorienreichsten Gerichte, wie Mousse, Pfannkuchen gefüllt mit Walnüssen (dijos-palacsinta), Torten oder ausgefallene Kuchen, alle garniert mit Schlagsahne oder Schokolade. Lokale Varianten der Zubereitung spiegelten oft unterschiedliche geografische Regionen wider. Wenn Frauen ähnliche Erinnerungen an das Zubereiten und Servieren einer Speise hatten, waren sie vermutlich aus fast dem gleichen Gebiet.

Das Reden über das Herstellen bestimmter hausgemachter Gerichte rief bei mir die Erinnerungen an den Haselnusskuchen meiner Mutter hervor (mogyoros tarta). Ich hatte ihr geholfen, die Zutaten zu vermischen, mit der Aussicht, den Rest des Teigs aus der Schüssel vor dem Abwaschen zu bekommen. Mutter war immer großzügig, und im Lager, wo der Appetit vom Hunger geschürt wurde, konnte ich mich lebhaft an diesen besonderen, süßen Geschmack erinnern, manchmal mit einem Gefühl von Erfüllung oder Befriedigung.

Die Rezepte, die diskutiert wurden, riefen den Geschmack des Sabbatmahls in Erinnerung und folgten dem Kalender der jüdischen Feiertage. Zum Beispiel gab es ein Gespräch über ungarischen Strudel zu Shavuot. Obwohl ich nicht wusste, wie er zubereitet wurde, wusste ich, wie er schmeckte. Ich mochte Strudel gefüllt mit gepfeffertem, gebratenem Kohl, aber Erzsike und die anderen bevorzugten ihn süß, mit Äpfeln, Kirschen oder cremigem Hüttenkäse.

Wenn wir über das Kochen und die Erinnerungen an das Essen zu den Feiertagen sprachen, half uns das, besser mit dem Hunger und mit der Sehnsucht nach unseren Eltern, Großeltern und unserem Zuhause zurechtzukommen. Schließlich, wenn unser Appetit auf reichhaltige Speisen abflaute, sprachen wir über einfaches Essen: Suppen, Fleisch, Brot mit Butter und den ungarischen gelben Paprika, den meine Mutter für unser Schulessen zubereitete. Diese Erinnerungen an leichtes Essen erfüllten und befriedigten uns emotional mehr als aufwendige Kuchen und schweres Essen.

Auch diejenigen, die nicht kochten, nannten den anderen Rezepte. Es hatte wahrscheinlich einen positiven psychologischen Effekt, sich über das Kochen auszutauschen, weil es Tradition, Identität und Hoffnung auf die Zukunft widerspiegelte. Der Austausch von Rezepten förderte außerdem Beziehungen, die darauf basierten, dass man Erinnerungen miteinander teilte.

Wenn man Rezepte seiner Mutter, Tante oder Großmutter erwähnte, so verband einen dies auch mit den dazugehörigen Namen – Tante Annas Kartoffelkugel (ein gebackener Auflauf, der einem Soufflé oder Pudding ähnelte) oder Großmutter Rachels Hühnersuppe. Rezepte miteinander zu teilen half den Frauen, ein bisschen von dem Gefühl von „vor dem Krieg" und Hoffnung für ein „nach dem Krieg" zu bewahren. Genauso wie Geschenke, die sie machten, trug es wahrscheinlich dazu bei, ein Gefühl von sich selbst als Frau zu behalten.

Die Gespräche über das Kochen beschworen unser früheres Leben herauf, als wir ein Zuhause und einen Status innerhalb unserer Familien und Gemeinschaften hatten. Wenn wir uns über Essen und das Kochen unterhielten, träumten wir manchmal davon, wie die Dinge nach dem Krieg sein würden und welche Gerichte es bei uns geben würde. Klára Spitz Snitzler fragte, welchen Leckerbissen sie uns nach der Befreiung servieren könnte.

Ich wünschte mir dobos-torta (einen runden, geschichteten Kuchen mit einer Karamelldecke), während Erzsike vom einem Napoleon (ein Gebäck, bestehend aus dünnen Blätterteigschichten gefüllt mit Sahne oder Vanillepudding) träumte.

Kochen in unserer Fantasie wurde zu einer Art Widerstand, der den Mut der Frauengruppen im Konzentrationslager aufrechterhielt. Die Insassen tauschten auch Rezepte mit den französischen Gefangenen aus.

Wenn wir über die gehaltvollen und weniger bekannten Zutaten nachdachten, die uns die Französinnen beschrieben, schienen uns diese wie Nachrichten von einem anderen Stern.

Fähigkeiten der Haushaltsführung, wie etwa das Teilen der Rationen, sodass sie länger reichten, oder das Nähen einer Tasche, um Brot darin aufzubewahren, waren überlebenswichtig.

Es konnte eine lebensrettende Maßnahme im Konzentrationslager sein, einen Gürtel herzustellen, um die Kleidung besser aussehen zu lassen, besonders während der Selektion.

UNTERSCHIEDE IN DER BEWÄLTIGUNG DER SITUATION BEI MÄNNERN UND FRAUEN

Historiker, die sich damit befassten, wie die Insassen die Situation bewältigten und die Lager überlebten, mussten zwischen den Zeilen der Zeugenaussagen der Überlebenden lesen, um zu verstehen, wie die Unterschiede in den Erfahrungen von Männern und Frauen zustande kamen. Das Geschlecht einer Person weist in diesem Zusammenhang darauf hin, wie die erworbene soziale und wirtschaftliche Struktur bestimmte Verhaltensmuster und -normen prägte.

Manche Zurückhaltung der Frau, ihre Unterwürfigkeit und Sittsamkeit, hatte ihre Ursache in der unangemessenen physischen und mentalen Belastung der Frauen in der Gesellschaft vor dem Holocaust. Aber diese sozialen Fähigkeiten halfen ihnen zu überleben. Um den Druck, der auf ihnen lastete, zu lindern und sich gegenseitig zu helfen, waren Frauen praktischer und mitteilungsbedürftiger als Männer. Frauen konnten zu anderen Frauen gehen, wenn sie jemandem ihr Leid klagen wollten, und taten es auch. Sie öffneten sich der anderen und schütteten ihr Herz aus. Freundliche Unterstützung war selbstverständlich, zuverlässig und weit verbreitet im Frauenlager.[150]

In ihrer Rolle der Hausfrau und Betreuungsperson hatten Frauen Fähigkeiten entwickelt, mit denen sie es ein bisschen leichter hatten, die Entbehrungen und die Not im Konzentrationslager zu ertragen. Frauen achteten auch mehr auf die persönliche Hygiene als Männer. Im täglichen Lagerleben waren Frauen ebenfalls erfolgreicher, wenn es galt, Spuren ihres früheren Lebens zu bewahren: Geschenke machen, Rezepte austauschen, allgemeine Fähigkeiten der Erziehung und Haushaltsführung waren Teil der Geschlechterrolle, mit der Frauen aufwuchsen.

Die Überlebensstrategien der Frauen unterscheiden sich ein bisschen von denen der Männer. Es milderte zwar nicht unseren Hunger, wenn wir über Essen sprachen, aber es lenkte uns ab. Wenn Männer über Essen redeten, wurden sie nur noch hungriger, ihnen nützte es zur Bewältigung der Situation also weniger. Männer hatten andererseits mehr Erfahrung mit Handwerk und Handel, was ihnen helfen konnte zu überleben. Das Geschlecht des Menschen kann nicht unabhängig betrachtet werden. Andere Faktoren wie Gesellschaftsschicht, Nationalität, politische Zugehörigkeit, religiöser Glaube, Alter, Gesundheitszustand und auch Glück beeinflussten, wie Frauen den Holocaust erlebten.

150 Tzvetan Todorov, Facing the Extreme: Moral Life in the Concentration Camps, übersetzt aus dem Französischen von Arthur Denner und Abigail Pollak, New York: Metropolitan Books, 1996, S. 77.

Beide Geschlechter empfanden es als Erleichterung, einer Gruppe anzugehören, die sich gegenseitig unterstützte, oder eine solche Gruppe neu zu gründen, um die Lebensqualität zu verbessern. Teil einer solchen Gruppe zu sein, bedeutete eine Art Rettungsleine.

Ich weiß aus den Erinnerungen meines Mannes, der ebenfalls ein Überlebender von Auschwitz und anderen Lagern ist, dass es auch unter Männern sich gegenseitig unterstützende Gruppen gab, auch wenn sie vielleicht nicht so intensiv waren wie bei Frauen. Ein Mann aus einer dieser Gruppen bat meinen Mann, seinen Platz einzunehmen, als er für einen Transport bestimmt wurde, was die Trennung von seinen Freunden bedeutet hätte. Die Arbeit meines Mannes im Lager war sehr hart und weil er ohne Familienangehörige war, willigte er ein, die Plätze zu tauschen.

DIE SILBERHOCHZEIT DES OBERSCHARFÜHRERS

Im November 1944 begingen die Knittels ihre Silberhochzeit. Die Mädchen hatten das herausgefunden und baten Erzsébet Frank, etwas zu Knittels Begrüßung zu schreiben. Erzsébet, die Deutsch konnte, verfasste die folgenden Verse zu der Melodie eines beliebten Kriegsliedes, welches von Lili Marleen handelte und von Marlene Dietrich gesungen wurde.

Vor fünfundzwanzig Jahren
Mitten im November heiratete unser Kommandant.
Wir begehen diesen Feiertag heut',
Und zu Gott, dem Herrn, beten wir,
Ihn zu segnen an diesem Feiertag,
Ihn zu segnen, ihn weiterhin zu segnen,
Ihn zu segnen, ihn weiterhin zu segnen.

Er ist unser Führer und nimmt es ernst,
Zu seinen Gefangenen ist er freundlich und hat ein gutes Herz.
Darum möge er im Glücke leben, in Freude und Behaglichkeit.
Möge er seine Goldene Hochzeit erleben,
Seine Goldene Hochzeit.

Aufrichtig sind unsere Wünsche;
Wir stehen nun hier beim Appell
Und darum bitten wir, ganz bescheiden,
Um ein bisschen mehr Essen, bitte.
So möge er im Glücke leben,
In Freude und Behaglichkeit, möge er
Seine Goldene Hochzeit erleben,
Seine Goldene Hochzeit.

Wir sagen Ihnen jetzt alles
Was wir auf dem Herzen haben:
Bitte weniger Appelle und öfter etwas zu essen.
Mögen Sie im Glücke leben, in Gesundheit und Freude,
Und möge Er Ihre Diamantene Hochzeit segnen,
Ihre Diamantene Hochzeit.

Knittels Hochzeitstag war vor der Ankunft unseres Transports in Markkleeberg, aber Erzsébet Frank beschrieb, wie die Mädchen beim Appell standen und Knittel sagten, dass sie für ihn singen wollten. Ibolya Kail Gabori, die eine Opernstimme besaß, trat hervor und sang solo, während einige Mädchen das Orchester bildeten. Eine war Schlagzeugerin, indem sie auf ihre Essensschüssel schlug. Eine andere spielte eine notdürftige Mundharmonika, und es gab noch jene, die summten und brummten.

Am Anfang war Knittel im Allgemeinen freundlich, daher wagten es Erzsébet Frank und die Mädchen, mit ihm zu reden. Sie hofften, durch diese Freundlichkeit ihr Leben ein bisschen zu vereinfachen. Im Laufe der Zeit, mit der steigenden Anzahl von Häftlingen, steigerte sich Knittels Brutalität. Knittel freute sich über das Lied und die Vorführung, und das Lager erhielt an diesem Tag einen Kübel mit zusätzlichem Essen. Erzsébet Frank besitzt das Lied, dieses Zeichen unseres verwirrten Geisteszustandes, als ihre schmachvollste Erinnerung an das Lager.

FRÜHLING

Als die Blumen in Markkleeberg anfingen zu blühen, erfasste sogar uns im Lager die frühlingshafte Stimmung. Marie Politzer Kaufman und ihre Freunde fanden ein paar Veilchen im Gras. Jede von ihnen brachte eins im Knopfloch ihres Overalls an, um es uns anderen zu zeigen. Als wir von der Nachtschicht zurückkehrten, trafen wir die Mädchen mit den Veilchen am Overall, die zur Tagschicht hinausgingen. Sie verkündeten scherzend, dass sie gerade von der Duna-Promenade in Budapest kämen. Wir waren jung genug, sodass ihr Entzücken unsere Stimmung hob.

UNSER GEISTESZUSTAND

Wir waren nicht in der Lage, uns tiefgründige Gedanken zu machen. In Markkleeberg wurden uns wahrscheinlich keine Beruhigungsmittel ins Essen getan wie in Auschwitz, aber dennoch waren wir nicht in der Verfassung für nüchterne Betrachtungen – besonders im letzten Monat, als die Bombardierung zunahm und unsere Essensrationen sich noch weiter verkleinerten. Wir waren wie Roboter, angetrieben von verzweifelter Hoffnung und Überlebenswillen. Die Mädchen wurden oft vergesslich, gereizt oder teilnahmslos. Unsere unmittelbaren Bedürfnisse waren so groß, dass wir von Verlangen und tierischen Instinkten beherrscht wurden. Wir dachten nur daran, wann wir wieder Essen bekommen und keine Strafen mehr erhalten würden und wann uns ein wenig wärmer sein würde.

Der Schrecken der Lager lag nicht nur darin, dass die Insassen getötet wurden, sondern auch darin, dass wir vor dem Tod nach und nach zugrunde gerichtet wurden. Der sogenannte „Muselmann" war eine Gefangene, deren Lebenslicht am Erlöschen war. Sie gab sich selbst auf und wurde auch von ihren Freunden aufgegeben. Wir vermieden es, die unglückliche Frau in dieser Situation anzuschauen, aus Angst, einen Blick auf unseren eigenen Verfall zu werfen. Die Furcht war unser üblicher Geisteszustand.

Das Überleben in den Lagern war so unsicher und jenseits unserer Kontrolle, dass die Mädchen nach Omen oder anderen Arten übernatürlicher Zeichen suchten, die ihnen versprachen, dass sie überleben würden. Viele von uns erkannten Vorzeichen, die uns das Vertrauen und die Sicherheit gaben, dass sich die Dinge zum Guten wenden würden. Es gab jene, die glaubten, dass Gott sie durch einen Mittelsmann, einen Elternteil, Großeltern oder einen angesehenen Rabbi, beschützte. Erzsike vertraute darauf, dass wir wegen des Segens der Großmutter gerettet würden. Großmutter, die eine sehr religiöse Frau war, segnete uns jeden Freitag, nachdem sie die Kerzen für den Sabbat angezündet hatte. Freitagnacht im Zug, der uns nach Auschwitz brachte, segnete sie uns, wie es ihre Sitte war, obwohl es keine Kerzen zum Anzünden gab.

Ich hegte liebevolle Erinnerungen an den letzten Seder zu Hause im Jahre 1944. Meine Mutter zündete vier Kerzen an, eine für jeden von uns, und meine Großmutter zündete sechs an, zwei für sich und Großvater und vier für uns. Mein Vater war ein Einzelkind und wir waren die einzigen Enkel unserer Großeltern. Als die Lichter in den polierten silbernen Kerzenständern in der Mitte des großen Seder-Tisches leuchteten, wählte ich eine Kerze als Symbol für mein Überleben aus. Ich hoffte, sie wäre eine der letzten, die abbrennen, und ich verfolgte mit Besorgnis, wie die Kerzen im Laufe des Abends kleiner wurden. Wie erleichtert war ich, als meine Kerze bis zum Schluss brannte. Wenn ich an die wundersame Weise zurückdenke, wie wir vor dem Tod in Auschwitz und Bergen-Belsen gerettet und mit dem letzten Transport nach Markkleeberg zum Arbeiten geschickt wurden, dann sehe ich immer noch das Licht dieser kleinen Kerze über unserem Leben strahlen.

Vor ihrem geistigen Auge sahen die Gefangenen oft Familienangehörige, die ihre Handlungen lenkten. Lenke Schwarz Fine sah im Traum die Gestalt ihres angesehenen religiösen Großvaters. Er ermutigte sie, während des Todesmarsches zu fliehen, was sie aus eigenem Entschluss nicht gewagt hätte. Lenke und ihre Schwester Blanka Schwarz Friedman entkamen in der Nähe von Dresden und überlebten den Krieg.[151]

Der Holocaust hatte nicht die gleichen Auswirkungen auf all seine Opfer. Das trifft für kein Ereignis zu. Alter, Glaube, Stand, Herkunft, Nationalität und Lebensstandard zählten zu den Faktoren, die eine Erfahrung von einer anderen unterschieden. Wir lebten in einer nahezu undurchdringlichen emotionalen Starre. Als sie uns in Auschwitz sagten, dass unsere Eltern tot wären, hörten wir es, konnten es aber nicht begreifen. Obwohl ich einige Momente klarer Gedanken hatte, in denen ich daran zweifelte, dass meine Mutter und Großmutter überleben, nährte ich in meinem Herzen die diffuse Hoffnung, dass alles gut werden würde. Ich konnte einfach nicht gleichzeitig körperlich und gefühlsmäßig um mein Leben kämpfen. In den Aufzeichnungen von

151 Zeugenaussage von Blanka Schwarz Friedman, Yad-Vashem-Akte 03/5048, 13. November 1988.

Überlebenden zeigt sich dieses Vertrauen, dass wir alle mit unseren Familien vereinigt sein würden.[152]
Wir gaukelten uns vor, dass, wenn wir das Ende des Krieges erlebten, alles gut werden würde. Die Hoffnung gab uns die Kraft zu überleben. Da wir jung waren, glaubten wir fest an ein glückliches Ende, wie das folgende Lied beweist:

Wir werden unser Zuhause wieder haben, wohin wir zurückkehren werden!
Auf Wiedersehen, Baracke sechs!
Hacke und Rübensuppe, wir werden euch vergessen,
Wenn das Schicksal uns nach Hause führt,
Zu unseren Müttern, Vätern, Brüdern, Schwestern, und Ehemännern.
Unser Zuhause wird wieder schön, weil wir leben und lebendig sein wollen.

INFORMATIONSQUELLEN

Die Gefangenen verfügten über eine Vielzahl von Informationsquellen. Die Mädchen, die den Termin von Knittels Silberhochzeit erfuhren, haben vielleicht ein Gespräch gehört, als sie seine Wohnung putzten oder Frau Knittel, die zu ihnen freundlich war, hat es erzählt. Nachrichten aus der Welt erfuhren wir aus Wehrmachtsberichten im Radio, welche die Mädchen beim Saubermachen manchmal hören konnten.

Wir verstanden nur schlecht Deutsch und erfuhren somit nur Bruchstücke des Geschehens, den Rest füllten wir mit unseren eigenen Hoffnungen. Manchmal, wenn wir im Lager arbeiteten, hörten wir von Ferne Zwangsarbeiter rufen: „Hitler kaputt! Der Krieg geht zu Ende!“ Einmal leerten Rachel Janovics Mittelmann und andere Frauen einen Munitionsbehälter, den man von den Russen erbeutet hatte. Auf seinem Boden fanden sie eine Notiz in Jiddisch: „Juden, behaltet die Hoffnung, die Erlösung ist nah!“ Eine zivile Mitarbeiterin, Frau Gertrud Holl, wurde von Wiegand, dem Kommandeur des Lagers, angeklagt, Informationen an die Gefangenen weitergegeben zu haben. Angeblich habe sie Kartoffeln ausgehöhlt und darin Notizen versteckt. Sie wurde zu einer Geldstrafe von 25 Reichsmark verurteilt und Wiegand drohte ihr, sie ins Konzentrationslager zu sperren. Von den Gefangenen erhielt

152 Zeugenaussage von Ester Grosz Lorber, Yad-Vashem-Akte 03/5652, 25. April 1990, S. 10.

Frau Holl handgemachten Schmuck als Zeichen der Dankbarkeit. Sie behielt ihn auch nach dem Krieg und war auf ihn sehr stolz.[153] Obwohl ich diesen Fakt aus den Berichten Überlebender nicht bestätigen kann, weiß ich, dass Mädchen, z. B. Eva Czitter, Ringe, Broschen und Anstecknadeln aus Stahl oder Kupfer herstellten, welche sie gegen Essen tauschten. Mädchen, die es sich leisten konnten, ihre Brotration gegen handgefertigten Schmuck zu tauschen, waren diejenigen, die von den deutschen Arbeitern menschlich behandelt wurden. Sie zeigten ihre Dankbarkeit und Anerkennung manchmal mit einem kleinen Geschenk, das sie gekauft oder selbst hergestellt hatten.

Zeitungen, die Frauen auf verschiedenen Wegen erhielten, waren ergiebige Informationsquellen. Zwangsarbeiter gaben ihnen heimlich die Zeitungen, die sie erhielten. Die Zeitungen waren zensiert, trotzdem konnte man wichtige Neuigkeiten erfahren. Die Mädchen lasen die Nachrichten immer wieder, um sie zu verstehen und an andere weitergeben zu können. Klára Spitz Snitzler bat ihren deutschen zivilen Vorarbeiter um seine Zeitung, nachdem dieser sie ausgelesen hatte. Es war Januar 1945, doch der Vorarbeiter hatte noch immer Angst, bestraft zu werden. Er warf die Zeitung in den Mülleimer, aus dem Klára sie wieder herausholte. Obwohl sie eine Bestrafung riskierte, brachte Klára die Zeitung in die Baracke und zeigte uns einen Artikel über den Vormarsch der russischen Armee. Wir erfuhren, dass die Gegend um Abaújszántó, unsere Heimat, bereits befreit worden war. Diese Nachricht bedeutete für uns Trauer, aber auch Hoffnung. Was hatten wir für ein Pech, dass wir immer noch im Lager waren, dachten wir; doch wir vertrauten darauf, dass auch wir bald nach Hause kämen.

Die Tage im Februar und im März vergingen schleppend, während wir darauf warteten, dass das Gerücht von der Ankunft der Amerikaner wahr würde. Wir hörten den Lärm des Krieges jeden Tag. Flugzeuge flogen über unsere Köpfe, um deutsche Städte zu bombardieren. Wir hörten von den Zwangsarbeitern von der enormen Zerstörung Dresdens am 13. Februar 1945 durch einen Bombenangriff. In belgischen Zeitungen lasen die Mädchen immer wieder vom Rückzug der Deutschen. Eine trug das Datum 19. März 1945, genau ein Jahr, nachdem die Deutschen Ungarn besetzt hatten und unsere albtraumhafte Reise begann. Auch Flugblätter wurden aus den Flugzeugen der Alliierten abgeworfen. Einmal fiel ein Flugblatt direkt neben eine Gefangene, die es aufhob. Aber bevor sie es lesen konnte, riss die Aufseherin es ihr aus der Hand. Später erzählte uns ein belgischer Techniker, ein Zwangsarbeiter, dass die Flugblätter von der amerikanischen Armee kämen. Sie zitierten Hitler: „Gebt mir zehn Jahre und ihr werdet Deutschland nicht

153 Eisert, „Ermittlungen über KZ“, S. 3.

wiedererkennen.“ „Er hat Recht“, versicherte uns das Flugblatt und listete die Namen der Städte Deutschlands auf, die zerstört oder von den Alliierten eingenommen worden waren. Wir versuchten uns vorzustellen, wie es sein würde, wenn die Amerikaner ankommen; wie wir sie am Tor freundlich begrüßen und ihnen danken würden. Wie werden sich die deutschen Posten verhalten? Wir dachten auch an ein warmes Bad, saubere Sachen, Betten mit Laken, Essen und die Freiheit, überall hinzugehen, wohin man will.

Während der zweiten Aprilwoche, als die Bombenangriffe intensiviert wurden und sich unsere Sehnsucht nach Neuigkeiten verstärkte, kehrte ich gerade im Maschinenraum aus, als ich einen deutschen zivilen Arbeiter sah, der eine Zeitung entsorgte. Am ganzen Körper zitternd nahm ich die Zeitung und versteckte sie in meinem Overall; etwas, was ich zuvor niemals gewagt hätte, an diesem Tag jedoch tapfer tat. Ich suchte Klára Spitz Snitzler, die etwas Deutsch verstand, und gab ihr die Zeitung. Klára las die Zeitung auf der Toilette und erfuhr, dass Präsident Franklin Delano Roosevelt an diesem Tag verstorben war, am 12. April 1945. Die Nachricht machte uns kleinmütig, da wir fest daran geglaubt hatten, dass Roosevelt unser Befreier sein würde. Ich erinnerte mich an das Vertrauen meines Vaters in Roosevelt und das Risiko, das er einging, als er heimlich BBC-Sendungen aus England hörte. Er diskutierte sie später mit anderen hoffnungsvollen Gemeindemitgliedern nach der Morgenmesse in der Synagoge. Mein Vater glaubte an Roosevelt und vertraute darauf, dass er kommen würde, um uns zu helfen. Wir fanden erst später heraus, dass unsere Hoffnungen unbegründet waren, angesichts des enttäuschenden (oder fehlenden) Einsatzes des Präsidenten für die europäischen Juden. Die Neuigkeit von Roosevelts Tod verbreitete sich schnell unter uns, obwohl unser größtes Augenmerk auf die Berichte über die Evakuierung des Lagers gerichtet war. Unser tatsächlicher Weggang aus Markkleeberg war ganz anders als unsere Hoffnungen und Träume von einem amerikanischen Akt der Befreiung.

8. Der Kommandant und seine Mitarbeiter

Das Lager wurde auf der Grundlage einer SS- und einer Gefangenenhierarchie verwaltet. An der Spitze standen die SS-Verantwortlichen, die das Lager leiteten; es folgten die Wachoffiziere und die Wachen. Dann gab es die Lager- und Blockältesten aus den Reihen der Gefangenen sowie Verantwortliche für die Arbeitsorganisation und die Krankenstation. Die eigentlichen Entscheidungen traf die SS.

Untersuchungen zum Naziterror belegen, dass die SS, deren Führungsoffiziere intelligente und gebildete Männer waren, Massenmorde verübte, ohne menschliches Mitgefühl zu zeigen. Millionen Juden wurden unmenschlich ermordet. Der Begriff „Endlösung", den die Nazis gebrauchten, war eiskalt. Sie töteten die Juden nicht aus Vergnügen, die Maschinerie des Todes wurde zu politisch-ideologischen Zwecken in Gang gesetzt. Das war die Einstellung, die das Regime von den Mördern erwartete.[154]

Wie die Nazis mit den Gefangenen umgingen, wurde nicht durch Schulbildung, Zugehörigkeit zu politischen Vereinigungen oder Religion beeinflusst. Die Architekten des Holocaust waren Ärzte, die Massentötungen überwachten, Richter, die die Bürger – besonders die Juden – aller Rechte beraubten, Geschäftsleute, die Angebote für den Bau von Krematorien unterbreiteten, und Wissenschaftler, die die Rassenbiologie als Rechtfertigung für ihre ethnischen Säuberungen nutzten. Einige von ihnen waren nette Menschen, denen das Tragen der SS-Uniform die Lizenz zum Töten gab. Die SS-Männer trugen maßgeschneiderte Uniformen, deren Jackett bis zum Kinn zugeknöpft war, sie standen groß und gerade da, waren schlank, gut gebaut und muskulös und ließen ihren Offiziersstock gegen die glänzenden Lederstiefel wippen. Einige hielten Schäferhunde an der Leine. Verschiedene Verhaltensmuster wurden von der SS praktiziert, aber die strikte Trennung von Öffentlichem und Privatem war bei allen zu finden. Sie behandelten die Gefangenen mit größter Brutalität, waren aber liebevoll und fürsorglich im privaten Bereich. Als Rudolf Höss, der Kommandant von Auschwitz, gefragt wurde, ob es ihm „Kummer bereite", Kinder zu töten, während seine eigenen Kinder im Lager lebten, antwortete er: „Ich persönlich habe niemanden getötet. Ich war lediglich der Leiter des Vernichtungsprogramms." Einige

154 Bauer, „The Death-Marches", S. 12.

SS-Angehörige haben nie einen leidenden Menschen gesehen; alles was sie taten, war, große Menschenmassen mit messerscharfer Präzision zu manipulieren. Jeder von ihnen betrachtete sich als ein Glied in einer langen Kette und sah seine Aufgabe als rein technische Angelegenheit. Wenn nötig, konnte er die Verantwortung auf das nächste Kettenglied abwälzen.

Im Lager änderte sich das. Die Gefangenen waren der unberechenbaren Stimmung der SS-Männer ausgeliefert, die darin wetteiferten, die Hilflosen zu quälen und zu erniedrigen. Zahlreiche Bewacher waren Angehörige der Waffen-SS, ältere Militärangehörige oder Polizisten. Sie waren nicht „gefühlskalt": Sie und die Aufseherinnen waren Sadisten. Sie prügelten auf die Opfer ein und erschlugen sie. Auf dem Todesmarsch erschossen sie Nachzügler gnadenlos.

LAGER-HIERARCHIE

Wiegand

Die Leitung des Markkleeberger Lagers hatte SS-Obersturmführer Wiegand. Er kam aus dem gefürchteten Lager Dora. Wiegand, dessen Vornamen ich nicht in Erfahrung bringen konnte, war der Kommandant des gesamten Arbeitslagers, zu dem auch Zwangsarbeiter und politische Gefangene gehörten. Wir kamen mit ihm kaum in Kontakt und erinnerten uns später nicht an ihn. Wiegand lebte im Wald von Raschwitz bevor die Amerikaner in Leipzig und Markkleeberg einrückten und er entkam nach Nürnberg.[155]

Alois Knittel

Für die jüdischen Häftlinge war der Lagerführer und SS-Oberscharführer Alois Knittel, ein Unteroffizier, verantwortlich.[156] Als Oberscharführer war er der direkte Vorgesetzte der Wachen und der Oberaufseherin (sie war verantwortlich für die Aufseherinnen im Lager). Im Prinzip war er ein Bediensteter der Fabrik. Als Kommandant war er für das reibungslose Funktionieren des jüdischen Arbeitslagers verantwortlich. Er überwachte die tägliche Routine

155 Eisert, „Ermittlungen über KZ", S. 3.

156 Mitte, 21. Ein Oberscharführer ist vom gleichen Rang wie ein Oberfeldwebel in der U.S. Army.

im Lager, wozu auch die Arbeitskräfte gehörten. Er war groß, trug Armeeuniform und hatte einen Stock in der Hand. Manchmal begleitete ihn ein Schäferhund.

Alois Knittel wurde am 6. Juni 1897 in Oberneufnach geboren. Er lebte zuerst im Kiesweg 3b in Friedberg nahe Augsburg. Er starb am 30. Dezember 1962.[157] Im bürgerlichen Leben war er Maurer und Steinmetz.[158] 1944, im Alter von 47 Jahren, war Knittel zu alt, um an der Ostfront zu kämpfen, und hatte so eine perfekte Aufgabe. Wir nannten ihn den öreg (den alten Mann) oder kurz Oshsár. Wenn er in guter Stimmung war, nannte er alle Mädchen Sara. Während der Naziherrschaft war Sara die Bezeichnung für alle weiblichen Juden.

Überlebende stimmten meist darin überein, dass Knittel zu Beginn geduldiger und weniger boshaft war, aber mit der Zeit und der zunehmenden Zahl von ankommenden Gefangenen hatte er mehr Verantwortung. Er war sich vollkommen bewusst, dass wir Sklaven waren, rechtlos und eigentlich zum Tode verurteilt, und daher jeder Form von Beleidigung ausgesetzt werden konnten. Wir mussten stundenlang auf dem Appellplatz stehen, vor allem sonntags, während er wütend auf und ab schritt. Seine Spezialität waren Schläge gegen Ohren und Nase. Terez Stern Hadnagy erhielt einen starken Schlag ins Gesicht, nur weil sie Knittel während des Appells ansah. Elegant wie alle SS-Männer, in seiner tadellosen Uniform und seinen polierten Schuhen, schritt er mit eisigem Blick über den Hof, immer auf der Jagd nach einem Opfer. Ich hatte Furcht vor Knittel und schaute instinktiv nach unten oder zur Seite, aus Angst, in sein Gesicht zu sehen. Als ich einen heimlichen Blick auf ihn warf, fielen mir seine furchterregenden Augen auf. Wir hatten alle große Angst vor ihm. „Wenn er kommt, sucht er, schlägt er, und bestraft", notierte Erzsébet Frank in ihrem Lagertagebuch.[159]

Als sich die Lage der Deutschen an der Front verschlechterte, wurde Knittel immer grausamer. Er befahl, Streifen in die Haare der Gefangenen zu schneiden und schickte Frauen bereits wegen kleiner Vergehen in den Bunker. „Meine Erinnerungen sind verblasst, aber die Furcht vor dem SS- Oberscharführer und den Wachen blieb in mir lebendig", schreibt Dr. Rachel Spielmann.[160]

157 Ebenda.

158 Interview mit Elizabeth Zucker Mermel. Elizabeths deutscher Vorarbeiter stellte die Informationen zur Verfügung.

159 Frank, 365 Nap, S. 84.

160 Brief von Rachel Spielmann an Irma Clajus, 9. November 1975. Das Original befindet sich im Stadtarchiv der Stadtverwaltung Markkleeberg.

KNITTEL NACH DEM KRIEG. Ein oder zwei Tage, nachdem die Russen in das Lager in Theresienstadt kamen, am 9. Mai 1945, erkannten Anna Székely Shindler und einige andere Mädchen Knittel als Kriegsgefangenen unter den deutschen Soldaten. Knittels Hände waren auf dem Rücken gebunden. Seine Frau war nicht bei ihm.[161]

In Theresienstadt wurden ehemalige Häftlinge des Lagers in Markleeberg zu Knittel befragt. Sie bezeugten, dass Knittel fair war und hatten Verständnis dafür, dass er sie nach Theresienstadt gebracht hatte. Rachel Berkovics Zolf sagte in Yad Vashem aus, dass er „kein schlechter Mensch" war.[162] In unserem Verständnis zu jener Zeit, war ein SS-Angehöriger anständig, der relativ tolerant war und uns nicht persönlich schadete. Die Insassen hatten immer noch die Gefangenen-Mentalität und großen Respekt vor der SS. Sie waren nicht stark genug, um sich mit Fragen von Rache und Vergeltung zu beschäftigen. Es scheint, dass Knittel, gegen den keine Anklage wegen Mordes vorlag, nach einem überstürzten Urteilsspruch in den ersten Tagen der Befreiung freigelassen wurde und nach Westdeutschland gehen konnte.[163]

Die Amerikaner verhörten Knittel ebenfalls, aber auch sie ließen ihn gehen. Er enthüllte seine Aktivitäten während des Krieges nicht und auf seiner Identitätskarte gab es keinen Hinweis auf seinen Dienst in der SS. Die erste eindeutige Aussage über Knittel in Markkleeberg machte Veronika Schiffmann im Jahre 1948. Veronica beantragte Wiedergutmachung und nannte Knittel als ehemaligen Oberscharführer des Lagers.[164]

Die Unterlagen über Knittel erwähnten seine Morde als Kommandant in Markkleeberg, aber sie gaben unterschiedliche Geburtsdaten für ihn an. Es schien, als gäbe es zwei Knittel. Einer wurde als Alois Knittel und der andere als Kurt Knittel geführt. Beide waren SS-Lagerführer oder Kommandant. Kurt Knittel wurde als am 23. September 1910 geboren registriert. Vielleicht waren beide miteinander verwandt. Um den Kommandanten von Markkleeberg zu identifizieren, wurden Graphologen herangezogen, um die Unterschriften zu vergleichen, aber das klärte den Sachverhalt nicht. Schließlich klagte das Gericht in Ludwigsberg „Alois Knittel" für folgende Verbrechen an:

---

161 Anna Székely Shindler in ihrem Brief an die Autorin, datiert vom 20. Juli 2003.

162 Zeugenaussage von Rachel Berkovics Zolf, Yad-Vashem-Akte 03/3676, Mai 1973, S. 10; Interview mit Margit Krausz Nojild.

163 Interview mit Gabriella Braver Kosinka. Gabriella arbeitete im Repatriierungsamt in der Nähe von Prag, in Brno (Tschechoslovakei), das von der amerikanisch-jüdischen Hilfsorganisation American Jewish Joint Distribution Committee (bekannt als JDC bzw. „The Joint") eingerichtet wurde. Überlebende erhielten dort Unterstützung nach dem Krieg. Frauen aus dem Markkleeberger Lager, die in Theresienstadt waren, kamen hierher und berichteten Gabriella von Knittel in Theresienstadt.

164 Center, S. 23.

A) Begangene Verbrechen innerhalb des Lagers
   1. Töten mehrerer Gefangener während des Winters 1944–45. Die Zeugen wussten die Namen der Opfer nicht.
   2. Schuld am Tod von drei jungen Frauen durch die Anordnung, nach dem Duschen nackt auf dem Appellplatz zu stehen.[165]
   3. Herbeiführung des Todes von Frauen im Winter 1944–1945, als diese gezwungen waren, lange Zeit im Schnee zu knien.[166]
   Die Namen der sechs Zeugen sind Sara Breiner, Miriam Gross, Seren Rosenberg, Ella Czikk, Laura Lindenfeld, und Olga Eichendorfer.[167]

B) Knittels Vergehen während des Todesmarsches beinhalten das Erschießen von Gefangenen.
   1. Knittel und einige SS-Wachen, deren Namen nicht bekannt sind, erschossen Gefangene, die erschöpft und nicht mehr in der Lage waren weiterzumarschieren. Eine Zeugin sagte aus, dass 30 bis 50 Frauen erschossen wurden.
   2. Als hungernde Markkleeberger Gefangene versuchten, einige Kartoffeln oder Rüben vom Boden aufzuheben, wurde dies von einem Wachmann bemerkt und er begann zu schießen. Wie viele Frauen getroffen wurden und starben, wussten die Zeugen nicht und sie kannten auch nicht die Namen der Gefangenen oder der Wachen. Weitere Zeugen, die bei der Zentralen Stelle der Landesjustizverwaltungen zur Aufklärung nationalsozialistischer Verbrechen aussagten, waren Irena Echrenreich, Emma Apai, Dora Kluska, und Olga Eisdorfer.

Die Anklage wurde fallengelassen, weil Knittel, der mutmaßliche Täter, nicht eindeutig identifiziert werden konnte.[168] Die meisten der ehemaligen Markkleeberger Häftlinge wussten Knittels Namen nicht, sodass lediglich Indizienbeweise vorgebracht werden konnten.

Im Jahre 1960 wurde Emma Winkler Apai, eine der Augenzeugen, die ich interviewte, ins deutsche Konsulat gerufen, um in New York auszusagen.

---

165 Es war ein Winter-Abend, an dem es schneite, als wir draußen standen und warteten, bis alle fertig waren, und erst dann gab man uns unsere Sachen zurück. Das geschah am 6. Januar 1945, am ersten Samstag nach Silvester. (Im Kapitel 9 gehe ich genauer darauf ein.)

166 Knittel bemerkte, dass einige Gefangene nicht geradestanden oder dass ihre Kleiderordnung nicht seinen Vorstellungen entsprach. (In Kapitel 5 erzählte ich den Vorfall ausführlich.)

167 Ebenda, S. 28, 30. Die Zeugen, die aussagten, benutzten, da sie verheiratet waren, nicht mehr ihre Mädchennamen, sodass es schwierig ist, sie auf der Transportliste zu identifizieren.

168 Ebenda, S. 23.

Ihr Name war von der Liste derer gestrichen worden, die von Deutschland eine Entschädigung erhielten. Frau Apai wurde gefragt, ob sie Alois Knittel wiedererkennen würde. Wahrscheinlich war eine Gegenüberstellung geplant. Emma sagte, ja, das würde sie.

Alois Knittel starb 1962 und das Verfahren wurde eingestellt. Er wurde für seine Verbrechen nie zur Rechenschaft gezogen und kehrte unbehelligt in das zivile Leben zurück. Vielleicht wurde ihm sogar eine Rente für seine Dienste beim Militär gezahlt.

FRAU KNITTEL. Knittel lebte im Lager zusammen mit seiner Frau, einer kleinen, schlanken Person mit braunem Haar und Brille. Einem Gefangenen zufolge war sie die Tochter eines Juweliers.[169] Sie war zurückhaltend und sprach nicht mit den Gefangenen, aber sie war freundlich im persönlichen Umgang mit ihnen. Sara Sajovits fegte den Hof der Knittels, bevor sie zur Fabrikarbeit kommandiert wurde. Frau Knittel rief Sara in ihre Wohnung und bot ihr ein Stück Kuchen an. Sara wollte ihn mitnehmen und mit ihrer Schwester, Ilana Sajovits Breiner, teilen, aber Frau Knittel sagte, sie müsse es im Haus essen. Sie wollte nicht, dass jemand etwas von ihrer Sanftmütigkeit erfährt.[170] Als mehr Menschen ins Lager kamen, hörten wir weniger von Frau Knittel. Wir wussten, dass sie ihren Mann auf dem Todesmarsch begleitete.

SS-Wachen in Markkleeberg

Im Lager in Markkleeberg waren 22 Wachposten oder Soldaten. Vier von ihnen waren Angehörige der Wehrmacht (der deutschen Armee) und der Rest waren „Volksdeutsche" (Deutsche, aber außerhalb Deutschlands geboren).[171]

Die „Volksdeutschen", hauptsächlich aus ungarischen Gebieten, waren freiwillig in der SS. Einige von ihnen waren bösartiger als die in Deutschland geborenen SS-Männer.

Die Wachen dienten als eine Art Rückhalt für die Aufseherinnen. Außerdem bewachten sie das Tor, sie patrouillierten um das Lager und beaufsichtigten und eskortierten Gefangene auf dem Weg zur Arbeit und zurück. Eine starke Bewachung war eigentlich nicht nötig, denn wir durften uns nur in einem kleinen Radius um unsere Baracken aufhalten.

---

169 Rab, És Nem Verik, S. 234.

170 Interview mit Ilana Sajovits Breiner.

171 Center, S. 28, Rab, És Nem Verik, S. 285.

Die Wachen kamen nicht in die Fabrik hinein. Nur die Aufseherinnen und Knittel gingen herum und beaufsichtigten uns bei der Arbeit. Die jüngeren Wachen oder Soldaten, welche von zu Hause weg waren, sehnten sich nach Unterhaltung mit Leuten ihres Alters. Ein gutaussehender „SS-Volksdeutscher", der am Tor stand, redete und spaßte häufig mit den Mädchen. Er bat sie auch öfter, ungarische Lieder zu singen.[172]

Ein großer, dunkelhäutiger junger Wachmann warnte Zsuzsanna Lengyel Urai und andere Gefangene, die Holz durch das Tor trugen: „Seid vorsichtig, Mädels, wir sind nicht die Einzigen, die Ungarisch verstehen!" Zsuzanna, die gerade einen Witz auf Ungarisch erzählte, hielt sprachlos inne. Magda Schön Hilf konnte sich noch daran erinnern, wie an einem Sonntag, als wir nicht arbeiteten, einige der jungen Mädchen Liebeslieder sangen. Die SS-Wachmänner, die Ungarisch konnten, blieben und hörten zu. Es gab andere Soldaten im Lager, die kein Ungarisch sprachen, aber auch sie hörten gern zu.

BIRGEL. Birgel war neben Knittel der Einzige, den die Markkleeberger Gefangenen sahen, der nach dem Krieg festgenommen worden war. Birgel war „Volksdeutscher". Er schielte. Birgel war vielleicht sein richtiger Name, denn die Mädchen hörten, wie jemand ihn so nannte. Wir kannten ihn auch als Bacskai, was jemanden bezeichnet, der aus Bácska an der jugoslawischen Grenze zu Ungarn kommt. Lófogú, der Grausamste von ihnen, kam auch aus Bácska. Im Lager waren Mädchen, wie zum Beispiel Erzsébet Weisz, geboren am 28. April 1911, die ebenfalls aus Bácska kamen, aber wir wussten nicht, ob sie Birgel oder Lófogú wiedererkannten. Selbst wenn, hätte sie sicherlich Angst gehabt, deren Aufmerksamkeit darauf zu lenken. Sogar als sich der Krieg dem Ende näherte, blieb Birgel grausam und sadistisch. Er war auch der Wachmann, der die erste Gefangene, Anna, während des Todesmarsches erschoss, wie es in Kapitel 11 beschrieben ist. Nach der Befreiung sahen Elisabeth Stein Székely und andere Birgel in einer Gruppe Gefangener unter Bewachung von Russen. Auf Birgels Rücken war ein großes SS-Zeichen. Elisabeth nannte Birgels Namen einem russischen Posten, der ihn notierte.[173] Die Chancen, dass Birgel oder irgendein anderer Aufseher streng bestraft wurden, sind sehr gering, es gibt dafür keinen Beweis.

Die Folgenden sind vier Wachposten aus Markkleeberg, die in der Zentralen Stelle der Landesjustizverwaltungen zur Aufklärung nationalsozialistischer Verbrechen aufgeführt waren.[174]

---

172 Elisabeth Stein Székely in ihrem Brief an die Autorin vom 22. März 1999.

173 Ebenda.

174 Center, S. 23.

- Johann Reisensohn wurde in Szabadka, Jugoslawien, am 20. Dezember 1910 geboren. Er starb 1957 oder 1958 bei einem Unfall.
- Franz Wagner, geboren am 30. Mai 1908 in Basszentiwan, Jugoslawien, starb am 25. November 1963 in Zweibrücken.
- „Josef" war ein SS-Wachmann, der aus Bácska kam. Er könnte derjenige gewesen sein, den wir Birgel oder Bácskai nannten.
- Zimmermann – nichts außer seinem Familiennamen ist über ihn bekannt.

Die weiblichen Aufseher

Die Aufseherinnen waren in zwei Gruppen eingeteilt. Eine Gruppe eskortierte die Gefangenen zur Arbeit und beaufsichtigte sie in der Fabrik. Die andere war im Lager verantwortlich. Sie kontrollierten, ob sich die Gefangenen nicht zu lange im Waschraum aufhielten, ob sie nicht zu viel auf den Korridoren umherliefen und ob sie Ordnung in den Zimmern hielten. Die Aufseherinnen überwachten außerdem Appelle, Mahlzeiten, Arbeitskommandos und andere Aktivitäten in und um die Baracken.
In einer Studie, die 200 Aufseherinnen erfasste, wurde gezeigt, dass diese aus allen Schichten der Gesellschaft kamen. Im Allgemeinen entstammten sie bescheidenen Verhältnissen und hatten wenig Bildung.

Es gab drei Verfahrensweisen, wie Aufseherinnen rekrutiert wurden:

- Die Frauen, Arbeiterinnen aus den Munitionsfabriken, wurden von den Personalbüros benannt. Man wies ihnen diese Aufgabe mit Genehmigung des Arbeitsgaus zu.[175]
- Die Bürgermeister der umliegenden Gemeinden wurden beauftragt, geeignetes weibliches Personal zu finden und der SS eine Namensliste zu übergeben. Die Frauen, die von der SS einberufen wurden, hatten kein Recht auf Widerspruch.
- Frauen kamen als Freiwillige und wurden durch die Aussicht auf „leichte körperliche Arbeit" und gute Bezahlung angelockt.

Sie hofften, bessere Bedingungen als an ihrem vorherigen Arbeitsplatz vorzufinden. Die Entlohnung der Aufseherinnen war abhängig von ihrem Alter,

175 Vaupel, „Hessisch Lichtenau", S. 212.

ihrer Dienstzeit und ihren familiären Bedingungen. Im Jahre 1944 z. B. lag das Anfangsgehalt für eine 22-jährige Aufseherin bei etwa 125 RM monatlich und, wenn sie verheiratet war, bei 135 RM (Eine ungelernte weibliche Textilarbeiterin hätte zu jener Zeit 76 RM verdient). Von diesen 125 RM hatte sie 37 RM Abzüge für Verpflegung, 15 RM für die Wohnung, 7,60 RM als Steuern, 10 RM für die Krankenversicherung, 2,40 RM für die Deutsche Arbeitsfront (D. A. F.). 33 RM zahlte sie für Kleidung und Unterhaltung. Somit beliefen sich die Gesamtausgaben auf 105 RM. Schuhe und Uniformen erhielt sie kostenlos. Obwohl die Löhne bescheiden waren, wurde den Frauen eine gute Rente für den Ruhestand versprochen.[176]

Eigentlich waren die Aufseherinnen keine Angehörigen der SS. Sie wurden von der SS eingestellt, wurden von ihr entlohnt und trugen eine Uniform, aber sie gehörten der SS nicht an. Einige können Mitglieder der Nazi-Partei NSDAP gewesen sein, aber die SS war eine Elitevereinigung nur für Männer. Wenn die zukünftigen Aufseherinnen eingezogen oder einberufen waren, mussten sie vor ihrem Einsatz einen kurzen Einführungskurs im Konzentrationslager Ravensbrück absolvieren. Einige der Frauen waren als Aufseherin ungeeignet und kehrten aus Ravensbrück zurück.[177] Die übrigen – ungefähr 3.500 deutsche Frauen – absolvierten den Kurs in den Jahren 1942–43. Sie lernten die Lagerordnung kennen, die einheitlichen Regelungen für alle Konzentrationslager. Die Aufseherinnen „lernten“ im Allgemeinen Menschenverachtung und die Zerstörung der Persönlichkeit. Der Kurs dauerte sechs Wochen und wenn er beendet war, begannen die Teilnehmerinnen ihre Arbeit in Frauenlagern oder in den Frauenabteilungen der KZ mit männlichen und weiblichen Häftlingen.[178]

1966 wurde die ehemalige Aufseherin Ulla Jürs für Verbrechen gegen die Menschlichkeit zu einer lebenslangen Gefängnisstrafe verurteilt. Das Westdeutsche Fernsehen (NDR) bezeichnete die Schule, die sie absolviert hatte, als Ausbildungsstätte, die lehrte, Frauen zu verachten und zu vernichten.[179]

Die Aufseherin mit der größten Befehlsgewalt war die Oberaufseherin, die wir kurz Oberin nannten. Offiziell war sie dem Lagerkommandanten direkt unterstellt und es war ihre Pflicht, die anderen Aufseherinnen zu überwachen und zu kontrollieren, dass die Arbeitskommandos pünktlich zur Arbeit ausrückten. Sie selbst blieb im Lager und registrierte die Gefangenen,

---

176 Ebenda, S. 213. Interview mit Dr. Irmgard Seidel.

177 Vaupel, „Hessisch Lichtenau“, S. 212.

178 Germaine Tillton, Ravensbrück, übersetzt von Gerald Sutterwhite, New York, Anchor, 1975, S. 92 f.

179 Karay, Hasag-Leipzig Slave Labour Camp, S. 41.

die aufgrund von Krankheit auch dort blieben. Die erste Oberin war eine kleine, hübsche, blauäugige Frau, die immer andere Mädchen kommen ließ, um ihr Zimmer sauberzumachen. Sie mussten jedoch nicht putzen, sondern sie gab ihnen etwas zu essen und fragte sie nach ihrer Familie. Als Gariella Braver Kosinka zum Saubermachen zur Oberin gerufen wurde, gab diese ihr einen Teller Suppe und forderte sie auf, sich auszuruhen, weil das Zimmer bereits sauber sei. Dann wurde sie nach ihrer Herkunft gefragt und die Oberin sagte zu ihr: „Ihr tut mir leid, Mädchen." Diese Oberin war die Einzige, die etwas über uns wissen wollte. Der Rest des SS-Personals stellte nie Fragen.

Die anderen Aufseherinnen in der ersten Zeit waren auch nicht so boshaft. Die Mädchen nannten sie dadák (Kindermädchen). Sie sangen mit den Mädchen auf dem Weg zur Arbeit. Ihr Lieblingslied war „Marienka, ich liebe dich". Sie hatten Taschenlampen für die Dunkelheit, wenn die Mädchen zur Arbeit liefen. In der Fabrik bewegten sich die Aufseherinnen unaufdringlich und schikanierten keinen. Ihre Aufgabe war es, die Gefangenen zu beobachten und nicht mit ihnen zu sprechen. Es scheint, dass sie für ihre Freundlichkeit bestraft wurden, denn die ganze Gruppe wurde nach Ravensbrück zurückgeschickt, um weitere Kurse zu absolvieren. Die neue Gruppe von Aufseherinnen, welche im Oktober ankam, war weitaus strenger. Sie hatten ihre Lektion, herzlos zu sein, gut gelernt. Obwohl es keinen Hinweis darauf gab, glaubte Ilana Sajovits Breiner, dass sie direkt aus Auschwitz kamen.

Die Oberin der zweiten Gruppe der Aufseherinnen war klein, kräftig und trug eine Brille. Die Zeugin für den Untersuchungsausschuss, Frau Blau, welche die Oberin als Frau Andres oder Anders benannte, hatte sich geirrt und sie mit Frau Anders verwechselt, die zur Bewachung in der kleinen Fabrik gehörte.[180] Die Oberin hatte ein separates Zimmer, andere Aufseherinnen lebten zu zweit in einem Zimmer.

Die zweite Oberin war sehr bösartig. Einmal war sie enttäuscht, weil ihr Freund nicht zu Besuch kam. In ihrer Wut ließ sie einen speziellen Appell durchführen, bei dem sie jeden schlug, den sie mit ihrem Gummiknüppel erreichen konnte. Ihr Freund war ein verheirateter Mann, wie die Oberin Márta Maget Leitmann, der Blockältesten, anvertraute, und es ärgerte sie besonders, wenn er nicht erschien. Márta versuchte sie zu beruhigen, indem sie ihr sagte, dass sie sich nicht aufregen solle, er würde schon kommen. Am nächsten Tag lächelte die Oberin und erzählte Márta gut gelaunt: „Du hattest Recht: er ist gekommen, nur etwas spät."[181]

---

180 Center, S. 24.

181 Interview mit Márta Maget Leitmann.

Als die Alliierten schon in der Nähe waren, sagte die Oberin den Frauen, dass sie sich nicht auf eine Befreiung freuen sollten. Die Deutschen hätten genug Munition, um alle Gefangenen zu töten, sagte sie, sogar in der letzten Minute. Sie würden nicht zulassen, dass wir überleben und unsere Geschichte erzählen.

Ironischerweise war es die Oberin, die bei der Befreiung starb. Überlebende aus Markkleeberg, die ins Büro für Wiedereinbürgerung in Brune – nahe Prag in der Tschechoslowakei – kamen, wo Gabriella Braver Kosinka arbeitete, erzählten ihr, wie sich die Ereignisse damals überschlugen. Amerikanische Soldaten bewachten das Haupttor des Lagers, nachdem sie Markkleeberg besetzt hatten. Als die verhasste Oberin das Tor in ziviler Kleidung passierte, ergriff eine ehemalige französische Gefangene die Waffe eines amerikanischen Soldaten, der am Tor stand, und erschoss sie. Wir erfuhren auch, dass die Oberin schwanger war.[182]

Die Aufseherinnen in Markkleeberg schlugen uns aus jedem noch so geringen Grund – und oft sogar grundlos. Sie schlugen uns, wenn wir sie ansahen und auch, wenn wir sie nicht ansahen. Sie fanden immer eine unglückliche Frau, die ihre Aufmerksamkeit erregte. Sie war vielleicht zu hübsch oder zu hässlich, zu groß oder zu klein oder irgendetwas an ihrem Aussehen machte das Mädchen zur Zielscheibe der Wut und der Quälerei der Aufseherinnen. Für jede noch so unbedeutende Kleinigkeit, die ihnen nicht passte, schlugen sie uns oder notierten sich die Erkennungsnummern unserer Arbeitskleidung, um uns später aufzurufen und zu bestrafen.

EINE AUFSEHERIN – EIN EHEMALIGES KINDERMÄDCHEN. Eines Tages beim Appell erkannte ein Mädchen namens Zsuzsa, die neben Ilana Sajovits Breiner in der Reihe stand, plötzlich eine Aufseherin wieder. Die Frau in Uniform war das Mädchen, das früher auf Zsuzsa und ihren Bruder aufgepasst hatte! In den frühen dreißiger Jahren, als die Arbeitslosenrate in Deutschland sehr hoch war, war es für eine junge deutsche Frau lohnenswert, Kindermädchen zu sein. Wohlhabende Familien in Ungarn stellten oft deutsche Frauen ein – als Statussymbol und mit Augenmerk darauf, dass die Kinder von ihnen Deutsch lernen können. Zsuzsa, die aus Budapest kam, war etwa 16 Jahre alt und konnte ihre Fassungslosigkeit kaum verbergen. Sie erzählte die Geschichte Ilana und auch den anderen neben ihr. Die Aufseherin muss Zsuzsa gesehen haben, aber sie ignorierte das Mädchen. Wahrscheinlich

182 Interview mit Gabriella Braver Kosinka. Gabriella, die für das Repatriierungsamt in Brno arbeitete, erfuhr durch die Mädchen des Elektrokommandos, die sich im Wald versteckt hielten, vom Mord. Sie kehrten zurück, nachdem das Lager durch die Amerikaner befreit worden war.

wollte sie ihre eigene Vergangenheit nicht offenbaren. Zsuzsa, die mit starken widersprüchlichen Gefühlen kämpfte, wusste nicht, was sie tun sollte. Auch weiterhin wurde sie von der Aufseherin ignoriert. Zsuzsa verstummte und erwähnte sie nie wieder. Ilana wusste nicht, ob die Aufseherin Zsuzsa gewarnt hatte, still zu sein oder ob Zsuzsa, als sie die abweisende Reaktion ihres früheren Kindermädchens sah, einfach ihre verletzten Gefühle verbarg. Vielleicht war es ein glücklicher Umstand für beide, dass das ehemalige Kindermädchen zusammen mit den verbliebenen Aufseherinnen der ersten Gruppe versetzt wurde.

KUTYUS. Die meisten Aufseherinnen kannten wir nur mit den Namen, die wir ihnen gaben. Diese Spitznamen basierten auf bestimmten Charakterzügen oder Verhaltensweisen. Eine blonde Aufseherin, die einen Kopf wie ein Hund hatte, wurde von den Mädchen Kutyus (Wauwau oder Hündchen) genannt. Sie war mager mit hervorstehenden Zähnen und ihr Verhalten uns gegenüber war relativ mild. Kutyus passte auf die Mädchen auf, die im Garten arbeiteten, und es störte sie nicht, wenn sie sich ausruhten; sie wollte nur vorsichtig sein, wenn die Wachen in der Nähe waren. Kutyus führte die Mädchen außerdem in der Fabrik von einer Halle zur anderen. Einmal eskortierte sie Gabriella Braver Kosinka, die ein paar Fremdsprachen beherrschte und deshalb mit vielen verschiedenen Leuten reden konnte. Kutyus dachte, Ungarisch sei die magische Sprache. Sie bat Gabriella, ihr Ungarisch beizubringen, so dass sie „mit jedem sprechen kann, so wie du".

RÁKOCZI. Einer Aufseherin gaben die Gefangenen den Spitznamen Rákoczi, wegen ihrer Pferdeschwanz-Frisur, die ihr Ähnlichkeit mit dem ungarischen Adligen und Staatsmann dieses Namens verlieh. Sie war groß, blond und sehr gepflegt, mit langem glänzenden Haar, welches die Aufmerksamkeit und Bewunderung der Wachen auf sich zog. Ihre Erscheinung und ihr kokettes Verhalten erregte Neid bei den erwachsenen weiblichen Gefangenen. Es schien ihren bemitleidenswerten Zustand extra zu betonen: kurzes Haar, hölzerne Schuhe und verschmutzte Overalls – und das in einer Zeit, in der Mädchen ihr persönliches Auftreten so viel bedeutet. Bei ihrem hübschen Aussehen würde keiner erwarten, dass Rákoczi so bösartig war. Sie schlug die Insassen mit den Fäusten, nur weil sie da waren.

LUCIFER. Die Aufseherin, die sich durch ihre teuflische Grausamkeit hervorhob, erhielt den Spitznamen Lucifer. Sie besaß außerdem noch ein paar andere Namen, Teufel oder Hexe, wegen ihres bösen Charakters und ihrer dämonischen Taten. Ihr wirklicher Name war Helene Pöschel, eine gebürtige

Markkleebergerin; sie kam mit Erfahrungen aus dem unbekannteren Lager Dora. Pöschel kam zusammen mit Wiegand, dem Lagerkommandanten.[183] Pöschel kannte ihren Spitznamen und wenn sie am Morgen kam, um uns zu wecken, verkündete sie: „Aufstehen, Lucifer ist da!“ Sie brauchte das nicht zweimal zu sagen.

Obwohl die zivilen Arbeiter versuchten, eine Konfrontation mit den Aufseherinnen zu vermeiden, sahen sie sich gezwungen, auf Misshandlungen, die sie miterlebten, zu reagieren. Paul Schulze, der als Schlosser arbeitete, bekam mit, wie eine Aufseherin, die Lucifer gewesen sein könnte, eine Gefangene schlug. Er wurde wütend und wies die grausame Frau zurecht.[184] Die Frauen haben verschiedene Erinnerungen an Lucifers Aussehen. Einige erinnerten sich, sie hätte dunkles Haar, war schlank, von mittlerer Größe und ein wenig älter als die anderen. Mir und den meisten Überlebenden erschien sie groß und kräftig. Ich konnte nie in ihr Gesicht schauen, aber andere erzählten, sie wäre hässlich, mit einer langen Hexennase, einem Buckel und sie sehe aus wie ein Mann.[185] Wir sahen sie vielleicht in diesem Licht, weil wir sie so hassten, und Lucifer könnte ein wenig anders ausgesehen haben. Aber so kannten wir sie alle: mit einer Peitsche unter dem Arm oder in der Hand und wenn sie lief, spielte die Peitsche mit ihrem Rock. Lucifer trug immer Stiefel.

Ihr Lieblingsspiel waren die Kontrollen, die sie in den Baracken durchführte, wie ich es schon im Kapitel 4 beschrieb. Einmal fand Lucifer bei ihrer Suche eine Nadel, mit der sie auf ihr Opfer einstach.

Trotz all unseres Leidens, das durch die Grausamkeit des Menschen verursacht war, versuchten wir immer noch, an die Menschen zu glauben.

Gerechtigkeit und Anstand waren der Grundstein unserer Kultur und unserer Erziehung. Bereitwillig glaubten wir dem Gerücht, dass Lucifers Mutter während eines Luftangriffes umgekommen war und dass das Haus ihrer Familie zerstört wurde. Es gibt keinen Beleg dafür und es ist wahrscheinlich nicht wahr; aber es half uns, Lucifers Verbitterung und ihr rachsüchtiges Verhalten zu erklären.

Lucifer hatte auch ihre „zarten“ Momente. Einmal sah sie Miriam Liberman Kirsenbaum und andere am Morgen beten. Sie hatten die ganze Nacht

183 Pöschel lebte in Markkleeberg-West, in der Johannes-Wangemannat-Straße, heute Sebastian-Bach-Straße. Eisert, „Ermittlungen über KZ“, S. 3.

184 Paul Schulze, „Protokoll über die Aussprache mit Herrn Paul Schulze am 25.3.1957“ (Zeugenaussage), Buchenwaldarchiv, # 63 26-1, S. 2.

185 Interviews mit Magda Schön Hilf, Márta Maget Leitmann, Veronica Lorant Berk, Margit Brociner Kish, Klára Roth Oren.

gearbeitet und dies war ihre Freizeit. Lucifer schaute nur und ließ sie in Ruhe.

Wenn es ein Merkmal gab, welches auf alle Lagerwachen und Aufseherinnen zutraf, war es ihre Widersprüchlichkeit. Mitleid und Brutalität waren Charakterzüge ein und derselben Person jenseits jeglicher Logik. Im Laufe eines Tages konnte jemand einer Gefangenen helfen und eine andere in den Tod schicken. Das Lagerpersonal schien ständig plötzlichen Sinnes- und Temperamentsschwankungen ausgesetzt zu sein. Sogar die niederträchtigste Aufseherin fühlte manchmal so viel Mitleid, um einer einzelnen Gefangenen zu helfen.

Einmal beim Mittagsessen zum Beispiel gab die jüdische Gefangene, welche die Suppe austeilte, ihren Freunden und ihrer Familie größere Portionen. Nelly Winkler Rochlitz stand mit ihrem leeren Teller da, als Lucifer sie fragte, warum sie nichts isst. Nelly erklärte ihr, dass nichts mehr für sie übrig wäre. „Komm mit", sagte Lucifer. Nelly zitterte vor Angst, als Lucifer sie zur Küche brachte, wo ihr ein Essen aus der Offizierskantine gegeben wurde. Dann begleitete Lucifer Nelly zurück zur Fabrik und setzte sich neben sie, bis sie aufgegessen hatte, sodass niemand versuchen konnte, ihr das Essen wegzunehmen. Nelly bekam Kartoffelbrei, gepökeltes Fleisch und Gemüse, ein Festessen, das sie nie vergaß. In den nächsten Tagen beobachtete Lucifer Nelly, um sicherzugehen, dass sie ihre Essensportion bekam.

Nach dem Krieg schrieb Bruno Eisert, ein ehemaliger Häftling des KZ Buchenwalds, in einer Kurzdarstellung des Lagers in Markkleeberg, dass Helene Pöschel mit den Amerikanern in den Westen ging, als diese das Gebiet im Sommer 1945 verließen. Eisert erwähnt auch, dass Pöschel für ihre Grausamkeit berüchtigt war.[186]

Gitta Susitzky Hönig sah Pöschel 1946 in Bukarest. Es gab in jener Zeit viele Flüchtlinge in Rumänien. Gitta wartete auf ihr Schiff, das sie nach Israel bringen sollte, als sie Lucifer in gewöhnlicher bäuerlicher Kleidung erkannte. Sie traute ihren Augen kaum. Gitta rief ihrer Freundin Lucifers Namen zu. Als Gitta sich von ihrem Schock erholt hatte, war Lucifer bereits verschwunden. Gittas Reaktion war eher eine Art Ungläubigkeit gepaart mit Angst als der Gedanke an Rache. Während unseres Gesprächs analysierte Gitta immer noch dieses unglaubliche Ereignis, eine ehemals uniformierte Peinigerin an einem öffentlichen Ort in gewöhnlicher Kleidung zu sehen.

In den Unterlagen von Buchenwald sind am 23. September 1944 zehn Aufseherinnen verzeichnet. Als noch mehr Transporte ankamen, stieg die Zahl der Aufseherinnen. Am 20. März 1945 gab es 27 Aufseherinnen in Markkleeberg.[187]

---

186 Eisert, „Ermittlungen über KZ", S. 4.

187 International Tracing Service, S. 70.

Die folgenden 39 Namen sind bei der Zentralen Stelle der Landesjustizverwaltungen zur Aufklärung nationalsozialistischer Verbrechen aufgelistet. Es ist nicht sicher, ob sie alle in Markkleeberg waren oder ob einige im anderen Lager in der Nähe von Leipzig eingesetzt waren.

(1) Birnbaum, Elfriede
(2) Burchard, Johanna
(3) Brings, Luzie
(4) Deligha, Margarethe (Buchhalterin)
(5) Döllmann, Katharina
(6) Feldner, Dorte
(7) Fischer, Hildegard
(8) Fuhrmeister, Margot
(9) Funke, Elfrieda
(10) Giesel, Elfriede
(11) Giskes, Sybille
(12) Grimm, Margarethe
(13) Grünert, Melanie
(14) Hauk, Irmgard
(15) Jahnke, Frieda
(16) Jung, Irmgard
(17) Kagelmann, geb. Opitz, Ilse
(18) Kaiser, Ursula
(19) Kaltofen, Elfrieda
(20) Kleine, geb. Günther, Annemarie
(21) Korfei, Luiese
(22) Krämer, Johanne
(23) Lerse, Luise
(24) Lorenz, Erna
(25) Meier, Elisabcth
(26) Michel (Swiderski), Charlotte
(27) Nitsche, Olga
(28) Ortmann, Marianne
(29) Pöschel, Helene
(30) Täsch, Anny
(31) Rascher, Else
(32) Rehbein, Anni
(33) Rössler, Margarete
(34) Schmeer, Ursula (Elli)
(35) Uhndorf, Rosa

(36) Uhrmeister, Margot
(37) Weber, Irmintraut
(38) Wehr, Elisabeth
(39) Wunder, Gertraude[188]

MEDIZINISCHES PERSONAL

Wie aus den Aufzeichnungen des Außenkommandos vom 31. Januar 1945 hervorgeht, welche vom Standortarzt der Waffen-SS erstellt wurden, bestand das medizinische Personal im Markkleeberger Lager aus Dr. Dressler, der für das deutsche Personal zuständig war. Grundsätzliche medizinische Fragen wurden von der Verwaltung in Buchenwald geregelt. Für die Inhaftierten gab es zwei Gefangenen-Ärzte und zwei Krankenschwestern, wie in Kapitel 5 erwähnt.[189]

DIE GEFÄNGNISZELLE IM BUNKER

Der Bunker war eine kalte Zementzelle in einer kleinen Baracke. Dort befanden sich einige Isolationsräume. In einem solchen Raum waren lediglich ein Bett aus Brettern ohne Matratze und ein Eimer. Manchmal wurde das Bett sogar entfernt. Der Raum hatte ein Fenster, das durch einen hölzernen Rollladen fest verschlossen war. Die Sonne konnte diesen Ort nie erreichen. Wenn sich die Tür einmal geschlossen hatte, war es darin stockdunkel. Wenn jemand vorbeiging, hörte er von drinnen Weinen. Gefangene, die Einzelhaft im Bunker verbüßten, wurden meist ernsterer Verstöße beschuldigt, aber manchmal hing es nur von der Stimmung des SS-Personals ab, wenn jemand in den Bunker kam. Man kann nicht behaupten, die Gefangenen hatten sich irgendeiner Gesetzesübertretung schuldig gemacht, weil es keine legalen Prozesse zur Untersuchung von Schuld und Unschuld gab. Eine Aufseherin verfasste

188 Center, S. 24–27.

189 Bartel, Buchenwald, S. 262.

einen Bericht, vielleicht auf Veranlassung einer Lagerpolizistin, der zum Lagerführer geschickt wurde. Er konnte eine Untersuchung durchführen und die Inhaftierung im Bunker anordnen.

Es gab keine Anhörung, bevor man ins Gefängnis oder in den Bunker geschickt wurde. Als Beweis galt die Aussage des Personals dazu, was passiert wäre. Sie entschieden gleichfalls über die Länge der Inhaftierung. Normalerweise waren es zwei bis drei Tage. Längere Bestrafung erforderte die Zustimmung des Kommandanten.

Wenn eine Gefangene in den Bunker geschickt wurde, handelte das Lagerpersonal schnell; es fand rasch ein anderes Mädchen, um die Arbeitsstelle zu besetzen. Um sie als abschreckendes Beispiel zu benutzen und uns einzuschüchtern, wurde die zu bestrafende Gefangene zu Mittag weggeführt, wenn eine große Gruppe sie sehen konnte und sich für die Kameradin mit fürchtete. Die Verurteilte erhielt Suppe, die sie schnell essen musste und dann wurde sie in kompletter Isolation und Dunkelheit in das Verlies eingesperrt. Wir schauten voll Mitleid und Beklemmung auf das unglückliche Opfer und wussten, dass es beim nächsten Mal eine von uns treffen könnte.

Das Mädchen, das bestraft wurde, konnte ihr Essgeschirr und gelegentlich eine Decke in den Bunker mitnehmen. Am Eingang kontrollierte man, ob sie auch wirklich nichts anderes bei sich hatte. Die eine Decke war lange nicht genug, um im Winter den zitternden, frierenden Leib der unglücklichen Inhaftierten in dem ungeheizten Raum zu wärmen. Es war besonders schwer, wenn sie saß oder lag und nicht mehr in der Lage war, sich in der Dunkelheit zu bewegen. Die Gefangene im Bunker hörte Tag und Nacht keine menschliche Stimme, wenn die anderen Mädchen arbeiteten. Die Zeit verging nur langsam und man brauchte einen starken Charakter, um nicht zu verzweifeln. Nach zwei Tagen im Bunker begann der Eimer zu stinken. Am Morgen und in der Nacht erhielt die Gefangene eine Tasse Tee und zum Mittag Suppe, aber ohne Brot. Das Essen wurde wortlos in den Raum gebracht. Manche Mädchen sangen zu Beginn, um sich aufzumuntern, aber wenige Stunden später brachen die meisten zusammen. Dann fingen sie an zu weinen und schrien aus Einsamkeit und Angst. Manche riefen nach ihrer Mutter, von der sie in Auschwitz getrennt worden waren. Es gab jene, die beteten, und andere, die herzerweichende, wortlose Schreie ausstießen, die schon von weitem zu hören waren.[190]

Im Jahre 1975 besuchte Dr. Rachel Spielmann, eine ehemals in Markkleeberg Inhaftierte, das Lager. Sie traf Irma Clajus, eine Lehrerin, und in einem Brief an sie beschrieb Dr. Spielmann ihre Erfahrungen und die Gründe für

---

190 Porat, Lelo Shirur, S. 86; Rab, Ès Nem Verik, S. 253; Frank, 365 Nap, S. 83.

die Bestrafung im Bunker. Einmal, bei einer Leibesvisitation nach der Nachtschicht, fand man Unterwäsche, die sie in der Fabrik gewaschen hatte, in ihrer Tasche. Sie wurde an einem kalten Januartag in die unbeheizte Gefängniszelle im Bunker gesperrt. Dort blieb sie ohne Nahrung bis zum Abend, wo sie entlassen wurde, um mit den anderen Arbeitern zur nächsten Nachtschicht zu gehen.[191]

BESTRAFUNG DES KÜCHENPERSONALS IM BUNKER

Die Küche war in einem Haus neben der Fabrik untergebracht. Der Großteil des Küchenpersonals, auch der Verantwortliche, waren deutsche zivile Arbeiter. Sie arbeiteten zusammen mit Zwangsarbeitern, von denen einer ein holländischer Koch war. Diese hatten Mitleid mit den Gefangenen und gaben ihnen gelegentlich Extraportionen. Der deutsche Küchenverantwortliche und seine Frau waren besonders nett. Gelegentlich erhielten einige Küchenkräfte Extraessen von den Zwangsarbeitern, die dort arbeiteten. Die Mädchen wollten es mit ihren Freunden und Familienmitgliedern teilen, was sie manchmal in Schwierigkeiten brachte. Am 23. Januar 1945, während einer dieser Untersuchungen am Tor, als sie ins Lager zurückkamen, hatten zwei Mädchen Salami und ein paar Kartoffeln bei sich. Als sie bemerkten, dass sie gleich durchsucht würden, leerten sie schnell ihre Taschen; aber eine Aufseherin fand das weggeworfene Essen und forderte die Schuldigen auf, vorzutreten. Die Mädchen hatten Angst, sich zu melden und die anderen verrieten sie nicht. So wurde die gesamte Gruppe, etwa zehn Frauen, in den Bunker geschickt. Es gab keine Betten und die Frauen standen die ganze Nacht verängstigt in der Dunkelheit. Ein 15-jähriges Mädchen weinte und rief die ganze Zeit nach ihrer Mutter.

Sie verbrachten eine schreckliche Nacht in Angst und niemand wusste, was der Morgen bringen würde. Die beiden Mädchen beschlossen zu gestehen. Ihnen wurden zur Strafe Streifen in Form eines Kreuzes in die Haare rasiert. Dieses Ereignis war für Angyal Fischer Weisz so schockierend, dass sie auch viele Jahre nach der Befreiung am 23. Januar fastete, aus Dankbarkeit dafür, dass sie die schreckliche Nacht im Bunker überlebt hatte.

---

191 Brief von Rachel Spielmann an Irma Clajus, 9. November 1975. Das Original befindet sich im Stadtarchiv der Stadtverwaltung Markkleeberg.

SEXUELLE ANGELEGENHEITEN

Eine Jüdin lebte während des Holocaust in doppelter Gefahr. Die rassistischen Gesetze der Nazis, die den Geschlechtsverkehr zwischen „Ariern" und Juden verboten, hätten eigentlich ein Schutz für jüdische Frauen sein müssen, aber das war nicht immer der Fall. Ein Nazi konnte einfach leugnen, eine jüdische Gefangene vergewaltigt zu haben, ihre Aussage wurde nicht einmal berücksichtigt. Es liegen keine Statistiken vor und es gibt keine Möglichkeiten herauszufinden, wie viele jüdische Häftlinge vergewaltigt wurden. Überlebende scheuen sich, über diesen Teil ihrer Leiden zu sprechen.

In den Lagern gab es immer die Möglichkeit, dass sich ein SS-Mann ein jüdisches Mädchen aussuchen konnte, das sein Zimmer putzen musste und dann konnte er sie sexuell missbrauchen. Unglücksfälle dieser Art waren eher die Ausnahme; in Markkleeberg gab es keinen solchen Vorfall, der den Überlebenden im Gedächtnis geblieben wäre. Bei all den anderen Sorgen in den Lagern mussten wir nicht in der Angst leben, von unseren Peinigern vergewaltigt zu werden.

LESBISCHE BEZIEHUNGEN

Ich wusste von keinen lesbischen Beziehungen zwischen Gefangenen in Markkleeberg. Die meisten jungen Frauen wuchsen in beschützten puritanischen Elternhäusern auf und wussten daher nicht einmal, was eine Lesbe war. Überlebende, die ich interviewte, meinten, sie waren viel zu schwach, um an körperliche Liebe zu denken. Lesbisch zu sein war kein Gedanke, welcher die Gefangenen während ihres Aufenthaltes im Lager oder danach plagte. Die übergroße Mehrheit heiratete nach dem Krieg und versuchte, eine Familie zu gründen. Homosexualität stellte dagegen ein Problem für die deutschen Frauen dar. In Markkleeberg gab es eine hübsche Gefangene, in die sich eine Aufseherin verliebt hatte. Heidi (das war nicht ihr richtiger Name) sprach etwas Deutsch und hatte vor dem Krieg einen Verlobten. Die Aufseherin war nicht attraktiv; sie hatte kurze Haare und ein bäuerliches Auftreten. Die Mädchen nannten sie Csizmás Kandur (gestiefelter Kater), weil sie immer Stiefel trug. Die Aufseherin brachte Heidi Essen und Zigaretten. Wenn sie kam, gingen alle anderen und Heidi und die Aufseherin

blieben allein im Zimmer. Heidis Affäre war den Frauen im Lager allgemein bekannt.[192]
Als Csizmás Kandur nach Ravensbrück versetzt wurde, kam sie trotzdem an den Wochenenden, um Heidi zu besuchen. Márta Maget Leitmann fragte Heidi einmal, was sie mit der Aufseherin macht. Heidi weinte und sagte: „Was kann ich denn anderes tun?!“ Sie war hungrig und die Aufseherin gab ihr Essen. Wenn das Verhältnis aufgeflogen wäre, hätte Heidi eine schwere Strafe erhalten, denn sie handelte gegen die Vorschriften. Heidi überlebte und heiratete nach dem Krieg. Die Haltung der anderen Gefangenen war zwiespältig. Sie erkannten, dass Heidi nach einem Weg suchte, um zu überleben; trotzdem konnten sie ihr Verhalten nicht gutheißen. Obwohl Heidi von einigen verurteilt wurde, beneidete man sie auch wegen ihrer Extraration Essen.

Im nächsten Kapitel werde ich unsere literarischen Waffen gegen die deutschen Unterdrücker beschreiben. Wir verloren unsere Heimat und unseren materiellen Besitz, aber wir besaßen unseren Intellekt und unsere geistigen Fähigkeiten, welche uns unsere Eltern und Lehrer mit auf den Weg gegeben hatten. Es waren versteckte Werte, die Lucifer bei den Durchsuchungen nicht finden und die auch Knittels brutalste Bestrafung nicht auslöschen konnte.

192 Interview mit Klára Fischer Neuman, Elisabeth Stein Székeley, Anna Fenyö Brown, Veronica Lorant Berk, Márta Maget Leitmann und Lilly Waldman.

9. Kulturelle Aktivitäten und Feiertage

In unserem Zustand der Hilflosigkeit, im Angesicht des hochentwickelten und leistungsstarken deutschen Feindes, nutzten die Gefangenen die einzigen ihnen zur Verfügung stehenden Mittel des Widerstandes: Selbsthilfe, soziale und kulturelle Aktivitäten. Ein Gespräch, ein Lied oder ein einfaches Wort der Ermutigung stärkte die Hoffnung einer Gefangenen und gab ihr einen Funken Menschlichkeit in ihrem rauen Dasein. So empfanden wir Solidarität und nahmen teil am Schicksal der anderen.

Die Gefangene, die bei Verstand bleiben wollte, musste dem Schmerz und der Traurigkeit, die in ihrem Herzen ruhten, von Zeit zu Zeit Raum geben. Sie tat dies mit Tränen, einem Gebet oder einem Lied.

Lieder waren unsere Medizin. Unsere geistige Welt war leer, wenn wir keine Lieder oder Gedichte hatten, an die wir uns erinnerten. Wir versuchten, so menschlich wie nur möglich zu bleiben. Wir hatten zwar keine Bücher und kein Papier, aber dafür hatten wir unsere Erinnerungen. Einige intelligente und kultivierte Frauen diskutierten über Literatur, Philosophie, Musik und die große weite Welt. Sie sprachen über Reisen, rezitierten Gedichte, erzählten Geschichten und beschrieben Filme und Theaterstücke. Jede wollte der Gruppe geben, was sie konnte.

Kulturelle Aktivitäten wie Singen, Gedichte rezitieren und Schreiben waren eine Art Bewältigungsstrategie, die man als Widerstand bezeichnen kann, weil sie den Geist befreite.

Ich weiß noch, in Bergen-Belsen baten wir eine Frau mit einer wunderschönen Stimme immer wieder, im Dunkeln zu singen. Ich zog Erzsike nah an mich heran, als wir auf dem Boden im großen Zelt saßen, und wir lauschten, wie sich alles mit musikalischen Schwingungen füllte. Die weiche Stimme brachte mich zurück nach Hause zu einer ähnlichen, aber anderen Melodie: zur Stimme meiner Mutter. Ich schaute zu Erzsike, die fast eingeschlafen war, und half ihr behutsam, sich hinzulegen. Ich hörte weiter zu und vernahm das Schlaflied meiner Mutter, welches mich in einen schönen, friedlichen Schlaf versinken ließ, weit weg von unserer trostlosen Realität.

Trotz des Schmerzes und der Demütigung war der Lebenswille der jungen Frauen so stark, dass dadurch Lieder entstanden sind. Im Gesang drückten sie den Traum, die Vorstellung einer Flucht aus. Es half dem Einzelnen, sich in die Gruppe zu integrieren und linderte so den Schmerz. Man brauchte nicht viel, um es gegen Papier und Stift einzutauschen. Das fertige Produkt konnte problemlos weitergegeben werden.

Das Singen begann spontan auf Ungarisch, denn diese Sprache kannten die meisten von uns: Eine Frau begann und allmählich kamen aus jeder Ecke der Baracke Stimmen hinzu. Unendlich viele Variationen der Lieder wurden komponiert. Sie wurden zu Melodien bekannter Schlager jener Zeit geschrieben und versahen eine vertraute Melodie mit einem neuen, passenden Text. Ihre Autoren waren meist unbekannt und gerieten mit den Jahren in Vergessenheit.

Viele Autoren schrieben kurze einfache Lieder oder Liedchen. Heiter kommentierten diese kollektive Geschehnisse, sowohl gute als auch schlechte. Die Liedchen ersetzten die Zeitung: Sie berichteten über tägliche Ereignisse und kritisierten die Zustände. Es gab Liedchen, die schallendes Gelächter hervorriefen, wie Hymnen an Appelle oder Läuse. Die anonymen Texte wanderten von einer Gefangenen zur nächsten, sie verliehen den individuellen und kollektiven Gefühlen zu Ereignissen aus Vergangenheit und Gegenwart Ausdruck und gaben Hoffnung für die Zukunft. Diese Liedchen waren das einzige Mittel, mit dem die Gefangenen ihre Meinung frei äußern konnten, aber wir mussten darauf achten, die Behörden nicht öffentlich zu provozieren. Schreiben wurde von der SS verboten, somit riskierten die Autoren ihr Leben. Aber die Schreibenden hatten einen Weg gefunden zu überleben, indem sie die Gräueltaten verarbeiteten.

Es gab Unterhalter, Sänger, Schauspieler und Komödianten, die Lebensretter waren, einfach weil sie fröhlich waren und den Spaß am Leben wachhielten. Lieder schufen eine Traumwelt, in die wir auf den Flügeln der Vorstellung reisten, in die bessere Welt, die uns früher vertraut war. In unserer arbeitsfreien Zeit hörten wir Lieder vom guten Leben. Sie ließen uns von Delikatessen und eleganten Sachen träumen. Wir vergaßen für einige kurze Momente unser bitteres Schicksal voll Hunger und Kälte.

DIE AUTORIN ERZSÉBET FRANK

Erzsébet Frank wurde in Mezőkeresztes, Ungarn, geboren. Sie beschreibt den Beginn ihres Lagerlebens in ihrem Buch „365 Nap: Vallamás a Pokolok Tüzéböl“ (365 Tage: Zeugnisse aus der Hölle), welches erstmals 1946 veröffentlicht wurde. Alles in dem Buch ist wahr, sagte die Autorin. Sie glaubt, dass das Buch zu schreiben und die Ereignisse zu reflektieren ihr Leiden erleichterte und ihr Leben rettete. Sie hatte das Manuskript während der ganzen Zeit im Lager bei sich. Erzsébet hatte weder vor dem Krieg ein Buch geschrieben noch danach ein weiteres verfasst. Die harten Bedingungen und Ängste weckten den Dichter und Schriftsteller in ihr. Das Schreiben war ein Weg, um ihre Gefühle von Schutzlosigkeit und Sehnsucht zu lindern und für Freiheit und Normalität zu kämpfen.

Erzsébet Frank versteckte die Seiten in einem Schrank neben ihrer Maschine in der Fabrik. Sie schrieb ein paar Zeilen, dann legte sie das Manuskript beiseite und schrieb später weiter. Erzsébet hatte immer eine Idee für ein bis zwei Zeilen, weshalb sie in Gedichtform schrieb. Wenn man im Geheimen schreibt, neben einer lauten Maschine und unter Aufsicht, kann man nur in ein bis zwei Zeilen denken, erklärte sie.

Erzsébet nahm das Risiko auf sich, bestraft zu werden, wenn man sie erwischte. Ihr Leben bekam durch das Schreiben einen Sinn. Neben ihrem Tagebuch schrieb sie auch Gedichte über Dinge, die sie inspirierten, wie das Gedicht über die Schweißer.[193] Wenn die Mädchen von der Arbeit kamen, wurden sie mit einem Gedicht oder einem Liedchen begrüßt, in dem Erszébet die neuesten Nachrichten, die Leute, und die Geschehnisse des Lager- und Fabriklebens in Reime gefasst hatte.

Es gab Reime, in denen verschiedene Aufseherinnen verewigt wurden, in manchen wurden Informationen über gefährliche Vorarbeiter vermittelt, es wurde aber auch auf diverse soziale Phänomene aufmerksam gemacht, manche bedienten sogar Klatsch und Tratsch.

Erzsébets Mitbewohner räumten sonntags sogar ohne sie auf, damit sie ihnen aus ihren neuesten Werken vorlesen konnte. Durch das Schreiben konnte Erzsébet nicht nur ihre Gefühle ausdrücken, sondern erntete auch Anerkennung und Respekt. Erzsébet hatte außerdem eine Illustratorin, wie man in ihrem Gedicht über die Schweißer sieht.

Erzsébet, die den Text schrieb, hatte eine Gruppe von Mädchen, die ihre Arbeit präsentierten. Die Sängerin Ibolya Kail Gabori oder eine andere Gefangene wurde von einem Orchester begleitet, das aus vier bis fünf Mädchen

---

193 Siehe Kapitel 10.

bestand, von denen jede eine bestimmte Aufgabe hatte, ein Geräusch hervorzubringen und die Musik zu liefern.

Tereza Frankl, die ich als Einzige kannte, pfiff. Jemand anders schlug zwei Töpfe gegeneinander, die Nächste klopfte auf eine Schüssel, eine andere klatschte. Die Zuschauer beteiligten sich, indem sie alle ihnen bekannten Melodien, zu denen Erzsébet ihren Text geschrieben hatte, mitsummten.

Die meisten ihrer Gedichte gingen während des Krieges verloren. Jedoch können sich noch einige im Besitz von Überlebenden befinden, weil sie dort im Lager sehr beliebt waren. Obwohl Erzsébet für die Gedichte nie um etwas bat, drückten die Mädchen ihre Dankbarkeit auf dem einzig möglichen Weg aus: Sie teilten das Brot mit ihr. Es war ein unglaublich großes Opfer, weil wir immer sehr hungrig waren.

Wir fanden Erleichterung in einigen gefühlvollen ungarischen Liedern. Manchmal sangen wir einfach ein oder zwei Zeilen aus einem Gedicht, z. B. aus dem des ungarischen Dichters Sándor Petöfi „Szülöföldemszéphatárameglálak-e valahara?“ (Mein wunderschönes Heimatland, werde ich dich jemals sehen?). Egal wie grausam die Menschen zu uns waren, Ungarn war unsere Heimat, die Quelle unserer Kultur und unserer Lebensweise, und wir hatten sehr starke Bindungen nach Hause.

DAS LIED MEINER MUTTER

Erzsike und ich hätten es niemals gewagt, in der Öffentlichkeit solo zu singen, aber in diesen seltenen Momenten, in denen unsere Gedanken ein wenig über dem Hunger und dem täglichen Überlebenskampf schwebten, sangen wir leise für uns. Ich erinnerte mich an die Lieder, die unsere Mutter immer sang. Die meisten stammten aus dem Ersten Weltkrieg, aus der Jugendzeit meiner Mutter und sie besangen Sehnsucht und Verlust. Eines meiner Lieblingslieder handelte von einer Familie während des Krieges.

Der kleine Junge spielte zu Hause mit einer Karte und markierte die Orte, durch die sein Vater mit der Armee zog. Der Junge bewunderte die Karte mit ihren vielen Farben und Symbolen, die ihn lockten, zu diesen exotischen Orten zu fahren. Auf einmal erinnerte er sich, dass seine Mutter aufgehört hatte, ihm auf der Karte zu zeigen, wo sich sein Vater gerade befand. Als er sie danach fragte, umarmte ihn seine Mutter und sagte: „Mein Sohn, es gibt keine Karte vom Himmel.“

Das Lied hatte noch eine Strophe, aber meine Mutter sang immer nur die letzte, was wir gut verstanden. Ich summte das Lied vor mich hin und rief mir das Bild meiner Mutter, die zu Hause am Bügelbrett stand, ins Gedächtnis.

Wie schön die Karte ist, meine liebe Mutter!
Ich hatte noch nie so ein hübsches Spielzeug.
So viele Farben, so viele Länder
Ich sehne mich danach, dort zu sein.
Aber du hast mir schon lange nicht mehr
Vaters Reiseroute gezeigt, irgendwo am Rande der russischen Grenze.
Ihr Kind liebevoll umarmend:
„Es gibt keine Karte vom Himmel, mein armer Kleiner.“

Jede Gefangene suchte auf ihre eigene Weise Trost. Die Lieder meiner Mutter gaben mir damals genau wie heute das Gefühl von Nähe und Geborgenheit. Alle meine Kinder und Enkelkinder kennen die Melodien von den Schlafliedern ihrer Kindheit.

ZIONISTISCHE LIEDER

Das Land Israel war Teil eines messianischen Traumes, von dem zionistisch erzogene Mädchen sich wünschten, dass er am Ende des Holocaust wahr würde. Das folgende Lied drückte die Sehnsucht der Zionisten nach einem eigenen Land aus:

Israel ist nicht aufgegeben;
Es nährt in uns die Hoffnung, dass,
Wie Gott versprochen hat,
Er uns dieses Land wiedergeben wird.

Auch wenn wir zionistische Lieder hörten und sangen, hatten sie für uns damals keine emotionale Bedeutung. Als Kinder wollten Erzsike und ich nur zurück nach Hause, um unsere Familie wiederzusehen. Erst nach dem Krieg, als wir erkannten, was uns und unserem Volk passiert war, griffen wir das zionistische Ideal auf, Israel zu unserer Heimat zu machen.

FANTASIE UND GESCHICHTEN ERZÄHLEN

Wenn man singt, erschafft man eine andere Welt. Es ist wie beim Geschichten erzählen, einer anderen kulturellen Aktivität, die in den Frauenkonzentrationslagern hoch entwickelt war. Für Gefangene war es nicht zulässig, Bücher zu besitzen, nicht einmal handgeschriebene, aber wir versammelten uns manchmal und beschrieben genau den Inhalt der Bücher, die wir vor unserer Gefangenschaft gelesen hatten. Manche Frauen waren in der Lage, ganze Theaterstücke aus der Erinnerung zu rekapitulieren. Nach dem Erzählen gab es häufig Diskussionen und nicht selten gingen diese Zusammenkünfte in Plaudereien über Rezepte und Festessen in der Vergangenheit über. Wahr oder erfunden, es spielte keine Rolle.

Fantasie und die Fähigkeit, sich der Gegenwart zu entziehen, halfen uns, uns geistig von der grausamen Realität zu lösen. Ich war in der Lage, mich emotional aus der Gegenwart zu entfernen, weil meine Erinnerungen an zu Hause so lebendig und liebevoll waren. Sich herauszunehmen war lebensrettend, besonders während dieser endlosen Appelle. Viele Male am Morgen dachte ich an ein Frühstück und stellte mir vor, was Mutter und Großmutter zu Hause an solch einem kalten Wintertag für uns vorbereitet hätten. Wir versuchten auch, eine Art von Gespräch zwischen uns in Gang zu halten. Neben der Vorstellung, was wir tun würden, sobald die Deutschen abziehen, versuchten wir, das frühere Leben einzufangen. Viele unserer lebhaften Erinnerungen an die Vergangenheit waren mit Feiertagen verbunden.

JÜDISCHE FEIERTAGE IM LAGER

Man kann die Tiefe der Tragödie des jüdischen Volkes nicht begreifen, wenn man nicht die Kultur, welche das jüdische Leben tausend Jahre lang durchdrungen hatte, versteht. Um ein Gebetbuch zu erhalten, waren wir bereit, unser Brot zu opfern. Einmal in Auschwitz-Birkenau, als wir gerade unsere herbeigesehnte tägliche Essensportion erhalten hatten, dachte Erzsike darüber nach, wie sie diese am besten in kleinere Stücke aufteilen könnte, damit sie länger reicht, als zwei Frauen an uns herantraten. Sie sammelten Brot, um es für ein Gebetbuch zu tauschen, und baten uns, etwas dafür zu geben. Wir sahen uns an und obwohl wir wirklich hungrig waren, gaben wir ohne ein Wort einen Teil unseres Brotes weg. Es war fast eine automatische Reaktion.

Die bloße Erwähnung des Gebetbuches weckte in mir die Erinnerung an meine kleine Großmutter, das Gebetbuch in der Hand haltend, auf ihrem Weg zum Sabbatgottesdienst. Es fühlte sich so barmherzig an, für einen religiösen Zweck und zum Wohle unserer Eltern und Großeltern, für die Glaube so viel bedeutet hatte, etwas beizutragen. Wir fühlten ihre Anwesenheit jedes Mal, wenn uns eine edle Idee oder Tat in den Sinn kam, auch unser quälender Hunger verschwand für eine Minute. Wir hatten leider nie die Chance, das getauschte Gebetbuch zu benutzen, weil wir am folgenden Tag vom A- ins C-Lager verlegt wurden.

Um sich an die Feiertage zu erinnern, war es wichtig, das Datum zu kennen. In Markkleeberg hatten einige Frauen Tagebuch geschrieben oder einfach die Tage markiert. Den jüdischen Kalender im Auge zu behalten und einige Gottesdienste abzuhalten, waren wichtige Teile unseres geistlichen Lebens.

Sabbat

Im Raum neben uns bekam ein Mädchen von einem Zwangsarbeiter eine Kerze. Am Freitagabend bat sie eine Frau, die Kinder hatte, die Kerze anzuzünden. Die Blockälteste lieferte das Streichholz. Wir stimmten in den Segen ein und alle sagten „Amen". Nach wenigen Minuten der Besinnung beim Schein der gelben Flamme bliesen die Mädchen die Kerze aus, um sie für die nächste Woche aufzuheben. Wir hatten immer noch nicht gelernt, dass wir keine Dinge im Lager aufbewahren konnten.

Die kaum heruntergebrannte Kerze wurde bald bei einer der Durchsuchungen entdeckt und weggeworfen. Obwohl wir traurig waren, fühlten wir auch Glück, da wir auf wunderbare Weise keine zusätzliche Strafe bekamen, die es normalerweise für unerlaubte Gegenstände in den Räumen gab. Die Frauen versuchten auf jede erdenkliche Weise, Kerzen anzuzünden. Angyal Fischer Weisz, die Daten oder Tage nicht wusste, sagte, sie erinnere sich an Freitagabende, weil sie in einem der Räume heimlich ein schwaches Licht brennen sah.

Tisch'a B'Av

Tisch'a B'Av, der Gedenktag an die Zerstörung des Tempels von Jerusalem, war vom 29. bis 30. Juli 1944, Sabbatausgang und Sonntag. Wir waren ungefähr sechs Wochen in Auschwitz-Birkenau. Erzsike und ich hätten das Datum nicht gewusst, aber religiöse Mädchen gingen herum und erinnerten uns daran, dass am nächsten Tag Fasttag wäre. Die meisten Frauen waren so heruntergekommen und teilnahmslos, dass sie dem nicht einmal Aufmerksamkeit schenkten. Wir saßen niedergeschlagen da, warteten auf die nächste Mahlzeit oder den nächsten Befehl. Als ich den Namen Tisch'a B'Av vernahm, begannen meine Gedanken sich zu regen und wurden lebendig. Ich erinnerte mich, wie sich jedes Jahr eine Gruppe älterer Damen in unserem Garten versammelte, um zuzuhören, wenn meine Großmutter Eccha las, die Schriftrolle der Klagelieder des Jeremia. Die frommen Damen trugen schwarze Tücher und saßen auf einer Decke im Gras neben unserem Rosengarten. Ich hörte oft aus der Ferne zu, wie die Stimme meiner Großmutter durch die Dunkelheit klang, während ich die Petroleumlampe, unter der sie rezitierte, beobachtete, die ihr mystisches Licht verbreitete.

Noch ganz im Bann dieser Szene erzählte ich Erzsike, dass ich am nächsten Tag fasten würde. Erzsike zögerte zuerst und sagte dann: „Ich auch." Am Tag des Tisch'a B'Av war die Suppe zum Mittag weniger wässrig als üblich. Wir bemerkten sogar, dass ein paar Bohnen darin schwammen. Die Verlockung war groß, während die anderen um uns herum aßen. Aber wir hofften, dass Gott uns aufgrund unseres Fastens helfen würde, unsere Eltern und Großeltern wiederzusehen. Wir trugen unsere Suppenteller in den nächsten zwei Stunden herum.
Dann entdeckte uns die Blockälteste und fing an zu schreien: „Ihr könnt nicht den ganzen Tag mit dem Essen herumlaufen! Esst es auf!" Ich sagte zu Erzsike, dass es genug wäre, wenn nur ich heute hungerte: Ich war die Ältere und sie sollte essen. Sie verneinte und meinte, sie würde fasten und ich sollte essen. Inzwischen kehrte die Blockälteste zurück und stand drohend neben uns. In unserer Angst bemerkten wir in der Nähe zwei junge Schwestern, die nett zu uns waren. Wir gaben ihnen schnell unsere Suppe und sie verschlangen sie dankbar. Wenn man darüber schreibt, kommt es einem wie eine einfache Geschichte vor. Aber in unserer Situation war es ein riesiges Opfer, etwas, was aus unermesslicher Hochachtung und Dankbarkeit unserer frommen, kleinen Großmutter gegenüber geschah.

Am Abend, als die Sonne unterging, beendeten wir unser Fasten mit der Brotscheibe, die wir erhielten. Später saßen wir da, immer noch sehr hungrig, als uns plötzlich eine der Schwestern, denen wir unser Mittagessen gegeben hatten, mit einem Teil ihres Brotes überraschte. Die zwei teilten sich ein Stück und hatten beschlossen, uns das zweite zu geben. Wir waren unendlich dankbar – es schien ein Wunder zu sein. Wir spürten den Geist von Großmutter, der vom Duft ihres Rosengartens getragen, seinen Zauber und seinen mystischen Laternenschein auf Auschwitz warf.

Rosch Haschana

Rosch Haschana (das jüdische Neujahr) war am Montag und Dienstag, dem 18. und 19. September 1944, im jüdischen Jahr 5705. Es war ein Datum, das irgendwie jeder von uns kannte, auch ohne Kalender. Die Frauen in Markkleeberg erhielten an diesem Tag Möhren zu ihrem Essen. Das freute die Mädchen, besonders die religiösen, die aus Papa kamen, wie Rose Hoffman Davis. Sie konnten die Mitzwa erfüllen, etwas Süßes zu essen für ein angenehmes neues Jahr, so wie sie es zu Rosch Haschana Zuhause gemacht hatten.

Erzsike und ich waren noch in Auschwitz-Birkenau. Am ersten Tag von Rosch Haschana hatte eine Gruppe Frauen ein Gebetbuch, aus dem jemand mit leiser Stimme vorlas. Obwohl es für mich schwer war, die Worte zu verstehen, galt meine ganze Aufmerksamkeit dem Buch. Ich dachte an das mit Elfenbeinschnitzerei verzierte Feiertagsgebetbuch meiner Großmutter. In Gedanken sah ich meine kleine zierliche Großmutter in ihrem schwarzen Satinkleid mit einem weißen Tuch, das einen Teil der braunen Perücke bedeckte, die sie meist zu religiösen Anlässen trug. Großmutter schenkte den frommen Gebeten vom Anfang bis zum Schluss des Gottesdienstes volle Aufmerksamkeit. Wir Kinder rannten, nachdem wir einige Morgengebete gesprochen hatten, um Großmutter glücklich zu machen, von ihrem Sitz in der ersten Reihe zu unserer Mutter, die eine Reihe dahinter saß. (Synagogenplätze konnten in unserer Stadt für einen unbefristeten Zeitraum gekauft werden, weswegen meine Mutter, die später kam, nur noch einen Platz in der zweiten Reihe erhalten hatte.) Zusammen mit ihrem Machzor (einem jüdischen Gebetbuch für Feste und heilige Tage) hatte meine Mutter ein dünnes ungarisches Büchlein namens „Miriam" – das war auch der Name meiner Mutter –, welches andächtige Gebete für Frauen enthielt. Als ich in Auschwitz wieder auf das Gebetsbuch zu Rosch Haschana blickte, fand ich etwas Konkretes und Sichtbares aus der Welt meiner Eltern und ihrem Glauben. Es gab mir ein wenig Ruhe und die Hoffnung, dass sich manches im neuen Jahr verbessern würde. Nachdem die Gruppe ihre Gebete beendet hatte, schlossen wir uns einer anderen kleinen Versammlung in der Ecke unserer langen Baracke an. Dort sangen Mädchen zionistische Lieder mit bittersüßen Melodien. Wir kannten nur die folgende Strophe eines längeren Gedichtes:

Erquickende Berge rufen mich aus der Ferne.
Meine Verbannung wird enden;
Ich werde nach Hause gehen.
Zu Hause in meiner geliebten Heimat wird meine Seele wiedergeboren.

Die Menschen aus Israel sind am Leben,
die Menschen aus Israel sind am Leben,
Für immer und immer und ewig.

Die Atmosphäre war feierlich, eine Zeit der Besinnung, die jede von uns so verbrachte, wie sie es kannte. Erzsike fragte mich: „Weißt du noch, wie du mir geholfen hast, mit Ildiko vor Rosch Haschana Frieden zu schließen? Wie du uns zusammengebracht hast, damit wir uns die Hände schütteln und einander vergeben, damit Gott uns vergeben sollte? Wie stolz Anyuka (Mutter) war, als wir es ihr sagten!" Die Mädchen suchten Spiritualität auf die einzige Art und Weise, die sie kannten, und begannen, Melodien aus Revuen und Arien aus berühmten Opern zu singen. Wir, die wir in einer kleinen Stadt aufgewachsen waren, hatten nie eine Oper oder so etwas wie eine Broadway-Show gesehen. Dann, ein wenig später, hörten wir bekannte ungarische Lieder. Für kurze Zeit vergaßen wir fast, wo wir uns befanden. Am nächsten Morgen, dem zweiten Tag von Rosch Haschana, fing der Appell in der Morgendämmerung an und das Leben im Lager mit seinen Selektionen, dem Hunger und der Ungewissheit ging weiter wie zuvor.

Jom Kippur

Jom Kippur (Versöhnungstag) fiel auf Mittwoch, den 27. September 1944. Am Vorabend bei Sonnenuntergang hörten wir die Lesung des Kol Nidre, die Eröffnung des Abendgottesdienstes zu Jom Kippur. Eine Frau mit einer wundervollen Stimme gestaltete eine traurige Melodie. Wir waren tief bewegt, und als sie geendet hatte, baten wir sie, es noch einmal zu wiederholen. Sie war mitten im zweiten Gesang, als die Blockälteste erschien und sagte, dass die Wachen herumlaufen und wir leise sein müssen. Als wir später im Dunkel lagen, noch immer unter dem Einfluss dieser bewegenden Melodie, malte ich Erzsike im Flüsterton aus, wie wir daheim in der vollen Synagoge stehen und dem Gesang des Kol Nidre lauschen würden. Den Rest der Szene, auch die Anwesenheit unserer Eltern, konnte jeder nur in seiner eigenen Vorstellung sehen; unsere Nachbarn verlangten absolute Ruhe.
Am nächsten Tag zu Yizkor, dem jüdischen Gottesdienst zum Gedenken an die Toten, organisierten religiöse Mädchen einen kleinen Gebetskreis in unserem Zelt.

Eine Frau mit einer kräftigen Stimme las den Text von einem Blatt Papier, das im Lager weitergereicht worden war. Darauf standen die hebräischen Worte auch in Transliteration, um das Lesen und die Aussprache einfacher zu gestalten. Das Gebet von Yizkor wurde zuerst für die Väter gesprochen und jede musste den Namen ihres Vaters sagen. Wir hörten zu, beteiligten uns aber nicht daran. Dann forderte die Leserin diejenigen auf, deren Mütter mit ihnen im Lager waren, zu gehen, damit die Deutschen wegen der großen Versammlung nicht misstrauisch würden. Diejenigen, die für ihre verstorbenen Mütter beten wollten, sollten bleiben. Erzsike, ich und einige andere Mädchen gingen, da wir uns unsicher waren, was wir tun sollten. In Bergen-Belsen glaubten wir noch, dass unsere Eltern und Großeltern am Leben wären.

Zum Mittagessen zu Jom Kippur bekamen wir unsere reguläre Portion Suppe. Erzsike und ich waren zu jener Zeit schon so schwach und entmutigt, dass wir glücklich waren, eine Rebbetzin sagen zu hören, dass es uns laut jüdischem Gesetz in extremen Situationen gestattet sei zu essen, wenn das Fasten gefährlich für unser Leben wäre. Um den Gedanken von Jom Kippur zu bewahren, entschieden wir uns jedoch, nur unsere Suppe zu essen und das Brot für den nächsten Tag aufzuheben.

Die Mädchen in Markkleeberg waren beeindruckt, dass Knittel fragte, wer fasten wollte und anordnete, ihnen das Mittagessen in der Nacht statt am Tag zu geben.[194] Sie waren von Knittels Handeln angetan und hielten es ihm nach dem Krieg zugute. In Markkleeberg war es unmöglich, ein Gebetbuch oder selbst eine Seite daraus zu erhalten. Die Mädchen baten Sarah Salamon Israel, deren Mutter 1942 gestorben war, das Gebet Yizkor während der Mittagspause in der großen Fabrik zu sprechen. Sarah kannte das Gebet auswendig und die anderen Frauen sprachen es ihr nach.

Terez Stern Hadnagy und zehn andere Mädchen erlebten zu Jom Kippur etwas Seltsames. Ihnen wurde an diesem Tag befohlen, Äpfel im Garten neben der Fabrik in Markkleeberg zu pflücken; dies geschah zufällig und war kein absichtlicher Folterplan der Deutschen. Der Wachhabende, der auf die Frauen aufpasste, war relativ nachsichtig und von Zeit zu Zeit ließ er sie allein. Die Insassen, die kein Obst im Lager bekommen hatten, wurden einem wirklichen Willens- und Glaubenstest unterzogen. Die meisten von ihnen nutzten die Gelegenheit, schnell einen Apfel zu essen, wenn der Wächter verschwand. Nur zwei sehr gläubige Mädchen, die die Äpfel nicht aßen, wagten es, ein paar in ihren Overalls zu verstecken. Nachts nach dem Fasten waren sie froh, die Äpfel und ihre Ration Brot zu haben, um ihr Fasten zu brechen. Sie fühlten sich wohl und dankten Gott dafür.

194 Zsuzsanna Lengyel Urai in ihrem Brief an die Autorin, datiert vom 6. Februar 2000.

Sukkot

Sukkot, das Erntefest, begann am Montag, dem 2. Oktober 1944. Wir waren in Bergen-Belsen, schwach und entmutigt. Obwohl wir das Datum nicht kannten, war es wohl einigen Mädchen bewusst, dass Sukkot war, aber es fehlte die Stimmung, um zu feiern. Diejenigen, die zu jener Zeit in Markkleeberg waren, konnten sich auch nicht erinnern, Sukkot gefeiert zu haben.

Chanukka

Im Zentrum von Chanukka, dem jüdischen Lichterfest, das die Wiedereinweihung des Tempels durch die Makkabäer nach deren Sieg über die Syrer unter Antiochus IV. feiert, steht das feierliche Entzünden des Leuchters. Im Jahr 1944 begann das Fest am Montag, dem 11. Dezember, zu einem Zeitpunkt, als wir uns auf eine Verbesserung in unserem neuen Lager in Markkleeberg freuten.

Am Morgen erhielten wir die Overalls und die Nummern, die auf die Ärmel aufzunähen waren. Am späten Nachmittag erinnerten uns die Frauen in unserem Block, dass es die erste Nacht von Chanukka wäre. Anna Szekely Shindler, die Rebbetzin Friedmann aus Dombovar kannte, bat sie, etwas zu verfassen, das sie vortragen könnte. Rebbetzin Friedmann erinnerte sich an die kulturellen Abende und die emotionalen Feste zu Hause und stimmte zu. Sie brauchte lediglich Papier und einen Bleistift. Anna ging los und kam mit einem roten Bleistift zurück, den sie von Laju, der Blockältesten, geliehen hatte. Der Bleistift musste schnell zurückgebracht werden, ansonsten würde Laju nicht in der Lage sein, in ihrem Appellbuch die Anzahl der anwesenden Gefangenen ihres Blockes zu notieren. Papier war das zweite Problem, welches die Rebbetzin löste, indem sie ein Brett aus dem Bett herausnahm. Auf das Brett schrieb sie ein kurzes Gedicht.[195] Dann machte Laju acht kleine Löcher in ein Stück Holz, in welche sie Öl statt Kerzen hineintat. Erzsike rief mich in den Raum, wo Mädchen bereits auf den Betten saßen und andere schnell alle verfügbaren Plätze einnahmen. Laju, eine religiöse junge Frau, zitterte, als sie das erste Licht anzündete und den Segen sprach. Dann beteten wir „Schehechejanu" und dankten Gott, dem König des Universums, der uns unterstützt und es uns ermöglicht hatte, bis jetzt zu überleben. Da weinten wir schon alle. Überwältigt vom Gefühl flüsterte Erzsike: „Erinnerst du dich, wie stolz Großvater war, dass wir die Segen kannten und das Lied ‚Ma'os

195 Rab, És Nem Verik, S. 239.

Zur' mit ihm sangen?" Anna Szekely Shindler las das Gedicht laut vor, dass die Rebbetzin auf das lange Brett geschrieben hatte. Es war so bewegend, dass jeder wieder in Tränen ausbrach. Um die Atmosphäre aufzulockern, begannen die drei Schwestern Schlesinger aus Kecskemét, Chanukka-Lieder zu singen, so wie sie es von zu Hause gewohnt waren. Schon bald schlossen sich alle an und eine wahre Feiertagsstimmung entstand.

Lenke Schlesinger Rosenberg, eine der Schlesinger Schwestern, die ich interviewt habe, erinnerte mich an diesen emotionalen Abend im Lager. Mir fiel wieder das Brett mit dem Gedicht ein und ich hoffte, dass ich es vielleicht während meines Besuches in Markkleeberg im Jahr 1998 finden könnte. Ich bekam die besondere Erlaubnis, was einst Baracke 6 war, zu betreten; aber da war sie bereits verändert und die Betten waren entfernt worden. Wer weiß, ob sich jemand über die Worte auf dem Brett gewundert hat und über die Umstände, unter denen diese niedergeschrieben worden waren? Vermutlich wurde das Brett einfach weggeworfen.

Purim

Purim, das jüdische Fest, das der Errettung der Juden in Persien vor der Ermordung durch Haman gedenkt, war am Dienstag, dem 27. Februar 1945. Hans, ein kleiner deutscher ziviler Arbeiter, der in der Härterei der Fabrik arbeitete, wusste irgendwie, dass Purim war. Er brachte Rachel Janovics Mittelmann, mit der er zusammenarbeitete, ein Stück Kuchen mit. Da eine Unterhaltung nicht erlaubt war, legte Hans es mit einer lustigen Geste für Rachel in den Schrank; so erfuhr Rachel, dass Purim war.

Für Erzsike und mich war Purim zu Hause ein freudvoller Tag, für den Mutter mindestens sieben Sorten Kuchen und Kekse bereits Tage vorher buk. Dieses Backen war Mutters Stolz. Dann war es unsere Aufgabe, ihre wundervollen Kreationen zu Verwandten und Freunden zu bringen. Als Gegenleistung freuten wir uns über ihre Bewunderung des Gebäcks und ein Taschengeld als Botenlohn, das wir meist für Süßigkeiten oder im Schreibwarenladen ausgaben. In Markkleeberg ging Purim vorüber, ohne dass wir davon wussten.

Pessach

Der 29. März 1945 war die erste Nacht des Pessach-Festes. Wir erfuhren dieses Datum von Elizabeth Winkler Engel und anderen, welche die Tage markierten, und die religiösen Mädchen zählten die Tage nach Purim und teilten das allen mit. Beim Pessach-Fest in Markkleeberg gedachten wir im Glauben, mit Opferbereitschaft und Loyalität unserer Erziehung. Einfallsreiche Frauen, die die Gelegenheit hatten, tauschten ihr Brot gegen Kartoffeln. Flora Kaff Goldring, die im Büro mit deutschen zivilen Angestellten arbeitete, die Lebensmittel ausgaben, tauschte mit einem jungen deutschen Mädchen Brot gegen Kartoffeln. Flora sprach Deutsch und in Abwesenheit der SS wagten es die Angestellten, sich mit ihr zu unterhalten. Unter Lebensmittelkürzungen litt auch die deutsche Bevölkerung, so war es ein fairer Tausch. Die zivile Angestellte legte die Kartoffeln in einen weißen Beutel, damit sie sauber blieben. Flora konnte ihr einen ganzen Laib Brot geben, den sie und ihre zwei Schwestern aufgespart hatten. Als ich Flora interviewte, frohlockte sie noch immer über das Glück, dass es ihr vergönnt war, das Gebot einzuhalten, zu Pessach kein Brot zu essen.

Màrta Weisz Paran aus unserer Stadt tauschte ihr Brot mit anderen Häftlingen gegen Suppe. Sie schlug uns vor, das gleiche zu tun, aber es waren nur wenige Mädchen bereit, auf einen solchen Tausch einzugehen. Da wir nicht gut im Tauschen waren, beschlossen Erzsike und ich, zumindest an den ersten beiden Tagen des Seder-Mahls kein Brot zu essen. Zu Hause feierten wir Seder als zeremonielles Abendessen, welches an den Exodus aus Ägypten erinnert. Als ich am ersten Abend hungrig schlafen ging, erinnerte ich mich an das letzte Pessach-Fest und die Zeit kurz danach, als uns befohlen wurde, unser Haus zu verlassen. Tags zuvor hatte mir meine liebe, kleine Großmutter noch das Pessach-Geschirr erklärt, mit besonderem Augenmerk auf die Teller für Fleisch- und diejenigen für Milchprodukte. Sie wollte, dass ich es wusste, für den Fall, dass sie nicht mehr in der Lage wäre, es uns nächstes Jahr zu zeigen.

Als wir zur Mittagszeit ins Lager zurückkamen, hatten wir kein Problem mit der Suppe, da wir wussten, wir mussten etwas essen, um zu überleben. Unser Gewissen war beunruhigt wegen des Brotes als Wichtigstes an diesem Feiertag. Am dritten Tag, an dem wir uns von der wässrigen Suppe ernährten, waren wir sehr geschwächt. Später sahen wir, dass eines der religiösen Mädchen aus unserer Baracke, die auch auf das Brot verzichtet hatte, in Ohnmacht fiel. Wir fühlten, dass uns das auch passieren würde, so aßen wir unser Brot mit dem Gefühl, dass wir wenigstens das Gedenken an den Seder zum Pessach-Fest aufrechterhielten.

DIE CHRISTLICHEN FEIERTAGE

Sonntag

Am Sonntag, dem einzigen Ruhetag, dauerten die Appelle länger. Die deutsche Belegschaft erschien, einschließlich der Aufseherinnen, die nach Parfüm rochen und dem Wachpersonal vielsagende Blicke zuwarfen. Das Zählen und Nachzählen dauerte länger als gewöhnlich. Wenn wir dort Stunde um Stunde standen, begannen die Mädchen, eine nach der anderen, Gedichte aufzusagen. Wenn jemandem die Zeilen nicht einfielen, ergänzte eine andere die fehlenden Wörter. Die Sonntage waren auch eine bevorzugte Zeit für spezielle Zimmerkontrollen, für Arbeitskommandos und Strafappelle. In der Fabrik herrschte etwas weniger Brutalität; aber im Lager machten Knittel und sein Personal, was sie wollten. Wenn die Inspektion nicht nach versteckten Gegenständen suchte, wurden Reinlichkeit und Ordnung geprüft. Die Decken auf den Betten mussten jederzeit exakt gefaltet sein. Neben die Decken stellten wir unseren Teller in militärischer Ordnung. Jede Gefangene musste neben ihrem Bett strammstehen, während die Aufseherin vorbeiging, um die Inspektion vorzunehmen.

Durch die Arbeit mit ihren zehrenden Tag- und Nachtschichten blieb uns wenig Kraft oder Lust für das „soziale Leben". Nur an den Sonntagabenden, wenn wir die meiste Arbeit erledigt und unser Brot gegessen hatten, gab es ein oder zwei Stunden, bevor das Licht ausging. Wir trafen uns in einer Ecke der Baracke. Die Gespräche riefen ein Zusammengehörigkeitsgefühl hervor, welches im Lager sonst nicht vorhanden war, wo jeder um das eigene Überleben kämpfte. Wir erinnerten uns dann an zu Hause, an Schultage und bekannte Melodien. Mädchen trugen Gedichte vor und die Zuhörer konnten, inspiriert durch die Gedichte, Erinnerungen wach werden lassen. Manchmal, wenn die Vortragende mitten im Text begann, vervollständigten die Zuhörer die fehlenden Zeilen. Talentierte Mädchen, selbst solche ohne viel Schulbildung, fügten Worte in Reime und erschufen Lieder über das Leben und die Hoffnung im Lager. In Form von Gedichten tauschten die Frauen auch Kochrezepte aus. Unterdessen passten Mädchen auf, dass uns die Aufseherin oder die deutschen Wachleute nicht überraschten. Wenn sie uns zusammen fänden, würden wir, abhängig von ihrer Laune, bestraft werden. Die Wächter wurden immer bösartiger, je näher die Alliierten kamen. An einem Sonntag im Februar schneite es ununterbrochen, als wir auf dem vereisten Boden des Appellplatzes standen. Wir waren seit dem Morgen draußen. Wir stapften mit den Füßen, um uns vor Frostbeulen zu schützen und nur das Geräusch von ersticktem Schluchzen und Klagen begleitete ab und an das Zittern und den monotonen Rhythmus von 1.300 Frauen, die in der Kälte standen.

„Wie lange können wir das aushalten?“, fragten wir uns. Bis zum Mittag waren wir alle mit nassem Schnee bedeckt. Unsere Füße gefroren und wir hatten Probleme, unsere geschwollenen, schmerzenden Zehen in den Schuhen zu behalten. Erzsike rieb besorgt ihre Zehen aneinander, um die Schwellung zu reduzieren, aber ich machte den Fehler, einen Schuh auszuziehen und konnte nur unter Tränen und beträchtlicher Anstrengung meinen dick gewordenen Fuß in den Schuh zwängen. Ich weiß nicht, was passiert wäre, wenn der Appell länger gedauert hätte. Das Heulen der Luftangriffssirenen war unsere Erlösung, auch wenn es andere Schwierigkeiten mit sich brachte.

Sonntäglicher Luftangriff

Wenn man den Alarm hörte, rannte man zum Luftschutzbunker. Das Dröhnen war ungeheuerlich, mit dem die Flugzeuge in Gruppen über unsere Köpfe hinwegflogen. Die Luftschutzbunker lagen tief in der Erde. Oben war eine dicke Betonschicht und darüber lag mit Gras bewachsener Boden. Von außen konnte man nur die Ventilationsschächte sehen, die auch vor Bomben geschützt waren. Die Unterstände sahen von innen aus wie lange Korridore. Wachen standen an beiden Ausgängen. An Sonntagen, wenn alle, auch die französischen Gefangenen, im Lager waren, gab es nicht genug Platz im Unterstand. Selbst wenn Lucifer und die Wachen schlugen und schoben, war es schwer, 1.500 Häftlinge hineinzudrängen. Wir standen immer noch auf dem Appellplatz, als wir ein neues Flugzeuggeschwader kommen hörten, was sogar den Boden unter unseren Füßen beben ließ. Wir hatten keinen Platz, uns zu verstecken; unsere Angst steigerte sich, als wir den bedrohlichen Widerhall der Motoren über unseren Köpfen vernahmen. Wir hörten sogar den kreischenden Pfeifton der Granaten in der Luft und dann die Detonationen, wenn sie ihre Ziele erreichten. Die Explosion war so nahe, dass die Druckwelle uns durchrüttelte. Glücklicherweise erreichten wir den Eingang des Unterstandes, da sich die verängstigten Insassen gegenseitig hineinschoben.

Draußen war es beängstigend, aber drin war es meist noch furchtbarer. Während eines sonntäglichen Luftangriffs im März 1945, war der Bunker voll Wasser und die müden, zitternden Mädchen mussten sich in ihn hineinzwängen. Die Flugzeuge waren bereits über unseren Köpfen, als uns die Aufseherinnen, die noch mehr verängstigt waren als wir, hineinschoben und hineindrängten. Es war schwer, im schlammigen, dunklen Bunker zu laufen, wo das Wasser über die Knöchel schwappte, wenn wir auftraten. Wir hielten uns aneinander fest, um nicht zu fallen, zertrampelt zu werden oder uns in der Menge zu verlieren. Es gab einfach keinen Platz für alle. Wir gerieten in Panik, als Knittel hinzukam und mit Tritten immer mehr Mädchen in den dunklen, nassen Bunker zwang. Schließlich wurden die Türen verschlossen und die Frauen, denen die geschlossenen Türen Angst einflößten, fingen an, von einer Massentragödie zu reden. Wir standen so sehr lange Zeit, als jemand schrie „Hier ist keine Luft zum Atmen. Ich ersticke!" Mädchen fielen in Ohnmacht, eine auf die andere, als die Panik wegen Luftmangels eskalierte. Erzsike und ich schauten uns besorgt an, um zu sehen, ob die andere noch steht. Dann, wie in jeder Dunkelheit, schimmerte ein Licht. Ein französisches Mädchen fing an, mit einer wundervollen, beruhigenden Stimme zu singen. Es war tröstlich zuzuhören, obwohl wir die Worte nicht verstanden. Währenddessen wurde der Sauerstoff wirklich knapp. Erzsike drückte meinen Arm fester, als das Wasser unsere Füße umschloss.

„Die amerikanische Armee nähert sich, sie könnten sogar schon draußen sein", sagte eine Frau tröstend. Die Menge entspannte sich ein wenig bei der Aussicht auf Freiheit. Schließlich öffnete sich die Tür und wir standen im Licht. Entgegen unserer Hoffnung waren die Posten alle noch da und bewachten uns noch wütender.

Während nächtlicher Luftangriffe blieben wir in den Baracken. Meist hatten wir keine Angst vor dem Tod – jedenfalls nicht vor diesem Tod – außer bei einem Ereignis, als die Baracke aufgrund der nahen Bombeneinschläge wackelte. Es war völlig dunkel, die Mädchen fingen an zu weinen und ich blieb dicht bei Erzsike in ihrem Bett. Glücklicherweise wurde das Lager nicht getroffen. Es war sehr schwierig, zum Unterstand zu rennen, wenn wir nachts arbeiteten und am Tag kein Mittagessen erhielten. An Sonntagen, wenn wir von der Tag- zur Nachtschicht wechselten, bekamen wir erst am Montag um Mitternacht Essen in der Fabrik. Es waren 36 Stunden Hunger, der sich noch verschlimmerte, wenn wir am Montag tagsüber in den Unterstand gehen mussten. Wir aßen nicht und konnten nicht schlafen.

Weihnachten

Weihnachten war ungefähr zwei Wochen nach unserer Ankunft. Wir freuten uns auf etwas guten Willen, das Fest zu begehen. Wir träumten sogar von zusätzlichem Essen und ein bisschen Ruhe, doch Knittel und seine Mannschaft hatten andere Vorstellungen.

In der großen Fabrik brachte Freg, ein belgischer Vorarbeiter, Zsuzsanna Lengyel Urai und zwei anderen Mädchen einen Eimer heißes Wasser als Weihnachtsgeschenk. Die Mädchen waren dankbar und wuschen damit eilig ihre Haare. Da erschien Lucifer. Sie schlug die Frauen mit ihrer Peitsche und schrieb ihre Nummern auf. Ringsum brannten die Weihnachtskerzen, während die drei bis Mitternacht im heftigen Schneetreiben vor Knittels Büro standen.[196]

Am ersten Weihnachtstag war die Temperatur noch immer unter Null. Der Schnee wurde zu Eis und Reihen von Eiszapfen hingen von den Bäumen in der Nähe. Wir standen in dieser Eiseskälte in unseren dünnen Overalls, die nackten Füße waren in den Holzschuhen vollends gefroren. Reiben half nicht mehr. Die Aufseherinnen stapften mit ihren kalten Füßen auf – in ihren gefütterten Stiefeln, Mänteln, Pullovern und Hüten.

Knittel, in hohen Stiefeln und schwerem Wintermantel, war es zu kalt, um an einer Stelle zu stehen. Er ging auf und ab und musterte uns mit seinem fotografischen Gedächtnis. Schließlich hatten sie alle genug; aber bevor wir auseinander gehen durften, suchten die Wachen eine Gruppe von 30 Mädchen heraus, um den Schnee wegzuräumen. Unglücklicherweise waren Erzsike und ich darunter. Wir schauten uns an, während die anderen in die Baracken eilten. Wir zitterten bereits am ganzen Körper, mussten nun die Schaufeln und einen Wagen nehmen, den wir wie Pferde zogen, um den Schnee zu transportieren.

Schneeschaufeln zu Weihnachten

Der Wind war so stark, dass er den mühsam zusammengeräumten Schnee vom Wagen wehen würde, wenn wir uns nicht beeilten. Unsere Zehen waren gefroren, sodass wir kaum stehen konnten. Zitternd und unsere Hände reibend, um sie vor dem Erfrieren zu schützen, wussten wir nicht, wie lange wir das aushalten sollten. Wir mussten den Schnee zu Bergen auftürmen, ihn dann in den Wagen schaufeln und zu einem Platz im Lager bringen. Wir taten das alles in Holzschuhen, ohne Handschuhe, Mützen oder Strümpfe. Die Aufseherinnen trugen hohe Stiefel, Pelzmützen und schwere Wintermäntel. Trotzdem froren sie und sie machten ihrem Ärger Luft, indem sie auf uns einschlugen wie auf müde Pferde, die man antreiben muss. Ich erinnere mich an meinen Blick zu Erzsike, als ein Schlag beinahe ihren Rücken traf und ich fürchtete, jede Minute zusammenzubrechen. Inzwischen fiel der

196 Zsuzsanna Lengyel Urai in ihrem Brief an die Autorin, datiert vom 6. Februar 2000.

Schnee ohne Unterlass. Mürbe geworden durch unseren gemeinsamen Gegner, das raue Wetter, oder vielleicht einfach ihre Strategie ändernd, sagten uns die Aufseherinnen, dass wir nur die Hälfte der vorgesehenen Arbeit zu erledigen hätten. Wenn wir fertig wären, könnten wir hineingehen. Wie elektrisiert arbeitete die Gruppe sogar schneller. Ohne Peitschen oder Aufseherinnen im Nacken half eine der anderen, damit wir fertig wurden. Das Schwierigste war, die schwere Schaufel zu halten; zweimal fiel sie mir aus meinen erstarrten Händen. Erzsike eilte zu mir und half mir, sie wieder aufzuheben. Zu jener Zeit war sie die Stärkere von uns beiden.

Ich weiß bis heute nicht, wie wir diesen Tag überstanden. Entweder war es unser Schicksal oder wir hatten einen enormen Willen, der uns am Leben hielt. Heute, wenn ich manchmal aus dem Fenster meines warmen Wohnzimmers schaue und die Arbeiter den Schnee wegräumen sehe, in dicken Stiefeln, Fellmützen und Wintermänteln, denke ich an die zwei abgemagerten jungen Mädchen in Markkleeberg. Sie konnten sich im tiefen Schnee kaum bewegen und zogen den schneebeladenen Karren durch den stürmischen Wind. Ich weiß nicht, wie ich eine von ihnen sein konnte.

Als wir in der Nacht in unsere Unterkunft kamen, fielen wir erschöpft in die Betten, aber von Zeit zu Zeit, wenn ich aufwachte, um meinen schmerzenden Rücken zu bewegen, hörte ich Veras schlimmen Husten. Ihr Bett war nahe an meinem und da ich fürchtete, krank zu werden, rutschte ich so weit weg wie möglich. Unsere Hoffnung, zu Weihnachten gäbe es eine besondere Suppe, wurde enttäuscht. Es gab keine Extraportionen. Im Gegenteil, wir fürchteten uns vor jedem kommenden deutschen Feiertag. Unsere Besorgnis war nicht grundlos, wie man sehen wird.

Silvester

Der Himmel war schwarz, ein neuer Schneesturm braute sich zusammen, als die Lichter um das Lager eingeschaltet und wir zum Appell befohlen wurden. Lange Eiszapfen hingen von den Bäumen, als wir stillstanden. Die Wachen schlossen die Blöcke, sodass wir nicht mehr zurückkonnten. Knittel ordnete an, dass wir so lange stehen sollten, bis sie uns fortschicken würden. Ein Schauder ging durch unsere Reihen. Der kalte Wind kroch unter unsere dünnen Overalls und blies über jeden Teil unserer nackten Körper. Wir fünf in unserer Reihe rutschten so nahe aneinander, dass die Kälte sich nicht zwischen uns einnisten konnte. Die Nässe des Schnees drang durch unsere Schuhe und gefror unsere Füße. Die Wachen kontrollierten uns jede halbe Stunde von Knittels Büro aus. Wir wussten nicht, wieso wir bestraft wurden.

Es gab Gerüchte, dass Zwangsarbeiter Waffen in unseren Baracken versteckt hätten, aber das wurde nie nachgewiesen. Eine deutsche zivile Arbeiterin, Annelies Falkenberg, berichtete in ihrer Zeugenaussage, dass man möglicherweise eine jüdische Gefangene gesehen hatte, die sich ausruhte, weil sie keine Kraft mehr besaß. Als Strafe mussten alle Gefangenen mehrere Stunden in der Nacht barfuß im Schnee stehen. Frau Janek, eine Markkleeberger Anwohnerin, die auch in der Fabrik arbeitete und nahe dem Lager in der Spinnereistraße 23 wohnte, bestätigte die Aussage.[197]

Schließlich erschienen Knittel und seine Mannschaft. Wir richteten unsere Linien aus und standen still. Sie begannen zu zählen, als plötzlich ein tuberkulosekrankes Mädchen in Ohnmacht fiel. Die Appellregeln legten fest, dass wir sie bis zum Ende des Appells liegenlassen mussten, aber ihre Schwestern kamen ihr zu Hilfe. Knittel schob sie zur Seite und sagte, er wüsste, wie man Erste Hilfe leistet. Er öffnete den Overall des Mädchens und stellte fest, dass sie in eine Decke gewickelt war, trotz seiner Anordnung, dass alle Decken gefaltet auf den Betten liegen müssen. Angetrunken von der Silvesterfeier wurde Knittel wütend und trat fluchend auf das bewusstlose Opfer ein. Ihre beiden Schwestern begannen zu weinen und versuchten, das Mädchen mit ihren eigenen Körpern zu schützen. Die Wache griff ein und schlug wahllos jeden, der in der Nähe war. Erzsike und ich standen ein bisschen weiter weg, so entkamen wir den Schlägen, aber wir alle waren zutiefst erschüttert. Schließlich hatte Knittel genug und kommandierte uns in die Baracken zurück. Die blutenden Geschwister stützten ihre taumelnde Schwester, während andere Mädchen verletzten Umstehenden halfen und denen, die einer Ohnmacht nahe waren. Am nächsten Tag hatten wir ein wenig Ruhe, außer denen, die vorm Revier warteten. Die SS musste sich von der Feier der vergangenen Nacht erholen.[198]

Duschen nach Neujahr

Am ersten Samstagabend nach Neujahr wurden alle Lagerinsassen zum Duschen und zur Desinfektion befohlen. Unsere Sachen, die wir bündeln mussten, wurden nummeriert. Nach dem Duschen jagte man uns nackt und nass nach draußen in den Schnee, wo wir warten mussten, bis alle fertig waren und unsere Kleidung desinfiziert war. Es war unwirklich; die eisige Kälte ließ unsere nassen Körper gefrieren. Das Wasser verwandelte sich in unseren Haaren und am ganzen Körper in Eiszapfen. Es gab keinen Schutz

---

197 Eisert, „Ermittlungen über KZ“, S. 3.

198 Porat, Lelo Shiruar, S. 77.

vor dem schneidenden, unbarmherzigen Winterwind. Unsere Zähne klapperten und Erzsike zog mich zu sich heran, damit wir uns wärmen konnten. Die Situation passte zur Bemerkung von Imre Kertész, Überlebender des Holocaust und Nobelpreisträger. Als er gefragt wurde, „War es die Hölle?", antwortete er: „Die Hölle kenne ich nicht, aber ich kenne Konzentrationslager."[199]

Der Schnee schmolz unter unseren nackten Füßen. Weiße Schneeflocken wirbelten durch die Luft und die wenigen, die den Boden erreichten, wurden zu schwarzem Schneematsch. Und immer noch mussten wir die erbarmungslose, unerträgliche Kälte aushalten. Manches Mädchen schluchzte laut. Andere wimmerten mit zusammengebissenen Zähnen oder flüsterten Zeilen aus Psalmen, an die sie sich erinnerten. Ein Hauch des ewigen Schlafes hatte uns gestreift, als endlich unsere Kleidung kam und wir zurück in die Baracken gelassen wurden. Am nächsten Tag war das Revier überfüllt mit Frauen, die an Lungenentzündung, Rippenfellentzündung und Infektionen der Harnwege litten, die sie noch jahrelang ertragen mussten.

Überlebende gaben die Ereignisse in der Nacht des Duschens in der Zentralen Stelle der Landesjustizverwaltungen zur Aufklärung nationalsozialistischer Verbrechen zu Protokoll. Sie berichteten Folgendes:

„Im Winter 1944/1945 (an das genaue Datum erinnerten sie sich nicht) wurden die Frauen nicht wie üblich zur Nachtschicht, sondern zum Duschen beordert. Knittel befahl ihnen, nackt auf den Appellplatz herauszutreten und zu warten. Danach ließ er sie dort von 20.00 Uhr bis 23.00 Uhr stehen. Drei junge Frauen fanden den Tod."[200]

Unter denen, die nach dem Duschen in einer Reihe im Revier standen, war Erzsike meine einzige Verbindung zur Vergangenheit und zur Gegenwart. Sie litt an einer Entzündung der Herzklappe. Diese kam vielleicht von den Streptokokken in ihrem Hals, die in unserem ausgelaugten Zustand ihr Herz angriffen. Erzsike durfte im Revier bleiben und so war ich zum ersten Mal im Lager von ihr getrennt. Ich war starr vor Angst. Der Gedanke, dass sie sich nicht erholen könnte, verfolgte mich. Meine Schwester war das Einzige, was mir in dieser Welt noch geblieben war. Die Vorstellung, sie zu verlieren und mit ihr einen Teil meines Lebens, meines Glücks und meiner Zukunft, war unerträglich. In jeder freien Minute eilte ich zu ihr. Mein Herz krampfte sich jedes Mal zusammen, wenn ich die Baracke betrat, aus Angst, sie dort nicht zu finden. Die Tage, die sie im Revier verbrachte, schienen endlos zu sein. Sie sind meine schrecklichsten Erinnerungen an Markkleeberg.

---

199 Imre Kertész, Sorstalanság [Fateless] (Budapest: Magvetö, 1975), S. 306.

200 Center, S. 27.

Die zwei Wochen, in denen meine Schwester beim Appell nicht neben mir stand, mir keinen Mut zu arbeiten und kein Vertrauen gab, dass hellere Tage kommen werden, waren meine schwerste Zeit in den Lagern. Das Wunder ihrer Rückkehr erhellte meine trüben Tage und wärmte die Kälte der Wintersonne. Glücklicherweise durfte sie zurück an ihre Maschine.

Nach dem Duschen gab es viele schwerkranke Mädchen, unter ihnen Irma Wilhelm, die Mitbewohnerin von Tereza Frankl. Irma war 24 Jahre alt und ihre vier Jahre jüngere Schwester Adela war auch im Lager. Irma erkrankte an Lungenentzündung und starb am 3. Februar 1945 im Revier. Die Aufseherin, die wir Kutyus nannten, eine der freundlicheren, kam zu Tereza und bat sie, Adela zu sagen, dass ihre Schwester Irma gestorben sei. Tereza brachte es nicht übers Herz, diese grausame Nachricht zu überbringen. Die Aufseherin war ärgerlich, aber als Tereza Adela später sah, wusste sie, dass Kutyus es ihr mitgeteilt hatte. Tereza und ihre Mitbewohnerinnen trösteten Adela, so gut sie konnten; all jene, die eine Schwester im Lager hatten, teilten Adelas Schmerz und Trauer.

Das nächste Kapitel wird etwas von dem Licht zeigen, das man zu den deutschen Feiertagen im Lager vermisste. Wir werden Menschen bei der Arbeit treffen, deutsche Zivilisten und Zwangsarbeiter, die Freundlichkeit und guten Willen verkörperten.

10. Beziehungen zu den Fabrikarbeitern und den französischen politischen Gefangenen

DIE DEUTSCHEN ZIVILEN ARBEITER

In der Fabrik arbeiteten deutsche Zivilisten: Ingenieure, Vorarbeiter, Meister, Mechaniker und Büroangestellte. Die Meister waren etwas ältere Männer oder Männer mit einer Behinderung. Wir sprachen sie mit „Herr Meister" an.

Durch unsere Zusammenarbeit entwickelten die meisten deutschen Arbeiter Mitgefühl mit uns. Obwohl es bei Todesstrafe verboten war, mit jüdischen Gefangenen Kontakt aufzunehmen, fragten uns die zivilen Arbeiter etwas, wenn sich die Möglichkeit bot, und langsam entwickelten sich persönliche Beziehungen. Arbeiter, die Mitgefühl mit den ihnen unterstellten Mädchen hatten, taten ihnen gelegentlich etwas Gutes. Sie riskierten ihre eigene Sicherheit, wenn sie den jüdischen Frauen ein aufmunterndes Wort sagten oder ihnen in einem unbeobachteten Moment ein Stück Brot oder einen Apfel zusteckten. Diese Gesten waren so selten, dass Überlebende sich noch Jahre nach der Befreiung daran erinnerten.

Während ein deutscher Ingenieur Erzsikes Maschine einrichtete, legte er eine kleine Papiertüte in die Schublade und bedeutete ihr, dass diese für sie wäre. Erzsike schaute nach und fand darin ein kleines Marmeladenbrot. Als sie sich bedanken wollte, schaute der ältere Mann weg und wandte sich der nächsten Maschine zu. Als ich mein Kehren bei ihr unterbrach, lächelte sie selig und gab mir die braune Tüte, nachdem sie sich überzeugt hatte, dass wir unbeobachtet waren. Ich konnte unser Glück kaum fassen. Sofort fingen wir an zu handeln. Ich war der Überzeugung, Erzsike sollte das Geschenk behalten, weil sie es bekommen hatte. Außerdem, so sagte ich zu ihr, war ihre Arbeit schwerer als meine. Wie so oft beschlossen wir schließlich zu teilen. Da wir Angst vor einer Durchsuchung auf dem Heimweg hatten, wollten wir das Brot in der Fabrik aufessen. Erzsike versteckte sich hinter ihrer Maschine und teilte ganz genau, bis zur letzten Krume. An die Maschine gelehnt schlangen wir das Brot herunter. Diesen unglaublichen Geschmack des Mitternachtsmahls kann nur ein hungernder Jugendlicher nachempfinden. Erst nach mehreren Anläufen gelang es Erzsike, die Aufmerksamkeit des Arbeiters zu erlangen, um ihm für seine Güte zu danken. Es war ihr wichtig, dem Mann ihre Dankbarkeit auszudrücken.

Meist waren die zivilen Angestellten uns freundlich gesonnen. Ihnen war es wichtiger, dass die Arbeit erledigt wurde: Daran, Leute zu schikanieren, lag ihnen nicht. Wenn wir bedenken, dass viele von ihnen gegen den Faschismus oder kommunistische Sympathisanten waren, können wir die deutschen Arbeiter besser verstehen. Polizeiakten belegen, dass einige von ihnen überwacht wurden. Jene wohnten häufig in der Spinnereistraße und waren Arbeiter der ehemaligen Spinnerei, die Junkers übernahm und für die Kriegsproduktion umrüstete.[201]

Die deutsche Bevölkerung war der Meinung, wir wären Kriminelle, die man zur Bestrafung nach Deutschland gebracht hatte. Ein deutscher Arbeiter sagte zu Elisabeth Stein Székely, er dachte, wir wären Prostituierte. Diejenigen, die eine Weile mit uns zusammenarbeiteten, erkannten, wer wir wirklich waren, aber es kamen immer neue Angestellte. Eines Tages, als ich den Boden kehrte, fragte mich ein deutscher Arbeiter, den ich vorher noch nie gesehen hatte, warum man mich eingesperrt hätte. „Für eine Prostituierte siehst du zu jung aus“, meinte er. Eine Gefangene an einer Maschine in der Nähe übersetzte die Frage. Sie antwortete gleich selbst und erklärte ihm, dass wir nichts Ungesetzliches getan hätten, dass wir Juden wären, die man von zu Hause weggeschleppt hätte, und dass wir auf Grund eines offiziellen Erlasses gefangen wären. Ich weiß nicht, was dem Arbeiter durch den Kopf ging, er verließ uns wortlos.

Ein junger Techniker, der nur eine Hand hatte, sagte zu Anna Klein Weiss und einer anderen Gefangenen, die das Büro reinigten, dass er Brot für sie dalassen würde. Da er sich vor der SS fürchtete, schärfte er ihnen ein, das Brot im Büro zu essen, und wenn sie doch erwischt würden, zu sagen, sie hätten es gestohlen. Zum Glück gab es keine Probleme.[202] Indem ich diese Taten des Mitgefühls erwähne, möchte ich all jenen Arbeitern ein Denkmal setzen, die ihrem Gewissen folgten und uns in diesen schweren Stunden hilfreich zur Seite standen.

In einem Brief an Irma Clajus aus dem Jahre 1955 erwähnte Dr. Rachel Spielmann, eine ehemalige jüdische Gefangene in Markkleeberg, einen deutschen Vorarbeiter namens Pastor, der den Mädchen an der Poliermaschine heimlich Essen zukommen ließ. Das war für ihn gefährlich, da überall in der

---

201 Andreas Höhn in seinem Brief an die Autorin, datiert vom 8. Januar 2003, mit einer Kopie von Überwachungsdokumenten aus der Polizeiakte.

202 Interview mit Gabriella Klein Heimlich.

Fabrik Hinweisschilder warnten, dass „Kontakte zu den Gefangenen" „strengstens untersagt" seien.[203]

Frau Janek, eine deutsche Zivilarbeiterin, sagte aus, dass sie den Gefangenen, die mit ihr arbeiteten, Strümpfe gegeben hätte.[204]

Helen, eine Mitgefangene, die Erzsike kennenlernte, als sie Informationen über den Ingenieur einholte, der uns das Marmeladenbrot mitgebracht hatte, wurde eine gute Freundin.

Sie hatte auch eine Schwester, Zsuzsa, und beide waren etwa in unserem Alter. Zsuzsa, die Ältere der Schwestern, arbeitete in der Qualitätskontrolle und sie besuchte Helen von Zeit zu Zeit. Sie war ein lebensfrohes, hübsches Mädchen mit blauen Augen und lockigem schwarzen Haar. Sie hatte immer einen Scherz parat und wenn wir aneinander vorbeigingen, lächelten wir uns zu. Auch während der Mittagspause wechselten wir ein paar Worte. Zsuzsa erzählte uns, dass sie aus Südungarn kamen und die beiden einzigen Kinder ihrer Eltern waren. Wie Erzsike und ich blieben sie in Auschwitz allein zurück. Die Schwestern standen sich sehr nah und versuchten, füreinander Mutter und Vater zu sein. Wir identifizierten uns mit ihnen und glaubten, wir könnten Freunde sein und uns gegenseitig beistehen. Wir freuten uns darauf, sie zu sehen und mit ihnen darüber zu sprechen, wie wir als Schwestern auf uns allein gestellt mit der Situation zurechtkamen. Es machte uns Spaß, von Zsuzsa den Klatsch und Tratsch aus der Fabrik zu erfahren, mit dem sie sich so gut auskannte. Das Lagerleben war eine ständige Herausforderung und eines Tages sah ich Helen weinend an ihrer Maschine arbeiten. Sie fürchtete sich davor, die Worte auszusprechen und flüsterte, dass Zsuzsa mit hohem Fieber im Revier wäre. Ein Gefühl unaussprechlicher Traurigkeit überkam uns. Wir versuchten, Helen zu trösten, und sagten ihr, dass Erzsike auch im Revier gewesen war und sich wieder erholte. In den folgenden Tagen kehrte ich mehr als gewöhnlich neben Helens Maschine, um ihr ein paar tröstende Worte zu sagen. Wir beeilten uns, zur Mittagszeit bei ihr zu sein. Die Tage vergingen und Helen wurde immer verzweifelter. Mädchen aus der Qualitätskontrolle, die mit Zsuzsa arbeiteten, besuchten Helen. Selbst Zsuzsas Kontrolleurin, eine deutsche zivile Arbeiterin, kam eines Tages und legte ein Stück Schokolade auf Helens Maschine. Es war das erste Mal seit zehn Tagen, dass ein leises Lächeln über Helens Gesicht huschte. Sie konnte kaum das Ende

203 Brief von Rachel Spielmann an Irma Clajus, 9. November 1975. Das Original befindet sich im Stadtarchiv der Stadtverwaltung Markkleeberg.

204 Janek, „Protokoll über die Aussprache mit Frau Janek" [Frau Janeks Zeugenaussage], 1961, Buchenwaldarchiv # 63, 26-2.

der Schicht erwarten, eilte zu Zsuzsa und brachte ihr das Geschenk. Auch wir besuchten Zsuzsa im Revier. Sie versuchte zu lächeln und strich ihr Haar glatt, um den Anschein zu erwecken, dass alles in Ordnung sei. Trotzdem sahen wir, dass ihr Gesicht aschgrau war und ihr schlanker Körper noch dünner. Lungenentzündung und Tuberkulose forderten ihren Tribut. Ohne Medikamente und eine bessere Ernährung vermochten auch Helens Liebe und die Sorge ihrer Freunde die Ketten von Zsuzsas zweifachem Gefängnis nicht zu sprengen.

Als wir das Revier verließen, versuchte ich, die Tränen zurückzuhalten, aber ich sah, dass eine Träne über Erzsikes Gesicht rollte. Ein paar Tage später, an einem Montagabend, wurde Helens Maschine von einer anderen Gefangenen bedient. Später erfuhren wir, dass Zsuzsa und vier andere Mädchen das Lager verlassen hatten. Die Trennung der beiden Schwestern berührte uns sehr und wir mussten alle Kraft aufbieten, um unsere Entmutigung zu überwinden. Wir hielten uns fester bei den Händen, als wir an diesem Tag nach der Arbeit ins Lager zurückkehrten. Inzwischen war auch Helen mit Fieber und wegen ihres allgemein schlechten Gesundheitszustandes im Revier. Sie erholte sich und dank der Bemühungen mitfühlender Frauen gehörte sie zu den zehn körperlich geschwächten Mädchen, denen eine Arbeit in der Küche zugewiesen wurde.

Als wir Helen ein paar Wochen später trafen, freuten wir uns, dass ihr die Kraft der Hoffnung, diese überlebenswichtige Medizin, geholfen hatte. Sie klammerte sich an die schwache Hoffnung, dass man Zsuzsa ins Krankenhaus gebracht hätte und dass sie sich später zu Hause wiedersehen würden.

Heute wissen wir, dass unsere Hoffnungen und Wünsche kein Happy End hatten. Niemand von Zsuzsas Transport kehrte zurück. Auch alle aus der Gruppe meiner Mutter, die in Auschwitz-Birkenau zur anderen Seite geschickt worden waren, kamen ums Leben. Wir blieben Helens Freunde; aber ohne Zsuzsa wurde unsere Bindung schwächer und wir verloren uns auf dem Todesmarsch aus den Augen. Wir glauben daran, dass Helen überlebte und nach dem Krieg eine eigene Familie gründete.

Es schien, dass Erzsike, die so jung war und an einer so großen Maschine arbeitete, Mitleid erweckte. Ein paar Wochen nach der Begebenheit mit dem Marmeladenbrot legte ein deutscher Vorarbeiter in der Nachtschicht einen Apfel in die Materialkiste neben Erzsikes Maschine. Er wusste, dass Erzsike den Apfel nehmen würde, was sie auch tat, und sie bedachte den schnell davoneilenden Arbeiter mit einem dankbaren Blick. Dieses Geschenk stärkte unseren Glauben an Wunder. Wir beschlossen, den Apfel mit ins Lager zu nehmen und mit unseren Freunden zu teilen, deren Kameradschaft so wichtig und tröstend für uns war. Wir hatten vor, die Mädchen aus unserer Stadt zusammenzurufen, so wie es Elza Reich Szamosi getan hatte. Erzsike versteckte den Apfel in ihrem Arbeitsanzug und sicherte ihn mit einem Gummiband am Knöchel.

Kurz nachdem wir unseren Raum erreicht hatten, wurde eine Ausgangssperre angeordnet und wir durften die Baracke nicht verlassen. So saßen wir auf unseren Betten, machten uns Gedanken wegen der zu erwartenden Durchsuchung und beschlossen, den Apfel allein zu essen. Da betrat Vera den Raum und wir wussten, was zu tun war. Erzsike borgte sich nebenan ein Messer und wir schnitten den Apfel in drei Teile. Es beruhigte unser Gewissen, dass wir Vera einen Teil abgaben. Vera, die ein wenig älter war als wir und nachts immer stark hustete, lächelte uns dankbar zu.

Am Abend wurde die Ausgangssperre aufgehoben, aber wir bereuten nicht, den Apfel mit einer leidenden Mitbewohnerin geteilt zu haben. Unser gutes Gefühl verstärkte sich, als Vera ein paar Tage später ins Revier gelassen wurde.

Heute denke ich kaum an den alltäglichen Hunger und die Kälte in jener Zeit, aber die Erinnerung an die Geste des Vorarbeiters und Veras herzliches Lächeln haben sich in meine Seele eingegraben.

Auch andere zivile Arbeiter in der Fabrik zeigten Mitgefühl und halfen den Gefangenen. Regina Farkas Pincsefski und ihre Freundin waren im Materiallager eingesetzt. Die Frau, die dort arbeitete, konnte ihnen kein Essen geben, aber sie bedachte sie immer mit einem aufmunternden Lächeln. Ein anderer Arbeiter namens Meisel brachte Käse mit und legte jedem Mädchen im Raum etwas davon hin.

Ein kräftiger älterer Vorarbeiter arbeitete zusammen mit Elisabeth Stein Székely in der Westhalle. Er fuhr jede zweite Woche nach Hause und wenn er zurückkam, brachte er kleine Geschenke für die Mädchen am Fließband mit. Lebensmittel waren rationiert und die deutsche Zivilbevölkerung hatte in diesem Kriegsjahr selbst nicht viel; trotzdem brachte er etwas Vitamin C, Süßes oder Nadel und Faden mit – wahre Schätze für die Gefangenen.

Die zivilen Arbeiter, auch wenn sie Sympathisanten der Nazis waren, hatten Mitleid mit uns. Eine Sekretärin im Büro, eine kräftige Frau, trug das Hakenkreuz, das Symbol der Nazipartei und des „Dritten Reiches", an ihrer Kleidung. Sie hatte einen Sohn, der Angehöriger der SS war. Aber als sie die junge Klára Frenkel Deutsch vor Kälte zittern sah, gab sie ihr wärmende Unterwäsche. Klára trug sie, obwohl sie immer fürchtete, dass man die Wäsche bei einer Kontrolle finden könnte. Agnes Glück Rabinovics, die an einem Automaten arbeitete, wurde von einem kleinen, älteren, grauhaarigen deutschen Vorarbeiter beaufsichtigt. Absichtlich ließ er die Hälfte seines Essens neben Agnes' Maschine liegen. Beim nächsten Mal gab er das Essen einem anderen Mädchen. Zum Glück wurde es nicht entdeckt.

In dem Maße, wie sich die politische Situation veränderte, verstärkten sich die mitfühlende Haltung und der gute Wille einiger Vorarbeiter sogar noch mehr. Eine zivile Arbeiterin beschwerte sich bei Rachel Janovics Mittelman, dass man sie auch überwachte, zur Arbeit zwang und dass sie nicht genügend zu essen bekämen.

Der deutsche Ingenieur, der Tereza Frankl beaufsichtigte, war ein kleiner, älterer Mann, dessen Brille auf der Nasenspitze saß. Wie alle Arbeiter trug er einen blauen Kittel. Er brachte Kleinigkeiten, ein Stück Brot oder ein Stückchen Seife, mit und legte sie in den Schrank neben Tereza. Auch für andere Mädchen, die in der Mittelhalle arbeiteten, brachte er etwas mit.

Aber nicht alle deutschen Arbeiter unterstützten die Gefangenen. Manche konnten nicht nachempfinden, wie der Hunger uns plagte. Vorarbeiter riefen ihre Anweisungen in einem rohen, umgangssprachlichen Deutsch, das die Häftlinge nicht verstanden. Márta, deren Maschine neben der von Elisabeth Stein Székely stand, machte zu viele Fehler, da sie die Anweisungen auf Deutsch nicht verstand. Ein Vorarbeiter drohte ihr, sie zu melden. Sie war zu Tode erschrocken, als der Vorarbeiter das Wort „Oberscharführer" gebrauchte. Sie weinte bitterlich, worauf ein hilfsbereiter Arbeiter zu ihr kam und ihr in ruhigem Ton erklärte, wie die Maschine richtig zu bedienen sei. Er sprach sogar einige Worte Ungarisch. Danach konnte der boshafte Vorarbeiter trotz wiederholten Bemühens keine Fehler mehr finden.

Elisabeth Stein Székely erinnerte sich an einen kleinen, kräftigen, dunkelhäutigen deutschen Vorarbeiter, der provozierend durch die Westhalle lief und dabei allerlei Süßigkeiten aß, während die Gefangenen hungerten, und auch an einen dünnen deutschen Meister, der offenbar an Tuberkulose litt. Er war bösartig, schrie die Gefangenen an und nannte den Aufseherinnen ihre Nummern, damit sie bestraft würden.[205]

Wie in jeder Gruppe gab es auch unter den deutschen zivilen Arbeitern freundliche und bösartige. Erzsébet Frank hatte zwei deutsche Vorarbeiter: Einer war schrecklich; er drohte, sie wegen Sabotage anzuzeigen, wenn sie nicht schneller arbeitete. Er war nicht nur unzufrieden mit Erzsébets Arbeit, sondern auch überzeugt, dass Hitler den Krieg gewinnen würde.[206] Der andere Vorarbeiter, er hieß Johannes Walter und war etwas älter, war ein anständiger Mann. Wenn er am Wochenende nach Hause fuhr, brachte er immer etwas für die Mädchen mit.

Ein ziviler Fabrikinspektor verteidigte sich vor Gericht, dass das Verhalten der Arbeiter zu den Gefangenen von oben diktiert worden wäre. Wahrschein-

---

205 Elisabeth Stein Székely, in ihrem Brief an die Autorin vom 22. März 1999.

206 Frank, 365 Nap, S. 81.

lich stimmt das bis zu einem gewissen Grad; aber mitfühlende Männer und Frauen fanden Wege, um menschlich zu handeln. Wir waren darauf gefasst, dass die Deutschen uns grausam behandeln, sodass jene, die etwas Mitgefühl zeigten, für uns Helden waren.

Die offensichtliche Tatsache, dass der Krieg zu Ende ging, ermutigte manche deutsche Vorarbeiter, toleranter zu sein. Sie zeigten es nicht offen, aber häufiger gaben sie einer Gefangenen, die mit der Arbeit an einem großen Automaten nicht zurechtkam, eine leichtere Arbeit. Die SS-Bewacher und die Aufseherinnen waren das ganze Gegenteil. Wenn das Kriegsgeschehen nicht ihren Hoffnungen entsprach, schikanierten sie uns umso mehr.

Mitfühlende deutsche zivile Arbeiter halfen den Mädchen, wo sie konnten. Ein alter deutscher Arbeiter, der für die Maschine von Agnes Kivovits Vesely verantwortlich war, schaltete die Maschine aus, wenn er sah, dass Agnes mitten in der Nacht so furchtbar müde war. Er ließ das Licht brennen und sagte ihr, sie solle ein Nickerchen machen. Die erleuchtete Maschine vermittelte den Eindruck, dass an ihr gearbeitet würde.

Das Beherrschen der deutschen Sprache und gutes Aussehen waren für einige Gefangene von großem Vorteil. Viele Mädchen waren trotz ihres mitgenommenen Zustands noch immer hübsch. Einige glaubten, dass die Männer, die ihnen halfen, zu einem bestimmten Grad von ihrem Aussehen beeinflusst wurden. Die Fremdarbeiter rieten einigen Mädchen, unter ihnen Rachel Janovics Mittelman, aufzupassen und nicht allein mit einem bestimmten deutschen Techniker ins Untergeschoss oder in den Keller zu gehen.

Im Allgemeinen vermieden die deutschen zivilen Arbeiter eine Konfrontation mit Knittel oder den Aufseherinnen. Doch wenn sie Ungerechtigkeiten bemerkten, handelten sie. Ein deutscher ziviler Vorarbeiter half Iren Lebovits Ehrenreich, deren Maschine defekt war. Iren machte sich große Sorgen, denn eine Woche war vergangen und die Maschine war noch nicht repariert. Eines Tages trafen zwei hochrangige SS-Offiziere ein. Ihre schwarzen Stiefel glänzten und breite Armbinden befanden sich auf ihren Ärmeln. Irens Maschine stand direkt neben der Tür, durch die die Offiziere traten. Iren erschrak zutiefst, als sie gefragt wurde, warum sie nicht arbeitete. Der Vorarbeiter eilte auf sie zu und beeilte sich, den Offizieren zu erklären, dass die Maschine kaputt sei, aber am nächsten Tag repariert würde. Die SS-Männer nickten und setzten ihren Fabrikrundgang fort.

Als ich die 91-jährige Iren in Israel interviewte, erinnerte sie sich noch immer dankbar an den Vorarbeiter, der sie in dieser gefährlichen Situation rettete. Irens Fall zeigt, welch riesige Angst wir vor der SS hatten. Als die SS-Männer neben ihrer Maschine stehenblieben, sah sich Iren im Geiste bereits schuldig gesprochen, obwohl sie nichts falsch gemacht hatte. Entsprechend den Regeln des Lagers hätte es nichts geändert, dass sie unschuldig war.

FREMDARBEITER

Es gab zwei Gruppen von ausländischen Arbeitern. Kriegsgefangene waren in einem eingezäunten Bereich, den sogenannten Russenbaracken, in der Nähe des Lagers untergebracht. Viele von ihnen arbeiteten unter harten Bedingungen außerhalb auf den Feldern. Unter ihnen waren russische und ukrainische Zwangsarbeiter.[207] Zur zweiten Gruppe gehörten die sogenannten „Freiwilligen", die mit uns in der Fabrik arbeiteten. Einige waren Freiwillige, andere Zwangsarbeiter aus den von den Deutschen besetzten Gebieten.

Ein belgischer Junge erzählte Barbara Klein Stark, dass die Deutschen ihn aus der Schule mitgenommen hatten und er seinen Eltern nicht einmal Bescheid sagen konnte. Einige Zwangsarbeiter aus Belgien und Holland waren Studenten, die der Widerstandsbewegung angehörten. Einer von ihnen war Freg, der uns das Material brachte und sich mit Veronica Lorant Berk unterhielt.

Die Zwangsarbeiter in der Fabrik waren Franzosen, Holländer, Belgier, Italiener, Polen und Jugoslawen. Sie waren jung und meist unverheiratet. Sie durften sich frei bewegen, mussten sich aber täglich zur Arbeit melden und standen unter Beobachtung.[208] Ihnen wurde ein geringer Lohn gezahlt. Die Zwangsarbeiter hatten Radios und durften Briefe und Pakete von zu Hause empfangen.

Sie arbeiteten als Techniker, stellten die Maschinen ein und warteten sie. Sie waren auch Vorarbeiter, die die Produktion überwachten, oder arbeiteten an den Maschinen. Wenn Erzsike nach der Nachtschicht die Fabrik verließ, nahm ein Holländer ihren Platz ein. Neben Ilana Sajovits Breiner arbeitete ein hochgewachsener Pole. Ilana hatte anfänglich Angst vor ihm, aber sie entspannte sich, als sie herausfand, dass er erst 18 Jahre alt war.

Die ausländischen Arbeiter, die selbst unter den Deutschen litten, waren meist sehr mitfühlend mit den jüdischen Gefangenen. Sie hatten selbst nicht

---

207 Interview mit Andreas Höhn.

208 Karay, Hasag-Leipzig Slave Labour Camp, S. 65.

viel zu essen, jedoch taten wir ihnen so leid, dass sie einige ihrer Rationen teilten. Agata Trattner Klein, eine der Schweißerinnen, erinnerte sich an einen holländischen Techniker, der vor Weihnachten heimlich einen halben Apfel und ein Stück Brot in den Schubladen der Maschinen der Mädchen versteckte, die mit ihm arbeiteten. Mit einem Augenzwinkern gab er Agata zu verstehen, sie sollten in ihren Schubkästen nachsehen.

Auch wenn die meisten Zwangsarbeiter nett waren, gab es andere, wie eine Ukrainerin, die sehr gemein sein konnten. Sarah Ehrmann Sterba erhielt ein kleines Stück Apfel von einem deutschen zivilen Arbeiter. Die Ukrainerin sprang auf, ergriff den Apfel und warf ihn in das Säurebad.

ANGEHÖRIGE DES ELEKTROKOMMANDOS

Zum Elektrokommando gehörten Mädchen, die meist mit Zwangsarbeitern zusammenarbeiteten. Um für diese Aufgabe ausgewählt zu werden, musste man Deutsch sprechen und eine höhere Bildung haben.

Gabriella Braver Kosinka wollte ausgewählt werden, machte sich aber Sorgen, da sie ihr Studium nicht beendet hatte. Ihre Freundin lachte und sagte: „Sie werden dich nicht nach deinem Diplom fragen." Jeder konnte behaupten, dies oder jenes zu sein, niemand konnte es überprüfen. Der Vorarbeiter des Elektrokommandos wollte Facharbeiter, aber Knittel meinte, intelligente Häftlinge könnten es lernen. Die Wahl hing schließlich von Bildung und Erfahrung ab. Als sich Eva Czitter freiwillig für diese Arbeit meldete, fragte man sie, wo sie gelernt hatte, Elektroarbeiten durchzuführen. Eva entgegnete schnell, ihr Vater hätte einen Elektrowarenhandel besessen, in dem sie mehrere Stunden täglich gearbeitet hatte. Tatsächlich besaß ihr Vater ein Bekleidungsgeschäft. Eva, die gut Deutsch sprach, war sich bewusst, dass es keine Möglichkeit gab, ihre Aussage zu überprüfen.

Ihre Freundin Eda, die kein Deutsch sprach, kommentierte alle Äußerungen Evas mit: „Ich auch."

Das Elektrokommando befand sich in einem separaten Raum neben der Härterei. Roberto, ein italienischer Zwangsarbeiter, war der Vorarbeiter. Zu den Facharbeitern gehörte auch ein ziviler deutscher Arbeiter mit Namen Heinz Günter, der wegen gesundheitlicher Probleme keinen Armeedienst leistete. Er war besonders nett zu Gabriella. Er brachte ihr Essen mit und sprach trotz des Verbots mit ihr und den anderen Mädchen. Als das Lager evakuiert wurde, versteckte er Gabriella bei seiner Mutter. Andere Angehörige des Elektrokommandos waren Enrico, ein italienischer Elektriker, und Joseph Lubera, ein polnischer Zwangsarbeiter.[209]

Das Elektrokommando kümmerte sich um die elektrischen Anlagen in der Fabrik. Man rief Roberto, wenn eine Glühbirne an einer Maschine oder anderswo in der Fabrik durchgebrannt war. Er schickte dann eine Gefangene mit einer Prüflampe, um herauszufinden, ob die Glühbirne gewechselt werden musste. Die Häftlinge des Elektrokommandos wussten auch, wie man den Strom an den Maschinen ausschaltete. Manchmal halfen sie Freunden, die sich ein wenig ausruhen wollten, indem sie die Maschine für eine halbe Stunde abschalteten. Die Facharbeiter kümmerten sich um ernsthaftere Probleme mit der Elektrik.

Es war verboten zu sprechen, aber die kleinen Gruppen von Arbeitern wurden oft Freunde, die versuchten, sich gegenseitig zu helfen. Mädchen wie Gabriella Braver Kosinka, die Deutsch und Tschechisch sprach, waren im Vorteil. Der polnische Zwangsarbeiter Joseph Lubera brachte Gabriella Zigaretten mit, die sie bei der Lagerältesten Bella Spitz gegen Lebensmittel eintauschte.

Enrico, der italienische Zwangsarbeiter im Elektrokommando, befestigte irrtümlicherweise ein elektrisches Kabel an der falschen Stelle. Da er nicht ausreichend Deutsch sprach, um seinen Irrtum zu erklären, wurde er vom Vorarbeiter der Fabrik der Sabotage beschuldigt, worauf die Todesstrafe stand. Der Vorarbeiter wollte Wiegand, den SS-Kommandanten des Lagers rufen. Gabriella, die in der Schule Latein gelernt hatte, verstand etwas Italienisch. Sie setzte sich für Enrico ein, indem sie erklärte, er hätte lediglich die Anweisung nicht verstanden. Und um seiner Sache mehr Geltung zu verschaffen, erklärte Gabriella, er hätte Frau und drei Kinder in Italien. Der deutsche Ingenieur hörte zu und nach und nach akzeptierte er die Erklärung. Enrico befestigte das Kabel am dafür vorgesehenen Platz. Enricos Freund Roberto war so dankbar, dass er für Gabriella und die Mädchen des Elektrokommandos ein Paket mit Brot und geräuchertem Fleisch mitbrachte. Roberto, ein gutaussehender junger Mann, hatte eine deutsche Freundin in Markkleeberg, deren Ehemann im Krieg war. Sie gab ihm die Lebensmittel, die er dem Elektrokommando mitbrachte.

Sprachkenntnisse, wie die von Gabriella, waren von großem Vorteil. Zsofia Gottlieb Török beeindruckte einen Ingenieur mit ihrem wohlklingenden Deutsch. Er war ein schlanker Mann, der wahrscheinlich an einer Krankheit litt, wegen der er ausgemustert worden war. Er fragte Zsofia, woher sie so gut

209 Interview mit Gabriella Braver Kosinka.

Deutsch konnte. „Ich habe es in der Schule und von meinen Eltern gelernt", antwortete sie. Als sie ihm erzählte, dass sie auch Französisch sprach, war er entzückt. Es gab ihm die Möglichkeit, das Französisch, das er während seines Studiums in Paris gelernt hatte, aufzufrischen. Zsofia sprach auch Englisch. Da das jedoch die Sprache des Feindes war, hatte sie Angst, es zu erwähnen. Der Ingenieur mit seinem auf dem Rücken zugeknöpften Kittel verweilte gelegentlich bei ihr, um ein kurzes Gespräch zu führen. Während seines Gespräches mit Zsofia bemerkte er, wie schwer ihre Arbeit war, da sie die Maschine von Hand bediente, um Strom zu sparen. Zsofia war müde und ihre Hände waren mit Blasen übersät, die von heißem Öl und umherfliegenden Stahlsplittern verursacht wurden. Zsofia drückte die eiternden Wunden aus, ging aber nicht ins Revier. Die Hautverfärbungen sind immer noch sichtbar. Neben den körperlichen Beschwerden lastete der Druck auf ihr, das tägliche Arbeitspensum zu schaffen. Der Ingenieur wusste all das. Und eines Tages, der wahrscheinlich sein letzter in der Fabrik war, überraschte er Zsofia. Ein Vorarbeiter kam und teilte ihr mit, dass sie in die Qualitätskontrolle überwechseln sollte. Dort konnte sie sitzen und die fertigen Stücke hinsichtlich der vorgegebenen Abmessungen überprüfen. Zsofia hielt überall nach dem Ingenieur Ausschau, um ihm zu danken, aber sie sah ihn niemals wieder.

IM FRÜHLING

Wir waren hungrig und erschöpft, aber unsere Jugend und romantische Gefühle schlummerten in unseren Herzen. Neben Erzsikes Maschine war eine Trennwand, hinter welcher Zwangsarbeiter beschäftigt waren. Einer von ihnen war ein Junge aus Holland. Erzsike gab ihm den Namen „Peter", weil das wie ein internationaler Name klang. Peter hatte ein hübsches Gesicht, war mitfühlend und er winkte uns stets freundlich zu. Einmal streichelte er sogar Erzsikes Haar durch die Trennwand, als niemand hinschaute. Er sprach einige aufmunternde Worte in Deutsch und in Zeichensprache teilte er mit, dass der Krieg eines Tages zu Ende wäre und sie alle nach Hause gehen würden. Erzsike, die so jung war, freute sich über diese Aufmerksamkeit. Sie antworte Peter mit ein oder zwei Wörtern, die sie auf Deutsch konnte. Die Freundschaft hielt eine Weile an. Erzsike erzählte mir:

„Peter hat mir wieder zugewinkt." Wahrscheinlich hätte er ihr von einem Essen etwas abgegeben, aber er hatte selbst nicht viel. Eines Tages überraschte er Erzsike mit einem Ring aus Kupfer, das fast wie Gold schimmerte. Er sah aus wie ein Siegelring ohne Initialen, denn Peter kannte Erzsikes Namen nicht.

Peter gab Erzsike den liebevoll gefertigten, hübschen Ring als Zeichen von Zuneigung und erster Liebe, so wie ein Schulfreund es getan hätte.

Erzsike, die ja noch ein Kind war, war so stolz; sie stellte sich vor, wie unser Vater und unser Großvater lächeln würden, wenn sie das Geschenk betrachteten. Obwohl sie etwas Angst vor einer Durchsuchung hatte, trug Erzsike den Ring und Peter lächelte ihr zu. Es war so etwas wie eine platonische Liebe, die auch die härtesten Bedingungen überwand. Erzsike trug den Ring auch noch, als ein älterer Arbeiter, der nie durch die Abgrenzung schaute, den Platz des holländischen Jungen mit den blauen Augen einnahm. Wahrscheinlich wurde Peter in ein anderes Arbeitslager gebracht, aber auf dem Todesmarsch sahen wir ihn noch einmal.

Aus sentimentalen Gründen brachte Erzsike den Ring mit nach Hause, nach Abaújszántó. Er gehörte zu den Schätzen der Vergangenheit, die wir verloren, als wir die ungarische Grenze überquerten.

Ein hübsches Mädchen namens Agi aus unserer Nachbarstadt Kosice erlebte eine wirkliche Romanze und ein richtiges Märchen. Agis und Erzsikes Maschinen standen in der Westhalle nicht weit voneinander entfernt. Den Mädchen fiel auf, dass Agi Blicke mit einem belgischen Zwangsarbeiter wechselte. Der attraktive Junge brachte Material zu den Maschinen. Mit enormer Geschwindigkeit verbreiteten sich Gerüchte inmitten der Monotonie der Automaten. Es gab kein Entrinnen: Die Gespräche auf der Toilette waren lebhafter und beobachtende Blicke folgten jeder Bewegung des blonden Jungen und jedem Aufenthalt in Agis Nähe. Selbst meine Unterstützung wurde von einfallsreichen Mädchen wie unserer Freundin Klára Spitz Snitzler in Anspruch genommen. Ich kehrte den Boden in der Nähe der beiden etwas häufiger und berichtete den anderen über die Besuche des Belgiers und die verliebten Blicke des Paares. Während ich lediglich ihre stummen Botschaften beobachtete, hatte Klára bereits bessere Informationsquellen und auf Grund ihrer eigenen Vorstellungskraft und Gefühlswelt interpretierte sie die Sprache der Liebe. Die Beziehung dauerte bis zu den letzten Tagen im Lager und sorgte für Unterhaltung und Abwechslung von den Luftangriffen und dem Lärm des Krieges. Es scheint, dass die Liebesgeschichte in der Tat ein glückliches Ende genommen hat, wie es in Kapitel 11 beschrieben ist.

Die Überlebenden, die ich befragt habe, erinnerten sich an diese Episode und daran, wie die Einzelnen sie romantisch verklärten. Ihre Stimmen waren selbst im Alter von 80 Jahren noch scherzhaft, da sie ihre jugendlichen Emotionen erneut durchlebten.

HANDWERKLICHES KÖNNEN UND IDEENREICHTUM

Mädchen, die nie zuvor einen Schraubenzieher in der Hand gehalten hatten, arbeiteten mit Elektrizität und fertigten Schmuck aus Materialien, die an den Maschinen bearbeitet wurden. Eva Czitter war eine dieser geschickten Gefangenen. Die Angehörigen des Elektrokommandos hatten dafür Zeit, denn sie warteten in einem Nebenraum auf Aufträge. Um sich von Hunger und den Gedanken an Essen abzulenken, besorgten sie sich Werkzeuge: Hammer, Säge und Feile. Auch auf Schleif- und Poliermaschinen hatten sie Zugriff. Eva suchte sich Nägel und Schrauben, die herumlagen. Dann begannen sie zu schneiden und die unterschiedlichen Formen für die Schmuckstücke zu fertigen. Eva fertigte Kettenanhänger und Eda machte Ringe. Im Lager tauschten sie diese gegen Brot. Magda Polatsek Fischer, die im Magazin arbeitete, wunderte sich, wozu die Mädchen so viele Nägel und Schrauben brauchten. Ihr kam nie die Idee, Vorteile aus ihrer Position zu ziehen. Wenn die Schmuckgestalter entdeckt würden, müssten sie mit schwerer Bestrafung rechnen. Aber Hunger, ihr Überlebenswille und die Freude über ihre Kunstwerke wogen die Angst vor Strafe auf. Eva, die vor dem Todesmarsch aus dem Lager entkam, brachte einige Stücke sogar mit nach Hause.

Auch andere einfallsreiche Mädchen fertigten Anhänger oder Anstecknadeln, die sie gegen Essen eintauschten. Viele Frauen, die ihre täglichen Rationen für den Schmuck hergaben, wollten damit einem Fabrikarbeiter für seine Freundlichkeit danken. Trotz des hohen Risikos schufen Häftlinge diese Handarbeiten oder besorgten sie sich, um ihre Dankbarkeit auszudrücken. Das bekräftigte Frau Holl, eine zivile Arbeiterin, die bereits erwähnt wurde, in ihrer Zeugenaussage. Sie hält den Schmuck, den sie von einer Gefangenen bekam, immer noch in Ehren.[210]

Obwohl einige geschäftstüchtige Mädchen Ringe zum Handeln herstellten, fertigte Tereza Frankl einen Ring für sich selbst an, um ihre künstlerische Kreativität unter Beweis zu stellen. Ihr kam nie der Gedanke, ihn einzutauschen. Sie machte ein Loch in ein Stück Kupfer, das sie an der Maschine gefertigt hatte und bearbeitete es. Tereza hatte keine Angst, weil der

So wie dieser Ring, der in der Fabrik Junkers hergestellt wurde, sah Erzsikes Ring aus, Privatsammlung

210 Eisert, „Ermittlungen über KZ“, S. 4.

deutsche zivile Vorarbeiter sie als gute Arbeiterin schätzte. Auch nach dem Krieg hütete sie den Ring sorgsam. Das Fertigen von Ringen war in der Fabrik weitverbreitet.

DIE SCHÄTZE DES KEHRDIENSTES

Als Kehrdienst in der Fabrik hatte ich Zugang zum Müll, einer wichtigen Quelle an „Eigentum". Ich leerte meinen Eimer mit dem Abfall, den ich um die Maschinen zusammengekehrt hatte, in einen größeren Behälter. War der Behälter voll, brachte ich ihn in einen anderen Raum, wo er entsorgt wurde, und nahm einen leeren mit. Ich bemerkte, dass andere häufig ihre Behälter entleerten, noch ehe sie voll waren. Weil ich müde und hungrig war, kam es mir nie in den Sinn, mich zu fragen, warum die Mädchen so versessen darauf waren, den Müll wegzuschaffen. Als ich Lea Kaff Brown interviewte, die auch zum Kehrdienst gehörte, war ich überrascht, welche Möglichkeiten ich verpasst hatte. Ich erfuhr auch, wie Lea die Rohstoffe, die sie fand, auf kreative Art und Weise nutzte. Auch wenn sie im Mülleimer nur selten Essensreste fand, so holte sie Zigarettenkippen heraus, welche die deutschen zivilen Arbeiter und die Zwangsarbeiter weggeworfen hatten. Lea sammelte sie, entnahm den Tabak und tauschte ihn mühelos gegen Essen, da sie die Sprache beherrschte. Einige der Kippen gab sie einem deutschen zivilen Arbeiter, der den Müll abtransportierte. Wenn der Mann den leeren Behälter zurückbrachte, lag immer eine Kartoffel, ein Apfel oder ein Stück Brot darin; seine Gegenleistung für Lea. Einmal brachte er ihr sogar ein Stück Seife, ein anderes Mal ein Stückchen Johannisbrot. Lea war begierig darauf, ihren Behälter zurückzubekommen. Der Arbeiter drehte sich aus dem Tabak neue Zigaretten. Lea handelte auch mit Bella, die ihr dafür eine Extraportion Suppe gab. Obwohl das harmlos war, bekam Lea schließlich Probleme. Jemand merkte, dass eine Gefangene, die in der Küche arbeitete, rauchte und berichtete Knittel davon, der von ihr wissen wollte, woher sie die Zigarette hätte. Sie sagte, Lea, ein Mädchen vom Kehrdienst, hätte sie ihr im Tausch gegen Kartoffeln gegeben. Von Knittel dazu befragt, antwortete Lea, dass sie sie aus dem Abfall hätte. Nach dem Abendappell rief Knittel Lea in sein Büro. Ihre zwei Schwestern waren in Angst und warteten unruhig auf ihre Rückkehr. Im Büro wollte Knittel mehr über die Zigaretten wissen. Lea und das Mädchen aus der Küche wurden bestraft: Sie musste vor

Knittels Büro stehen und das Mädchen wurde zwei Tage im Bunker eingesperrt.[211]

DIE SCHWEISSERINNEN

Die Dichterin Erzsébet Frank wurde von einer Gruppe von zwölf Mädchen inspiriert, die ausgewählt worden waren, an den Schweißmaschinen zu arbeiten. Die Schweißerinnen lebten im Block 3, Zimmer 22. Erzsébet war im selben Block und bewunderte, wie die Frauen, die sich vorher nicht gekannt hatten, so gut miteinander auskamen. Sie dokumentierte ihre Geschichte in der Ballade „Die Schweißerinnen". Das Gedicht beginnt wie ein Märchen mit den Worten „Es war einmal".

Es war einmal in Deutschland, in Markkleeberg, in der Umgebung Leipzigs,
In einem hübschen Block Nummer drei, Zimmer zweiundzwanzig,
Wo leise, in vorbildlicher Ordnung, die Schweißerinnen lebten.
Sie liebten einander, was im Lager bemerkenswert war.
Zusammen waren sie die zwölf Schweißerinnen, in völliger Harmonie.

Ihr Raum war sauber, das Glanzstück des Blockes.
Die Betten standen in zwei Reihen, Vorhänge mit Lochstickerei.[212]
Die Löcher waren nicht verziert,
Da Garn für die Stickerei nicht erhältlich war.
Die Schweißerinnen arbeiteten acht Stunden am Tag,
Sie wuschen sich ordentlich, ihr Haar war gepflegt;
Sie besaßen Pullover und hatten Strümpfe an den Beinen;
Sie genossen das wöchentliche Bad, ihre Arbeitsanzüge waren sauber.

Wie in einem Märchen, es war fast nicht zu glauben,
Wie die zwölf Schweißerinnen in unserem Block lebten.
Sie bekamen „Zulag", aßen es mit Begeisterung.

211 Interview mit Lea Kaff Brown.

212 Die Mädchen, die ihren Raum dekorieren wollten, bedeckten das Fenster mit Zeitungspapier und schnitten Löcher, die so aussahen wie Knopflochstickerei, in das Papier.

Bei der Essensverteilung stritten sie nicht.
Die Hälfte von ihnen arbeitete jeden Tag in der Frühschicht;
Sie marschierten ruhig und gelassen zur Eisenfabrik.

Effizient arbeiteten sie, handwerklich begabt.
Dann, zehn nach zwei, kam die neue Schicht:
Adri, Lili, Magda, Herta, und Rózsika.
Die Sechste war Maderas Rózsika.[213]

In der anderen Gruppe waren drei Geschwisterpaare:
Zwei Lerners, zwei Zuckers und zwei Trattner Schwestern.
Obwohl Adri nicht Lilis Schwester war,
Gingen sie wie siamesische Zwillinge gemeinsam zur Toilette.
Herta war Magdas Brotpartner.
Unglücklicherweise mochten sie beide das mit den Streifen.
Ich habe nie das Geheimnis ihres Lebens kennengelernt;
Wen zog der Fleming vor, Alizka oder Herta?
Zwölf Schweißerinnen, deren Leben wie ein Traum war,
Zwölf Monogramme auf einem Dutzend roter Teller.
Allen in der Fabrik war bekannt,
Dass um 2.15 Uhr sechs Schweißerinnen hineinstürmen würden.
Sie brachten täglich die neueste Nachricht in die Fabrik.
Kein Wunder, dass ihre Ankunft so ungeduldig erwartet wurde.
Die Mädchen erschienen jeden Tag pünktlich, außer sonntags.
Ihr Bericht über das Essen war der Höhepunkt des Tages,
In wie viele Portionen war das Brot geteilt worden und womit war es bestrichen?

Das „Stadtgespräch" war natürlich,
Ob es an jenem Tag Kohlrüben geben würde.
Sie erzählten uns von den aktuellen Skandalen im Lager,
Wie die Stimmung Lucifers oder des Oberscharführers war:
Sie wussten gewöhnlich genau,
Wie viele Kohlen Lucifer in den Blöcken beschlagnahmt hatte.
Zwölf kleine Schweißerinnen, hiermit bedanke ich mich bei Euch,
Für die Art und Weise, wie ihr uns immer alles erzählt.
Mögt ihr weiterleben in Einklang und Gelassenheit,
Ihr zwölf in Zimmer zweiundzwanzig.

---

213 Um die zwei Mädchen mit dem Vornamen Rózsika zu unterscheiden, nannten sie diejenige, die die gestickten Papiergardinen herstellte, „Maderas Rózsika".

Epilog
Ihr zwölf kleinen
Schweißerinnen, ich bin böse auf euch:
Ihr habt nicht auf meine Decke aufgepasst.
Ich habe Zeugen, die gesehen haben,
Dass genau, als ihr nicht hingeschaut habt,
Meine Decke „wegorganisiert" wurde.

Mit dem Spruch „Besser spät als nie", in aufrichtiger Freundschaft und guter Kameradschaft,
Erzsébet Frank.

Ohne Elizabeth Zucker Mermel wäre das Gedicht verloren gewesen. Sie trug es mit sich während des Todesmarsches und während der langen Reise nach Hause, was nicht einfach war. Ich hatte die große Freude, zwischen Frank und Zucker den Kontakt herzustellen. Es war für Erzsébet eine große Genugtuung, ihr Werk wiederzusehen und zu wissen, dass man es schätzte. Die Qualität des Papiers war schlecht und während des Todesmarsches und der folgenden Jahre verblasste die Schrift. Glücklicherweise erinnerte sich Elizabeth Zucker Mermel und rekonstruierte die Worte, die Erzsébet Frank gegenlas und guthieß.

Als die Schweißerinnen in Markkleeberg das Gedicht lasen, legte jedes der zwölf Mädchen einen Teil ihrer täglichen Ration Brot auf Erzsébet Franks Bett als Anerkennung und Dank. Erzsébet teilte das Brot mit ihren Mitbewohnern.

Als ich 2003 mit Erzsébet Frank sprach, war sie über achtzig, aber sie betonte, dass sie niemals die zwölf kleinen Stückchen Brot, die sie in ihrem Zimmer erwarteten, vergessen konnte.

Das Gedicht beleuchtete das Leben im Lager und die emotionale Welt der Gefangenen bis in das kleinste Detail. Erzsébet Frank fragte sich in dem Gedicht, welches der beiden hübschen Mädchen von dem flämischen Fremdarbeiter favorisiert wurde.

Adi, oder Adrienne Blau, war die Frau eines Arztes; Lili war eine Krankenschwester. Sie waren sowohl vor als auch nach dem Krieg gute Freunde. Der flämische Arbeiter, der Adi und Lili mochte, brachte auch Nachrichten aus der Welt in die Fabrik. Das taten auch andere Zwangsarbeiter, was unser Leben ein wenig erträglicher machte.

Sie waren glücklich, uns von der Niederlage Deutschlands an der Front erzählen zu können, was sie aus dem Radio und aus Zeitungen wussten. Die

Arbeiter aus Holland und Belgien erhielten Druckerzeugnisse von Zuhause, die den Zensor passiert hatten.

Die Gefangenen brachten die Zeitungen ungeachtet der Risiken einer Strafe in das Lager und versuchten, die Inhalte zu analysieren.

Zehn der Schweißerinnen blieben während des Todesmarsches und auf dem ganzen Weg nach Budapest zusammen.

WAFFEN FÜR UNSERE FEINDE

Die Stärke der Luftwaffe spielte im Zweiten Weltkrieg eine entscheidende Rolle für den Ausgang des Krieges. Wir arbeiteten in einer Fabrik, die Flugzeugteile für die deutsche Luftwaffe produzierte, die die Militäroperationen in der Luft ausführte. Erzsike und ich waren froh, drinnen zu arbeiten und nicht Kälte und Wind ausgesetzt zu sein. Es bedurfte all unserer Konzentration, um die Arbeit zu erlernen, so hungrig wie wir waren. Nach einer Weile begannen die Mädchen darüber zu reden, dass wir Waffen für den Feind produzieren und damit zum Erfolg der deutschen Truppen beitragen würden. Wir fühlten uns so machtlos und um unser schwaches Selbstbewusstsein zu beschwichtigen, sagten wir uns, dass der Krieg sehr bald zu Ende sein würde und dass die Flugzeuge, für die wir die Teile produzierten, nie gegen uns eingesetzt werden würden.

Die ausländischen Arbeiter fühlten sich sicherlich viel unwohler, wenn sie Munition produzierten, die gegen ihre Brüder und gegen ihr Land verwendet wurde. Für die jüdischen Gefangenen war das meist keine nationale Frage. Wir hatten kein Land, denn sowohl die Ungarn als auch die Deutschen waren unsere Feinde.

Wir produzierten keinen Ausschuss mit der Absicht, die deutschen Erfolge zu vereiteln. Ein Zwangsarbeiter schlug Zsofia Gottlieb Török vor, brauchbare Teile unter die fehlerhaften zu mischen. So könnte man die Produktion verlangsamen.

Aber es gab im Lager keine Sabotagegedanken und keine diesbezügliche Bewegung. Selbst der Versuch der Sabotage durch eine jüdische Gefangene wäre undenkbar gewesen. Selbst ein großer Anteil an Ausschuss kann nicht als Beweis für die Absicht dienen, den Produktionsprozess zu stören. Die Mädchen wussten, dass Sabotage unsere Beziehungen zerstören würde. Wir würden nicht nur unser Leben, sondern auch das Leben unserer Mitgefangenen riskieren.

EIN ZEICHEN

An einem sonnigen Tag im März 1945 strichen Arbeiter das Glas der Fabrikfenster neu. Sie versahen es von außen mit schwarzer Farbe zum Schutz vor Luftangriffen.

Während sie arbeiteten, bemerkten wir plötzlich das kommunistische Symbol der Sichel und des Hammers, welches auf dem Fenster abgebildet war. Das Bild war für ein paar Minuten sichtbar und dann wurde es mit schwarzer Farbe überdeckt. Wir standen erstaunt da und deuteten dies als Zeichen, dass der Krieg bald vorbei sein würde.

WIR SEHEN EINEN AFRIKANER

Gefangene aus Ungarn, besonders aus den Provinzen, hatten noch nie Farbige getroffen. Wir hatten eine Werbung mit einem dunkelhäutigen Jungen gesehen, der schwarzen Kaffee einschenkte, aber wir hielten sie nicht für realistisch. In elitären Nachtclubs in Städten wie Kosice gab es Bands mit farbigen Musikern, aber wenige der Häftlinge waren jemals dort gewesen. Eines Tages, als wir in der Fabrik arbeiteten, kam ein großer, dunkelhäutiger junger Mann mit Eimern voll Wasser herein, das er in Ilana Sajovits Breiners Maschine goss. Ich fegte gerade in der Nähe und sah, dass jeder ihn mit Erstaunen anstarrte. Ilana, die viele Sprachen beherrschte, sprach Englisch mit ihm, aber der Bursche antwortete nicht. Dann versuchte sie es mit Französisch und erstaunlicherweise, strahlte der junge Mann sie mit einem schönen Lächeln an. Er war so glücklich, ihr erzählen zu können, dass er aus Afrika kam. Er wollte sich etwas mehr unterhalten, aber eine Aufseherin kam und damit war die Unterhaltung beendet. Als er mit einem weiteren warmen Lächeln und einem Augenzwinkern ging, folgten ihm alle Blicke. Ich beeilte mich, Erzsike und den anderen Mädchen an den Maschinen die Neuigkeit mitzuteilen. Wir waren alle fasziniert von der großen Welt mit ihren Menschen, während wir in unserer kleinen Ecke eingeschlossen waren. Der deutsche Vorarbeiter war beeindruckt, dass Ilana Französisch sprach. Der große schwarze Junge kam jedoch nicht nochmal.

FREUNDLICHKEIT AUF VERSCHIEDENE WEISE

Zsofia Gottlieb Török, die glücklicherweise Deutsch und Englisch sprechen konnte, hatte zwei ausländische Vorarbeiter, die ihr Nachrichten brachten. Kurt und Paul gaben ihr auch eine Schere, eine Rolle Faden und eine Nähnadel. All das hinterlegten sie in dem Korb mit Nägeln und Schrauben an ihrer Maschine.

Gabriella Klein Heimlich und andere Insassen arbeiteten einmal mit ukrainischen Zwangsarbeitern, die Kohle schaufelten. Eines Tages erlebten sie alle eine Überraschung. Der Waggon mit Kohle kam im Lager an und die Mädels bemerkten eine kleine ungarische Notiz, die besagte: „Schaut auf den Boden."

Als sie sich zum Boden vorgearbeitet hatten, sahen sie, dass er voller Kartoffeln war. Wahrscheinlich arbeiteten männliche ungarische Juden im Kartoffellager und wollten ein paar Knollen zu uns ins Lager schicken. Gabriella und die anderen Mädchen waren von dieser Solidarität gerührt. Die ukrainischen Arbeiter, die genauso hungrig waren, teilten die Kartoffeln und erklärten sich bereit, ein paar für die Gefangenen zu kochen. Die Frauen freuten sich über die Kartoffeln und dieses aufmunternde Zeichen der Freundschaft. Der SS-Mann, der Ungarisch sprach, sagte ihnen, sie sollten vorsichtig sein. Er freute sich für die Gefangenen und drehte sich ein wenig zur Seite, als die Mädchen sich die Taschen mit Kartoffeln füllten. Das laute Bombardement, das wir aus Leipzig hörten, hatte vielleicht einen Einfluss auf die Nachsichtigkeit des Wachmanns.

FRANZÖSISCHE POLITISCHE GEFANGENE

Diejenigen, die die Fabrikarbeit in Markkleeberg offen sabotierten, waren französische politische Häftlinge. Sie waren eine rebellische Gruppe, die sich weigerte, die deutsche Kriegsindustrie zu unterstützen. Ihre Geschichte als Gefangene begann am 15. August 1944, als eine Gruppe französischer Häftlinge von Paris nach Deutschland deportiert wurde. Männer und Frauen wurden voneinander getrennt; die Männer wurden nach Buchenwald gebracht und die Frauen nach Ravensbrück in Ostdeutschland. Von dort wurden 500 Frauen in die Heeresmunitionsanstalt nach Torgau gebracht.

Sie blieben dort bis Oktober 1944. Dann schickte man eine Gruppe zurück nach Ravensbrück, während fast 250 Französinnen mit einigen Belgierinnen und Holländerinnen in das KZ Buchenwald-Außenlager nach Abteroda kamen. In der BMW-Fabrik Abteroda wurde die Gruppe der Sabotage bezichtigt. Auf Anweisung des Kommandanten von Buchenwald wurden sie in zwei Gruppen nach Markkleeberg strafverlegt.[214]

Der erste Transport mit 125 französischen politischen Häftlingen kam am Montag, dem 12. Februar 1945, an. Die Nachricht verbreitete sich in Windeseile im Lager. Mädchen, die draußen auf dem Hof arbeiteten, informierten andere darüber, dass es Neuankömmlinge in Zivil gab, die langes Haar und hohe Turbane trugen. Die Frauen sahen ziemlich gut aus, trugen Nagellack und viel Make-up. Schnell machte die Nachricht die Runde, dass sie auch Mäntel, Handschuhe und Handtaschen besaßen.[215]

Die Neuankömmlinge standen lange Zeit wartend herum, bis die Häftlinge aus der Effektenkammer ihre Sachen bereitstellten. Dann brachten sie die Kleidung zu den Duschen, wo sie die französischen Frauen zum ersten Mal trafen. Die jüdischen Häftlinge, welche ja aus Auschwitz kamen, rieten den Französinnen, ihren Schmuck und ihre Wertgegenstände in den Schuhen zu verstecken. Das war ein guter Rat, weil die Aufseherinnen alles wegnahmen, was die französischen Frauen nicht versteckten; ihre Kleidung, ihre Dokumente und ihren Schmuck. Sie bekamen Unterwäsche und die gleiche dunkelgraue Arbeitskleidung, die wir hatten.

Wir waren schockiert, als wir die französischen Frauen kahlgeschoren aus der Dusche kommen sahen. Dieses Mal führten die Aufseherinnen die Rasur durch und nicht die Gefangenen wie in Auschwitz. Die Französinnen lächelten tapfer und zwinkerten uns zu, dass bald alles vorbei sein würde. Sie wurden dann in separaten Baracken untergebracht und jede erhielt eine Decke und eine Essensschüssel, wie wir sie hatten. Wie Soldaten marschierten sie an diesem Abend zum Appell.

Ein zweiter Transport mit 125 strafverlegten französischen Frauen kam zwei Wochen später an, am 26. Februar 1945. Man gab ihnen Arbeitskleidung, aber aus irgendeinem Grund wurde ihr Haar nicht abgeschnitten.

Einige Frauen des französischen Transports waren Kommunistinnen, andere gehörten zum Untergrund. Nelly Winkler Rochlitz, deren jüngere Schwester Rozsa Patientin im Revier war, traf dort eine verletzte politische Gefangene namens Raymonde Garin. Raymonde war freundlich und intelli-

214 Zeugenaussage von Jacquile Fleury am 12. März 1994. Das Original befindet sich in der Stadtverwaltung Markkleeberg.

215 Rab, És Nem Verik, S. 259.

gent und sprach gut Deutsch. Sie erhielt Pakete vom Roten Kreuz, welche sie auf dem Revier mit den anderen kranken Mädchen teilte. Sie war besonders nett zu Rozsa, die an Tuberkulose litt.

Garin wurde am 19. Juni 1920 geboren. Sie wurde mit einigen anderen französischen Widerstandskämpfern gefangen genommen und am 15. August 1944 nach Deutschland deportiert. Sie war in Ravensbrück, Torgau und Abteroda. Dort hatte Raymonde am 30. Dezember 1944 einen schweren Arbeitsunfall. Am 24. Februar 1945 wurde sie auf Befehl von Ernst John, Kommandant von Buchenwald, mit 124 französischen Frauen nach Markkleeberg zu Junkers geschickt. Während der Evakuierung transportierten ihre französischen Freunde und Mitgefangenen Raymonde Garin auf einem kleinen Karren. Sie überlebte den Todesmarsch und den Krieg.[216]

Dr. Marguerite Dupré, deren Mädchenname Mimeur war, war Krankenschwester und half Verwundeten der französischen Résistance. Ich traf sie später bei der Einweihung eines Denkmals in Markkleeberg. Während einer Befragung hatte ein Gefangener ihren Namen erwähnt, weswegen sie gefangen genommen und nach Deutschland gebracht worden war. Nach dem Krieg wurde Marguerite Dupré Ärztin.

Dadurch, dass die Französinnen den Status politischer Gefangener hatten, wurden sie etwas besser behandelt als die Jüdinnen. Ihnen blieben Auschwitz und die Selektionen erspart, weshalb auch ältere Frauen wie Fernande Prévost, geboren 1893, unter ihnen waren. Leider starb Fernande während des Todesmarsches.[217] Französische Mädchen jeden Alters durften bei ihren Müttern bleiben. Jacquile „Marie" Fleury, die sich für die Gedenkstätte in Markkleeberg engagierte, war zusammen mit ihrer Mutter verhaftet worden und lebte gemeinsam mit ihr im Lager. Die französischen Gefangenen durften Kontakt mit ihren Familien in der Heimat pflegen und sie erhielten mit Unterstützung des Roten Kreuzes Pakete von zu Hause.

Wir Juden dagegen wurden mit unserer gesamten Familie deportiert und die meisten von uns wurden getötet. Wir hatten zu Hause niemanden mehr, was ein entscheidender emotionaler Unterschied zwischen jüdischen und nicht-jüdischen Gefangenen war. Wir waren im Lager entweder alleine oder mit einer, vielleicht zwei Schwestern, aber nur selten zusammen mit der Mutter. Das Schicksal der Männer der Familie kannten wir nicht!

In Markkleeberg wurden die Französinnen in der kleinen Fabrik eingesetzt. Jeder Maschine wurden einige Mädchen zugeteilt. An Nelly Winkler

---

216 Biografie von Reymonde Garin. Das Original befindet sich in der Stadtverwaltung Markkleeberg; Interview mit Nelly Winkler Rochlitz.

217 Marguerite Dupré, „Mort de Mademoiselle Prévost, une camarade 5700", Voix et Visages, Association Nationale des Anciennes Déportées et Internées De La Résistance, Nr. 258 (Januar – Februar 1998), S. 2.

Rochlitz' Maschine kamen zwei Französinnen. Ihre Körpersprache verriet, dass sie nicht gewillt waren, etwas zu lernen oder zu arbeiten. Nelly, die kein Französisch sprach, machte ihnen mit Zeichen klar, dass die Nazis ihnen die Kehle durchschneiden würden, aber es kümmerte sie nicht. Schließlich sabotierten die Französinnen die Produktion, indem sie die Bohrer abbrachen. Sie wurden zur Arbeit außerhalb des Lagers geschickt.[218]

Es gab einen wesentlichen Unterschied in der Einstellung der jüdischen und nicht-jüdischen Gefangenen hinsichtlich Störungen der Produktion. Anders als wir hatten sie die Unterstützung des Roten Kreuzes. Die Französinnen wussten, dass sie zu einer starken Nation gehörten, die gegen die Nazis kämpfte, sodass Sabotage einen psychologischen und nationalen Wert für sie hatte. Meist hatte eine französische Gefangene bereits im Widerstand gekämpft, bevor sie inhaftiert wurde.

Häufig sangen sie bei der Arbeit im Straßenbau, bei der schweren Arbeit im Steinbruch und sie verrichteten andere Tätigkeiten im Freien. Es war März, das gefrorene Land taute ein wenig auf und die Sonne glitzerte in den schmutzigen Pfützen unserer Lagerstraßen. Die Arbeit draußen wurde einfacher. Manchmal wünschten wir uns, die Plätze mit den französischen Frauen zu tauschen, besonders an den Tagen, an denen wir nachts arbeiteten und während des Tages zu den Unterständen rannten. Wir wussten nicht, dass die französischen Frauen nach dem Bombardement außerhalb des Lagers aufräumen mussten. „[Sie] sammelten sogar die Toten ein", wie sie Ilana Sajovits Breiner erzählten.

Die französischen Häftlinge waren eine kürzere Zeit inhaftiert als wir. Sie nahmen das Lager weniger ernst und hatten eine gelassenere Einstellung. Diejenigen, die zum Widerstand gehörten, schienen eine Art Geheimsprache zu haben. Vor dem Schlafengehen sangen sie jeden Abend die „Marseillaise", die französische Nationalhymne.

Bei der Feldarbeit außerhalb des Lagers konnten die Französinnen einige Zwiebeln und Rüben in ihren Kopftüchern und Arbeitsanzügen verstecken, die sie dann gegen Brot und Margarine eintauschten. Man musste nicht sprechen, erinnerte sich Lilly Waldman, man musste einfach nur auf die Waren zeigen. Wie gute Geschäftsfrauen prüften die Französinnen genau, ob die Brotscheibe auch nicht zu dünn war. Die Margarine, die sie für eine Zwiebel erwarben, benutzten sie als Gesichtscreme; ihr Aussehen war ihnen genauso wichtig wie Essen. Obwohl wir im Allgemeinen getrennt waren, wagten sich die Französinnen zu unseren Barracken, um zu tauschen.

---

218 Rab, És Nem Verik, 264; Zeugenaussage von Blanka Schwartz-Friedman, Yad-Vashem-Akte 03/5048, 13. November 1988, S. 18.

Lucifer, die bei den Gefangenen gern nach Schmuck für sich selbst suchte, schaute sich die französischen Mädchen genau an. Sie nahm ihnen weg, was sie vom Feld mitgebracht hatten und bestrafte sie. Dennoch konnte es die Frauen nicht davon abhalten; sie machten weiter mit dem Tauschgeschäft, denn der Hunger war stärker als die Furcht.

Die Blockälteste der französischen politischen Gefangenen war eine Holländerin, die ein rotes Käppi trug. Die Aufseherin nahm ihr die Kopfbedeckung weg, aber sie machte sich eine neue. Schließlich ließen sie sie gewähren. Sie hatte Kontakt mit einem holländischen Techniker, der mit Elisabeth Stein Székely arbeitete. Er bat Elisabeth, der Blockältesten der Französinnen eine Zeitung zu geben. Elisabeth versteckte die Zeitung in ihrem Schuh.

Irgendwie schafften es die Französinnen, sogar in ihrer Gefängniskleidung schick auszusehen. Um ihren kahl geschorenen Kopf zu bedecken, trennten sie Teile ihrer Matratze auf und strickten aus dem Garn Turbane und Hüte. Als Stricknadeln benutzten sie Stöcke, die sie fanden. Entgegen allen Anweisungen trugen sie Turbane oder Kopftücher, die sie unterschiedlich gestalteten. Sie standen während des Appells im Lager von uns getrennt. Mädchen, die draußen arbeiteten, hatten natürlich mehr Gelegenheit, sie zu treffen. Die, die Französisch konnten wie Ilana Sajovits Breiner fanden Möglichkeiten, mit ihnen zu reden. Die Französinnen waren freundlich, entspannt und lachten oft. Sie zeigten uns das „V“ als Siegeszeichen. Die französische Sprache und Kultur war für uns vollkommen fremd.

Barbara Klein Stark erinnerte sich, wie uns anfangs ihr ständiges „Oh là là“ beeindruckte. Erzsike und ich, die wir beide nie vorher Französisch gehört hatten, sahen einmal vergnügt zu, wie die Französinnen während eines Bombenangriffs an einem Sonntag zu „Oh là là“ tanzten. Diese Frauen, die so schön ausgesehen hatten, als sie ankamen, magerten durch das schlechte Essen bald ab. Eines Tages bemerkten wir, wie sie den Löwenzahn pflückten, der um die Baracken herum wuchs. Sie nahmen nur die kleinen Blätter, weil die größeren zu bitter waren, wuschen sie und aßen sie als Salat. Wir beobachteten sie voller Neugier und Verwunderung; wir hatten daheim keinen grünen Salat gegessen. Für uns wäre es bereits ein gewagtes Unterfangen gewesen, eine Tomate zu essen. Später, während des Todesmarsches, pflückten die Mädchen wieder Grünzeug, aber sie kochten es vorher. Unter den französischen Frauen waren ein paar, die Ungarisch sprachen. Sie erkundigten sich bei Elisabeth Stein Székely nach ungarischen Rezepten, die sie nach dem Krieg ausprobieren könnten.

Die Französinnen und wir lebten gegenwärtig unter gleichen Bedingungen, aber wir hatten eine unterschiedliche Zukunft. Im Lager teilten wir das gleiche Schicksal: Die Deutschen waren unsere gemeinsamen Feinde und wir alle träumten vom Sieg und davon, endlich wieder heimzukehren. Auf die Französinnen warteten ihr Zuhause, ihre Nachbarn und ihr Land. Die Freude auf unsere Heimkehr war gedämpft, einzig die traurige Realität wartete darauf, uns zu begrüßen. Wir werden die Französinnen während des Todesmarsches wiedersehen, und unter Stress wird Antisemitismus auftauchen.

Bevor wir den Junkers-Werken mit ihren Mitarbeitern den Rücken kehren, werden wir die Aktivitäten der deutschen zivilen Arbeiter in der kleinen Fabrik nahe der Stadtmitte etwas genauer unter die Lupe nehmen. Die Beziehungen dort waren direkter und persönlicher, was sich in den Ereignissen widerspiegelt, die die letzten Tage des Lagers einleiteten.

11. Kleinere Fabriken, die letzten Tage und die Evakuierung des Lagers

ZWENKAU

1944, als deutsche Städte immer häufiger bombardiert wurden, lagerte man den Hauptteil der Produktion der Junkers-Werke in kleinere, unbekannte Fabriken in der Nähe der Hauptproduktionsstätten aus. In Zwenkau nahe Markkleeberg wurde eine ehemalige Brauerei zur Motorenproduktion genutzt.

Man bestimmte fünfzig Markkleeberger Gefangene für diese Arbeit. Zu ihnen gehörten Lilly Waldman und ihre Schwester Erzsébet. Jeden Morgen fuhren sie im letzten Abteil des Zuges die halbe Stunde bis Zwenkau. Die Frauen erhielten Wintermäntel, Kopftücher und Handschuhe, mussten aber weiterhin die alten Holzschuhe tragen. Sie wurden um drei Uhr geweckt, was besonders bei Dunkelheit, Schnee und Kälte in jenen Wintertagen sehr hart war. Die Gefangenen fuhren im Zug mit deutschen Zivilisten. Es war für Lilly Waldman und die anderen schmerzlich, das friedliche Leben zu sehen. Die Fabrik lag in ziemlicher Entfernung vom Zwenkauer Bahnhof. Wenn sie im Dunkel liefen, begannen in den Häusern, die Lichter anzugehen. Die Gefangenen sahen Menschen beim Frühstück in ihrer warmen Küche oder im Esszimmer. Währenddessen trotteten Lilly und die anderen durch knietiefen Schnee, der an den Sohlen ihrer Holzschuhe kleben blieb. Sie mussten achtgeben, das Gleichgewicht nicht zu verlieren. Auf einmal sah Lilly ein Fenster mit den gleichen Gardinen, die sie auch zu Hause hatten. Ungläubig schaute sie zu ihrer Schwester herüber und gleiche Gedanken und Erinnerungen überkamen beide. Sie nahmen sich vor, das nächste Mal nicht hinzusehen, konnten es jedoch kaum erwarten, wieder an dem Haus vorbeizugehen.

Einer der beiden Wachleute hieß Joseph. Er war ein kleiner Mann, wie Lilly sich erinnerte. Er war recht anständig und ließ sie das Tempo laufen, das sie schaffen konnten. Die Bewachung blieb in der Fabrik, aber sie beaufsichtigte die Gefangenen nicht bei der Arbeit. Die Fabrik in Zwenkau war nicht auf Zwangsarbeit ausgerichtet und die Behandlung und die Verpflegung waren besser. Die Mädchen arbeiteten gern dort. Jedoch waren sie so erschöpft, dass sie häufig zur Toilette gehen mussten, um wenigstens für ein paar Minuten die Augen zu schließen.

Lilly hatte einen deutschen Vorarbeiter, der hinkte und in Leipzig wohnte. Er unterhielt sich mit ihnen. Auch Vim arbeitete dort, ein kleiner holländischer Techniker, der den Mädchen Essen zusteckte, wenn er vorbeiging. Lilly arbeitete an einer großen, furchteinflößenden Schneide- und Poliermaschine. Sie hatte besonderen Respekt vor dem großen Rad, das vorsichtig angefahren und angehalten werden musste. Lilly fürchtete, dass sie nicht in der Lage wäre, es ordnungsgemäß zu kontrollieren. Eines Morgens wurden ihre Ängste wahr. Lilly drückte den falschen Knopf, das Rad ging kaputt und die Maschine blieb stehen. Sie war außer sich vor Angst und fürchtete, man würde sie töten oder zumindest hart bestrafen. Sie hatte Glück: Ein polnischer Vorarbeiter sah ihre Verzweiflung und ersetzte das Rad, ohne Bericht zu erstatten. Die SS erfuhr es nicht, sagte Lilly in unserem Interview. Sie war noch immer aufgewühlt, selbst bei dem Gedanken an die möglichen Konsequenzen.

Als ich mit Lilly Waldman sprach, wurde mir klar, dass zwei meiner Verwandten – die Schwestern Lenke und Hajnal Lindner – auch in Markkleeberg waren. Sie waren Cousinen meiner Mutter aus Sátoraljaúhely.[219] Dort hatten wir sie kennen gelernt, als wir Großmutter besuchten. Wir waren stolz, ihre Cousinen zu sein, weil alle sagten, wie hübsch sie wären. In Markkleeberg waren die Geschwister gute Freundinnen von Lilly Waldman, ihrer Schwester und einer weiteren Verwandten, die zusammen in einer Fünferreihe beim Appell standen.

Sie alle arbeiteten in Zwenkau. Es wäre so wichtig für uns gewesen, in Markkleeberg zu wissen, dass wir Verwandte im Lager hatten. Aber es war nahezu unmöglich, unter 1.300 Frauen jemanden zu erkennen, wenn er nicht in unserer Baracke wohnte oder mit uns zusammenarbeitete. Alle hatten die gleichen kurzen Haare und die Gefangenenkleidung und Nachnamen wurden kaum benutzt. Die Schwestern Lindner überlebten den Krieg, starben aber schon in jungen Jahren.

Die Gefangenen setzten die Arbeit in Zwenkau fort, obwohl die Gleisanlagen im Februar 1945 teilweise zerstört worden waren. Als dann die Fabrik selbst getroffen wurde, schickte man die Mädchen zurück in die Markkleeberger Fabrik.

Neben der Verlagerung der Produktion in kleinere, unbekanntere Orte, gab es bei Junkers auch Pläne für unterirdische Produktionsstätten. Eine sollte sich in einem ehemaligen Bergwerk in Heilbronn befinden. Einer der dortigen Zwangsarbeiter war Meir Stessel, mein späterer Mann.

219 Hajnal Linder, geboren am 28. Mai 1922, und Lenke Linder, geboren am 3. September 1920, stehen auf der Transportliste. Sie wurden beide in Sátoraljaúhely geboren.

Erst als ich die Geschichte des Lagers in Markkleeberg recherchierte, erkannte ich, dass uns eine gemeinsame Zeit bei Junkers verbindet. Meir arbeitete meist in der Nachtschicht, wo man die Schächte grub. Es war eine besonders schwere Arbeit und er litt große Schmerzen. Obendrein musste er ständig die salzige Luft atmen. Nach drei Monaten merkte der 18-Jährige, dass er das nicht mehr länger ertragen könnte.

Als Alfred Eidinger, ein junger Mann aus seiner Heimatstadt, für einen Transport bestimmt wurde, willigte Meir ein, mit ihm die Plätze zu tauschen. Alfred blieb bei seinem Cousin und seinen Freunden. Meir und eine Gruppe von einhundert Arbeitsunfähigen verließ das Bergwerk. Das war ein riskantes Unternehmen. Aber Meir war so verzweifelt, dass er das Risiko auf sich nahm. Sie hatten Glück und wurden nicht nach Auschwitz, sondern nach Dachau gebracht, wo sie schließlich von amerikanischen Truppen befreit wurden. Auch Alfred Eidinger, sein Cousin und seine Freunde überlebten. Die Junkers-Pläne für eine unterirdische Produktion wurden nicht in die Tat umgesetzt.

DIE EHEMALIGE SCHOKOLADENFABRIK

Eine Gruppe dafür ausgesuchter Mädchen wurde zur Arbeit in die ehemalige Markkleeberger Schokoladenfabrik geschickt. Der Name mag verführerisch klingen, aber es war auch eine Fabrik der Junkers-Werke, in der Flugzeugteile gefertigt wurden. Die Anlage lag zwanzig Minuten Fußweg vom Lager entfernt. Um zur Fabrik zu gelangen, musste man einen Stadtteil durchqueren. Um den äußeren Schein zu wahren, gab man den Mädchen Mäntel, die sie unterwegs über der Arbeitskleidung trugen. An der Spitze und am Ende des Zuges marschierte ein Wachposten mit Bajonett und an den Seiten liefen Aufseherinnen. Diese waren unbewaffnet und blieben während des Tages bei den Häftlingen.

Das Gelände war sehr reizvoll, mit Häusern im gotischen Stil und weißen Gardenien auf den Fenstersimsen. Die Straße begann sich mit den morgendlichen Passanten zu füllen, die für die Gefangenen einen flüchtigen Kontakt zur Welt der Lebenden darstellten. Diese gut gekleideten Menschen waren frei. Grausamkeit und Erniedrigung waren ihnen fremd, dachte Nelly Winkler Rochlitz, eine derer, die täglich zum Lager liefen.

Wenn es nicht regnete, waren sogar noch mehr Leute auf der Straße. Einige gingen stumm vorüber, andere drehten sich nach ihnen um, pfiffen und riefen: „Dreckige Juden!“, wie sich Überlebende erinnerten. Wenn sie das hörten, suchten die Augen der Mädchen Trost bei den zerbombten Häusern, die man in der Ferne sehen konnte.[220] Der Großteil der Bevölkerung war gleichgültig gegenüber der Gruppe, die von Bewaffneten eskortiert wurde, und zeigte kein Mitgefühl. Sie waren bereits an den Anblick gewöhnt. Nach dem Krieg jedoch gaben nur sehr wenige zu, dass sie von den Zwangsarbeitern gewusst oder auch nur gehört hatten.

Das Gebäude der ehemaligen Schokoladenfabrik war ein viergeschossiges Haus im barocken Stil. Über dem Tor, in der Mitte des Bogens, befand sich eine Elefantenskulptur. In großen goldenen Lettern, die man schon von Weitem sehen konnte, stand „Riquet“, der Name der Fabrik. Die Fabrik ähnelte einem von Bäumen umstandenen Schloss. Sie hatte vier Stockwerke und drei Kellergeschosse. Eine Leuchtreklame warb für Kaffee, Tee und Schokolade. Die Mädchen, die zuerst dorthin gingen, glaubten, sie wären im Himmel; sie stellten sich schon vor, sie würden die Schokolade kosten. Als sie jedoch eintraten, bemerkten sie schnell, dass sie noch immer Zwangsarbeiter der Junkers-Werke waren, die Teile für ein futuristisches Flugzeug ohne Besatzung herstellen sollten.[221]

In der vierten Etage wurden sie von Frau Elizabeth Anders, der Fabrikleiterin, erwartet. In einer Rede machte sie den Mädchen klar, dass sie für diese Arbeit ausgewählt worden seien. Sie hoffte, sie wären gute, gewissenhafte Arbeiterinnen, die die Anordnungen befolgen und sich dankbar erweisen würden. Beim Wort „dankbar“ lachten die Mädchen und sie hofften, die geschwollene Rede wäre bald zu Ende.

Dann begann die Ausbildung. Die Gruppe ging zwei Etagen nach unten. Dort schrieb Frau Anders Fachbegriffe auf eine große Tafel. Die Frauen mussten Theorie und Praxis beherrschen. Frau Anders zeigte ihnen die verschiedenen Teile, Skalen und Schrauben, die zu ihrer Arbeit gehörten. Die Frauen, die kaum ein paar Worte der deutschen Alltagssprache kannten, konnten sich diese komplizierten technischen Begriffe unmöglich merken. Mädchen, wie unsere Freundin Elza Reich Szamosi, die hier seit der Ankunft des ersten Transportes aus Bergen-Belsen arbeiteten, warnten die Neuankömmlinge, dass die Disziplin streng und die Arbeit schwer wäre. Am nächsten Tag gab es eine weitere Unterweisung. Die Frauen erinnerten sich nicht mehr an die Begriffe, die sie einen Tag zuvor gelernt hatten, was Frau Anders verärgerte. Lea Keri Lesem hatte Angst, man würde sie der Sabotage beschuldigen, wenn sie die verschiedenen Namen und die Verwendung der Werkzeuge nicht kannte. Lee Katz Yoskovitz erinnerte sich auch daran, dass sie große Furcht

220 Rab, És Nem Verik, S. 260.

221 Ebenda, S. 232.

hatte. In dieser Situation half die Übersetzerin Adel Hamer, auch eine Gefangene. Sie erläuterte die theoretischen Grundlagen und Frau Anders' Worte. Dann wurden die Mädchen den Maschinen zugeteilt, aber ein paar Stunden täglich übten sie die Namen der Teile, mit denen sie arbeiteten. Schließlich gingen die Mädchen gern zu diesem Unterricht, besonders auch, weil sie sich dort setzen konnten.

HITLER-JUGEND

Auch Jungen im Alter zwischen sechzehn und achtzehn, die zur Hitler-Jugend gehörten, arbeiteten an den Maschinen. Diese Organisation war 1933 von Adolf Hitler gegründet worden, um Jungen ab dem zehnten Lebensjahr nach nationalsozialistischen Prinzipien zu erziehen. 1936 war sie zu einer Organisation angewachsen, der alle „arischen" Deutschen beitreten sollten.

Die Jugendlichen führten ein spartanisches Leben, das sie Werte wie Hingabe, Kameradschaft und Konformität mit dem Geist der Nazis lehren sollte. Die Rolle der Eltern trat in den Hintergrund. Gegen Ende des Krieges wurden sie als Frontsoldaten und in der Rüstungsproduktion eingesetzt.

Die Hitler-Jungen in der Fabrik führten den Appell wie Soldaten durch; jeder bekam Suppe und Vitamine. Danach nahmen sie ihre Plätze an den Maschinen ein. Die Arbeitsgeräusche erfüllten die Halle, feilen, messen, hämmern, schleifen und polieren. Nach seiner Schicht musste ein etwa 17-Jähriger Nelly Winkler Rochlitz zeigen, wie man die Maschine bedient. Das gefiel ihm nicht; er fing an, sehr schnell zu sprechen: „So machen, so machen", und dann ging er. Nelly hatte keine Ahnung, was sie tun sollte. Sie war wie versteinert: Wenn sie etwas kaputtmachte, könnte es ihr Leben kosten.

So stand sie tatenlos da, bis der verantwortliche Ingenieur, der hinter einem Glasfenster saß, sie bemerkte. Er kam zu ihr und fragte, warum sie nicht arbeite. Nelly, die Deutsch konnte, sagte, der junge Mann hätte ihr die Arbeit nicht richtig gezeigt und sie hätte Angst, die laufende Maschine zu betätigen. Der deutsche Ingenieur rief den Hitler-Jungen, der im Begriff war, nach Hause zu gehen, noch einmal zurück. Als der Junge zurückkam, gab ihm der Ingenieur zwei Ohrfeigen. Ärgerlich sah der Junge Nelly an, erklärte ihr dann aber langsam, was sie tun müsste. Neue Arbeiterinnen, die mit den Maschinen Schwierigkeiten hatten, bekamen Unterstützung von den erfahrenen Häftlingen.

Das frühere Verwaltungsgebäude der Schokoladen- und Junkersfabrik, wie es im Jahr 2000 aussah mit Überlebenden von links nach rechts: Hava Hartmann Kleinberg, Naomi Cohen Levi, die Autorin Zahava Szász Stessel und Katy Zelmanivitz Goldstein.

Die Gefangenen arbeiteten am Fließband und schnitten schwere Eisenstäbe, die auf ein Tausendstel Milligramm genau gemessen, gefeilt und poliert werden mussten. Die Arbeit erforderte Aufmerksamkeit und Geduld. Die Adern an den Händen der zarten jüdischen Frauen schwollen an. Lea Keri Lesem stand an der Bohrmaschine mit ihren Rädern, Schrauben, Bohrern, Messern, Feilen und Hobeln. Ihre Arbeit erforderte besondere Aufmerksamkeit. Bei der kleinsten Unaufmerksamkeit konnte der feine Bohrer brechen und überall lauerte die Gefahr, wegen Sabotage angeklagt zu werden. Auch Eile konnte zu Unfällen und Verletzungen führen.

Zu dem täglichen Hunger hatte Nelly Winkler Rochlitz eines Tages noch eine andere Sorge. Aus Versehen zerbrach der Bohrer an ihrer Maschine. Der Meister, der nicht gerade für seinen guten Willen bekannt war, wurde ärgerlich, er beschimpfte und bedrohte die arme Nelly. Er wechselte das kaputte Teil und Nelly bediente die Maschine mit großer Sorgfalt. Sie wusste, dass ihr Schicksal jetzt in den Händen eines deutschen Zivilisten lag. Würde er, wie bei ihm üblich, Knittel Mitteilung machen? Das würde Nelly erst am Abend im Lager erfahren. Bis dahin zitterte sie, den ganzen Tag lang, auf dem Rückweg zum Lager und während des endlosen Appells. Zum Glück hatte der Meister nichts unternommen. Er wusste, dass Nelly durch die quälenden Gedanken bestraft war, die sie den ganzen Tag plagten.

Neben der genauen Arbeit, die die hungrigen Mädchen verrichten mussten, lastete die tägliche Quote auf ihnen. Auch wenn sich niemand der Überlebenden an Bestrafungen erinnern konnte, arbeiteten die Frauen unter permanenter Aufsicht bis an die Grenze ihrer Belastbarkeit.

Produktionsmängel wurden für jene zu einem Problem, die die Maschinen von den Hitler-Jungen übernahmen. Die Jungen ließen die beschädigten Teile auf dem Tisch liegen und die Vorarbeiter beschuldigten die Frauen, sie würden schlecht arbeiten. Es war für die Gefangenen schlimm und anstrengend, wie sich Lee Katz Yoshovitz erinnerte. Schließlich fanden die Frauen den Mut, darauf zu drängen, dass die Werkstücke der Hitler-Jungen an deren Schichtende weggeräumt würden. So könnte man sehen, wer die Fehler gemacht hätte. Der Vorarbeiter war einverstanden und bald hörten fast alle Hitler-Jungen dort mit der Arbeit auf, weil sie nicht fehlerfrei produzieren konnten.

Einige Mädchen, wie Elza Reich Szamosi, denen manchmal ein Fehler unterlief, legten das defekte Teil ans Ende des Stapels, darauf hoffend, dass es der Vorabeiter nicht bemerkt. Andere, wie Lee Katz Yoskovitz, ließen diese Teile in ihrem Ärmel verschwinden und entsorgten sie auf dem Rückweg zum Lager. Aber alle fühlten sich elend, wenn sie Fehler machten.

Der Arbeitstag endete um 17.45 Uhr. Die Frauen säuberten die Maschinen und den Fußboden. Dann traten sie in Fünferreihen an und begaben sich auf den Rückweg. Wieder waren die Straßen belebt, auch Kinder waren dort. Gleichgültig schauten sie zu, wie die Gefangenen die Straße entlanggeführt wurden. Die Geschäfte waren geöffnet und in den Auslagen verlockten verführerische Delikatessen wie Salami, Rauchfleisch und Süßigkeiten die hungernden Häftlinge. Die Mädchen rochen Brot, Kuchen und andere Nahrungsmittel, leckten sich die Lippen und schluckten schwer. Voller Neid verfolgten sie die Kunden, die mit ihren Einkäufen die Geschäfte verließen.

An einem Schaufenster entdeckte Nelly Winkler Rochlitz ein Schild mit dem Namen „Winkler“. Jedes Mal, wenn sie vorbeiging, schaute sie hinüber. Was würde der Besitzer sagen, wenn er wüsste, dass sie den gleichen Namen trugen, fragte sich Nelly. Die Gefangenen waren noch mit ihren Gedanken und Träumen beschäftigt, als sie das Lager erreichten. Als sie das Tor passierten, begegneten sie einer anderen Gruppe, die von Bauarbeiten außerhalb des

Lagers zurückkehrte. Dorthin schickte man meist Mädchen, die nicht in der Fabrik arbeiten konnten. Während diese Frauen darauf warteten, ihre Schaufeln, Äxte und Karren zurückzugeben, musterten sie die Fabrikarbeiterinnen mit müden und neidischen Blicken.

DIE ZIVILEN DEUTSCHEN BEWACHER

In der vierten Etage der kleinen Fabrik war ein Raum, in dem alle Arbeiten erledigt wurden. Frau Elizabeth Anders, die Fabrikleiterin, war immer dort, sie ging von einer Reihe zur anderen und hatte ein wachsames Auge auf jedes Mädchen. Man wusste nie, wann sie plötzlich auftauchte. Unter der Maske eines gekünstelten Lächelns war Frau Anders im Grunde genommen eine harte Frau, die sicherstellte, dass die Gefangenen zwölf Stunden an ihren Maschinen standen, mit einer halben Stunde Pause. Sie hatte weitere Arbeit parat, wenn man alles erledigt hatte – niemand sollte auch nur Gelegenheit bekommen, sich zu setzen. Auch wenn sie nicht genau neben dir stand, so erinnerte sich Elza Reich Szamosi, hatte sie alles von ihrem Schreibtisch aus im Blick. Wenn sich ein Mädchen ein wenig an die Maschine lehnte, war Frau Anders da und forderte sie auf geradezustehen.

Frau Anders Gehilfin war Fräulein Elza, deren Familienname Teichgraber oder Teichgerefer war. Sie war „ein spätes Mädchen" und nicht beliebt. Sie wollte Frau Anders alles recht machen. Eine andere Vorarbeiterin hieß Agnes. Sie war nicht so genau und ließ die Mädchen in Ruhe. Neben den Frauen gab es sechs männliche Bewacher. Der Meister und der Ingenieur kamen von Zeit zu Zeit, was die angespannte Atmosphäre verstärkte.[222]

Während der Nachtschicht arbeiteten die Gefangenen meist mit drei Vorarbeitern, aber ohne Frau Anders und den Ingenieur, was die Arbeit angenehmer machte. Im März häuften sich die nächtlichen Bombardements. Die Zeit im Unterstand verkürzte die Zeit an den Maschinen; aber für die müden und unterernährten Frauen war es auch hart, die vier Etagen hoch- und runterzulaufen.

Unter den Vorarbeitern gab es einen freundlichen älteren deutschen Zivilisten, der wie ein Schweizer oder Tiroler Bergsteiger jodelte. Die Mädchen nannten ihn den „jodelnden Vorarbeiter". Wenn die Mädchen wegen eines

222 Ebenda, S. 263.

Bewachers oder einer Aufseherin Ärger hatten, flüsterte er ihnen zu, das Ende wäre nah. Zuerst misstrauten die Frauen seiner Freundlichkeit. Sie glaubten, er würde sie aufziehen oder aber provozieren wollen. Auch ohne eine Reaktion der Mädchen zu erwarten, erzählte dieser alte Mann ihnen leise vom Verlauf des Krieges. Er sagte auch, dass er Hitler und dessen Ideen hasse, aber die Mädchen glaubten ihm nicht, da sie so an Lügen und Täuschungen seitens der Deutschen gewöhnt waren. Es gab auch andere deutsche Zivilarbeiter mit einem guten Charakter. Einer gab Lea Keri Lesem einen kleinen Spiegel und einen Kamm, ein Luxus ohnegleichen.

Trotz ständiger Überwachung fand die Liebe ihren Weg in die Maschinenhalle der kleinen Fabrik. Hans, ein junger Techniker, verliebte sich in eine hübsche Zwangsarbeiterin. Er nutzte jede Gelegenheit, um in die Nähe ihrer Maschine zu gelangen und flüsterte ihr die neuesten Informationen über das Kriegsgeschehen zu.[223] Es war wie mit vielen unvollendeten Geschichten während des Krieges: Über Einzelheiten oder den Fortgang der Liebesgeschichte konnte niemand etwas sagen. Die Frauen, die ich befragte, erinnerten sich nicht an den Namen des Mädchens, aber sie wussten noch, dass sie die Neuigkeiten, die sie von Hans erfahren hatte, an die anderen weitergab und damit auch die Hoffnung auf ein Ende des Krieges.

DIE DAMENTOILETTE

In der ersten Etage gab es eine tolle Toilette. An der Tür stand mit großen Buchstaben „Für ausländische Frauen“. Die Mädchen staunten über die nette Formulierung. Sonst nannte man sie Hunde, dumme Kühe und belegte sie mit anderen Schimpfworten. Auch die Toilette selbst war eine angenehme Überraschung – es gab riesengroße Spiegel, Waschbecken und eine Uhr. Die Toiletten mit Wasserspülung befanden sich hinter verschließbaren Türen. Wenn ein Mädchen in der ersten Zeit zur Toilette wollte, schaltete sie ihre Maschine aus und ging. Später wurden strengere Regeln eingeführt, aber ihre Umsetzung hing von der diensttuenden Aufseherin ab. Eine namens Anni erlaubte uns nur, frühmorgens oder nachmittags während der Pause die Toilette zu benutzen. Anni hatte sich in den leitenden Ingenieur

223 Ebenda, S. 270.

verliebt und zum Leidwesen der Mädchen schaffte sie es, täglich in der Fabrik zu sein.[224]

Einmal musste Nelly Winkler Rochlitz während der Arbeit ganz dringend zur Toilette. Anni meinte, sie solle noch eine Stunde warten, es wäre noch nicht Zeit für eine Pause. Nelly konnte sich nicht mehr auf ihre Arbeit konzentrieren und wandte sich an Frau Anders. Diese mochte Nelly und um ihr zu helfen, aber eine Konfrontation mit der SS zu vermeiden, nahm sie eine Schachtel Nägel und sagte zu Anni, Nelly müsse ihr helfen. Sie gingen beide in die erste Etage und Nelly konnte zur Toilette. Frau Anders sagte, sie solle sich Zeit lassen und wartete geduldig auf sie. Die dankbare Nelly machte sich Gedanken über Frau Anders' widersprüchlichen Charakter und die Unwägbarkeiten des Lagerlebens.

GROSSE BELASTUNGEN UND UNFÄLLE

Die gleiche Frau Anders, die Nelly gegenüber so hilfsbereit war, zögerte nicht, Mädchen an einer kaputten Maschine arbeiten zu lassen. Erzsébet Friedmann erinnerte sich, dass sie während der Tagschicht trotz des Lärms jemanden schreien hörte: „Oh, mein Gott!" Hermina Schwarz, eine 18-Jährige, die jeder wegen ihres freundlichen Lächelns kannte, hatte sich schwer verletzt. Die Maschine hatte einen Teil ihres Gesichts zerfetzt. Hermina, die früher sehr hübsch war, wurde nach Leipzig ins Krankenhaus gebracht, wie die Aufseherin mitteilte, die sie dorthin begleitete. Der Unfall schockierte die Frauen und sie glaubten, es wäre besser, sie würde sterben, als so entstellt zu sein. Wie durch ein Wunder blieben Herminas Augen unverletzt und sie überlebte.

Erzsébet Friedmann traf sie nach dem Krieg in Budapest. Hermina war mehrfach operiert worden und sah recht gut aus. Sie hatte ihren holländischen Mann Philip Schelder im Leipziger Krankenhaus kennen gelernt. Er war zum Judentum konvertiert und das junge Paar war auf dem Weg nach Amsterdam zu seiner wohlhabenden Familie, als Erzsébet Friedmann sie traf.[225]

224 In der Liste der Aufseherinnen aus Markkleeberg sind zwei: Amy Tätsch und Anni Rehbein. Siehe Kapitel 8 für die restlichen Namen.

225 Rab, Es Nem Verik, 361. Hermina Schwarz wurde laut Transportliste am 8. Mai 1926 in Szamosujvar, Transsilvanien, geboren.

Die gleiche Maschine verletzte auch Jolán Flesch. Es war eine komplizierte Vorrichtung, wo der Arbeiter ein Fußpedal bediente, während er in der Hand ein Stahlstück hielt, das an mehreren Punkten geschnitten werden musste. Wenn etwas nicht ordentlich ausgeführt wurde, konnte die Maschine die Finger des Arbeiters verletzen. Die Arbeit war schwierig und erforderte sorgfältige Koordination. Jolán war zu hungrig und müde für solch konzentrierte Arbeit. Als sie sich bewegte, durchtrennte die Maschine drei Finger ihrer linken Hand. Die Mädchen waren verwirrt und hatten Angst, das könnte auch ihnen passieren, besonders als die Luftangriffe sich häuften und sie die Maschinen ausschalten und in den Unterstand laufen mussten. Jolán Flesch, die am 23. August 1910 in Hernádszurdok geboren wurde, blutete stark. Man brachte auch sie ins Krankenhaus. Die Mädchen hatten großes Mitgefühl und manche vermuteten das Schlimmste. Aber Jolán überlebte, Nelly Winkler Rochlitz traf sie nach dem Krieg.

Die Maschine, die die Unfälle verursachte, war defekt. Noch ein Mädchen, an deren Namen sich Nelly nicht mehr erinnerte, wurde verletzt, als Frau Anders darauf bestand, dass sie an der Maschine arbeitete. Erzsébet Friedmann und Nelly glaubten, dass Frau Anders Mädchen, die sie nicht leiden konnte, mit der Arbeit an dieser Maschine bestrafte.[226] Nelly bemerkte, wie Frau Anders und Fräulein Elza Teichgraber Blicke tauschten, als die Unfälle geschahen. Auch wenn wir nicht genau wissen, wie die Unfälle passierten; gegenüber den jüdischen Sklavenarbeitern gab es weder Verantwortungsgefühl noch wurden sie geschützt. Wir waren in den Händen derer, die über uns herrschten, und ihren Launen ausgesetzt. Ein boshafter ziviler Arbeitsorganisator konnte uns genauso schaden wie die SS.

LUFTANGRIFF

Die Arbeit wurde nur bei Arbeitsalarm unterbrochen. Oft hörten die Mädchen die Sirenen draußen, das Brummen der Flugzeuge oder sogar den Lärm eines Bombenabwurfs; aber für sie gab es einen besonderen Alarm. Während eines Luftangriffs begab sich die deutsche Belegschaft ins Untergeschoss der Fabrik. Dort gab es extra hergerichtete Unterkünfte mit Betten und Sitzgelegenheiten. Die jüdischen Gefangenen mussten den Unterstand an der Stra-

226 Rab, Es Nem Verik, S. 273 f.

ße nutzen. Wenn Arbeitsalarm gegeben wurde, schalteten die Mädchen die Maschinen ab und stellten sich zum Zählen in Fünferreihen auf. Sie hatten kaum die erste Etage erreicht, da war der Himmel schon voller feindlicher Flugzeuge. Auf der Straße rannten ängstliche Anwohner mit Kleinkindern und Kinderwagen zu den Unterständen. Nelly und die anderen erfüllte es mit Genugtuung, dass nicht nur sie die Opfer waren. Manchmal vergaßen sie sogar ihre eigene Sicherheit und verfolgten interessiert die verzweifelten Aktivitäten des Feindes. Aber der Lärm einer größeren Explosion reichte aus, um sie schnell in die Unterstände zu treiben. Wenn die Flugzeuge beigedreht hatten, gab es Entwarnung und die Versklavung und Gefangenschaft der Frauen ging unvermindert weiter. Die Luftangriffe waren so etwas wie eine Erholung von der ermüdenden Arbeit an den Maschinen. Sie waren besonders gegen 15.00 Uhr willkommen, wenn alle eine Pause herbeisehnten. In den letzten Märztagen 1945 waren die Luftangriffe kein Kinderspiel, da die Fabrik das Ziel der Bomben wurde. Einmal hatten sich die Gefangenen kaum in Sicherheit gebracht, als sie eine schwere Detonation hörten. Die Bomben hatten ihr Ziel verfehlt und waren im nahen Wald eingeschlagen. Dort töteten sie einige fliehende Deutsche. In der Fabrik versicherte der jodelnde Vorarbeiter, dass es bis zur Befreiung der Mädchen nur noch wenige Tage wären.

DER JODELNDE VORARBEITER

Der alte deutsche zivile Arbeiter, dem die Mädchen zuerst misstrauten, erwies sich als aufrechter deutscher Antifaschist, der unter der Hitlerpolitik litt. Nachdem die Gefangenen ihn besser kennen gelernt hatten, waren sie dankbar für seine Lieder und seine aufmunternden Worte. Er sagte, das Ende des Krieges wäre nahe und er hoffte, einmal Ungarn zu besuchen und ungarische Salami und Tokaier zu probieren. Er schrieb die Adressen der Mädchen in sein Notizbuch. Er zeigte ihnen ein Foto seiner Familie aus Friedenszeiten, auf dem eine lächelnde Frau, zwei hübsche Jungen und ein 15-jähriges blondes Mädchen zu sehen waren. Aber 1945 war seine Tochter Witwe und er hatte seit zwei Jahren nichts von seinen Söhnen gehört. Verstohlen wischte er eine Träne weg und begann wieder, seine Lieblingslieder zu jodeln. Die Zärtlichkeit des alten Mannes berührte die Mädchen und das Geschick seiner Familie ging ihnen nahe.

Während unseres Interviews erinnerte sich Nelly Winkler Rochlitz an den jodelnden Vorarbeiter. Sie hätte zu gern gewusst, wie es ihm und seiner Familie ergangen war. Noch immer bedauerte Nelly, dass sie sich nicht von ihm verabschieden und ihm für seine Aufmunterung danken konnten. Mir wurde erst während meiner Forschungsarbeit vollends bewusst, dass auch die deutsche Zivilbevölkerung unter der Politik Hitlers und seiner Gefolgsleute litt. All die Jahre hatte ich meine körperlichen und seelischen Narben gepflegt und das Wort „deutsch" reichte aus, um meine Qual, meine Furcht und meinen Abscheu zu wecken. Es war gar nicht nötig, dass ich ein deutsches Gesicht sah – oder vielleicht hatte sich ein Gesicht in meine Erinnerung eingegraben, das von Mengele, der mir meine Mutter und meine Großmutter nahm und drohte, mich von meiner Schwester zu trennen. Und da gab es die furchteinflößenden SS-Wachen in ihren hohen Stiefeln, die unheilbare Wunden in mein Herz gruben.

DIE LETZTEN TAGE

Im Winter 1945 standen die Fronten an den Ost- und Westgrenzen des Deutschen Reiches und der Kreis schloss sich immer enger. Die letzten Kampfhandlungen auf deutschem Boden wurden im März und April ausgetragen. Amerikanische Truppen drangen von Thüringen aus nach Mitteldeutschland vor. Die Rote Armee überquerte die Oder. Im Osten begann die Schlacht um Berlin.[227]

In der kleinen Fabrik herrschte eine sehr angespannte Atmosphäre. Für die deutsche Belegschaft fand eine Zusammenkunft statt, auf der sie eine besondere Radiodurchsage hörten; währenddessen waren wir ohne Bewachung. Die Frauen nutzten diese Gelegenheit, um Späße zu machen und die Kriegssituation zu diskutieren.[228]

Im März und April 1945 gab es im Lager immer öfter Fliegeralarm; die Alliierten bombardierten die Eisenbahnstrecke in der Nähe der Baracken. Wir waren müde nach der Nachtschicht und Erzsike und ich, wir wollten nur schlafen. Aber sobald wir die Sirene hörten, sprangen wir aus dem Bett, da wir keine Bestrafung riskieren wollten. Anziehen mussten wir uns nicht,

---

227 Hesse, „KL Buchenwald", S. 14.

228 Rab, Es Nem Verik, S. 266.

denn wir schliefen in unseren Sachen. Wir mussten nur in die Holzschuhe fahren und zum Unterstand laufen. Wir sahen, wie viele Frauen einfach liegen blieben und weiterschliefen ungeachtet der Gefahr und der Bestrafung. Sie waren sich sicher, dass die Aufseherinnen nicht in der Baracke bleiben würden, um sie zu registrieren. Sie, unsere mutigen Peiniger, rannten, einander an den Händen haltend, um ihr Leben zu retten.

Die Häufigkeit und die Intensität der Bombardierungen schürten unsere Erwartungen. Das Geräusch der Flugzeuge und die Detonationen gaben uns Hoffnung. Aber der Gedanke an Freiheit narrte uns. Anfangs hatten wir keine Angst und schauten unbeschwert zu den ängstlichen Wachen und Aufseherinnen. Aber es kam der Zeitpunkt, und wir erkannten die Gefahr, in der wir uns befanden. Es könnte passieren, dass wir die nahe Befreiung gar nicht mehr erleben. Eines Samstagnachts, als sich unsere Zeit im Lager dem Ende näherte, hatten wir schreckliche Angst. Wir waren in unserer Baracke eingeschlossen, als ein Luftangriff begann. Die Explosionen kamen immer näher. Der Boden unter uns schwankte. Die Einschläge waren so nah, dass wir in unseren Betten den veränderten Luftdruck fühlen konnten. Wir hatten nie zuvor ein solches Krachen gehört und unsere Ohren schmerzten. Wir versuchten, die ganze Nacht ruhig zu bleiben, niemand schrie. Am Morgen mussten wir wie gewöhnlich zur Arbeit gehen.

Auch wenn die Aufseherinnen sich in den letzten Tagen während der Luftangriffe nicht um uns kümmerten, kamen sie doch, um uns zu peinigen. Sobald wir nach der Nachtschicht eingeschlafen waren, jagte uns Lucifer unter Vorwänden wie Zimmerdurchsuchungen oder Zimmerwechsel aus den Betten. Diejenigen, die nicht schnell genug waren, bekamen ihren Gummiknüppel zu spüren. Wir erinnern uns an Ida, die von Lucifers Schlägen eine blutende Kopfwunde davontrug. Erzsike zerrte mich verzweifelt mit sich, als jeder versuchte, aus Lucifers Reichweite zu entkommen.

Anfang April 1945 fielen Bomben genau neben unsere Baracken. Es war Tag, und nach den Erfahrungen der Nacht wollten alle in den Unterstand. Das war unser Glück, denn die Baracke erhielt beinahe einen Treffer und alle Fenster zersplitterten. Wären wir nachts drin gewesen, hätte es viele Opfer gegeben. Die Kranken im Revier blieben meist mit Ärzten und Schwestern dort. Aber bei diesem Angriff barsten die Türen. Kranke Mädchen, unter ihnen Nellys Schwester Rozsa, kamen weinend, in Decken gewickelt, zum Unterstand gelaufen. Die Bombardierungen hatten uns so traumatisiert, dass wir nach dem Krieg in Israel erschüttert waren, wenn wir Flugzeuge über unseren Köpfen hörten.

DER LETZTE SONNTAG IM LAGER

Der 8. April 1945, der letzte Sonntagnachmittag, war wahrscheinlich das erste Mal, das man uns unbewacht ließ. Draußen war ein schöner, sonniger Tag. Wir wuschen unsere Arbeitskleidung mit Wasser, das wir aus dem Waschraum geholt hatten. Der Frühling mit seinem Sonnenschein hellte unsere Gedanken und unsere Stimmung auf. Uns motivierte die Hoffnung, dass es bald anders würde und wir heimgehen könnten. Das Wort nach Hause bedeutete für uns alles: Familie, Frieden, Zuflucht. Nach Hause gehen – darum kreisten unsere Gedanken, das war unsere ständige Hoffnung.

Am Montag, dem 9. April, war der Oberingenieur in der kleinen Fabrik nervös und niedergeschlagen. Er zündete eine Zigarette nach der anderen an. Schließlich entfernte er sich und zog sich in sein Zimmer zurück. Der jodelnde Vorarbeiter brachte die Nachricht, dass Frau Anders' Haus in Leipzig während des Luftangriffes getroffen worden war. Die Frauen hatten das Gefühl, Gott strafte auf seine Weise. Die deutschen Zivilangestellten versammelten sich, um die neuesten Radiomeldungen zu hören. Als die Mädchen aus dem Fenster schauten, sahen sie große rote Plakate vom Himmel fallen. Zivilisten liefen hinaus, um sie aufzuheben. Zu jener Zeit gab es fast nichts zu tun. Ein Ingenieur bemerkte, wie ein Mädchen, auf einem Blatt mit einer Flugzeugzeichnung Markierungen vornahm. Er zerriss das Papier mit der Bemerkung, es würde nicht mehr benötigt. Eine neue Aufseherin, die die Mädchen zur Arbeit begleitete, sagte ihnen, das Radio hätte über den Vormarsch der Alliierten auf Leipzig berichtet. Sie zeigte ihnen ein Foto ihrer verwitweten Mutter und sagte, sie würde gern darüber entscheiden wollen, wie sie ihr eigenes Leben gestaltet. Elza Reich Szamosi und andere hatten Angst, weil ein Vorarbeiter ihnen erzählte, er hätte die Wachen sagen hören, die SS würde lieber die Fabrik sprengen, statt sie dem Feind zu überlassen. Elza war erleichtert, als sie am Ende des Tages dort weggehen und zurück ins Lager kommen konnte. Von da an gab es überhaupt keine Arbeit in der Fabrik mehr. Frau Anders, weinend, mit rotgeränderten Augen, riss die Zeichnungen von Flugzeugmodellen von den Wänden. Sie verbrannte sie zusammen mit anderen Dokumenten. Dann ging die Belegschaft zu einer Versammlung und die Gefangenen waren allein. Nelly schaute aus einem offenen Fenster und bemerkte, dass die Straßen wie ausgestorben waren, aber in den Höfen brannten kleine Feuer. Sie rief die anderen Mädchen und sie erkannten im nächstgelegenen Feuer Fotografien von Aufseherinnen und Soldaten in Uniform, des Weiteren SS-Mitgliedsausweise, Briefe und Ausgaben von Hitlers „Mein Kampf". Angst, in letzter Minute umgebracht zu werden, befiel die Mädchen.

Nelly machte sich Sorgen um Rozsa, die immer noch im Revier war, und Hajnal, ihre ältere Schwester, die in der großen Fabrik arbeitete. Die deutsche Belegschaft kehrte zurück und noch vor Ende des Arbeitstages traten die Mädchen an und verließen die Fabrik wie gewöhnlich, eskortiert von den Aufseherinnen und Wachen.

IN DER GROSSEN FABRIK

Auf unserem Weg zur großen Fabrik genossen wir am 9. April 1945 den warmen Frühlingswind. Auf Arbeit hatte auch einer der Zwangsarbeiter ein Gespräch mit angehört, aus dem hervorging, dass die Deutschen das Werk lieber sprengen würden, statt es in die Hände des Feindes fallen zu lassen. Ich wollte einfach so nah wie möglich bei Erzsikes Maschine sein. Am Abend waren wir erleichtert, wieder hinauszudürfen. Aus der Ferne hörten wir Sirenen und als wir zum Block kamen, vernahmen wir eine laute Explosion. Wir hofften einfach, es würde bedeuten, dass der Krieg bald zu Ende wäre.

Am 11. April 1945 wurde Buchenwald von der 6. Panzerdivision der US-Armee befreit und die Alliierten standen vor den Toren Leipzigs. Wir fühlten die Spannung auf Arbeit und in der Baracke. Die Ruhe und die tägliche Routine im Lager schwanden. Aber bis zur letzten Minute enthüllten die Deutschen nichts von ihren Plänen. Knittel hielt eine Rede, in der er uns mitteilte, wir sollten Gerüchten keinen Glauben schenken. Er sagte, er wäre der Erste, der uns mitteilen würde, wenn der Krieg zu Ende wäre. Wir sollten uns keine Sorgen machen: Markkleeberg wäre besser als die anderen Lager, in denen wir vorher waren und er, Knittel, wäre immer gut zu uns gewesen. Aber er wüsste auch, dass wir nach Hause wollten. Es war seltsam, ihn so sanft reden und selbst loben zu hören. Wir wussten, wie bösartig er war, aber da war immer noch die Hoffnung, er würde sich am Ende ändern.

Am 12. April gab es in der großen Fabrik kaum etwas zu tun, die deutschen zivilen Arbeiter waren blass und nervös. Aber Erzsébets Vorarbeiter, der nie zufrieden war, versuchte noch immer, Fehler aufzuspüren. Es war wirklich erstaunlich, wie viele Deutsche beharrlich und mit eiserner Überzeugung weiterlebten, als ob sich nichts verändert hätte, außer der Tatsache, dass die Alliierten fast vor den Toren standen.

In der Qualitätskontrolle prüften die Mädchen auch weiterhin die Teile, aber die Aufseherinnen liefen nicht mehr zwischen den Reihen, um die

Arbeit zu überwachen. Später, im Verlaufe des Tages, kam das Grollen des Krieges näher und die Arbeit kam zum Erliegen. Ich stand mit meinem Besen bei Erzsikes Maschine. Dann erschien plötzlich Knittel. Er lief lächelnd umher, wahrte den Schein und verbarg die Wahrheit. Alle warteten auf das, was kommen würde. Auch waren wir hungrig, da wir in der letzten Nacht unsere Brotration nicht bekommen hatten. Die deutschen Vorarbeiter und Ingenieure waren durcheinander, aber Knittel tat, als sei nichts geschehen und setzte seine Tour von einer Halle zur anderen fort. Wir fragten uns, ob die Deutschen uns umbringen würden, ehe sie das Lager verließen. Die optimistischeren Mädchen glaubten nicht daran; unsere Stimmung schwankte zwischen Angst und Hoffnung.

Mädchen, die in der Kleiderkammer arbeiteten, bemerkten, dass die Aufseherinnen dort Zivilsachen gesucht hatten, in denen sie fliehen könnten. Ein SS-Mann zeigte Vera Deutsch De Vit, die in der Wäscherei arbeitete, dass er unter seiner Uniform Zivil trug. Sie waren bereit zur Flucht.

Die Ingenieure in der Fabrik räumten ihre Schreibtische auf und packten. Erzsike umarmte mich. Noch konnten wir es nicht glauben, aber vielleicht nahte das Ende unseres Martyriums. Wir würden nach Hause gehen, glaubten wir, und dort unsere Eltern und Großeltern treffen. Wir würden wieder erfahren, wie es ist, ohne Hunger, Kälte, Angst und Erniedrigung zu leben. Wir versuchten zu glauben, dass die Deutschen keine Zeit hätten, uns in ein anderes Lager zu überstellen und dass sie uns zu diesem Zeitpunkt des Krieges nicht töten würden. Die Amerikaner waren schon in Leipzig. Wenn nicht jetzt gleich, aber am Morgen wären wir frei, sagte der französische Vorarbeiter. Alles schien sich so zu entwickeln, wie wir es erhofft hatten. Dann erinnerte uns Ilona Eisler Glatstein, die die Tage zählte, daran, dass morgen Freitag der Dreizehnte wäre.

Nachts lagen wir wegen des heftigen Bombardements zitternd in der verschlossenen Baracke wach. Bomben, die das Lager und die Fabrik zum Ziel hatten, schlugen in den kleinen Ein- oder Zweifamilienhäusern mit den roten Dächern ein, die jenseits des Lagerzaunes standen. Ironie des Schicksals: Das waren meine „Traumhäuser“, die mich an unser Zuhause erinnerten. Als ich die Häuser brennen sah, überkam mich ein seltsames Gefühl von Furcht, in das sich eine Art Gerechtigkeitssinn mischte. Inzwischen waren die Geräusche des Krieges verebbt und alles war still. Wir wussten nicht, was passiert, und fürchteten, die Kampfpause könnte den Deutschen Zeit geben, uns wegzubringen. Dann wurde aus dem Brummen der Flugzeuge und dem Krachen der Bomben das Dröhnen von Kanonen und Artillerie. Immer näher kam der anschwellende Lärm. Am 13. April 1945 waren die Geschosse so nahe, dass die Erde bei jedem „Bum“ bebte. Wir wussten, die amerikanischen

Truppen waren in der Nähe. Die Mädchen, die die Büros der SS reinigten, erzählten uns, Knittel hätte den ganzen Morgen mit jemandem telefoniert. Die SS suchte nach einem Ausweg, da sie fürchtete, für ihre Verbrechen verantwortlich gemacht zu werden. Anweisungen zur Zerstörung des Lagers und gegenteilige Anweisungen, die Belegschaft sollte gutes Verhalten und Unschuld demonstrieren, jagten einander.

In der Zwischenzeit gab es auch für die Gefangenen verschiedene Möglichkeiten. Jene, die innerhalb des Lagers arbeiteten, wie Irene Keisler Schur, die Friseuse, erfuhren von einem holländischen Zwangsarbeiter, dass der Stacheldraht zerschnitten worden wäre und sie in die nahen Wälder fliehen könnten. Irene entschied sich dagegen und beschloss, bei der Gruppe zu bleiben.

Gabriella Baver Kosinka erhielt ein Angebot von Hans Guenter, einem deutschen Zivilisten, mit dem sie arbeitete. Hans lebte zusammen mit seiner Mutter und bot Gabriella an, sie auf dem Dachboden zu verstecken. Gabriella dankte ihm, zog aber die Sicherheit der Gruppe vor und wollte bei ihrer Cousine Rozsi Bauer bleiben. Auch Gabriella hatte erfahren, dass der Stacheldrahtzaun zerschnitten worden wäre für jene, die fliehen wollten. Aber sie beschloss, bei ihrer Cousine zu bleiben, die zögerte, das Risiko des Unbekannten auf sich zu nehmen.

EINE MINUTE DER BEFREIUNG

Am späten Vormittag des 13. April 1945 wurde in Eile ein Podest neben dem Bad gegenüber dem Appellplatz errichtet und alle Lagerinsassen mussten antreten. Die Gefangenen aller Blöcke stellten sich auf. Kurz darauf erschienen Knittel und seine Mannschaft und vier Zivilisten der Junkers-Werke. Dann sprach Knittel, jedes Wort betonend:

„Heute ist Freitag – aber für Euch ist es Sonntag, weil Ihr heute frei sein werdet. Die amerikanische Armee steht vor den Toren, um die Stadt einzunehmen. Meine Soldaten und ich werden abziehen, weil wir unser Vaterland an einer anderen Front verteidigen werden. Ihr werdet weiter in der Fabrik arbeiten und das Rote Kreuz wird das Lager übernehmen. Ich verabschiede mich und bitte Euch, mir zu vergeben, wenn ich manchmal zu streng war; aber bei so vielen Menschen ging das nicht anders. Ich habe Euch wie ein Vater beschützt. Gott möge Euch alle nach Hause führen."

Zsuzsanna Csanyi, die Dolmetscherin, wiederholte Knittels Worte auf Ungarisch. Eine der Gefangenen aus Sátoraljaújhely grüßte Knittel und die Vertreter von Junkers. Ich wagte nicht einmal zu lächeln, um mein Gefühl der Freude zu zeigen, mit dem ich nicht umgehen konnte. Ich schaute zu Erzsike und fing an zu weinen. Einige Mädchen schrien und tanzten vor Aufregung. Die französischen Gefangenen sangen die „Marseillaise".

Inzwischen trafen weitere Verantwortliche aus der Fabrik ein. Der Fabrikleiter dankte uns für unsere Arbeit und unsere Anstrengungen, die es erlaubten, bis zum Ende zu produzieren. Er versprach eine bessere Versorgung mit Lebensmitteln. „Der Oberscharführer wird das Lager verlassen und die Zusammenarbeit mit der SS wird beendet." Der Direktor versicherte, wir alle würden Arbeiter von Junkers sein.

Ohne weitere drohende Entwicklungen wäre das der Ausgang unserer Geschichte gewesen, den wir uns so gewünscht hatten. Leider gestaltete es sich nicht so. Wir mussten weitere Minenfelder passieren und über Straßen und Wege Deutschlands ziehen, da sich unser Leiden, unterbrochen von gelegentlichen Wundern, fortsetzte.

Der Direktor hatte seine Rede noch nicht ganz beendet, als ein SS-Wachmann, den wir Tischler nannten, mit einem breiten Grinsen angerannt kam und Knittel ein Telegramm hinhielt. Dieser unterbrach den Mann der Junkers-Werke und verkündete, dass er aus Berlin Befehl erhalten hätte, das Lager und dessen Gefangene zu evakuieren. Wir würden in ein zehn Kilometer entferntes Lager überstellt werden, wo auch andere Gefangene wären. Niemand sollte es wagen, sich zu verstecken, denn die Gestapo, die für ihre brutalen Methoden bekannt war, wäre bereits unterwegs. Sie würden in alle Ecken schauen und jeden erschießen, den sie fänden. Wir müssten das Lager diszipliniert verlassen, bleiben könnte niemand.

Die Gefangenen zweifelten an der Aufrichtigkeit der Rede Knittels. Die Evakuierung des Lagers vorzubereiten erforderte Zeit und Absprache mit dem SS-Hauptquartier. Sie glaubten, dass Knittel bereits zuvor von der Evakuierung gewusst hatte und dass die ganze Rede nichts anderes als ein weiterer Trick der Deutschen war; etwas, das wir in unserem Lagerdasein so oft erlebt hatten.

„Evakuierung" war der Euphemismus für Todesmarsch, eine Idee des SS-Reichsführers Heinrich Himmler. Er wollte auf diese Weise die Gefangenen, die noch immer nützliche Arbeitskräfte waren, tiefer ins deutsche Hinterland und weg von den russischen Linien bringen. Um zu verhindern, dass Überlebende der Gräueltaten diese bezeugen konnten, war die SS entschlossen, Häftlinge der Konzentrationslager nicht dem Feind zu überlassen. Kurz vor dem Zusammenbruch der deutschen Regierung im Frühjahr 1945 wurden Lager evakuiert und die Gefangenen in größere überstellt. Die Todesmärsche waren die letzten organisierten kriminellen Handlungen des Nazi-Regimes.

Die Außenlager erhielten täglich unterschiedliche Informationen darüber, wie sie die Gefangenen in die Tschechoslowakei bringen sollten, wie Dr. Seidel, Forscher und leitender Mitarbeiter der Buchenwaldgedenkstätte, herausfand. Der Befehl kam wahrscheinlich aus Buchenwald, bevor es von der amerikanischen Armee eingenommen wurde. Wir wissen nicht, was Knittel mit dieser Rede über den Fortgang der Fabrikarbeit beabsichtigte. Es ist möglich, dass er keine klare Richtlinie hatte, nachdem Buchenwald befreit worden war. Abgesehen von gelegentlichen Kontakten mit höheren Rängen der SS-Führung handelten die für die Transporte verantwortlichen SS-Männer völlig in eigener Regie, schreibt Yehuda Bauer.[229] Wie dem auch sei, es war eine traurige Wende der Ereignisse. Die süße, bezaubernde Freiheit war so nahe gewesen. Nie wieder sollten wir diese echte Freude über unsere Befreiung erleben. Als wir schließlich frei waren, fühlten wir weder die Freude noch die Hochstimmung, die uns in den wenigen Minuten der „Befreiung" überkam.

DIE EVAKUIERUNG DES LAGERS

In Markkleeberg, als das Ende so nah war und unsere Hoffnung so groß, bereiteten uns die Deutschen eine weitere Station auf der Todesstraße. Jeder von uns, der die Selektionen in Auschwitz-Birkenau überlebt hatte, Schmerz in anderen Lagern erlitten und als Sklavenarbeiter geschuftet hatte, wurde jetzt auf einen Marsch befohlen. Es war ein weiteres unergründliches Ereignis in einer Zeit, in der das Schicksal mit unserem Leben spielte.

Der Appell endete und wir mussten uns fertigmachen. Knittel untersagte, dass wir unsere Decken mitnahmen; wir müssten schnell gehen und die Decke wäre dann zu schwer. Jede dürfte sich einen Mantel aus der Kleiderkammer nehmen. Wir könnten keinen Proviant für unterwegs bekommen, da die Lieferung nicht eingetroffen war, aber im neuen Lager würde man uns Essen geben. Als wir völlig verwirrt zu unserer Baracke zurückkehrten, stand die Suppe unbeaufsichtigt im Behälter. Die Mädchen begannen, den Kübel zu öffnen und kurz darauf hörte man die Schreie derer, die sich an der heißen

229 Bauer, „The Death-Marches", S. 3.

Suppe verbrüht hatten. Laju, unsere Blockälteste, kam und begann, das Essen zu verteilen. Wir hatten Glück und bekamen etwas, aber die hinteren Reihen standen vor dem leeren Behälter. Bei der Verteilung von Brot erhielten wir nichts. Die Ordnung war aufgelöst und jeder schnappte sich, was er bekommen konnte. Wir konnten nicht mal in die Nähe der Brotrationen kommen. Dann hörten wir, dass der Keller mit den Steckrüben offen wäre. Die hungrige Menge fiel über den sorgfältig bewachten Aufbewahrungsort her. Jeder rannte, um eine Rübe zu bekommen. Erzsike zog mich mit sich, aber in der schiebenden und kämpfenden Menge konnten wir uns nicht an den Händen halten. Sie ließ meine Hand los und mir wurde bange, als sie in der Menschenmenge verschwand. Endlich sah ich sie – zerzaust, mitgenommen und mit leeren Händen. Klára Spitz Snitzler, unsere Freundin, ergatterte zwei der runden Rüben. Schnell reichte sie mir eine. Hungrig wie wir waren, nach etwas Suppe ohne Brot, bissen wir abwechselnd in die rohe Rübe. Dann sahen wir Ilona Eisler Glatstein und ihre Schwester, die so hungrig und traurig dreinschauten an diesem Tag, der unsere Befreiung sein sollte, und wir ließen sie von unserer Rübe abbeißen.

Wir sollten unsere Decken in der Kleiderkammer abgeben und dafür Mäntel erhalten. Jeder wollte einen ohne die rote Markierung auf dem Rücken. Als Verwirrung und Chaos um sich griffen, erhielten viele gar keinen Mantel. Auch Erzsike und ich nicht. Plötzlich hörten wir furchtbare Schreie. Eine Gefangene, die man vergessen hatte, war noch in der Arrestzelle eingesperrt. Die Frauen liefen, um die Wachen zu alarmieren; die kamen eine halbe Stunde später. Als das Mädchen schließlich befreit wurde, fiel sie vor Angst in Ohnmacht.

Bevor wir an jenem Freitagabend unsere Baracke verließen, sangen wir zusammen mit Rebbetzin Erzsébet Friedmann „Shalom Eleihem, Malahei Hashalom". Es hob unsere Moral und emotionale Sicherheit ein wenig, den Sabbat zu begrüßen. Wir nahmen auch Abschied von dem Raum, der unsere Leiden gesehen hatte. Meine Augen wanderten über Veras Bett und ich dachte an den Husten, der sie in den eisigen Winternächten gequält hatte. Ich hatte keine Ahnung, dass unser beider Schicksal miteinander verknüpft war. Inzwischen war Vera wegen ihres schlechten Gesundheitszustandes noch im Revier. Erzsike, die neben mir stand, hing ihrem eigenen Kummer und ihren Gedanken nach. Draußen auf dem Appellplatz versammelte sich die SS-Wachmannschaft mit ihren Rucksäcken und Decken. Diejenigen, die gehen konnten, verließen das Revier. Kranke Mädchen nahmen all ihre Kraft zusammen, um beim Appell zu stehen. Es war schrecklich für die Verwandten derer, die nicht dabei sein konnten. Rozsa, die jüngste der Winkler-Schwestern, war an Lungenentzündung und Tuberkulose erkrankt. Als die Evakuierung angeordnet wurde, konnte Rozsa nicht aufstehen, aber ihre Schwestern Nelly und Hajnal waren entschlossen, sie nicht zu verlassen. Sie waren bereit, ihr Schicksal zu teilen und legten sich neben Rozsa mit der Begründung, sie seien auch krank. Knittel kam und befahl ihnen zu verschwinden, aber die beiden weigerten sich. Sie blieben, selbst als die Wachen mit ihren Schäferhunden nach Entflohenen suchten. Knittel kam zurück. Aber er war so mit seinen eigenen Abzugsplänen beschäftigt, dass er die Mädchen aufforderte, sich dem Tross anzuschließen und sie dann verließ. Als sie sich umschauten, fanden Nelly und Hajnal einen kleinen Wagen. Die SS-Bewachung hatte vorgehabt, ihre Sachen darauf zu transportieren. Dann hatte sie sich entschlossen, den großen Wagen zu nehmen, den Gefangene ziehen mussten. Nelly nahm den kleinen Wagen und eine Strohmatratze aus dem Revier und sie setzten ihre kranke Schwester darauf, sodass sie auf den Marsch gehen konnte. Auch Raymonde Garin, eine Französin, von der schon einmal die Rede war, konnte nicht laufen. Auch ihre Freunde fuhren sie auf einem kleinen Wagen. Dann standen alle mit den Wagen beim Appell. Die übrigen Kranken, unter ihnen Vera, bekamen einen Platz auf einem großen Wagen, den Rachel Janovics Mittelman und andere Gefangene abwechselnd zogen.

Zwischen 17.00 und 18.00 Uhr sollten wir das Lager verlassen. Als wir uns zum Appell versammelten, trafen wir kurz mit Elza zusammen. Wir hatten alle Angst, handelten mechanisch und taten, was nötig war, um die vor uns liegenden Ereignisse zu bewältigen. Unsere anderen Freunde und die anderen aus unserer Stadt konnten wir nicht sehen, weil sie in ihren eigenen Blöcken standen.

Selbst das Wetter war an diesem boshaften Tag gegen uns; ein ständiger Regen fiel, als wir stundenlang standen, bis es schließlich völlig dunkel war. Die SS wollte vermeiden, dass die Bevölkerung uns sah. Erst spät am Abend, fast schon in der Nacht, gab man das Signal zum Abmarsch. Die Lagerinsassen, einige der Aufseherinnen, die Soldaten, Knittel und seine Frau – alle begaben sich auf den Todesmarsch. Wir marschierten in Fünferreihen. Auf beiden Seiten liefen Soldaten und einige der uns begleitenden Aufseherinnen. Die Wachen hatten Gewehre über der Schulter und Revolver oder Pistolen im Gürtel. Sie trugen auch Rucksäcke. Ein langer Menschenstrom bewegte sich aus dem Lager. Einige Gefangene, auch unsere Freundin Hava Hartmann Kleinberg, mussten den Wagen mit Knittels Sachen und den persönlichen Sachen seiner Mannschaft ziehen. Gelegentlich saßen auch Knittel und seine Frau auf dem Wagen, den die Mädchen zogen. Hungrig und frierend waren wir wieder auf dem Weg ins Ungewisse. Erzsike und ich umklammerten jeder eine rote Schüssel und eine Tasse, unser einziges Gepäck auf dem Marsch. Die Schüssel würde unterwegs auch unser Schutz gegen Regenfälle und Bombenangriffe werden. Auch in der Freiheit würden diese Dinge von Bedeutung sein. Wir schauten zurück zum Lager, das Lampen und Suchscheinwerfer noch immer erhellten. Baracken, Krankenstation, der Appellplatz – alles lag verlassen da, als wir in die Dunkelheit marschierten.

Wir liefen schweigend und voller Furcht, Erzsike immer dicht neben mir und ich machte mir Gedanken über unser unbekanntes Ziel und unsere Zukunft. Beim Verlassen des Lagers erfüllten uns Hoffnung und die Lockungen der Freiheit einerseits und eine abgrundtiefe Furcht auf der anderen Seite.

Was, wenn statt der Befreiung der Tod am Ende der Straße auf uns wartete?

Die Nacht mit der uns umgebenden Dunkelheit war gespenstisch und unheimlich. Nur das Licht der Taschenlampen der Soldaten zeigte schwach den Weg. Ich versuchte, den Himmel zu sehen, aber tiefe Dunkelheit umgab uns. Der Himmel war mein zuverlässiger Orientierungspunkt geblieben, selbst als mein ganzes Leben auf den Kopf gestellt wurde. Im Ghetto von Kosice im April 1944, als ich aufgewühlt und schockiert durch die Gefangenschaft zum Himmel schaute, stellte ich erstaunt fest, dass da immer noch die ruhige Weite mit dem endlosen Blau war. Nur unsere Welt war ihrer Grundfeste beraubt worden.

Markkleeberg war menschenleer, als sich unser langer Zug durch die Straßen wand. Über der Stadt lag Ruhe, die später durch den Lärm von Explosionen zerrissen wurde. Wegen der Gefahr von Luftangriffen war die Stadt völlig verdunkelt. Nur das ungleichmäßige Geräusch von Hunderten von Holzschuhen auf dem Pflaster war zu hören.

Jeder hielt seine Schätze fest. Erzsébet Frank drückte das Manuskript fest an sich, das sie eines Tages zu Hause veröffentlichen wollte. Ich trug die Zeichnung, die Gizella, die Künstlerin, von Erzsike bei der Arbeit gemacht hatte. Diese Zeichnung war mir wichtig, da Bilder und Andenken für mich eine besondere Rolle spielten. Elizabeth Zucker Mermel verwahrte das Gedicht über die Schweißer. Sie wusste nicht einmal, warum es für sie so wertvoll war. Manchmal tun wir wesentliche Dinge allein aus dem Unterbewusstsein heraus.

Olga Rosenberg, die ihr Morgengebet auf dem Weg zur Fabrik sagte, sprach das entsprechende Freitagsgebet. Die Frauen fielen leise ein. Wir marschierten einige Reihen hinter ihnen und vernahmen nur den Klang, die Worte verloren sich in der Dunkelheit.

Zu beiden Seiten des Zuges liefen die Wachen und Schäferhunde. Auch am Ende gab es Wachen. „Jeder, der aus der Reihe tritt, wird erschossen“, sagte man uns.

Die Soldaten hatten auch Angst vor den Explosionen und befahlen uns, schneller zu laufen: „Schneller! Schneller!" Die „Volksdeutschen" unter den Wachen, SS-Freiwillige aus ungarischen Gebieten, trieben uns auf Ungarisch an. Sie sprachen auch miteinander Ungarisch, was sie vorher nie in unserer Anwesenheit getan hatten. Wir stießen uns gegenseitig an, als wir in der nassen, kalten Nacht immer weiterliefen.

LEIPZIG

Die Mädchen wechselten sich ab als „Pferde" für den großen Wagen mit dem Hab und Gut unserer Peiniger. Als wir in Leipzig ankamen, waren die Aufseherinnen alle verschwunden. Márta Maget Leitmann, die frühere Blockälteste, war auch eine derjenigen, die den Wagen zog. Wenn sie etwas langsamer wurde, war die Wache sogleich hinter ihr und trieb sie zur Eile. Knittels „Schneller, schneller" erschreckte die schweigende Menge. Es regnete in Strömen, als wir uns Leipzig näherten. Man führte uns über kleine Waldwege, und wir gingen nachts, sodass wir nichts sahen und nicht gesehen wurden. Wir konnten die Erschöpfung und die Ungewissheit fast nicht ertragen. Ich fühlte, wie Erzsikes Hand schlaff wurde und aus meiner rutschte. Ich ergriff ihren Arm und hielt ihn fest, als wir weiterliefen. Wir passierten einen dichten Wald und die Wachen vor und neben uns wiesen uns den Weg mit Taschenlampen. Wir sahen nichts von Leipzig, als man uns um die Stadt herumführte. Wir durchquerten ein menschenleeres Gebiet und nur das Geräusch der Marschierenden störte die Stille der Nacht. Aus der Ferne nahmen wir die Lichter von Häusern wahr. Wir dachten an die Glücklichen, die in Freiheit lebten und in ihren Betten schliefen.

TAUCHA

Wir liefen auf Nebenstraßen bis nach Taucha, wo die Einwohner hinter geschlossenen Vorhängen schliefen. Selbst das Geräusch Hunderter Schritte schien sie nicht aufzuwecken. Vielleicht kannten sie den Klang der Gefangenenzüge, die bei Nacht durch ihre Straße und unter ihren Fenstern entlanggetrieben wurden.

Erzsike und auch ich hatten das Bedürfnis, uns zu erleichtern, aber wir fürchteten, nicht zurückzufinden. Es kam uns nicht in den Sinn, dass es sinnvoll wäre zu fliehen. Darüber dachten wir nicht einmal nach. Bei Tagesanbruch rannten wir zusammen mit einigen anderen Mädchen zu einer Baumgruppe. Wir hatten genügend Zeit, den langen Zug einzuholen, auch wenn die Wachen die Marschierenden unentwegt zur Eile drängten. Wir liefen an diesem kalten, trostlosen Morgen durch weitere kleine Straßen nach Taucha hinein.

Auch am Samstag, dem zweiten Tag unseres Marsches, regnete es. Wir waren hungrig und nass und hatten keine Ahnung, wohin und warum wir so eilig unterwegs waren. Ab und zu schlugen uns die Wachen mit ihren Stöcken. Hinter der Stadt durchquerten wir einen kleinen Wald und erreichten die Landstraße. Die Wachen und ihre Schäferhunde jagten uns immer weiter. Erschreckt drückte Erzsike einmal meine Hand, als sie die Zähne eines Schäferhundes an ihrem Bein fühlte, weil sie ein wenig aus der Reihe getreten war. Und wir liefen immer weiter. Schließlich begann ich zu stolpern, als meine Beine mir den Dienst versagten; aber Erzsike hielt mich fest und ich wusste, ich musste weitergehen.

In der Hauptstraße gab es keine Anzeichen des Krieges. Etwas entfernt waren einige Wohnhäuser und als wir an ihnen vorbeigingen, steckte ein Mann Erzsike etwas zu. Die Wache bemerkte es nicht und der Mann entfernte sich. Erzsike war aufgeregt, aber ich wusste nicht, warum. Als die Wache nicht neben uns war, schob mir meine Schwester etwas Kleines in die Hand. Sie hatte noch immer Angst und sagte, ich solle nicht nachsehen. So fühlte ich nur etwas kleines Hartes in einer Verpackung. Ein anderer Passant gab Margit Lang Stein eine halbe Scheibe Brot. Sie teilte schnell mit ihrer Freundin Márta Weis Paren aus unserer Heimatstadt. Jede aß einen Bissen. Als die Wache den Handel bemerkte, war das Brot verzehrt. Der Wachmann beschimpfte den deutschen Zivilisten. Wir kamen zu einem kleinen Bauernhof und ich wagte noch immer nicht, das kleine Geschenk zu öffnen, das der Zivilist Erzsike gegeben hatte. Völlig erschöpft ließen wir uns ins Gras fallen. Es goss in Strömen. Nachdem ich mich vorsichtig umgeschaut hatte, öffnete ich das Geschenk. Es war ein kleines Stück Schokolade. Wir waren so gerührt, dass sich unsere Tränen mit dem Regen vermischten. Wir teilten, jede biss ein Stückchen ab, während wir an die schützende Hand dachten, die unsere Eltern über uns hielten. Wir glaubten, es wäre ihre Weise, uns zu grüßen. Auch wenn wir tropfnass waren, wir hatten einen himmlischen Moment während des Marsches.

Die Frauen auf dem Bauernhof, wo wir rasteten, blieben in einiger Entfernung, und warteten darauf, dass die Gruppe weiterziehen würde. Schon bald erklang der Pfiff, das Zeichen für das Zählen. Wir mussten uns blockweise aufstellen wie in Markkleeberg. Knittel, seine Frau und die Soldaten aus dem Lager waren bei uns. Knittel zählte und bemerkte, dass Erzsébet Iczkovits, die Arbeitsorganisatorin, deren Tochter Agnes, Zsuzsanna Csanyi, die Dolmetscherin, und Hanni, die Krankenschwester aus dem Revier, fehlten. Er erklärte, sie würden erschossen, wenn man sie fände.

Wir setzten unseren Marsch fort und passierten weitere Waldstücke. Wer noch eine Steckrübe hatte, aß diese. Erzsike und ich hatten nichts und wir wussten nicht, ob wir überhaupt etwas zu essen bekommen würden. Auch als die Sonne schließlich herauskam, trocknete sie unsere Kleidung nicht. Wir wollten nur ausruhen, stattdessen mussten wir rennen. Erzsike zog mich mit sich, damit die Wachen nicht auf uns einschlugen, als ob wir Pferde in einem Rennen wären. Diejenigen, die den Anschluss an die Kolonne nicht schafften, wurden von anderen Wachen geschlagen. Als wir uns den Bergen näherten, wurde der Wagen mit den Sachen von Knittel und der SS leichter, da viele SS-Männer die Kolonne verlassen hatten. So luden sie alles auf einen kleinen Karren, den die Mädchen bis nach Theresienstadt zogen.[230] Gefangene, die nicht laufen konnten, wurden in den großen Wagen gesetzt, den die Französinnen zusammen mit anderen Mädchen zogen, die noch mehr Kraft hatten.

Wir marschierten den ganzen Tag und trafen andere Militärfahrzeuge. Dann, auf einer anderen Straße, bemerkten wir Leute auf Fahrrädern. Sie waren nicht überrascht, uns zu sehen; wahrscheinlich waren ihnen schon andere Transporte begegnet. In Leipzig und Umgebung arbeiteten viele Ausländer in Munitionsfabriken. Ein Zivilist auf einem Rad gab einer Frau in der Reihe vor uns ein belegtes Brot. Sie hatte zwei Tage lang nichts gegessen und konnte ihr Glück kaum fassen. Als sie ihren Schatz in der Hand hielt, stürzte die Wache auf sie zu und nahm es ihr weg. Er warf das Brot auf die andere Straßenseite und schlug dem geschockten Mädchen mit aller Kraft auf das Ohr. Bis zu den letzten Stunden des Marsches blieben die Wachen brutal.

---

230 Rab, Es Nem Verik, S. 285.

Nach und nach leerten sich die Straßen. Zuerst glaubten wir, es läge daran, weil wir Nebenstraßen benutzten. Aber dann zeigte sich, dass das Gebiet verlassen war. Die stärkeren Mädchen wechselten sich mit dem Wagen ab: zwei vorn, drei hinten und zwei schoben seitlich. Die Mädchen auf dem Wagen hatten Lungenentzündung; es gab keine Arznei, der Regen fiel und die Nächte waren eisig.

Piri, die im Steinbruch von Lófogú geschlagen worden war, war schwer krank. Die 31-Jährige sah aus, als wäre sie 70 und dem Tode nahe.

Obwohl Erzsike und ich so niedergeschlagen waren, suchten wir Vera auf, unsere ehemalige Mitbewohnerin. Vera, die ungefähr 18 war, war früher ein hübsches Mädchen gewesen. Sie stammte aus Budapest, aber ihre Eltern schickten sie zu den Großeltern aufs Land, weil sie der Meinung waren, dort wäre es während der Luftangriffe sicherer. Bereits nach kurzer Zeit wurde Vera deportiert. In Auschwitz wurde sie von ihrer Großmutter getrennt, sodass sie allein war und niemanden kannte. Schließlich fand sie eine Freundin, die aber nicht auf den Transport nach Markkleeberg geschickt wurde. Bereits in den ersten Wochen in Markkleeberg zeigte sich bei ihr die Tuberkulose. Obwohl sie nachts hustete, konnte sie am Tag in der kleinen Fabrik arbeiten. Wir mochten dieses nette, bescheidene, ruhige Mädchen und teilten einmal im Lager unseren Apfel mit ihr. Vera machte sich beständig Sorgen, was mit ihrer Mutter passiert wäre. Jetzt auf dem Wagen war sie blass und schien orientierungslos. Als wir sie begrüßten, lächelte sie und schien sich über unsere Anwesenheit zu freuen.

Wir verließen Vera und wurden unter den Schlägen schwerer Stöcke weitergejagt. Die müden und wütenden Wachen auf beiden Seiten der Reihen waren drohend wie Todesengel. Sie schlugen uns und drohten, jeden zu erschießen, der schwankte oder zurückblieb. Ich wechselte meinen Platz mit Erzsike, die am Rand lief, um sie vor den Hunden, Stöcken und Gewehrkolben zu schützen. Wer aus der Reihe trat oder absichtlich zur Seite geschoben wurde, erhielt Schläge und wurde in die Reihe zurückgestoßen. So wurden wir gezwungen, uns dem Marschtempo anzupassen. Ich hatte ständige Angst, Erzsikes Hand nicht mehr zu fassen. Es gelang uns nicht mehr, unsere Gedanken in die Vergangenheit schweifen zu lassen oder an Erleichterungen und Erholung zu denken, um der Gegenwart zu entfliehen. Die Lieder waren verstummt, man rezitierte keine Gedichte mehr. Alle Anstrengung und Konzentration war auf das Laufen gerichtet. Manchmal überlagerte die Furcht sogar die Schmerzen, die unsere schlecht passenden Holzschuhe verursachten. Wenn wir nicht geschlagen werden wollten, mussten wir laufen. „Los ... schnell!“, immer schallten diese Worte hinter uns.

Als wir in die Hauptstraße einbogen, hörten wir überall Bombeneinschläge und Explosionen. Der Himmel war rot gefärbt und wir waren sicher, die Front war ganz in der Nähe. Fliehende deutsche Zivilisten versperrten den Weg, sodass wir nicht weiterkamen. Armeefahrzeuge mit Frauen, Kindern, Kinderwagen, Koffern und Bündeln folgten, Flüchtlinge in Autos, auf Rädern und mit anderen Transportmitteln. Elegante Frauen, Männer, Soldaten hockten dicht nebeneinander. Viele liefen und zogen kleine Handwagen hinter sich her. Ein Feuerwehrmann sagte zu Knittel, wir könnten nicht weitergehen, da die Straße verstopft wäre und die feindlichen Armeen sich von zwei Seiten näherten.

Wir setzten uns auf die staubige Straße und beobachteten die Fliehenden. Aber unsere Freude dauerte nicht lange. Plötzlich gab es Fliegeralarm. Die Tiefflieger kreisten über uns und wir warfen uns hin und schützten unser Gesicht. Die Autos auf der Straße stoppten, die Deutschen suchten unter ihnen Schutz vor dem Angriff. Aus dem Augenwinkel bemerkten wir nervöse Soldaten, die aus ihren Maschinengewehren feuerten. Rauch und eine Feuersäule beendeten die Aktion. Dutzende Flugzeuge glänzten in der Sonne über uns. Ihre Motoren brummten, ihr Lärm schwoll an, während der Donner der Explosionen die Erde erschütterte. Dann war alles still. Der Luftangriff war vorbei, die Menschentraube löste sich auf und die Wachen jagten uns weiter. Noch immer unter dem Eindruck der Luft- und Bodenkämpfe setzten unsere Wachen ihre eigenen Kriegsspiele gnadenlos fort; sie prügelten uns und trieben uns in den Tod.

Als sich die Erstarrung nach dem Luftangriff gelöst hatte, kam Elza von ihrem Block herüber, um nach uns zu sehen. Wie viele andere spielte sie mit dem Gedanken, die Kolonne zu verlassen, weil sie es für wahrscheinlich hielt, dass wir sowieso auf der Straße starben. Auch wenn Elza mutig und einfallsreich war, in der Gruppe fühlte sie sich sicherer. Sie fürchtete sich vor dem Unbekannten und davor, auf Gedeih und Verderb der SS und der Masse auf der Straße ausgesetzt zu sein. Wir stimmten Elza zu, aber wir fürchteten noch immer die Wachen und die Schmerzen während des Marsches. Elza kehrte in ihre Reihe zurück, die Soldaten begannen wieder, uns weiter zu jagen, indem sie mit ihren Gummipeitschen auf uns einschlugen. Die Schreie der Getroffenen gellten in unseren Ohren.

Hungrig und müde torkelten wir weiter. Die meisten von uns hatten keinen Kanten Brot und voller Begierde schauten wir auf ganze Brote, die Frauen im Lager gestohlen hatten. Elza nannte die Glücklichen „Brotmillionäre". Wir hätten uns bei Knittel darüber beschweren können, aber keine wollte das tun. Einige Frauen stellten fest, dass die Besitzer des Brotes aus Máramaros kämen, was bei den Juden aus den traditionell ungarischen Gebieten gleichbedeutend

JUNKERS FLUGZEUG- UND MOTORENWERKE AKTIENGESELLSCHAFT

MOTORENBAU ZWEIGWERK MARKKLEEBERG

WERKLEITUNG

MARKKLEEBERG 1 27.April 1945
FERNRUF: SAMMEL-NR. LEIPZIG 39 41 81
Eth/Do.

Arbeitsbescheinigung

Durch das SS-Konzentrationslager Buchenwald wurde am 2.10.1944 aus dem SS-Konzentrationslager Auschwitz

Gizella H o l l ä n d e r, geb. 24.6.1905.

unserem Werk zur Arbeitsleistung zugewiesen. Sie ist von uns mit dem Tage der Besatzung durch die amerikanischen Truppen entlassen worden.

Diese Bescheinigung wird ausgestellt zum Zwecke des Rücktransportes in ihre Heimat.

JUNKERS FLUGZEUG UND MOTORENWERKE AG
MOTORENBAU ZWEIGWERK MARKKLEEBERG

Certification

By the SS-Konzentrationslager Buchenwald Gizella HOLLÄNDER, born the 24.6.1905, from the SS-Konzentrationslager Auschwitz has been assigned to our factory the 2nd of October 1944 to work there. She was dismissed on the 18th of April 1945, date of the occupation by the american troups.

This certification is drawn up for the return to her country.

Zertifikat der Junkersfabrik für Gizella Holländer

mit aggressivem und arrogantem Verhalten war.[231] Ob satt oder hungrig, Jude aus Máramaros oder Budapest, ob Franzose oder Nazi – jeder konnte ein Opfer des nächsten Bombenangriffs werden.

Wir liefen an der Straßenseite, während Autos auf der Straße vorbeirasten. Inzwischen fuhr Knittel auf einem Fahrrad am Anfang des Zuges. Unser Ziel war Theresienstadt, in der Nähe von Prag, wie wir später herausfanden. Man sagte uns, es wäre schon spät und wir müssten uns beeilen, weil wir das neue Lager vor Anbruch der Nacht erreichen sollten. Die Wachen meinten, dort gäbe es Schlafgelegenheiten, Essen und Zuflucht. Sie lockten uns auch weiterhin mit Versprechungen.

231 Ebenda, S. 287.

DAS MARKKLEEBERGER LAGER, ALS WIR ES VERLIESSEN

Einigen gelang es zu fliehen und sie gingen nicht auf den Todesmarsch. Carmen Braun und zwei Freundinnen wagten es, durch das offene, unbewachte Tor hinauszugehen, als das ganze Lager beim Appell stand und zum Aufbruch bereit war. Am zweiten Tag, als sie sich im Wald versteckten, trafen sie auf einen SS-Mann aus dem Lager, der ihnen drohte, sie zurückzubringen. Die Mädchen weinten und baten, er möge sie am Leben lassen. Der SS-Mann war selbst auf der Flucht und willigte schließlich ein, sie in Ruhe zu lassen. Glücklicherweise trafen sie dann einen Zwangsarbeiter aus der Fabrik. Er sagte ihnen, sie könnten ins Lager zurückkehren, da es von der SS aufgegeben worden war. Am 18. April 1945 wurden die Mädchen von amerikanischen Soldaten befreit.[232]

Trotz der Ankündigung, in den Baracken Zurückbleibende zu erschießen, gingen einige das Risiko ein. Unter ihnen war Agi aus Kosice, die sich in einen blonden belgischen Zwangsarbeiter aus der Fabrik verliebt hatte. Er bedeutete ihr wahrscheinlich so viel, dass sie bereit war, ihr Leben aufs Spiel zu setzen. Als wir zum Appell hinausgingen, kletterte Agi in ein oberes Bett, kroch unter die Matratze und blieb dort. Die Wachen, die mit ihren eigenen Angelegenheiten beschäftigt waren, hatten keine Zeit, das Lager gründlich zu durchsuchen. Agi war in der Baracke in Sicherheit, bis der Transport abmarschierte und der junge Belgier kam.[233] Beide verließen das Lager und Gitta Susitzky Hönig wusste, dass sie nach dem Krieg geheiratet hatten. So gab es doch noch ein glückliches Ende.

Vierzig Gefangene flohen in den nahen Wald, als sich herumgesprochen hatte, dass Willy Goertler, der Schlosser der Firma, den Drahtzaun zerschnitten hatte.[234] Weitere zwanzig Mädchen, die von dem Loch im Zaun erfahren hatten, flohen auch und versteckten sich im Wald. Die Gefangenen besaßen ein wenig Brot und versteckten sich, bis ein vorbeikommender Deutscher ihnen mitteilte, dass die Amerikaner im Lager wären und dass einige ehemalige Häftlinge zurückgekehrt wären. Die Mädchen gingen nicht ins Lager zurück, sondern schlossen sich einem Transport in die Tschechoslowakei an.

Gizella Hollander und ihre Tochter Vera Hollander Slyomovics gingen auf den Todesmarsch, aber Gizella konnte nicht weiter. Es gelang ihnen, die

232 Carmen Braun Aussage, Yad Vashem Akte 3544300, 12. Juli 1945, S. 3.

233 Interview mit Lilly Waldman und Vera Hollander Slyomovics.

234 Hesse, „KL Buchenwald," S. 8, 14; Eisert, „Ermittlungen über KZ," S. 3.

Kolonne in Leipzig zu verlassen und zum Lager nach Markkleeberg zurückzukehren. Als die Amerikaner eintrafen, wurden sie befreit. Gizella, die gut Deutsch sprach, erhielt folgenden Brief von der Firma Junkers, in dem ihr bestätigt wurde, dass sie sieben Monate für das Unternehmen arbeitete.[235]
Dr. Spielmann, die auch in der Nähe von Leipzig floh, beschrieb in ihren Erinnerungen, wie sie und eine andere Gefangene nachts während eines Luftangriffs entkamen. Schließlich kehrten sie zum Lager zurück und dachten voll Mitgefühl an die anderen Gefangenen. Dr. Spielmann kam 1965 nach Markkleeberg und suchte nach Ilse, konnte sie jedoch nicht finden. Wahrscheinlich war sie bereits verstorben.[236]

GEFAHREN, WENN MAN DIE KOLONNE VERLIESS

Den Entschluss zu fassen, die Kolonne zu verlassen, fiel nicht leicht. Es war ein mutiger Schritt, außer wenn man körperlich erschöpft war oder Fußprobleme hatte. Viele sprachen kein Deutsch und wir alle fürchteten die feindliche Umwelt. Es bestand auch die Gefahr, dass die Soldaten auf uns schießen könnten. Wer den Tross verlassen wollte, versteckte sich in der Dunkelheit hinter einem Tor und wartete, bis alle vorbeigelaufen waren, um dann in die Gegenrichtung zu gehen, wo man hoffte, auf die Amerikaner zu treffen. Mädchen, die von den Wachen aufgegriffen wurden, erhielten Schläge und wurden gezwungen, sich wieder einzureihen. Manchmal riefen deutsche Zivilisten die Wachen, wenn sie sich entfernende Mädchen bemerkten. Sie taten es entweder aus Hass oder weil sie Repressalien fürchteten, wenn man die Nachbarschaft beschuldigte, Flüchtlinge zu beherbergen.

Später, als immer mehr Wachen desertierten und die Häftlinge noch hungriger und verzweifelter waren, konnte man sich leichter zur Flucht entscheiden. Selbst dann würde ein Mädchen nicht allein fliehen. Man brauchte die Unterstützung der anderen und jemanden, der Deutsch sprach. Frauen, die eine Flucht planten, hielten nach Begleitern Ausschau, die die Sprache beherrschten, ideenreich und wagemutig waren. Kinder wie Erzsike, ich oder körperlich schwache Mädchen waren für ein solches Unternehmen nicht geeignet.

235 Interview mit Vera Hollander Slyomovics.

236 Rachel Spielman, Brief an Irma Clajus, November 1975. Das Original befindet sich in der Stadtverwaltung Markkleeberg.

WURZEN

Gegen Abend, nachdem wir den ganzen Tag gelaufen waren, immer darauf hoffend, bald ein Lager zu erreichen, bemerkten wir die Silhouette einer Stadt. Wir liefen schneller, da wir zum ersten Mal eine deutsche Großstadt bei Tageslicht erlebten. Bis dahin hatte man uns nur sehr früh am Morgen oder spät in der Nacht durch bewohntes Gebiet geführt. Das Ortsschild verriet, dass wir in Wurzen, einer Stadt voller Militär, waren.

Man trieb uns mit Stockschlägen an, schneller zu laufen. Als wir in die erste Straße einbogen, brach Anna aus unserer Baracke zusammen. Die Ärztin betrachtete sie resigniert. Die arme Anna (oder Annus, wie jene, die sie von zu Hause kannten, sie liebevoll nannten) war die Frau eines wohlhabenden Kaufmanns aus einer angesehenen Familie; aber im Lager wurde aus ihr die „verrückte Anna". Als sie am Straßenrand lag, spiegelte sich ihr innerer Kampf auf ihrem entstellten Gesicht wider. Ihr zerrissener Arbeitsanzug hing um ihren ausgemergelten Körper und sie kratzte unaufhörlich die schmerzhaften Wunden am ganzen Körper. Läuse hatten sich tief in ihrer Haut eingenistet. Anna, die weder Familie noch Freunde im Lager hatte, bemerkte, dass die anderen sie mieden, nachdem die Läuseplage sie heimgesucht hatte. Anna erholte sich etwas, konnte aber noch immer nicht gehen. Der Wachmann, den wir Bacskai oder Birgel nannten, kam und erschoss sie, ohne zu zögern. Man ließ sie am Straßenrand liegen. Bacskai war „Volksdeutscher" aus Bácska im jugoslawischen Teil Ungarns.[237] Elisabeth Stein Szekely, die Zeuge der Erschießung war, erkannte ihn nach der Befreiung unter den Gefangenen in Theresienstadt. Außer Anna erschoss die SS wahrscheinlich zwischen dreißig und fünfzig weitere Frauen, die nicht weiterkonnten, wie Sara Breiner sagte. Sara sagte vor der Zentralbehörde des Bundesamtes für Justiz für die Aufklärung von Nazi-Verbrechen aus. Andere Augenzeugen der Erschießungen, die aussagten, waren Piroska Winkler, Dora Kluska und Rosalia Lazar.[238]

Wir fragten uns erschüttert und verängstigt, wer die nächste Anna wäre. Ich sah die Erschießung nicht, aber den Schuss hörten wir alle. Furchtsam betrachtete ich Erzsike, besorgt über ihr Aussehen. Meine kleine dreizehnjährige Schwester schlurfte mit wunden Füßen voller Blasen in halb zerbrochenen Holzschuhen. Ihr Gesicht war aschgrau mit tiefen Ringen unter den Augen. Ich war erschrocken. Ich wusste nicht, dass ich selbst in noch schlechterer körperlicher Verfassung war und genau so schlecht aussah wie meine

237 Center, S. 23.

238 Ebenda, S. 31.

Schwester. Mein Schuh wurde nur noch von ein paar Nägeln zusammengehalten. Es wäre einfacher gewesen, ihn wegzuwerfen und barfuß zu gehen, wäre da nicht noch Schnee auf einigen Hügeln gewesen. Im Lager ging es uns noch etwas besser als Anna, aber auf dem Marsch gab es fast keine Unterschiede mehr. Hunger, Erschöpfung und die zunehmende Läuseplage quälten Körper und Seele.

In Wurzen waren viele Häuser zerstört. Vielleicht war es das Ergebnis des Luftangriffs, den wir gehört hatten. Neben uns auf der Straße zogen Leute einen Wagen mit blutigen Körperteilen: Hände, Beine, ein Torso und weitere. Als andere Mädchen anfingen zu weinen, warf ich einen kurzen Blick auf die schreckliche Szene; ich beschwor Erzsike, sich wegzudrehen, aber es war zu spät. Wir erblickten Kriegsgräuel, die wir bis dahin nicht kannten. Eine Weile liefen wir schweigend, voller Angst und zutiefst erschüttert. Ich hatte nicht viel erkennen können, aber andere Mädchen verbreiteten schnell grauenvolle Details.

Wir sahen nicht viel von der Stadt, obwohl es uns Genugtuung gewesen wäre, die Zerstörungen zu erblicken. Wir schleppten uns hungrig, ausgelaugt und niedergeschlagen weiter, wir wussten, es gab keine andere Möglichkeit. Wenn wir stehenblieben, wären wir die Zielscheibe von Gummiknüppeln oder Gewehrsalven. Die einzige Hoffnung war, schnell ein Lager zu erreichen, wie uns die Wachen weismachten, wo es einen Schlafplatz für die Nacht geben sollte.

An jenem Samstagabend, als wir eine riesige Brücke erreichten, war es kalt und dunkel. Seit Freitag, als wir Markkleeberg verlassen hatten, waren wir unterwegs. Die Wachen dirigierten uns zu einer betonierten Fläche unter dem Brückenbogen. Jeder musste in der Fünferreihe seines Blockes stehen. Knittel zählte uns, schrieb die Anzahl auf und zählte noch einmal. Er wurde aufgeregt und wütend; es schien, dass viele verschwunden waren. Dann warnte er uns nochmals: Deserteure würden erschossen.

Nach dem Zählen ließen uns die Wachen allein. Inzwischen war es vollständig dunkel und es wurde uns klar, dass wir die Nacht hier auf dem Beton zubringen mussten – ohne Decken und ohne Essen. Knittel sagte: „Hier werdet ihr schlafen. Die Erde wird euer Bett und der Himmel eure Zudecke sein.“ Wir verstanden, was er meinte. Wachen liefen oben auf der Brücke und lachten über uns. Knittel und seine Frau übernachteten in einem Hotel. Die Wachen hielten sich in einiger Entfernung, denn wir sollten ihr Abendessen nicht sehen. Sie schliefen auch auf der Erde, hatten aber Decken und Regenmäntel. Wir bekamen nichts zu essen und zitterten, als die Kälte uns einhüllte. Wir waren so hungrig und konnten immer noch nicht glauben, dass wir die Nacht unter der Brücke verbringen sollten. Wie konnte das sein?

Hatten wir es falsch verstanden? Verzweiflung machte sich breit. Wir lagen auf dem rauen Beton und schmiegten uns aneinander.

Der April war kalt und schneereich, der Beton wie ein Eisblock. Niemals hatten wir so gefroren, nicht einmal mitten im Winter im Lager. Meine Zähne klapperten, als ich in einen leichten Schlaf fiel. Aber das Vergessen im Schlaf dauerte nicht lange. Wir hörten Lärm und erblickten zwischen den Sternen die hellen Lichter tausender Explosionen mit ihrem teuflischen Glanz. Der bedrohliche Lärm verstärkte sich, als Flugzeuge mit ihrer tödlichen Fracht über uns kreisten. Es war erschütternd, den Himmel zu beobachten, der Schauplatz von Kriegsspielen nächtlicher Armeen war. In unmittelbarer Nähe setzte Kanonenfeuer ein und wir vernahmen das beständige Rasseln rollender Panzer. Die Sterne über uns glänzten hell, während das Grollen des Krieges mit der aufblitzenden Helle immer näher zu kommen schien. Schreckliche Angst überkam uns.

Die Helligkeit und das Bombardement schien einem Gewitter zu ähneln, je näher der Donner und die Einschläge kamen. Ich erinnerte Erzsike daran, wie es zu Hause war, wenn wir Angst vor dem Sturm hatten und Mutter kam, uns umarmte und die Vorhänge schloss, sodass wir friedlich schlafen konnten.

Es gelang uns nicht, die Furcht auszuschalten. Unsere Zähne schlugen aufeinander und wir drängten uns auf dem eisigen Beton zusammen. Der anschwellende Fluss klatschte unheilverkündend gegen die Pfeiler der Brücke.

Von fern kam ein rumpelndes Geräusch, als ob Kartoffeln eine Rutsche hinabrollten. Der Boden bebte, als die Explosionen folgten, eine nach der anderen. Der Luftkampf setzte sich auch über unseren Köpfen fort. Ich sah ein Flugzeug, das getroffen wurde und in einem Flammenmeer zur Erde stürzte. In der Dunkelheit erreichte uns von Zeit zu Zeit das starke, blendende Licht eines Suchscheinwerfers. Wir hätten uns gern davor in Sicherheit gebracht und bedauerten, dass die Wachen nicht bei uns waren.

Ängstlich schauten wir auf die brennende Stadt, während Autos oben über die Brücke rasten. Wir waren wie tausend Augen, die gemeinsam blinzelten, und tausend Herzen, die im gleichen Rhythmus schlugen, als wir verängstigt auf die Geräusche in der Ferne horchten. Es gab keinen, der nicht das Schlimmste befürchtete. Wir wünschten, Elza, Klári oder einige unserer Freunde wären bei uns; aber sie mussten bei den Frauen ihrer Baracke bleiben. Schließlich ebbte der Kampflärm ab, die Sirene verstummte. Von Zeit zu Zeit hörten wir die Explosion einer Bombe, aber der Bombengriff und das Kanonenfeuer waren vorüber. Es gab noch vereinzelte Explosionen in der Stadt, während die Flammen emporschlugen und schwarzer Rauch die Sterne zeitweise verhüllte. Der Lärm der Flugzeugmotoren war verschwunden und eine beunruhigende Dunkelheit umfing uns. Als sich der Rauch verzogen hatte, gewahrten wir nur die leuchtenden Sterne am endlosen Nachthimmel: Laternen für uns Reisende, die vielleicht nie ihr Ziel erreichen würden.

Schließlich schliefen wir ein, verfolgt von schlimmen Träumen. Während ich die Gefahren der Nacht fürchtete, hatte eine Mutter neben uns einen Albtraum, dass man Zivilisten zwischen die kämpfenden Truppen bringen könnte, eine gängige Praxis während des Krieges.

Dann träumte sie, dass man einen Teil der Kolonne erschießen würde, während man junge Frauen den Soldaten überließe. Sie war in Sorge, dass wir die Opfer zwischen den beiden kämpfenden Armeen wären und ihre Tochter und andere junge Mädchen die Beute für die Soldaten.

Die Farben des Morgens überzogen den Himmel. Als wir uns umschauten, hörten wir Lärm, der von der Brücke kam. Wir fürchteten, eine Armee könnte sich nähern. Dann sagte jemand: „Guck, sie kommen aus einem Lager." Eine Gruppe Mädchen überquerte die Brücke, Reihe um Reihe liefen sie vorbei, die Haare abrasiert und unter SS-Bewachung. Als sie näherkamen, riefen sie uns zu, sie seien Ungarinnen. Sie waren seit fünf Tagen unterwegs und wussten auch nicht, wohin man sie bringen würde.

Diese Mädchen waren eine der vielen Gruppen auf dem Todesmarsch nach Auflösung der Lager. Ende März 1945 kamen immer mehr Kolonnen abgezehrter KZ-Häftlinge hinzu. Sie kamen aus allen Himmelsrichtungen. In unzulänglichem Schuhwerk schlurften sie durch die Straßen des immer kleiner werdenden „Dritten Reiches".

Am Morgen konnten wir uns kaum aufrichten. Alle waren nass vom Tau, der in der Nacht fiel. Ich teilte mir mit Erzsike ein kleines Stück Rübe, das uns Berta gab. Berta und ihre Schwester waren in unserer Fünferreihe auf dem Weg zur Fabrikarbeit gewesen. Da unsere Schichten wechselten, sahen wir uns meist sonntags, aber wir fühlten eine besondere Nähe zueinander, weil wir jugendliche Schwestern ohne ihre Mütter waren. Berta, klug und einfallsreich, war die Ältere, Viola war drei Jahre jünger. Sie waren nette, hübsche Mädchen mit angenehmen Stimmen, die gern auf dem Weg zur Fabrik sangen. Wenn sie sangen, traute ich mich einzustimmen und sang mit. Während des Marsches liefen sie einige Reihen vor uns. Auch die Schwestern fühlten eine verwandtschaftliche Verbundenheit mit uns und teilten ihre Rübe, was ein großes Opfer war. Wir waren dankbar, auch wenn wir danach Bauchschmerzen und Durchfall bekamen; das konnte auch vom kalten Beton kommen, auf dem wir gesessen und geschlafen hatten. Erzsike drückte mich an sich, damit sich unsere Körper etwas aufwärmen konnten. Es war so kalt, dass eine kleine Wasserflasche, die eine Französin am Vortag am Straßenrand füllen konnte, in der Nacht gefror. Als wir Wurzen erreichten, schliefen die Einwohner noch. Die Stille nach dem nächtlichen Gefecht war unheimlich. Alles war verschwunden: die Armee, die Autos und die Toten. Ab und zu sahen wir einen Polizisten. Manchmal erschien ein Gesicht hinter einem Vorhang, zog sich aber schnell wieder zurück. Und das war erst der Anfang des langen Marsches, der vor uns lag. Plötzliche Luftangriffe würden für einige den Tod, für andere Befreiung bringen.

12. Todesmarsch

LUFTANGRIFFE

Die Luftangriffe der Alliierten, die nie die Gleise, die nach Auschwitz führten, trafen, trafen uns auf dem Todesmarsch. Sie stellten eine neue Gefahr für uns dar.

Am 15. April 1945 erreichten wir frühmorgens, am dritten Tag unseres Marsches, eine kleine, verschlafene Stadt in der Nähe von Wurzen. Die Straßen waren verlassen. Wir waren auf dem Weg zu einem nahegelegenen Feld, als die Luftangriffe begannen. Es war nicht das schwere Bombardement aus Maschinen, die hoch am Himmel flogen, das wir aus Markkleeberg kannten. Wir sahen eine Gruppe leichter Maschinen, die im Sinkflug und unter anschwellendem Motorengeheul immer näher kamen und fast unsere Köpfe berührten. Sie flogen einen großen Bogen und erhoben sich wieder in die Luft, bis auf eine Maschine, die das Feuer eröffnete. Dem Befehl der Wachen folgend, warfen wir uns auf die Erde. Unsere roten Essensschüsseln waren unsere Schutzhelme. Als die Flugzeuge noch niedriger flogen, konnten wir sogar die Piloten erkennen. Wir wurden aus geringer Entfernung aus Maschinengewehren beschossen. Der Angriff dauerte nur wenige Minuten, aber Dutzende wurden verwundet.[239]

239 Porat, Lelo Shihrur; S. 105.

Die ersten Geschosse trafen die Häftlinge an der Spitze des Zuges, die den Wagen zogen. Zehn Frauen zogen und schoben den Wagen mit den Kranken. Mili Ilona Aron aus Sajomagyaros, geboren am 26. März 1923, schob den Wagen auf der rechten Seite. Früher war sie im Essenskommando. Ilona wurde getroffen und starb.[240] Es gab viele weitere Opfer. Ein Mädchen namens Rozsi aus Hust verlor beide Beine und starb. Ein anderes Mädchen, das neben der Reihe lief, starb auch. Ihre Schwester überlebte.[241] Die Wachen begruben die Toten, die unbekannt blieben. Gabriella Braver Kosinka erinnerte sich, dass Knittel sogar über ihrem Grab ein Gebet sprach.

Während die Frauen sich um die Verwundeten kümmerten, hörten sie verzweifeltes Weinen. Ich konnte das Gesicht nicht sehen, aber die Mädchen sagten, dass eine von zwei Schwestern getötet worden wäre. Als es uns gelang näherzukommen, erkannte ich zu meinem Schrecken, dass Berta tot war. Ihre Schwester Viola umarmte den leblosen Körper und sprach schluchzend zärtliche Worte. Es war herzzerreißend. Nur kurze Zeit vorher hatten die Schwestern ihr kleines Stück Steckrübe mit uns geteilt. Ich hatte Angst, Erzsike anzuschauen. Sogar jetzt, wenn ich darüber schreibe, zittere ich. Wir versuchten, zu Viola zu gelangen, um sie zu trösten, mussten aber in der Reihe bleiben. Die Wachen nahmen das junge Mädchen mit, das ihre tote Schwester nicht loslassen wollte. Sie wurde immer verwirrter und war untröstlich. Elza Reich Szamosi, die am Ende der Reihe ging, erzählte uns, dass die Wachen auf Ungarisch auf Viola einredeten, aber sie hörte nicht. Knittel kam und erlaubte einigen Frauen, mit ihr zu sprechen, aber nichts half. Sie drückte Bertas Körper nur noch fester an sich. Schließlich befahl Knittel allen, auf ihre Plätze zurückzukehren. Als sich der Marsch in Bewegung setzte, hörten wir hinter uns einen Schuss.[242]

Es war tragisch, dass die Alliierten die Gefangenen auf den Todesmärschen nicht verschonten. Hätte man Flugblätter abgeworfen, wäre vielleicht auch die Bereitschaft der deutschen Bevölkerung, den Gefangenen zu helfen, größer gewesen. Die Unterstützung der Alliierten für das Rote Kreuz hätte Nahrungsmittel und Schutz für die unglücklichen Gefangenen in den Zügen und auf den Straßen in den letzten Tagen und Wochen des Krieges bedeuten können, aber es wurden keine gemeinsamen Anstrengungen unternommen, um die Menschen auf den Todesmärschen zu retten. Geheimdienstinformationen hätten die Tragödie der Bombardierung der Nazi-Opfer verhindern können. Die jüdischen Organisationen kannten die Todesmärsche nur unter

240 Rab, Es Nem Verik, S. 319; Interview mit Renee Pearl Rutner und Márta Fellmann.

241 Interview mit Renee Pearl Rutner.

242 Marika Kaufman erinnerte sich auch an die Todesangst der Schwester und an den Schuss.

der allgemeinen Bezeichnung „Evakuierung der Lager". In der Fülle britischer und amerikanischer Geheimdienstberichte gibt es eine kurze Notiz, dass die Deutschen die Internierungslager evakuieren.[243] Es war Teil des Nazi-Terrors, Gefangene auf Todesmärsche zu schicken, aber die Allgemeinheit wusste nicht, was das bedeutete.

Wir wussten nicht, was mit all den verwundeten Mädchen nach dem Angriff geschah. Bei meinen Nachforschungen erfuhr ich, dass einige von ihnen zu einem Gasthof in der Nähe gebracht wurden. Unter ihnen war Márta Fellmann, die von einer Kugel getroffen worden war. Sie fühlte plötzlich einen wahnsinnigen Schmerz im Oberschenkel und fiel zu Boden. Sie blutete stark und alle um sie herum schrien. Die Wache schob sie zur Straßenseite und warf eine Decke über sie. Sie verlor immer wieder das Bewusstsein. Márta lag auf dem Boden, als die Wachen den Weitermarsch befahlen. Als wir an ihr vorübergingen, bemerkte Márta Magda Schön Hilf aus ihrem Heimatort. Die Verwundete nahm alle Kraft zusammen und rief Magdas Namen. Magda kam zu ihr zurück. Beide weinten. Márta bat Magda, ihrem Mann Andor von ihrem Schicksal zu berichten, wenn er aus dem Zwangsarbeiterbataillon in Russland zurückkäme. Wenige Minuten später entfernte sich Magda mit der Kolonne.

Der deutsche Sanitäter, der einige der Verletzten versorgte, konnte ihre Wunden nur mit Papiertüchern abdecken. Kurze Zeit darauf kamen ein deutscher Arzt und zwei Schwestern. Márta und einige andere Schwerverwundete wurden zu einem Wohnhaus gebracht. Der Besitzer weigerte sich, die Mädchen aufzunehmen; wegen der Läuse, wie er sagte. Dann brachte man sie zu einem Gasthof und als sie warteten, kam ein Mann, der Ungarisch sprach. Er sah sich Mártas Verletzung an und sagte, in sechs Wochen könne sie nach Hause gehen. Der ungarische SS-Mann gab Márta die Adresse seiner Mutter in Budapest und bat sie, ihr auszurichten, dass er nicht nach Hause kommen könnte, aber am Leben wäre. Er hatte Angst zurückzukehren, da die Tätowierung unter seinem Arm ihn als SS-Mann auswiese. Er verschwand und kehrte bald darauf mit einem Sanitätsfahrzeug zurück. Ein Mädchen namens Rozsi, deren Schwester verletzt war, schloss sich ihnen an.

Im Krankenhaus behandelte ein älterer deutscher Arzt, der gut zu Márta war, die Verwundeten. Nach der Befreiung durch die Russen blieb Márta Fellmann noch sechs Monate im Krankenhaus. Rozsis Schwester starb und Rozsi verließ das Krankenhaus nach fünf Wochen. In der Zeit, die sie dort verbrachte, schlief sie bei Márta im Bett, weil sie sich vor den russischen

243 Die Todesmärsche finden keine Erwähnung in den Geheimdienstberichten der Hauptquartiere der alliierten Streitkräfte oder in anderen Informationen, die zu dieser Zeit nach London oder Washington gesendet wurden. Erst nach der Befreiung der Lager erschienen Teilinformationen. Bauer, „The Death-Marches", S. 19.

Soldaten fürchtete. Márta erholte sich und kehrte im Februar 1946 nach Hause zurück. Leider überlebte ihr Ehemann nicht. Márta heiratete ein zweites Mal. Im Jahre 2005, im Alter von 91 Jahren, ging es ihr noch ziemlich gut, bis auf die drei großen Löcher in ihrem Oberschenkel, die sie ihr ganzes Leben lang quälten. Dr. Jozsa Adler, die Ärztin von Markkleeberg, bescheinigte ihr, dass sie während eines Bombenangriffes verletzt wurde, damit sie Entschädigung beantragen konnte. Die Botschaft des SS-Mannes an seine Mutter in Budapest konnte Márta nicht überbringen. Er hatte die Adresse auf einen Zettel geschrieben und in Mártas Tasche gesteckt. Im Krankenhaus gab man ihr neue Sachen, als sie noch benommen war und entsorgte die alten. Es tat Márta leid, dass sie den Auftrag nicht erfüllen konnte, aber das war nicht zu ändern.[244]

Wir liefen weiter und als wir fünf oder sechs Kilometer von Wurzen entfernt waren, waren auch die Wachen erschöpft. Als wir uns hinsetzen wollten, bemerkten wir einige Pflanzen, die dort wuchsen. Es war Raps. Wir aßen ihn. Der Stiel war süß, die Blätter ähnlich denen von Blumenkohl und die Blüte schmeckte süß wie Honig. Aber man kann nicht viel davon essen, ohne Durchfall zu riskieren. Weder Knittel noch die Soldaten sagten etwas, als wir ihn pflückten. Obwohl die Sonne schien, versuchten wir ein wenig zu schlafen und sei es nur einige Minuten, um zu Kräften zu kommen und nicht an den Hunger zu denken.

Es ging weiter, auch wenn wir uns kaum noch auf den Beinen halten konnten. Etwa drei Dutzend Mädchen waren in der Nacht geflohen, wie sich Erzsébet Frank erinnerte.[245] Die Deutschen zählten uns dieses Mal nicht. Sie wollten nur ordentliche Reihen und schrien „Anschließen! Anschließen!" Auf beiden Seiten des Weges war Wald und kleine Gruppen gingen, um sich zu erleichtern. Die Soldaten ließen sie gehen und viele kehrten nicht zur Kolonne zurück. Als wir den Wald verließen, war alles still und es schien, als ob sich ein Vorhang zwischen der Kampfzone und dieser ruhigen, verlassenen Gegend geschlossen hätte. Nach einem weiteren Waldstück sahen wir in der Ferne sich bewegende Gestalten unter den Bäumen. Als sie näher kamen, erfuhren wir, dass es polnische Frauen waren, die aus Zeitz kamen. Sie waren seit fünf Tagen unterwegs und sehr müde und traurig. Essen hatten sie auch keins. Wir durften nicht weiter mit ihnen sprechen und wurden weitergetrieben.

Unterwegs aßen wir etwas Raps, den wir gepflückt hatten. Die Wachen trieben uns zur Eile an und meinten, das Lager, zu dem wir gingen, sei nicht mehr weit entfernt. Wir glaubten ihnen nicht mehr und kümmerten uns

244 Interview mit Márta Fellmann.

245 Frank, 365 Nap, S. 9.

nicht um das, was sie sagten. Aber wir bemerkten Lichter in der Ferne. Mit letzter Kraft gingen wir darauf zu. Wir liefen an einem Straßengraben vorbei, in dem tote Menschen in gestreiften Sachen lagen. Plötzlich bewegten sich die „Toten". „Wir dachten, ihr in euren Anzügen wärt deutsche Soldaten", sagten die Männer zu uns. „Wir irren seit einer Woche ziellos umher. Die Front kommt immer näher." Unsere Wachen, die bemerkt hatten, dass wir mit der Gruppe sprachen, jagten uns weiter.

Erst spät abends durften wir uns setzen, aber die Steine an der Straße waren eiskalt. Erzsike und ich versuchten, uns zu wärmen, aber es half nichts; wir zitterten immer noch in der kalten Aprilnacht. Nach einer kurzen Rast schlugen die Wachen auf jeden ein, den sie erreichen konnten, und jagten uns weiter. Wir liefen ängstlich durch die Nacht. Erst als der Morgen anbrach, hatten wir etwas weniger Furcht.

OSCHATZ

Nach einem Nachtmarsch erreichten wir eine große, hässliche Stadt, in der alle Häuser gleich aussahen. Mit ihren schiefen Dächern und identischen Fenstern sahen sie aus wie eine Kinderzeichnung. Knittel und seine Frau liefen am Anfang des Zuges. Sie sah erschöpft aus und ihre Beine waren geschwollen. Sie war die einzige deutsche Frau in der Kolonne.

Niemand war zu sehen und aus den Schornsteinen stieg kein Rauch. Die Wachen trieben uns weiter, aber es machte uns nichts; wir hatten Angst in dieser eigenartigen Stadt mit ihren krummen Dächern. Wir gingen vorsichtig weiter, Erzsikes Hand zitterte in meiner. Wir fürchteten, dass ein Schreckgespenst uns auf diesen verlassenen Straßen anfallen könnte. Als wir uns dem Stadtzentrum näherten, wurden die Häuser höher und wir sahen Menschen aus ihren Wohnungen kommen. Sie warfen uns böse Blicke zu. Wir hatten Verständnis für sie – es schien, als wäre das die Stadt der Verdammten. Wegen der Barrikaden, die wir immer nur zu zweit passieren konnten, dauerte es lange, bis wir die Stadt hinter uns ließen. Langsam wärmte uns die Sonne und wir fühlten uns etwas sicherer. In der Ferne waren Wiesen und wir hofften, wir könnten dort Rast machen. Nicht weit entfernt entdeckten wir einige einander ähnelnde Gebäude. War es das versprochene Lager? Beim Näherkommen erkannten wir Häuser mit SS-Männern. Wir gaben alle Hoffnung auf, das Lager jemals zu finden.

UNGARISCHE GENDARMERIE UND SS-OFFIZIERE

Nachdem wir eine Allee durchquert hatten, erreichten wir ein Wohnviertel mit Villen und Sommerhäusern am Stadtrand von Oschatz. Wir sahen Leute, viele gut gekleidet, die die Morgensonne genossen. Wir sahen sie mit traurigen Blicken an, aber sie wandten sich angewidert ab. Weiter hinten unter den Bäumen trafen wir auf ungarische Gendarmen. Sie trugen noch immer die Hüte mit den Hahnenfedern. Die Mädchen erschraken und riefen: „O mein Gott, ihr seid Ungarn!" Die Gendarmen drehten sich zu uns um, aber sie waren nicht bereit, mit uns zu sprechen. Wir sahen ein, wie sinnlos es war, zu versuchen, mit den grausamsten der ungarischen Polizisten zu sprechen. Sie waren der Inbegriff des Terrors gegen die Juden in den ländlichen Gebieten, wie z. B. in unserer Stadt Abaújszántó. Wann ihnen danach der Sinn stand, durchsuchten sie unsere Häuser. Ohne Rücksicht auf Kinder oder würdevolle Ältere drangen sie mit Dolchen bewaffnet ein, fluchend und die übelsten Reden führend. Ihr überraschendes Eindringen hatte uns bereits Albträume verursacht, bevor die Deutschen in Ungarn einmarschierten. Als wir sie in Deutschland trafen, lag auf ihren Gesichtern die gleiche Grausamkeit. Ihr Schweigen bedeutete entweder neue Feigheit oder alten Hass. Wir starrten ihnen nach, als sie durch das Tor eines großen Hauses verschwanden.

DIE ERMORDUNG DER KRANKEN UND GEBRECHLICHEN

Als die Kraft der Marschierenden schwand, konnten die Frauen den Karren mit den Kranken immer schlechter schieben und ziehen, besonders, wenn es bergauf ging. Ein Karren wurde in einen Wald nahe Oschatz gebracht, wo die Mädchen, die den Wagen zogen, unter ihnen Rachel Janovics Mittelman, Gräber schaufeln mussten. Miriam Liberman Kirsenbaum sah, wie sie die Kranken vom Wagen luden. Als die Mädchen mit Graben fertig waren, befahlen die Wachen den Kranken, sich an den Rand der Grube zu setzen und den anderen weiterzugehen. Kurz darauf hörten sie Schüsse, als die Wachen die Kranken töteten. Klára Fischer Neuman erinnerte sich an die Schüsse, die sie gehört hatte, als wir im Wald nahe Oschatz waren. Später traf sie zwei Schwestern aus Halm; Klára erinnerte sich nicht mehr an ihre Namen. Die beiden machten sich Sorgen um ihre dritte Schwester, die sie auf dem Wagen mit den Kranken zurücklassen mussten. Klára traf die Schwestern nach dem Krieg wieder und sie erzählten ihr, dass die Schwester nicht zurückgekommen wäre.[246]

Die Deutschen handelten verwirrend: Sie töteten die Kranken auf einem Wagen, nahmen aber andere Kranke mit. Ein Wagen mit Kranken erreichte sogar Theresienstadt, wie sich Márta Maget Leitmann erinnerte.

Da es schwer war, die Wagen mit den Kranken zu schieben, halfen deren Angehörige. Wenigstens 15 Mädchen zogen und schoben, unter ihnen Rose Hoffmann Davis und Irene Keisler Schnur, deren Schwester eine der Kranken war. Ein Wagen befand sich am Anfang des Zuges, ein anderer hinten und der dritte in der Mitte der Kolonne.

1.500 Frauen mussten sich von Markkleeberg aus ohne ausreichende Kleidung, Schuhe und Nahrungsmittel in Marsch setzen. Trotz unserer angegriffenen Gesundheit mussten wir bei noch winterlichem Aprilwetter die Nächte im Freien verbringen. Wir marschierten in dem immer schmaler werdenden Korridor zwischen der Ost- und der Westfront und viele der Marschierenden starben an Hunger oder Erschöpfung oder sie wurden erschossen, wenn sie nicht weitergehen konnten.[247] Rose Hoffmann Davis sah, wie ein großer SS-Mann eine Frau mit dem Gewehr erschoss. Als wir den Schuss hörten, drückte meine Schwester meinen Arm, aber wir drehten uns nicht um, aus Angst, auch erschossen zu werden. Da Aufzeichnungen fehlen, lassen sich nur wenige Todesfälle bestätigen, sodass es schwer ist, genaue Zahlen zu nennen. Einst hübsche junge Mädchen legten sich einfach an den Straßenrand und starben. Unser Weg durch Städte und Dörfer war von einer Blutspur gezeichnet.

Auch wenn sie keine Lagerälteste mehr war, nutzte Bella Spitz ihre Deutschkenntnisse und ihre Bekanntschaft mit den Wachen, um den Gefangenen zu helfen. Als Alex, ein gemeiner SS-Mann, seine Waffe auf ein junges Mädchen richtete, das nicht mehr weitergehen konnte – wir nannten sie Schwarze Nusi –, lief Bella Spitz zu ihm und bat ihn, das Mädchen zu verschonen. Schließlich senkte Alex das Gewehr.

Schwache und kranke Frauen blieben sterbend auf der Straße liegen, während die Kolonne weiterzog. Einige von ihnen erhielten ein Grab, meist am Straßenrand, im Wald, gelegentlich neben einer Scheune. Etwa 50 wurden am Weg begraben, wie sich Márta Maget Leitmann erinnerte. Unter den Toten war auch Dr. Szerén Elias, die zweite Ärztin im Revier. Sie hatte Lucy

246 Interview mit Klára Fischer Neuman.

247 Rachel Moskovitz Schwarz' Aussage, Yad Vashem Akte 03/11148, 23. März 1999, S. 33.

geholfen, ihr Kind zur Welt zu bringen. Dr. Elias, die in Ujpest geboren wurde, war 35 Jahre alt und hatte keine Familienangehörigen im Lager. Sie war ein wunderbarer Mensch und bei allen Gefangenen beliebt. Márta Maget Leitmann, die frühere Blockälteste, und andere Frauen wollten ihr helfen, aber Dr. Elias konnte nicht weiterlaufen. Márta hielt ihre Hand, als sie starb. Sie wurde am Straßenrand begraben.

DER ZWEITE LUFTANGRIFF UND UNSERE VERLUSTE

Ständig lag unser Fluchtweg unter Beschuss der Tiefflieger. Als wir im Wald waren, griffen sie uns das zweite Mal an. Die Deutschen suchten im Wald Schutz vor den Luftangriffen, womit sie den Wald auch zum Ziel der Angriffe machten. Als die Flugzeuge der Alliierten immer tiefer flogen, um auf uns zu schießen, versteckten sich die deutschen Wachen unter den Marschierenden. Wir waren so erschöpft, dass es uns keine Genugtuung bereitete, ihre Angst zu sehen.

Ein niedrig fliegendes Flugzeug belegte die Menge mit Maschinengewehrfeuer. Die Kugeln schwirrten um uns herum, schlugen unter Bäumen ein und spritzten in Pfützen und Gräben. Besorgt verfolgten wir die Flugbahnen der Kugeln. Wir hörten die Einschüsse: tra-tra-tra oder plop-plop-plop. Wie konnte es sein, dass die Piloten der Alliierten uns sahen und trotzdem weiter schossen? Wir fragten uns, wie uns die amerikanische Armee das antun konnte. Dachten sie, wir wären deutsche Soldaten auf der Flucht? Wir wollten uns in einem nahe gelegenen Teich verstecken. Als Zsofia Gottlieb Török auf dem Bauch lag, merkte sie, dass sie von etwas getroffen wurde. Sie glaubte, sie wäre angeschossen worden. Zum Glück war es nur ein Eisensplitter einer explodierenden Bombe. Sie konnte ihn herausziehen, litt aber während des ganzen Heimweges an der Wunde.

Kaum hatten wir uns zum Weitermarsch formiert, als von neuem eine Sirene heulte und wir das Geräusch der fallenden Bomben vernahmen. Wir rannten, um eine Zuflucht zu finden. In der Nähe lag ein kleines Gasthaus mit einer Scheune, in die die Wachen alle in ihrer Nähe befindlichen Gefangenen hineinpferchten. Erzsike zog mich auf den Boden, denn in der Scheune gab es keinen Platz mehr. Wenig später, alle standen dicht an dicht in der Scheune, schrie jemand: „Feuer!“ Panik brach aus, als jeder versuchte herauszukommen. Einige Frauen wurden dabei zu Tode getrampelt. Der Luftangriff forderte seine Opfer. Die Toten wurden auf dem Feld begraben, aber wir wussten nicht, was mit den Verwundeten passierte. Man ließ sie am Straßenrand zurück und zwang uns weiterzugehen. Zu jener Zeit war ich so verängstigt und erschöpft, dass nur mein Überlebensinstinkt und Erzsikes Nähe mich am Leben hielten; aber es berührte mich zutiefst, dass wir die verletzten und leidenden Mädchen zurückließen, in deren Augen wir Todesangst lesen konnten. Später befragte ich die Überlebenden, die ich interviewte, aber niemand kannte ihr Schicksal.

DIE ODYSSEE DER GESCHWISTER WINKLER

Nach dem Luftangriff zogen Nelly Winkler Rochlitz und ihre Schwester Hajnal ihre Schwester Rozsa weiter auf einem Wagen. Wir waren bereits zehn Tage unterwegs, als wir einen Hügel in der Nähe von Freital erreichten. Die Steigung war beträchtlich und sie konnten den bergab rollenden und rutschenden Wagen nicht unter Kontrolle halten. Es begann, immer stärker zu regnen, Eisregen setzte ein. In ihrer Verzweiflung bogen die Mädchen in den Torweg eines Gehöftes ein. Sie verließen die Kolonne.

Der Hausbesitzer kam heraus und Nelly bat ihn inständig, er möge ihnen erlauben, unter dem Dach zu warten, bis der Regen aufhört. Der Deutsche gestattete es, ging aber nach oben und rief die Polizei. Die Mädchen wurden verhaftet und mitsamt ihrem Wagen ins Gefängnis des Ortes gebracht. Der Polizist besorgte ihnen Essen und sie mussten über Nacht bleiben. Es war das erste Essen in diesen zehn Tagen und das erste Mal, dass sie schlafen konnten. Sie hätten nichts dagegen gehabt, die vorrückende amerikanische Armee im Gefängnis zu erwarten. Am Morgen flehten sie den Polizisten an, er möge sie bleiben lassen, Mitleid mit der Kranken haben. Aber er erwiderte, das würde ihn seine Stelle kosten. Ein Polizist eskortierte sie aus der Stadt und befahl ihnen, sich einer Marschkolonne anzuschließen. Die Mädchen hatten nicht die Absicht weiterzumarschieren. Stattdessen liefen sie in die nächstgelegene Stadt, wo sie aufs Neue verhaftet wurden. Ihre Arbeitsanzüge mit dem roten „X" auf dem Rücken machten sie zu offensichtlichen Zielen. Sie wurden in dasselbe Polizeirevier zurückgebracht. Der Polizeibeamte sagte ihnen, dass er sie bei einer erneuten Verhaftung der Gestapo übergeben würde. Nelly erwiderte, sie würden etwas stehlen, um wieder ins Gefängnis zu kommen. Am nächsten Tag wurden sie erneut aus dem Gefängnis und aus der Stadt gejagt. Unterwegs vertauschten sie ihre Arbeitsanzüge gegen Sachen, die sie von einer Wäscheleine nahmen.

Sie liefen weiter und zogen den Wagen mit Rozsa, als sie auf ein Lager stießen, in dem sich Ausländer aufhielten. Sie baten um Unterkunft, ohne ihre jüdische Herkunft anzugeben, weil man sie sonst nicht aufgenommen hätte. Der Arzt schickte Rozsa in die Krankenstation, aber Nelly und Hajnal durften nicht bleiben. Sie wollten ihre Schwester nicht verlassen, aber die Wachen drohten ihnen mit ihren Gewehren. Rozsa, erschrocken darüber, dass ihre Schwestern wirklich verletzt werden könnten, flehte diese an, zu ihrer eigenen Sicherheit zu gehen. Schließlich gingen die beiden, da sie die Hoffnung hatten, dass ihrer Schwester geholfen werde.

DIE FRANZÖSINNEN IN DER MARSCHKOLONNE

Während einer Rast ließen wir uns in einem kleinen Wäldchen nieder. Zu unserer Überraschung rollte ein Wagen mit großen Kübeln warmer Suppe heran, den die Stadtbewohner geschickt hatten. Bevor man die Suppe verteilte, wandten sich einige der Französinnen an Knittel und sagten, sie wären wahre Christen und es wäre nicht gerecht, wenn sie gleich große Portionen wie die Juden empfangen würden. Knittel ging auf ihr Verlangen nicht ein.[248]

Ein anderer Zwischenfall mit den Französinnen wurde ebenfalls durch extremen Stress verursacht. Das Wetter war bewölkt, und es goss die ganze Nacht. Nass, hungrig und müde kamen wir in ein Dorf. Die SS forderte einen Bauern auf, uns in seine Scheune zu lassen. Die SS-Männer trugen noch immer ihre Uniformen, sodass sich die Dorfbewohner fürchteten und uns das Obergeschoss der Scheue überließen, in dem Heu für das Vieh lagerte. Um auf den riesigen Dachboden zu gelangen, mussten wir eine Leiter hochklettern. Die Französinnen waren die Ersten, die hinaufstiegen, und als die Letzte von ihnen oben war, zogen sie die Leiter hoch und schlossen die Tür. Die Jüdinnen standen im strömenden Regen draußen. Inzwischen waren die SS-Wachen verschwunden, sie hatten sich wahrscheinlich in einem der Häuser einquartiert. Die jüdischen Gefangenen schrien und forderten die Leiter. Eine der Französinnen stand am Eingang und sagte, dass der Dachboden nicht stabil genug wäre,

248 Porat, Lelo Shikur; S. 106.

um alle zu tragen. Sie wollten unter sich bleiben. Die jüdischen Mädchen fanden schließlich eine Leiter bei einem anderen Haus. Als sie hinaufstiegen, begannen die Französinnen zu schreien: „Sale Juif! Sale Juif!" (Dreckige Juden!)

„Es war schwer zu verstehen, dass dies die Vertreter der Anti-Nazi-Bewegung waren, die mit uns fast drei Monate im Lager gelitten hatten", schreibt Miriam Porat in ihrem Buch.[249]

Erzsike und ich waren unter den Letzten, die hinaufstiegen. Der Dachboden war groß genug, sodass alle im Heu schlafen konnten. Der Zwischenfall betraf eine kleine Gruppe der Französinnen und man kann nicht alle verurteilen und verdammen. Aber um der historischen Wahrheit zu genügen, soll der Vorfall erwähnt werden. Viele Französinnen verließen den Treck nach kurzer Zeit, manche konnten bereits vorher fliehen, da französische Zwangsarbeiter und Kriegsgefangene ihnen halfen, wie Márta Maget Leitmann berichtet.

Wie bereits erwähnt, waren die Französinnen sehr einfallsreich. Gabriella Braver Kosinka staunte darüber, wie sie bei Luftangriffen ihre Unterwäsche auszogen und hochhielten, um den Flugzeugen zu signalisieren, dass sie keine Feinde wären. Sie hatten irgendwie auch eine weiße Fahne gefertigt, die sie schwenkten.

Auch einige jüdische Frauen hängten ihre weiße Unterwäsche an einen Ast, als Zeichen für die Flugzeuge, wie sich Irene Keiler Schnur erinnerte.

TÄGLICHE HERAUSFORDERUNGEN

Starke Regenfälle

Starke Regenfälle plagten uns auf dem ganzen Weg. Wir liefen in Fünferreihen im kalten Schneeregen. Erzsike drückte mich ab und zu, um sich ein wenig zu wärmen. Wir dachten, dass nichts schlimmer sein konnte als die Nacht unter der Brücke in Wurzen. Aber als der Wolkenbruch andauerte und die dunkle Nacht von den Flammen der brennenden Stadt erhellt wurde, erkannten wir, in welcher Gefahr wir uns befanden. Man hörte in der Menge Schreie: „Jaj Istenem, segits meg!" (Oh mein Gott, hilf mir!)

Ich war beunruhigt, weil einer von Erzsikes Holzschuhen kaputtging und sie barfuß laufen müsste, wenn der Schuh brach. Selbst mit Schuhen schmerz-

249 Ebenda, S. 110 f.

ten unsere Füße entsetzlich. Noch schlimmer war es, im Schlamm zu laufen. Wir schoben einander vorwärts, um mit den anderen Schritt zu halten. Wir konnten nicht aufgeben, konnten nicht den Mut verlieren, konnten nicht einmal weinen. Wir liefen im Regen durch eine kleine Stadt und hielten das Essgeschirr schützend über unsere Köpfe. Die Näpfe waren nicht mehr sauber und schmutziges Wasser rann über unsere Gesichter. Erzsike sah, wie Passanten über uns lachten.

Nach einer kurzen Rast ging es weiter. Langsam löste sich die Marschordnung in den Blöcken auf. Jede lief, wie sie konnte. Es wurden immer weniger, weil viele im Wald verschwanden. Wir dachten, dass denen, die entkamen, weitere Qualen erspart blieben. Aber im folgenden Kapitel werden wir sehen, welche Schwierigkeiten sich vor ihnen auftürmten.

Am Morgen hielten wir bei einer großen Scheune in der Nähe einer Stadt. Unsere vereiste, nasse Kleidung klebte an unseren Körpern. Erzsikes Fuß war inzwischen stark angeschwollen. Wir hatten keinen Verband, den wir darum wickeln konnten. Als wir dort so verzweifelt saßen, gesellte sich unser Freundin Hava Hartmann Kleinberg zu uns, um uns mitzuteilen, dass sie und ihre Schwester die Kolonne verlassen wollten, weil sie überzeugt waren, wir würden unterwegs sowieso sterben. Es gab keinen Ort, zu dem uns die Deutschen bringen konnten, und da das Ende des Krieges immer näher kam, würden sie uns einfach erschießen, wie sie es mit den Kranken auf dem Wagen getan hatten. Wir hörten Hava zu und da die Ordnung sich auflöste, wussten wir, dass es weniger gefährlich wäre zu entwischen, aber wir hatten immer noch Angst, die Gruppe zu verlassen. Auf jeden Fall fürchteten wir uns, in dieser unbekannten, feindlichen deutschen Welt allein zu sein. Uns schwand auch die Kraft und wir waren kaum fähig, uns zu bewegen. Wir konnten keine Energie aufbringen wegzulaufen. Es stellte sich auch die Frage, wohin wir gehen könnten. Ohne ausreichende Deutschkenntnisse und Überlebensfähigkeiten hatten wir sehr geringe Erfolgsaussichten. Diejenigen, die die Flucht planten, wurden von Verwandten und Freunden unterstützt. Wir waren jung und schwach und hatten keine besonderen Talente, wir würden nur eine Last für die Gruppe sein. Elza setzte den Weg auch fort, was uns Mut machte. Erzsike zwängte sich mit großen Schwierigkeiten in ihre Schuhe und wir liefen weiter.

Gegen Abend erreichten wir einen Stadtrand. Wir hatten nur einen Wunsch: uns irgendwo hinzulegen. Der Straßengraben schien uns ein einladender, geschützter Platz zu sein. Wir waren so erschöpft, dass wir hineinfielen und einschliefen. Plötzlich brach ein Unwetter herein und die Gräben füllten sich mit Wasser. Viele der schlafenden Mädchen bemerkten den Regen nicht rechtzeitig und ihre Körper wurden vom steigenden Wasser in den Gräben erfasst. Es war schrecklich, einige ertranken, wie sich Elena Salamon Kaufman und Miriam Liberman Kirsenbaum erinnerten. Erzsike hatte mich rechtzeitig geweckt. Wir kletterten heraus, als neben uns eine Mutter ihre sich sträubende Tochter an den Haaren aus dem schlammigen Wasser zog. Das junge Mädchen wollte einfach schlafen. Wir marschierten reihenweise weiter, auch wenn wir uns kaum auf den Beinen halten konnten. Die Wachen kommandierten: „Immer weiter!" Wir wrangen unsere klatschnassen Arbeitsanzüge aus, was kurzzeitige Erleichterung brachte.

Es goss in Strömen, als wir die dunkelste und längste Nacht des Marsches erlebten. Es war so schwarz um uns herum, dass wir einander nicht sehen konnten. Nach stundenlangem Laufen führte man uns abermals in einen Wald. Die Frauen riefen sich, was zu einem totalen Durcheinander führte. Ein Mädchen konnte seine Schwester nicht finden. Andere halfen ihr beim Suchen und begannen auch zu rufen. Als die Wachen das Chaos nicht eindämmen konnten, schossen sie in die Luft. Wir waren weiter hinten in vollständiger Dunkelheit und wussten nicht, was passierte. Alle erfasste eine große Angst, dass die Deutschen uns im Wald töten würden. Religiöse Frauen sprachen das Gebet, das in Todesfurcht gesprochen wird: „Shema Yisrael Adonai Eloheinu Adonai Ehad!" (Höre, o Israel, der Herr unser Gott, der Herr ist einzig!). Inzwischen hatte das Mädchen seine Schwester ganz in der Nähe gefunden; sie hatte sie in der Dunkelheit nur nicht sehen können. Das Gewehrfeuer hörte auf und wir fühlten, wir würden noch eine Weile weiterleben.

Wir liefen weiter wie eine Roboterarmee, die der Überlebensinstinkt zum Leben erweckt hatte, immer weiter, den Peitschen der Wachen, den Schäferhunden und den schussbereiten Gewehren ausweichend. Manchmal marschierten wir auf der Autobahn. Meist waren die Durchgangsstraßen durch Militärfahrzeuge verstopft. Die Deutschen mieden besiedelte Gebiete und so wurden wir über kleine Straßen, durch tiefe Wälder, über Feldwege und Hügel geführt. Wir liefen oft nachts. Von den Orten, die wir passierten, sahen wir kaum etwas.

Später änderte sich die hügelige Landschaft und unsere Reihen passierten Kleinstädte und kleine Gasthöfe an der Straße. Im April zeigten sich Knospen an Bäumen und Büschen entlang unseres Weges. Von fern sahen wir Städte und Dörfer, währenddessen Hunger und Durst in einen dumpfen Schmerz übergingen.

Schlaf

Da wir die ganze Nacht und teilweise am Tag unterwegs waren, schliefen wir im Laufen, wobei wir gegeneinanderstießen. Diejenige in der Mitte der Fünferreihe schlief und die anderen schleppten sie weiter. Manchmal fassten sich alle fünf an den Händen und schliefen. Wir dösten, wenn wir uns am Straßenrand ausruhten. Mädchen, die noch träumten, sagten, wir würden frei sein, wenn wir aufstehen. Frei zu sein beschäftigte uns nicht mehr; wir wollten nur schlafen, essen und einen trockenen Platz haben, wo es kein Marschieren und kein Kanonenfeuer gab. Während wir auf verlassenen Straßen dahin trotteten, ohne Zeit uns auszuruhen, schliefen wir nicht nur im Gehen, sondern wir träumten auch. An einem sternenklaren, kühlen Abend bemerkte ich in der Ferne ein kleines, erleuchtetes Haus. Dieses Haus entfachte meine Fantasie und erfüllte mich mit Sehnsucht. Plötzlich war ich wieder zu Hause an unserem hellbraunen Kachelofen. Als meine Mutter den Tisch zum Abendessen deckte, trat mein Vater mit seinem freundlichen Lächeln ein. Ich war noch immer in seinen Gesichtsausdruck vertieft, als ich über einen Stein auf der Straße stolperte, was mich in die schmerzhafte Wirklichkeit zurückversetzte.

Hunger

Die Versorgung mit Lebensmitteln war vom zuständigen Kommandanten abhängig.[250] An manchen Tagen organisierte er ein paar Kübel Kartoffeln oder Steckrüben. Wir waren bereits hungrig, als wir aufbrachen und während des Marsches bekamen wir von offizieller Seite keine Verpflegung. Die Wachen verfügten über einen eigenen Vorrat an Lebensmitteln, den sie mitgebracht hatten. Sie bekamen auch Essen in Orten, die wir passierten.

Nach einer Woche des Hungerns wagten wir es, die Zivilisten, die aus ihren Häusern kamen, um uns anzusehen, um Essen zu bitten. In unseren Gesichtern lagen das Leid und die Verzweiflung, als wir durch die Dörfer kamen. Manchmal legte jemand eine Kartoffel oder ein Stück Brot in unsere ausgestreckten Hände. Erzsike und ich waren meist zu furchtsam, um aus der Reihe herauszutreten und um Essen zu bitten. Einmal gingen wir auf dem Bürgersteig an einem Haus vorbei, dessen Fenster in der ersten Etage geöffnet war. Ich lief dicht an der Hauswand entlang und streckte einfach meine Hand aus. Zu meiner Überraschung wurde ein ganzes Brot in meine

250 Interview mit Dr. Irmgard Seidel.

Hand gelegt. Ich zitterte vor Erregung, als Erzsike zu mir kam. Plötzlich ergriff eine Frau hinter mir das Brot und lief weg. Wir standen da wie betäubt; hungrig und zutiefst verletzt. Wir berichteten Elza von unserem Glück und unserem Leid. Sie beruhigte uns und sagte, dass die Wachen uns wenigstens nicht geschlagen hätten. Ich brauchte eine ganze Weile, bis ich das Gefühl der Verletzung meiner Privatsphäre und der persönlichen Beleidigung überwunden hatte. Ich hätte eigentlich die Regeln, die das Verhalten hungriger Gefangener bestimmten, bereits zu diesem Zeitpunkt kennen sollen.

Da die Frauen auf dem Marsch keine Nahrungsmittel erhielten, gingen sie ein hohes Risiko ein, um an Essbares zu kommen. Manchmal, wenn wir in der Dunkelheit an einem Hof vorübergingen, liefen Mädchen hinein und ergriffen, was sie gerade bekommen konnten. Einige nahmen Eier aus Hühnerställen und aßen sie roh. Aus Scheunen stahlen sie Viehfutter. Dann mussten sie rennen, um den Treck einzuholen. Zwei Mädchen aus Kosice, die in der Reihe hinter uns gingen, wagten sich in eine Scheune, wo eine Kuh ein Stück Steckrübe kaute. Sie waren so schrecklich hungrig, dass ein Mädchen der Kuh den Rücken kratzte, sodass sie ihr Fressen unterbrach. Die andere nahm beherzt die Rübe, die die Kuh gekaut hatte. Sie aßen die Steckrübe, als sie zu uns zurückkamen und uns von ihrem Abenteuer berichteten. In diesem Kampf ums Dasein war jede während des Marsches auf sich selbst gestellt, genau wie im normalen Leben. Nur dass unsere Situation die schlimmste war, die man sich vorstellen kann. Wir konnten unsere Fähigkeiten nicht zu Geld machen und hatten auch sonst nichts zum Handeln. Wir konnten auf den Äckern nach Resten der letzten Ernte suchen, aber zu dieser Jahreszeit lagen fast alle Felder brach. Aber jene bekamen etwas, die mutig waren und Einfälle hatten, um ihr Hungergefühl zu beruhigen.

Nachdem wir die ganze Nacht gelaufen waren, kamen wir auf ein großes Gelände, das durch Bäume von der Straße getrennt war. Hier hielten wir an, um uns auszuruhen, aber der Hunger ließ uns nicht schlafen. Klára Spitz Snitzler und einige andere Madchen sammelten Unkraut und Brennnesseln. Die Wachen ließen sie gewähren. Die Brennnesseln mit den breiten Blättern brannten weniger als die mit den kleinen. Klára fand eine große Dose und zwei Mauersteine. Mit ein paar trockenen Zweigen und der Zigarettenkippe, die Knittel weggeworfen hatte, entfachte sie ein kleines Feuer. Nachdem die Brennnesseln gekocht waren, brannten sie nicht mehr. Erzsike forderte mich auf mitzumachen. Unsere Hände waren rot und brannten wie Feuer, als wir die Brennnesseln auf dem Feld sammelten. Ich bekam sehr schnell Blasen an Händen und Füßen. Klára überließ uns das Feuer. Wir mussten schnell zum nächstgelegenen Bach laufen, um Wasser zu holen. Dann nahmen wir unsere Essensschüssel und kochten uns eine köstliche Suppe. Wir gaben

Márta Weisz Paran aus unserem Heimatort ein wenig ab, als sie vorbeikam. Jahre später, bei einem Treffen der Überlebenden aus Abaújszántó in Israel, erzählte Márta jedem von jenem warmen Getränk, das sie von uns während des Todesmarsches erhalten hatte. Auf der Wiese fanden wir gelbe Blumen, die wir von zu Hause kannten und wir hatten keine Angst, sie zusammen mit dem Gras roh zu essen. Außerdem fanden wir eine Art Selleriewurzel. Wir aßen sie, aber bald machte uns bereits ihr Geruch krank. Einige ausgehungerte Mädchen suchten nach Schnecken, andere kletterten auf die Bäume und nahmen die Vogeleier aus den Nestern. Frauen, die einfallsreicher, mutiger und risikobereiter waren, hatten auch ein wenig mehr zu essen. Je hungriger die Gefangenen wurden, je mehr Risiken gingen sie ein. Die Wachen drohten nicht nur zu schießen, sie feuerten ihre Waffen auch ab. Mädchen leckten an Milchkannen, die an der Straße standen, und in denen sich noch ein Rest befand. Die Wachen verboten es ihnen und ein Mädchen, das nicht schnell genug laufen konnte, wurde angeschossen, wie sich Jolka Goldstein Grodan erinnerte. Wir wurden weitergejagt und Jolka weiß nicht, was aus dem verwundeten Mädchen wurde. In einer Gruppe von Hunderten von Frauen wussten nur diejenigen, die dicht am Geschehen waren, was tatsächlich passierte.

Die SS verbot, an den Haustüren um Essen zu bitten, aber die hungernden Frauen konnten darauf nicht hören. Sie hielten gewöhnlich an einem Haus in der Nähe an, an dem die Kolonne vorbeizog. Sie erzählten immer die gleiche Geschichte: Sie kämen aus Leipzig und würden um etwas zu essen bitten. In der Regel gaben die Leute etwas und dann rannten die Mädchen, um den Zug einzuholen, was möglich war, da er so lang war. Die Wachen, die es bemerkten, schlugen die Mädchen mit schweren Stöcken. Wenn sie die Mädchen zu den Häusern laufen sahen, begannen sie auch zu schießen. In einem Fall verletzte eine Kugel Edit Wellisch an der Schulter, als sie aus einer Bäckerei kam. Edit wurde am 20. März 1927 in Kaposvár geboren. Sie brach mit dem Brot in der Hand zusammen. Edits Mutter Ilonka Wellisch warf sich neben ihrem blutenden Kind auf den Boden. Schluchzend half sie ihr beim Aufstehen und stützte sie beim Laufen, denn Knittel ließ nicht zu, dass Edit auf dem Wagen mit den Kranken saß. Er erlaubte auch nicht, dass man ihre Wunde verband. Die Ärztin Dr. Jozsa Adler stand machtlos daneben.[251] Ilonka Wellisch erreichte Theresienstadt, wie man der Liste entnehmen kann, aber wir wissen nicht, was mit ihrer Tochter Edit passierte.

In ihren Zeugenaussagen vor dem Gericht, das die Naziverbrechen in Deutschland untersuchte, bestätigten Zeugen, dass mehrere unbekannte

---

251 Rab, Es Nem Verik, S. 312.

Frauen von Wachen aus Markkleeberg erschossen wurden. Sie wurden getötet, als sie die Reihe verließen, um Essen zu finden oder um welches zu bitten. Die Wachen gehörten zu Knittels Männern, aber es ist nicht bekannt, wer die Mörder waren, da wir gewöhnlich die Namen des SS-Personals nicht kannten.[252] Erzsike und ich hörten die Schüsse und die Berichte der Mädchen über den Vorfall. Das schreckte uns noch mehr davon ab, nach Essen zu fragen. Auch die anderen Frauen der Kolonne wussten von den Schüssen. Aber wir waren so hungrig, dass es einige auch weiterhin riskierten, in den Häusern um Essen zu betteln. Auch der Durst quälte uns, als wir die Straßen entlangzogen. Einmal, als wir an einer Fabrik vorbeikamen, tranken die Frauen die dunkle Flüssigkeit, die aus den Maschinen rann. Knittel warnte sie, sie könnten an dem giftigen Wasser sterben. Viele tranken es trotzdem. Ein anderes Mal verteilten die Wachen Suppe, als sich die hungrige Menge auf die Kübel stürzte, sodass die Suppe verschüttet wurde. Einige Gefangene warfen sich auf den Boden, um die Reste aufzulecken.

Der Zug rastete eines Nachts in einem Wald. Es war kalt und wir waren so hungrig, dass wir nicht schlafen konnten. Früh am Morgen, als die Wachen nicht in der Nähe waren, plünderten die Mädchen ein Feld, wo man Kartoffeln gesteckt hatte. Da der Boden trocken war, war es kein Problem, die neu gepflanzten Kartoffeln mit den Händen auszugraben. Wie ein Heuschreckenschwarm fielen die Gefangenen über das Feld her. Die Bauern würden nichts mehr ernten können. Als Erzsike und ich schließlich dazukamen, waren nicht mehr viele Kartoffeln übrig. Erzsike fand eine Kartoffel, wischte sie sorgfältig ab und hielt sie mir zitternd entgegen, wobei sie mich aufforderte, die Kartoffel zu essen. Unser Streit endete wie gewöhnlich: Wir teilten sorgfältig, jede bekam ein kleines Stück. Obwohl wir glücklich waren, dass wir die Kartoffeln gefunden hatten, erinnerte uns Rebbetzin Friedmann daran, dass es verboten war, die Saat zu plündern, selbst wenn sie dem Feind gehörte.[253] Als der Besitzer des Feldes kam und sah, was wir angerichtet hatten, begann er zu schreien. Die SS-Männer entschuldigten sich und wir wurden schnell weitergetrieben.

Wir passierten hübsche Provinzstädte im strahlenden Sonnenschein. Es gab Häuser, kleine nette Gärten und Straßen mit Kopfsteinpflaster. Die Wachen erzählten den Leuten, wir seien Juden und sie sollten uns nichts zu essen geben. Wir liefen wie benommen und die Menschen starrten uns aus den

252 Center, S. 31. Die Überlebenden, die eine Aussage machten, waren Irena Ehrenreich, Emma Apai, Dora Kuska und Olga Eisdorfer.

253 Wenn eine Stadt erobert wird, ist es verboten, die Früchte tragenden Bäume zu fällen (Deuteronomium 20, 19–20). Wahrscheinlich wurde diese Anordnung auch auf die ausgebrachte Saat ausgedehnt.

Fenstern an. Plötzlich sah ich auf der Straße einen halb verfaulten Apfel. Ich bückte mich, um ihn aufzuheben, aber ein anderes hungriges Mädchen, die ich als Judith kannte, war schneller als ich und schnappte ihn mir weg. Eigentlich war es nur das Kerngehäuse, das jemand weggeworfen hatte. Es war schon ungenießbar und wahrscheinlich war bereits öfter jemand darauf getreten. Mit einer Mischung aus Hunger und Ekel sah ich, wie Judith das Kerngehäuse schnell in den Mund steckte und alles verspeiste. Als sie aufgegessen hatte, sah sie mich beschämt an und ging zurück in ihre Reihe, zwei Reihen hinter meiner. Später kam sie mit Tränen in den Augen zu mir und sagte, dass es ihr leidtäte und dass sie sich elend fühlte, nachdem sie den Dreck gegessen hatte. Mir hätte das Gleiche auch passieren können, aber ich hätte mit Erzsike geteilt. Hunger beherrschte unser gesamtes Dasein.

Den SS-Männern war es ein besonderes Vergnügen, den hungernden Gefangenen etwas von ihrem Essen hinzuwerfen. Es amüsierte sie, zu sehen, wie wir einander wegstießen und die wertvolle Nahrung zertrampelten bei unserem Versuch, uns vor dem Hungertod zu bewahren. Eines Tages, wir waren in der Nähe von Meißen, kamen die Wachen mit Fässern voller heißer, gekochter Kartoffeln. Diese hatte ein Städter auf Knittels Verlangen bereitgestellt. Erzsike und ich standen weiter unten im Tal und warteten auf Anweisungen. Inzwischen hatten die Deutschen festgestellt, dass die Mädchen zu widerspenstig waren. Sie schütteten die kochenden Kartoffeln aus und überließen es jeder Einzelnen, das zu greifen, was sie bekommen konnte. Zu meinem Unglück rollten die kochenden Kartoffeln hinunter ins Tal, genau dorthin, wo ich stand. Die halb verhungerten, kämpfenden, schubsenden Frauen, die aus allen Richtungen angerannt kamen, um etwas zu ergattern, rannten mich um, sodass ich in die dampfende Kartoffelmasse fiel. Bis ich mich vom Gewicht der fallenden Frauen befreien konnte, erlitt ich Verbrennungen dritten Grades am rechten Schienbein. Die Verbrennungen waren sehr schmerzhaft, aber da sie sich über dem Knöchel befanden, hinderten sie mich nicht am Weiterlaufen.

Nach der Befreiung konnte ich nicht erklären, was passiert war, da ich nicht genügend Deutsch sprach und man behandelte mich, als hätte ich eine Schussverletzung. Die Verbrennung an meinem Fuß plagte mich noch viele Jahre später. Weil sie nicht heilte, musste ich mich verschiedenen Tests und Spezialbehandlungen unterziehen, bis sie schließlich zuheilte.

Noch heute habe ich eine tiefe Narbe am rechten Bein: Als schmerzhafte Erinnerung sowohl an deutsche Brutalität als auch an unseren großen Hunger. Blanka Weisz Seidner erinnert sich noch daran, wie Mädchen die verschütteten Kartoffeln vom Boden aufleckten, sehr zur Erbauung der Wachen. Als ich einmal Erzsike besuchte, kochte sie gerade Kartoffeln für ihre Kinder.

Plötzlich drehte sie sich zu mir um und sagte: „Weißt du, oft, wenn die Kartoffeln kochen, sehe ich, wie die Frauen über dich hinweg trampeln. Ich konnte es nie vergessen."

Verlust des Zeitgefühls

Die Tage vergingen und wir zogen ziellos an der Elbe entlang. Man trieb uns durch Felder, Wiesen, Wälder und Dörfer, deren Namen wir noch nie gehört hatten. Kathy Zelmanovitz Goldstein erinnerte sich an diese endlose Straße der Leiden, als wir im Jahre 2000 von einem Journalisten in Markkleeberg interviewt wurden.[254] Am schlimmsten war es nachts, wenn die Kälte uns bis ins Mark kroch. Die Wachen trieben uns unablässig weiter. Die Nacht folgte dem Tag und wir vergaßen die Tage zu zählen, als wir immer weiterliefen. Die SS-Wachen ließen uns nur ein paar Stunden an einem Ort ausruhen. Die Soldaten waren fast so erschöpft wie wir, aber sie mussten uns in irgendein anderes Lager bringen, in dem man uns einsperren wollte. Einmal waren wir so erschöpft und verzweifelt, dass eine Frau, die Deutsch konnte, zu Knittel sagte: „Bitte erschießen Sie uns." Wie sich Elena Salamon Kaufman erinnerte erwiderte Knittel ruhig, dazu gäbe es bis jetzt noch keine Anweisungen. Die SS-Männer plagte auch eine andere Sorge: Sie wollten nicht noch eingezogen werden, um zum Schutz des Vaterlandes gegen die Alliierten zu kämpfen.

Wir sprachen kaum, weil wir so entmutigt waren und die letzten Kraftreserven schonen wollten. Die Stille wurde nur von Worten der SS unterbrochen oder von Schlägen mit dem Gewehrkolben. Wir wussten nicht, woher wir die Kraft nahmen. Vielleicht nahmen wir sie aus unserem Willen, füreinander weiterzuleben oder aus der Hoffnung, nach Hause zu kommen.

Ohne die vorherrschende politische Situation hätte unser Marsch anders verlaufen können. Wir waren zwischen zwei Armeen eingeschlossen. Am D-Day, der Landung der Alliierten an der Küste der Normandie am 6. Juni 1944, begann der Vormarsch der amerikanischen Armee nach Osten, währenddessen sich die sowjetischen Truppen Berlin näherten. Die Amerikaner eroberten das Gebiet, in dem wir marschierten, das auch von den Russen beansprucht wurde. Schließlich trafen sich beide Armeen am 25. April 1945 bei Torgau an der Elbe; sie teilten das Territorium des Deutschen Reiches.

254 Anja Kessler, „Es schien, als hätte die Straße kein Ende", Kleine Volkszeitung, 12. September 2002.

In dieser letzten Phase erreichte der Terror sogar die Straßen, Wege und Wiesen. Das systematisch betriebene Töten blieb nicht länger hinter Stacheldraht verborgen, sondern ereignete sich in der Öffentlichkeit. Die SS und ihre Komplizen schreckten nicht vor dem Gebrauch von Gewalt vor den Augen der Zivilbevölkerung zurück. Männer, Frauen und sogar Kinder wurden Zeuge ihrer Grausamkeiten. Die kilometerlangen Elendszüge schleppten sich durch Dörfer und Städte und zehntausende Gefangene aus den Konzentrationslagern kämpften auf den Wegen und Straßen zwischen den Fronten um ihr Überleben. Vor den Augen der Zivilbevölkerung brachen halbverhungerte Gefangene, die am Ende ihrer Kräfte waren, zusammen. Die SS-Männer, die der Kolonne folgten, erschossen die Zurückgebliebenen, rollten sie in den Straßengraben oder verscharrten sie.

Was hat die deutsche Bevölkerung beim Anblick dieser Marschkolonnen gefühlt? „Ich sah einen Zug von dürren, taumelnden Wesen mit grünlichen Gesichtern“, sagte Wendelgard von Staden. „Sie schlurften in Holzschuhen und viel zu weiten Jacken und Hosen vorbei. Neben ihnen liefen SS-Wachen in grauen Armeeuniformen mit geöffneten Kinnriemen und geschulterten Maschinengewehren.“[255] „Es war ein schockierender Anblick“, erinnerten sich andere Bürger. „Ich sah diese stoppeligen Haare und eingefallene Gesichter mit schwarzen Schatten unter den Augen“, schilderte ein Augenzeuge. „Es war eine Geisterprozession, armselige Gestalten, die am Straßenrand entlang getrieben wurden. Sie taumelten und schlurften daher, apathisch, mit niedergeschlagenen Augen. Zurück blieben in Mäntel oder Lumpen gehüllte Leichen“, erinnerten sich andere.[256]

Wie sie sich auf der Marschroute dahinschleppten, waren die Menschen in den Augen der Umstehenden „wie Besucher aus dem Totenreich“. „Einige waren todkrank, schwankten oder krochen sogar. Sie sahen so schrecklich aus, dass es unmöglich war, ihr Alter zu erkennen. Einige traten aus der Reihe heraus, zupften etwas von dem spärlichen Gras und steckten es in den Mund, vermutlich um ihren Durst zu löschen. Gestützt von ihren Leidensgenossen schleppten sich viele mit letzter Kraft weiter.“[257]

Im Allgemeinen stand uns die Bevölkerung feindlich gegenüber. Wahrscheinlich hatten die Deutschen auch Angst. Sie jagten uns aus ihren Städten,

---

255 Wendelgard von Staden, Darkness Over The Valley: Growing up in Nazi Germany, übersetzt von Mollie Comerford Peters, New Haven, CT: Ticknor & Fields, 1981, S. 67 f.

256 Horwitz, In the Shadow of Death, S. 146.

257 Ebenda, S. 149.

da sie das Gefühl hatten, sie hätten nichts zu tun mit uns und unserer schlechten Behandlung. Die örtliche Polizei war gänzlich gegen uns. In einer Stadt am Rand von Dresden wussten wir nicht einmal, dass keine Wachen da waren, als plötzlich örtliche deutsche Polizei erschien. Sie schrien herum und feuerten in die Luft. Einige Frauen liefen zurück, um die Wachen zu rufen, die in einiger Entfernung von uns liefen. Die Soldaten kamen und führten uns weg.

Die deutsche Bevölkerung empfand die Marschierenden als Belastung und wollte nicht, dass die Besatzungsarmee sie in der Nähe ihrer Städte findet und sie dafür zur Verantwortung zieht. Die örtliche Polizei verhaftete Überlebende, die sich von der Kolonne entfernten.

Auch die Hitler-Jugend griff uns an. Sie kamen am Tag, als wir in einem Wald rasteten und die Wachen gerade nicht in der Nähe waren. Wir hörten Schreie, als 15- oder 16-jährige Jungen am Ende des Zuges auftauchten. Sie kamen mit großen Stöcken, Hämmern, Steinen und Gewehren. Die wütenden Jugendlichen drohten, uns zu töten, wenn wir nicht verschwänden. Die Jungen sagten, dass man sie für unsere schlechte Behandlung verantwortlich machen würde, wenn man uns in der Nähe ihrer Stadt fände, wie sich Gabriella Braver Kosinka erinnerte. Wieder liefen ein paar Frauen, um die Wachen zu holen. Die Wachen zwangen die Hitlerjungen, sich zu entfernen.

In einigen Orten zeigten die Zivilisten Mitgefühl. Sie stellten Wasserbehälter an den Straßenrand, aber die Wachen gossen sie aus. Die SS sagte den Leuten, wir wären Juden und es wäre verboten, uns Nahrungsmittel zu geben. Ein Paar Schuhe fiel neben Rose Hofmann Davis – jemand hatte sie von einer Terrasse heruntergeworfen. Wie nötig waren Schuhe für Mädchen, die barfuß gingen, aber die Wachen warfen sie weg. Wenn wir Straßen überquerten, auf denen deutsche Zivilisten vorbeigingen, bekamen wir manchmal ein belegtes Brot zugeworfen. Die SS verprügelte diejenige, die es auffangen konnte.

Die Elbbrücke nahe Meißen, die die Autorin 2001 besuchte

Unser Schicksal

Ein Tag folgte dem anderen, unsere Kraft und unsere Hoffnung schwanden. Wir fragten uns, was unser Schicksal sein würde: zu verhungern, der Tod am Straßenrand oder durch eine Kugel zu sterben? Werden wir nach der nächsten Rast wieder aufstehen oder werden wir am Straßenrand zurückgelassen? Ich hielt Erzsikes Hand oder einen Zipfel ihrer Kleidung, auch wenn wir schliefen. Mein Wille zu kämpfen und zu überleben resultierte aus der Hoffnung auf unsere gemeinsame Zukunft.

Einmal, nachdem wir die ganze Nacht gelaufen waren, merkte ich, wie die Beine unter mir nachgaben. Ich konnte nicht mehr weiterlaufen. Ich sagte Erzsike, wir sollten nach einem Wagen am Ende der Kolonne Ausschau halten, auf dem ich fahren könnte. Wir setzten uns an den Straßenrand und schlossen uns der letzten Reihe des Zuges an. Der Wagen mit den Kranken war genau hinter uns und ich wollte gerade um einen Platz bitten, als wir sahen, dass die Wachen den Wagen übernahmen. Sie sagten den Gefangenen, die bis jetzt gezogen hatten, sie sollten sich ausruhen. Es wurde uns klar, dass Erzsike nicht neben mir sein könnte, wenn ich auf dem Wagen säße. Ich weiß nicht, wie es möglich ist, aber es scheint, dass man in Notsituationen eine Kraftreserve mobilisiert. Ich kehrte zurück, getragen auf den Flügeln der Angst und beeilte mich, mit den Laufenden Schritt zu halten. Die Entfernung zwischen dem Wagen und unserer Reihe vergrößerte sich immer mehr, bis er schließlich hinter einer Ecke verschwand. Später, während einer Rast, sahen wir, dass der Wagen leer war und bereit, neue Kranke aufzunehmen. Ich zittere noch immer bei dem Gedanken daran, was hätte passieren können. Wie schnell, nur wenige Sekunden später, wäre ich eine Reisende auf dem Gefährt der Verlorenen gewesen.

Es gab nur eine kurze Rast, bevor wir weitergehen mussten. Zum Glück ging es mir besser, aber Erzsike begann zu klagen, was mich beunruhigte. Die Wachen traten und schlugen uns, damit wir in unserer Reihe blieben. Wir passierten Dörfer auf einem endlosen Marsch über unendlich lange Straßen und um uns herum tobte der Krieg. Nacht folgte dem Tag und immer noch liefen wir, ohne unser Ziel zu kennen. Es war möglich zu fliehen, aber die Furcht vor der deutschen Bevölkerung, vor dem Krieg und dem Unbekannten hielt viele Mädchen von einer Flucht ab. Wir hörten Gewehrfeuer und das Grollen des Krieges in der Ferne. Die Mädchen flüsterten, auf der Straße lägen Leichen. Wir eilten weiter, obwohl wir an diesem Tag schon 27 Kilometer gelaufen waren. Wir hörten die Schreie der Mädchen, als sich der Wagen mit den Kranken wieder füllte. Diesmal entledigten sich die

Wachen der Fracht, indem sie die Kranken am Straßenrand liegen ließen, als wir eine brennende Stadt passierten.[258]

MEISSEN

Es ist schwierig, den genauen Verlauf des Marsches nachzuvollziehen. Wir wurden im Kreis geführt, um Haupt- und Militärstraßen zu meiden. Manchmal waren wir zweimal am gleichen Ort. Auf manchen Abschnitten zwang man uns zu rennen, mit der Begründung, die amerikanische Armee wäre in der Nähe. Die genaue Route wissen wir nicht, aber an Städte wie Leipzig, Taucha, Wurzen, Oschatz, Meißen, Radeburg, Freital, Dresden und Teplitz erinnern sich die Überlebenden.[259]

Wir kamen mitten in der Nacht in Meißen an und schliefen auf der Straße. Es regnete und wir waren nass und froren. Ibolya Wollner Kaufman erinnerte sich daran, dass wir am Morgen die Hupe eines Autos hörten, das durch die Straße wollte, in der wir schliefen. Wir erwachten schnell und stellten uns auf. Glücklicherweise klarte das Wetter auf und es wurde ein sonniger Tag mit guter Sicht und wir konnten einen breiten Fluss sehen. Man sagte uns, es wäre die Elbe. Wir sahen Yachten und Segelboote und dachten, wie glücklich diese Menschen doch wären!

Als wir über eine lange Brücke liefen, schaute ich mich um und sah, dass die Kolonne noch immer sehr groß war. Ich erinnere mich lebhaft an diesen Tag an der Elbe, weil er mir ein Gefühl von Freiheit gab. Der eindrucksvolle Blick von der Brücke, die Natur um mich herum und der weite Horizont erhellten meine Gedanken und meine Hoffnung für die Zukunft. Aus der Höhe sahen wir den anderen Teil der Stadt Meißen, die für ihr feines Porzellan bekannt ist. Wie die Donau in Budapest, teilte hier die Elbe die Stadt in zwei Hälften.

Die Berge, die Villen und die farbigen Dachziegel auf dem Kirchendach erinnerten uns an Buda. Am Nachmittag sahen wir eine geschäftige Stadt. Die Leute blieben stehen und schauten uns an. Einige warfen Möhren und rohe Kartoffeln nach uns. Verstohlen blickten wir auf die eleganten Menschen, die vorbeigingen. Den SS-Soldaten war es unbehaglich zumute; vielleicht

258 Rab, Es Nem Verik, S. 312.

259 Siehe auch Center, S. 23–27.

schämten sie sich vor den Einheimischen. Sie hoben ihre Stöcke und jagten uns weiter. Wir wurden aus unserer Grübelei gerissen und begannen, in unseren zerbrochenen Holzschuhen zu rennen. Wir ließen die schöne Stadt Meißen hinter uns. An der Straße gab es Zeichen der Zerstörung: riesige Schuttberge, ausgebrannte Häuser und zerrissene Kabel, die auf die Straße herunterhingen. Am Abend überquerten wir eine kleinere Brücke, als Sirenengeheul einsetzte. Das Gelände wurde in grelles Licht getaucht, als ob Tag wäre. Der Luftkampf dauerte eine Stunde, mit ohrenbetäubendem Bombardement und gewaltigen Explosionen. Als der Angriff beendet war, beteten die Frauen um uns herum, denn wie durch ein Wunder war niemand verwundet worden. Knittel versprach, dass wir hinter Meißen Essen bekämen, aber wir bekamen keins.

HANKA UND ANDERE WERDEN STERBEND ZURÜCKGELASSEN

Hanka war ein hübsches polnisches Mädchen und unsere Mitbewohnerin am Anfang unseres Aufenthalts in Markkleeberg. Ihre beruhigende Stimme und ihr schöner Gesang klingen noch immer in mir. Hanka war auf der Straße total erschöpft. Als der Zug vorübergehend hielt, nahm man sie vom Krankenwagen herunter, wo sie seit ein paar Tagen war. Die Wachen legten sie auf die Erde. Einige Leute, darunter Bella, die ehemalige Lagerälteste, sprachen sie auf Deutsch an, aber zu diesem Zeitpunkt erkannte Hanka niemanden mehr. Bella wischte sich eine Träne weg, als sie Hanka verließ. Der armen Hanka konnte niemand mehr helfen.

Die Nachricht, dass ein Mädchen am Straßenrand starb, verbreitete sich unter uns. Wie gewöhnlich versuchten Erzsike und ich, uns von schrecklichen Anblicken oder traurigen Ereignissen fernzuhalten. Aber als wir den Namen Hanka hörten, liefen wir zu ihr. Im selben Moment waren zwei von Knittel beauftragte Mädchen dabei, Hanka das Oberteil mit der Häftlingsnummer auszuziehen. Der Anblick erschütterte mich zutiefst. Hanka, die ihre Sachen jeden Abend so akkurat gefaltet hatte, lag sterbend fast nackt am Straßenrand. Erzsébet Friedmann, die Frau eines Rabbis, sprach „El Male Rahamin", ein hebräisches Gebet, das in Todesangst gesprochen wird. [260]

---

260 Rab, Es Nem Verik, S. 308 f.

Wir, Erzsike und ich, gesellten uns in stummer Andacht zu den anderen. Man zwang uns weiterzugehen. Hanka ließ man tot am Straßenrand liegen. Die Wachen schlugen uns wie gewöhnlich, damit wir schneller liefen. Hankas Tod berührte alle. Viele von uns sahen genauso schrecklich aus wie Hanka – krank, unterernährt, in Lumpen –, nur die Schatten von ehemals gesunden, lebensfrohen Mädchen und Frauen. In der Nähe befand sich ein Wald, in dem wir Halt machten. Als es Nacht wurde, mussten wir antreten, um weiterzumarschieren. Drei kranke Mädchen wurden am Waldrand zurückgelassen. Angst spiegelte sich in ihren Augen, als sie am Boden lagen. Wir nahmen stumm Abschied von ihnen. Ein paar Regentropfen fielen. Es fühlte sich an, als wären es Tränen von jenen in weiter Ferne, die uns liebten und um uns Ausgestoßene trauerten.

DER WEG DURCH RUINEN

Radeburg

Am Morgen lag strahlender Sonnenschein auf unseren farblosen Gesichtern. Nur die Schatten der Wachen und ihre Schläge trübten die Sonnenstrahlen. Die Wachen trieben Erzsike, mich und die anderen Zurückgebliebenen an, Anschluss an den traurigen Zug zu halten.

Wir erreichten Radeburg, wo wir die schwer zerstörte Hauptstraße passierten. Die Stockwerke hoher Gebäude waren zusammengedrückt wie belegte Brote aus Stein. In der Ruine eines Hauses sah man ein Klavier und die Wohnzimmereinrichtung. Etwas weiter entfernt lagen Reste von Mauerwerk, verbogenes Metall und anderer Schutt; die Überreste einer Fabrik, die dem Erdboden gleichgemacht worden war. Zerstörungen solchen Ausmaßes hatten wir während unseres Umherirrens noch nicht gesehen. Wir rasteten außerhalb der Stadt und liefen den Rest des Tages. In der Nacht, als wir kleine Dörfer passierten, flohen kleine Gruppen, die sich hinter den Torpfosten der Häuser versteckten. Die Übrigen gingen weiter nach Dresden. In einer kleinen Stadt an unserem Weg kamen die Leute aus den Häusern und starrten uns an. Einige aus dem Zug, meist die Stärkeren, streckten die Hände aus und bekamen eine Kleinigkeit zu essen. Für die Schwachen und Gebrechlichen gab es nicht viel.

Dresden

Dresden, die Hauptstadt Sachsens, eines der Länder Deutschlands, wurde einmal „Florenz an der Elbe" genannt. Obwohl wir bereits in Markkleeberg vom Bombardement Dresdens erfahren hatten, traf uns der Anblick unvorbereitet. Große Gebiete waren zu Inseln der Zerstörung geworden. Es war unmöglich zu sehen, wo ein Haus gestanden hatte, wo eine Straße verlief. Es gab nur Berge von Steinen. Die Gebäude sahen aus, als hätte ein riesiger Hammer sie zertrümmert. Nur hier und da standen noch ein paar zerborstene Wände. Es war unmöglich zu gehen, wir mussten klettern oder kriechen. Außer uns war hier niemand und die schreiende und fluchende SS dirigierte uns durch die zerstörte Stadt. Wir sahen keine Toten, aber der Gestank von verwesendem Fleisch lag in der Luft.

Unser Marsch war so leidvoll wie die Ruinen um uns herum. Die SS war schrecklich nervös und versuchte krampfhaft, uns in den Reihen zu halten. Das war sehr schwer, weil Mädchen in dem Schutt verschwanden. Schließlich verließen wir diesen grässlichen Ort und erreichten ordentliche, saubere Dörfer, die von der Bombardierung verschont geblieben waren. Wahrscheinlich gingen wir im Kreis um Dresden herum und verließen die Stadt in einem der Vororte. Dort fuhren Autos und Menschen liefen auf der Straße. In den Fenstern standen Geranien, die uns an Zuhause erinnerten. Man konnte kaum glauben, dass eine Stunde Fußmarsch entfernt Dresden in Schutt und Asche lag. Wieder flohen Gruppen von drei oder vier Mädchen, die sich hinter Hoftoren versteckten.

ERZSIKE UND ICH BLEIBEN ZURÜCK

Zu Beginn unseres befohlenen Marsches war die Disziplin streng. Unter dem Eindruck der Wachen und ihrer Gewehrkolben liefen wir in ordentlichen Fünferreihen mit gleichmäßigem Schritttempo. Später, nach mehreren Luftangriffen und nachdem wir zwölf Tage gelaufen waren, erlahmte die Wachsamkeit der SS-Männer. Hätten sie gekonnt, wären einige von ihnen auch verschwunden.

Am Nachmittag, als wir auf einem Waldweg in der Nähe eines friedlichen Vorortes von Dresden liefen, gab es plötzlich einen Luftangriff. Wir stürzten Hals über Kopf in die Straßengräben. Dort lagen wir, Erzsike und ich, und schützten unsere Köpfe mit unseren roten Essensschüsseln. Wir waren so schrecklich erschöpft und schwach, dass wir beide nach kurzer Zeit einschliefen. Als wir aufwachten und aus dem Graben kletterten, entdeckten wir, dass die anderen bereits weitermarschiert waren. Vielleicht hatten sie gedacht, wir wären tot und uns zurückgelassen. Wir schauten beklommen die schmale, sich windende Straße entlang und erkannten in der Ferne das Ende der Kolonne, die sich immer weiter entfernte. Erzsike und ich hätten es nie gewagt, die Marschierenden zu verlassen, nun hatten sie uns verlassen.

Als wir von Panik erfasst dort standen, näherten sich zwei andere verlorengegangene Häftlinge – eine Mutter und ihre Tochter. Zuerst wollten wir versuchen, den Zug einzuholen, aber dann erkannten wir, dass dies bei der Entfernung und in unserem erbärmlichen Zustand unwahrscheinlich, wenn nicht unmöglich wäre. Wir hörten auf die Mutter und blieben, wo wir waren. Es ist bezeichnend für unseren Geisteszustand, dass wir nicht nach den Familiennamen unserer neuen Freunde fragten. Familiennamen hatten im Lager wenig Bedeutung. Wir wussten nur, dass sie aus Mako in Ungarn kamen. Als ich die Transportliste durchsah, stieß ich auf den Namen Szerén Grosz, geboren in Mako am 15. Januar 1910 und den ihrer Tochter Zsuzsa Grosz, geboren am 28. November 1926. Wahrscheinlich waren sie unsere Partner in den Tagen der Befreiung.

Wir mussten uns mit unserem Schicksal abfinden. Als wir uns umschauten, bemerkten wir eine kleine Holzhütte, wahrscheinlich eine Jagdhütte. Sie war nicht verschlossen und so traten wir ein. Während der Zeit im Lager und des Marsches wagten wir kaum, eigenverantwortlich zu handeln. Nun, da wir auf uns allein gestellt waren, mussten wir den Mut aufbringen, für uns selbst zu sorgen. Als wir uns in der Hütte umschauten, entdeckten wir einige trockene Bohnen und eine kleine Tüte Mehl. Wir schlangen das Essen hinunter, was bei den harten Bohnen nicht so einfach war. Frau Grosz gebot uns Einhalt und sagte, wir müssten Wasser finden, wenn wir nicht krank werden wollten. Wir sahen uns draußen um und bemerkten in der Nähe einen kleinen Bach. Wir füllten unsere Suppenschüsseln und tranken das erfrischende Wasser, dann füllten wir sie abermals und nahmen das Wasser mit in die Hütte. Wir legten die Bohnen zum Quellen hinein. Wir sammelten auch einige Pflanzen und mischten sie mit dem Mehl. Dann wuschen wir uns im Bach und versuchten, die rote Farbe von unserer Kleidung zu kratzen. Das „X" verblasste etwas, aber man konnte es immer noch sehen. In der Hütte fanden wir Decken, die wir auf dem Boden ausbreiteten. Eine Schlafstelle gaben wir Frau Grosz. Als wir lagen, hörten wir die Schreie der Tiere, die vielleicht so ängstlich waren wie wir. Wir schliefen bald darauf ein.

Nach einer ganzen Nacht, die wir schlafen konnten, brachen wir alle vier in Richtung Stadt auf. Es war ein sonniger Frühlingsmorgen und im Garten eines Einfamilienhauses sahen wir ein Mädchen mit einer Puppe spielen. Erzsike, die noch eine oder zwei ihrer Lieblingspuppen zu Hause hatte, bewunderte das schöne Porzellangesicht der Puppe und deren Augen, die sich öffnen und schließen konnten. Erzsike lächelte das Kind an, das etwa acht Jahre alt war. Das Mädchen erwiderte das Lächeln und sagte, sie heiße Ilse. Dann bewunderten wir ihre Puppensachen, als sie stolz den Puppenwagen auspackte. Erzsike war Ilses aufmerksamste Zuhörerin. Für einen Augenblick vergaß sie ihren Hunger, kostete die ersten Schritte auf der Straße zur Freiheit aus und erinnerte sich an ihre eigene Kindheit. Frau Grosz erbot sich, der Puppe ein Kleid zu nähen und Ilses Großmutter brachte ein Stück Stoff, Nadel und Faden. In Windeseile war das hübsche Kleid fertig und Ilses Augen glänzten vor Begeisterung. Man lud uns ins Haus ein und gab uns zu essen. Ilses Großmutter deckte den Tisch. Sie legte ein rosafarbenes Tischtuch auf und holte Tassen und Teller mit einem Vergissmeinnicht-Muster. Während die Kartoffeln kochten, aßen wir frische Brötchen mit köstlicher Butter. Wir aßen langsam, höflich, denn wir wollten nicht zeigen, wie der Hunger uns quälte. Wir bekamen eine große Portion Kartoffelbrei und unsere Gastgeber entschuldigten sich, dass sie keine Wurst und kein Fleisch hätten. Ilse und ihre Mutter wohnten bei den Großeltern, seit sie ihre zerbombte Wohnung in Dresden verlassen hatten. Ilses Vater galt als vermisst und soviel wir verstanden, wusste die Familie nichts von ihm. Wir drückten unser Mitgefühl aus und dann wollten sie etwas über uns wissen.

Wir erzählten ihnen einiges über Auschwitz und das Lager in Markkleeberg. Wir wussten damals nicht, dass wir nicht sagen dürfen, wir seien Juden, aber die Markierung auf unserer Kleidung hätte uns sowieso verraten. Nachdem unsere Gastgeber uns angehört hatten, sagten sie zu unserer großen Überraschung, sie hätten gedacht, in den Lagern seien nur Kriminelle und Prostituierte. Jetzt wussten sie, dass wir zwei Kinder waren und eine Mutter mit ihrer Tochter und dass wir nur Opfer sein konnten.

Erzsike spielte noch eine Weile mit Ilse und übte die wenigen deutschen Worte, die sie kannte. Die Familie war verständnisvoll; sie litten auch in diesen Kriegszeiten. Wir hatten den Eindruck, ihr Mitgefühl war aufrichtig. Sie sagten, sie würden uns bleiben lassen und wir könnten sogar auf dem Fußboden schlafen, wenn sie nicht Angst hätten, dass Nachbarn sie anzeigen könnten. Sie gaben uns einige belegte Brötchen mit und wir waren sehr darauf bedacht, den Tisch ordentlich zu verlassen. Dann verabschiedeten wir uns und kehrten in unsere Welt der entlaufenen, heimatlosen Flüchtlinge zurück.

Wir erreichten unsere kleine Hütte, die zum Glück noch immer menschenleer war – wahrscheinlich wegen der Nähe zur Front – und übten mit Erzsike die wenigen deutschen Worte. Die Großmutter hatte verlangt, dass wir bei einem Privatlehrer Deutsch lernen und Erzsike lernte die Sprache auch in der Mittelschule. Deutsch war die Sprache der Intellektuellen und Großmutter stammte aus einer deutschen Familie. Ich übte diese Sprache nicht gern, da ich sie in Ungarn nicht sprechen konnte. Samstags hörte sich Großmutter an, was wir gelernt hatten und sie brachte uns einige deutsche Sprichwörter bei. Eines davon – „Morgen, Morgen nur nicht haite, zagen ale fole laite" – habe ich nie vergessen, weder als Sprichwort noch in der Realität.

Wir lernten schnell, um Essen zu betteln. Wie alle Bettler streckten wir zuerst die Hände aus. Erzsike, die sprachbegabt war und sich an die Schulstunden und Großmutters Unterricht erinnerte, brachte uns bei zu sagen: „Gnädige Frau, bitte schön, geben Sie mir ein bisschen Essen." Wir brauchten das nicht zu üben; die Tränen rollten bei diesen Worten, weil wir wirklich hungrig waren und große Angst hatten. Wenn ich daran denke, frage ich mich, wie wir dazu fähig waren; aber wenn es keine andere Möglichkeit gibt, macht ein Mensch vieles, um am Leben zu bleiben.

Frau Grosz und Zsuzsa entwickelten ihre eigenen Sätze für die Betteltouren und am nächsten Tag gingen wir zusammen in die Stadt. Wir gingen einzeln zu den Wohnungen und trafen uns dann vor dem Haus. Gegen Abend liefen wir dann zu viert zurück zu unserer Hütte im Wald. Wir verstanden uns und es war gut, dass eine Mutter mit ihrer Erfahrung und ihrem Selbstvertrauen bei uns war.

MEINE BEGEGNUNG MIT EINEM ANGEHÖRIGEN DER UNGARISCHEN SS

Nachdem wir einige Tage in der Stadt um Essen gebettelt hatten, hatte ich ein schreckliches Erlebnis mit einem ungarischen Antisemiten. Ich hatte die Leute in der ersten Etage eines Hauses um Essen angebettelt und wartete auf Erzsike, die in der zweiten Etage unterwegs war. Als ich am Tor stand, trat ein etwa 30-jähriger Mann in Zivilkleidung zu mir. Er sprach Ungarisch und sagte. „Was machst du hier, du verhasster, elender Jude? Du bist wohl geflohen? Ich werde dich anzeigen. Du solltest bestraft werden und krepieren, wie die anderen, die man schon beseitigt hat."

Ich begegnete dem Blick seiner wolfsähnlichen Augen, die vor Hass glühten und mir Funken von Beleidigungen entgegenschleuderten. Wahrscheinlich ein „Volksdeutscher“, ein ehemaliger Wachmann in einem Lager, der Gefangene nur zu sehen brauchte, um sie als solche zu erkennen. Der Mann fluchte weiter und plötzlich schlug er mir mit der Kraft und Wut eines grimmigen Tieres ins Gesicht, sodass ich zu Boden fiel. Als ich aufstand und meinen blutenden Mund abwischte, war der abscheuliche Mann verschwunden. Wahrscheinlich hätte er mich noch länger geschlagen, wenn die Leute auf der Straße nicht herübergeschaut hätten und die russische Armee nicht so nahe gewesen wäre. Ich stand noch unter Schock, als Erzsike kam. Sie nahm meine Hand und wir liefen zurück in den Wald und wagten uns nicht mehr in die Stadt. In den folgenden Tagen versteckte ich mich in der Hütte und dachte über den Zwischenfall nach. Der körperliche Schmerz verging, aber die seelischen Qualen belasteten mich. Trotz der ständigen Grausamkeit und allem Leiden hatte mich in den Lagern nie jemand angegriffen. Die Schreie und Drohungen der Deutschen waren furchteinflößend, aber mit meinen geringen Deutschkenntnissen hatte ich nur die allgemeine Bedeutung der Flüche verstanden. Für mich waren sie Teil der abscheulichen Lagerwelt, in der es keine positiven Gefühle und keinen Raum für Mitleid gab. Der Zwischenfall mit dem ungarischen Schläger war anders. Sein körperlicher und mentaler Übergriff war direkt und persönlich. Er hatte mich in einer zivilen Umgebung angegriffen und ich war die alleinige Zielscheibe seiner Wut. Seine Sprache, die uns beiden geläufig war, war scharf im Tonfall, grausam in ihren Äußerungen und gespickt mit Angriffen. Ich fühlte mich zutiefst verletzt und erniedrigt. Der körperliche Schmerz ist abgeklungen, aber die ungerechten und abstoßenden Worte drangen tief in meine Seele ein. Der Zwischenfall hinterließ in mir eine nicht heilende Wunde.

Wie betäubt vom Hunger wagten wir uns bei Anbruch der Dunkelheit wieder zu den Wohnungen am Stadtrand. Wenn ich wütendes Hundegebell hörte, hielt ich mich dicht bei Erzsike. Wir machten die Erfahrung, dass es besser war zu sagen, wir wären ungarische Arbeiterinnen, keine Juden. Wir drehten unsere Arbeitssachen um, sodass die Markierungen nicht zu sehen waren. Zum Glück war wenige Tage später der Krieg zu Ende und wir wurden von russischen Soldaten befreit. Im Kapitel 13 beschreibe ich mein zweites Zusammentreffen mit ungarischer SS unter der Überschrift „Rache“.

DIE KOLONNE ÜBERSCHREITET DIE TSCHECHISCHE GRENZE

Die Kolonne, die uns verloren hatte, setzte ihren Weg in Richtung Theresienstadt in der Tschechoslowakei fort. Wie sich Elza Reich Szamosi erinnerte, kamen sie durch hübsche, saubere Dörfer, die keine Spuren des Krieges zeigten. Die Geschäfte waren geöffnet und das Leben nahm seinen gewohnten Lauf. Die Einwohner betrachteten den traurigen Zug argwöhnisch. Der Zug hielt und Knittels Frau verteilte etwas weißes Pulver an jeden. Als die Mädchen merkten, dass es Mehl war, aßen sie es schnell auf.

Unsere Freundin Hava Hartmann Kleinberg hatte schon lange vor, die Kolonne zu verlassen, wagte es jedoch nicht. Als sie die Wachen sagen hörte, dass hinter dem Wald die Tschechoslowakei beginnt, wusste sie, der Augenblick war gekommen. Schnell fand sich eine Gruppe zusammen, zu der auch Havas Schwester Miriam, Márta Weisz Paran (eine Freundin aus Abaújszántó), Márta Groszman Pollack aus dem benachbarten Edöbény und Jolka Goldstein Grodan gehörten. Jolka hatte die Mittelschule in Abaújszántó besucht. Sie fragten Margit Lang Stein, auch eine Freundin aus der Heimat, ob sie mitkommen wolle, aber Margit lehnte ab und erreichte Theresienstadt mit der Marschkolonne. Lili und Viola hörten die Mädchen über ihre Flucht sprechen und fragten, ob sie sich anschließen könnten. Zu siebt entkamen sie, als der Treck den Wald verließ.

Die Sonne beschien die Laufenden. In der Nähe der tschechischen Grenze sahen sie schneebedeckte Berge. Die Straße bog nach links ab und vor ihnen lagen zwei Kontrollpunkte; auf der einen Seite der deutsche und auf der anderen der tschechische. Die tschechischen Soldaten trugen grau-rote Uniformen und rote Kopfbedeckungen. Die goldenen Knöpfe ihrer Uniformen glänzten in der Sonne. Die tschechischen Soldaten grüßten die Marschierenden. Die Grenzkontrolle, die die Gruppe zusammen mit der SS eskortiert hatte, entfernte sich. Die Mädchen fragten sich besorgt, was nun passieren würde. Beim Weiterlaufen sahen sie nur tschechische Soldaten auf der Straße.

Sie schliefen im Wald. Die Bewohner von Teplice schickten Wagen mit Essen in großen Schüsseln. Jeder bekam gekochte süße Nudeln und Kartoffelsuppe, wie sich Elza erinnerte. In der nächsten malerischen Stadt standen die Leute am Straßenrand und warfen ihnen Brot, Obst und sogar Salami zu. Auch in der Umgebung von Theresienstadt legten die Menschen Essen für die Marschierenden auf die Straße. Sie durften uns eigentlich nicht ansprechen, aber die Mädchen, die Tschechisch sprachen, erfuhren trotzdem, dass im Lager, in das sie gingen, eine Typhusepidemie herrschte. Die Bewohner rieten ihnen zu fliehen, aber es gab keinen Ort, wohin sie gehen konnten. Sie bemerkten auch, dass die Kontrolle wieder strenger wurde, so kurz vor dem neuen Lager. Die Mädchen fragten sich, was sie erwarten würde: Würden sie arbeiten müssen? Würde es wieder eine Selektion geben, die Familienmitglieder trennte? Oder wäre es die langersehnte Freiheit und Befreiung?

13. Befreiung

VERSCHIEDENE SPIELARTEN DER FREIHEIT

In Markkleeberg träumten wir immer vom Tag der Freiheit. Wir stellten uns vor, wie wir unsere Befreier empfangen und unsere Unterdrücker besiegt und bestraft sehen würden. Das war keine Frage der Rache, sondern das Bedürfnis, Zufriedenheit darüber zu empfinden, dass alle uns zugefügten Demütigungen und unser körperliches Leiden in die Waagschale geworfen werden. Die Cousine eines sterbenden Mädchens wollte Hoffnung und Mut machen und sagte ihr, sie solle noch ein wenig durchhalten, bald würde sie den Sieg über unsere Peiniger erleben. Davon träumten wir, aber die Realität sah ganz anders aus.

Das Ende der Versklavung durch die Deutschen erreichte die Häftlinge auf ganz unterschiedliche Weise. Zuerst wurden jene befreit, die sich nicht auf den Todesmarsch begeben hatten, sondern sich im Lager oder in dessen Nähe versteckt hielten. Eine der wenigen Entscheidungen, die wir treffen konnten, war zu marschieren oder zu fliehen. Der Wunsch, bei seinen Familienangehörigen oder Freunden zu bleiben, bestimmte diese Entscheidung maßgeblich. Gefangene, die dem Todesmarsch entkamen, sahen sich mit anderen Gefahren konfrontiert und ihre Erlebnisse werfen ein bezeichnendes Licht auf die vorherrschende Atmosphäre in den letzten Tagen des Hitlerregimes.

MANCHERLEI GRUPPEN DURCHSTREIFEN DIE STRASSEN

Gegen Ende des Krieges war die Gegend um Leipzig voller Freiwilliger, Zwangsarbeiter und Arbeitssklaven, die aus den Fabriken kommend in Marsch gesetzt wurden. Die Straßen waren mit Fremden bevölkert, zu denen auch Häftlinge gehörten, die später während des Todesmarsches flohen. Außerdem zogen kriegsgefangene amerikanische Soldaten durch die sächsischen Städte, die auch unser Zug durchquerte.

Man zwang auch die Fremdarbeiter der Markkleeberger Fabrik, sich in Marsch zu setzen. Wir trafen sie noch ziemlich am Anfang des Todesmarsches. Klára Fischer Neuman erkannte den niederländischen Techniker, der an ihrer Maschine gearbeitet hatte. Er warf ihr ein ganzes Brot zu. Zum Glück waren die Wachen nicht in der Nähe und Klára teilte ihren Reichtum schnell mit ihrer Schwester und ihren Freundinnen. Erzsike und ich sahen jemanden winken; wir glaubten, es war Peter, der Junge aus der Fabrik, der Erzsike den Ring geschenkt hatte. Erzsikes Augen folgten der Gruppe, bis sie abbog und an der Ecke verschwand. Viel später, als wir auf uns allein gestellt durch den Wald bei Dresden liefen, sahen wir abermals eine Gruppe von Zwangsarbeitern. „Sieht dieser Junge nicht wie Peter aus?“, fragte Erzsike.

Obwohl einige der ausländischen Arbeiter, z. B. die Ukrainer, entlaufenen Gefangenen feindlich gegenüberstanden, halfen die meisten. Sara Salamon Israel, die das Totengebet zu Jom Kippur auswendig vorgetragen hatte, verließ den Marsch zusammen mit ihrer Cousine Regina Farkas Pincsefski und einer Freundin namens Rachel. Während des Durcheinanders nach dem Bombenangriff in der Nähe von Oschatz schlüpften sie in einen Garten, dessen Besitzer wissen wollte, was sie dort täten. Die Mädchen begannen zu weinen und erwiderten, sie hätten den Transport während der Bombardierung verloren und wären sehr hungrig. Der Mann rief seine Frau, die Kartoffeln kochte und ihnen etwas zu trinken gab. Als sie gegessen hatten, forderte man sie auf zu gehen. Sara und ihre Freundinnen wussten nicht, wohin sie sich wenden sollten. Sie hatten keine Mäntel und das rote „X“ prangte auf ihrem Rücken. Als sie wieder unterwegs waren, begegneten sie einem Jungen mit einem „P“, was für „polnischer politischer Gefangener“ stand. Sie sprachen ihn auf Tschechisch an und irgendwie verstanden sie sich. Der Junge erzählte, er hätte eine tschechische Freundin und würde ihnen etwas zu essen bringen. Er kehrte wirklich mit seiner Freundin zurück und sie brachten gekochte Eier und Brot mit, obwohl sie selbst wenig hatten.

Die Mädchen liefen weiter zur nächsten Stadt und begegneten einem Bauern, der zu seinem Feld unterwegs war. Sie fragten nach Arbeit und versprachen, jede auf dem Bauernhof anfallende Arbeit zu erledigen. Im Glauben, sie seien ungarische Freiwillige, hieß der Bauer sie, auf den Wagen zu steigen und brachte sie aufs Feld. Arbeiten zu können half immer zu überleben, egal ob im Lager oder in Freiheit. Als sie abends zurückkamen, gab ihnen der Bauer ein kleines Zimmer, in dem sie schlafen konnten. Etwa zwei Wochen blieben sie dort. Die Kühe zu melken war eine echte Herausforderung. Keine von ihnen hatte das vorher jemals gemacht. Ihre Belohnung war ein Glas frische Milch.

Die Mädchen waren sehr darauf bedacht, dass niemand merkte, dass sie Juden waren; trotzdem sprach Sara ihr Abendgebet „Keriyat Shema", so wie sie es jede Nacht getan hatte, selbst nach den anstrengendsten Tagen im Lager. Das Gebet bekräftigt den Grundsatz jüdischen Glaubens und beschäftigt sich mit den Gefahren der Nacht und den Ängsten der Betenden. Sara wurde von ihrer Cousine Regina ausgeschimpft, die fürchtete, jemand könnte sie belauschen.

Sie blieben und arbeiteten, bis die Russen das Gebiet besetzten. Die vordringenden Russen waren betrunken und rauflustig, was Sara und ihre Freundinnen dazu brachte, die Tür mit Stühlen und anderem Mobiliar zu verbarrikadieren. Nachts klopften Soldaten, zogen dann aber weiter. Sie ließen die vor Furcht erstarrten Mädchen in Angst vor der lang erwarteten Befreiung zurück. Schließlich verließen die Mädchen den Hof und gelangten unbehelligt nach Hause.

DIE ZIVILBEVÖLKERUNG

Der allgegenwärtige, von der Regierung geschürte Hass der deutschen Bevölkerung gegen die Juden ebbte durch persönliche Begegnungen mit den ehemaligen Häftlingen etwas ab. Überlebende der Bombardierung Dresdens oder jene, deren Männer und Söhne an der Front kämpften, zeigten etwas mehr Mitgefühl. Sie gaben den Häftlingen Essen, manchmal auch ein Quartier für die Nacht oder ließen sie baden. Am Morgen baten sie sie jedoch zu gehen. Die Einwohner fürchteten sich vor den Wachen, die die Gefangenen suchten, oder vor den Nachbarn, die etwas verraten könnten. Andere Zivilisten, die Frauen auf ihrem Grundstück fanden, jagten sie fort und riefen sogar die Polizei. Einige Frauen, die gut Deutsch sprachen, versuchten, ihre wahre Geschichte zu erzählen. Manche Zuhörer waren verständnisvoll, andere aber leugneten den Holocaust bereits damals, als sie behaupteten, derartige Dinge könnten nicht passiert sein. Sie behaupteten, man hätte die Frauen nur deshalb gefangen genommen, weil sie Kriminelle wären.[261] Trotz vorliegender Beweise, zweifelten sie die Wahrheit über den Holocaust und sein gewaltiges Ausmaß an.

„BEFREIER"

Die meisten russischen Soldaten waren ehrliche, anständige Menschen, die sehr unter den Deutschen gelitten hatten, aber andere verhielten sich nach dem Sieg charakterlos und erzeugten damit den Eindruck, dass russische Soldaten zügellos, betrunken und gefährlich für Frauen wären. Zuerst zielten ihre Handlungen auf die Deutschen ab, aber dann hatte jede Frau Angst, von russischen Soldaten vergewaltigt zu werden. Einige überfielen ihre Opfer mitten in der belebten Stadt und vergewaltigten sie am helllichten Tag. Diese betrunkenen, gesetzlosen russischen Soldaten waren eine große Gefahr für weibliche Überlebende auf der Straße. In ihrem Siegestaumel unterschieden sie nicht zwischen den besiegten deutschen Zivilisten und den jüdischen Opfern: Sie wollten nur Barisnya, Frauen. Fast jeder Überlebende in russisch kontrollierten Gebieten konnte eine solche Geschichte erzählen.

Sprachkenntnisse konnten einer Frau manchmal von Nutzen sein. Russische Soldaten, die ein Mädchen oder eine Frau bedrängten, ließen häufig von ihr ab, wenn jemand ein wenig Russisch sprach und sich für die Frau einsetzte. Um sich zu schützen, gaben die Mädchen manchmal vor, sie wären krank oder hätten Syphilis; dann fassten die Soldaten sie nicht an. Andere trugen ihre Kopftücher so, dass sie wie alte Frauen aussahen. Die meisten der Markkleeberger Überlebenden werden Geschichten vom Leiden und Tod ihrer Kameradinnen erzählen, die in die Hände von Russen fielen, aber sie wehren sich dagegen, über ihren eigenen sexuellen Missbrauch durch russische Soldaten zu sprechen.

Die folgende Geschichte schildert nur eines der traurigen Ereignisse des kriminellen Verhaltens russischer Soldaten. Ein Opfer erinnerte sich: Zwölf

261 Interview mit Agata Trattner Klein.

Mädchen, unter ihnen zwei Schwestern, die während des Todesmarsches entkommen waren, befanden sich nach der Befreiung auf dem Nachhauseweg, als sie an einer Schule haltmachten, wo sie hofften, ein Nachtlager zu finden. Zuvor hatten deutsche Soldaten in der Schule gelagert. Da das Gebäude verlaust war, begaben sich einige der Mädchen, unter ihnen die Schwestern, in ein Nebengebäude. In der Nacht kamen russische Soldaten. Die meisten wandten sich zur Schule, aber einer näherte sich dem Haus. Er klopfte. Die Mädchen, die nichts über russische Soldaten gehört hatten, öffneten. Der Soldat trat ein und forderte die ältere der Schwestern, ich nenne sie Helen, was nicht ihr wahrer Name ist, mit vorgehaltenem Gewehr auf, ihm zu folgen. Die Mädchen sprachen kein Russisch. Sie waren wie versteinert und wussten nicht, ob sie die Unglückliche je wiedersehen würden.

Helen, die groß und außerordentlich hübsch war, kam aus einer religiösen Familie. Der Soldat zwang sie, in die nahe Scheune zu gehen. Dort warf er sie ins Stroh. Dem verstörten Mädchen blieb kein Ausweg. War es unsagbares Glück oder waren es die Gebete, die sie flüsterte, der Soldat war nicht in der Lage, sein Ziel zu erreichen. Zwar versuchte er es mehrmals, aber es gelang ihm nicht. Wütend und frustriert gab er Helen zu verstehen, sie solle verschwinden. Als Helen das Zimmer betrat, konnten ihre Schwester und die anderen Mädchen das Wunder, das gerade geschehen war, kaum glauben.

Den Frauen in der Schule erging es viel schlimmer. Am Morgen lagen auf dem Hof zwei Leichen. Ein Opfer, das versucht hatte zu fliehen und erschossen wurde, war noch bekleidet. Die andere Unglückliche wurde getötet und nackt hinausgeworfen. Es war ein schrecklicher Anfang der von den Markkleeberger Häftlingen herbeigesehnten Befreiung. Die Überlebenden kannten die bedauernswerten Mädchen, aber sie wollten ihr Andenken und ihren guten Ruf nicht entehren, indem sie die Namen nannten. In jenen Tagen waren Vergewaltigung oder außereheliche Kontakte eine Schande, selbst wenn das Mädchen ein Opfer war.

JÜDISCHE RUSSISCHE SOLDATEN

Es war für uns Überlebende, die über die Straßen Deutschlands zogen, ein Glücksumstand, wenn sich unter den russischen Soldaten ein Jude befand. Viele von uns hatten unvergessliche Erlebnisse mit unseren russischen Glaubensbrüdern, von denen ich später berichten werde. Unsere gute Freundin Klára Spitz Snitzler und andere, die wir von zu Hause kannten, erhielten von einem jüdischen russischen Soldaten Hilfe. Klára, die einige Male mit uns über Flucht gesprochen hatte, verließ die Kolonne in der Nähe von Freital. Sie war zusammen mit Agnes Glück Rabinovcs und Olga Deutsch aus Encs, Kláras Heimatstadt. Auch Ilona Roth und Eva Rosenberg Eichler aus Abaújszántó flohen mit ihnen. Agnes' Tante und Cousine waren auch dabei, sodass sie sieben Personen waren.

Nachdem sie die Kolonne verlassen hatten, fanden sie ein Sommerhaus, wo es einen Ofen, Wasser und einen Vorrat Kartoffeln gab. Eva, die als Einzige kochen konnte, stellte die Kartoffeln auf den Ofen. Aber die Mädchen waren so müde und hungrig, dass sie schließlich die rohen Kartoffeln aßen und einschliefen. Später, nach ihrer Befreiung in Freital, trafen sie einen jüdischen russischen Soldaten. Er und andere Juden in der russischen Armee waren unsere wahren Helden. Sie gehörten zu den Ersten, die den Überlebenden halfen, ihren Weg aus dem deutschen Kerker zu finden. Kláras Soldat brachte ihnen Essen und Kleidung und riet ihnen, das Gebiet zu verlassen, um nicht in die Hände der gefährlichen betrunkenen Soldaten zu fallen. Er half ihnen sogar, Platz im Zug nach Prag zu finden. Klára erreichte Budapest und anschließend ihr Zuhause, aber niemand erwartete sie. Sie war die einzige Überlebende ihrer Familie.

Irena Lebovits Ehrenreich und ihre Freundinnen verließen den Treck zu zehnt. Sie durchstreiften die umliegenden Städte Dresdens und bettelten um Essen. Manche Bewohner erlaubten ihnen sogar, sich zu waschen. Schließlich endete ihre Glückssträhne und sie wurden verhaftet. Als Ausländer ohne Papiere steckte man sie in eine andere Marschkolonne. Als sie gerade über eine Flucht nachdachten, bemerkten sie, dass die deutschen Wachen Zivilkleidung angezogen hatten. Sie sagten den Marschierenden, sie seien alle frei. Als sie nach Transportmitteln Ausschau hielten, bemerkten sie russische Soldaten, die Arbeitskräfte für Russland rekrutierten. Das war das traurige Schicksal vieler befreiter Gefangener: Man ergriff sie und brachte sie in Arbeitslager nach Sibirien, wo sie schwer arbeiten mussten und erst Monate oder ein Jahr später nach Hause zurückkehrten. Irena sprach Tschechisch und zeigte ihnen die Nummer auf ihrem Arm. Glücklicherweise erkannten die Soldaten, dass sie jüdische Gefangene waren, und ließen sie laufen. Langsam begannen die Züge wieder zu fahren und die Mädchen erreichten Budapest. Dort traf Irena ihren jüngeren Bruder, der auf sie wartete. Während der Fahrt wurden die Überlebenden registriert und telegrafisch übermittelte man ihre Namen an die Behörde auf dem Bethlen-Platz in Budapest. So erfuhr ihr Bruder von ihrer Ankunft. Leider war ihre große Freude nur von kurzer Dauer: Jolán, Irenas Schwester, starb bei der Geburt ihres Kindes und ihr Bruder fiel in Israel während des Unabhängigkeitskrieges.

ROZSA WINKLER

Rozsa Winkler wurde ins Krankenhaus gebracht, nachdem man ihre Schwestern Nelly Winkler Rochlitz und Hajnal gezwungen hatte, das Lager in Freital zu verlassen. Das deutsche Krankenhauspersonal erkannte, dass Rozsa Jüdin war, und verweigerte jegliche Behandlung. Die todkranke Rozsa wurde zurück ins Lager gebracht. Dort war sie allein, ohne ihre liebevollen Schwestern, die sich um sie kümmerten. Nur ein klein wenig Sonnenschein erreichte sie nach der Befreiung. Man brachte Rozsa und andere Kranke aus Markkleeberg zurück ins Krankenhaus. Dort war auch Erzsébet Holzer aus Kisbaromlak, die während eines Bombenangriffs auf dem Todesmarsch verwundet worden war. Einige Zeit später kam Erzsébets Bruder, um sie nach Hause zu bringen. Leider starb sie unterwegs.

Vor ihrer Abreise hatte Rozsa dem Bruder einen Brief an die jüdische Gemeinde in Vac, Ungarn, mitgegeben. Darin schrieb sie, wie im Krankenhaus geschrien und geflucht wurde, dass es nicht einmal genügend Betten für Deutsche gäbe. Warum sollte man dann Juden behandeln? Der Brief erreichte Nelly und ihre Schwester zu Hause in Vac.

Im Krankenhaus konnte man wegen der fortgeschrittenen Tuberkulose nicht mehr viel für das Mädchen tun. Rozsa Winkler starb an einem Sonntag, am 22. Juli 1945. Sie war neunzehn Jahre alt.

Andor Winkler, Rozsas Bruder, kam an einem Freitagnachmittag aus dem Lager Mauthausen wieder zurück nach Vac. Am Sonntag fuhr er los, um seine Schwester in Deutschland zu suchen. Er nahm alles Geld mit, das die Familie auftreiben konnte. Aber im Zug wurden die Reisenden von russischen Soldaten ausgeplündert. Schließlich gelangte Andor nach vielen Schwierigkeiten nach Freital, wo man ihm sagte, dass seine Schwester gestorben sei und am

Tag vorher auf dem katholischen Friedhof in Freital beerdigt worden wäre. Es gab keine anderen Juden in Freital und niemanden, mit dem der todunglückliche Bruder sprechen konnte. Ohne Geld oder Wertgegenstände konnte Andor nichts anderes tun, als ein kleines hölzernes Zeichen dort aufzustellen, wo sich ihr Grab befand. In Kapitel 15 werde ich meine Fahrt zum Friedhof und meine Suche nach Rozsas Grab beschreiben.

DIE FLUCHT DER SCHWEISSERINNEN

Elizabeth Zucker Mermel gehörte zu den Mädchen, die Erzsébet Frank in ihrem Gedicht „Die Schweißerinnen" beschrieb (s. Kapitel 10). Auf dem Marsch litt die Gruppe an Fußproblemen und Hunger. Sie warteten auf eine Gelegenheit zur Flucht, aber es war nicht leicht für zehn Mädchen, gemeinsam zu fliehen. Als die Kolonne durch die Ruinen in Dresden getrieben wurde, war es für die Wachen schwer, jeden im Auge zu behalten. Hinter einer Mauer, die noch stand, gab eine Schweißerin das vereinbarte Signal und zehn Mädchen verschwanden.[262] Aufmerksam beobachteten sie die Vorbeiziehenden. Sie verbrachten die Nacht in der zerstörten, furchterregend stillen Stadt. Bei Tagesanbruch verließen sie den Ort. Sie liefen um eine kleine nahegelegene Stadt herum. Deutsche Zivilisten gaben ihnen recht bereitwillig zu essen, manchmal ließen sie sie auch in einer Scheune schlafen, aber sie wollten keinen weiteren Kontakt. Oft war es auch schwierig, einen Schlafplatz zu finden.

Wenige Tage später kamen die Russen und der Besitzer einer Gastwirtschaft bot den Mädchen an, bei ihm zu übernachten. Er legte einen der großen Räume mit frischem Stroh aus. Die Mädchen glaubten, dass er sie vor den russischen Soldaten beschützen wollte. Zu dieser Zeit wussten sie noch nicht, dass er seine Tochter im Keller verborgen hielt, um sie zu beschützen. Die Schweißerinnen ruhten sich aus und ordneten ihre wenigen Habseligkeiten, als sie ein Geräusch hörten und zwei russische Soldaten hereinkamen. Wie viele ihrer Kameraden suchten die Soldaten nach Frauen oder Wertgegenständen, besonders Uhren, die sie gern nahmen. Sie fanden die Mädchen und forderten zwei von ihnen auf mitzukommen, um „Spaß zu haben". Als

262 Elizabeth Zucker Mermel glaubt, dass zwei der Schweißerinnen, Herta und Magda, nicht mit den anderen gegangen sind.

sie sahen, dass sie so nichts erreichten, zog einer seine Waffe. Er hob das Gewehr mit einer Hand, mit der anderen zog er ein Mädchen mit sich und sagte: „Ich töte dich, wenn du nicht mitkommst!“ Die Situation wirkte so echt, dass der zweite Soldat seinen Freund fragte, ob er sie wirklich töten wollte. Dieser antwortete, er hätte keine Kugel in der Waffe, er wolle sie nur einschüchtern. Eine der Tattner Schwestern sprach Tschechisch und verstand die Unterhaltung der Soldaten. Sie ermunterte die Gruppe zusammenzuhalten.

Die Mädchen rissen ihre Freundin zurück und fassten sich an den Händen. Die ziemlich betrunkenen Soldaten fluchten und drohten, aber die Mädchen blieben stark. Sie sagten den Soldaten, sie könnten sie alle töten, aber mitgehen würde keine. Die Spannung lag einige Momente in der Luft. Die betrunkenen Soldaten überdachten noch ihre nächsten Schritte, als eine zweite Gruppe hereinkam. Auch sie durchkämmten deutsche Wohnungen. Diese Soldaten trugen ebenfalls Waffen, schienen aber zugänglicher zu sein. Einer hörte den Tattner Schwestern zu, die erklärten, sie wären Überlebende eines Lagers und hätten auch unter den Deutschen gelitten. Er setzte sich sogar, hörte sich ihre Geschichte an und besah sich die Nummern auf ihren Armen. Elizabeth Zucker Mermel, die mir von diesen Ereignissen berichtete, meinte, der Soldat wäre entweder selbst Jude gewesen oder aber sehr aufgeschlossen. Die beiden Soldaten standen noch eine Weile wütend und fluchend herum, da sie jedoch sahen, dass die anderen den Mädchen zuhörten, zogen sie sich langsam zurück. Der mitfühlende russische Soldat stellte weitere Fragen, bis ein Kamerad ein Zeichen gab und sie den Raum verließen. Die Mädchen brachen nach diesem nervenaufreibenden und traumatischen Erlebnis in Tränen aus. Der Morgen zog herauf und sie wollten diesen Ort so schnell sie konnten verlassen. Sie sammelten ihre wenigen Habseligkeiten zusammen, als die Tochter des Gastwirts lächelnd aus ihrem Versteck hervorkam. Es machte die Schweißerinnen sehr betroffen, dass sie erneut von einem Deutschen betrogen worden waren, der sie benutzte, um seine Tochter zu schützen.

Draußen fanden sie einen verlassenen Lastwagen mit einem Karton roter Fahnen. Sie nahmen einige davon mit und fanden in einem leeren Haus eine Nähmaschine. Elizabeth Zucker Mermel und ein anderes Mädchen, das nähen konnte, schneiderten jedem eine Bluse aus dem Stoff. In den Schränken fanden sie auch andere Kleidungsstücke. Sie zogen sich um und ließen ihre Arbeitsanzüge dort zurück.

Die Mädchen halfen sich auch weiterhin und für sie war es wichtig, sich nicht zu trennen, weil sie wussten, dass sie zusammen stärker waren. Zwei der Schweißerinnen fanden ihre Brüder auf einem Bahnhof, die sich ihnen anschlossen. Das gab ihnen etwas mehr Selbstvertrauen. Sie erreichten

Bratislava und schließlich Budapest, wo ihnen die „Joint"-Behörde weiterhalf. Elizabeth und ihre Schwester erfuhren, dass ihr älterer Bruder überlebt hatte und zu Hause auf sie wartete.

DIE BEFREIUNG DER ZWENKAUER ARBEITERINNEN

Lilly Waldman verließ die Marschkolonne mit fünf Mädchen, mit denen sie in Zwenkau gearbeitet und beim Appell in einer Reihe gestanden hatte. Lilly war zusammen mit ihrer Schwester Erzsébet, ihrer Schwägerin Jolán Waldman und meinen zwei Cousinen, den Schwestern Lindner, Lenke und Hajnal, von denen wir gar nicht wussten, dass sie mit uns in Markkleeberg waren. Die Fünf waren immer zusammen. Erzsébet war auf dem Todesmarsch nicht in der Lage weiterzulaufen. Sie setzte sich an den Straßenrand, die vier anderen standen neben ihr. Der Wachposten kam, drohte und drängte sie weiterzugehen. Es half alles nichts, die Mädchen wollten Erzsébet nicht verlassen. Die Marschierenden sonderten sich von der Gruppe ab, als der Wachmann sein Gewehr nahm, um das Problem zu lösen. Aber bevor er den Abzug betätigen konnte, kam ein anderer Posten und sagte zu ihm: „Lass sie!" Er bedeutete den Mädchen zu verschwinden. Erzsébet nahm all ihre Kräfte zusammen und taumelte mit ihren Freundinnen fort, solange dieses unglaubliche Glück anhielt. Wir werden nie erfahren, warum der Wachposten Erzsébets Leben rettete. Das Wohlwollen der Leute trat bei verschiedenen Gelegenheiten zu Tage. Vielleicht beeinflussten das gemeinsame Leiden während des Marsches oder seine eigene ungewisse Zukunft das Verhalten des Postens.

Mit den üblichen Störungen und Verzögerungen kamen die Fünf schließlich gemeinsam in Budapest an. Heute sind aus dieser Gruppe nur noch die 87-jährige Lilly Waldman und ihre Schwester Erzsébet am Leben. Als ich mit Lilly sprach, hatte sie gerade ein Gespräch mit ihrem Neffen beendet. Er ist der Sohn von Jolán Waldman, einer der Fünf vom Todesmarsch. Jolans Sohn ruft jeden Freitag aus Australien an, um seiner Tante Lilly „Schabbat Schalom", einen friedlichen Sabbat, zu wünschen.

Die Kolonne erreichte Theresienstadt am Morgen des 29. April 1945. Sie waren sechzehn Tage unterwegs, liefen 30 bis 40 Kilometer am Tag, insgesamt fast 360 Kilometer – fast ohne Nahrung. Sie marschierten in der Dunkelheit und über Waldwege und immer die prügelnden Posten im Nacken. Zahllose Gefangene starben vor Hunger und Erschöpfung, viele flohen, als wir im Elbtal unterwegs waren. Am 15. März 1945 hatte das Markkleeberger Lager 1.539 Gefangene.[263] Die Eingangsliste in Theresienstadt verzeichnete 685. Wir können dazu mehrere Hundert zählen, die die Marschkolonne verließen. Die Übrigen der 1.539 Marschierenden starben, aber es gibt keine Aufzeichnungen über ihren Tod.

Als die Marschkolonne im Lager Theresienstadt ankam, stand dieses unter der Verwaltung des Roten Kreuzes. Sie sahen Schweizer Flaggen und ein riesiges Schild „Rotes Kreuz". Am Tor befand sich ein Kontrollpunkt. Dort stand ein junger Jude, der Tschechisch sprach, in einen Regenmantel gehüllt. SS war nirgends zu sehen.[264]

Die vierzehn französischen Frauen der ursprünglich 250 Gefangenen mussten den Zug verlassen. Sie wollten bleiben, aber man ließ nur Juden ins Lager. Den Jüdinnen tat es leid, dass sie sich trennen mussten. Knittel, seine Frau und fünf Wachposten wollten ebenfalls hinein, aber der tschechische Offizier befahl ihnen: „Abtreten!" Das Lager stand unter dem Schutz des Roten Kreuzes. Knittel ging verwirrt und enttäuscht, seine Frau und die Wachen folgten ihm.[265]

Knittels Missmut lässt die Frage aufkommen, was ihn vorrangig motiviert hatte, uns nach Theresienstadt zu bringen. Als wir auf den Todesmarsch geschickt wurden, war Buchenwald schon in der Hand der Amerikaner. Knittel entwarf Notfallpläne und hielt sogar eine Abschiedsrede, in der er uns erklärte, dass er und seine Besatzung gehen würden, wir aber unter besseren Bedingungen in der Fabrik weiterarbeiten könnten. Dann erreichte ihn plötzlich eine Nachricht und alles änderte sich.

Am 12. März 1945, einen Tag bevor unser Todesmarsch begann, verfasste Himmler ein Dokument mit dem Titel „Ein Vertrag für die Menschlichkeit", in dem festgelegt wurde, dass Konzentrationslager nicht gesprengt würden.[266]

---

263 Internationaler Suchdienst, S. 148.

264 Rab, Es Nem Verik, S. 352; Interview mit Ilana Sajovits Breiner.

265 Rab, Es Nem Verik, S. 336.

266 Saidel, Jewish Women of Ravensbrück, S. 187. Heinrich Himmler war der Reichsführer SS und derjenige, der das System der Konzentrationslager konzipierte.

Die Deutschen hatten dem Zutritt des Roten Kreuzes zum Lager Theresienstadt und seiner Verwaltung durch die Organisation zugestimmt. Sie erklärten sich ebenfalls bereit, die Mehrheit der Insassen der Konzentrationslager nach Theresienstadt zu bringen. In Wahrheit war dies nur ein minimales Zugeständnis, da Millionen Juden bereits von den Nazis getötet worden waren.

Die Kommandanten der Konzentrationslager, so auch Knittel, hätten uns im Lager oder auf der Straße zurücklassen können. Obwohl es darüber keine Aufzeichnungen gibt, wissen wir, dass Knittel am Tor von Theresienstadt immer wieder erklärt hat, er hätte uns gerettet und hergebracht, wie sich Frieda Roth Keller erinnerte. Am Ende des Krieges hofften die Kommandanten, in einem günstigen Licht zu erscheinen, wenn sie angaben, sie hätten Juden gerettet.

Der Jude am Eingangstor ließ die Häftlinge in Fünferreihen antreten und zählte sie. Die Mädchen waren in Hochstimmung, ihre Augen glänzten. Konnte es sein, fragten sie sich, dass die Gerechtigkeit gesiegt hätte? Würden Essen, Kleidung und die süße Freiheit auf sie warten?[267]

MARKKLEEBERGER WACHEN BRINGEN ENTLAUFENE GEFANGENE ZURÜCK

Was auch immer Knittels Absichten waren, die Markkleeberger Wachen wollten die Gefangenen in Theresienstadt einsperren. Zehn Kilometer vom Lager entfernt fanden sie vier der Markkleeberger Häftlinge – Blanka Weisz Seidner, ihre Schwester Edit und zwei ihrer Freundinnen. Die Mädchen hatten die Kolonne hinter Dresden verlassen und eine gefahrvolle Flucht hinter sich. Die Wachposten waren auf dem Weg zurück nach Deutschland, nachdem sie die Marschkolonne in Theresienstadt abgeliefert hatten. Sie wurden wütend, als sie die Mädchen sahen und schrien: „Wegen euch müssen wir jetzt umkehren!“ Die Gefangenen hatten ein paar Kartoffeln, die ihnen die Wachen wegnahmen, als sie sie entdeckten. Blanka und die anderen hatten schreckliche Angst und fragten sich, was mit ihnen passieren würde. Am Lagertor von Theresienstadt lieferten die Wachen sie ab und warteten, bis die vier Gefangenen ängstlich das Lager betraten.

267 Frank, 356 Nap. S. 97.

IM LAGER VON THERESIENSTADT

Theresienstadt (Terezin) ist eine kleine, verschlafene tschechische Stadt, die etwa vier Meilen nördlich von Prag liegt. Die Stadt besaß eine Festung, die Maria Theresia für ihre Soldaten bauen ließ. Im Zweiten Weltkrieg wurden diese ehemaligen Kasernen in ein jüdisches Ghetto umgewandelt. Die Gefangenentransporte in den Osten begannen am 9. Januar 1942 und wurden bis zum Oktober 1944 fortgesetzt. Zu den Zielorten gehörte unter anderem Auschwitz-Birkenau.

Theresienstadt wurde als Vorzeigelager eingerichtet und vom Roten Kreuz, dem man ein humanes Leben vorgaukelte, kontrolliert und gebilligt. Anlässlich der Inspektion des Roten Kreuzes strich man die Gebäude, hängte Blumenkästen auf und verbesserte vorübergehend die Versorgung. Die kranken Gefangenen wurden in die Todeslager transportiert, die gesündesten führte man vor, um das Rote Kreuz zu beeindrucken. In Wahrheit war Theresienstadt überfüllt, die Häftlinge waren von Hunger und Krankheiten gezeichnet. Die bekannteste Inspektion durch das Rote Kreuz fand im Juni 1944 auf Veranlassung der dänischen Regierung statt. Nach dem Besuch erstellte das Rote Kreuz einen positiven, befürwortenden Bericht.

Die nächste Delegation des Internationalen Roten Kreuzes unter Leitung von Paul Dunant besuchte das Ghetto Theresienstadt am 6. April 1945. Die Delegation wurde von Adolf Eichmann und anderen SS-Offizieren begleitet. Das Rote Kreuz berichtete, dass in Theresienstadt 17.556 Häftlinge lebten.

Die ersten 2.000 Gefangenen aus anderen Lagern erreichten Theresienstadt am 20. April 1945. Innerhalb der nächsten zwei Wochen kamen mehr als 14.000 Häftlinge aus Dachau, Buchenwald, Flossenbürg und anderen Lagern. Bald danach gab es eine Typhus-Epidemie. Als die Marschkolonne das Lager betrat, sahen sie keine Deutschen.[268] Die Kraft, die die Gefangenen den ganzen Weg vorwärtsgetrieben hatte, verließ sie im Gefühl der Sicherheit. Einige konnten die letzten Schritte kaum gehen. Etwa gegen elf Uhr am Tag ihrer Ankunft wurden sie in einen unterirdischen Bunker gebracht, der ein Gefängnis gewesen war. Es war dort feucht, dunkel und schmutzig. Die Gefangenen aus Markkleeberg blieben dort in Quarantäne, bis man ihnen einen Block zuwies. Nur Ärzte und die Essensversorgung hatten Zutritt. Am nächsten Tag war es besser. Am Morgen brachte ein Mann frisches Brot und heißen schwarzen Kaffee mit Zucker. Er füllte jedem den Becher und fragte, wer noch etwas wollte. Die Mädchen konnten ihr Glück kaum fassen. Es gab

268 Interview mit Vera Deutsch De Vit und Tereza Frankl.

kein Wecken und sie bekamen Essen, ohne erst beim Appell zu stehen, ohne Schläge ins Gesicht oder Ohrfeigen. Nach dem Frühstück nahm die Ärztin Dr. Brown Einweisungen ins Krankenhaus vor. Hunderte Mädchen wollten dorthin, aber man nahm nur zehn, weil das Krankenhaus überfüllt war.[269] Bald konnten sie ihre Arbeitsanzüge gegen Zivilkleidung eintauschen. Nach der Quarantäne kamen die ungarischen Frauen in den Block Yäger oder Yäger Kaszárnya, wie sie ihn nannten. Als sie hinausgingen, waren sie überwältigt von der Größe des Lagers und der Menschenmenge, erinnerte sich Elza Reich Szamosi. Bis zum letzten Tag der Herrschaft der Deutschen kamen die Transporte an.

DIE BEFREIUNG IN THERESIENSTADT

Am 2. Mai 1945, zwei Tage nach der Ankunft der Markkleeberger, übernahm das Internationale Rote Kreuz das Lager und die verbliebene SS-Bewachung floh. Der erste russische Soldat kam am 8. Mai. Die Gefangenen rannten ihm entgegen, aber er zog sich zurück, aus Angst vor der Typhus-Epidemie. Am gleichen Tag kapitulierten die deutschen Truppen.

Vor dem Lager zog eine Gruppe entwaffneter deutscher Kriegsgefangener vorbei. Einigen hatte man die Haare in Streifen geschoren und auf dem Rücken stand mit großen roten Buchstaben „SS", erinnerte sich Elisabeth Stein Székely. Ihre einst eleganten, gut sitzenden Uniformen waren zerlumpt und zerrissen, sie hatten keine Mützen und die Füße waren mit Lumpen umwickelt. Als sie mit gesenkten Köpfen an den offenen Lagertoren vorbeiliefen, beschimpften und bespuckten einige der Insassen sie von weitem.[270] Gefangene wie Elisabeth Stein Székely bemerkten einen ehemaligen Markkleeberger Wachmann unter den Gefangenen, den wir als Bacskai kannten. Er war „Volksdeutscher" aus Bacska im ehemaligen ungarisch-jugoslawischen Gebiet. In den Dokumenten der Zentralbehörde des Bundesamtes für Justiz zur Aufklärung von Nazi-Verbrechen findet sich ein Josef von Bacska.[271] Elisabeth bat einen Jungen neben ihr, der Russisch sprach, den Wachen mitzuteilen, dass Bacskai eine Frau auf dem Todesmarsch erschossen hatte. Der russische Soldat schaute

269 Rab, Es Nem Verik, S. 338.

270 Ebenda, S. 347.

271 Center, S. 23, 482. Wir nannten ihn „Bacskai" oder „Birger".

Bacskai an und machte eine Notiz. Es gibt jedoch keine Information darüber, ob er eine Bestrafung erhielt, die vielleicht der Familie seines Opfers ein Trost sein und etwas Gerechtigkeit bedeuten könnte.

MEINE BEFREIUNG

Der Tag, von dem Erzsike und ich schon lange geträumt hatten, kam ganz einfach und unspektakulär. Wir wohnten noch immer in der kleinen Hütte im Wald. An diesem Morgen in der ersten Maiwoche 1945 hielt die Natur einen wunderschönen, sonnigen Frühlingstag bereit. Wir hofften, dass deshalb die Leute guter Laune und großzügig sein würden. Schon früh am Morgen waren wir vier fertig. In den letzten zwei Tagen waren immer mehr Explosionen zu hören gewesen. Das beunruhigte uns ein bisschen, aber der Hunger war größer als die Angst. Gerade waren wir auf eine Nebenstraße eingebogen, als Frau Gosz laut rief: „Schaut nicht hin!" Aber es war zu spät. Wir hatten alle die toten Soldaten gesehen, deren Leichen auf dem Gehweg lagen. Vielleicht waren einige auch noch am Leben, aber Angst ergriff uns und wir begaben uns schnell zurück in die Sicherheit unserer kleinen Hütte. Wir sanken nieder, geschockt vom Anblick, der sich uns geboten hatte und von den Geräuschen des Krieges vom Gewehrfeuer und den Explosionen, die wir gehört hatten.

Dann war es still. Wir versuchten zu schlafen, um unseren Hunger zu vergessen, aber es gelang uns nicht. Plötzlich hörten wir in unserer gewöhnlich ruhigen Gegend Stimmen. Wir gingen hinaus und standen zwei berittenen russischen Soldaten gegenüber. Sie winkten und sagten etwas, das unserer Meinung nach hieß, dass der Krieg aus wäre. Diese gute Nachricht elektrifizierte uns. Wir sammelten unsere wenigen Habseligkeiten zusammen und verließen die Hütte, getrieben von der Vorstellung, nach Hause gehen zu können.

Als wir an einigen wunderschönen Villen an der Hauptstraße vorbeikamen, bemerkten wir, dass eine Tür offen stand. Wir überwanden unsere Furcht und gingen hinein. Auf dem Tisch standen Brot, Zucker und einige Gläser hausgemachter Marmelade. Es machte den Eindruck, als wären die Bewohner in Eile aufgebrochen. Die Schränke waren voller Kleidungsstücke. Eilig tauschten wir unsere Schuhe und Arbeitsanzüge gegen Zivilsachen ein. Als wir einen Blick in den Spiegel warfen, erschraken wir vor den zu Skeletten abgemagerten Wesen, die uns mit großen, stumpfen, angstvollen Augen entgegenblickten.

Wir bemerkten Kunstgegenstände und wertvolles Kristall in diesem offensichtlich wohlhabenden Haushalt. Wir hätten nach Geld und Schmuck suchen können, wie es andere einfallsreiche Überlebende getan hatten. Die Schwestern Kaufmann zum Beispiel hatten Gold in einem der Häuser gefunden. Aus diesem Schatz bezahlten sie einen Lastwagen, der fünf Mädchen in eine entfernte Stadt brachte, von wo sie den Zug nahmen, wie sich Nelly Winkler Rochlitz erinnerte. Wir dachten noch nicht an materiellen Besitz, für uns war Essen noch immer das Wichtigste. Wir nahmen nur unsere neuen Sachen und die alten Arbeitsanzüge und etwas Wegzehrung mit. Draußen fanden wir einen zweirädrigen Handwagen. Wir kehrten noch einmal zur Villa zurück und luden weitere Kleidung und Essen ein. Wir hätten noch mehr genommen, aber Frau Grosz bemerkte im Garten russische Soldaten, sodass wir schnell verschwanden. Wir zogen abwechselnd den sehr schweren Wagen und beschlossen, uns von den Arbeitsanzügen zu trennen. Ich zögerte zuerst, aber die anderen überzeugten mich, dass Essen zu haben und nach Hause zu kommen unsere Prioritäten waren. Wir ließen die alten Sachen in einem Park, den wir durchquerten, liegen.

Jedoch begleitet mich noch immer die Erinnerung an diesen Anblick des entsorgten Kleidungsstückes, das meine Identität in Markkleeberg und während des langen Marsches verkörperte.

Wir wandten uns Richtung Dresden – Sachsens Hauptstadt in Ostdeutschland –, in der Hoffnung, ein Transportmittel zu finden.

Dresden hatte sich, historisch betrachtet, von einem Fischerdorf zu einer Stadt mit einer halben Million Einwohner entwickelt. Die Stadt, die sich an beiden Ufern der Elbe erstreckt, wurde nach dem Krieg bekannt, weil sie von alliierten Bomben völlig zerstört worden war. Im Februar 1945 hatten wir im Lager die britischen und amerikanischen Bomberverbände deutlich gehört.

Obwohl die Stadt in Schutt und Asche lag, waren die Straßen freigeräumt und wir liefen durch die Straßen, an deren Seiten Straßenschilder standen. Tote und Sterbende waren in dieser „organisierten" Zerstörung nicht zu sehen. Nichts regte sich in dieser gespenstischen Stadt, als wir unseren Weg fortsetzten. Der Richtung maßen wir keine große Beachtung bei und liefen eine Woche, nur um dann wieder an unseren Ausgangspunkt zurückzukehren. Wir saßen müde und hungrig am Straßenrand, als wir ein Autogeräusch vernahmen und alsbald waren wir von fünf oder sechs russischen Soldaten umringt. Wir waren froh, sie als unsere Befreier zu sehen; stattdessen schauten sie auf uns Frauen mit wollüstigen Blicken. Unsere Angst steigerte sich, als einer der Soldaten leise etwas auf Jiddisch sagte. Wir konnten nur Ungarisch und waren nicht in der Lage, etwas zu erwidern. Obwohl wir Furcht hatten und unsere Schwäche fühlten, sprachen meine Schwester und ich, wie von einer Stimme geleitet, die Worte „Shema Y Israel!" (Höre, O Israel!), während sich die anderen Soldaten im Hintergrund hielten.

Shema ist das erste Gebet, das ein jüdisches Kind lernt; es beinhaltet die Überzeugungen und Ziele der jüdischen Religion. Die Miene des Soldaten hellte sich auf, auf seinem Gesicht lag ein verstehendes Lächeln. Er sprach mit seinen Kameraden, die für uns auf dem Lastwaren Platz machten und wir ließen unseren Handwagen zurück.

Frau Grosz und Zsuzsa, unsere Mitgefangenen, die keine jüdische Erziehung genossen hatten, verfolgten ehrfürchtig das Wunder der hebräischen Worte. Nach kurzer Zeit erreichten wir einen Armeeposten, wo wir ein üppiges Essen und Wegzehrung erhielten. Anschließend brachte uns unser Beschützer zu einem Flüchtlingssammellager. Dort erfuhren wir von einem Verantwortlichen, dass man Transporte nach Prag und Ungarn zusammenstellte. Beim Abschied umarmte der Soldat jeden, während wir unsere Tränen trockneten. In unserem Gedächtnis blieb ein tiefer Eindruck von unserer Rückkehr zu Menschlichkeit und Glauben.[272]

Von der Sammelstelle aus, wo ich den ungarischen SS-Mann sah, der mich angegriffen hatte (später mehr dazu), ging es im Zug weiter nach Prag. Dort koppelte man die Lokomotive ab, die einen anderen Zug mit russischen Soldaten ziehen sollte. Wir warteten die ganze Nacht, ohne zu wissen, wann es weiterginge oder wann die Lokomotive zurückkäme. Die, die etwas zu essen hatte, blieben am nächsten Tag dort sitzen. Weil wir sehr hungrig waren, schlossen wir uns einer Gruppe an, die zu einer Gastwirtschaft in der Stadt ging. Diese war für Flüchtlinge eingerichtet worden. Als wir uns in die Liste eintrugen, lasen wir die Namen anderer Überlebender, die auch hier vorbeigekommen waren.

Unser Herz raste vor Aufregung. Da stand der Name unseres Vaters Sándor Szász! Erzsike und ich schauten uns an und wir meinten, die Tore des Himmels öffneten sich für uns. Wir dachten nicht daran, dass dieser Name in Ungarn sehr häufig vorkam. Ein paar Tage blieben wir noch und besuchten die jüdischen Sehenswürdigkeiten der Stadt. Wir wollten so schnell wie möglich nach Hause und verabschiedeten uns von Frau Grosz und Zsuzsa, die Freunde getroffen hatten und noch in Prag blieben.

Nur wenige, überfüllte Züge fuhren vom Bahnhof ab. Es gab keinen Fahrplan, da alle Verbindungen wegen der zerstörten Gleisanlagen unterbrochen waren. Auch viele Brücken waren gesprengt worden. Man musste

---

272 Siehe auch Zahava Stessel, „Shared Bequest", The Jerusalem Post (Israel), 21. Juni 1991, S. 11.

lange warten, um auf improvisierten Wegen voranzukommen, auf denen sich die riesige Flüchtlingswelle durch Europa ergoss. Einen Postverkehr gab es nicht. Wir verließen Prag und folgten tagelang zu Fuß den Eisenbahnschienen, die uns von einer Stadt in die andere führten. Wenn wir mit dem Zug fahren konnten, dann nur eine kurze Strecke. Dann mussten wir aussteigen und tagelang warten, bis es weiterging. Jüdische Einrichtungen oder Privatpersonen gaben uns ein wenig zu essen. Wir schliefen auf Straßen oder in Bahnhöfen und warteten auf den nächsten Zug.

Eine gefährliche Fahrt auf dem Dach eines Güterwagens flößte uns weniger Furcht ein als die betrunkenen russischen Soldaten, die Bahnhöfe und Züge nach Frauen durchsuchten. Zum Glück kamen wir ihnen nicht in die Quere. Nach Wochen auf der Straße, immer getrieben vom Räderwerk der Hoffnung, erreichten wir Bratislava. Nach weiteren Verzögerungen und Wundern kamen wir schließlich nach Budapest.

NEUE HERAUSFORDERUNGEN NACH DER BEFREIUNG

Die Mädchen in Theresienstadt wagten sich aus dem Lager heraus und fanden in verlassenen Häusern etwas zu essen. Nach endlosen Monaten der Entbehrungen konnten sie dem verlockenden Essen nicht widerstehen und aßen in den ersten Stunden der Freiheit, so viel sie konnten. Die Folge waren akute Magenkrämpfe, an denen viele starben. Anfangs konnte unser Verdauungstrakt selbst einfache Lebensmittel wie Butter nicht vertragen. Frauen, die Zucker fanden und ihn mit Butter mischten, bekamen schweren Durchfall und konnten daran sterben.

Sarah Mayer Fisher erinnerte sich, dass man sehr häufig die hölzernen Kisten sah, in denen die Toten weggebracht wurden.

TYPHUS

Bereits während des Marsches waren die Mädchen vor der Typhus-Epidemie in Theresienstadt gewarnt worden. Aber sie hatten keine andere Wahl, als mit der Gruppe zu gehen. Einige infizierten sich im Lager mit Typhus. Die größte Gefahr bestand für jene mit einem geschwächten Immunsystem. Wer krank war, kam in die Baracken mit Namen „Hannover“ und „Hamburg“. Trotz Ernährung und medizinischer Versorgung starben täglich Hunderte.[273]

Wir erfuhren aus der offiziellen Liste, dass Margit Krausz aus Szatmárnémeti, geboren am 27. Januar 1927 in Sátoraljaújheli, am 29. Januar 1945 in Theresienstadt starb. Margit war mit uns in Markkleeberg gewesen. Die Todesursache könnte Typhus gewesen sein, aber das stand nicht in der Akte.[274]

Hanna Kahan blieb mit Typhus drei Wochen im Krankenhaus in Theresienstadt und überlebte glücklicherweise.[275]

PLÜNDERUNGEN

Im Lager gab es nicht genügend Lebensmittel für alle, aber in Litomerice, einer kleinen Stadt nahe Theresienstadt, befand sich ein Armeelager. Die Mädchen füllten dort Taschen mit Essen – und sogar mit Schokolade und Zigaretten. Im Lager teilten sie die Vorräte mit ihren Freunden.[276]
Unglücklicherweise trafen die Frauen oft russische Soldaten. Sie konnten von Glück reden, wenn sie ihnen nur das Essen wegnahmen und sie laufen ließen. Die jüdischen Wachen in Theresienstadt rieten den Mädchen, das Lager nicht zu verlassen, weil die Soldaten gefährlich waren. Und es bedeutete auch keine Sicherheit, wenn sie sagten, dass sie Juden seien.

Natürlich war es ungerecht, alle russischen Soldaten zu verurteilen: Viele waren einfühlsam und mitfühlend den Überlebenden gegenüber. Die ehe-

---

273 Rab, Es Nem Verik, 339; Esther Lorber Grosz' Aussage; Yad Vashem Akte 03/5652, 25. April 1990, S. 23.

274 Transportlisten, Anhang A; Liste der Ankommenden in Theresienstadt, Anhang B.

275 Hanna Kathans Aussage, Yad Vashem Akte 3725573, 3. Juli 1945, S. 3.

276 Interview mit Tereza Frankl; Zahava Friedemann Fruchters Aussage, Yad Vashem Akte 03/ 6617, 10. Januar 1991, S. 23.

malige Blockälteste Márta Maget Leitmann und ihre Freunde, die Tschechisch sprachen, beklagten sich bei einem russischen Soldaten, sie hätten keine Schuhe. Der Soldat brachte sie zum Haus einer deutschen Familie. Die Bewohner und auch ihre Kinder waren im Haus, als die Soldaten zu den Mädchen sagten, sie sollten nehmen, was sie wollten. Den Mädchen war es unbehaglich, aber sie nahmen sich Schuhe. In einem Schrank fanden sie zwei Handtaschen, die sie für ihre wenigen Habseligkeiten haben wollten. Sie nahmen eine und dann die andere, als ein kleines Mädchen von vielleicht zehn Jahren weinend sagte, das wäre ihre. Das machte den Mädchen ein so schlechtes Gewissen, dass sie die Handtaschen liegenließen und sogar die Schuhe wieder auszogen, was den russischen Soldaten erzürnte. Aber die Mädchen dachten daran, wie ungarische Gendarmen in ihre Häuser gekommen waren und alles mitgenommen hatten, wonach ihnen der Sinn stand. Ungeachtet der Schmerzen und Demütigungen, die ihnen die Deutschen zugefügt hatten, konnten die Frauen das kleine unschuldige Mädchen nicht bestehlen. Der russische Soldat beschimpfte sie, als sie wieder barfuß in ihren alten, zerbrochenen Schuhen liefen. Auch wenn er seinem Ärger Luft machte, war der russische Soldat berührt und erwähnte die Angelegenheit gegenüber seinem Vorgesetzten. Am nächsten Tag wurden zwei Lastwagen mit Schuhen ins Lager gebracht und geordnet an diejenigen ausgegeben, denen sie passten und die sie benötigten.

Sobald die Mädchen etwas zum Tauschen hatten, florierte der Handel. Ilana Breiners Freundin fand ein Glas Honig, das sie gegen ein Kleid für Ilana eintauschte, deren Sachen gestohlen wurden, als sie sie vor dem Schlafen ausgezogen hatte.

Wegen der sich ausbreitenden Typhus-Epidemie erlaubte man den Mädchen schließlich nur noch, mit einer schriftlichen Genehmigung das Lager zu verlassen, wie sich Kathy Zelmanovitz Goldstein erinnerte. Schließlich wurden die Mädchen in Theresienstadt organisiert und sie verließen das Lager mit den Transporten.

Sie mussten sich registrieren lassen und die Tschechoslowakinnen sollten sich zuerst auf den Weg machen.

WUNSCH NACH RACHE

Den Frauen, die sich während der Befreiung im Lager Markkleeberg oder in seiner Umgebung versteckten, sagte man, dass Lucifer gefangen genommen wurde, nachdem eine Gefangene sie erkannt hatte. Das könnte sein, denn Lucifer – sie hieß eigentlich Helena Pöschel – stammte aus Markkleeberg. Aber vermutlich war das nur Wunschdenken der ehemaligen Gefangenen. Es hieß, Lucifer wäre mit den amerikanischen Streitkräften entkommen.[277] Wir wollten jedem Gerücht über ihre Person Glauben schenken, denn es war unerträglich, sich vorzustellen, dass all unsere Peiniger ihrer gerechten Strafe entkommen konnten.

MEINE MÖGLICHKEIT ZUR RACHE

Ich traf den ungarischen SS-Mann wieder, der mich in einem Vorort von Dresden angegriffen hatte. Es war im internationalen Displaced Persons Camp, in dem uns unser jüdischer russischer Soldat zurückgelassen hatte. Hier waren viele ungarische Flüchtlinge. Nazi-Kollaborateure übergab die Lagerpolizei an die russischen Stellen oder sie wurden vor Ort abgeurteilt und nach einem kurzen Prozess hingerichtet.

Eines Tages, als ich mich nach Transporten nach Ungarn erkundigte, bemerkte ich den ungarischen SS-Mann mit den wolfsähnlichen Augen. Diese Augen, die ich immer wieder in meinen Albträumen gesehen hatte, waren jetzt stumpf und ausdruckslos. Es dauerte einen Moment, bis ich mich gesammelt hatte, dann lief ich zu Erzsike und Frau Grosz, um die Sache mit ihnen zu besprechen. Ich wandte mich an einen Wachposten, einen ehemaligen jüdischen Gefangenen, der sich für meine Geschichte interessierte und sehr mitfühlend war. Er erkundigte sich nach einigen Details und dann machten wir uns auf, den SS-Mann im Lager zu suchen. Ich entdeckte ihn, als er vor einem Quartier mit einigen Leuten sprach. Die Wache befragte ihn.

Der Beschuldigte bestand darauf, nur Deutsch zu sprechen und leugnete, dass er Ungarisch spräche und jemals in der Umgebung von Dresden gelebt hätte. Jedoch hatte ich keinen Zweifel an seiner Identität. Seine Augen und

277 Eisert, „Ermittlungen über KZ," S. 3.

sein Gesichtsausdruck hatten sich tief in meine Erinnerung eingegraben. Die Untersuchung wurde fortgesetzt.

Die SS-Tätowierung hatte er nicht mehr, aber einen starken Akzent. Schließlich gab er zu, aus Ungarn zu kommen. Man nahm ihn zwecks weiterer Untersuchungen in Gewahrsam. Es fiel mir unendlich schwer, den Mann zu identifizieren, der mich misshandelt hatte, da ich wusste, wie schnell in diesen ersten Tagen nach Kriegsende Urteile gefällt und Nazis und ihre Helfershelfer hingerichtet wurden. Viele Male ging ich alles mit Erzsike durch. Nach einer schlaflosen Nacht, in der ich unschlüssig war, ob ich die Anschuldigung aufrechterhalten sollte, erfuhr ich am nächsten Tag, dass es Dokumente gab, die belegten, dass der Mann sich im April 1945 in Dresden aufgehalten hatte. Nun gab er es auch zu. Meine Anschuldigung gegen ihn hatte an Substanz gewonnen.

Als wir auf den Befehlshaber der Lagerwache warteten, stand der Mann lammfromm neben mir, der mich so grausam angegriffen und mir mit dem Tod „wie ihn jeder Jude verdiente" gedroht hatte. Dann begann er, zu sprechen und sich zu entschuldigen. Unter Tränen erklärte er, seine Mutter, seine Frau und zwei kleine Kinder würden zu Hause auf ihn warten. Wenn ich gegen ihn aussagte, würde er sie niemals wiedersehen. „Bitte verurteile mich nicht zum Tode", bat er.

Ohne eine Antwort entfernte ich mich. Ich schaute aus dem Fenster und der alte Schmerz und diese neue Zwangslage quälten mich. Die Sprache des Mannes, meine Muttersprache – diese weichen, leisen, liebenswürdigen ungarischen Worte – weckte Erinnerungen. Meine Eltern hatten sie benutzt, als sie mir Werte wie Anstand, Höflichkeit und Gerechtigkeit vermittelten. Hass und Rachegedanken waren mir so fremd wie die Straße, die mich als Kind nach Auschwitz führte und aus mir eine Ausgestoßene in den deutschen Wäldern und Städten machte. Die ungarische Sprache und meine gewaltlose Erziehung führten dazu, dass ich meine Anklage zurückzog. Danach war ich selbst wütender auf mich als die ärgerliche Lagerpolizei. Ich hatte das Gefühl, dass meine beschämende, feige Entscheidung typisch für eine kleinlaute, verwirrte Jugendliche war.

Manchmal sehe ich heute noch die mich verfolgenden „Wolfsaugen" des Mannes. Und ich weiß nicht, ob ich mich heute anders entscheiden würde als damals. Mitleid und Barmherzigkeit, die mir vertraut waren, sind leichter zu ertragen als die Last von Rache und Vergeltung. Es tut mir nicht leid.

Das nächste Kapitel beschreibt unsere Rückkehr nach Ungarn und das Zusammentreffen mit weiteren nichtjüdischen Landsleuten. Obwohl niemand anders jemals wieder so bösartig zu mir war, wussten wir, da wir die Wirklichkeit zu Hause nicht länger ignorieren konnten, dass wir nie wirklich befreit und frei sein würden.

14. Das Dasein einer Überlebenden

HEIMKEHR

Während des Aufenthalts im Lager befanden wir uns in einer Art Dämmerzustand: Die Veränderungen in unserem Leben waren so hart, so außergewöhnlich, dass wir sie nicht als Realität akzeptieren konnten. Wir versuchten, nicht zu denken und wir stellten keine Fragen, weil wir wussten, wir konnten die Antworten nicht ertragen. Beruhigende Gedanken, dass der Krieg bald vorbei sein würde und wir in die Heimat zurückkehren könnten, waren die Ziele, die uns nährten und zu unserem Überleben beitrugen. Der Glaube, dass, wenn wir nur nach Hause kämen, wir jeden dort unversehrt antreffen würden, hallte in den Aussagen Überlebender wider.[278] Wir hofften, dass die Deutschen besiegt würden, wenn wir am Leben blieben. Hass und Völkermord würden niemals wieder die Menschheit plagen. Beim Auftauchen der ersten russischen Soldaten in der Nähe unserer Hütte dachten wir bloß an den Heimweg. Wie sollten wir wissen, dass die Neuigkeiten, die auf uns warteten, schwerer zu ertragen waren als alles, was wir in den Lagern ausgehalten hatten?

Mit dem kleinen Karren, den wir fanden, begannen wir unsere Heimkehr zu Fuß. Schließlich, nach beschwerlichem Weg und angespornt von der Hoffnung, dass unser Vater Sándor Szász – dessen Namen wir auf einer Liste von Überlebenden sahen, auf uns warten würde, kamen wir in Budapest an. Dort begrüßte uns zu unserer großen Freude Tante Hanni, die Schwester meiner Mutter. Sie wusste nichts von unserem Vater. Hanni oder Hannus, wie Mutter sie liebevoll nannte, war die Frau aus Kosice, die meiner Mutter die Papiere gebracht hatte, um uns zur Flucht zu verhelfen, bevor das Ghetto eingerichtet wurde, aber Mutter hatte das Angebot nicht angenommen. Hanni war erschüttert, in welch schrecklichem Zustand wir uns befanden. Sie brachte uns ins Krankenhaus, wo festgestellt wurde, dass ich an Tuberkulose litt. Also sorgte Hanni dafür, dass ich in die Tuberkulose-Station des Landesinstituts in Budapest[279] aufgenommen wurde. Ich war dort Patientin vom 31. Juli

278 Interview mit Hava Hartmann Kleinberg und ihre Aussage, Yad Vashem Akte 03/7292, S. 28; Ester Lorber Grosz' Aussage, Yad Vashem Akte 03/5652, S. 10.

279 TBC Landes Institute Koranyi, XII Pihenö Str., Budapest, Szász Katalin.

bis 1. Oktober 1945. Bevor ich mich in das Landesinstitut einweisen ließ, bestand ich jedoch darauf, mit Erzsike zuerst nach Abaújszántó heimzukehren. Nichts, nicht einmal die Krankheit, hätte mich aufhalten können.

Nach Hause kommen! Diese Worte vermittelten ein solch warmes Gefühl von Liebe und Sicherheit. Da wir den Namen meines Vaters auf der Liste der Überlebenden gelesen hatten, erwarteten wir beinahe, ihn am Bahnhof zu treffen. Aber es regnete und als wir ankamen, war der Platz leer. Wir warteten eine Weile, schauten und atmeten die Gegend, die uns so vertraut war. Als sich das Wetter etwas besserte, begannen wir, nach Hause zu laufen. Es war früher Nachmittag und alles war ruhig in der kleinen, verschlafenen Stadt. Wir liefen schnell und fanden uns nach zehn Minuten vor der Fleischerei unseres Großvaters und dem Bekleidungsgeschäft unseres Vaters wieder. Mir war, als stünden beide noch immer vor unserem Haus – dem Ort, den wir während des Lageraufenthalts so oft in Gedanken besucht hatten. Die Rollos an den Läden waren geschlossen, was uns klarmachte, dass Vater noch nicht hier war. Vielleicht waren ja unsere Mutter und die Großeltern zu Hause. Voller Aufregung eilten wir in den Hof, als ein Fremder auf uns zu kam und fragte, wonach wir suchten. Wir entgegneten, dass wir auf der Suche nach Familie Szász wären. „Hier lebt niemand, der so heißt!“, rief eine verärgerte Frau von Großmutters Terrasse aus. Wir wollten zu unserer Wohnung, die sich weiter hinten im Haus befand, doch der Fremde meinte: „Ich würde euch nicht raten, dahin zu gehen. Die Leute haben einen großen Hund.“ Uns an den Händen haltend, verließen wir den Hof und fanden uns auf der Straße unter dem großen Baum wieder, wo Mutter immer gesessen und diese zauberhaften Märchen gelesen hatte, während sie auf Kunden wartete.

Unsere Anwesenheit wurde in der Stadt schnell bemerkt. Jeder Rückkehrer stellte eine echte Gefahr für die Einwohner und ihre neu errungenen jüdischen Besitztümer dar. Bárdos Básci (Onkel Bárdos), ein Mitglied der jüdischen Gemeinde, kam kurz darauf, als wir zitternd dort standen und nicht wussten, welchen Weg wir einschlagen sollten. Bardos Básci, ein Freund meines Vaters, lächelte, umarmte uns und nahm uns zum Haus des Rabbi mit, welches für die obdachlosen Rückkehrer freigeräumt worden war. Ein paar Mädchen begrüßten uns herzlich mit diesem kameradschaftlichen Geist, den wir bereits aus dem Lager kannten. Diese Nacht schliefen wir auf dem Fußboden und am nächsten Morgen organisierte Bardos Básci, dass die derzeitigen Bewohner uns ein Zimmer in unserer alten Wohnung zur Verfügung stellten. Als wir unsere Besorgnis wegen des „großen Hundes“ zur Sprache brachten, versicherten sie, dass es nur ein kleiner Welpe sei, der niemandem etwas tut.

Als wir endlich „zu Hause“ waren, setzten wir uns in unser leeres Zimmer. Einsam und entmutigt begannen wir beide das Lied unserer Mutter zu singen – über eine Straße in einem Dorf, wo Geranien die Fenster verzieren und man die Nachbarn auf der anderen Straßenseite grüßte. Doch wenn das Fenster nicht mehr aufging, herrschte Leere. Jemand aus dieser Gasse fehlte. Mit Tränen in den Augen wiederholten wir das Lied mit der wunderschönen, sehnsüchtigen Melodie.

Kleine Fenster öffnen sich, eins nach dem anderen;
Geranien winken der anderen Seite.
Nur ein Fenster starrt mit blinden Augen;
Alles wirkt so leer, jemand aus dieser Straße fehlt.

Das Lied spiegelt das friedliche Leben in einer kleinen Stadt wider, dennoch war da auch der Schmerz des Verlustes. Die Stadt war dieselbe, die Straße war auch noch da, auch die Fenster waren unverändert, nur unsere Eltern, Großeltern und die Geranien fehlten.

Die Überlebenden der Lager mussten sich nach ihrer Befreiung einer schrecklichen Wahrheit stellen: Viele Angehörige kamen nicht nach Hause zurück. Erzsike und ich erwachten langsam aus der Betäubung nach dem Lagerleben, aber wir konnten es noch immer nicht akzeptieren, Waisen zu sein und niemanden zu haben. Geleitet wurden wir von der Kraft der Erinnerung an unsere Eltern und der Möglichkeit, ihre Welt wiederzuerlangen. In Budapest erhielten wir genauso wie die anderen Überlebenden etwas Geld im Verbindungsbüro am Bethlen-Platz. Es war nicht viel, aber für uns war es das erste eigene Geld. Anstatt Kleidung zu kaufen oder das Essen, das wir gebraucht hätten, gingen wir zum Rathaus in Abaújszántó und bezahlten die Steuern für unser Haus. Wir fühlten uns so gut dabei, als wir uns vorstellten, wie erfreut und stolz unsere Eltern gewesen wären. Wir erinnerten uns an die Zahlungsschwierigkeiten, die sie in den letzten Jahren der Weltwirtschaftskrise gehabt hatten. Außerdem suchten wir Boriska, unser ehemaliges Dienstmädchen, aber sie hatte die Stadt verlassen und niemand kannte ihren Aufenthaltsort.

Unsere Tage waren mit Erwartungen angefüllt, da sich weitere Überlebende nach Hause durchkämpften. Tag für Tag warteten wir auf die Ankunft des Zuges. Langsam, nach vielen enttäuschenden Besuchen auf dem Bahnhof, begannen wir zu begreifen, dass unsere Mutter und unsere Großeltern nicht zurückkommen würden. Damit begann ein dumpfer Schmerz, sich in unseren Herzen anzusiedeln. Im Gegensatz zu Mutter und Großmutter hatten wir Vater nicht den Weg der Verlorenen gehen sehen. Für ihn habe ich die

Hoffnung nie aufgegeben. Sogar heute noch, obwohl ich tief im Herzen fühle, dass mein Vater wahrscheinlich in Auschwitz ermordet wurde, klammere ich mich an jeden noch so kleinen Hinweis zu seiner Person. Möglicherweise werde ich es niemals genau erfahren. Genau wie in den Lagern halte ich aber meine schützende Illusion aufrecht, um nicht der Gewissheit seines schrecklichen Todes entgegenblicken zu müssen.

JÜDISCHES EIGENTUM

Genau wie Erzsike und ich hatten viele Heimkehrer Schwierigkeiten, als sie nach der Rückkehr in ihre Heimatstadt ihre Wohnungen und ihr Eigentum im Besitz fremder Städter vorfanden. Jeder von uns hat schmerzliche Erinnerungen daran, Dinge, die einem lieb und teuer waren, von fremden Personen benutzt zu sehen. Manche waren in der Lage, mit Hilfe der Polizei Teile ihres Eigentums zurückzuverlangen, aber den meisten fehlte die Kraft, für diese Dinge zu kämpfen. Als ich das Kostüm meiner Mutter auf der Straße an einer fremden Frau sah, sammelte ich all meinen Mut und traute mich, es zurückzuverlangen. Mutters elegantes Kostüm hatte für uns einen hohen ideellen Wert und ich erinnerte mich daran, wie sie in der Synagoge in ihrer liebsten Feiertagskleidung gebetet hatte. Die Frau, die das Kostüm meiner Mutter trug, eine Einwohnerin der Stadt, tadelte mich wütend dafür, sie auf der Straße anzuhalten, und sagte, ich sei eine provozierende, ungehobelte Jugendliche ohne Manieren und Schamgefühl. „Ich habe das Kostüm rechtmäßig bei einer von der Regierung durchgeführten Auktion erworben und du hast kein Recht darauf!", antwortete sie und nutzte das Gesetz als Ausrede, während sie herausfordernd davonging. Ich hatte noch Glück, dass sie nicht ihren Sohn, der bei ihr war, aufforderte, mich zusammenzuschlagen. Hilflos und verblüfft stand ich da; das Einzige, was ich tun konnte und auch tat, war zu weinen.

IM SANATORIUM

Nach einem kurzen Aufenthalt zu Hause kehrte ich nach Budapest zurück und begab mich zur Tuberkuloseabteilung im Landesinstitut. Für Erzsike war es sehr schwer, so weit von mir entfernt zu sein. Nie zuvor waren wir voneinander getrennt gewesen.

Tante Hanni versprach, mich zu besuchen, aber die Grenzen zur Tschechoslowakei, wo Kosice liegt, wurden geschlossen, sodass sie nicht kommen konnte. Unter großen Entbehrungen sparte Erzsike etwas Brot auf und schickte mir einige Päckchen. Da Ungarn zu den Verlierern des Krieges gehörte, gab es eine sehr strenge Lebensmittelrationierung. Budapest war eine ausgebombte, hungernde Stadt. Unsere Kost im Sanatorium bestand zum Großteil aus Bohnen.

In meiner ersten oder zweiten Woche im Sanatorium saß ich eines Tages traurig und verloren zwischen anderen Leidensgenossen im Hof, wo ich auf Erzsikes Brief wartete, als eine Besucherin eintraf. Es war Tante Rózsi oder „Rózsi Néni“, die Frau von József Reinitz, des Cousins meines Vaters. Auf der Suche nach lebenden Verwandten fand sie mich auf der Krankenliste nahegelegener Kliniken. Wir kannten Rózsi von früher. Sie und Onkel Józsi besuchten uns immer, wenn sie zu ihrer Familie im nahen Encs fuhren. Bei unserem letzten Treffen etwa 1942 fanden wir beiden jungen Mädchen Rózsi, unseren eleganten Besuch aus Budapest, sehr interessant. Unsere Mutter mit ihrem dunkelbraunen Haar, das sie zu einem Knoten geschlungen trug, war von natürlicher Schönheit und benutzte nur sehr wenig Make-up. Rózsi machte sie mit den neuesten Produkten auf dem Kosmetikmarkt bekannt. Als sie mit dem Schminken fertig war, hatte sich meine Mutter unter ihren Händen so verändert, dass jeder sie anstarrte. Ich weiß noch, wie Mutter errötete und verlegen versuchte, die Aufmerksamkeit von sich abzulenken.

Rózsi, eine charmante Frau etwa im Alter meiner Mutter, umarmte mich im Sanatorium unter Tränen. Sie hatte keine Kinder und fast ihre gesamte Familie war umgekommen, zum Glück hatte ihr Mann überlebt. Sie lebten noch immer in ihrer geräumigen Wohnung in der Veselényi Utca 19 in Budapest. Nach diesem ersten Besuch kam Rózsi jeden Freitag und brachte mir selbstgebackenen Kuchen oder Kekse mit, auch Obst, das sie für den Sabbat bekommen konnte.

Einmal begleitete sie Onkel Józsi und er erzählte mir von der Zeit, die er mit meiner Familie verbracht hatte, bevor ich geboren wurde. Er war Schneiderlehrling in Abaújszántó und besuchte dort die Berufsschule. Während der drei oder vier Jahre bis zur Gesellenprüfung bekam er Kost und Logis im

Hause meiner Großmutter. Józsi besaß später in Budapest eine gutgehende Schneiderei und beschäftigte mehrere Angestellte.

Bei ihren Besuchen sprach Rózsi gelegentlich über die Vergangenheit und über unsere Zukunftsaussichten, wobei sie immer betonte, wie wichtig es wäre zu lernen. Sie informierte sich über die Diagnosen und die vielen Röntgenuntersuchungen, die gemacht wurden. Dann eines Tages unterbreitete sie mir strahlend, dass die letzten Untersuchungen sehr gute Ergebnisse zeigten und dass ich bald entlassen würde. Ich freute mich darauf, nach Abaújszántó zurückzukehren, aber Tante Rózsi hatte eine andere Idee. Sie schlug uns beiden vor, bei ihr zu wohnen und die Oberschule zu besuchen. Ihre Freundlichkeit und ihr Angebot berührten mich sehr. Ich wusste, dass dieser Schritt vernünftig wäre, aber emotional waren wir noch nicht bereit, die Scherben unseres zerbrochenen Lebens aufzusammeln. Ich fuhr nach Abaújszántó, nachdem ich ihr verspochen hatte, über ihr Angebot nachzudenken. Etwas später verabschiedeten wir uns von Rózsi Néni und Józsi Bácsi, als wir uns auf den Weg machten, um in Palästina oder Israel ein neues Leben zu beginnen.

Lernen spielte für uns keine Rolle. Aber mit der wachsenden Entfernung von Budapest verstärkte sich mein Verlangen nach Bildung und Wissen. Damals wusste ich noch nicht, dass es mein ganzes Leben dauern würde, das zu diesem Zeitpunkt Versäumte nachzuholen. Ich schrieb aus Israel an Rózsi Néni, aber der Brief kam mit dem Vermerk zurück, dass der Empfänger verzogen wäre. Die Russen brauchten geräumige Wohnungen in guter Lage für kommunistische Funktionäre und schickten viele Leute aufs Land. Zu meinem Leidwesen brach der Kontakt ab. Bei meiner Rückkehr nach Budapest suchte ich sie unter ihrer früheren Adresse. Ich zog Erkundigungen ein, aber niemand wollte sich an die Vergangenheit erinnern oder mir Informationen zukommen lassen, vielleicht auch wegen der neuen Mieter in der Wohnung der Familie Reinitz.

AUF DER SUCHE NACH EINEM NEUEN LEBEN

Mikéfe

Nachdem ich das Krankenhaus verlassen hatte und nach Abaújszántó zurückgekehrt war, gab es für uns kaum eine andere Zielstellung als das nackte Überleben. Wir wussten nicht, was wir tun sollten. Deshalb freuten wir uns, als während des zermürbenden Wartens auf dem Bahnhof ein Besucher auf uns zu kam. Zeev Shahar, ein freundlicher junger Mann, kam als Abgesandter aus Palästina. Zeev war ein entfernter Verwandter und wir wussten, dass Mitglieder seiner Familie in Abaújszántó gewohnt hatten. Obwohl wir keine Vorstellung von Palästina und keine zionistische Ausbildung hatten, beschlossen wir, uns einer Gruppe in Mikéfe bei Budapest anzuschließen, die uns Zeev empfohlen hatte.

In der Dämmerung eines windigen Herbsttages des Jahres 1945 verließen wir unsere Heimatstadt ein zweites Mal. Unser Koffer und die Rucksäcke standen in dem kleinen Zimmer bereit, das wir seit unserer Rückkehr aus Deutschland bewohnten. Wir hatten uns bereits von der Stadt und den wenigen verbliebenen Freunden verabschiedet. Langsam lockerten sich die Bande, die uns so lange Zeit an diesen Ort gefesselt hatten. Wir waren nicht mehr Teil dieser Gemeinschaft. Abaújszántó war nicht mehr wichtig, seit wir wussten, dass unsere Eltern nie mehr dort sein würden.

Bevor wir uns auf den Weg zum Bahnhof machten, schauten wir noch einmal in den Garten hinterm Haus mit seinen Sauerkirschbäumen, den roten Johannisbeeren und dem alten Walnussbaum, an dem so viele freudvolle Erinnerungen hingen.

Wir verließen unser Zimmer, ohne über seine zukünftige Nutzung zu entscheiden. Wir konnten es nicht einfach abgeben. Als wir uns verabschiedeten, nahmen wir irgendwie auch von der Vergangenheit Abschied. Die Trauer um unsere Eltern und Großeltern, die uns in unseren Erinnerungen begleiteten, durchzog unser ganzes Leben. Der Schmerz ließ sie immer bei uns sein.

Die Fahrt nach Budapest war eine Reise aus der Vergangenheit auf der Straße in die Zukunft und ins Ungewisse. Erzsike und ich mussten unser früheres Leben mit seinen angenehmen und traurigen Abschnitten verlassen, um zu überleben. Dreißig Jahre später kam ich zurück auf der Suche nach bekannten Gesichtern und Spuren der Vergangenheit. Ich brauchte diese Rückkehr, aber im Jahr 1945 war es eine Erleichterung und Notwendigkeit, Abaújszántó den Rücken zu kehren.

Nach dem Krieg bot Mikéfe, eine Landwirtschaftsschule in der Nähe von Budapest, Hachshara oder Vorbereitung für diejenigen, die vorhatten, sich in Palästina niederzulassen. Wie viele andere Kinder ohne Eltern kamen wir allein, aber mit ein paar Habseligkeiten an. Eine Gruppe junger Leute grüßte uns herzlich und voller Tatkraft. Zeev Shahar, unser Betreuer, stellte uns vor, dann waren wir auf uns selbst gestellt.

Die jungen Leute, die nach Mikéfe kamen, meist Waisen ganz unterschiedlicher Herkunft, hatten ihre traumatischen Erfahrungen hinter sich gelassen. In Mikéfe fanden sie Zuflucht. Inmitten unserer Altersgenossen konnten wir wieder lachen und ein wenig von der Verantwortung einer Erwachsenenwelt abgeben, die plötzlich auf unseren Schultern lag. Alle in der Gruppe waren gleich, es gab weder die Hierarchie noch den Zwang des Klassensystems, das für Ungarn kennzeichnend war. Wir brauchten keine Papiere und Empfehlungsschreiben und machten uns über all diese Dokumente lustig, die vor dem Krieg so wichtig gewesen waren und schließlich so wertlos wurden. Es war ein wenig ein Ausbruch aus den Zwängen der alten Welt. Über die Vergangenheit sprachen wir nicht und langsam kehrte unser Ich zurück und entwickelte sich weiter. In der Gruppe wurde die Persönlichkeit jedes Einzelnen mit seinen Eigenheiten anerkannt. Es freute uns, dass wir gemeinsame Ziele und Ambitionen hatten. Wir setzten uns aufrichtig dafür ein, gemeinsam ein neues Leben und eine neue Zukunft zu erbauen.

In Mikéfe gab es auch Jungen für eine Romanze. Einige der kontaktfreudigen Jungen und Mädchen „gingen zusammen" und wir teilten ihr Glück und ihre Enttäuschungen. In Ungarn gab es noch immer die Gefahr durch Übergriffe russischer Soldaten, die wir aus der Zeit nach der Befreiung in Deutschland kennengelernt hatten. Deshalb verbarrikadierten wir uns in unserem Zimmer.

Die Zeit in Mikéfe war eine Zeit der Umstellung und der Vorfreude. Die optimistische Atmosphäre im Allgemeinen, das Zusammensein in der Gruppe und der Trost, den man einander spendete, gaben uns großen seelischen Auftrieb. Wir spürten Kraft und Hoffnung, um unsere Kriegserlebnisse so gut wie möglich zu bewältigen. Ich hätte mir nicht vorstellen können, in einem Kinderheim zu leben, wie es einige unserer Freunde und andere Waisen, die gleich nach Amerika gekommen waren, getan hatten. In der Gruppe gab es keinen Ersatz für unsere Eltern; sie blieben in unserer Erinnerung, in unserem Herzen. Bei Adoptionsfamilien zu leben wäre viel schmerzhafter gewesen. Als ich mit überlebenden Jugendlichen sprach, die von Familien in den USA aufgenommen wurden oder bei Verwandten lebten, erfuhr ich, dass sie bis auf wenige Ausnahmen Schwierigkeiten hatten, sich anzupassen oder Unabhängigkeit zu erreichen.

Zahava und Hava

Wir arbeiteten daran, Persönlichkeiten in einem Land zu werden, das wir selbst erbauten und nahmen hebräische Vornamen an. Ich wurde zu Zahava und Erzsike zu Hava. Von denen, die mir nahestanden, wurde sie zärtlich Havicsku genannt und ich Zahavicsku.[280]

Manchmal denke ich an das Mädchen Katalin, das ich zusammen mit meiner Kindheit und den Erinnerungen an den Holocaust zurückließ. Katalin, ein schüchternes, behütetes Kleinstadtmädchen, das zusammen mit ihrer jüngeren Schwester Erzsike aus ihrem gütigen, liebevollen Zuhause verschleppt wurde. Die einzigen Enkel von Großeltern, die in sie vernarrt waren. Sie beide wurden grausam in ein Meer von Menschen geworfen und mussten kämpfen, um zu überleben. Katalin hatte fürchterliche Angst, war immer in Sorge, von ihrer Schwester getrennt zu werden. Ihr war schrecklich kalt und der Hunger plagte sie, während sie in Zwölf-Stunden-Schichten als Arbeitssklavin schuftete. Auf dem Todesmarsch humpelte sie mit einem verletzten Fuß in diesen grausamen hölzernen Schuhen. An Tuberkulose leidend, schlief sie am Straßenrand im strömenden Regen und der Wind blies durch ihren dünnen Arbeitsanzug. Wie hat sie, wie haben wir das überstanden? War ich wirklich eine der Gefangenen von Markkleeberg? Ich werde Katalin suchen, wenn ich wieder nach Abaújszántó zu Besuch komme. Katalin wird in der Schule sein, in der Synagoge oder mit ihren besten Freunden spielen. Ich werde bei ihr sein vor unserem heruntergekommenen Haus und nach bekannten Gebäuden und Gesichtern Ausschau halten; nach den Lichtern und Schatten meiner Vergangenheit.

Das Leben mit all seinen Herausforderungen und Mühen hat mich für einiges entschädigt. Ich habe meinen Mann, meine Kinder und meinen Beruf; aber für meine Eltern und Großeltern gibt es keine Wiedergutmachung.

Ihr Leben wurde zu früh beendet und die Möglichkeit zu sehen, wie ihre Kinder und Enkel ihr Leben gestalten, wurde ihnen genommen. Das ist meine größte Betrübnis. Wenn ich über die Ungerechtigkeit, die ihnen widerfuhr, schreibe, möchte ich die Herzen der Menschen berühren.

---

280 Eigentlich war mein Name Goldi, auf Hebräisch Zahava. Erzsikes Name war Sarah, was in Ungarisch eine unerfreuliche Konnotation hat, so dass die Gruppe den Namen Hava verschlug, der für unser weiteres Leben blieb. Manchmal bedauere ich es ein bisschen, dass ich nicht meinen Namen Katalin verwende, den meine Eltern gewissenhaft ausgewählt und mir gegeben haben.

WIR VERLASSEN UNGARN

Endlich kam die Nachricht, dass es Zeit war, Mikéfe zu verlassen und sich auf den Weg nach Palästina zu machen. Wir verließen Ungarn ohne Bedauern, denn hier hielt uns nichts mehr. Jeder von uns nahm noch einige für uns wertvolle Gegenstände mit, wie Mutters Leuchter, Großvaters Kiddush Becher, ein Gemälde von mir als kleines Mädchen, das ein Künstler des Ortes gemalt hatte, die Zeichnung, die von Erzsike in der Fabrik in Markkleeberg angefertigt worden war, den Ring und einige andere Erinnerungsstücke, die in einen kleinen Koffer passten.

Die Ausreise wurde von einer Untergrundbewegung namens Bricha (die Flucht) organisiert, die überlebenden Juden half, von Ost- nach Westeuropa und später nach Palästina zu fliehen. Wir mussten uns im Schutze der Nacht über die Grenze schleichen, durch Wälder und über Bergpfade ziehen. Wir reisten auf einem LKW bis zur slowakischen Grenze und von da aus ging es zu Fuß weiter. Der Lastwagen mit unseren Habseligkeiten sollte uns auf der anderen Seite der Grenze erwarten, kam aber nie an. Wie schmerzhaft war es für uns, die wenigen kleinen, aber kostbaren Dinge zu verlieren, die wir noch besaßen! Wenn ich heute auf Antiquitätenmärkten sehe, wie Menschen meines Alters die Besitztümer ihrer Großeltern ausstellen, fühle ich diesen Verlust erneut. Die Gemälde, zeremoniellen Kunstgegenstände und andere wertvolle Sammlungen aus den Generationen meiner Familie gelangten in die Hände der Menschen, die uns hassten. Ich besitze keinen einzigen Gegenstand aus der Vergangenheit und meine Kinder wurden der Familienerbstücke beraubt.

INDERSDORF

Von der Slowakei fuhren wir mit dem Zug nach Bratislava und Wien. Danach wurden wir auf Militärlastwagen in die amerikanische Besatzungszone nach Bayern und dort in ein Kloster in Indersdorf gebracht. Das Kinderzentrum in Indersdorf wurde von der Nothilfe- und Wiederaufbauverwaltung der Vereinten Nationen (UNRRA) und dem Generalstab der US-Streitkräfte eingerichtet, um nicht-deutsche, heimatlose Kinder nach dem Krieg zu beherbergen und wiedereinzugliedern. Im Kloster lebten 350 junge Menschen,

die von der UNRRA mit Unterstützung eines örtlichen Nonnenordens versorgt wurden.
Wir kamen im Kloster Indersdorf Anfang Mai 1946 an und traten einer Gruppe bei, die sich Mahepa (Revolution) nannte. Wir sprachen alle Ungarisch und unser Ziel war Palästina. Wir lernten Hebräisch und andere allgemeine Dinge von Erziehern (madrichim) aus Eretz Israel, die sich unserer Gruppe anschlossen.[281] Abends unternahmen wir lange Spaziergänge in der wunderschönen grünen Umgebung rund um die Felder. Wir sahen uns Sportwettkämpfe an und feuerten die Spieler, die Mitglieder unserer Gruppe, an.

DIE FAHRT AUF DER LANEGEV

Endlich erreichte uns die Nachricht, dass wir nach Palästina abreisen würden. Erneut überquerten wir eine Grenze, diesmal nach Frankreich. Auf einem illegalen Schiff, der Lanegev (zur Negev), begannen wir unsere Reise. Es war geplant, dass ein kleines Frachtschiff die englische Blockade umfahren könnte und wir in einem Hafen in der Nähe der Wüste Negev landen könnten. Schon zu Beginn der Reise wurden alle Passagiere seekrank. Es war Anfang Januar und die See war die meiste Zeit sehr stürmisch. Alle Passagiere blieben in ihren hastig gebauten dreistöckigen Kojen. Es war unheimlich, wie Seegras auf dem unendlichen Ozean geschaukelt und hin und her geworfen zu werden. Der Sturm hob und senkte das kleine Schiff mit seinen 600 angsterfüllten Passagieren.

Die Tatsache, dass keiner verletzt wurde, als das Gepäck umherflog, war ein weiteres Wunder während unseres Martyriums. Die Jungen hielten es geheim, dass sie sich Tag und Nacht abwechselten, um das ins Boot eindringende Wasser auszuschöpfen. Während wir die Tage im spärlich beleuchteten Halbdunkel unter Deck verbrachten, lauschten wir den Erzählungen von Zielen und Visionen unserer Mitreisenden. Weil ich schüchtern und zurückhaltend war, erzählte ich meiner Freundin nie, dass der Junge, für den sie so schwärmte und den sie im Kibbuz treffen wollte, auch der Held meiner Träume war.

Anfang Februar 1947, am 23. Tag unserer qualvollen Reise, erreichten wir die Küste Palästinas. Zwei oder drei Kampfschiffe der englischen Marine

281 Eretz Israel: Das Land Israel, normalerweise verwendet in Bezug auf den Staat Israel vor dessen Gründung im Jahr 1948 (Palästina).

verfolgten und umzingelten uns. Jedes war zehnmal so groß wie unser kleines Schiff. Eines der Schiffe stieß an unseren Maschinenraum und die Motoren hörten auf der Stelle auf zu arbeiten. Danach wurde die Lanegev an einem britischen Kriegsschiff festgemacht. Ein heftiges Gefecht folgte, um das manövrierunfähige Schiff zum Aufgeben zu zwingen. Die Passagiere, allesamt Überlebende, die nach einem sicheren Hafen und Hoffnung suchten, waren nicht bereit, kampflos aufzugeben. Erfüllt von dem Schmerz ihrer früheren Unfähigkeit, ihren Trotz auszudrücken, warfen die Flüchtlinge Lebensmitteldosen auf ihre Gegner. Die Schüsse, die die Briten abfeuerten, machten uns noch verzweifelter. Erzsike und ich beteiligten uns an dem Kampf, bis uns die Dosen ausgingen. Schließlich kamen die britischen Soldaten an Bord. Das stille, gehorsame Kleinstadtmädchen in mir gab es nicht mehr. Wir schenkten dem Befehl zur Evakuierung keinerlei Beachtung und so schleppten sie einen nach dem anderen von uns mit Gewalt auf ihr großes Schiff. Später erfuhren wir, dass die britischen Soldaten während des Kampfes mit scharfer Munition auf uns geschossen hatten, einer wurde getötet und einige andere verletzt. Von Deck des britischen Schiffes konnten wir die Lichter der Stadt Haifa in der Ferne entschwinden sehen. Während wir „Hatikvah“, die Nationalhymne Israels, sangen, erwarteten wir das nächste Kapitel unseres ungewissen Daseins.

ZYPERN

Die Gefangenschaft in Zypern – mit Stacheldrahtzaun, Wachtürmen, Baracken und anderen Härten – wäre noch quälender gewesen, hätte es nicht den Eifer der Gruppe und den Optimismus unserer Jugend gegeben. Der Dauerregen im Februar, der beständig auf das Dach unserer Blechbaracke hämmerte, klang für uns wie Musik. Von den 25 oder 30 Jungen und Mädchen, die in runden, fassförmigen Baracken lebten, hatte jeder einen festen Platz. Das Essen wurde in einer gemeinsamen Küche gekocht und die geplanten Aktivitäten wurden in wöchentlichen Flugblättern bekanntgegeben, die verschiedene zionistische Organisationen veröffentlichten.[282] Wir verbrachten

282 Die soziale Fürsorge in den zypriotischen Internierungslagern, die Platz für ca. 50.000 „illegale“ Einwanderer hatten, die von der britischen Regierung aufgegriffen worden waren, wurde vom Amerikanisch-Jüdischen Untersuchungsausschuss finanziert.

Zahava und Meir Szász Stessel 1950

unsere Tage damit, Hebräisch zu lernen und diejenigen, die es wollten, konnten stricken und sticken lernen. Außerdem machten wir Kampfübungen mit Holzstöcken. Wir waren erpicht darauf, die Fertigkeit des Zurückschlagens zu lernen. Wir hatten auch Volkstanz und Gesang. Einige Jugendliche komponierten ein Lied mit dem Text: „Es ist nicht so schlecht, in Zypern zu bleiben, weil es die Tür nach Israel ist." So verbrachten wir sechs Monate bis zum August 1947, als die Briten zu Ehren des Geburtstages der Königin 500 Kindern erlaubten, nach Israel auszureisen.

ISRAEL

Nach unserer Ankunft brachten uns die Briten in ein anderes Gefängnis in Atlit. Dort blieben wir drei Wochen in Quarantäne. Dann, am 17. August, wurden wir in den Kibbuz Heftziba gebracht. Am Anfang arbeiteten wir vormittags und lernten am Nachmittag. Als der Kibbuz zusätzliche Arbeitskräfte brauchte, musste unsere Gruppe Vollzeit arbeiten. Wir waren darüber sehr enttäuscht und mit einem Mut, der mich noch heute in Erstaunen versetzt, wandte ich mich an die jüdische Behörde, worauf ein Treffen in Haifa für uns vereinbart wurde. Wir äußerten unser Verlangen nach Bildung und so wurden wir am 20. November nach Ajanot in eine Landwirtschaftsschule nicht weit von Tel Aviv gebracht. Zu diesem Zeitpunkt waren Erzsike und ich stark genug, uns von der Indersdorf-Gruppe zu trennen und unser Schicksal in die eigenen Hände zu nehmen. Wie andere jugendliche Überlebende hatten wir unsere Leistungsfähigkeit wiedererlangt und konnten den Weg beschreiten, den unser Leben vor dem Holocaust genommen hätte. Während des Israelischen Unabhängigkeitskrieges 1948 blieben wir in Ajanot. Wir wurden im Gebrauch von Schusswaffen unterrichtet, mussten diese aber glücklicherweise nie benutzen. Kurz nach dem Abschluss meiner Ausbildung in Ajanot traf ich Meir. Wir heirateten am 2. März 1949.

Erzsike machte eine Ausbildung im Rambam Krankenhaus in Haifa und wurde eine staatlich geprüfte Krankenschwester. Sie heiratete Baruch Ginsburg, einen Sabra (jemand, der in Israel geboren wurde), und sie ließen sich in Haifa nieder. Ihr Sohn Amir wurde 1954 geboren. In all der Zeit waren Erzsike und ich eng miteinander verbunden, wir wohnten nur ein paar Häuser voneinander entfernt. Da wir keine Kinder hatten, beschlossen Meir und ich zu reisen und eine Weile in den USA zu leben. 1957 verließ ich Erzsike und Israel für einige Monate, die ein ganzes Leben werden sollten. Ich vermisste unsere herzliche, enge Verbindung und die warme schwesterliche Liebe so sehr, dass ich diese Entscheidung immer wieder in Frage stellte.

Erzsike und ihr Mann Baruch Ginsburg 1953

BERICHTE ÜBER DIE GASKAMMERN

Als ich in Auschwitz war, sah ich natürlich den Rauch und die Funken, jedoch wusste ich nicht wirklich über den ganzen Schrecken des Krematoriums und der Gaskammern Bescheid. Erst 20 Jahre später erfuhr ich die Details, als ich am Brooklyn College Kurse besuchte und von einer Mitstudentin von einer Filmvorführung über den Holocaust während der Mittagspause erfuhr. Da ich ohnehin auf meinen Nachmittagsunterricht warten musste, verabredeten wir uns zum Film. Ich war müde und freute mich darauf, bequem in einem dunklen Saal zu sitzen und vielleicht sogar ein kurzes Nickerchen halten zu können. Dann begann die Vorführung von „Night and Fog" („Bei Nacht und Nebel"). „Bei Nacht und Nebel" war der Codename des Erlasses, der festlegte, dass die Deportierten niemals wiederkehren sollten. Der Regisseur war Alain Resnais und das Drehbuch hatte der Holocaustüberlebende Jean Cayrol geschrieben.

Diese französische Produktion vereinte dokumentarisches Filmmaterial und Einzelaufnahmen zu einer einzigartigen Macht. Völlig unvorbereitet saß ich da, bewegungslos und atemlos, und schaute mir die Hinrichtungsstätte meiner Mutter und all derer an, die mir so lieb waren. Ich weiß nicht mehr, wie ich es aushielt, den Film bis zum Ende anzuschauen, so geschockt wie ich war. Als ich hinaus ins Sonnenlicht taumelte, wollte ich den Blicken meiner Freundin und der anderen Zuschauer nicht begegnen. Ich glaube nicht, dass ich den Film jemals wieder sehen möchte oder irgendeine andere bildliche Darstellung des schwersten Schlages, den mein Herz je erlitt.

Selbst nach all diesen Jahren habe ich die Wahrheit über den Mord an all denen, die ich so sehr liebte, noch immer nicht vollständig begriffen. Obwohl ich es mit meinem Verstand wusste, konnte ich mir in meinem Herzen nie die Anwesenheit meiner Mutter in dieser Todeskammer vorstellen, deren falsche Duschen ihr tödliches Gas versprühten; meine sanfte Mutter, meine kleine Großmutter und mein liebenswürdiger Großvater.

Obwohl ich mit den Fakten über die Gaskammern nicht umgehen konnte, griff meine Enkeltochter Keshet, als sie zwölf Jahre alt war, dieses Thema auf und verarbeitete es in einem eigenen Gedicht:

Die Flammen von Auschwitz

Ihr springt und tanzt und türmt euch hoch auf
alles zerstörend, was euch im Wege ist.
Eure ausgestreckten Glieder verschlingen den Himmel
und knacken mit heißem Zorn.
Durch Nacht und Tag glitzert ihr mit Gebrüll
und begrüßt jeden Menschen mit Furcht und Schrecken.
Keine Tränen können euren Hass schmälern.

Keine Schreie konnten oder werden euren Stolz mindern.
An Jung und Alt erfüllt ihr eure Pflicht.
Erstarkend durch das Blut eurer Opfer.
Nichts, scheint es, kann eurer Schönheit schaden,
welche bis in die Ewigkeit und darüber hinaus reicht.
Und jeden Tag betrachte ich euer Flackern,
das darauf wartet, neuen Zwist zu verursachen.
Den Grund dafür werde ich niemals entschlüsseln
oder je wissen, wie eine Flamme ein Leben auslöschen kann.

Keshet Shenkar

EINE ÜBERLEBENDE SEIN

Der Sinn des Verlustes

Es gab keine rauschhafte Freude, als wir befreit wurden. Die Freiheit brachte uns neue Sorgen. Wir hatten unsere Familien verloren; unser Zuhause war von Menschen besetzt worden, die uns noch immer hassten; unser Geld, unsere Unternehmen und unseren Besitz hatten wir verloren. Die Erinnerungen, die wir Überlebende mit uns herumtragen, sind ein Teil unserer Nachkriegsidentität. Wir hatten unsere Eltern verloren und sind nun ihre einzige Hinterlassenschaft. Wir lebten in Zeiten, als die Gesetze unseres Landes sowohl ungerecht als auch unmenschlich waren. Anstatt uns zu beschützen, führten sie uns nach Auschwitz.

Das Leben eines jeden von uns veränderte sich für immer, als der Holocaust unsere Existenz kennzeichnete. Mein Leben hätte eine ganz andere Richtung eingeschlagen. Ich wäre wahrscheinlich in Ungarn geblieben. Meine Mutter hätte mir geholfen, meinen Kindern unsere Traditionen zu vermitteln. Weil ich während des Krieges so jung war, konnte ich später nur wenig von unserer Kultur, dem Sinn einer Großfamilie und den starken Werten vermitteln, die im heutigen Leben fehlen.

Eheschließungen

Die Entscheidung zu heiraten lag einzig bei uns, wir achteten nicht auf Abstammung oder Herkunft, was vor dem Krieg so wichtig gewesen wäre. Die Mitgift, die im Vorkriegsungarn so entscheidend war und viele Mädchen an einer Heirat hinderte, verlor an Bedeutung. Ohne die wirtschaftliche Frage wurden Ehen schneller und problemloser geschlossen. Es war ausreichend, wenn der Junge der beste Freund des Bruders war oder wenn zwei aus derselben Stadt kamen. Es gab viele Mädchen, die fanden, sie hätten ihre besten Jahre mit dem Ausbruch des Krieges und der Abwesenheit der Männer in Zwangsarbeitsbataillonen verloren. Sie wollten sofort Mutter werden und eine Familie gründen und viele heirateten Witwer, die ihre Frauen und Kinder in Auschwitz verloren hatten. Dass eine 28-Jährige einen 40-jährigen Witwer heiratete, war nicht unüblich.

Einige Mädchen zögerten, Witwer zu heiraten, die sie von früher kannten, wenn sie wussten, dass diese Kinder aus erster Ehe hatten. Ohne Papiere war es in den ersten Monaten nach dem Krieg schwer, eine Ehe zu schließen. Ein verheirateter Mann musste beweisen, dass seine Frau tot war. Die Rabbiner führten oft zeremonielle Trauungen durch und warteten dann auf die offiziellen staatlichen Papiere.

Ältere Mädchen heirateten oft gleichaltrige Ungarn, die ihrer Kultur angehörten und die damit verbundenen traditionellen Werte teilten. Die Jüngeren wie wir gewöhnten sich leichter an die neuen Umstände. Erzsike heiratete einen Israeli und sie erzogen ihre drei Kinder nach den Werten der neuen Kultur, die Erzsike schnell angenommen hatte. Mein Ehemann Meir ist aus Siebenbürgen, einer früheren ungarischen Provinz, die heute zu Rumänien gehört. Er stammt aus einer religiösen Familie und teilte nicht die gleichen weltlichen Werte der ungarischen Gesellschaft, in der ich aufgewachsen war, aber wir waren beide jung und hatten überlebt.

Während neue Ehen geschlossen wurden, zerstörte der Holocaust früher eingegangene Verbindungen. Magda Schön Hilf kam nach Hause und musste feststellen, dass ihr Verlobter eine andere geheiratet hatte. Ihr zukünftiger Bräutigam war bereits zeitig zurückgekehrt und einsam. Weil er glaubte, dass Magda nie heimkehren würde, heiratete er ein nicht-jüdisches Mädchen, um eine Partnerin und ein Zuhause zu haben. Als Magda ankam, brach es beiden das Herz. Ihr früherer Verlobter war bereit, sich scheiden zu lassen, aber die enttäuschte Magda lehnte ab. Ihr Nachbar hatte ehrlich und treu das kleine Päckchen aufbewahrt und ihr zurückgegeben, das sie ihm vor der Deportation anvertraut hatte. Es enthielt Liebesbriefe und Fotografien des einstmals so glücklichen Paares. Welche Ironie des Schicksals! Es war das Einzige, was Magda aus ihrem früheren Zuhause erhalten blieb. Sie dankte dem freundlichen Nachbarn und als sie allein war, zerriss sie die Briefe und Fotos in tausend kleine Stücke.[283]

Jüdische Funktionshäftlinge nach dem Krieg

Erzsébet Iczkovits, die Arbeitsorganisatorin, hinterließ bei den Frauen viele schmerzhafte Erinnerungen. Während ich nach Informationen suchte und einige ehemalige Gefangene von Markkleeberg interviewte, gelang es mir, die Adresse von Erzsébets Tochter Agnes Iczkovits Lanyi herauszufinden. Agnes war mit ihrer Mutter in Markkleeberg gewesen. Da sie direkt mit dem Kommandanten und dem übrigen deutschen Personal zu tun hatte, wusste ich, dass Agnes mir mehr Details über das Lager nennen konnte als andere. Ich rief sie im Sommer 2002 an und hörte sowohl Anspannung als auch Feindseligkeit in ihrer Stimme. Ich nannte ihr meinen Namen und gab ihr meine Telefonnummer und sagte freundlich, dass ich sie wieder anrufen würde, falls sie gerade beschäftigt sei. Ich wollte sie nur einiges zu ihren Erinnerungen an Markkleeberg fragen. Sie sagte: „Ruf mich am Abend an", und das tat ich. Sie ging ans Telefon und ich sagte „Agi ...", zu ihr. Daraufhin knallte sie den Hörer auf die Gabel. Ich war fassungslos und fühlte wieder, wie es war, im Lager von jüdischen Mithäftlingen misshandelt zu werden. Einige von ihnen wie Agnes' Mutter waren unfreundliche Menschen, denen man Macht gegeben hatte.

Nachdem mich Agnes so unfreundlich behandelt hatte, konnte ich nicht aufhören zu weinen und war tagelang niedergeschlagen. Agnes hätte nicht so gemein sein sollen; sie hätte mir sagen können, dass sie einfach nicht über diese Zeit reden wolle. Ich hätte sie verstanden und in Ruhe gelassen.

283 Magda Schön Hilf heiratete und gründete eine Familie, die zahlreiche Ärzte hervorbrachte.

Von den Hunderten von Überlebenden, die ich befragt habe, war Agnes die Einzige, die sich grob und unzivilisiert verhielt. Die anderen waren höfliche, freundliche Frauen, die bereit waren, über ihre Lagererlebnisse zu sprechen.

Unterschiede zwischen den Überlebenden

Überlebende als eine einheitliche Gruppe zu behandeln, missachtet wichtige persönliche Unterschiede sowie die Herkunft vor dem Holocaust. Bildungsstand, Alter, wirtschaftliche Lage, Religiosität und Geschlecht beeinflussten die Art, wie Überlebende mit ihrer Situation umgingen. Frauen, die ihre Kinder verloren hatten, brauchten länger, um damit nach dem Krieg fertig zu werden. Wir Jüngeren stellten uns leichter neuen Herausforderungen. Trotzdem fiel es uns wie allen, die von Tod und Todesgefahr in den Lagern befreit worden waren, nicht leicht, unser Leben wieder normal weiterzuführen. Ich glaube, tägliche Routinearbeiten und Zukunftsplanung ließen uns wenig Zeit, uns selbst zu bemitleiden. Und auch wenn wir Entschlossenheit zeigen und vielleicht lächeln, wenn wir über unsere Erinnerungen an den Holocaust sprechen, brauchen alle Überlebenden ein paar Worte der Ermutigung und ein wenig Zuneigung. Mitgefühl, das wir im Lager nie bekamen, und Mitleid, das wir nach dem Krieg auch nicht wollten, hinterließen in uns eine Last aus Traurigkeit und Bedauern.

Belastendes Schweigen

In den ersten Jahren nach der Befreiung sprachen Erzsike und ich nicht über das Lager. Wir verschlossen den Krieg und die Demütigungen in uns. Überlebende Paare wie mein Ehemann und ich sprachen ebenfalls nicht über den Krieg. Später, als wir die Anträge auf Entschädigung durch Deutschland ausfüllen mussten, erinnerten wir uns an die Namen der Lager, sprachen aber nicht über Einzelheiten.

Überlebende weigerten sich auch, sich als solche zu erkennen zu geben und zu sprechen, weil damit ein Stigma verbunden war. Als Erzsike sich verlobte, war ihre zukünftige Schwiegermutter besorgt, ob sie jemals Kinder bekommen könnte. Ich selbst war kein gutes Beispiel, weil ich bereits vier Jahre verheiratet war und kein Kind hatte. Die Sorgen ihrer Schwiegermutter waren verständlich, betrachtet man die vorherrschenden Meinungen und Einstellungen den Überlebenden gegenüber. Es waren zwiespältige Gefühle der Verwunderung, des Mitleids und der Besorgnis.

Überlebende wollten weder Mitleid noch bohrende Fragen. Die forschende Frage: „Was hast du getan, um zu überleben?" unterstellte, dass man etwas Schockierendes getan hätte. Andere Fragende wollten wissen, ob uns all die schrecklichen Dinge, die sie über die Lager gehört hatten, auch widerfahren seien.

Bei meiner Arbeit als Bibliothekarin machte mir einmal eine Kollegin das Kompliment: „Du bist viel zu nett, um eine Holocaustüberlebende zu sein." Sie glaubte, nur die Aggressiven und Rücksichtslosen hätten in den Lagern überlebt; die zarten, sensiblen Menschen wären umgekommen.[284]

Ein pro-arabischer Sprecher verkündete, dass jeder, der den Holocaust überlebt hätte, viele Menschen in Israel eingeschlossen, ein brutaler, grausamer Mensch sei; anders hätten sie nicht am Leben bleiben können. Da ich keine Tätowierung trug, konnte ich mich hinter der Maske einer ganz normalen Person verstecken. Mein Versteckspiel funktionierte eine Weile, aber die Gedanken an meine Eltern und Großeltern machten mein Herz immer schwerer. Langsam begann ich zu schreiben.

Ewige Suche

Es gibt Überlebende, die niemals aufgehört haben, nach ihren vermissten Familienangehörigen zu suchen. Anzeigen wie „Haben Sie meinen Bruder, meine Schwester gesehen?" erscheinen immer wieder in Holocaustveröffentlichungen.[285] Ich selbst suche auf gewisse Weise immer noch nach meinem Vater. Die Ungewissheit über sein Schicksal oder seinen Aufenthaltsort verfolgte mich all die Jahre nach der Befreiung. Die Suche nach ihm oder nach Hinweisen auf sein Schicksal führte mich immer wieder nach Ungarn. Auf einer Reise traf ich Ilonka Kohn Friedenberg in Miskolc. Ilonka, die auch in Abaújszántó geboren wurde, war so verliebt in meinen Vater Sándor Szász, aber ihre wirtschaftliche Lage hatte sie davon abgehalten, ihn zu heiraten. „Die Mitgift war damals sehr wichtig", erinnerte sie sich schmerzlich. Als ich sie das erste Mal sah, begann Ilonka zu weinen. „Der arme Sándor, er war da, als wir in Auschwitz ankamen. Er schaufelte inmitten anderer Männer in Häftlingskleidung. Er hob unmerklich den Kopf und rief: ‚Ilonka, hast du jemanden von meiner Familie gesehen?' ‚Nein, Sándor', habe ich geantwortet. Als er versuchte, noch etwas zu sagen, kam die SS und

284 Siehe Zahava Stessel, „Denying My Past", Teile 1 und 2, NAHOS (National Association of Jewish Child Holocaust Survivors, Inc.) Nr. 5, 26. Januar 2000 und Nr. 6, 1. Februar 2000.

285 Vergleiche Together, veröffentlicht vom amerikanischen Treffen jüdischer Überlebender des Holocaust.

die Gruppe ging weiter." Ich nahm Ilonkas Geschichte mehrmals auf Band auf. Sie wiederholte sie bei jedem meiner Besuche, bis sie 1992 starb.
Eine Nachricht von meinem Vater erreichte uns, als wir mutlos und niedergeschlagen in Auschwitz waren. Wir verloren die Hoffnung an die Zukunft und daran, unsere Eltern jemals wiederzusehen. Wir empfanden das Leben ohne sie als nicht lebenswert. In unserer Verzweiflung entschlossen wir uns, unser Leben am elektrischen Zaun zu beenden. Als wir auf den Zaun zugingen, kam ein Junge in Häftlingskleidung vorbei. Er schaute Erzsike an und gab ihr ein kleines rundes Brot und eine Zwiebel. „Nimm, euer Vater schickt es euch!" Der Junge schien Erzsike anhand eines Fotos, das mein Vater ihm gezeigt hatte, zu erkennen. Wir kehrten unversehrt zur Baracke zurück und verbargen das Brot in den Händen. Danach verließ uns der Mut nie wieder so sehr, dass wir Selbstmordgedanken gehabt hätten. Niemand aus meiner Stadt außer Ilonka hatte meinen Vater gesehen. Ich habe unermüdlich die letzten 60 Jahre lang nach ihm gesucht. Erst neulich erhielt ich eine Nachricht des Roten Kreuzes, dass sich selbst in kürzlich veröffentlichten Dokumenten der Name meines Vaters nicht finden ließ. Irgendwie fühle ich, dass er die Selektion in Auschwitz nicht überlebt hat.
Dennoch kann ich den schrecklichen Gedanken nicht ertragen, dass es das Schicksal meines geliebten, idealistischen Vaters war, in diesem schrecklichen Raum zu ersticken, den ein teuflischer Verstand ersonnen hatte.

Gesundheitliche Probleme

Überall in der Welt gab es Überlebende, die versuchten, ihr Leben aufzubauen. Die meisten gliederten sich ins normale Leben ein, aber für jene mit chronischen Leiden war das Leben nach dem Krieg härter und anstrengender. Viele von uns litten in den Lagern und nach der Befreiung an Tuberkulose. Nach meiner Entlassung aus der Tuberkuloseabteilung des Landesinstituts in Budapest wurde ich so oft geröntgt und erhielt einen negativen Befund, dass ich langsam glaubte, von dieser Krankheit geheilt zu sein. Umso schwerer war es, als ich später feststellen musste, dass mich die Tuberkulose genau wie die seelische Verletzung durch den Holocaust nie verlassen würde. Die Tuberkulosekeime hatten meine Eileiter befallen und verhinderten lange, dass ich Kinder bekommen konnte. Nach einer Behandlung mit Streptomycin und zwei Fehlgeburten bekam ich nach zehn Jahren Ehe endlich mein langersehntes erstes Kind. Ich nannte sie Miriam nach meiner Mutter. Ein Jahr später wurde unsere zweite Tochter geboren, die wir Yonit nannten, das war der Name der Mutter meines Mannes.

Tuberkulose war das AIDS meiner Generation. Viele Überlebende meiden dieses Thema heute noch. Genau wie ich erwähnten sie Tuberkulose in Interviews mit der Shoah Foundation und Yad Vashem selten. Manche erklärten, dass sie wegen Lungenentzündung behandelt wurden, aber es war meist Tuberkulose. Ich erwähne das Thema wegen der historischen Korrektheit und aus Mitgefühl mit all jenen Frauen, meinen Mitgefangenen in Markkleeberg, die auch an Tuberkulose und den schmerzlichen Folgen litten.

Unfruchtbarkeit war eine traurige Folge der Lager. Auch wenn ich Glück hatte, etliche meiner Kameradinnen hatten es nicht. Viele Frauen im gebärfähigen Alten stellten fest, dass ihr Zyklus nicht nur für Monate, sondern für Jahre unterbrochen war. Es gab auch jene, deren Periode sich nie wieder einstellte. Es gibt nicht genügend Forschungsergebnisse, aber es ist bekannt, dass eine große Anzahl der Überlebenden keine Kinder bekam. Viele brachten ihr erstes Kind unterentwickelt zur Welt und es starb während der Geburt. Wir sprechen über sechs Millionen Opfer; aber es gibt Millionen von Kindern, die nie geboren wurden, und die Gefangenen, die zwar gerettet wurden, deren Gesundheit aber irreparabel zerstört war. Zusätzlich zur Tragik, Mutterschaft nie erfahren zu können, waren sie auch nicht in der Lage das Erbgut ihrer Familie weiterzugeben, den Schlüssel des Lebens, welcher von Generation zu Generation fortbesteht. In ihrem Fall ist den Deutschen die „Endlösung“ vollständig gelungen.

Auge in Auge mit der Leugnung des Holocaust

Unmittelbar nach dem Krieg wollten Erzsike und ich nur weg von den Lagern und weg von den Erinnerungen an Ungarn, die uns so viel Schmerz bereiteten.

Als mein Schicksal mich in die Vereinigten Staaten führte, unternahm ich große Anstrengungen, mich dem amerikanischen Lebensstil anzupassen. Ich hatte keine ungarischen Freunde und war sehr zufrieden mit meinen Englisch sprechenden Nachbarn und Kollegen. In New York, einer Stadt mit so vielen Einwanderern, fühlte ich mich nicht als Außenseiter. Ich studierte und arbeitete; die Ereignisse des Holocaust hatte ich weit in meine Vergangenheit verdrängt. Dann riss mich eine Begegnung aus meiner Selbstzufriedenheit. Ich war Bibliothekarin am Informationsstand der öffentlichen Bibliothek in Manhattan, zwischen Fifth Avenue und 42nd Street. Es war ein verschneiter Donnerstagabend im Januar 1983 und die Leser saßen still im großen Lesesaal. Ein großer, kräftiger Mann mit einem Schnurrbart kam an meinen Tisch und murmelte mit verärgertem Gesichtsausdruck: „All diese Geschichten über die Konzentrationslager!“ Seine Stimme wiederholte, was

Hunderte andere bereits gedruckt hatten. „Zeigen Sie mir eine Person, die wirklich da war!“, sagte er. Seine Worte hallten durch die Stille des Lesesaales.

Wenn ich nicht über die Zeit in den Konzentrationslagern sprach, war das völlig anders, als wenn jemand mir gegenüber behauptete, es hätte diese Lager nie gegeben. Ich sah den Sprecher an und hörte mich sagen: „Sie schauen gerade eine an, Sir!“ Der Mann erwiderte nichts. Er war nicht daran interessiert, die Wahrheit herauszufinden. Ich blickte ihm nach, als er sich umdrehte und den Lesesaal verließ. Ich brauchte eine Weile, um mich zu sammeln. Jetzt hatte ich keine Zweifel mehr. Ich schämte mich nicht mehr und ich musste die Welt nicht mehr von der Brutalität, zu der Menschen fähig sind, abschirmen. Auf einmal wusste ich, dass ich erzählen musste, was meine Eltern und die anderen Opfer nicht selbst vorbringen konnten.[286] Kurz darauf begann ich, die Geschichte der jüdischen Gemeinde meiner Heimatstadt aufzuschreiben.

Den Holocaust erben

Die Nazis, die mich eingesperrt hatten, beeinflussten nicht nur mein Leben, sondern auch das meiner Kinder und Enkelkinder. Ich würde sie gern vor der seelischen Verwirrung als Folge einer gebrochenen Familiengeschichte schützen und bewahren, aber ich kann es nicht. Sie wurden Opfer des Holocaust, noch bevor sie geboren waren.

Nur wenige von uns sprachen mit ihren Kindern über die Lager. Es widerstrebte uns, ihnen zu erzählen, was passiert war, so als wären wir diejenigen, die sich dafür schämen müssten. Die meisten von uns beantworteten nur gezielte Fragen. Wir wollten, dass unsere Kinder ohne die Bürde des Holocaust aufwachsen können. Sie sollten sich genauso frei fühlen wie ihre Freunde und andere Kinder. Es gab auch in der zweiten Generation jene, die nichts über die Konzentrationslager hören wollten. All diese schrecklichen Dinge, die sie ahnten. Eine Tochter fragte ihre Mutter vorsichtig, ob sie im Lager vergewaltigt worden sei. Andere belegten Kurse über den Holocaust, aber sie konnten nicht mit ihren Eltern darüber sprechen. Viele Söhne und Töchter vermieden es, Fragen zu stellen, weil sie annahmen, es wäre zu schmerzhaft für ihre Eltern, über diese Zeit zu sprechen.

---

286 Vergleiche Zahava Stessel, „The Memories of a Survivor; On Participating in the American Gathering of Jewish Holocaust Survivors in Washington“, The Jewish Press, New York, 8. April 1983, S. 9. Vergleiche auch Zahava Stessel, „Hungarian Jewish Community Challenges Denial“, Martyrdom and Resistance, New York, Mai – Juni 1995, S. 5.

Ich konnte mit meinen Töchtern nicht direkt über die Lager sprechen. Europäische Eltern mit unserer Erziehung wollen nicht, dass ihre Kinder sie schwach oder als Opfer sehen. Wir versuchten, ihnen die Sicherheit zu geben, dass ihre Eltern stark sind und sie beschützen können. Wie konnten wir darüber sprechen, wie verletzlich und gedemütigt wir in den Lagern waren? Weder Juden noch Nazis, jahrelang sprach niemand über diese Zeit, die Eltern nicht und nicht die Kinder. Schließlich begann ich zu schreiben und einige Artikel zu veröffentlichen, die meine Kinder danach lasen. Selbst dann stellten sie kaum Fragen. Es schien, als ob es indirekt auch ihre Geschichte sei.

Für israelische Kinder war es sogar noch schwerer, mit dem Holocaust umzugehen. Ich besitze einen wundervollen Essay, den Amir, Erzsikes Sohn, in der 6. Klasse schrieb. In seinem Aufsatz protestierte er vehement dagegen, dass seine Mutter feige gewesen sei oder dass sie sich wie ein Schaf zur Schlachtbank hätte führen lassen. Er attackierte die vorherrschende Stimmung in Israel, die sich erst nach dem Eichmann-Prozess wandelte. Amir, der meinem Vater ähnelt, erzählte mir neulich, dass er den Nachmittag von Jom Kippur damit verbracht hatte, ein Buch über den Holocaust zu lesen. Es berührte mich, dass Amir meinem Vater so ähnlich sieht und dass er die Last eines Opfers trägt. Anders betrachtet ist seine Handlung eine Verbindung zur Welt seiner Großeltern, die er nie getroffen hat.

Amir ist ein attraktiver, selbstbewusster israelischer Sabra, nur wenige wissen, wie sensibel er ist. Unser Verhalten im Lager war das Ergebnis unserer Erziehung. Wenn ich über Menschlichkeit und Freundschaft zwischen uns schreibe, dann beschreibe ich den Einfluss unserer Eltern und der Gesellschaft, die sie geschaffen hatten. Ihr Fehlen beeinflusste mein Leben und mein Handeln. Ich selbst hatte keine normale Jugend und es war schwerer für mich, mit meinen jugendlichen Töchtern umzugehen; vielleicht hätte ich ihrem Wunsch nach Unabhängigkeit toleranter begegnen können.

Dankbar für ein freundliches Wort

Die in Ungarn geborene Piroska Kornagel, die mit einem Leipziger Professor verheiratet ist, war erstaunt, eine Gedenktafel am Ort des früheren Lagers in Markkleeberg vorzufinden. Frau Kornagel, die keine Jüdin ist, fragte im Rathaus nach, wo man ihr Informationen über das Lager gab. Frau Kornagel war gerührt von Erzsikes und meiner Geschichte und schrieb einen Artikel, der in einer ungarisch-israelischen Zeitung erschien. Sie nannte ihren Beitrag „Szász Kati golgotája“ (Das Golgatha der Kati Szász). Kati oder Katalin

Szász war mein Mädchenname. Etwa zehn Überlebende von Markkleeberg reagierten auf den Artikel und teilten mit, dass auch sie Gefangene in diesem Lager waren.
Frau Kornagel leitete die Briefe an Dr. Bernd Klose, den Oberbürgermeister von Markkleeberg, weiter. Dr. Klose schrieb an jede Einzelne einen Brief und schickte einen wunderschönen Kalender mit verschiedenen Stadtansichten. Die Überlebenden, unter ihnen auch die 91-jährige Irina Lebovits Ehrenreich, erzählten mir aufgeregt, wie viel ihnen die Aufmerksamkeit und das Verständnis bedeuteten.[287]

Verspätet weitergegebene Erinnerungen

Es ist ein beunruhigender Gedanke, dass die Zeiten, die meine Eltern und Großeltern durchlebten, genau wie ihre Tragödie mit uns verloren gehen könnten. Anders als die Qualen des Lagers, die ich in meinen Gedanken unterdrücken konnte, habe ich die Zeit mit meinen Eltern und Großeltern nie vergessen. Trotz all meiner Bedenken bin ich stolz, dass unsere Kinder die Erben der moralischen und ethischen Werte sind, die schon viele frühere Generationen leiteten. Wir wissen, dass unser Leben zeitlich begrenzt ist, aber Bücher, Briefe und die Geschichten, die Eltern ihren Kindern und Enkeln erzählen, ermöglichen es, das Andenken länger wachzuhalten.

Als Großeltern sind wir uns der Tatsache bewusst, dass wir das schmale Kettenglied in der Kette der Generationen zwischen Vergangenem und Zukünftigem sind. Wenn wir die Geburt eines Enkelkindes feiern, wird das Bedürfnis, Aufzeichnungen zur Familiengeschichte und ihren Wurzeln zu hinterlassen, stärker. Weil wir glaubten, unsere Kinder schützen zu müssen, sprachen wir nie mit ihnen über den Krieg, aber mit den Enkeln können wir es. Sowohl die zeitliche Distanz als auch die Nähe unserer Beziehung verringert die Anspannung. Es drängt uns, Antworten auf die Fragen der dritten Generation zu geben, die die zweite Generation nie stellen konnte.

Als ich vor einigen Jahren Israel besuchte, erfuhr mein zehnjähriger Enkel Dovi, dass ich ein Buch über meine Heimatstadt in Ungarn geschrieben

287 Piroska Kornagel, „Szász Kati Golgotája", Új Kelet, Tel Aviv, 9. Januar 2004, S. 7. Es gibt einige Ungenauigkeiten in Frau Kornagels mitfühlender Darstellung. Sie vermutete, wir wären am Leben geblieben, weil wir bei der Selektion in Auschwitz gesagt hatten, wir wären älter. Das ist eine logische Vermutung, aber in Auschwitz fragte uns niemand und wir hätten nie etwas unternommen, das uns von unserer Mutter und unserer Großmutter getrennt hätte. Im Gegenteil, die Wachen schlugen uns, weil wir alles daransetzten, mit ihnen zu gehen. Geschehnisse im Holocaust, wie auch bei vielen anderen Gelegenheiten, fordern den Verstand heraus und können nicht auf der Grundlage anerkannter Normen interpretiert werden.

hatte. Er war sehr stolz und erzählte es im Unterricht. Da es in den Tagen des Holocaust-Gedenktages war, bat der Lehrer Dovi, seine Oma mit in den Unterricht zu bringen, damit sie ihr Buch vorstellen könnte. Ich hatte einige Bedenken, aber was würde eine Oma nicht alles machen, um ihrem ältesten Enkel einen Gefallen zu tun. Dovi war sehr aufgeregt, als er feierlich an meiner Hand in seine Klasse ging. Es war eine kleine, vertraute Runde, alle saßen im Kreis. Ich glaube nicht, dass ein anderer Schüler Nachfahre eines Überlebenden eines Lagers war. Der Lehrer führte in das Thema des Holocaust ein. Dann erzählte ich ihnen, wie traurig es war, als wir deportiert wurden. Ich sprach auch von der Rückkehr mit meiner Schwester, als uns nur noch Erinnerungen erwarteten. Und ich erzählte, dass es mir bei einem späteren Besuch sehr leidtat, all die Spuren der Menschen und der Gemeinde, die Teil meines Lebens waren, zurückzulassen. Ich beschloss, sie mitzunehmen, indem ich ihre Geschichte aufschrieb. Jetzt kann dieses Buch reisen, auch nach Israel, wo viele Überlebende wohnen. Dovi lauschte meinen Worten genau wie die anderen Kinder und ich war zufrieden, mit ihm sprechen zu können.

Während des folgenden Frage-Antwort-Teils wollten die Jungen Genaueres wissen. Sie sagten: „Erzählen Sie uns, wie das mit der SS war; haben sie Sie sehr heftig geschlagen?" Ihre Nachfrage wurde von zwei anderen Stimmen begleitet: „Genau, erzählen Sie uns, was passiert ist!" Während ich meine Antwort überlegte, bemerkte ich Dovis besorgten Gesichtsausdruck und das Blitzen in seinen Augen.

Es ist nicht so einfach, die eigene Großmutter im Mittelpunkt des Interesses zu wissen. Glücklicherweise rettete uns die Schulklingel. Als sich die Kinder zerstreuten und Dovi zu mir kam, um mich zur Tür zu begleiten, fühlte ich, dass sein Arm immer noch zitterte. Er sagte nicht viel, und ich wünschte, es gäbe eine bessere Gelegenheit, wo er stolz auf mich sein könnte.

Die Lücke im kulturellen Erbe ist für die Überlebenden allgegenwärtig. Unseren Kindern fehlt ein Bindeglied in der Familien- und Gemeindegeschichte. Viele wuchsen auf, ohne Familiengeschichten zu hören oder Fotos aus der Kinderzeit ihrer Eltern oder Großeltern zu sehen.

Damals, am Ende des Krieges, als wir unserer traurigen Wirklichkeit gegenüberstanden, wollte die Mehrheit das nicht wahrhaben. Heute liegen die Dinge anders. Ich bin sehr froh, dass unsere Erfahrungen unseren Kindern nicht die Fähigkeit geraubt haben, sich auf ein nützliches, schöpferisches Leben vorzubereiten. Wenn ich auf meine Kinder und Enkel blicke, fühle ich langsam die Freude der Befreiung und die ganze Bedeutung des Wortes „überleben".

Religion

Die Erfahrungen des Holocaust beeinflussten die Überlebenden auf verschiedene Weise. Einige blieben religiös, während andere ihren Glauben verloren. Diejenigen, die in den Lagern schon etwas älter waren, hielten an ihren religiösen Traditionen aus der Vorkriegszeit fest. Im Allgemeinen blieben die Überlebenden in ihrer Erziehung verankert. Am Anfang gaben viele die Religion auf, aber Stück für Stück kehrten sie zu ihr zurück und praktizierten sie wieder, besonders an Feiertagen. Unsere häusliche Erziehung war der Faktor, der unsere Religiosität am stärksten bestimmte.

Was unsere Familie angeht: Wir wurden zu Hause orthodox erzogen, aber trotzdem traten wir einer sozialistischen zionistischen Jugendbewegung bei, die Teil von Habonim Dror war. Auch wenn alle Mitglieder unterschiedlicher religiöser Herkunft waren, übten wir keine Religion aus. Der erste Feiertag, nachdem wir in Israel im Kibbuz Heftziba angekommen waren, war Rosh Hashanah. Es gab keinen Gottesdienst in der Synagoge, trotzdem arbeiteten wir nicht und der Tag hatte einen festlichen Charakter. Jom Kippur bedeutete einen Ruhetag mit Festessen, wie man uns sagte. Am Vorabend von Jom Kippur hatten wir ein prächtiges Festmahl und danach zerstreute sich die Gruppe. Einige gingen spazieren, andere saßen herum und hörten Musik, ich kehrte in mein Zimmer zurück. Der Mangel an Ideen und die geistige Leere an diesem so wichtigen Feiertag machte mich traurig und entmutigte mich. Ich saß am Fenster und betrachtete das matte Licht der aufziehenden Sterne am Horizont. Ich brauchte nicht viel Fantasie, um in Gedanken nach Hause, nach Abaújszántó zu Kol Nidre zurückzukehren. Die Kerzen strahlten in den polierten silbernen Leuchtern auf der schimmernden Tischdecke. Meine kleine Großmutter Roza (auch Rachel) stand da mit ihrem weißen Spitzentuch und der kleinen runden bestickten Schürze und segnete uns, einen nach dem anderen. Ich fühlte, wie ihre bebenden Hände meinen Kopf berührten, während große Tränen aus ihren Augen rannen. Während unsere Tränen verschmolzen – ihre in meiner Vorstellung, meine in der Wirklichkeit –, begann ich zu beten. Einige hebräische Worte, die ich kannte, dann auf Ungarisch. Nachdem ich all meine Kraft zusammengenommen hatte und meine innere Ruhe wiedererlangt hatte, wischte ich meine Augen und kehrte in den Aufenthaltsraum zu den anderen zurück.

Am nächsten Morgen begab ich mich auf Einladung von Freunden in den Frühstücksraum. Auch wenn ich meine Entscheidung getroffen hatte, an diesem Tag nichts zu essen, nahm ich doch am Tisch Platz. Nachdem ich ein paar Teller hierhin und dorthin geschoben hatte, stand ich langsam auf und ging weg. Um meine Handlung zu verschleiern und den Ideen der Gruppe treu zu bleiben, kam ich zum Mittagessen zurück und gab wiederum vor zu essen. Ich hielt mich von Erzsike fern, die nichts von meinem Geheimnis wusste. Ich habe mich nie getraut, sie zu fragen, wie sie die Mahlzeiten an jenem Jom Kippur Tag 1947 verbrachte.

Die Erlebnisse des Holocaust verbergen einen tieferen Sinn. Während ich über meine Zeit im Lager nachdachte und schrieb, begann ich zu erkennen, dass eine unsichtbare Hand Erzsikes und mein Schicksal lenkte. Mir wurde all das Schreckliche im vollen Ausmaß bewusst, das hätte passieren können, aber nicht geschah. Ich verspürte eine wachsende Dankbarkeit Gott gegenüber, der unser Schicksal geleitet hatte. Das schreckliche Ende meiner Mutter schmerzte mich, aber ich fand Trost darin, dass mir wenigstens meine Schwester geblieben war. Ich bin dankbar für die Gnade, dass wir beide all die Selektionen überstanden hatten und den Gefahren der Straße während des Marsches entkommen waren. Wir hatten außerordentlich großes Glück unter den letzten zu sein, die Bergen-Belsen verlassen konnten, um in Markkleeberg zu arbeiten, und dass wir während des Todesmarsches einschliefen, rettete uns. Je mehr ich mir der Unsicherheit der Straßen, die wir entlang zogen, bewusst werde, umso stärker wird mein Glaube an Gott. Ich bleibe eine praktizierende Jüdin, auch wegen der starken Bindungen an meine Eltern. Ich wollte die Erinnerung an sie und den starken religiösen Glauben, der uns verband, nicht verlieren. Andere Überlebende hielten ebenfalls an ihrer Religion fest, um die Erinnerungen und Traditionen von zu Hause zu bewahren. Viele andere Überlebende jedoch zweifelten an ihrer Religion. Jene, die so entmutigt waren, als sie nach Hause zurückkehrten und niemand nach dem Krieg auf sie wartete, hörten auf, an Jom Kippur zu fasten, auch wenn sie in Markkleeberg die größten Anstrengungen unternommen hatten, an diesem heiligen Tag nichts zu essen.

Im Allgemeinen lebten wir unsere Religion nach dem Krieg etwas entspannter. Es gibt Überlebende, die Menschen anderen Glaubens heirateten und ihren Nachwuchs als Nichtjuden erziehen. Eine Überlebende aus Markkleeberg, die nicht namentlich erwähnt werden möchte, findet Trost darin, dass ihre Enkelkinder nicht länger unter dem „jüdischen Schicksal" leiden. Das Wiederaufleben des Antisemitismus macht mir das Herz schwer aus Sorge um die Sicherheit meiner Kinder und Enkel. Ich würde alles tun, um sie zu schützen. Manchmal, wenn ich sehr verzweifelt bin, frage ich mich, ob es nicht besser sei, wenn sie von der „jüdischen Last" befreit wären. Welch schmerzliches Erbe und Joch gebe ich ihnen doch mit! Dann kehre ich schnell zu meinen Wurzeln zurück und zu dem, was ich bin: Das Judentum ist mein Glaube, meine Tradition – ich würde es nie aufgeben. Das wäre nicht mein Ausweg; ich wurde als Jüdin geboren und das ist mein Schicksal.

Jüdischer Glaube ist, was ich erhielt und was ich meinen Kindern hinterlassen kann. Ich bin froh, dass sie jüdisch geblieben sind. Es gibt keine absolute Sicherheit im Leben. Menschen können unter Antisemitismus leiden, aber es gibt noch viele andere Plagen: tödliche Krankheiten, Naturkatastrophen und anderes Unglück. Das Schicksal hat seine eigenen seltsamen Wege.

Familienbande

Die spezielle Verbundenheit von Überlebenden entfaltet sich besonders stark zwischen Familienmitgliedern. Erzsike und ich wurden zu gegenseitigen Beschützern und im Laufe der Jahre vertiefte sich unser Verhältnis. Auch als die Abhängigkeit voneinander ein wenig nachließ, lag in unserer Freundschaft noch immer der Schlüssel zu unseren emotionalen und gemeinsamen Erinnerungen. Erzsike ist meine Vertreterin der Welt, die ich im Holocaust verlor. Sie ist die Einzige außer mir, die unsere Eltern „Mutter" und „Vater" nannte. Erzsike kennt und erinnert sich an all die Plätze und Ereignisse der Kindheit, die unser Leben bestimmten. Wir verstehen einander, weil unser Blick auf die Welt aus derselben Quelle stammt, aus ähnlichen Kindheitserlebnissen. Mit ihr zusammen kann ich noch immer neue Details über die Familie herausfinden und über das Leben, das unwiederbringlich vergangen ist. Obwohl wir auf verschiedenen Kontinenten leben, besuchen wir uns und telefonieren regelmäßig miteinander. Unsere Kinder wissen, dass ungewöhnlich starke Bande uns verknüpfen. Erzsikes Kinder kommen uns in New York besuchen und meine jüngere Tochter Yonit, die in Israel lebt, hat Erzsike als zweite Mutter und Ratgeberin.

Noch immer fühlen Erzsike und ich Verantwortung, uns in stressigen Situationen beizustehen. Während meines zweiten Aufenthaltes in Markkleeberg hatte meine Enkelin Ella einen Autounfall in Israel. Erzsike war an ihrer Seite, in demselben Krankenhaus, in dem sie 25 Jahre gearbeitet hatte; sie war Ella eine große Hilfe. Weil sie wusste, wie gestresst ich war und was der Besuch in Markkleeberg für mich bedeutete, beschloss sie, mich nicht zu informieren, wenn sich die Situation nicht verschlechterte. Zum Glück war es nicht nötig: Ella fühlte sich besser, sie erholte sich und ich beendete meine Reise nach Deutschland. Außer dem Kontakt zu Erzsike pflege ich die Verbindung zu den wenigen Cousins und Cousinen, die überlebt haben. Jeder besitzt ein Mosaiksteinchen unseres zerbrochenen Lebens und unserer Erinnerungen. Die Traurigkeit des Verlustes kommt jedes Mal, wenn ein Verwandter stirbt.

Olga Kogel, die im Alter von 90 Jahren in Israel starb, war 18 Jahre älter als ich. Ihre Mutter war die älteste Schwester meiner Mutter. Olga beschrieb mir das Leben meiner Mutter als junges Mädchen und später als junge verheiratete Frau. Ich hörte ihr mit Ehrfurcht zu, eröffneten doch ihre Worte ein Fenster zur Welt meiner Mutter und zu ihrer Person, von der ich so wenig wusste. Wie viele andere Überlebende von Auschwitz hatte Olga keine Kinder. Erzsike half ihr, besonders nachdem ihr Ehemann verstorben war. Olga erblindete langsam. Ich bewunderte Olga als eine mutige Frau, die trotz ihrer Behinderung nicht um Hilfe bitten wollte. Sie behielt ihre Unabhängigkeit beinahe bis zum Schluss. Bei jedem Besuch war sie die Letzte, die ich anrief, bevor ich wieder ins Flugzeug nach New York stieg.

Olgas viel jüngere Schwester, Edith Adler, war zusammen mit ihr im Lager. Edith ist eine intelligente, witzige und gutaussehende Dame, die noch im Alter von 86 Jahren Neuigkeiten auf ihre eigene Weise interpretiert. Es tut gut, sie anzurufen und Antworten auf Fragen zu unseren gemeinsamen Erinnerungen zu erhalten. Edith hat eine glückliche Familie mit zwei Kindern sowie Enkeln und Urenkeln. Der so frühe Verlust unserer Eltern war ein Trauma mit bleibenden Folgen. In Israel fand Erzsike Olga als Ersatz für unsere Mutter und ich hatte hier eine Dame aus unserer Heimatstadt. Sie hieß Teresa Keiszer Pick und ich lernte sie kennen, als ich an der Geschichte von Abaújszántó schrieb. Teresa, die ungefähr so alt war wie meine Mutter, hatte eine Schwester in Budapest; aber in New York hatte sie nach dem Tod ihres Mannes niemanden mehr, da sie kinderlos war. Als ich sie das erste Mal sah, war sie bereits Witwe, absolut unabhängig und selbstständig, wie sie es schon ihr ganzes Erwachsenenleben lang war. Es bereitete mir viel Freude, mit Teresa über die alten Zeiten zu sprechen und über meine Eltern, die sie so gut kannte, und andere Leute aus unserer Stadt. Wir wanderten in Gedanken viele Male zurück nach Ungarn, da unsere Gespräche immer bis tief in die Nacht andauerten. Teresa war stets willkommen und freute sich, zu mir nach Hause zu kommen. Langsam begann sie mir zu vertrauen und teilte ihre Sorgen mit mir. Schließlich wurde ich zu ihrer offiziellen Briefschreiberin und Übersetzerin, weil ihr Englisch nicht sehr gut war. Wenn sie mich aus einer Arztpraxis oder einer Behörde oder sogar aus einem Laden anrief, damit ich für sie etwas übersetzte, ließ ich alles stehen, egal wie wichtig es war, um ihr zu helfen. Mein Mann und meine Kinder wussten über Teresa und meine Zuneigung zu ihr Bescheid. Als Teresa im Alter von 92 verstarb, fühlte ich aufrichtige Trauer, aber auch Zufriedenheit darüber, dass ich jemandem helfen hatte können, der meine Eltern in unserer alten Welt gekannt hatte.

Die Mutter der Autorin mit ihren Brüdern und Schwestern im Jahre 1939. Von links nach rechts stehend: Anna, Mariska (Mutter der Autorin), Herman, Sam, Bernard, Malvin. Sitzend: Frida, Rozsi, Großmutter Regina und Hanni.

FOTOGRAFIEN

Die Vernichtung von Fotos war für viele Familien ein irreparabler Verlust. Wenn ein Foto wieder auftaucht, hat es, wie ein Überlebender, eine eigene Geschichte. Ein amerikanischer Cousin in New Jersey schenkte mir ein Foto von der Familie meiner Mutter. Es wurde 1939 in Satoraljaujhely aufgenommen, als mein Onkel Meny Markowitz Ungarn besuchte, bevor die USA in den Zweiten Weltkrieg eintraten. Es ist ein Bild mit der Mutter meiner Mutter, ihren Brüdern und Schwestern. Sie stehen oder sitzen dort, lächeln in die Kamera und wissen nicht, dass zur gleichen Zeit die Tötungsfabrik in Auschwitz für sie vorbereitet wird. Tante Hanni trug auch im Versteck ein Foto meines Vaters bei sich, das sie uns gab, als wir uns in Budapest trafen.

Es war das Foto, welches mein Vater für die Auswanderungspapiere hatte machen lassen, die Tante Hanni für die Familie vorbereitete, weil sie hoffte, dass wir in die Vereinigten Staaten ausreisen würden. Vater sollte als Erster fahren und wir würden ihm folgen. Der Antrag wurde abgelehnt, aber wenigstens kann ich meinen Kindern ein Foto ihrer Großeltern zeigen, die sie verloren haben.

ZU BESUCH IN MEINER HEIMATSTADT

Es war schwer, 30 Jahre später allein nach Ungarn zurückzukehren. Mein erster Besuch war im Juli 1976. Die Stadt Abaújszántó, wo ich jedes Tor und jede Ecke kannte, hatte immer noch dieselben Bauwerke, Häuser und Geschäfte, aber es gab keine jüdischen Einwohner mehr. Überwältigt spürte ich körperlich die verschwindende Vergangenheit und ich begann zu laufen. In meiner Vorstellungswelt bewegten sich die Besitzer der jüdischen Geschäfte, welche sich noch immer entlang der Hauptstraße aufreihten, sorgenfrei umher. Andere Freunde und Nachbarn erschienen ebenfalls vor ihren Häusern. Eine von ihnen war Márta Krausz, meine Freundin und Mitschülerin, der wir mit ihrer Schwester in Bergen-Belsen begegneten. Márta spielte Himmel und Hölle in ihrem Vorgarten und rief mir zu, ich solle mitmachen. Ihre Stimme klang aufgeregt, so als wäre sie nie weg gewesen und ihr zusammengesunkener kleiner Körper wäre nicht unter denen gewesen, die auf ihre Beerdigung in Bergen-Belsen warteten.

Die Autorin am Grab ihres Urgroßvaters Moshe, Mor Szász, in Abaújszántó

Während ich inmitten der Wahrzeichen und Erinnerungen suchte, erreichte ich unser Haus, dessen Umrisse mit einem unauslöschlichen Stift in mein Herz eingebrannt sind. An den Eingangstüren ihrer Geschäfte standen – in meinen Gedanken – mein Vater und mein Großvater. Sie waren gerade dabei, am Ende des Tages abzuschließen. Im Hof dahinter war meine kleine Großmutter mit ihrem warmen, vertrauensvollen Lächeln. Sie rief meiner Mutter zu, dass ich angekommen sei. Einen Moment später, als ich zum Küchenfenster hinaufblickte, erschien die schlanke Gestalt meiner Mutter in meinem Blickfeld. Sie, genauso wie der Rest meiner Familie, erschien so natürlich, so lebendig, als ob sie nicht zu den Verdammten von Auschwitz gehörte.

Ich kehrte einige Male zurück, um das Tor und die Wände anzufassen. Sogar vom Bahnhof rannte ich zurück, um einen letzten Blick auf das Haus zu werfen und die Erinnerungen in jeder Faser meines Körpers zu speichern. Bei meinen Reisen nach Abaújszántó besuchte ich auch immer den Friedhof. Nur einen kurzen Fußweg von der Stadt entfernt liegt der Friedhof inmitten einer wunderschönen Landschaft mit Weinbergen und Obstgärten am Fuße der Berge. Als ich das erste Mal hierherkam, war ich verblüfft von der überwältigenden Stille und bewegt vom Gewicht der Geschichte, die mich umgab.[288]

Als Kinder wurden wir nie auf den Friedhof mitgenommen; ich wusste nichts von den Familienmitgliedern, die hier begraben waren. Mein Erstaunen war groß, als ich meinen Mädchennamen Szász fand. Es war eines der Gräber, die der Verwalter mir zeigte. Langsam kam der Umriss eines Kruges zum Vorschein, der als das Zeichen der Familie Levi bekannt war. Ich erinnerte mich, wie stolz wir als Kinder waren, ein Teil der Levi zu sein, und meine Bindungen an diese unbekannte Seele, die hier begraben lag, wuchsen in mir. Langsam wurde der Name Szász Mór sichtbar und ich erkannte, dass ich das Grab meines Urgroßvaters vor mir hatte. Ein Gefühl von Erstaunen und überwältigender Ehrfurcht erfasste mich. Der elegante, einfache Grabstein, den man 1915 aufgestellt hatte, war eine Erklärung, eine schriftliche Nachricht, die mich in dem Moment genau zur richtigen Zeit erreichte. Es war sehr inspirierend, die poetische Lobpreisung des alten Mannes zu lesen, dessen Dahinscheiden „die Herzen berührte“. Die sanften Worte wärmten mich bei meiner kalten, einsamen Rückkehr. Andere in den Stein gravierte Sätze erwähnten seinen ehrbaren Namen und waren eine Lobrede auf die

288 Zahava Stessel, „Traces of a Jewish Community in Hungary“, The Jewish Press, New York, 25. März 1988, 50C. Vergleiche auch Zahava Stessel, „Emléktábla Abaújszáator“ (Gedenktafel in Abaújszántó), Új Kelet, Tel Aviv, 12. Februar 1993, S. 2.

geschätzten Eigenschaften eines guten Menschen. Er hatte sich im Laufe seiner 84 Jahre auf der Erde einen geachteten Namen erworben. Die Worte auf dem Epitaph waren wie ein Akrostichon angeordnet; jede Zeile begann mit einem Buchstaben und alle zusammen ergaben den Namen Moshe, Sohn des Natan. Mit dem Grabstein von Moshe oder Mor kamen die Erinnerungen an meine gelehrte kleine Großmutter und meinen schnauzbärtigen und lächelnden, Pfeife rauchenden, patriotischen Großvater wieder.

Ihre Vorstellungen von Ehrlichkeit und Respekt gegenüber dem Gesetz begleiteten sie auch in Auschwitz, als sie den Anweisungen folgend die Kammer ohne Wiederkehr betraten. Mein Herz war voller Demut und Dankbarkeit, als ich noch einmal die feinen Steinmetzarbeiten betrachtete, die sich in der Mitte eines Davidsterns im oberen Teil des Grabsteins befanden. Mir wurde die Ehre zuteil und es war mein Schicksal, die gerissene Kette zu schließen. „Siehst Du", hätte ich gern zu dem freundlichen alten Mann gesagt, dessen Liebe und Hochachtung man mir auf meinen Weg mitgegeben hatte, „nicht alles ist verloren. Etwas von Deiner Seele und Deinem Erbe wird gnädig weitergeführt. Dein Grab, ein Zeugnis jener Welt, die vom Sturm des Hasses zerschmettert wurde, wird erhalten bleiben."

Ich besuchte andere Orte in Ungarn und Abaújszántó und es war, als zöge mich eine unsichtbare Kraft zurück zu jenen Orten, an denen ich einst im Kreise meiner Familie so glücklich gewesen war. Vielleicht war das meine Art zu trauern, das, was ich vorher nicht tun konnte. Mein Mann Meir begleitete mich zweimal, wenn er sich von seiner Arbeit frei nehmen konnte. Wenn er mich so niedergeschlagen sah, erinnerte er mich daran, dass wir zusammen waren. Da wir einander so weit von unserer Heimat entfernt kennen gelernt hatten, staunten wir über das Wunder des Lebens und fühlten, dass jedes Schlechte einen Kern des Guten in sich trägt. Hätte es keinen Holocaust gegeben, hätte ich Meir wahrscheinlich nie getroffen.

Auf weiteren Reisen, auf denen mich unsere Kinder und Enkel begleiteten, bemerkte ich viele Veränderungen in der Stadt meiner Träume.

Nach und nach entstanden aus den jüdischen Geschäften Wohnungen und die meisten Häuser wurden umgebaut oder abgerissen. Die Synagoge im Stadtzentrum, die für ihre Erhabenheit und Andacht fordernde Schönheit berühmt war, diente als Holzlager. Es gelang mir immer weniger, mir die Sehenswürdigkeiten und die Menschen, die hier gelebt hatten, ins Gedächtnis zu rufen, je mehr die Stadt ihr fremdes Gesicht annahm. Die Vergangenheit verschwand und bei meinem letzten Besuch 2001 fand ich auch das Kopfsteinpflaster nicht mehr vor. Unser Haus mit seinem undichten Dach, den zerfallenden Wänden, dem niedergetrampelten Garten und den vertrockneten Ästen an den Fliederbäumen hätte dringend hergerichtet werden müssen. Die Läden waren leer und die Wohnungen von Zigeunern bewohnt. Mit Tränen in den Augen hob meine Tochter Yonit ein paar der heruntergefallenen Steine auf, um sie mit nach Israel zu bringen.

Jedes Mal, wenn ich aus Abaújszántó zurückkehre, bin ich so glücklich und erleichtert, wieder in New York zu sein. Dann, nach einer Weile ergeht es mir wie jemandem, dem lang vorenthaltenes Essen gereicht wird und der sein heftiges Verlangen nicht stillen kann – ich bin bereit zur nächsten Reise. Ich möchte noch einmal zurückkehren, wenigstens ein letztes Mal, und sehne mich nach dem, was einen Funken der Erinnerung entfacht und mich dankbar sein lässt.

Ich hoffe, zwei meiner Enkel, die Abaújszántó noch nicht kennen, begleiten mich auf meiner letzten Reise dorthin. Zusammen wollen wir nach den letzten verbliebenen Spuren der Welt ihrer Vorfahren suchen.

ENTSCHÄDIGUNGEN

Entschädigungen durch die Deutschen

Psychologen nennen es das Trauma der Reparation. Überlebende mussten Termine einhalten, lange Antragsformulare ausfüllen und Zeugen finden, was für jeden ein schmerzhafter Prozess war. Die Fragen nach so vielen Jahren genau zu beantworten, war sehr anstrengend. Manchmal sollten wir die Dokumente vorlegen, die uns die Deutschen und die Ungarn weggenommen hatten.

Die Frauen aus Markkleeberg wollten füreinander aussagen und viele fanden so ihre früheren Mitgefangenen wieder. Wenn man gesundheitliche Probleme auf Grund des Holocaust geltend machen wollte, musste man ärztliche Dokumente beibringen. Dann, um diese zu bestätigen, mussten wir uns Untersuchungen von Ärzten unterziehen, die von der deutschen Regierung bestimmt wurden! Diese Untersuchung und der Befund des Arztes entschieden über den Grad der Behinderung und die Bewilligung des Antrags. Natürlich versuchte die Behörde, den Grad der Behinderung möglichst niedrig einzustufen, um die finanzielle Unterstützung gering zu halten. Viele Anträge wurden abgelehnt mit der Begründung, dass die Krankheit des Überlebenden nicht durch den Lageraufenthalt verursacht, sondern ganz natürlich entstanden wäre. Der deutsche Arzt, der mich untersuchte, war unfreundlich und schüchterte mich ein. Er sprach mich streng und in offiziellem Deutsch an. Ich war entsetzt und verwirrt. Sprache und Tonfall brachten all meine unterdrückte Furcht zurück und entfachten meine Albträume von Neuem. Der Arzt erinnerte mich an die SS. Seine prüfenden Fragen, die laute Stimme und sein raues Auftreten hinterließen in mir den Schrecken, den ich auch im Konzentrationslager gefühlt hatte. Mein Körper reagierte mit Magenproblemen und Gewichtsverlust, der auch Monate nach dieser Visite anhielt.

Die deutsche Stiftung „Erinnerung, Verpflichtung und Zukunft" wurde im Jahr 2000 gegründet, um ehemalige Zwangsarbeiter auf der Grundlage eines deutsch-amerikanischen Abkommens zu entschädigen und um Gerichtsverfahren gegen deutsche Unternehmen, die am Holocaust beteiligt waren, zu beenden.[289] Die Stiftung zahlte durchschnittlich £ 7.660 ($ 6.907) an ehemalige Arbeitssklaven. Der Betrag ist vergleichbar mit den Kosten, die viele ältere Patienten für einen zweitägigen Aufenthalt in einem amerikanischen Krankenhaus bezahlen müssen. Hinterbliebene verstorbener Arbeitssklaven erhielten keine Entschädigung. Auch wenn die Entschädigung gering war, half sie den Überlebenden, die meist der Mittel- oder Unterschicht entstammten. Die Pension gewährt den älteren Überlebenden noch immer einen Grad von Freiheit und Unabhängigkeit und sichert, dass sie nicht auf die Unterstützung durch ihre Kinder angewiesen sind, die nicht immer dazu in der Lage sind.

Ungarische Entschädigung

Es war ähnlich schwierig, Geld vom ungarischen Staat für den Tod von Eltern, Geschwistern und Ehepartnern einzufordern. Der Schmerz saß so tief, dass Überlebende sich nicht an die Regierung wenden wollten, um Geld zu beantragen. Indem sie keine Anträge ausfüllten, glaubten sie, ihren Schmerz und ihre Verbitterung ihren ehemaligen Landsleuten gegenüber zum Ausdruck zu bringen. Der Betrag der Entschädigung war zuerst so kränkend, dass Überlebende, auch wenn sie bedürftig waren, den Zahlungsbescheid zurücksandten. Die ungarische Regierung verfügte auch, dass das Geld in Ungarn ausgegeben werden müsse. Als die Summe erhöht wurde und die Beschränkungen aufgehoben wurden, drängte man die Leute, die Anträge

289 Unter den Spendern für die deutsche Stiftung „Erinnerung, Verantwortung, Zukunft", die frühere Sklavenarbeiter und Zwangsarbeiter entschädigt, befanden sich auch die Deutsche Bank und die Dresdner Bank.

zu stellen. Einige der Markkleeberger Überlebenden spendeten mit gutem Gefühl einen Teil des Geldes für verwundete israelische Soldaten.

Meine Familie gehörte zu den Generationen ungarischer Patrioten und ich wuchs als eine von ihnen auf. Deshalb fühlte ich die Kränkung durch den ungarischen Staat noch weitaus deutlicher. Die Deutschen hassten die Juden im Allgemeinen, aber bei den Ungarn war der Hass persönlicher Natur. Die Ungarn waren meine Landsleute; ich war eine von ihnen, eine Patriotin mit der gleichen kulturellen Bindung, Sprache, Bildung und Loyalität. Als die anti-jüdischen Gesetze in Ungarn wirksam wurden, war ich etwa in der dritten Klasse. Es war so schmerzlich, als ich erkannte, dass ich keine „echte Ungarin" war, wie ich dachte. Ich erinnere mich daran, wie ich am großen Erkerfenster im Geschäft meines Großvaters saß und die Städter beobachtete und beneidete, die frei und ohne Angst vor Verfolgung auf der Straße vorübergingen. Ich verstand es nicht: Ich war ein aufrichtiges junges Mädchen, das die Lieder der ungarischen Nationalisten sogar in den Lagern sang. Nachdem ich die Anträge auf Entschädigung mehrmals ausgefüllt und wieder zerrissen hatte, erkannte ich, dass diese Antragstellung eine Möglichkeit war, den Verlust meiner Eltern zu dokumentieren und so etwas wie eine offizielle Bestätigung ihres Todes zu erhalten.

RÜCKKEHR NACH AUSCHWITZ

Ich wollte nur eine Touristin sein, als ich Auschwitz im Juni 1992 mit meiner Tochter Miriam und einem professionellen Führer besuchte. Ich ließ den Fremdenführer, der gut Englisch sprach, den Ort und die damit verbundenen Zahlen erklären. Miriam, die meine Gefühle respektierte, aber selbst von diesem Ort überwältigt war, lief still neben mir her. Später, als wir von Auschwitz nach Auschwitz-Birkenau kamen, stürmten die Erinnerungen auf mich ein und ich lief wie eine Besessene: Ich eilte von einer Baracke zur nächsten und sah mich in jeder genau um. Der Führer merkte, dass ich eine Überlebende sein musste. Er begleitete mich zu den Ruinen der Gaskammern und Krematorien, während Miriam voller Trauer in der Nähe des Ortes saß, an dem die Züge angekommen waren.

Am Ende des Rundganges war ich einem Zusammenbruch nahe, aber eine geheime Kraft trieb mich weiter. Ich war noch einmal die verängstigte Gefangene, aber ich fühlte, dass ich in diesem Moment meine Freiheit gewonnen hatte und dass ich zu den einst verbotenen Orten gehen konnte. Ich ging immer wieder zurück, nicht zum Krematorium, sondern zu dem Ort, an dem wir angekommen waren, dort, wo ich noch mit meinen Eltern und

Die Autorin mit ihrer Tochter Miriam Shenkar im Juni 1992 am Tor von Auschwitz

Großeltern zusammen war. Ich fühlte Zufriedenheit, so als könnte ich ihnen zeigen, dass ich zurückgekommen bin, dass ich nichts vergessen habe. All die vergangenen Jahre konnten uns nicht trennen. Es war, als würden wir ihr Grab besuchen, obwohl ich nicht akzeptieren konnte, dass sie begraben waren. Ich sah sie so vor mir, wie ich sie verlassen hatte, gesund und am Leben.

Ich fand den schrecklichen Ort, wo man mich von meiner Mutter und meiner Großmutter getrennt hatte. Die alte Wunde öffnete sich von Neuem. Meine Mutter (Anyuka auf Ungarisch) war eine junge Frau und hätte bei uns bleiben können. Der Schmerz des „Warum und was wäre, wenn", der mich mein ganzes Leben begleitet hatte, war mit den Jahren etwas verstummt. Ich erkannte, wie schrecklich es für mich gewesen wäre, zu sehen, dass meine Mutter von einem SS-Mann geschlagen wird, wie sie bei den Selektionen leidet, wie sie erniedrigt wird, auf den Steinen kniet und auf den Todesmarsch getrieben wird.

Meinen Geburtsort, mit dem mich Erinnerungen und Träume verbinden, werde ich wieder besuchen, aber Auschwitz will ich nie wiedersehen. Das heißt nicht, dass der Ort jemals meinen Gedanken fern wäre. Egal, wohin ich gehe oder was ich beginne, der Weg führt irgendwie zurück nach Auschwitz, dem Ort des Schmerzes und der Hoffnung. In Auschwitz endete mein Leben und es begann neu. Heute hoffe ich, dass die Erinnerung an Auschwitz, wo es für meine Eltern und die anderen Opfer kein Entrinnen gab, den Einzelnen und die gesamte Menschheit mit Abscheu erfüllt. Auschwitz wird da sein, der letzte Kontrollpunkt, bevor Hass neue Todesfabriken füllt; bevor der Mensch dem Bösen in sich erlaubt, seine Gedanken und Handlungen zu leiten. Dann wird der Tod der Opfer von Auschwitz vielleicht nicht vergeblich gewesen sein. Meine Mutter, die Verkörperung der Freundlichkeit auf Erden, als sie Arm in Arm mit meiner Großmutter den Weg ohne Wiederkehr ging, könnte die Hüterin sein, die unsere Welt vor der Zerstörung bewahrt. Darauf gründet sich mein tiefstes Vertrauen und mein schmerzlicher Trost.

15. Rückkehr nach Markkleeberg

Anfang Juni 1998 erhielt ich eine Einladung aus Markkleeberg zur Enthüllung einer Gedenktafel auf dem Gelände des ehemaligen Lagers. Meine anfängliche Begeisterung, schnell hinzufahren, schlug in Besorgnis um. All die beängstigenden Erinnerungen drängten an die Oberfläche, aber ich wusste, dass ich dort sein musste. Dabei wollte ich nicht nur den Ort wiedersehen, sondern das 14-jährige Mädchen wiederfinden, das ich war, als ich jene Ereignisse überlebte. Nervös rief ich das Büro des Oberbürgermeisters in Markkleeberg an und bat auf Englisch um nähere Informationen. Ich wurde mit einem älteren Herrn verbunden, der mir in blumiger Sprache erklärte: „Frau Dr. Stessel, Sie sind unser Ehrengast, der den weiten Weg aus New York kommt. Eine Delegation erwartet sie."

Ich geriet in Panik und hastete in die Stadt, um mir einen neuen Koffer zu kaufen, der diesem Anlass angemessen war. Auf meinem Weg hörte ich einen Touristen Deutsch sprechen. Allein der deutsche Dialekt beschwor die furchtbaren Erinnerungen herauf, die ich mit der Sprache verband, die ich im Lager gehört hatte. Wie würde ich diese Reise ertragen, fragte ich mich. Wäre sie nicht mit zu viel Stress verbunden? Ich könnte noch absagen. Zu Hause blickte mein Ehemann in mein besorgtes Gesicht und erklärte: „Du fährst nicht!" Wahrscheinlich hätte ich sogar auf ihn gehört, aber ich wusste, dass ich fahren musste, um die Stadt außerhalb des Lagers, unseres Gefängnisses, zu sehen. Ich sehnte mich danach, mich frei im ehemaligen Lager zu bewegen, durch das Tor hinein- und hinauszugehen. Ich wollte den Menschen von Markkleeberg zeigen, wer diese Gefangenen waren, die sie in Lumpen gesehen hatten, barfuß in Holzschuhen, von bewaffneten Posten durch die Stadt geführt. Das Bewusstsein, dass Erzsike auch eingeladen war, gab mir etwas mehr Mut und Zuversicht.

Am 10. Juni 1998, als wir in einer Maschine der Lufthansa saßen, erfolgten die Durchsagen in Englisch und Deutsch, obwohl die meisten Passagiere beides verstanden. Ich schaute aus dem Fenster und hatte mich so von meiner unmittelbaren Umgebung abgeschottet, dass erst die Wiederholung der Lautsprecherdurchsagen zu mir durchdrang. Man sagte uns, dass sich ein Koffer an Bord befindet, dessen Besitzer den Flug jedoch nicht erreicht hat. Man müsse zunächst den Koffer finden und ausladen, bevor das Flugzeug starten könne. Wir saßen und warteten auf weitere Anweisungen. Dass ich keine Kontrolle über die Ereignisse hatte, erinnerte mich wieder an das Lager. Auch dort gab es Kräfte, die über uns und unseren Tagesablauf bestimmten, ohne dass wir sie beeinflussen konnten.

Ich glaubte, die ungewöhnliche Verzögerung sei wegen mir aufgetreten. Vielleicht sollte ich nicht im Flugzeug sitzen, um nach Deutschland zurückzukehren. Ich fühlte mich wie der Prophet Jona, der aufgrund seiner Anwesenheit das Boot fast zum Kentern gebracht hätte. Erst als bekanntgegeben wurde, dass alles in Ordnung sei, konnte ich die dunklen Gedanken niederkämpfen und meinen bösen Vorahnungen wurde ein Riegel vorgeschoben.

Unser Flug hatte drei Stunden Verspätung und mein modischer neuer Koffer fehlte. Das war nicht weiter schlimm, da nur noch zwei Mitglieder der Delegation auf mich warteten. Das waren Evelin Müller, eine liebenswerte Dame, die ich später noch besser kennenlernte, und der Historiker Andreas Höhn, beide Vertreter der Stadt Markkleeberg. Herr Höhn begrüßte mich in gutem Englisch. Sie empfingen mich mit einem freundlichen Lächeln und ihre Hilfsbereitschaft ließ das Bild des deutschen Monsters, das in meinem Kopf rumorte, verblassen. Es überraschte mich, dass ich mich wohlfühlte und meine Defensive aufgab. Bevor ich mein Hotelzimmer in Markkleeberg bezog, machten wir einen kurzen Rundgang durch Leipzig. Es war großartig, diese Stadt zu sehen, die im Lager so oft erwähnt worden war.

Andreas Höhn, ein intelligenter junger Mann, der Bücher über die Geschichte der Region verfasst hat, fuhr mich durch das malerische Markkleeberg und zeigte mir einige der Sehenswürdigkeiten, die früher nur bruchstückhaft in meiner Vorstellung existierten. Wir hielten bei den Wohnhäusern, deren Lichter wir während des Morgen- und Abendappells sehen konnten. Von ihren Balkonen konnten auch die Anwohner das Leben im Lager beobachten. Ich erfuhr, dass sich das Gebiet nicht sehr verändert hat und dass einige ältere Leute bereits in den vierziger Jahren hier gelebt hatten. Die Wohnungen lagen höher als das Lager und diesem gegenüber. Als wir hinabschauten, lag das Gelände des Lagers vor uns. Ich konnte die flachen Steinbaracken sehen, in denen sich heute unter anderem Textilbetriebe befinden. Nach dem Krieg wurde die Fabrik wieder zu einer Spinnerei, die 1990 geschlossen und etwa 1995 abgerissen wurde, um Platz für ein neues Wohnungsbauprojekt zu schaffen. Während meines Besuches war dort, wo früher die Fabrik stand, ein leerer Platz und die Baracken waren an örtliche Unternehmen vermietet.

Am nächsten Tag trafen Erzsike, Hava Hartmann Kleinberg und ihre Tochter, die Ärztin Dr. Rika Zissin, aus Israel ein. Ich war glücklich, mit ihnen zusammen zu sein und empfand ein Gefühl des Triumphes darüber, dass wir in der Stadt waren. Als Kameradinnen gegen die deutsche Welt um uns herum erlebten wir wieder das Zusammengehörigkeitsgefühl wie damals im Lager. Erfüllt von der Wärme der Freundschaft gelang es uns, unsere emotionale Kraft wiederzuerlangen.

Es waren auch drei Überlebende der französischen Resistance anwesend, die uns herzlich begrüßten. Es waren Jaqueline Fleury, Dr. Marguerite Dupré und Schola Mocige mit ihrem Ehemann Henri. Sie waren sehr freundlich und wohnten im gleichen Hotel. Wie schon im Lager hatten wir Sprachprobleme, aber zum Glück sprach Herr Henri Mocige ein wenig Englisch. Am Abend gab es einen Empfang, wo wir den Oberbürgermeister Dr. Bernd Klose, Frau Klose und andere geladene Gäste trafen.

Alle waren freundlich, herzlich und aufrichtig interessiert an unserer Geschichte. Zu meiner großen Überraschung fühlte ich weder Wut noch Feindseligkeit in mir. Anders als in Ungarn hörte ich mehrmals die Worte „Es tut uns leid." Es klang ehrlich, auch wenn die Schuldigen die Nazis und die SS waren.

DIE IDEE VON EINEM GEDENKSTEIN

Im Frühjahr 1945 gerieten Beteiligte und Mitläufer des Grauens der Konzentrationslager langsam aus dem Blickfeld. Für die Außenwelt sind sie seitdem unsichtbar geblieben. Das Gelände des ehemaligen Markkleeberger Lagers war Privateigentum. Im August 1945 kam die Frage auf, wie man die Baracken, die von Junkers errichtet worden waren, nutzen sollte. Man beschloss, sie nicht abzureißen, sondern an verschiedene Firmen zu vermieten.[290]
Der Gedanke, eine Baracke im Originalzustand zu erhalten, wurde verworfen, da das Land im Privatbesitz war. Die Behörde und die Einwohner verhinderten ein Gedenken an das, was hier passiert war, als man die Überreste des Lagers veränderte.

Frau Irma Clajus, sie war Lehrerin und ehemalige Gefangene des KZ Ravensbrück, machte 1971 einen Spaziergang im Wolfswinkel in Markkleeberg, als sie unweit der Bahnstrecke einige Baracken bemerkte. Sie erkannte, dass es die Reste eines ehemaligen Lagers für Zwangsarbeiter waren. Da sie erst seit 1952 in der Stadt wohnte, interessierte sie sich für Einzelheiten bezüglich des Lagers. Frau Clajus bekam nur spärliche Informationen von

290 Hesse, „KL Buchenwald", S. 23.

den älteren Einwohnern. Viele wussten nichts von der Fabrik und dem Lager und diejenigen, die Kenntnis hatten, sprachen nur ungern darüber.

Nachdem sie das Dokument „Buchenwald, Warnung und Verpflichtung" gelesen hatte, wusste sie, dass es ein Konzentrationslager in Markkleeberg gegeben hatte.[291] So fand sie die Aussage Bruno Eiserts, eines ehemaligen Buchenwaldhäftlings, die auf Anfrage des Buchenwaldkomitees 1968 erstellt worden war. Herr Eisert hatte einige Personen interviewt, die genaue Informationen über das Lager in Markkleeberg geben konnten.[292]

1974 führte Frau Clajus weitere Untersuchungen durch, welche die Details im Bericht von Herrn Eisert bestätigten. Sie besichtigte das Lager 1974 und fand dort noch stehende Zementsäulen und Stacheldraht. Die Wachtürme waren entfernt worden, aber die Säulen am Eingang und ein Teil des Drahtes, der die Blöcke einschloss, waren vorhanden.[293] Frau Clajus schlug vor, eine Tafel an dem Ort anzubringen, „an dem so viele Frauen Unaussprechliches erlitten haben". Die erste Gedenktafel, eine Bronzeplatte, basierte auf den bis dahin bekannten Fakten.

Schon 1985 hatte Hava Hartmann Kleinberg die Idee, eine Skulptur auf dem ehemaligen Appellplatz im Lager aufzustellen. Ideenreich wie sie war, kannte Hava sogar einen Bildhauer, der den Auftrag ausgeführt hätte. Sie sprach mit ihrer Schwester Miriam, die von der Idee begeistert war. Beide gingen zum deutschen Konsulat, wo man ihnen die Adresse der Gedenkstätte Buchenwald gab.

Von Buchenwald wurde Havas Brief nach Markkleeberg geschickt, und man teilte ihr mit, dass es bereits eine Gedenktafel gäbe, die sie sich bei einem Besuch anschauen könnte.

Frau Kleinberg setzte den Briefwechsel fort und schließlich lud die Stadt Markkleeberg sie und ihre Tochter Dr. Rika Zissin ein (ihre Schwester Miriam Hartmann Carmi war bereits verstorben). Als sie ankamen, war die Gedenktafel nicht nur in schlechtem Zustand, sondern auch ungenau, wie Frau Kleinberg bemerkte. Sie wusste, dass im Lager wesentlich mehr als die 600 Gefangenen waren, welche die Tafel erwähnte.

Auch die ehemalige französische Gefangene Jaqueline Fleury besuchte das Lager. Sie war enttäuscht, dass die französischen Widerstandskämpferinnen, die im Februar 1945 ins Lager gebracht worden waren, nicht erwähnt wurden.

---

291 Bartel, Buchenwald, S. 254–302.

292 Eisert, „Ermittlungen über KZ", S. 3.

293 Irma Clajus, „Ermittlungen über das KZ Frauenlager, Außenstelle Buchenwald, Markkleeberg-West, Wolfswinkel (Einzelheiten über ein ehemaliges Zwangsarbeitslager für Frauen, eine Außenstelle des KZ Buchenwald in Markkleeberg-West, Wolfswinkel)", 2. April 1975, das Original befindet sich in der Stadtverwaltung Markkleeberg.

Im Ergebnis eines Briefwechsels mit Dr. Klose, dem Markkleeberger Oberbürgermeister, wurde beschlossen, einen neuen Gedenkstein mit genaueren Informationen aufzustellen. Dieser wurde am 13. Juni 1998 enthüllt. Rika, Hava Hartmann Kleinbergs Tochter, hielt die israelische Fahne, als wir „Am Yisrael Chai" sangen (Das israelische Volk lebt). Es war ein sehr bewegender Moment, als ich die folgende Rede in Englisch hielt. Sie wurde Satz für Satz von A. Schönfeld, einem freundlichen Schüler übersetzt, dessen einziges Problem darin bestand, dass er eine Krawatte tragen musste.

MEINE REDE ZUR GEDENKFEIER

Ich bin Nummer 50226 und meine Schwester, die sich unter den Anwesenden befindet, ist Nummer 50225 auf der Liste der ungarischen jüdischen Frauen, die als Arbeitssklaven aus Bergen-Belsen kommend am 8. Dezember 1944 im Lager Markkleeberg der Junkers-Werke eintrafen. Es ist für mich überwältigend, hier zu sein, nach all den Jahren, in denen ich versuchte, die Vergangenheit zu verdrängen.

Meine Rückkehr fiel mir nicht leicht. Genau wie andere Überlebende zögerte ich zu kommen, meine Erinnerungen wieder aufleben zu lassen, mich mit Dingen zu beschäftigen, die ich mühevoll unterdrückt hatte. Dennoch bin ich hier bei Ihnen, verehrte Anwesende, und ich fühle mich wohl. Ich sehe die Welt außerhalb meines früheren Gefängnisses. Hier sind die kleinen Häuser außerhalb des Lagers, die mich immer an mein Zuhause, an Abaújszántó in Ungarn erinnerten. Jetzt sehe ich diese Häuser bei Tageslicht, deren erleuchtete Fenster ich nur einmal nachts aus der Ferne sehen konnte, als wir im April 1945 auf den Todesmarsch von Markkleeberg nach Theresienstadt geschickt wurden.

Indem ich hier bin, ehre ich meine ehemaligen Mitgefangenen, mit denen ich zusammen von Freiheit und einer besseren Welt träumte. Viele starben, ohne dass eine Grabstätte an sie erinnert. Ich bin auch zurückgekommen, weil es mir ein Bedürfnis ist, meine Ansicht bestätigt zu sehen, dass es ein Verbrechen war, meine Eltern, Großeltern, meine Schwester und mich nach Auschwitz zu verschleppen – so weit weg von meinem Zuhause, meiner Stadt! Wie ungerecht war es, meine Schwester und mich zu Arbeitssklaven und Waisen zu machen, als wir gerade dreizehn und vierzehn Jahre alt waren!

Als wir an jenem klaren Maitag des Jahres 1944 in Auschwitz standen und fragten, was mit unseren Eltern geschehen sei, antwortete man uns: „Seht ihr die Funken, die aus den rauchenden Schornsteinen kommen? Dort ist eure alte Welt,

Zahava Stász Stessel, links, und Erzsike Hava Szász Ginsburg bei der Einweihung des Gedenksteins in Markkleeberg im Jahre 1998

eure Familie, dort sind eure Lieben. Sie werden verbrannt." Schlimmer als diese Worte war, dass sie den Tatsachen entsprachen; unser Albtraum war unsere Wirklichkeit. Dann ging es für uns in dieser schrecklichen Welt in Markkleeberg weiter. Wir standen stundenlang in Eis und Schnee, barfuß und in Holzschuhen, während unsere Peiniger im Dezember 1944 das Fest feierten. Unsere albtraumhafte Wirklichkeit setzte sich während des befohlenen Todesmarsches im April 1945 fort.

Trotz all des Fürchterlichen gab es auch Gesten der Freundlichkeit, Minuten des Wohlbefindens, wo scheinbar eine Blume im Frost der eisigen Existenz erblühte. Ein solches Blumengebinde war die Liebe, die meine Schwester Erzsike, oder Hava, und ich füreinander empfanden. Jede wollte damals, um nur ein Beispiel zu nennen, dass die andere die kärgliche Brotration bekam. Jede von uns sparte sie auf, bis jemand beide Rationen stahl. Die Erinnerung an unsere geschwisterliche Zuneigung überlagert heute die schlimmste Misshandlung, die wir erdulden mussten.

Eine andere Blume im Frost war die Freundlichkeit eines Fabrikarbeiters in der Markkleeberger Fabrik, der meiner Schwester ein Marmeladenbrot schenkte. Wir sahen diesen gütigen Mann nie wieder, aber ich hoffe, dass meine Dankesworte ihn dennoch erreichen.

Die Tatsache, dass wir während des Holocaust jung waren und zu Hause eine liebevolle Erziehung genossen hatten, half uns, unser weiteres Leben zu gestalten. Meine Schwester wurde Krankenschwester und leitete die Notaufnahme eines großen israelischen Krankenhauses. Ich wurde Bibliothekarin und arbeitete am Informationsschalter der New York Public Library in der Fifth Avenue, außerdem bin ich freischaffende Autorin.

Der Verlust meiner Familie und meines Zuhauses wird mich immer schmerzen. Jedes Mal, wenn ich mich verabschiede, klingt das Lager in mir nach und der Holocaust begleitet jede wichtige Entscheidung in meinem Leben. Meine zwölf Jahre alte Enkeltochter schreibt als Hausarbeit Gedichte, in denen sie die Flammen von Auschwitz wiedererweckt. Ich weiß, selbst ihre Tochter wird noch die Narben tragen. Aber ich bin nicht verbittert. Irgendwie fühle ich, dass der Holocaust die Welt davor bewahren soll, dass Menschen je wieder so behandelt werden.

Vielen Dank für Ihre Aufmerksamkeit. Mein Dank gilt all jenen, die den Gedenkstein und dieses Zusammentreffen ermöglichten.

Für mich war es wichtig, an jenem Ort zu sprechen, wo unsere namenlosen Nummern und unsere Schreie keinen Widerhall gefunden hatten. Die Rede wurde in den Markkleeberger Stadtnachrichten im Juli 1998 veröffentlicht.[294]

Ich fühlte keinen Hass auf die Leute, die ich traf. Mich inspirierten die freundlichen Zuhörer, die sich zu meiner Rede äußerten. Sie waren nett zu mir und ich betrachtete sie als meine Mitmenschen. Sie erinnerten mich überhaupt nicht an die gemeinen Aufseherinnen oder die SS-Wachen. Dieses Gefühl erwähnte ich während meines Besuches gegenüber einem Journalisten.[295]

Der Text auf dem Gedenkstein gefiel mir nicht. Er nennt den Wolfswinkel, den Teil der Stadt, in dem sich das Lager befand, erwähnt jedoch Markkleeberg nicht. Wir kannten Markkleeberg, nicht den Wolfswinkel und auch die Berichte und die Dokumente in Buchenwald werden unter dem Namen Markkleeberg geführt.

Was wir schreiben und sagen ist von Bedeutung, da die Stimmen derer, die im Lager waren, schwächer werden. Deshalb erfüllt es mich mit Freude, dass dieses Buch den Namen und die Geschichte des Markkleeberger Konzentrationslagers bewahren wird.

Da sich das Gelände im Privatbesitz befindet, wurde eine kleine Mauer vor einer früheren Baracke errichtet, an der die Tafel befestigt wurde.

---

294 Zahava Stessel, „Rede von Frau Dr. Stessel (USA) anlässlich der Gedenkfeier am Gedenkstein im Equipagenweg am 13. Juni", Markkleeberger Stadtnachrichten, Nr. 7, Juli 1998, S. 25 f.

295 Monika Schmidt, „Überlebende besuchten Panitzscher Gedenkstätte", Kleine Volkszeitung, 19. Juni 1998, S. 1.

Text des Gedenksteins im deutschen Original:

> *„Vom 31. August 1944 bis zum 13. April 1945 befand sich hier im Wolfswinkel ein Außenlager des Konzentrationslagers Buchenwald, in dem mehr als 1000 ungarische Jüdinnen und 250 französische Widerstandskämpferinnen inhaftiert waren. Diese Häftlingsfrauen wurden verpflichtet, Zwangsarbeit zu leisten und begannen hier unter unmenschlichen Bedingungen den Todesmarsch. Wir ehren das Andenken dieser Frauen, die Opfer des Nazismus sind."*

BESUCH IM LAGER

Nach der Gedenkveranstaltung führte der Oberbürgermeister uns auf einem kurzen Rundgang durch das ehemalige Lager. Außer ein paar Baracken, die man für Firmenzwecke nutzte, war eigentlich nichts erhalten geblieben.

Die Junkers Flugzeug- und Motorenwerke AG Dessau wurde im September 1945 in eine sowjetische Aktiengesellschaft umgewandelt. Einige der Entwickler bei Junkers sollen angeblich in Kairo Präsident Nasser geholfen haben, seine eigenen Trägerraketen für hochexplosive Sprengköpfe zu bauen.[296]

Im Juli 1951 übernahm die westdeutsche Regierung die verbliebenen Vermögenswerte von Junkers. Der Firmensitz wurde von Dessau nach München verlegt. Im Februar 1965 erwarb Messerschmitt den Besitz und die Junkers Flugzeug- und Motorenwerke wurden aufgelöst.[297]

Nachdem die materiellen Spuren der Vergangenheit verloren gegangen sind, bleiben nur unsere Erinnerungen. Als wir das Gelände betraten, kamen wir zum Hauptplatz, auf dem sich noch immer das Wasserbecken befand, wenn auch in einem vernachlässigten Zustand. Während sich die anderen über die „Funktion" des Beckens wunderten, überkamen mich die Erinnerungen an den ehemaligen Appellplatz daneben. Ich war wieder in der Menge, die beim Zählappell stand oder in schlecht sitzenden Schuhen umherschlurfte. Ich erinnerte mich an den hohen Flaggenmast mit der Nazifahne und konnte der Gruppe genau beschreiben, wo er gestanden hatte. Als wir weitergingen

---

296 Ferencz, Less than slaves, S. 50.

297 Ebenda.

und nach den Baracken Ausschau hielten, war es sehr schwierig, das alte Lager in dieser neuen Umgebung wiederzuerkennen. Am Nachmittag lauschten wir im Weißen Haus einem Sänger, ich schaute aus dem Fenster und ließ meine Gedanken schweifen. Plötzlich war ich wieder im Lager. Ich sah meine Baracke Nummer 6 und hörte die Stimmen meiner Mitgefangenen. Ihr Gesang, der uns damals Hoffnung gab, mischte sich mit der aktuellen musikalischen Darbietung, so wie sich Gegenwart und Vergangenheit in meiner Vorstellung durchdrangen. Der sanfte Wind, der die Blätter der Bäume wiegte, trug meine Gedanken und brachte mir Kunde von den Baracken und den Mädchen. Ich wusste, dass ihr Leiden erzählt werden musste. Von diesem Vorhaben berichtete ich dem Journalisten, der mich 2001 interviewte.[298]

DIE STADT JENSEITS DER TORE

Die Gräuel des Konzentrationslagers vermitteln den Eindruck, es sei eine eigene Welt gewesen. Aber dieser Ort der Folter und des Tötens war nie von der ihn umgebenden Welt abgeriegelt. Er warf seinen Schatten über die Landschaft, die Gärten, Straßen und Dächer der Umgebung. Es existierten zwei Welten, aber deren Grenzen waren nie undurchlässig.

Einige Wachmänner und Aufseherinnen wohnten in der Stadt und obwohl es ihnen verboten war, über das Lager zu sprechen, kann man davon ausgehen, dass einige Informationen durchsickerten. Praktisch jeder in Markkleeberg wusste, dass das Lager existierte. Einige hatten auch gehört, dass es dort „ziemlich übel“ war.

Nach dem Krieg herrschte Schweigen; sowohl bei den Deutschen als auch bei den Überlebenden. Es war schwierig, über Deutschland Informationen zu erhalten, als Ost und West mit der Vergangenheit der Nation und ihrer eigenen Erniedrigung rangen. Weder für Ortshistoriker noch für die städtischen Politiker war die Geschichte des Lagers von Bedeutung. Die Amerikaner verließen Markkleeberg nach nur zwei Monaten und gemäß dem Abkommen von Jalta gehörte Sachsen zur russischen Besatzungszone. Die meisten Menschen hatten keine Berührungspunkte mit Juden und anders als in Westdeutschland wurde das Thema des Holocaust selten behandelt.

298 Bert Endruszeit, „Zahava Stessel ‚Ich muss einfach davon erzählen‘“, Kleine Volkszeitung, 7. September 2001, S. 4.

Die Markkleeberger behaupteten, sie wüssten nichts von einem Lager oder den Menschen, die dort eingesperrt waren.

Angyal Fischer Weisz und ihr Ehemann besuchten 1986 Markkleeberg. Sie erkannte die nahegelegene Eisenbahnlinie, aber das ehemalige Lager hatte sich verändert. Auf ihre Nachfrage versicherten ihnen die Anwohner, dass dort nie ein Lager gewesen wäre. Angehörige der älteren Generation oder ehemalige Arbeiter der Junkers-Werke, die noch am Leben sind, wollen heute nicht darüber sprechen. Sie haben Angst sich zu erinnern und damit an die Öffentlichkeit zu gehen.

Vor unserer Abfahrt 1998 wollten wir noch einen Blick auf das Lager werfen und riefen ein Taxi. Der Fahrer wusste nichts von einem Lager oder einem Gedenkstein, was nicht verwunderlich ist, denn der Stein ist zu klein und unbedeutend, um ein wichtiger Ort in der Stadt zu sein. Wir gaben ihm die Adresse und erzählten ihm davon.

JÄHRLICHES GEDENKEN

Am 27. Januar 1998, dem Jahrestag der Befreiung des KZ Auschwitz und dem offiziellen Holocaust-Gedenktag, wurde in Markkleeberg eine Ausstellung über das Lager eröffnet. Es entstand eine interessante Präsentation, die auf einigen unserer Berichte und Archivmaterial beruht. Ich freute mich, in der Ausstellung ein Foto meiner Mutter zu sehen. Neben der Ausstellung gibt es jedes Jahr am Holocaust-Gedenktag eine Festveranstaltung in Markkleeberg. Dort sprechen Dr. Klose, der Oberbürgermeister, und geladene Gäste, Schüler des Gymnasiums umrahmen die Veranstaltung musikalisch.

Gewöhnlich schicke ich Fotos und Informationen darüber an die Überlebenden von Markkleeberg und ich habe viele positive Rückmeldungen erhalten. Für uns ist die Erinnerung gleichzeitig Hoffnung. Wenn wir die Markkleeberger mit Blumen am Denkmal versammelt sehen, erfüllt uns Optimismus und wir wissen, dass Menschen trotz allem freundlich sind.

ERNEUTE REISEN

Bei meinem zweiten Besuch in Markkleeberg im Jahre 2000 begleiteten mich Kathy Zelmanovitz Goldstein, die mit mir aus New York anreiste, und Hava Hartmann Kleinberg aus Israel. Naomi Cohen Levi war ebenfalls aus Israel gekommen, um ihre alte Heimatstadt zu sehen. Vor dem Krieg hatte sie in Markkleeberg gelebt. Zusammen mit ihrer Mutter überlebte sie in einem Versteck in Leipzig. Naomi oder Trude, wie sie auf Deutsch heißt, verblüffte uns mit ihren Erinnerungen. Für sie war „Riquet", das wir als die kleine „Schokoladenfabrik" kannten, ein Ort, an dem sie mit ihrer Mutter manch glückliche Stunde verbracht hatte. Sie kauften dort an bestimmten Wochentagen verbilligte Schokolade. Als wir das Gebäude passierten, glänzten ihre Augen vor Freude. Naomi nannte uns auch einige der Wohnorte von Juden in der Stadt. Seltsamerweise gehörte auch Gautzsch dazu, das Gebiet in der Nähe der Junkers-Werke. Es war es ein besonderes Erlebnis, Markkleeberg mit den Augen einer Frau zu sehen, die als jüdisches Mädchen dort gelebt hatte, und ihre Erinnerungen zu erleben.

EIN SCHULBESUCH

Wir folgten einer Bitte des Büros des Bürgermeisters und waren einverstanden, die Rudolf-Hildebrand-Schule zu besuchen. Ich bereitete eine kurze Einführung vor und dann waren wir drei bereit, Fragen zu beantworten. Es lief sehr gut: Die Schüler waren nett und hatten viele Fragen. Sie schauten sich mein Buch über Abaújszántó an, wollten Genaueres zur Geschichte wissen und interessierten sich dafür, welche Gefühle ich bezüglich meiner Heimatstadt hege. Das gab mir die Möglichkeit, auch etwas über meine Familie zu erzählen. Die Schüler, die sich um gutes Englisch bemühten, hatten Verständnis für unsere Kommunikationsprobleme im Lager. Sie fragten, wie wir dort zurechtkamen, ohne Deutsch zu können. Sie richteten ihre Fragen jeweils direkt an eine von uns dreien. Es beeindruckte uns, dass die Jugendlichen sehr diszipliniert waren und aufmerksam zuhörten. Sie blieben sogar noch, als es bereits zum Stundenende geläutet hatte. Zum Abschluss erhielten wir Blumen und bemerkten Fotos an der Wand, die Teil einer Ausstellung über das Lager waren. Die Fotos und Blumen sprachen zu mir auf ihre Weise und ich sah meine Mutter, die von einem Foto auf uns schaute.

Mit Schülern der Rudolf-Hildebrand-Schule, Markkleeberg. An den Wänden befindet sich eine Ausstellung mit Fotos über das Lager.

2001 besuchte ich Markkleeberg zum dritten Mal zusammen mit Hava Hartmann Kleinberg.[299] Wir folgten einer Einladung des Museums von Buchenwald zur Eröffnung einer Ausstellung mit dem Titel „Die vergessenen Frauen von Buchenwald", die von Dr. Irmgard Seidel von der Buchenwald-Gedenkstätte geschaffen wurde. Erzsike und ich lieferten dafür Fotos und Berichte. Buchenwald, das man als Männerlager kennt, hatte 26 Außenlager für Frauen. In diesen Lagern wurden 26.000 Frauen aus von den Deutschen besetzten Gebieten gefangen gehalten. In der Ausstellung werden Fotografien, Biografien und Berichte von 24 Frauen präsentiert.
Im Vorwort zur Ausstellung steht, „dass die Frauen den Willen beweisen, den die Nazis nicht brechen konnten". 18 Überlebende, deren Biografien gezeigt werden, waren zur Eröffnung anwesend.[300] Heute wird die Ausstellung in verschiedenen Städten gezeigt. Die Pariser Museen veröffentlichten einen gebundenen Katalog mit Fotos und Biografien.[301] Es freut mich, dass

---

299 Hava Hartmann Kleinberg starb am 27. April 2007. Auf ihrem Grabstein steht die Nummer, die man ihr in Auschwitz eintätowierte.

300 Evelin Müller, „Vergessene Frauen von Buchenwald", Markkleeberger Stadtnachrichten, Nr. 10, September 2001, S. 1 f.

301 Aurore De Neuville (Hrsg.), Les Femmes oubliées de Buchenwald, Paris, Musée, 2005, S. 39–42, S. 118–120. Vergleiche auch „Vergessene Frauen von Buchenwald", Weimar Culture Journal, Nr. 5, 2001, S. 8.

Leute sich darum kümmern. Wenn man weiß, was uns passierte, versteht man vielleicht, wie schrecklich kurz und schnell die Straße nach Auschwitz führte.

DIE SUCHE NACH ROZSAS GRAB

Von Buchenwald fuhren wir weiter nach Markkleeberg, wo wir Andreas Höhn vor dem Büro des Oberbürgermeisters trafen. Herr Höhn, ein örtlicher Historiker, den wir bereits von früheren Besuchen kannten, sollte unser Führer sein und die Route des Todesmarsches mit uns nachvollziehen. Als wir in Freital ankamen, suchten wir das Grab von Rozsa Winkler. Ich hatte die Adresse des Friedhofes von Nelly Winkler Rochlitz, Rozsas Schwester, mit der ich in New York sprach, ehe ich nach Deutschland abreiste. Nelly war aufgeregt und außerordentlich dankbar. Wie bereits in Kapitel 13 erwähnt, kam ihr Bruder Andor Winkler einen Tag nach Rozsas Beerdigung in Freital an. Herr Höhn fand den Friedhof, aber zu unserem Bedauern und unserem Ärger fanden wir weder das Grab von Rozsa noch von anderen Markkleeberger Opfern, die hier beerdigt worden waren. Der Name Rozsa Winkler steht im Sterbeverzeichnis des Friedhofes, aber man sagte uns, dass die Grabstelle nach einigen Jahren wieder vergeben wird, wenn niemand für sie sorgt und für ihre Erhaltung bezahlt. Entsprechend der Friedhofssatzung wird dort jemand anders beigesetzt.

Wir konnten nur ein Gebet für Rozsa und die anderen Opfer des Lagers in ihren namenlosen Gräbern sprechen. Nelly war traurig und enttäuscht, als ich ihr die bedrückende Nachricht überbrachte, dass selbst die Spuren ihrer geliebten Schwester nicht mehr zu finden sind.[302]

Ich verließ Markkleeberg mit der Hoffnung, dass ich bei meiner nächsten und letzten Rückkehr das Buch im Gepäck hätte und dass seine Worte die Stille des Friedhofs füllen und die verbliebenen Baracken und den Appellplatz zum Sprechen bringen würden.

302 In einem Telefongespräch mit der Christuskirche in Freital vom 4. September 2001 erfuhr Frau Evelin Müller von der Markkleeberger Stadtverwaltung, dass Rozsa Winkler in einem anonymen Massengrab beigesetzt wurde. Frau Müllers Information ist im Besitz der Autorin.

Besuch der Autorin auf dem Kirchlichen Friedhof in Freital (Sachsen) im August 2001

BLEIBENDE ERINNERUNGEN

In seinem Brief vom 23. Oktober 2006 teilte mir Dr. Klose mit, dass die Gedenktafel mutwillig beschädigt und zerbrochen worden ist. Das überraschte mich nicht, denn ich weiß, dass es nicht einfach ist, die Saat des Hasses zu entfernen. Es war jedoch ermutigend, dass die Polizei den Fall untersucht und dass die Stadt Reparaturen am Gedenkstein durchführen ließ. Eine weitere Geste guten Willens drückte Dr. Bernd Klose in seinem Brief an die Autorin vom 8. Januar 2008 aus.

> *Die Stadt Markkleeberg möchte Ihre Arbeit und Ihre herausragenden Verdienste um die Geschichte des Lagers ehren. Wir möchten Ihnen die Ehrenbürgerschaft unserer Stadt verleihen und Sie bitten, sich in unser Goldenes Buch einzutragen. Ihre Beschreibung der Not der ungarischen Jüdinnen und der französischen Widerstandskämpferinnen trägt dazu bei, ihnen ein nachhaltiges Denkmal zu setzen. Sie beschreiben das Martyrium dieser Frauen, sodass sie nicht in Vergessenheit geraten werden und wir hoffentlich auch künftigen Generationen vermitteln können, dass solch schreckliche Verbrechen nie wieder passieren dürfen.*
>
> *Unterzeichnet: Dr. Bernd Klose, Der Oberbürgermeister*

VERGANGENHEIT UND GEGENWART

Kurz nachdem ich von Markkleeberg nach New York zurückgekehrt war, ereignete sich der Angriff vom 11. September. Meine Stadt verlor ihre Naivität, als sie von Terrorkräften heimgesucht wurde, die jenseits menschlicher Vorstellungskraft agieren. Ähnlich wie beim Holocaust war den Angreifern nichts heilig, nichts war inhuman oder unmoralisch. Das Reich der Konzentrationslager, das wie ein anderer Planet anmutete, stieg herab auf unsere Erde, in unsere Stadt. Das Böse zeigte seine hässliche Fratze, als Leute in einem Albtraum gefangen waren und verzweifelt versuchten, einen Ausweg zu finden. Als die Türme zu Staub zerfielen, wurde, was undenkbar war, auf furchteinflößende Weise Wirklichkeit. „Wir haben eine neue Apokalypse", schrieb Jonathan Mark, „ein Todeslager, das auf New York herabsank: Jupiterlampen, die plötzlich den blassen, rauchigen Schleier der Nacht durchdrangen; Nasen, die einen Gestank wahrnehmen, der nicht zu lokalisieren war; Soldaten, die auf LKWs vorbeifuhren; Erdschichten, die aufeinandergeschichtet waren, unter Asche und verbogenem Metall ... Ruß und Tod, die so sacht fallen wie Schnee."[303] Etwas Drohendes stieg empor, als die Türme einstürzten, eine unheimliche Stille – ähnlich der in der Gaskammer, nachdem man Zyklon-B eingeleitet hatte – breitete sich über Ground Zero aus. Die Deutschen öffneten die Schleusen der mordlüsternen Instinkte des Menschen, die bis dahin durch die Regeln der Zivilisation im Zaum gehalten worden waren. Auschwitz war der Weg zum 11. September, der in eine Zeit des Terrors führte.

Die jährlichen Gedenkfeiern zum 11. September sind für uns Überlebende schwer. Die Schmerzensschreie über den Verlust all jener Opfer sind unsere Schreie. Sie sprechen zu uns und für uns. Wir fühlen mit ihnen und fügen bittersüße Momente des Erinnerns an jene ersten Tage unseres Überlebens hinzu. Für mich erscheinen die Bilder verwaister Jugendlicher, zerstörter jüdischer Gemeinden, Tausender Opfer ohne Zuhause, ohne Familie und ohne einen Angehörigen, der sich sorgt oder einen Trauertag festlegt.

Es vergingen die Jahre, in denen Landsmannschaften ihre kleinen Gedenkfeiern abhielten, ihnen folgten verschiedene Welttreffen und Gedenkfeiern von Holocaustüberlebenden. Dann wurde die UN-Resolution einstimmig angenommen, in der festgelegt wurde, den 27. Januar, den Jahrestag der Befreiung von Auschwitz, als Holocaust-Gedenktag zu begehen. „Erinnerung und was danach kommt" war das Thema des ersten jährlichen interna-

303 Jonathan Mark, „Realm of the Senses: Solace for those Left Behind Found in a Swim, a Kiss, Memories of a Blessing", Jewish Week, New York, 8. September 2006, S. 16 f.

tionalen Gedenktages. Er wurde am 27. Januar 2006, dem 61. Jahrestag der Befreiung des Todeslagers Auschwitz-Birkenau, in der UNO begangen.

Nach Jahren des Schweigens war dieser Beschluss der Vereinten Nationen ein bedeutsamer Schritt für uns Überlebende. Es erfüllte uns mit Glück, dass die Vertreter der Staaten schließlich von den Grausamkeiten gegen die jüdische Bevölkerung Notiz nahmen. Vielen war es ein Bedürfnis, an diesem ersten Treffen teilzunehmen; auch ich war dabei. Der Sitzungssaal konnte die fast 2.000 Menschen kaum fassen. Die Organisatoren waren von diesem Andrang überrascht und mussten viele Interessenten abweisen. Wir fragten uns, ob das Gefühl der Verwundbarkeit nach dem 11. September zur Veränderung der Haltung der UNO beigetragen hatte. Die internationale Gemeinschaft erkannte es zwar spät, aber sie verstand, dass das, was uns passiert war, das Schicksal einer jeden Volksgruppe sein könnte.

Der in Europa und der arabischen Welt vorherrschende Hass auf Juden und den jüdischen Staat selbst im Angesicht des weltweiten Terrors ist besonders für uns Überlebende eine schmerzhafte Ironie. Unter dem tödlichen Sperrfeuer der Hisbollah im Juli 2006 war Erzsikes Leben in ernster Gefahr und ihr Zuhause wurde beinahe zerstört. Eine Rakete schlug neben ihrer Wohnung in Haifa ein. Zitternd und voll Angst warteten wir auf den nächsten Angriff, während die europäischen Länder Israels Einsatz zum Schutz seiner Bevölkerung, zu der viele Holocaustüberlebende gehören, als eine Überreaktion und ein Verbrechen gegen die Menschlichkeit bezeichneten. In jenen Ländern regiert noch immer der mitleidlose Hass, der vor sechzig Jahren unser Zuhause ausplünderte und die jüdische Bevölkerung mordete. Sie erkennen nicht, dass ein Erstarken des radikalen Islam als eines Nachfolgers des Nationalsozialismus und seine Möglichkeit, Nuklearwaffen zu besitzen, die ganze Welt auf seine Landkarte des Terrors setzen könnte.

Extremisten machen keine Unterschiede zwischen ihren Opfern. Unter den Toten des 11. September waren Angehörige von mehr als achtzig verschiedenen Nationalitäten. Es waren Europäer, Asiaten, Afrikaner, Frauen, Männer, Alte und Junge aus allen sozialen Schichten, Angehörige verschiedener Religionen und Menschen unterschiedlichen Einkommens. Das Schockierendste, worüber Augenzeugen berichteten, war der Anblick von Menschen, die sich an den Händen hielten, als sie aus den brennenden Türmen sprangen. Um solche Szenen und Angriffe zu verhindern, muss die internationale Gemeinschaft den Weg dieses neuen Hurrikans des Terrors blockieren. So wie wir unsere Arme im Unglück ausgestreckt hatten, wollen wir zusammenstehen, um unsere Freiheit und Zivilisation zu schützen.

Wir haben eine gemeinsame Welt und eine gemeinsame Angst, sodass die Sehnsucht nach einem Leben ohne Terror uns menschliche Wesen vereint.

In unserer Familie wird der Olivenzweig von unserer jüngeren Tochter Yonit, deren Name im hebräischen „Taube" heißt, weitergetragen. Sie erhielt diesen Namen und sein Friedenssymbol im Andenken an ihre Großmutter, die in Auschwitz starb. Ich hoffe, dass die Friedensliebe und Friedenssehnsucht, die den Holocaust überlebte, triumphieren wird und die Angst vor dem Hass der Terroristen ersetzt; und schließlich wird das vielleicht den Unterschied machen. Mein größter Wunsch und mein tiefstes Gebet ist: „O, Gott, bitte halte diesen anderen Planeten, den wir in den Lagern erlebten, von unseren Kindern und allen anderen Kindern auf der Erde fern!" Amen.

Das folgende Lied handelt davon, gemeinsam Liebe zu finden und bringt unser aller Menschlichkeit zum Ausdruck. Ich habe das Lied in meiner Muttersprache gehört.

Freunde, wir wollen einander lieben;
Denn irgendwie fließt das Leben rasch dahin.
Jede Minute zählt.
Freunde, wir wollen einander lieben.
Das Herz ist der größte Schatz;
Es gibt kein schöneres Wort als Liebe.
Überall auf der Welt
Wollen wir einander lieben, Freunde.

Anhang

Liste der Gefangenen des KZ Buchenwald-Außenlagers Markkleeberg

Im nachfolgenden finden Sie die Liste der 1300 jüdischen Ungarinnen und der 250 französischen politischen Gefangenen. Die Geburtsdaten der Gefangenen in der Übersicht stammen aus dem Archiv der Stiftung Gedenkstätten Buchenwald. Diese Daten stimmen nicht in jedem Fall mit denen aus den Listen des Lagers Markkleeberg überein. Abweichungen in den Lagerlisten werden durch # gekennzeichnet.

Die von den Gefangenen selbst gemachten Angaben zu Geburtsdaten und Beruf entsprachen nicht immer der Realität. Es war überlebenswichtig, in einem „arbeitsfähigen" Alter zu sein – nicht zu alt und nicht zu jung – und dementsprechend korrigierten die Gefangenen ihre Altersangaben. Ebenso erhöhte ein praktischer und „gesuchter" Beruf die Chance, in einem Arbeitslager eingesetzt und nicht in ein Vernichtungslager deportiert zu werden. In einigen Fällen kann man allerdings davon ausgehen, dass die unterschiedlichen Angaben durch Schreibfehler oder Verständigungsprobleme entstanden sind.

Die Namen der Gefangenen und die Geburtsorte unterscheiden sich in ihrer Schreibweise oft von der im Buch. Das hat seine Ursache darin, dass es sich um originale Listen der deutschen Verwaltung handelt – geschrieben auf deutschen Schreibmaschinen mit 30 Buchstaben, ohne die darüber hinausgehenden Buchstaben und Zeichen des ungarischen und französischen Alphabets.

Ungarische jüdische Gefangene

Name	Vorname	Geburtsdatum	Geburtsort	Beruf	Gefangenen-Nr.
Abelsberg	Zsuzsanna	12.06.1929 12.06.1926 #	Sümeg		50003
Abraham	Regina	01.07.1918	Kovacsrot		49001
Abraham	Iren	14.04.1925 25.04.1925 #	Felsöbogad		50001
Abrahamovits	Rozalia	07.10.1925	Bilke		49002
Abrahamovits	Rozsi	12.02.1928	Alsokalocsa		49003
Ada	Eva	05.04.1922	Budapest	Pianistin	50002
Adam	Eva	18.02.1923	Marosvasarhely		49500
Adler	Jozsa	17.08.1908	Bazin	Ärztin	49004
Adler	Sari	25.12.1923	Dombo	Schneiderin	50004
Adler	Terez	07.06.1908	Mezökövesd		50005
Alexander	Elisabeth	17.04.1917 17.04.1910 #	Satoraljaujhely	Pflegerin	49005
Allweiss	Etelka	02.11.1915 28.02.1911 #	Budapest		49501
Almasi	Edit	15.10.1924 17.05.1925 #	Szentlöeino	Schneiderin	49502
Almasi	Bella	28.02.1911 15.10.1924 #	Gyergyoszarhegy	Strickerin	50006
Alt	Lenke	17.05.1925	Ujpest	Schneiderin	49799
Altmann	Rozsi	20.02.1912 02.11.1915 #	Satoraljaujhely		50007
Ambrus	Klara	06.09.1919	Matetelke	Pflegerin	49006
Apfelbaum	Lili	05.09.1926	Vac		49503
Aron	Ilona	26.03.1925 26.03.1923 #	Sajomagyaros		49007
Asztalos	Rozsi	08.04.1925 10.02.1925 #	Kdenvar	Bürstenbinderin	49504
Ausch	Eva	29.01.1922	Gyöngyös	Bürokraft	49008
Ausch	Vera	16.01.1924	Gyöngyös	Kürschnerin	49009
Bachusz	Erzsebet	29.07.1927 2 09.07.1923 #	Cluj		49800
Bachusz	Szini	11.06.1920	Cluj		49801
Barany	Katalin	18.01.1930 25.06.1924 #	Buzsak		49505
Barany	Viola	25.06.1924 18.01.1930	Pozsony		50008
Bard	Rozsa	16.11.1914	Budapest	Elektrikerin	50009
Barna	Anna	04.12.1924	Budapest	Ingenieurin	50010
Bauer	Rozsi	23.07.1923	Kassa	Schneiderin	49802
Beck	Lili	13.02.1927	Fehergyarmat		49010
Beck	Judit	02.05.1920	Tolna	Schneiderin	50011
Beck	Rozsi	10.11.1927	Tolna	Schneiderin	50012
Behrenstein	Helena	21.06.1912	Harsfalva	Schneiderin	49011
Behrenstein	Rozsi	13.05.1920 05.05.1918 #	Harsfalva	Schneiderin	49012
Bekö	Helena	14.06.1924	Ilonak Ujfalu		49013
Benkö	Zsuzsanna	26.06.1925	Solt	Weberin	49014
Berg	Erzsebet	13.07.1920	Dercske		50013
Berger	Ilona	12.06.1925	Fehergyarmat	Schneiderin	49016

Berger	Anna	22.09.1923	Nagyatad		49506
Berger	Iren	24.03.1921	Nagymursaly		49507
Berger	Rozsi	15.11.1914	Csorna	Schneiderin	50014
Berger	Terez	25.08.1916	Csorna	Schneiderin	50015
Bergerova	Berta	10.01.1923 10.03.1921 #	Velke Komiaty	Schneiderin	49015
Berkovits	Erzsebet	15.09.1909	Budapest		49017
Berkovits	Gabriella	06.10.1930 06.10.1926 #	Satoraljaujhely		49018
Berkovits	Livia	26.06.1926	Satoraljaujhely		49019
Berkovits	Jolan	24.06.1921	Vac		49508
Bernstein	Lenke	11.05.2017 11.05.1921 #	Harsfalva		49020
Biber	Lili	17.07.1922	Dacsokeszi		49021
Biber	Magda	13.07.1924	Ipolysag		49022
Bienenstock	Edit	07.03.1924	Papa	Schneiderin	49509
Bienenstock	Zsuzsanna	01.07.1926 07.02.1926 #	Papa	Schneiderin	49510
Biener	Aranka	08.04.1917	Magyarlados		49803
Bihari	Margit	26.07.1905	Budapest		50016
Bihari	Margit	09.02.1926	Beregujfalu		50017
Biller	Fany	25.07.1908	Bara	Schneiderin	49023
Bineth	Hedvig	28.09.1925	Borsodsztmarton	Köchin	49024
Bircsak	Frida	17.11.1909	Budapeat	Pflegerin	50018
Birnbaumova	Magda	10.10.1919 09.08.1918 #	Kosice		49025
Biro	Erzsebet	22.10.1920	Zalaegerszeg		49511
Blau	Adrienne	28.10.1923	Satoraljaujhely		49026
Blau	Eva	04.04.1929	Mateszalka		49027
Blau	Margit	14.11.1928 14.11.1919 #	Papa	Schneiderin	49512
Blau	Aranuzka	30.9.1924	Vasarosnameny		49804
Blau	Magda	30.06.1929 30.06.1927 #	Nagymagyar	Schneiderin	50019
Bleier	Rozalia	01.11.1911	Aszod		49036
Bleyer	Eva	30.06.1924	Szolnok		50020
Blum	Anna	14.05.1924	Nagyecsed		49028
Blum	Irena	15.04.1924 15.04.1925 #	Nyiderzs		49029
Boros	Klara	06.06.1924	Budapest		50021
Braun	Juliska	28.03.1911	Komarom		49031
Braun	Vera	01.02.1927	Budapest		49032
Braun	Zsuzsana	20.06.1927	Mateszalka		49033
Braun	Ilona	13.04.1912 13.04.1916 #	Nagyatad		49513
Braun	Berta	25.02.1926	Vasarosnameny		49805
Braun	Barbara	25.11.1915	Mezökövesd		50022
Braun	Carmen	19.04.1922	Budapest		50023
Braun	Eva	10.10.1924	Keszthely	Schneiderin	50024
Braun	Szidonia	29.03.1910	Fertöszentmiklos		50025
Braunova	Edita	05.02.1911	Kosice		49030
Braunstein	Ibolya	27.05.1929 27.05.1927 #	Gyumölszenes		49806
Braunzweig	Roza	24.12.1924	Teke		49034
Braunzweig	Sara	09.09.1921	Teke		49035
Braver	Gabriella	29.12.1926	Uzhorod		49807
Breier	Katalin	09.12.1922	Mezökövesd	Schneiderin	50027
Breitner	Aranka	27.09.1908	Poosaj		50026
Brociner	Margit	22.10.1919			49037
Bronner	Anna	12.05.1928 12.05.1924 #	Mezöcsat	Schneiderin	49038

Bronner	Edith	16.09.1926	Mezöcsat	Schneiderin	49039
		12.09.1923 #			
Brummer	Iren	20.07.1918	Nyirbator		50028
		20.06.1918 #			
Brunnwasser	Magda	16.10.1926	Raho		50029
Csanyi	Zsuzsana	21.05.1922	Gyöngyös	Bürokraft	49041
Csendes	Marianne	20.01.1927	Baja		50030
Czeisler	Erzsebet	26.12.1926	Szakacsi		49042
Czeisler	Gabriella	18.05.1925	Sarospatak		49043
Czeisler	Jolan	11.04.1909	Miskolc		49044
		11.04.1907 #			
Czeisler [Ceisler]	Ilona	20.01.1916	Miskolc		49040
Czigler	Roza	15.02.1904	Hatvan		49045
		16.02.1906			
Czikk	Ella	10.07.1907	Dunaszerdahely	Schneiderin	49514
Czikk	Margit	28.06.1914	Debrecen	Schneiderin	49515
Czitrom	Izabella	30.11.1916	Harasztkerek		49516
Czitrom	Magda	05.03.1928	Tirgu Mures	Schneiderin	49517
		05.03.1926 #			
Czitter	Eva	22.07.1924	Budapest	Kürschnerin	50031
Czorn	Gabriella	17.07.1924	Sarospatek	Schneiderin	49046
Danzinger	Irena	17.10.1924	Nagykallo		49047
Darvas	Gabriella	09.12.1922	Homokszentgyor	Landwirtin	49518
Darvas	Stefania	20.09.1905	Pecz		49519
Daszkal	Maria	10.12.1911	Rusokava		49048
Daszkalovics	Rozsi	29.08.1926	Taracköz		49808
David	Berta	17.11.1926	Alsorepa	Schneiderin	49049
		16.12.1925 #			
David	Maria	26.10.1922	Kolozanagyida		49050
David	Miriam	10.02.1930	Szekely Udvarhely	Strickerin	49520
		10.02.1927 #			
Davidovicz	Blanka	07.10.1921	Tirgu Mures	Weberin	49521
		07.10.1920 #			
Davidovits	Erzsebet	15.09.1921	Oetvösfalva		49809
		15.08.1921 #			
Davidowitsch	Helen	04.06.1928	Dombo		50032
		04.06.1926 #			
Dervarics	Matild	28.04.1913	Zalaegerszed	Stenotipistin	49522
Deutsch	Eva	24.10.1929	Peröcseny		49052
Deutsch	Hedvig	18.07.1904	Nagytapolcsany		49053
Deutsch	Helen	14.01.1904	Lebeny	Erzieherin	49054
Deutsch	Ilona	10.09.1913	Szak		49055
Deutsch	Vera	22.04.1923	Satoraljaujhely		49056
Deutsch	Eva	23.07.1923	Budapest	Modistin	49523
Deutsch	Ibolya	18.10.1918	Mezöszakall		49524
Deutsch	Jolan	05.05.1922	Velky Bereznyj	Schneiderin	49525
Deutsch	Lenke	11.03.1928	Papa	Schneiderin	49526
		11.03.1918 #			
Deutsch	Olga	07.11.1921	Damak		49527
Deutsch	Marta	04.09.1922	Satoraljaujhely		49810
		04.09.1923 #			
Deutsch	Olga	02.01.1921	Kassa		49811
Deutsch	Agnes	30.09.1923	Tapioszele	Schneiderin	50033
Deutsch	Bella	27.02.1927	Balassagyarmat	Schneiderin	50034
Deutsch	Helen	13.10.1922	Balassagyarmat	Schneiderin	50035
Deutsch	Klara	10.04.1925	Tolmas	Schneiderin	50036
Deutsch	Szeren	12.01.1924	Balassagyarmat	Schneiderin	50037
Devai	Margit	07.12.1922	Rudabanya		49051
		07.09.1922 #			

Diamant	Anna	20.04.1920	Kisnemeti		49528
Diamant	Rozsi	20.04.1920	Kisnemeti		49529
Dittler	Frida	27.01.1902	Ujpest		49530
Doktorczyk	Hela	15.05.1919			50038
Doros	Helena	22.05.1908	Ujpest		49531
Droth	Margit	06.06.1912	Vatta		49057
Droth	Lili	11.02.1922	Vatta		49058
Dub	Olga	13.06.1914	Mezökaszony	Schneiderin	50039
Dub	Regina	22.05.1908	Mezökaszony		50040
Dub	Rozsi	11.09.1929 11.12.1928 #	Tecsö		50041
Düm	Elza	15.03.1921	Ujfeherto		49059
Eckstein	Judith	18.12.1924	Kassa	Zeichnerin	49812
Ehrenthal	Margit	12.02.1916	Nagymagyar	Schneiderin	50042
Ehrenthal	Valeria	26.10.1927	Nagymagyar	Schneiderin	50043
Ehrmann	Eva	15.09.1924	Kraslovsky Chlmec		49813
Ehrmann	Szeren	13.06.1921	Eperjes		49814
Einhorn	Gizi	05.07.1928 05.07.1924 #	Dombo	Schneiderin	50044
Einhorn	Helen	19.07.1923	Dombo	Schneiderin	50045
Einhorn	Lenke	31.10.1928 26.01.1926 #	Dombo	Schneiderin	50046
Eisdörfer	Lili	28.05.1928 28.05.1923 #	Suskova	Schneiderin	49060
Eisenberger	Nelly	26.04.1909	Nagyszölös	Köchin	49061
Eisenberger	Olga	04.10.1920	Nagyszölös	Köchin	49062
Eisikovics	Sara	08.03.1917	Alsoapsa		49815
Eisler	Ilona	01.11.1924 01.11.1923 #	Demend		49063
Eisler	Edith	25.11.1921 25.11.1923 #	Demend		49064
Eisner	Klara	01.01.1926	Fehergyarmat		49065
Elfer	Erzsebet	11.03.1918	Vac		49532
Elias	Szeren	08.06.1909	Ujpest	Ärztin	49816
Engel	Judith	24.07.1929	Nagymagyar		49066
Engel	Sara	15.01.1922	Ujfeherto		49067
Engel	Katalin	13.07.1931 13.07.1928 #	Budapest		50047
Engelhardt	Aranka	09.01.1905	Esztergom		49068
Engelsberg	Rozsa	23.05.1925	Jaszeberny	Schneiderin	50048
Engelstein	Fanny	13.06.1924	Marmarospetrov		49817
Engländer	Magda	24.01.1924	Borsod		49818
Erdös	Katalin	23.10.1919 23.01.1926 #	Obecse	Turnlehrerin	49533
Ernst	Piroska	27.01.1927	Udvard	Schneiderin	49069
Faber	Erzsebet	26.11.1907 26.06.1907 #	Kralovsky Chlme	Rechtsanwältin	49070
Farkas	Gizella	28.05.1924	Csenger		49071
Farkas	Gizella	05.04.1926	Fehergyarmat		49072
Farkas	Magda	01.07.1927	Nagyszöllös		49073
Farkas	Roza	15.10.1923	Sevljus	Schneiderin	49074
Farkas	Berta	02.06.1922	Lipscse		49534
Farkas	Iren	04.05.1919	Szatmarnemeti		49535
Farkas	Regina	04.07.1924	Szeklence		49819
Farkas	Hajnal	15.10.1909 24.10.1909 #	Wisek		50049
Farkas	Zali	15.08.1912	Visk	Schneiderin	50050
Feher	Edit	07.10.1925	Papa		49536
Feher	Rozsa	26.10.1926	Szombathely		49537
Fehervari	Magda	20.02.1918	Petroszeny		49538

Fekete	Magda	04.02.1924			49075
Feldbauer	Ilona	01.06.1923	Udvard		49076
Feldman	Helene	17.12.1908	Gönc		49078
Feldmann	Rozsi	31.07.1924	Szabatin		49077
Feldmann	Cecilia	21.08.1922	Vac	Schneiderin	49539
Feldmann	Gizella	02.02.1927	Vac	Schneiderin	49540
Fellmann	Marta	30.11.1914	Vinna		49079
Fenyö	Anna	11.03.1929 11.03.1927 #	Satoraljaujhely		49080
Fenyö	Piroska	18.06.1906	Satoraljaujhely		49081
Ferber	Sarolta	21.02.1918	Huszt	Schneiderin	49820
Ferencz	Irena	20.07.1911 11.10.1911 #	Tunyog		49082
Feuerstein	Hajnal	29.09.1921 29.09.1917 #	Kralovsky Chlme		49083
Feuerstein	Lili	11.04.1929 11.04.1926 #	Kralovsky Chlme		49084
Feuerstein	Magda	27.08.1925	Kralovsky Chlme		49085
Feuerstein	Iren	28.10.1924	Munkacevo		49821
Finger	Olga	24.02.1914	Ujpest		49541
Fischer	Szeren	28.05.1924	Fehergyarmat	Schneiderin	49087
Fischer	Angyal	11.05.1912 11.05.1922 #	Gyekenyes		49542
Fischer	Katharine	09.02.1920	Nagytat		49543
Fischer	Sara	24.01.1922	Nagyatad		49544
Fischer	Vera	01.05.1916	Pecs		49545
Fischer	Zsuzsanna	29.03.1924	Nagytat		49546
Fischer	Klara	01.07.1922	Tornyospatak		49822
Fischer	Zsuzsanna	18.11.1923	Tornyospalca	Schneiderin	49823
Fischer	Ilona	17.05.1927	Sajopetri		50051
Fischler	Erzsebet	18.05.1910	Szentistvanbaksa		49086
Fischler	Edit	29.01.1919	Gyulafehervar	Arbeiterin	49824
Fischmann	Livia	16.09.1929	Ujfeherto		49088
Fischmann	Margit	23.07.1923	Ujfeherto	Schneiderin	49089
Fixel	Debora	18.06.1922	Szaszregen		49090
Fixler	Anna	22.01.1921	Kassa	Kosmetikerin	49825
Flach	Judit	15.04.1928	Siogard	Schülerin	50053
Flesch	Agnes	02.11.1923	Hernadpetri	Schneiderin	49547
Flesch	Jolan	23.06.1910	Aszalo	Schneiderin	49548
Flesch	Margit	01.07.1924	Tapioszele	Arbeiterin	50052
Flohr	Edith	26.01.1910	Miskolc	Weberin	49091
Fodor	Margit	10.11.1910 10.11.1915 #	Papa	Schneiderin	49549
Fogel	Fani	15.04.1922	Tecsö		49826
Fogel	Helen	15.01.1924			49827
Frank	Erzsebet	05.05.1918	Miskolc	Kosmetikerin	49092
Frank	Katalin	23.09.1921	Miskolc	Lehrerin	49093
Frankel	Edith	03.08.1928	Bankesi		49094
Frankel	Erzsebet	14.04.1926	Totmagyar		49095
Frankel	Terez	07.08.1925	Slov. Meder	Schneiderin	49096
Frankel	Borbara	03.09.1923	Gyöngyös		49097
Frankel	Edit	05.10.1925	Vasarosnameny	Näherin	49828
Frankel	Klara	22.04.1927	Vasarosnameny		49829
Frankel	Magda	17.12.1924	Kapolcsapati		49830
Frankfurts	Ilona	28.02.1924	Abaujszanto		49550
Frankl	Eva	02.02.1921 12.02.1921 #	Budapest	Pflegerin	49098
Frankl	Gizella	07.07.1923	Ujfeherto	Schneiderin	49099
Frankl	Helena	12.03.1925	Ujfeherto		49100
Frankl	Lili	24.04.1904	Gyöngyös		49101

Frankl	Helene	02.02.1922	Jaszfenyszaru		50054
Frankl	Rozsi	21.04.1915	Jaszfenyszaru	Schneiderin	50055
Freikind	Piroska	25.03.1906	Possaj		50056
Freimann	Katalin	26.09.1925	Nagyvarad	Strickerin	49551
Frenkel	Roza	17.08.1923	Guta		49102
Freund	Magda	03.11.1927	Tany		49103
Freund	Alice	14.07.1918	Budapest	Schneiderin	49552
Freund	Helen	19.07.1926	Szatmarnemeti		49831
Fried	Josefa	23.08.1924	Budapest	Strickerin	50057
Fried	Roza	23.01.1927	Ersekujvar	Arbeiterin	50058
Friedman	Aranka	04.10.1927 04.10.1929 #	Tiszabercel		49104
Friedman	Maria	16.12.1915	Tiszadob		50064
Friedmann	Bella	16.11.1925	Sarospatak		49105
Friedmann	Elvira	11.6.1924	Roszaly		49106
Friedmann	Fani	18.11.1927	Harsfalva	Modistin	49107
Friedmann	Katalina [Kato]	05.05.1924	Mateszalka	Bürokraft	49108
Friedmann	Margarete	31.08.1922	Roszaly		49109
Friedmann	Eva	06.09.1926	Szatmarnemeti		49553
Friedmann	Margit	26.01.1920	Tötibyhormegye		49554
Friedmann	Aranka	29.06.1929 06.09.1926 #	Szeteny		49832
Friedmann	Brany	29.03.1927	Ungvar		49833
Friedmann	Edit	01.09.1924 01.10.1922 #	Bodrogkeresztur		49834
Friedmann	Eta	03.09.1917	Bodrogkeresztur		49835
Friedmann	Jolan	18.05.1925	Seteny		49836
Friedmann	Klara	09.01.1929 09.01.1916 #	Bodrogkeresztur		49837
Friedmann	Livia	27.01.1926 27.01.1924 #	Bodrogkeresztur		49838
Friedmann	Margit	18.01.1925	Helyöcsaba		49839
Friedmann	Piroska	02.08.1925	Vasaronameny		49840
Friedmann	Rozsi	17.12.1919 19.12.1918 #	Bodrogkeresztur		49841
Friedmann	Doris	21.03.1908	Budapest	Schneiderin	50059
Friedmann	Cecilia	15.08.1922	Halmi		50060
Friedmann	Erzsebet	04.03.1910	Baja		50061
Friedmann	Gyöngyi	16.03.1922	Beregillosva		50062
Friedmann	Judit	26.07.1930 26.07.1926 #	Dombovar		50063
Friedmann	Olga	30.05.1924	Halmi	Friseurin	50065
Fritsch	Ella	20.04.1924	Marosvasarhely	Studentin	49555
Frommer	Terez	19.02.1929 11.02.1926 #	Harsvolvo	Schneiderin	50066
Fruchter	Judit	17.08.1924	Borsa		49842
Frühzeitig	Sara	02.11.1910	Tolcsva		49110
Fuchs	Blanka	02.07.1929 02.06.1925 #	Nagymagyar		49111
Fuchs	Rozalia	31.07.1924 12.04.1926 #	Nagymagyar		49112
Fuchs	Szerena	03.09.1923 03.09.1920 #	Kosice	Schneiderin	49113
Fuchs	Judit	28.10.1929 26.10.1919	Tirgu Mures	Schneiderin	49556
Fülep	Agnes	27.03.1929	Mateszalka		49114
Fülep	Anna	27.03.1929	Mateszalka	Schneiderin	49115
Fülep	Erzsebet	08.06.1927	Mateszalka	Schneiderin	49116
Fülep	Olga	03.02.1926	Mateszalka	Schneiderin	49117
Fülöp	Rozsi	28.09.1898 28.09.1905 #	Mateszalka		49118

Füredi	Magda	17.02.1922	Ujpest	Arbeiterin	50067
Fürst	Erzsebet	17.01.1913	Kiskunhalas		50068
Ganz	Kornelia	10.09.1910	Miskolc		49119
Garfunkel	Gizella	30.03.1915	Siklos		49557
Gaty	Judit	08.03.1928	Szekesfehervar		49558
Gedajlovics	Pepi	11.01.1931 11.01.1921 #	Irhoc		49121
Gedajlovits	Dori	15.08.1920 15.08.1918 #	Fecsi	Schneiderin	49120
Gedajlovits	Eva	28.06.1922	Szekelyhid		49843
Gedajlovits	Ibolya	28.10.1924	Szekelyhid	Schneiderin	49844
Gelb	Dora	25.02.1925	Ilonkaujfalu		49122
Gelbermann	Manya	17.03.1925	Huszt		49845
Gelbermann	Rozsi	11.05.1926	Huszt		49846
Gelbmann	Roza	16.10.1910	Gyergycsalmas		49559
Geller	Helen	20.09.1915	Budfalva		50069
Genuth	Rozsi	10.04.1922	Közepviso		49847
Genuth	Sari	14.05.1921	Közepviso		49848
Gergely	Magda	07.05.1927	Miskoc	Schneiderin	49849
Gerö	Klara	13.07.1921	Sarospatak	Bürokraft	49123
Gerö	Maria	25.01.1924	Sarospatak		49124
Gerö	Iren	10.06.1927	Kecskemet		50070
Gertsch	Sari	19.05.1920	Magyarmegye	Strickerin	49560
Glanzmann	Ella	06.06.1915	Gymes		49561
Glück	Aurelie	01.04.1920	Mateszalka	Schneiderin	49125
Glück	Gizella	16.03.1915	Mateszalka	Schneiderin	49126
Glück	Margit	17.05.1924 17.05.1922 #	Mateszalka	Schneiderin	49127
Glück	Rebekka	25.06.1924			49128
Glück	Valeria	18.05.1928	Szatmarcseke	Schneiderin	49129
Glück	Agnes	30.08.1928	Miscolc		49562
Glück	Eva	14.03.1925	Ujpest	Schneiderin	49563
Glück	Erzsebet	27.11.1923 23.09.1923 #	Hort		49850
Godinger	Sara	30.03.1925	Felsöbisztra	Schneiderin	49130
Godinger	Ida	04.04.1928 04.04.1926 #	Harsfalva	Schneiderin	50071
Godinger	Regina	28.01.1930 28.01.1928 #	Harsfalva	Schneiderin	50072
Gold	Eta	12.04.1923	Romoli		49131
Gold	Helen	04.07.1917	Romoli		49132
Gold	Gabriella	13.08.1927	Püspökladany	Schneiderin	50073
Goldberger	Helena	27.09.1917	Nagyrakocs		49133
Goldberger	Lenke	08.06.1928 08.06.1925 #	Berekövösd		49134
Goldberger	Magda	07.05.1927	Tiszaujlak		49851
Goldberger	Szeren	13.12.1925	Foroencs		50074
Goldenfeld	Aranka	10.12.1927 10.12.1922 #	Cluj		49564
Goldkranc	Chaja	05.05.1910	Lodz		50075
Goldner	Rozsi	30.10.1908	Tokod		49565
Goldner	Maria	12.04.1922	Kassa	Schneiderin	49852
Goldner	Terez	31.03.1923	Dulfalva		49853
Goldstein	Jolan	15.03.1917	Gönc		49135
Goldstein	Kathy	18.11.1924	Nagyszölös		49494
Goldstein	Eva	17.03.1923	Tiszavec	Kindergärtnerin	49566
Goldstein	Eva	15.11.1925	Deaki		49567
Goldstein	Golda	16.12.1910	Budfalva		50076
Gottdiener	Anna	09.08.1925	Kotaj		49136
Gottesmann	Agnes	31.10.1922	Sarospatak	Bürokraft	49137

Gottlieb	Anna	13.02.1905	Prugy	Schneiderin	49138
Gottlieb	Erzsebet	29.06.1909 30.06.1909 #	Taktaprugy	Schneiderin	49139
Gottlieb	Zsofia	22.05.1924	Kaposvar	Schneiderin	49140
Gottlieb	Margit	03.10.1929	Orkuta		49568
Graf	Ilona	09.02.1919	Kassa	Schneiderin	9569
Graf	Valeria	17.07.1921	Kassa	Schneiderin	49570
Grasz	Amalia	14.12.1911	Budapest	Beamtin	50077
Greiner	Ibolya	13.08.1928	Huta		49141
Griffel	Eszter	13.09.1901 13.09.1905 #	Ratosnya		49142
Grisz	Erzsebet	22.08.1922	Nagybaracska	Arbeiterin	50078
Grof	Erzsebet	03.11.1908	Balassagyarmat		49143
Grof	Erzsebet	26.02.1926	Nolland	Schneiderin	50079
Gross	Anna	11.06.1925			49145
Gross	Bözske	26.05.1913			49146
Gross	Ilona	08.01.1911	Komarom		49147
Gross	Marta	15.07.1928 15.07.1926 #	Krachlumec		49855
Gross	Ibolya	21.04.1927	Szeged		50080
Grossmann	Ella	06.06.1910	Miskolc		49148
Grossmann	Eva	20.07.1926 20.06.1920 #	Gönc		49149
Grossmann	Marta	04.04.1924	Erdöbenye		49571
Grosz	Helena	26.12.1926	Rahonya		49144
Grosz	Anna	15.06.1925	Tokaj		49572
Grosz	Elisabeth	30.10.1926 01.10.1926 #	Komarom		49573
Grosz	Eva	13.02.1929	Kapos		49574
Grosz	Irma	26.03.1925	Magyaregregy	Schneiderin	49575
Grosz	Lili	28.09.1922	Celöcze	Schneiderin	49576
Grosz	Szeren	27.07.1924	Magyaregregy	Schneiderin	49577
Grosz	Agnes	05.05.1923			49854
Grosz	Szeren	12.12.1917	Nagyszeben		49856
Grosz	Katalin	22.02.1918	Budapest	Schneiderin	50081
Grosz	Renee	09.08.1916	Kadas	Schneiderin	50082
Grosz	Szeren	15.01.1910	Mako	Schneiderin	50083
Grosz	Zsuzsa	28.11.1927 28.11.1926 #	Karcag	Schneiderin	50084
Groszmann	Erzsebet	03.10.1926	Budapest		49578
Groszmann	Olga	03.03.1929 03.03.1928 #	Debrecen		49579
Grün	Iren	19.01.1920	Marosvasarhely		49580
Grün	Jolan	15.06.1917 05.09.1920 #	Tirgu Mures		49859
Grunbaum	Ilona	21.04.1919	Tapolca		49857
Grünbaum	Edit	28.08.1925	Keszthely	Schneiderin	50085
Grünbaum	Jolan	24.03.1920	Budapest	Pflegerin	50086
Grünberg	Lenke	14.03.1929	Keneszpatak		50087
Grunberger	Berta	09.05.1918	Kassa		49858
Grünberger	Jolan	07.06.1911	Tiszabogdany		49150
Grünberger	Ilona	24.01.1917	Tirgu Mures		49581
Grünberger	Berta	21.05.1915 09.05.1918 #	Satoraljaujhely		49861
Grünberger	Erzsebet	21.08.1921	Keszthely		49862
Grünberger	Rozsi	28.08.1929 28.08.1927 #	Keneszpata		50088
Grünberger	Charlotte	07.04.1925	Dombo		50089
Grünfeld	Juliana	16.06.1924	Gyöngyös	Schneiderin	49151
Grünfeld	Rozsa	21.08.1925	Budapest		49152

Grünfeld	Rozsi	22.08.1914	Magyarregon	Arbeiterin	50090
Grünspanova	Piroska	31.05.1928	Kosice		49582
Grünwald	Margit	31.12.1908	Köszeg		49583
Grünwald	Zsofia	02.01.1917	Taos	Beamtin	50091
Günberg	Erzsebet	13.04.1918			49860
Gut	Anna	29.08.1922	Barcs		49584
Guttmann	Aranka	12.03.1924	Hernadvecse		49153
Guttmann	Eva	24.10.1923	Szaszregen		49154
Guttmann	Irena	30.09.1925	Osta		49155
Guttmann	Magda	11.01.1923	Osta		49156
Guttmann	Regina	12.12.1919	Szaszregen	Schneiderin	49157
Gyimes	Agnes	18.06.1925 18.06.1929 #	Miskolc	Lehrerin	49158
Hager	Erzsebet	11.12.1920	Debrecen		49863
Hager	Hanna	20.01.1924	Felsöviso		49864
Hajda	Magda	31.05.1911	Ujvidek	Bürokraft	49865
Halasz	Boris	25.01.1909	Marosvasarhaly		49866
Halpern	Maria	07.01.1924	Mukacevo	Arbeiterin	50092
Halpern	Helen	01.03.1925	Mukacevo	Arbeiterin	50093
Hartmann	Magda	08.05.1926	Abaujszanto		49586
Hauer	Adel	12.10.1919	Budapest	Färberin	50094
Hazai	Flora	22.02.1920	Satoraljaujhely		49159
Heffer	Klara	24.04.1904			49869
Heifeld	Judith	19.09.1926			49313
Heisler	Eva	23.03.1926	Budapest		49160
Heisler	Klara	08.09.1917	Kiskörös		49161
Heisler	Roza	0.12.1911	Olsarepa		49162
Heisler	Helen	25.08.1925	Halmi		49587
Heller	Eta	24.02.1928			49163
Heller	Erna	02.12.1924	Tirgu Mures	ärztl. Assistentin	49588
Heller	Erena	08.09.1912	Szatmarnemeti		49867
Helmer	Elma	28.02.1907	Mezösamson		49589
Hercz	Suzanna	24.11.1919	Zsibo		49590
Hercz	Magda	15.01.1924	Temesvar		49868
Herkovits	Irene	20.11.1920 18.11.1921 #	Margitta		49594
Herkowici	Herta	10.08.1927 10.08.1925 #	Kalna		50095
Herschkovitz	Lenke	02.05.1916			49591
Herschovitc	Eliz	03.11.1910	Munkacevo		49165
Hersko	Helen	10.10.1917	Nagykaroly		49164
Herskovics	Etel	11.06.1921	Oszemere	Schneiderin	50097
Herskovics	Lenke	24.03.1920	Oszemere	Schneiderin	50099
Herskovits	Erzsebet	22.06.1923	Bikszad	Schneiderin	49166
Herskovits	Etel	13.01.1920	Ujpest		49592
Herskovits	Ibolya	10.05.1929 24.06.1924 #	Margitta		49593
Herskovits	Sara	15.02.1922	Margitta	Schneiderin	49597
Herskovits	Margarete	06.03.1913 06.03.1907 #	Budapest	Schneiderin	49595
Herskovits	Mariska	08.07.1923 06.06.1923 #	Doboruska		49596
Herskowici	Ester	25.08.1929 25.08.1927 #	Kalna		50096
Herskowici	Helene	10.05.1930 10.05.1928 #	Kalna		50098
Hettler	Anna	25.06.1908	Tarnaszadany		50100
Hicker	Margit	13.10.1920	Pestujhely	Arbeiterin	50101
Hilf	Helene	06.10.1908	Kraslovsky Chlmec		49167
Hirsch	Ilona	23.05.1928 23.05.1927 #	St. Michaly		49168

Hirsch	Lili	22.03.1915	Esztergom		49169
Hirsch	Agnes	23.08.1927	Nagyatad		49598
Hirsch	Bella	22.09.1908	Tirgu Mures		49599
Hirsch	Rozsi	23.12.1914	Petele		49600
Hirsch	Maria	30.11.1926	Kacko		50102
Hochfelder	Anna	19.12.1919	Budapest		49601
Hochfelder	Franziska	15.10.1927	Zakany	Schneiderin	49602
Hoffer	Katalin	13.03.1913	Tapioszele	Schneiderin	50103
Hoffmann	Margit	18.09.1929 19.09.1918 #	Papa		49603
Hoffmann	Rozsi	25.08.1928 25.08.1924 #	Papa		49604
Holczer	Margit	24.09.1909			50104
Hollander	Gizella	24.06.1909	Bustyahaza		49170
Holländer	Vera	20.03.1925	Burtino		49171
Holzer	Erzsebet	04.07.1920	Kisbaromlak		49172
Holzer	Margit	18.10.1921	Kisbaromlak		49173
Holzer	Margit	27.01.1910	Papa		49605
Hutterer	Margit	24.10.1925	Vac		49606
Iczkovits	Agnes	11.08.1922	Sarospatak	Pflegerin	49174
Iczkovits	Erzsebet	29.07.1910	Nyitrazsambokret	Pflegerin	49175
Indig	Erzsebet	08.02.1922	Marmarossziget	Näherin	49870
Indig	Sara	14.06.1918	Marmarossziget		49871
Infeld	Rana	14.02.1910	Ozarkow	Schneiderin	50106
Ingberg	Piri	21.12.1919	Budfalva	Schneiderin	50107
Ingberg	Rouzsi	21.08.1912	Budfalva	Schneiderin	50108
Ipar	Elvira	30.05.1924	Nagymagyar		49176
Ipar	Emma	01.11.1926	Nagymagyar		49177
Ipar	Livia	14.08.1925	Nagymagyar		49178
Israel	Chava	11.11.1926	Mazöband		49607
Israel	Ester	04.11.1928 04.11.1927 #	Alör		50109
Israel	Margit	01.05.1925	Alör		50110
Izrael	Piroska	16.07.1915	Nagykaroly	Schneiderin	50111
Izsak	Laura	05.02.1921	Balavasan		49179
Izsak	Ilona	29.12.1924	Tarbolc		49608
Izsak	Juci	19.06.1928	Tarbolc		49609
Izsak	Klara	17.04.1911	Maramarossziget		49610
Izsak	Edit	13.08.1926	Kaposvar	Schneiderin	50112
Jäger	Erzsebet	08.01.1921	Szatmatnemeti	Bürokraft	49614
Jäger	Lili	26.08.1922	Szatmarnameti		49615
Jäger	Sara	01.01.1922	Dulfalva		49875
Jakobovits	Fraidla	20.12.1926	Skernivice	Schneiderin	50113
Jakubovics	Magda	11.09.1923	Ujpest	Schneiderin	49611
Janduich	Rozsi	26.09.1922	Boly		49874
Jankovics	Margit	20.10.1923	Szendrö		49181
Jankovits	Helena	13.11.1919	Füzösmezö		49180
Janovics	Edit	03.07.1925	Ujpest	Schneiderin	49612
Janovits	Ibolya	30.10.1923	Szolnoszka		49873
Jaonvits	Erzsebet	20.05.1928 08.02.1922 #	Szolnoszka		49872
Jaszinger	Jolan	24.04.1912	Debrecen		50115
Javor	Aranka	10.05.1900 10.05.1906 #	Budapest		49613
Jellinek	Anna	02.12.1918	Verge		49182
Joel	Etelka	28.03.1919	Magyarlaos		49876
Jonas	Matild	26.09.1917	Katolatszed		50114
Jozefovics	Olga	24.05.1926	Marosvasarhely		49616
Juckoviczova	Ilona	06.09.1916	Uzhorod	Arbeiterin	50116
Jurovits	Rozsi	19.08.1924 19.08.1922 #	Marmarossziget		49878

Jurovitsch	Julia	19.04.1918	Marmarossziget		49877
Kaff	Flora	06.04.1917	Bonyhad	Schneiderin	49617
Kaff	Julia	15.09.1928			
		05.01.1922 #	Bonyhad	Schneiderin	49618
Kaff	Lea	15.09.1918	Bonyhad	Schneiderin	49619
Kahan	Marta	06.04.1925	Gyöngyös		49183
Kahan	Hanna	06.02.1923	Taktoharkany		49879
		05.06.1923 #			
Kahan	Regina	18.01.1926	Tacovo		49880
Kail	Ibolya	07.08.1926	Miskolc	Arbeiterin	49184
Kaller	Frida	26.04.1921	Ollaczertes		49881
		04.04.1921 #			
Kallus	Marta	27.11.1926	Nagygeres	Laborantin	49882
Kalman	Rozsa	08.04.1907	Sebsisztgvölgy	Arbeiterin	49185
Kalmanovits	Agnes	26.12.1927	Tokaj	Schneiderin	49186
Kalmanovits	Katalin	11.12.1920	Bagota	Schneiderin	50117
Kalmar	Katalin	01.09.1926	Ipolynyek	Schneiderin	49187
Kardos	Borbala	22.09.1920	Kapuvar	Schneiderin	50118
Karpelesz	Anna	03.05.1917	Polotailva		49188
Kartschmaroff	Erzsebet	21.07.1921	Budapest		49189
Katz	Edith	21.04.1923	Nagyricska		49190
Katz	Ibolya	26.03.1923	Keszdyszentlelek	Schneiderin	49191
Katz	Iluz	21.03.1912	Satoraljaujhely		49192
		21.03.1917 #			
Katz	Jolan	31.08.1923	Mariapocs		49193
Katz	Roza	29.07.1926	Nagyrucska		49194
		16.06.1908 #			
Katz	Roza	22.09.1922	Dombrad		49195
		29.07.1926 #			
Katz	Elza	14.12.1918	Marosvasarhely		49620
Katz	Erzsebet	16.01.1911	Marosvasarhely	Strickerin	49621
Katz	Rozsi	26.06.1913	Satoraljaujhely		49622
		22.09.1922 #			
Katz	Etel	12.12.1923	Ollaczertes		49883
		12.12.1920 #			
Katz	Lili	06.07.1925	Dombo		50119
Katz	Tobi	25.10.1924	Dombo	Schneiderin	50120
Kaufmann	Iren	24.04.1924	Kisar		49884
Kaufmann	Magda	15.03.1926	Kisar		49885
Keil	Maria	20.02.1924	Eustyahaza		49196
Keisler	Iren	10.08.1926	Nyiregyhaza	Friseurin	49623
Keisler	Klara	15.07.1928	Nyiregyhaza	Schneiderin	49624
Keleman	Johanna	21.04.1913	Podrolycska	Pflegerin	49197
Kelemen	Gizella	01.06.1919	Magyarszntbenedek		49625
Kelemen	Ibolya	07.06.1922	Dombrad		49626
Kelemen	Piroska	20.05.1918	Magyarszntbenedek		49627
Kelemen	Rozalia	10.05.1924	Magyarszntbenedek		49628
Kell	Rozsa	03.01.1914	Alsopatak	Schneiderin	50121
Keller	Ilona	09.08.1920	Satoraljaujhely		49886
Kellner	Frida	11.11.1909	Hercegszabad	Pflegerin	49629
Kemeny	Anna	05.10.1905	Kiskunfelegyhaza		50122
Keri	Marta	10.08.1920	Gardony	Schneiderin	49630
Keri	Zsuzsanna	18.02.1927	Csepel	Schneiderin	49631
Kern	Dudi	03.08.1918	Rigacs	Schneiderin	49632
Kertesz	Alice	19.06.1928	Berzence	Schneiderin	49633
		29.06.1926 #			
Kertesz	Katherina	02.02.1908	Berzence	Schneiderin	49634
Kertesz	Klara	25.06.1919	Barcs		49635
Kertesz	Anna	26.10.1926	Tamasi		50123
Kertesz	Zsuzsanna	17.12.1924	Tamasi		50124

Kivovits	Agnes	19.12.1929 19.12.1928 #	Nagykovesd		49198
Klang	Magda	27.01.1921	Hatvan		49199
Klein	Agnes	02.08.1925	Sarospatak		49200
Klein	Agnes	29.04.1927	Satoraljaujhely		49201
Klein	Erzsebet	31.01.1911	Tolcsva		49202
Klein	Eva	13.06.1927	Budapest		49203
Klein	Franciska	19.02.1910	Eger		49204
Klein	Gizi	15.03.1910	Tolcsva	Lehrerin	49205
Klein	Gizella	02.12.1904 02.12.1910 #	Ujfeherto	Schneiderin	49206
Klein	Gizella	18.03.1911	Miskolc		49207
Klein	Hermina	26.08.1920	Ujfeherto		49208
Klein	Ibolya	25.04.1918	Satoraljaujhely	Schneiderin	49209
Klein	Katalin	02.09.1922	Miskolc	Schneiderin	49210
Klein	Klara	31.01.1921	Ujfeherto		49211
Klein	Livia	16.07.1929 16.07.1928 #	Bicske		49212
Klein	Margit	15.03.1923 15.02.1923 #	Ujfeherto		49213
Klein	Rozsi	11.04.1913	Bikcse		49214
Klein	Rozsi	14.03.1915	Nyirbeose		49215
Klein	Rozsi	09.08.1917	Fehergyarmat	Schneiderin	49216
Klein	Roza	07.08.1920	Halmi		49217
Klein	Sara	30.09.1926	Sivopuszta		49218
Klein	Sara	17.10.1927 17.10.1926 #	Tunyog		49219
Klein	Szerena	27.12.1912	Kiskunfelegyhaza	Schneiderin	49220
Klein	Szerena	06.06.1924 06.07.1924 #	Szeklence		49221
Klein	Anna	25.12.1928	Nagyhalasz	Schneiderin	49636
Klein	Eszter	23.04.1927	Szilagyballa	Schneiderin	49637
Klein	Gabriella	29.03.1924	Nagyhalasz		49638
Klein	Hedvig	05.03.1926	Margita		49639
Klein	Ilona	25.02.1926	Büdszentmihaly		49640
Klein	Zsuzsa	23.10.1928	Marmarossziget		49641
Klein	Borbala	01.03.1921	Nagygeres	Schneiderin	49887
Klein	Edit	06.09.1925	Kiralyhelmec		49888
Klein	Edit	18.06.1929 18.06.1928 #	Rad		49889
Klein	Edit	18.04.1926	Satoraljaujhely	Schneiderin	49890
Klein	Lilli	24.03.1929	Satoraljaujhely		49891
Klein	Anna	22.05.1927	Rsekujvar		50105
Klein	Agnes	03.08.1926			50125
Klein	Erzi	08.04.1899	Sergelyes		50126
Klein	Eva	01.01.1927	Seregelyes		50127
Klein	Eva	17.08.1929	Debrecen		50128
Klein	Karolin	18.11.1907 12.02.1907 #	Kiskunfelegyhaza	Schneiderin	50129
Klein	Klara	20.05.1923	Soroksar	Gläserin	50130
Klein	Maria	10.01.1926	Ersekujvar	Schülerin	50131
Klein	Sari	25.12.1909 26.12.1907 #	Kiskunfelegyhaza		50132
Klein	Tereza	31.08.1908 03.08.1908 #	Marmarossziget	Schneiderin	50133
Klein	Zsuzsa	08.02.1920	Encs	Schneiderin	50134
Klein	Szusza	16.04.1921	Budapest	Arbeiterin	50135
Kleinberg	Hava	17.07.1927	Kaschau (Kosice)		49585
Kleinmann	Helena	21.12.1928 21.02.1924 #	Nagyabrany		49222

Kleinmann	Mimi	04.10.1925	Harsfalva	Schneiderin	49223
Klempner	Bruis	02.11.1926	Megyesgombas		49642
		03.01.1926 #			
Klempner	Fanni	12.11.1924	Megyesgombas		49644
Klepner	Boriska	10.09.1920	Vac	Näherin	49643
Knoblovits	Helena	24.11.1919	Szörnyeg	Schneiderin	49224
Kohn	Eta	17.09.1922	Nagyigmand		49225
Kohn	Ibolya	28.03.1923	Acs	Schneiderin	49226
Kohn	Magda	08.09.1915	Lucenec		49227
Kohn	Rozsi	07.03.1912	Baracska	Schneiderin	49228
Kohn	Vera	08.03.1925	Kolozsvar	Schneiderin	49229
Kohn	Edit	28.11.1924	Budapest		49645
		28.11.1923 #			
Kohn	Erzsebet	01.09.1920	Ujpest		49646
Kohn	Ilona	19.12.1901	Budapest		49647
		19.12.1906 #			
Kohn	Magda	06.12.1926	Györ	Schneiderin	49648
Kohn	Rozsi	03.12.1908	Felsöoroszi		49649
Kohn	Eva	23.06.1917	Feketepatak		49892
Kohn	Hedi	20.04.1920	Zenta		49893
Kohn	Brucha	16.08.1925	Litzmannstadt	Schneiderin	50136
Kohn	Edit	16.12.1925	Budapest	Kürschnerin	50137
Kohn	Erzsebet	09.10.1910	Nyiregyhaza		50138
		19.09.1912 #			
Kohn	Malka	06.03.1923	Litzmannstadt	Schneiderin	50139
Kohn	Margarete	21.04.1916	Pocsaj		50140
Kollmann	Edit	14.05.1929	Vac		49650
		15.05.1926 #			
Kollmann	Ella	28.12.1927	Vac	Schneiderin	49651
Kollmann	Eszter	06.10.1913	Vac		49652
Kollmann	Sari	10.02.1922	Vac	Schneiderin	49653
Kopp	Ella	20.11.1906	Erdötelek		49230
Korach	Anna	02.10.1910	Berehovo	Pflegerin	49894
		02.10.1916 #			
Kornitzer	Alice	02.07.1923	Tolicsva		49231
Kornstein	Lidia	25.10.1918	Fegyvernek		49654
Kosa	Agnes	05.05.1920	Sarospatak	Chemistin	49232
Kosner	Karolina	30.12.1910	Marmarossziget		49233
Kostolitz	Szidonia	22.11.1907	Buzsak		50141
Kövesd	Magda	03.07.1922	Eszterogom	Schneiderin	49235
Kövesi	Julianna	26.02.1929	Eszterogom		49234
		26.02.1924 #			
Kövesi	Margit	17.02.1900	Eszterogom	Schneiderin	49236
		18.03.1905 #			
Krämer	Hermin	13.05.1907	Budapest		49657
Krammer	Klara	13.07.1923	Streda/Bodrogom		49237
		13.06.1923 #			
Krausz	Alice	23.01.1926	Edeleny		49238
Krausz	Margarete	10.10.1928	Bana		49239
		11.10.1925 #			
Krausz	Iren	17.01.1919	Budapest		49655
Krausz	Magda	23.09.1918	Papa	Schneiderin	49656
Krausz	Eva	18.02.1929	Satoraljaujhely		49895
		23.03.1923 #			
Krausz	Ilona	15.04.1928	Bilke		49896
		15.02.1922 #			
Krausz	Margit	27.01.1921	Satoraljaujhely	Schneiderin	49897
Krausz	Rozsi	15.01.1920	Satoraljaujhely		49898
Krausz	Aranka	11.02.1913	Debrecen		50142
Krausz	Erzsebet	18.04.1914	Salföld		50143

Kreismann	Lenke	03.03.1920	Bilke	Schneiderin	50144
Kriser	Olga	25.03.1922	Hernadvecse	Schneiderin	49899
Kupferstein	Eva	09.05.1925 09.05.1924 #	Ujfeherto		49240
Kupferstein	Klara	07.12.1920 10.10.1919 #	Ujfeherto		49241
Kupferstein	Margit	27.02.1917	Ujfeherto		49242
Kurländer	Magda	23.02.1925	Budapest		49658
Kurmann	Gabi	30.04.1916	Budapest		49659
Kurmann	Piroska	23.01.1920	Budapest		49660
Lachmann	Fanni	10.12.1915	Lecfalva	Schneiderin	50145
Ländler	Agnes	05.11.1927	Cluj		49669
Landstein	Lili	02.08.1926	Totmagyar		49243
Landstein	Erzsebet	15.10.1923	Totmagyar	Schneiderin	49244
Landstein	Charlotte	26.04.1925	Totmagyar	Schneiderin	49245
Lang	Elisabeth	21.01.1922	Abaujvar	Schneiderin	49246
Lang	Margit	17.08.1923	Gönc		49661
Langener	Helen	21.06.1925	Kolozsvar	Schneiderin	50146
Lauber	Magda	07.02.1922	Szaszregen	Schneiderin	49247
Lauber	Erna	12.12.1930 12.12.1926 #	Bethlen		49900
Laufer	Rozsa	22.04.1907	Kerkeskapolna		49662
Lautmann	Erna	06.04.1929 06.04.1925 #	Cluj		49663
Lax	Edit	22.08.1923	Marosvasarhely		49667
Lax	Eva	22.04.1928	Marosvasarhely		49668
Lazar	Cecilia	02.08.1906	Almasmal		49248
Lazar	Jolan	08.07.1906	Szaszregen		49249
Lazar	Judit	09.08.1927 09.08.1926 #	Cluj	Studentin	49664
Lazar	Erzsebet	13.09.1925	Ermihajfalva		49901
Lazar	Ilona	06.01.1908	Szatmarnemeti	Köchin	49902
Lazar	Anna	21.04.1926	Ermihalyfalva		49903
Lazar	Rozsi	22.10.1926	Kovarad		50147
Lazarovics	Gizi	21.02.1926	Bilke	Schneiderin	49665
Lazarovics	Helen	15.02.1925			49666
Leb	Ilona	26.11.1925 26.11.1922 #	Rodaszinye	Schneiderin	50148
Leb	Margit	30.10.1927 30.10.1923 #	Rodaszinye	Schneiderin	50149
Lebovic	Serena	28.04.1929 28.05.1927 #	Bilke	Schneiderin	50154
Lebovics	Etel	15.11.1922	Nagyrakocs		49904
Lebovics	Etel	17.07.1925	Alsoapsa		49905
Lebovics	Margit	12.10.1922	Alsoapsa		49906
Lebovics	Rozsi	01.03.1924	Alsoapsa		49908
Lebovics	Margit	20.09.1924	Alsoapsa	Arbeiterin	50151
Lebovicz	Piri	20.05.1923	Harsfalva	Schneiderin	50153
Lebovitc	Malvin	08.08.1926 08.08.1925 #	Bilke	Schneiderin	50150
Lebovitc	Rozsi	23.04.1914	Herincse		49907
Lebovits	Iren	27.07.1913	Abaujcsecs		49250
Lebovits	Jolan	16.04.1916	Ipolykslenye	Schneiderin	49251
Lebovits	Rozsi	22.04.1923			49252
Lebovits	Lilly	08.02.1910	Szekelyudvarhely		49670
Lebovits	Pepi	03.09.1924	Dombo	Schneiderin	50152
Lefkovics	Lilli	12.04.1926 12.04.1916 #	Tunyog	Schneiderin	49253
Lefkovits	Aranka	08.02.1924	Vac		49671
Lefkovits	Lea	18.02.1922	Vac		49672

Lefkowicz	Maria	28.04.1907	Satoraljaujhely	Köchin	49254
Leichtag	Irena	31.03.1922	Domony		49255
Leichtag	Maria	11.06.1924	Domony		49256
Lener	Lili	29.11.1924	Satoraljaujhely		49257
Lengyel	Edith	02.10.1921	Budapest		49258
Lengyel	Marta	29.06.1913	Hont		49259
Lengyel	Zsuzsanna	20.09.1921	Satoraljaujhely		49260
Lengyel	Vera	10.08.1927	Budapest	Schneiderin	50155
Lenkoi	Klara	10.07.1908	Kaptalantoti		49673
Lerner	Alice	01.01.1921	Satoraljaujhely		49261
Lichtblau	Valeria	06.01.1923	Vac		49674
Lichtig	Etel	26.05.1911	Uzhorod		50156
Lichtman	Jolan	05.09.1920	Szatmarnemeti		49909
Lichtmann	Judith	24.04.1930	Debrecen		50157
Lieber	Dora	14.05.1920	Sajolad	Bäckerin	50158
Lieber	Magda	31.12.1921	Sarospatak	Friseurin	50159
Liebermann	Miriam	09.05.1930 09.05.1928 #	Szolyva	Stickerin	49262
Linden	Hajnal	28.09.1922	Satoraljaujhely		49910
Linden	Lenke	03.09.1920	Satoraljaujhely	Schneiderin	49911
Lipkovits	Jolan	18.02.1906			49263
Lipkovits	Vera	28.01.1925			49264
Lipsitz	Adela	22.04.1920	Bilke	Schneiderin	49675
Lipsitz	Fanni	11.01.1918	Bilke	Schneiderin	49676
Lipsitz	Raizi	08.04.1922	Bilke	Schneiderin	49677
Löbel	Magda	05.05.1920	Nagybeoskerek		49913
Löbl	Hedwig	18.02.1926 18.02.1924 #	Tirgu Mures		49912
Lorant	Aranka	23.10.1904 23.10.1907 #	Tolcsva		49265
Lorant	Vera	08.05.1928 08.05.1926 #	Tolcsva		49266
Lorbeer	Edit	28.01.1924	Püspökladany		50160
Lorbeer	Gabriella	29.12.1923	Püspökladany		50161
Lorbeer	Margit	02.09.1918	Püspökladany		50162
Lorbeer	Margit	08.04.1922	Püspökladany	Schneiderin	50163
Lörincz	Edit	30.12.1924	Toti		49678
Lörincz	Ibolya	15.09.1922	Toti		49679
Lörincz	Margit	19.05.1912 19.05.1916 #	Toti		49680
Lörincz	Izabella	02.04.1927	Okany		50164
Lörincz	Margit	08.06.1921	Bihar		50165
Lövi	Livia	23.09.1921	Soroksar	Schneiderin	49684
Lövinger	Frida	16.01.1921	Vac		49682
Löw	Gizella	18.07.1925	Vac		49681
Löwi	Margit	23.01.1920	Wien		49267
Löwy	Helene	08.12.1914	Barcs		49683
Löwy	Rozsi	25.05.1925	Barcs	Schneiderin	49685
Löwy	Hilda	01.01.1923	Nagytarna		50166
Löwy	Judit	10.12.1925	Kapuvar	Schneiderin	50167
Löwy	Karolin	15.05.1926	Nagytarna		50168
Löwy	Margit	01.12.1904	Wien		50169
Luria	Hedvig	11.01.1913	Budapest	Musiklehrerin	49268
Macher	Ida	22.07.1908	Kapuvar	Schneiderin	50170
Magelova	Marta	12.06.1923	Kosice	Modistin	49269
Malek	Helen	31.01.1925	Aninasza	Schneiderin	49914
Malek	Rozsa (Renee)	10.03.1922			49915
Mandel	Regina	05.11.1909	Miskolc		49687
Mandl	Erzsebet	19.01.1910	Maroshidas		49686
Mandl	Gertrud	31.05.1925	Tata	Schneiderin	50173

Mann	Ibolya	17.07.1924	Helyöcsaba		49270
Marali	Terezia	20.02.1922	Jaszapati		49271
Mark	Lea	15.07.1906	Temesvar		49688
Markovits	Ilona	16.01.1920	Mezökiralyfalva		49689
Markovits	Dora	15.02.1928 16.02.1924 #	Domokos		49916
Markovits	Lili	16.12.1922	Domokos		49917
Markovitz	Ilona	08.08.1920	Avasfelsöfalu		50174
Markovitz	Klari	24.08.1925	Halmi	Schuhmacherin	50175
Markowits	Etel	03.12.1922	Bereknagyalmas		49272
Markstein	Agnes	23.07.1923	Ipolysag		49273
Markstein	Gizella	09.03.1908	Ipolysag	Schneiderin	49274
Markstein	Jozsa	28.03.1915	Vaghoszufalu		49690
Markus	Magda	11.07.1915	Szaszregen		49275
Marton	Edith	13.10.1921	Esztergom	Schneiderin	49276
Marton	Julia	09.07.1925	Ipolysag	Schneiderin	49277
Marton	Jolan	26.01.1915	Zalaegerszeg´		49691
Marton	Rozsi	13.10.1928	Erdogyoszlo		49692
Mauskopf	Cecilia	19.03.1922	Nagyabranka	Schneiderin	49278
Mauskopf	Frida	03.03.1927 03.03.1924 #	Irsava		49279
Mauskopf	Gizella	29.11.1927 29.11.1925 #	Irsava		49280
Mauskopf	Helena	02.05.1926 02.05.1922 #	Irsava		49281
Mauskopf	Malvine	14.04.1926 14.04.1923 #	Irsava		49282
Mautner	Edit	28.08.1924 28.08.1926 #	Iregszemcse		50171
Mayer	Julia	16.01.1907 02.06.1907 #	Budapest		49693
Mayer	Sara	21.07.1928 21.07.1922 #	Papa		49694
Mehes	Erzsebet	18.12.1913	Barcs Drearopuszta		49695
Meislik	Gizi	17.07.1912	Strojno		49283
Meislik	Hani	21.08.1918 21.10.1916	Strojno		49284
Meislik	Margit	26.10.1928 26.10.1925	Strojno	Schneiderin	49285
Meixner	Hermin	08.08.1923	Budapest	Schneiderin	50172
Mendelovitc	Rosa	15.05.1924	Viso Orozi		49919
Mendelovits	Etel	20.06.1920	Viso Orozi		49920
Mendelsohn	Sari	20.08.1926 20.08.1923 #	Alparet	Schneiderin	50176
Mermelstein	Magda	01.01.1929	Nagyszölös		49286
Misellbach	Ella	02.05.1913	Sashalos		50177
Mochlovics	Kornelia	18.08.1923			49918
Moldevaz	Helen	12.01.1907	Okörmezö		49921
Moldovan	Irene	03.06.1919	Szatmarnemeti		49922
Moskovits	Dora	21.05.1922	Irkoc	Schneiderin	49287
Moskovits	Eva	19.03.1928 19.03.1926 #	Sarospatak		49288
Moskovits	Gizella	25.08.1925	Irkoc	Schneiderin	49289
Moskovits	Irena	06.08.1926	Szaszlekencze		49290
Moskovits	Piroska	24.02.1904 24.02.1907 #	Berehovo		49291
Moskovits	Regina	20.08.1919	Irkoc	Schneiderin	49292
Moskovits	Margit	12.10.1921 02.10.1921 #	Vaja	Arbeiterin	50178
Moskovits	Ilona	16.02.1910			

Moskovitz	Sara	21.11.1921	Tiaczevo	Schneiderin	49293
Moskovitz	Erzsebet	15.07.1922	Jaszarokszallas		49923
Mozes	Piri	14.05.1916	Nagysomkut		49696
Mühlbauer	Jolan	23.06.1920	Galambos		49294
Muler	Fani	26.08.1928	Dombo	Schneiderin	50179
Müller	Katalin	18.06.1925	Losonu	Schneiderin	49295
Müller	Helen	15.11.1928	Alsokalinfolvo	Schneiderin	50180
		15.11.1924 #			
Müller	Rozsi	12.01.1924	Alsokalinfolvo	Schneiderin	50181
		12.01.1922 #			
Müller	Rozsi	04.04.1923	Dombo		50182
Müller	Susanne	27.06.1927	Tolna	Schneiderin	50183
Nadas	Ilona	22.11.1910	Budapest	Schneiderin	50184
Nass	Erzsebet	15.09.1912	Szentdemeter		49697
Neu	Irena	23.01.1919	Udvard		49296
		23.01.1916 #			
Neuman	Fani	12.01.1927	Alsokalinfolvo		50185
		24.03.1924 #			
Neumann	Bella	19.10.1915	Abaujszanto		49297
Neumann	Ilona	31.10.1919	Rimaszombat	Weberin	49298
Neumann	Vera	24.05.1927	Mezocsat		49299
Neumann	Margit	17.04.1922	Nagytapolcsany		49924
Neumann	Frida	13.05.1932	Halmi		50186
		13.05.1927 #			
Neumark	Ibolya	16.03.1923	Debrecen	Arbeiterin	50187
Ney	Agnes	09.12.1924	Keszthely	Schneiderin	50188
Noch	Margit	18.02.1916	Udvard		49300
Nussbacher	Lia	12.05.1919	Tirgu Mures		49698
Ott	Katalin	05.10.1911	Somogycsurgo		50189
Pajas	Agnes	09.12.1924	Budapest	Sprachlehrerin	50190
Palfi	Edit	19.01.1928	Marosvasarhely		49699
Palos	Rozsi	25.05.1915	Sarbogard		49700
Papa	Marta	27.04.1920	Vac		49925
Papa	Rozsa	04.07.1918			49926
Perl	Renee	02.08.1923	Alsoegred		49301
Perl	Terez	06.09.1928	Alsoegred		49302
		06.09.1927 #			
Perl	Cecilia	06.05.1911	Soltvadkert		50191
Perlstein	Viola	02.02.1926			50192
Pihorik	Lea	21.10.1923	Budapest		49701
Polatsek	Magda	27.03.1926	Karcag		49702
Politzer	Maria	18.05.1929	Papa		49703
		18.03.1927 #			
Pollack	Ester	18.08.1926	Cluj		49303
		18.06.1921 #			
Pollack	Josefine	28.08.1920	Nagyszölös		49304
Pollak	Erzebet	19.11.1920		Schneiderin	50193
Pollak	Esztie	18.08.1926	Nagyszölös		50194
Pollak	Rozsi	29.08.1924	Kolozsvar	Klempnerin	50195
Preisler	Aranka	16.02.1926	Vac	Zahntechnikerin	50196
Preissler	Magdolna	12.02.1915	Debrecen	Arbeiterin	50197
Pressburger	Margit	06.10.1917	Bicske		49305
Pressburger	Rozsi	17.09.1930	Bicske		49306
		20.11.1915 #			
Raab	Agnes	18.05.1928	Gyöngyös		49307
Raab	Etelke	26.08.1923	Kiskomarom		49308
Raab	Katalina	12.11.1926	Gyöngyös		49309
Raab	Maria	01.01.1915	Szombathely		49310
Raab	Szerena	24.01.1912	Nagyszölös		49311
Raab	Irena	12.08.1920			

Reder	Ilona	31.07.1912	Budapest		49704
Regeni	Etta	16.10.1925 16.10.1916 #	Tirgu Mures		49705
Reich	Elza	15.12.1925	Abaujszanto		49706
Reichhardt	Mili	29.08.1922	Viragosberek		49312
Reinfeld	Elvira	03.12.1920	Dombovar	Schneiderin	50201
Reinfeld	Erna	20.04.1913	Dombovar	Schneiderin	50202
Reinfeld	Ibolya	25.12.1924	Dombovar	Schneiderin	50203
Reinitz	Ilona	12.03.1911	Damak		49314
Reinitz	Terez	15.10.1915	Nyiresvasar		50198
Reisz	Agnes	31.08.1928	Dombovar		49707
Reisz	Katalin	29.06.1916	Nagyatad		49708
Renner	Helen	31.01.1912	Vac	Weberin	49709
Renner	Sara	03.02.1921	Vac		49710
Revai	Dora	06.08.1923	Tab		50199
Revai	Rozsi	28.01.1906	Gyaludpuszta		50200
Revesz	Margit	30.05.1907	Zubony		49315
Revesz	Katalin	08.07.1917	Tirgu Mures		49711
Riesner	Rozsi	09.12.1919	Szikszo		49316
Riesz	Eva	05.06.1927	Jaszfenyszo	Schneiderin	50204
Riesz	Ibolya	13.01.1929 25.12.1924 #	Jaszfenyszo	Schneiderin	50205
Rikel	Berta	24.08.1923			49927
Roder	Anna	02.08.1926	Ozera		50206
Rona	Erzsebet	28.02.1912	Budapest	Arbeiterin	50207
Rosenbaum	Manci	01.09.1928 01.09.1923 #	Solocsin	Lehrerin	49317
Rosenbaum	Szerena	05.03.1918	Kiralyfüszallas	Schneiderin	49318
Rosenbaum	Ibolya	10.07.1923	Dobra		49928
Rosenberg	Aranka	23.11.1905	Miskolc	Strickerin	49319
Rosenberg	Edith	09.07.1919	Edeleny	Friseurin	49320
Rosenberg	Erzsebet	21.07.1916	Keresztvar	Schneiderin	49321
Rosenberg	Eva	03.03.1926			49322
Rosenberg	Hajnal	29.05.1928	Bata	Schneiderin	49323
Rosenberg	Ilona	26.04.1910			49324
Rosenberg	Ilona	22.10.1923	Satoraljaujhely		49325
Rosenberg	Magda	15.06.1923 24.06.1923 #	Berland		49326
Rosenberg	Olga	18.12.1904	Cluj	Schneiderin	49327
Rosenberg	Evi	26.05.1924			49712
Rosenberg	Lenke	02.05.1923	Karancs		49714
Rosenberg	Agnes	17.08.1929 17.08.1927 #	Kosice	Pflegerin	49929
Rosenberg	Helen	16.12.1929 16.06.1925 #	Csenger		49930
Rosenberg	Ilona	03.05.1921	Keszthely	Schneiderin	50208
Rosenberg	Laura	18.09.1914			50209
Rosenblatt	Sarolta	14.05.1925	Teke		49328
Rosendorn	Agnes	12.02.1926	Dombovar	Schneiderin	50210
Rosendorn	Elvira	29.05.1910	Dombovar		50211
Rosenfeld	Anna	17.09.1923	Edeleny		49329
Rosenfeld	Berta	16.10.1915	Ratosnya		49330
Rosenfeld	Elisabeth [Lili]	05.11.1922	Bely		49331
Rosenfeld	Charlotte	12.09.1908	Cluj		49332
Rosenfeld	Magda	10.02.1925	Ratosnagya		49333
Rosenfeld	Magda	20.01.1925	Ratesnya		49334
Rosenfeld	Szerena	22.02.1922	Nagy Sajo		49335
Rosenfeld	Elsa	21.10.1909	Tirgu Mures		49715
Rosenfeld	Klara	24.09.1924	Margits		49716
Rosenfeld	Sari	12.07.1926		Schneiderin	50212

Rosenthal	Alis	25.01.1928 26.01.1926 #	Miskolc		49336
Rosenthal	Frida	19.04.1928	Fehergyarmat		49337
Rosenthal	Magda	09.03.1921	Keresztpüspök		49338
Rosenthal	Maria	12.12.1919	Szombathely		49339
Rosenthal	Marta	23.03.1924	Ujpest		49717
Rosenthal	Sara	24.01.1923	Retteg		49931
Rosenthal	Eva	24.07.1928	Nyiragybarany	Arbeiterin	50213
Rosenzweig	Rozsi	23.03.1924	Ujpest		49718
Rosner	Fanny	03.04.1908	Szolyva		49340
Rosner	Hedvig	05.07.1927	Marmarossziget		49341
Rosner	Helena	12.02.1914	Alsosarad		49342
Rosner	Judith	09.12.1927	Marmarossziget		49343
Rosner	Aranka	26.05.1929 26.05.1927 #	Nagyigmand		49719
Rosner	Lili	29.12.1926 29.12.1925 #	Nagyigmand		49720
Roszmann	Anna	05.03.1917	Erdöszentgyörgy		49721
Roszmann	Julia	21.02.1919	Erdöszentgyörgy		49722
Rot	Gizella	14.07.1925	Nagykallo		49344
Rot	Roza	05.12.1925	Nagykallo		49345
Rotenberg	Eva	30.01.1921	Bita		49713
Roth	Ella	10.06.1927 31.03.1925 #	Tiszabercel		49346
Roth	Erzsebet	08.04.1920	Tiszabercel		49347
Roth	Erzsebet	14.07.1924	Tiszabercel		49348
Roth	Eszter	03.04.1915	Udvard		49349
Roth	Klara	05.05.1928	Tiszabercel		49350
Roth	Livia	31.08.1919 05.06.1928 #	Csetnek		49351
Roth	Magda	22.03.1926	Tiszabercel		49352
Roth	Olga	03.01.1925	Tiszabercel		49353
Roth	Edit	07.05.1926	Kassa		49723
Roth	Berta	26.02.1921	Nagyvarad	Strickerin	49932
Roth	Piroska	24.08.1918	Egregy	Strickerin	49933
Roth	Rozsi	24.01.1924	Hanfihunyad	Strickerin	49934
Rothbaum	Jolan	31.12.1915 28.05.1921 #	Kisvarda		49935
Rotschild	Lucretia	28.03.1922 31.12.1915 #	Felsoviso		49724
Rottberger	Eva	22.05.1922	Budapest		49725
Rottenberg	Marta	05.07.1922	Vac	Modistin	49726
Rottenstein	Helena	15.02.1930 15.12.1926 #	Nagy Torno		49354
Rottenstein	Lenke	15.04.1924 15.04.1923 #	Nagy Torno		49355
Rozenberg	Frida	21.04.1925	Nagyberezna		49727
Rozenberg	Rozsi	27.09.1914	Karancs	Käsemacherin	49728
Rozencwaig	Chana	23.11.1925			50214
Ruben	Klara	13.04.1928 13.04.1924 #	Szikszo		49729
Rubin	Erzsebet	28.11.1920	Csolto		49356
Rubinstein	Eszter	18.05.1926 18.05.1914 #	Komarom		49357
Ruhig	Erzsebet	03.11.1906	Bela		49358
Ruhig	Magda	26.09.1927	Vamosmikola		49359
Ruhig	Szerena	10.07.1905	Bela	Bürokraft	49360
Rull	Ilona	17.01.1922	Des		49730
Rundberg	Berta	20.12.1920 22.12.1920 #	Lodz		50215

Ruttner	Fanny	12.11.1926	Tecso		49936
Rüwel	Lili	17.07.1920	Marosvasarhely	Pflegerin	49361
Sajovits	Ilona	04.12.1921 04.12.1919 #	Cluj	Schneiderin	49362
Sajovits	Sara	22.01.1924 22.01.1922 #	Cluj	Schneiderin	49363
Sajovits	Erzsi	24.06.1926 24.05.1924 #	Micske		49937
Sajovits	Eva	02.12.1929 10.03.1926 #	Micske		49938
Salamon	Irena	28.07.1928 2 02.05.1926 #	Nagyecsed		49364
Salamon	Sara	22.09.1924	Velete		49365
Salamon	Ilona	29.06.1910 29.06.1906 #	Tirgu Mures	Lehrerin	49731
Salamon	Olga	14.10.1929	Marosvasarhely		49732
Salamon	Eta	02.11.1926	Nagysikarlo	Schneiderin	49939
Salamon	Eva	05.08.1925	Kisbozinta	Schneiderin	49940
Salamon	Iren	02.04.1922	Kisgeres		49942
Salamon	Szidonia	13.04.1924	Szamosborhid	Schneiderin	49943
Salamon	Etel	19.05.1915		Schneiderin	50216
Salamon	Rozsa	12.10.1895 12.10.1904 #	Mako		50217
Salamonovits	Ilona	29.07.1930 23.07.1928	Tirgu Mures		50218
Samuel	Szeren	16.12.1922	Domokos		49944
Sas	Edit	17.05.1926	Kassa	Uhrmacherin	49945
Schattin	Edith	14.12.1925 14.05.1925 #	Sarospatak		49392
Scheer	Klara	25.07.1929 19.05.1926 #	Demecser		49965
Scheer	Magda	22.02.1926 22.01.1925 #	Demecser		49966
Scheiner	Berta	01.01.1921	Szaplocza		50230
Scheiner	Eszter	28.02.1923	Nagyboczko	Zahntechnikerin	50231
Scheiner	Iren	28.09.1926	Nagyboczko	Friseurin	50232
Scheiner	Rozsi	14.06.1924	Szaplocza	Friseurin	50233
Scher	Lilly	22.05.1921	Ujfeherto		49393
Scher	Erzsebet	24.11.1921	Kemecse		50228
Scher	Helena	10.01.1924	Kemecse		50229
Scherfer	Maria	26.02.1906	Racalmas		49746
Schindler	Rezi	08.12.1928 07.12.1924 #	Strojno	Schneiderin	49394
Schlanger	Sara	10.06.1910	Zombor		49967
Schlesinger	Klara	13.09.1920	Pecs		49747
Schlesinger	Olga	02.02.1920	Sasd		49748
Schlesinger	Ilona	03.05.1925	Kecskemet	Lehrerin	50234
Schlesinger	Lenke	11.09.1923	Kecskemet	Arbeiterin	50235
Schlesinger	Rozsi	18.01.1922	Kecskemet	Schneiderin	50236
Schmidek	Ilona	26.01.1923	Peröcseny		49395
Schön	Magda	19.12.1921	Kiskövesd		49968
Schönberger	Alice	25.08.1925	Budapest		50237
Schönberger	Erna	18.07.1927	Bonyhad	Schneiderin	50238
Schönfeld	Elza	26.10.1914	Sajoszentpeter		49396
Schönfeld	Irena	13.12.1911	Zalabaksa		49397
Schreiber	Anna	23.08.1925	Kondoros	Schneiderin	50239
Schück	Livia	25.12.1924	Ipolyszog		49400
Schulek	Erzsebet	08.10.1910 08.05.1910 #	Lucenec	Schneiderin	49398
Schüttler	Ilona	30.07.1907	Csingo	Schneiderin	49749

Schvarcz	Edith	17.07.1928	Sasd		49750
Schvarcz	Ilona	25.07.1907	Legenymihaly		50246
Schvarcz	Katalin	28.02.1923	Szamosujvar	Arbeiterin	50248
Schvarts	Irena	24.02.1910 24.02.1909 #	Ujfeherto		49407
Schvarts	Julianna	18.11.1922 18.11.1924 #	Budapest		49753
Schvartz	Zsuzsi	24.10.1924	Udvar	Schneiderin	49415
Schvartz	Ilona	25.02.1915	Legenymihaly		49751
Schvartz	Ibolya	13.04.1911	Törökszentmiklos		50245
Schwarcz	Johanna	21.06.1928 21.04.1927 #	Szaszlekencze		49408
Schwarcz	Rozsi	25.07.1914	Felsösegesd		49752
Schwarcz	Erzsebet	29.09.1921	Pusztamoneszter	Schneiderin	50242
Schwarcz	Elisabet	13.12.1923	Budapest	Schneiderin	50243
Schwartz	Aranka	27.10.1910 27.11.1909 #	Udvar	Schneiderin	49401
Schwartz	Edith	08.10.1918 18.10.1918 #	Komarom	Schneiderin	49403
Schwartz	Elisabeth	12.07.1922 12.07.1894 #	Sapsiszentgyörgy	Strickerin	49404
Schwartz	Ilona	3.06.1927	Sapsiszentgyörgy		49406
Schwartz	Margit	23.12.1923	Sapsiszentgyörgy	Modistin	49412
Schwartz	Elza	29.09.1921	Mako		50241
Schwartz	Hermina	08.06.1927 08.05.1926 #	Szamosujvar	Arbeiterin	50244
Schwartz	Helena	29.06.1929 27.06.1927 #	Szamosujvar		50247
Schwartz	Regina	24.12.1922	Szamosujvar	Arbeiterin	50250
Schwartz	Katharina	24.06.1924	Szamosujvar		50249
Schwarz	Blanka	03.05.1925	Sarospatak		49402
Schwarz	Frida	30.05.1907	Losonc		49405
Schwarz	Katharina	10.05.1925	Hatvan		49409
Schwarz	Lenke	27.02.1923	Sarospatak		49410
Schwarz	Magda	04.02.1928 04.04.1926 #	Miskolc	Lehrerin	49411
Schwarz	Rozsi	04.02.1928	Miskolc		49413
Schwarz	Rozsi	29.05.1928 28.05.1926 #	Udvar		49414
Schwarz	Boriska	08.09.1902	Vaja		49754
Schwarz	Rozsi	06.08.1922	Felsö Barakony		50251
Schwarzberg	Magdaq	03.11.1926	Kassa		49416
Schwimmer	Hajnal	08.12.1929 18.12.1929 #	Nagybereg		49755
Scweiger	Erzsebet	12.11.1910	Satoraljaujhely		49417
Sebastyen	Rahel	19.10.1920	Parajd		49733
Seelfreund	Ella	08.06.1927 08.06.1925 #	Nagyhalasz		49734
Seelfreund	Iren	18.12.1928 11.12.1926 #	Nagyhalasz		49735
Segal	Roza	05.01.1928	Györgyös		49368
Segall	Regina	03.10.1914	Satoraljaujhely		49369
Seidenfeld	Aranka	24.12.1923	Bodrogkeresztur		49946
Seidenfeld	Edit	06.07.1929 06.07.1926 #	Bodrogkeresztur		49947
Seidenfeld	Emma	14.02.1926 26.02.1925 #	Bodrogkeresztur		49948
Seidenfeld	Rozsi	01.12.1925	Rako		49949
Seidler	Rozsi	11.11.1918	Marosvasarhely	Pflegerin	49736
Seidler	Olga	31.10.1920	Ujvidek		49950

Serbu	Terezia	06.01.1924	Gyergyosztmiklos	Schneiderin	49370
Silber	Szerena	02.03.1907	Satoraljaujhely	Schneiderin	49371
Silberstein	Gitta	25.03.1927	Vac		49737
Silberstein	Iren	09.12.1927 09.12.1922 #	Hidalmas		49951
Silberstein	Lenke	10.02.1918 10.02.1916 #	Hidalmas		49952
Silberstein	Szeren	12.07.1924 26.06.1921 #	Hidalmas		49953
Simon	Klara	09.10.1920	Heviz	Schneiderin	50219
Singer	Helena	25.07.1930 25.07.1926 #	Irsava	Schneiderin	49372
Singer	Helene	10.02.1913	Zakany	Schneiderin	49738
Singer	Aurelie	17.07.1906	Neusatz		50220
Singer	Julia	22.09.1910	Rutka	Schneiderin	50221
Solomon	Sara	30.10.1925 20.10.1925 #	Szaszlekencze	Schneiderin	49366
Solomon	Zelma	15.08.1928 15.08.1925 #	Szaszregen		49399
Solomon	Helen	25.03.1927 28.03.1924 #	Domokos	Schneiderin	49941
Sonnenschajn	Magda	13.08.1924	Fony	Schneiderin	50222
Spirer	Ilonka	12.12.1924	Czikzereda		49373
Spitz	Anna Judit	26.05.1928 26.10.1926 #	Sarospatak		49374
Spitz	Bella	26.11.1906 26.11.1914 #	Sarospatak		49375
Spitz	Herta	16.03.1923	Komarom	Kosmetikerin	49376
Spitz	Katalin	07.01.1926	Sarospatak		49377
Spitz	Klara	29.07.1926	Forroencs		49739
Spitz	Ilona	06.04.1917	Verböc	Arbeiterin	50223
Spitzer	Ilona	30.07.1920	Miskolc	Schneiderin	49378
Spitzer	Rozsi	26.03.1921	Koszeb Borge	Schneiderin	49379
Spitzer	Margit	12.04.1923	Barcs		49740
Spitzer	Rozsi	03.04.1924	Huszt		49954
Spitzer	Terez	04.03.1914	Vasvar	Strickerin	50224
Stark	Margit	28.02.1913	Paszto		49418
Stark	Agnes	25.05.1924	Szevata	Flechterin	49756
Stark	Erzsi	10.02.1917	Szevata		49757
Stark	Marta	06.07.1910	Marosvasarhely	Flechterin	49758
Stauber	Goldi	25.02.1925	Petrova		49969
Stauber	Piri	05.05.1920 20.05.1924 #	Petrova		49970
Stauber	Tubi	15.05.1925	Petrova	Schneiderin	49971
Stechler	Ilona	21.03.1918	Kassa	Arbeiterin	49972
Stein	Lili	25.02.1923			49419
Stein	Szerena	05.11.1926 05.11.1921 #	Posmus		49420
Stein	Jolan	10.07.1919	Szekelyudvarhely	Näherin	49759
Steiner	Erzsebet	30.06.1908	Kassa		49421
Steiner	Kato	31.10.1910	Eszterogom	Schneiderin	49422
Steiner	Margit	14.12.1919	Udvard	Schneiderin	49423
Steiner	Roza	24.02.1921	Cluj		49424
Steiner	Julia	19.04.1925	Budapest		49760
Steiner	Rozsi	20.10.1910	Budapest	Schneiderin	49761
Steiner	Livia	16.10.1922	Budapest	Arbeiterin	50252
Steinlauf	Ilona	29.04.1925	Vac		49762
Steinmetz	Eszter	16.12.1918	Nagyhalasz	Schneiderin	49425
Stern	Bella	15.08.1928	Harsfalva		49426
Stern	Erzsebet	16.11.1911	Komarom	Professorin	49427

Stern	Terez	03.11.1914	Györgyös		49428
Stern	Irma	04.04.1903 23.04.1903 #	Barcs	Schneiderin	49763
Stern	Frida	21.01.1909	Harsfalva		50253
Stern	Rozsi	01.03.1912 21.05.1909 #	Marmarossziget	Schneiderin	50254
Stern	Rezsi	21.02.1911			50255
Sternberg	Irena	28.05.1914	Tarcal		49429
Sternberg	Lucy	03.01.1925	Szeged		49430
Stiglitz	Eta	03.03.1928 03.03.1927 #	Szaszlekencze	Schneiderin	49431
Strausz	Olga	14.07.1922	Mako		49973
Strausz	Szidonie	03.06.1920	Mako		49974
Sulczbeck	Magda	10.06.1920			50240
Susitzky	Gitta	26.03.1921	Moson	Schneiderin	49380
Süssmann	Magda	27.09.1912	Pohorela		49955
Szabo	Lola	26.02.1924	Szaszregen		49381
Szabo	Malvina	17.09.1921 17.09.1920 #	Ratosnya		49382
Szabo	Piroska	25.08.1925	Szaszregen		49383
Szabo	Roza	22.10.1901	Szaszregen	Köchin	49384
Szabo	Ilonka	23.08.1923	Halmi		49956
Szabo	Klara	26.05.1920	Halmi		49957
Szabo	Lenke	26.06.1918	Halmi		49958
Szalavics	Hermina	25.07.1908	Manya	Strickerin	49959
Szalay	Edit	21.03.1930 21.03.1931 #	Tirgu Mures		49741
Szamet	Margit	06.07.1925			49963
Szameth	Cecliia	05.11.1925	Bodrogkeresztur		49960
Szameth	Etel	09.08.1927	Bodrogkeresztur		49961
Szameth	Helen	28.08.1919	Bodrogkeresztur		49962
Szameth	Szeren	18.11.1923	Bodrogkeresztur		49964
Szaner	Agota	21.03.1920	Györ		49385
Szarvas	Klara	20.09.1921	Szamosdara		49386
Szasz	Ilona	01.05.1904	Budapest	Schneiderin	49387
Szasz	Ilona	23.04.1905 13.04.1908 #	Tokay	Pflegerin	49388
Szasz	Zsuzsa	10.04.1929 10.04.1926 #	Tokay	Pflegerin	49389
Szasz	Erzsebet	24.11.1930 24.11.1924 #	Abaujszanto	Arbeiterin	50225
Szasz (Stessel)	Zahava	19.01.1930 19.02.1926 #	Abaujszanto		50226
Szebenyi	Iren	18.04.1908	Mohacs		49742
Szebenyi	Judit	04.08.1911	Almaspuszta	Gärtnerin	49743
Szegal	Gizella	04.08.1927			49367
Szekacs	Irena	18.04.1924	Mohacs		49390
Szekely	Eva	04.01.1921	Szeged		49391
Szekely	Erzsebet	24.11.1921			50227
Szepne	Katalin	14.12.1900 14.12.1906 #	Budapest		49744
Szirtes	Anna	20.03.1900	Budapest	Bürokraft	49745
Taub	Erzsebet	15.11.1922	Somogyszob		49764
Taub	Borbala	04.06.1920	Bodrogkeresztur		49975
Taub	Gizella	26.10.1914	Nyirlugos		49976
Taub	Helene	12.04.1922	Bodrogkeresztur		49977
Taub	Iren	03.11.1912 05.11.1914 #	Bodrogkeresztur		49978
Teichmann	Aranka	21.12.1918	Kisvarda	Sprachlehrerin	49765
Teichmann	Eta	15.04.1921	Kisvarda		49766

Teichmann	Vera	13.09.1920	Kisvarda		49767
Teitelbaum	Jolan	10.07.1912	Gava		49432
Terner	Piroska	06.08.1929	Marmarossziget		49768
Teszler	Hedi	07.07.1922	Alsoapsa		49979
Teszler	Margit	25.03.1922	Bacsova		49980
Teszler	Zenta	12.06.1924	Hidalmas		49981
Thaler	Roza	12.10.1923	Teke		49433
Tischler	Berta	25.12.1908	Erpatak		49434
Tobag	Cili	05.10.1927 05.10.1926 #	Dombo		50256
Tobag	Eta	07.09.1924 17.09.1922 #	Dombo		50257
Tobag	Manci	01.01.1931 03.01.1928 #	Dombo		50258
Tobag	Regina	03.04.1929 03.04.1925 #	Dombo		50259
Trattner	Agnes	22.04.1926	Magyarsas		49435
Trattner	Aranka	08.01.1925	Magyarsas		49436
Traub	Jolan	29.04.1912	Komarom		49437
Traub	Julia	20.04.1923	Marosvasarhely		49982
Trostler	Lola	20.11.1911	Bercs		49769
Ujvari	Erzsebet	14.09.1920	Sztropko		49438
Ungar	Lenke	27.02.1922	Fehergyarmat	Lehrerin	49439
Ungar	Margit	19.11.1911	Dombovar		50260
Unsdorfer	Edith	25.05.1921	Szatmarcseke		49440
Unsdorfer	Irena	21.05.1923	Szatmarcseke		49441
Unsdorfer	Margit	14.12.1924	Szatmarcseke		49442
Vachtenhejm	Rozsa	07.12.1924	Harsfalva	Schneiderin	50263
Vajda	Erzsebet	13.08.1919	Nagymagyar		49443
Vajda	Agnes	22.10.1912	Mohacs	Pflegerin	49770
Varadi	Erzsebet	20.09.1908	Komarom		49444
Varbiro	Zsuzsa	10.10.1917	Baja	Strickerin	50261
Vasen	Marta	12.07.1910	Sopron	Schneiderin	50262
Venyige	Erzsebet	22.12.1913	Nagyhalasz	Schneiderin	49771
Vidder	Sara	25.05.1921 20.05.1922 #	Borgo		49481
Vinkler	Anna	14.05.1918	Nagykallo		50286
Vogh	Rozi	28.03.1922			49983
Vogh	Vera	17.08.1924			49984
Wachsmann	Jenni	16.07.1922	Bystrica		49445
Wagner	Anna	24.02.1920	Ersekujvar	Schneiderin	50264
Waldhauser	Edit	07.04.1927	Keszthely		50265
Waldmann	Jolan	02.04.1915	Sajoszentpeter	Näherin	49985
Waldmann	Lili	28.07.1919	Gesztely		49986
Wartenberg	Eva	30.01.1923 20.01.1923 #	Bystrica	Schneiderin	49446
Weics	Berta	20.08.1926	Kanyahaza	Schneiderin	50270
Weicz	Etelka	15.12.1923		Schneiderin	49447
Weil	Erzsebet	23.10.1908	Hatvan	Schneiderin	49448
Wein	Bluma	24.12.1924 24.12.1925 #	Lodz	Schneiderin	50266
Weinberger	Bözske	03.08.1926 03.08.1924 #	Ladamuc		49449
Weinberger	Ibolya	03.11.1916	Legenye		49450
Weinberger	Irena	21.11.1908	Ungvzr	Schneiderin	49451
Weinberger	Irena	01.01.1916	Fehergyarmat	Schneiderin	49452
Weinberger	Rozsi	26.08.1925	Galambos	Schneiderin	49453
Weinberger	Sara	04.01.1922	Tibava	Schneiderin	49454
Weinberger	Erzsebet	17.02.1924	Kosice	Modistin	49772
Weinberger	Gitta	16.03.1926	Zenta		49773

Weinberger	Lea	02.02.1925	Zenta		49774
Weinberger	Julia	03.09.1922	Kolozsvar		49987
Weinberger	Frida	06.12.1922	Harsfalva	Schneiderin	50267
Weiner	Erzsebet	27.11.1923	Budapest		49775
Weiner	Frici	15.06.1918	Tirgu Mures		49776
Weingarten	Zseni	28.08.1919	Majdan	Schneiderin	50268
Weinstein	Ilona	09.04.1926 05.04.1921 #	Kraslovy Chlmec	Schneiderin	49988
Weiss	Eszter	05.05.1928	Tokaj		49455
Weiss	Etel	17.10.1913	Alsoarad	Schneiderin	49456
Weiss	Piroska	14.04.1925	Harsfalva	Schneiderin	49466
Weiss	Regina	20.01.1917	Harzsin	Schneiderin	49467
Weiss	Erzsebet	29.04.1914 28.04.1911 #	Bacska	Pflegerin	49470
Weiss	Jenny	30.07.1925 20.07.1921 #	Posmus		49472
Weiss	Etel	06.05.1909 06.05.1908 #	Kialocfalva	Schneiderin	50273
Weiss	Tilda	10.05.1929 10.03.1928 #	Kanyahaza		50281
Weisshaus	Aranka	13.07.1926	Misk		49476
Weisshaus	Blanka	25.04.1925	Misk		49477
Weisshaus	Hedvig	26.08.1926	Rozsaly		49478
Weisshaus	Edith	13.05.1925	Kaposvar	Kürschnerin	49479
Weisz	Fanny	06.02.1924 08.09.1924 #	Nagyecsed	Schneiderin	49457
Weisz	Frida	05.03.1914	Nyirbogard		49458
Weisz	Gizi	22.03.1928 22.03.1925 #	Skolyva	Schneiderin	49459
Weisz	Ida	22.11.1922	Nagyecsed	Schneiderin	49460
Weisz	Irena	02.12.1908	Mateszalka		49461
Weisz	Jolan	26.12.1919	Tunyog		49462
Weisz	Julianna	07.08.1925	Baracska		49463
Weisz	Lenke	24.01.1923	Ilonakujfalu	Schneiderin	49464
Weisz	Margit	15.06.1919 24.06.1919 #	Gyöngyös		49465
Weisz	Roza	19.10.1917 12.11.1917 #	Tunyog		49468
Weisz	Sarolta	10.09.1912 10.10.1912 #	Bacska		49469
Weisz	Ibolya	07.04.1925 07.05.1925 #	Szekelyvalva		49471
Weisz	Jolan	04.09.1919	Fehergyarmat		49473
Weisz	Malvina	02.04.1929 02.04.1926 #	Nagymagyar		49474
Weisz	Piroska	19.09.1923	Szekelyvalva		49475
Weisz	Anna	15.01.1914	Somogyszob		49777
Weisz	Etel	15.07.1912	Rababogyoszlo		49778
Weisz	Iren	14.01.1922	Torna		49779
Weisz	Maria	13.01.1911	Berzence		49780
Weisz	Maria	20.03.1928	Marosvasarhely		49781
Weisz	Marta	05.03.1923	Olahosertiz		49782
Weisz	Piroska	05.12.1919	Veghosszufalu		49783
Weisz	Szeren	01.08.1921	Kosice		49784
Weisz	Terez	05.02.1915	Nagyszölös		49785
Weisz	Zseni	25.06.1916	Bilke		49786
Weisz	Zsuzsa	17.10.1927	Labod		49787
Weisz	Ilona	06.01.1922	Mako		49989
Weisz	Lenke	04.06.1918	Paszto		49990
Weisz	Lili	12.12.1924	Tiszaujlak		49991

Weisz	Paula	20.05.1925 22.06.1922 #	Halmi		49992
Weisz	Rozsi	12.07.1920	Kantorjanosi		49993
Weisz	Anna	24.01.1926	Ujpest	Arbeiterin	50269
Weisz	Blanka	06.07.1914 06.07.1924 #	Tiszalok		50271
Weisz	Edit	07.12.1925	Tiszalok		50272
Weisz	Eva	09.12.1920	Losonc		50274
Weisz	Helen	25.10.1918 10.10.1915 #	Kalma		50275
Weisz	Iren	28.05.1921	Mezökaszony	Strickerin	50276
Weisz	Julia	07.03.1914	Mezökövesd		50277
Weisz	Katalin	27.05.1922	Ujpest	Arbeiterin	50278
Weisz	Magdolna	21.06.1925	Osorna	Schneiderin	50279
Weisz	Margit	26.07.1917	Mezököszöny	Strickerin	50280
Weisz	Zsuzsanna	06.10.1923	Ujpest	Arbeiterin	50282
Weiszberg	Judit	25.01.1924	Marmaros		49994
Wellisch	Edit	20.03.1927	Kaposvar	Kürschnerin	50283
Wellisch	Ilona	22.02.1908	Domlovai	Kürschnerin	50284
Wetzler	Aranka	16.09.1922	Losonc	Schneiderin	50285
Wider	Roza	11.01.1925	Mojnes		49788
Wieder	Irena	09.01.1914	Csikszereda		49480
Wiegner	Erzsebet	28.04.1925 28.02.1922 #	Csikszerda		49482
Wiegner	Ibolya	10.05.1920 10.05.1915 #	Csikszerda		49483
Wiegner	Klara	26.11.1923 26.11.1917 #	Csikszerda		49484
Wiener	Lenke	21.03.1921	Gyöngyös		49485
Wilhelm	Gabriella	27.03.1926	Komarom	Schneiderin	49488
Wilhelm	Irma	24.09.1920	Udvard	Schneiderin	49489
Willheim	Adela	28.10.1925 28.10.1924 #	Udvar	Schneiderin	49486
Willheim	Anna	18.10.1903 21.10.1906 #	Udvar		49487
Winkler	Hajnal	24.03.1919	Vac	Näherin	49789
Winkler	Ibolya	23.04.1928 13.03.1922 #	Vac		49790
Winkler	Lilly	21.12.1924 21.11.1920 #	Vac	Näherin	49791
Winkler	Nelli	20.08.1923	Vac		49792
Winkler	Rozsa	15.01.1926	Vac		49793
Winkler	Ella	01.06.1923	Nyirecsaholy		50287
Winkler	Emma	07.10.1927	Biri Ottotanya		50288
Winkler	Erzsebet	07.11.1923	Nagykollo		50289
Winkler	Magda	29.01.1922	Nagykallo		50290
Winkler	Marta	19.12.1920	Levelek		50291
Winkler	Olga	14.12.1920 26.06.1918 #	Nagykallo		50292
Winkler	Piroska	18.05.1918	Kemecse		50293
Wirt	Magda	14.09.1926	Dunaföldvar		49797
Witteles	Magda	19.03.1926	Bustyahaza		49490
Witteles	Zseni	17.02.1918	Bustyahaza		49491
Wittmann	Rozsi	27.11.1915	Papa		49798
Wittmann	Magda	30.03.1919	Dunaföldvar		50294
Wohlstein	Katalin	8.02.1923	Budapest		49794
Wolf	Piroska	16.04.1922	Pinczehely	Schneiderin	50295
Wollak	Gertrud	18.04.1926	Neisol	Schneiderin	50296
Wollner	Edith	22.08.1923	Udvard		49492
Wollner	Ibolya	30.03.1925	Udvard	Schneiderin	49493

Zelikovics	Ida	16.01.1925	Visko	Schneiderin	50297
Zelikovics	Zali	16.01.1925	Visko	Schneiderin	50298
Zelkovics	Szeren	08.01.1926	Olahcsertiz		49995
Zielinska	Nacha	04.02.1922	Litzmannstadt	Schneiderin	50299
Zimmermann	Aliz	15.11.1922	Miskolc	Schneiderin	49495
Zimmermann	Margit	26.02.1924	Cierna		49996
Zimmermann	Szeren	28.04.1921	Cierna		49997
Zinner	Szeren	06.03.1908	Ujpest		49795
Zisszovitz	Blanka	14.10.1922	Tiszaszirma	Arbeiterin	50300
Zoldan	Iren	28.11.1910	Losonc	Professorin	49998
Zsilla	Kato	10.12.1923	Budapest	Schneiderin	49796
Zubek	Eva	10.10.1927	Baracska	Schneiderin	49496
Zucker	Alice	01.11.1925	Satoraljaujhely		49497
Zucker	Erzsebet	12.06.1924	Satoraljaujhely		49498
Zwass	Fanny	19.11.1920 19.11.1915 #	Satoraljaujhely	Schneiderin	49499

Französische politische Gefangene

Name	Vorname	Geburtsdatum	Geburtsort	Gefangenen-Nr.
Allert	Solange	05.03.1924	Rousillon	50426
Allibert	Germaine	02.01.1913		50427
Angles	Gabrielle	14.06.1907	Marseille	50301
Arbelin	Henriette	02.07.1905	Germainville	50302
Aubree	Jacqueline	17.06.1914		50303
Balp	Madeleine	22.11.1899	Florac	50304
Baudet	Yvette	01.07.1909	Le Havre	50428
Bazin	Aliette	16.04.1904		50429
Beranger	Marie-Louise	23.09.1885 23.02.1899 #	Merkheim	50431
Berger	Francoise	08.01.1912		50305
Bernard	Irene	11.08.1911	Genevreuille	50430
Bernet	Renee-Blanche	25.12.1914		50306
Bernier	Rosine	07.10.1924		50307
Besnard	Irene	15.06.1906	Genevreuille	50432
Bois	Lucienne	29.12.1914		50308
Bonnemaison	Augustine	28.08.1915 26.07.1902 #	Bolacez	
Bonnet	Anette	03.04.1922		50433
Bouchet	Roberte	01.02.1911	Montereau	50434
Bouchez	Georgette	06.06.1910		50435
Boughon	Amelia	30.11.1900		50309
Broohay	Rolande	07.02.1918		50310
Brzecka	Maria	02.02.1924		50311
Bureau	Marie-Louise	15.02.1922		50436
Bureau	Andree-Yvonne	08.03.1897		50437
Burnichon	Jeanne	12.10.1906		50312
Capuano	Gabrielle	31.01.1920		50438
Caranobe	Suzanne	29.09.1922		50318
Carliez	Wanda	28.10.1915		50440
Carre	Denise	11.02.1922		50439

Casimir	Therese	15.08.1901		50313
Cateron	Claudia	28.09.1908		50314
Cesari	Marthe Lea	10.09.1903	Vinz-La-Chiezaz	50441
Chadamro	Juliette	30.04.1903		50442
Champrenault	Yvette	25.07.1918		50315
Chapelle	Therese	21.05.1914	Brandonvillers	50443
Chasseigne	Lucienne	12.02.1925		50316
Chasseigne	Francoise	06.03.1905	St. Denis	50317
Chatre	Josephine	31.01.1913		50319
Chaubit	Marcelle	04.12.1894		50444
Chevallier	Suzanne	14.01.1904		50445
Clair	Rolande-Marie	09.01.1924		50320
Come	Denise	13.10.1905	Paris	50321
Comiti	Lucie	13.03.1922		50446
Coppee	Helene	17.03.1897		50447
Corblet da Fallerns	Monicque	29.10.1923		50373
Cossiaux	Emilie	03.12.1904		50448
Coupat	Germaine	10.06.1899 29.10.1912 #	St-Eloy-la-Glaciere	
Couttenier	Jeanne	16.02.1910		50322
Creff	Renee-Marie	14.05.1903	Guilers	50323
Croise	Marie	11.06.1911		50324
d´Oiliamson	Jane	21.09.1920		50520
Dallas	Paulette	29.06.1910		50449
Dambuyant	Marinette	15.09.1907		50325
Danten	Lucette	20.05.1923		50326
Dardennes	Jeanne	10.01.1919 28.08.1915 #	Valmont	
de Floovert [Slovert]	Irma	09.02.1923		50461
de Giraud	Louise	25.07.1914		50349
de Marotte	Elisabeth	24.05.1897		50500
de Sugne	Andree	14.03.1912		50409
de Zerguette	Chizlaine	05.12.1922		50549
Deballe	Alfreda	23.03.1910		50327
Dejoie	Jeanne	18.12.1899	Wolwelange	50451
Delforge	Yvonne	12.04.1921		50450
Denizot	Marie-Therese	14.03.1925		50452
Devaquez	Anne-Cecile	29.04.1901		50328
Devaux	Marcelle	17.02.1909	Montreul	50453
Dior	Caterine	02.08.1917	Granville	50454
Dominjon	Genevieve	01.05.1912	St. Germain	50329
Dondana	Marguerite	20.06.1912		50330
Donisa	Odette	20.03.1916		50331
Donjon	Andree	24.07.1914	Nogent sur Marne	50332
Dourdine	Lydie	17.03.1902		50455
Drigeard	Antoinette	02.09.1905		50333
Duc	Marie	03.04.1888	Perm	50456
Duche	Fernande	23.11.1929		50334
Duche	Liliane	18.11.1928		50335
Dufayet	Raymonde	11.05.1903		50336
Dumontier	Suzanne	02.05.1921		50337
Duterte	Jacqueline	15.03.1914		50338
Emery	Jacqueline	29.10.1912 10.01.1919 #		
Evesard	Julienne	04.10.1902		50339
Fantanel [Pontanel]	Simone	20.07.1909		50457
Fanthomme	Yvonne	17.04.1907		50458
Farva	Marie	07.10.1904		50459
Faure	Marie-Louise	07.04.1909		50340
Fayot	Germaine	13.01.1924		50341

Fimbel	Lina	26.11.1910		50460
Fleury-Marie	Jacqueline	12.12.1923	Wiesbaden	50497
Fonque	Raymonde	05.12.1907		50342
Fournier	Germaine	26.02.1908		50462
Franchet	Odette	18.02.1921		50343
Francon	Antoinette	19.11.1897		50345
Frei	Huguette	10.02.1914		50463
Fremont	Bronislawa	1911		50464
Fromentin	Jeanne	08.04.1895		50344
Galan	Xenia	06.10.1916		50346
Garcy	Irene	11.10.1911		50465
Garin	Raymonde	19.06.1920	Beaumont	50466
Genart	Simone	29.08.1910		50467
Gibault	Andree	24.10.1913		50468
Gilles	Lucienne	13.12.1908		50348
Godard	Genevieve	05.04.1920		50350
Goddaert	Zoe	08.06.1908		50469
Gourdin	Madeleine	22.07.1913		50470
Grabelue	Genevieve	21.04.1927		50471
Gradstein	Suzanne	19.01.1900		50472
Grandpierre	Arlette	16.11.1909		50473
Granier	Juliette	18.10.1922		50351
Gras	Solange	01.08.1921		50474
Grundmann	Antonina	01.03.1906		50352
Guegum	Yvette	09.04.1924		50475
Guena	Lea	12.03.1908		50353
Guerin-Beau	Adele	09.12.1899	Courbevoie	
Guerneve	Celine	11.05.1921		50354
Guillon	Marie	11.05.1903		50476
Guilloux	Yvonne	07.05.1904		50478
Henke	Helene	29.05.1910		50355
Heulin	Yvonne-Renee	22.05.1901		50356
Hingouet	Leonce	26.07.1902	La-Barre de Monts	
Houreau [Roureau]	Christine	10.06.1899 #		
		26.06.1922		50479
Huard	Germaine	16.01.1906	Paris	50480
Hyvernaud	Marie	17.06.1909		50481
Iriberri	Asuncion	25.12.1922		50482
Jalifier	Simone	01.01.1922	Paris	50483
Janicka	Janina	21.01.1913		50357
Janne	Genevieve-Louise	08.07.1900		50358
Jaques	Marguerite			50484
Jault	Therese	08.07.1900		50485
		29.10.1919 #		
Jeudon	Aline	23.01.1923		50359
Keller	Paulette	12.02.1909		50486
Kerebel	Simone	08.04.1923		50360
Khingouloff	Nina	03.01.1921		50487
Kleszczowski	Sophie	13.11.1914		50361
Laissac	Suzanne	21.04.1911		50362
Lallemand	Madeleine	01.04.1914		50363
Lamanthe [Lumant]	Angele	15.11.1918		50488
Lambert	Georgette	24.09.1924		50364
Lamirault	Denise	21.04.1918		50489
Laquere	Maryanne	17.09.1918		50365
Latourette	Marguerite	23.12.1911		50366
Laudias	Yvette	26.11.1921		50367
Laudinat	Louise	27.05.1898		50490
le Gallie	Simone	02.02.1923		50347
le Guillon des Penros	Simone	02.11.1920		50477

le Lay	Augustine	20.11.1925		50368
le Pallec	Alice	19.08.1922		50522
le Roy	Lucienne	28.04.1905		50531
Leblond	Fanny	24.09.1893		50491
Leclecio	Suzanne	13.09.1898		50369
Lecourtios	Lucienne	14.12.1923		50370
Lemee	Marie	25.08.1898		50371
Leroux	Renee	27.07.1920		50492
Lesidanner	Emilienne	11.11.1913		50372
Loustaunau	Adeline	17.06.1892		50374
Loustaunau	Germaine	02.12.1890		50376
Lucas	Jacqueline	03.08.1909		50375
Maes	Louise	14.05.1904		50493
Mallet	Lucienne	21.09.1912		50494
Manchion	Jeanne	20.02.1906		50495
Marcepoil	Lolita	28.08.1912		50377
Marelli	Marie-Louise	04.01.1917		50496
Marie	Jacqueline	18.06.1896		50498
Marlot	Odette	04.09.1893		50499
Martin	Rajannie	29.06.1914		50501
Marx	Jeynne	06.01.1912		50378
Matthey-Jonais	Jeanne-Marie	25.01.1886		50502
Maudnuit	Marcelle	13.11.1924		50503
Mauwen	Gustave	01.01.1925		50379
		01.01.1908 #		
Maygnal	Antoinette	16.01.1919		50506
Menetrier [Monstrier]	Cecile	20.08.1917		50380
Merle	Josephine	29.09.1906		50504
Merop	Andree	16.12.1908		50505
Mieu	Jeanne	26.04.1903		50381
Milhe	Anna-Rose	31.12.1897		50382
Mimeur [Vivicuvet]	Marguerite	14.12.1922	Paris	50507
Minoufert	Germaine	19.04.1901		50508
Miquel	Denise	18.03.1921		50383
Mirambell	Segundina	21.05.1911		50509
Mohn	Suzanne	10.12.1911		50510
Montant	Yvonne	11.11.1908		50511
Montell	Renee	09.09.1917		50512
Moreau	Yvonne	02.09.1904		50384
Moreau	Lucie	06.05.1921		50513
Mori	Monika	06.11.1924		50514
Morin	Denise	28.12.1898		50515
Morin	Yvette	21.10.1921	Paris	50516
Nadaud	Marguerite	06.02.1914		50385
Naninek	Madeleine	19.09.1910		50517
Neulat	Margarete	14.09.1920		50386
Nigault	Cecile	14.11.1912		50518
Noel	Louise	01.06.1898		50519
Pagan	Carmen	16.01.1918		50521
Parigot	Louise	24.05.1895	Chatenoy le Royal	
Pariot Albergucci	Marcelle	17.03.1926	Verdun	50387
Payen	Marie-Louise	19.08.1899		50388
Pejot	Franse	17.10.1914		50389
Pensons	Marie-Louise	03.03.1907		50425
Perquis	Marie-Josephine	05.03.1915		50390
Petit	Jacqueline	05.03.1897		50391
Petit	Marie	27.06.1896		50523
Picard	Jeanne-Louise	25.08.1899		50392
Pinet	Suzanne	13.01.1913		50393
Polejaeff	Nina	30.09.1905		50394

Porteres	Jeanne	16.07.1893		50395
Prieur	Madeleine	07.11.1926		50397
Provost	Fernande	02.06.1893	Versailles	50396
Py	Marie	15.10.1925		50398
Raffavolich	Vera	14.11.1901		50524
Rault	Jeanne-Madeleine	14.02.1922		50399
Rebert	Marie-Anette	20.05.1907		50400
Reboure	Marcelle	17.12.1920		50401
Regnier	Marie-Madeleine	09.11.1916		50402
Rigault	Lucile	06.08.1911		50525
Robert	Simone	20.03.1907		50526
Rocher	Genevieve	26.02.1910		50403
Romana	Maud	08.10.1920		50404
Roquier	Marie	28.07.1911		50405
Rosner	Huguette	28.07.1911		50532
Rossenu	Simone	12.04.1911		50528
Rouge de Dusubau, le	Marie	28.01.1910		50529
Rouger	Alice-Marcelle	27.06.1914		50530
Roux	Jeanne	03.07.1924		50406
Ruallem	Charlotte	18.12.1907	Etampes	50407
Ruet	Andree-Marguerite	20.08.1911		50533
Saleur	Raymonde	26.04.1919		50408
Sapaly	Jeanne	07.03.1903s		50534
Schuler	Marcelle	05.02.1918		50410
Siveton	Suzanne	14.09.1913		50535
Sodigne	Anette	15.09.1917		50536
Spizidonoff	Nathalie	25.10.1899		50537
Stoffek	Renee	02.02.1908		50538
Stryjak	Wanda	15.06.1924		50539
Tanneur	Jeanne	28.01.1911		50411
Taurau	Therese	22.02.1908		50412
Theillay	Colette	25.01.1924		50540
Thiriart	Berthe	19.09.1905	Paris	50542
Thiriart	Marie	14.03.1881	Charleroi	50541
Thoreau	Marie-Louise	26.06.1897	Charleroi	50413
Tierce	Sucanne	10.04.1914		50414
Tilles	Raymonde	25.08.1916	Paris	50415
Tomasiak	Caterine	31.03.1899	Oblazy	
Toupense	Odette	12.05.1915		50543
Toutin	Berangere	22.06.1910		50416
Trichot	Andree	22.08.1916		50544
Valette	Marie-Helene	05.12.1909		50545
van Roey	Jeanne-Marie	27.12.1900		50527
Veullien	Odette	18.05.1922		50417
Vidal	Suzanne	19.02.1913		50418
Villechenon	Lucienne	22.08.1908		50419
Vivol	Yvonne	06.05.1924		50420
Walczak	Cecile	14.09.1924		50546
Wilkinson	Jeanne	23.01.1915	Clichy	50421
Winter	Anita	02.09.1918		50422
Wulleme	Yvonne	15.06.1903		50547
Xenthoppulos	Jole	20.07.1912		50423
Ziegler	Yvonne	01.06.1902		50424
Zinger	Gabriele	21.02.1898		50548

Foto- und Quellennachweis

Die Fotos und Quellen sind nachgewiesen in:
Zahava Szász Stessel. Snow Flowers. Hungarian Jewish Women in an Airplane Factory, Markkleeberg, Germany. 2009 by Rosemont Publishing & Printing Corp.
Zahava Szász Stessel. Snow Flowers – Ungarisch-jüdische Frauen in einer Flugzeugfabrik, Markkleeberg, Deutschland. Hrsg. von Stadtverwaltung Markkleeberg, Eigenverlag, 2013.

Dank des Herausgebers

Der Notenspur Leipzig e.V., dankt für das produktive Miteinander
bei der Entstehung dieses Taschenbuches ganz herzlich
der Autorin, Zahava Szász Stessel,
dem Flügelschlag Werkbühne e.V.,
der Stadtverwaltung Markkleeberg,
dem Verlag Hentrich & Hentrich!

Für die großzügige finanzielle Unterstützung gilt unser Dank
der Holger Koppe-Stiftung

HOLGER
KOPPE STIFTUNG

und der Gesellschaft für Materialforschung und Prüfungsanstalt
für das Bauwesen Leipzig mbH (MFPA).